김정은의 경제발전전략 2

김정은의 경제발전전략 2

유영구 지음

경인문화사

차 례

표 차 례

그 림 차 례

제3장

김정은 시대
경제발전전략의 방향과 과제

제1절 김정은 위원장의 신년사와 현지지도

김정은 당 위원장 겸 국무위원장(위원장으로 통일)은 북한의 경제발전전략에 대해 어떤 생각을 갖고 있을까? 그가 어떤 청사진을 그리는지는 매우 중요하다. 그의 발전 구상이나 개발 청사진을 일목요연하게 정리하는 일이 간단하지는 않다. 그의 저작과 연설, 논문, 서한 등은 다양한 분야를 포괄하고 있고 방대하다. 그 뿐 아니라 경제현장의 현지지도에서 지시한 '강령적 지침'도 상당히 많아 분야별로 구분하기도 쉽지않다. 그의 저작 일부는 공개되지 않고 '당 내부에 한함'으로 묶여 있는 것들도 있다.

이 장에서는 우선 김 위원장의 《신년사》를 다룬 뒤에 경제발전전략을 기본 부문과 혁신 부문으로 나눠 그의 현지지도와 함께 상세하게 살펴보려고 한다. 김정은 시대에 들어와 경제발전전략에서 혁신이 일반화되어 있지만 계승이 여전히 중시되는 분야도 있는데 전자를 기본 부문으로 분류했다. 기본 부문에는 △먹는 문제 해결 △인민생활의 획기적 향상 △선행부문과 중요공업부문 발전 △국토관리와 환경사업 개선 △지방경제 살리기 △자력자강과 대외경제협력 등 여섯 주제를 포함시켰다. 이어서 혁신 부문에서는 △재정은행사업의 변화 모색 △첨단과학기술 발전 △군수-민간경제의 결합 등 세 주제를 다루려고 한다.

각 주제별로 전략적 방향과 과제를 세세하게 다루는 동시에 김 위원장의 현지지도에서의 발언을 상세히 소개한다.[1] 김 위원장의 교시(발언)만큼 전략의 핵심을 정확히 알려주는 자료도 드물다. 북한의 매체들이 보도할 때 교시 등 김 위원장의 발언을 가공한다는 이유를 근거로, 이를 선전선동 문건으로 치부한다면 북한경제의 독해에서 '한계의 벽'에 부딪히고 말 것이다. 이념적 잣대와 이분법적 사고를 넘어서 북

한 최고영도자의 발언을 통해 경제발전전략의 방향과 과제를 읽어내
는 미지의 영역에 들어가 보기로 한다.

1. 《신년사》의 정책 우선순위의 변화

"체계적으로 혁신을 수행하기 위해서는 7가지 방법으로 혁신의 기회를 끊임없이 탐색해야 한다. 첫째는 예기치 못한 것들이 그 대상으로, 예기치 못한 성공이나 예상치 못한 실패, 예상 밖의 사건 등이 여기에 해당된다. 둘째는 현실과 이상, 목표 사이의 갭gap이며, 셋째가 프로세스상의 요구를 살피는 일이다. 넷째는 산업구조와 시장의 변화이며, 다섯째가 인구구조의 변화, 여섯째가 인식과 감성, 가치의 변화이다. 마지막이 새로운 지식의 출현이다. 이들 일곱 가지 기회 하나하나가 각기 다른 성격을 가지고 있으며 다른 방식의 분석을 필요로 한다." (피터 드러커 저, 남상진 역, 『드러커 100년의 철학』,청림출판, 2004, 164-165쪽.)

피터 드러커는 기업경영의 혁신 전문가이지만, 그의 충고에는 국가의 경제발전전략에서도 생각할 만한 지혜가 담겨 있다. 북한도 경제발전전략의 수행과정에서 체계적 혁신을 모색하고 있는 만큼 그의 7가지 방법에서 활용할 부분이 있을 것이다.

김정은 위원장은 경제발전전략에서 혁신의 기회를 탐색하기 위하여, 현실과 목표의 간격을 어떻게 줄일 것인가, 산업구조 조정과 국내외 시장의 변화에 어떻게 대응할 것인가, 첨단과학기술을 생산현장에 도입하기 위해 어떤 조치를 취할 것인가, 전략적 노선을 견지하면서 시기별 정책과제를 어떻게 설정할 것인가 등에 집중하면서 순발력 있게 대응하면 좋을 것이다. 그와 손발을 맞추고 있는 정책상무조가 정책수립과 조정 업무를 일상적으로 수행하고 있을 터이지만, 실리적 혁신의 로드맵과 집행과제의 상세 리스트를 만드는 일이 중요하다.

또한 이를 점검하는 일간·주간·월간 체크 시스템을 구축하면 효율적이다. 김 위원장의 현지지도, 박봉주 당 부위원장(국무위원회 부위원장)과 김덕훈 내각 총리의 현지요해(현장 협의회 진행) 등이 일상적으로 진행되는 과정에서 정책상무조의 총괄 점검 및 컨트롤타워의 기능이 점점 중요해진다(2020년 8월 14일 김재룡 총리의 해임 및 김덕훈

당부위원장의 총리 임명- 국무위원회 정령).

세계적인 대기업들의 전략 수립과 실행과정(경영기획)에 관한 경영학적 연구 성과가 북한에 도움이 될 수도 있다. 북한의 거대 국영기업체들의 경영 개선을 위해서는 다른 나라의 대기업들의 경영에서 배울 점이 있을 것이다. 이를테면 미국 아마존의 시스템 선순환구조인 플라이휠fly wheel을 벤치마킹할 수도 있다. 아마존의 경영가치인 고객을 향한 집념과 극단적 혁신, 장기적 미래경영에서 생산적인 영감을 얻을 수 있다.[2]

김정은 시대 경제발전전략의 방향과 과제를 알아보기 위해 우선 김정은 위원장의 《신년사》에서 출발하려고 한다. 《신년사》로 시작하는 이유는 무엇인가? 첫째, 김정은 시대에 들어와 다시 등장한 《신년사》 양식은 김일성 시대에서처럼 해당 연도의 정책 방향을 보여준다. 둘째, 해당 부문의 전년도 총화(결산)에 기초하여 정책 방향의 핵심에서 정수精髓를 추린다. 얼핏 보면 구체성이 없어 보여도 당 중앙위원회 해당 부서가 중심이 되어 11월부터 다음 연도의 정책 방향을 정리해 《신년사》를 작성하는 것이다. 또한 《신년사》에 대한 전인민의 학습과정을 보완하기 위해 《학습제강》 등 대외 비공개 자료를 만들어 각급 단위에 배포하는 것으로 알려져 있다. 당연히 《학습제강》 등은 전년도 총화의 결과물이다.

셋째, 해당 경제부문에서는 《신년사》의 관련 부분을 학습하면서 세부계획을 토의한다. 넷째, 김 위원장의 현지지도와 내각 총리 등의 현지요해는 《신년사》의 정책 흐름을 반영한다. 다섯째, 《신년사》는 정책의 우선순위를 들여다보는 기준이 될 수 있다. 그 우선순위를 추적함으로써 정책의 흐름을 세밀하게 파악할 수 있다. 제1권의 여러 곳에서 《신년사》를 인용한 바 있지만, 이런 점 때문에 일부 중복이 있더라도 《신년사》는 전면적으로 활용할 만한 가치가 있다.

북한은 '말이 많은 사회'다. 경제정책 수행에서도 숱한 토론이 이뤄지고 총화는 특히 말의 성찬盛饌일 수밖에 없다. 비판이나 합리화는 모두 말과 문서 행위로 이뤄진다. 김정은 위원장은 "내가 늘 말하는 것이지만 우리에게는 앉아서 걱정이나 하고 말이나 하는 우국지사가 아니라 제기된 문제를 한 가지라도 풀어나가는 실천가형의 일군이 필요합니다"라고 말했다.[3] 북한의 당·국가·군대의 고위 당국자들은 물론이고 일선의 하급 간부들조차도《신년사》를 대충 다루어서는 충성심을 의심받고, 때에 따라서는 날벼락이 떨어질 수 있다.

김정은 위원장은 집권 이듬해인 2013년부터 정월 초하루에《신년사》를 발표해왔다.《신년사》는 조선중앙TV에 의해 녹화 방영되고 조선로동당 기관지『로동신문』등에 전문이 게재된다.《신년사》는 경제부문의 정책과제를 담고 있다. 그가 해마다 밝히는 정책과제를 훑어보면 경제 철학과 전략의 흐름을 알 수 있고, 당·국가·군대에서 일하는 경제 간부들이 해당년도에 어떤 과업에 몰두할런지도 알 수 있다.《신년사》의 분위기를 살펴보기 위해 2018년과 2019년 경제부문의 혁명적 구호와 전체 정책의 방향을 먼저 인용해본다.

"《혁명적인 총공세로 사회주의강국건설의 모든 전선에서 새로운 승리를 쟁취하자!》이것이 우리가 들고나가야 할 혁명적 구호입니다. 모든 일군들과 당원들과 근로자들은 전후 천리마대고조로 난국을 뚫고 사회주의건설에서 일대 앙양을 일으킨 것처럼 전인민적인 총공세를 벌려 최후 발악하는 적대세력들의 도전을 짓부시고 공화국의 전반적 국력을 새로운 발전단계에 올려 세워야 합니다. 국가경제발전 5개년전략수행의 세 번째 해인 올해에 경제전선 전반에서 활성화의 돌파구를 열어제껴야 하겠습니다. 올해 사회주의경제건설에서 나서는 중심과업은 당중앙위원회 제7기 제2차 전원회의가 제시한 혁명적 대응전략의 요구대로 인민경제의 자립성과 주체성을 강화하고 인민생활을 개선 향상시키는 것입니다." (2018년《신년사》)

"《자력갱생의 기치높이 사회주의건설의 새로운 진격로를 열어나가자!》, 이것이 우리가 들고나가야 할 구호입니다. 우리는 조선혁명의 전 노정에서 언제나 투쟁의 기치가 되고 비약의 원동력으로 되어온 자력갱생을 번영의 보검으로 틀어쥐고 사회주의건설의 전 전선에서 혁명적 앙양을 일으켜나가야 합니다. 사회주의자립경제의 위력을 더욱 강화하여야 하겠습니다. 우리는 자체의 기술력과 자원, 전체 인민의 높은 창조정신과 혁명적 열의에 의거하여 국가경제발전의 전략적 목표를 성과적으로 달성하며 새로운 성장단계에로 이행하여야 합니다. 인민경제 전반을 정비보강하고 활성화하기 위한 국가적인 작전을 바로하고 강하게 집행해나가야 하겠습니다." (2019년 《신년사》)

2018년은 혁명적인 총공세로 새로운 승리 쟁취, 2019년은 자력갱생으로 새로운 진격로 개척을 각각 강조했는데 '새로운'이란 단어가 들어 있음이 주목된다. 새로움은 동양 고전에서 일신우일신日新又日新이나 일취월장日就月將으로 표현되는 변화와 혁신의 코드다.

혁명적인 총공세를 강조한 2018년에는 '전반적 국력을 새로운 발전단계'에 올려 세우는 것을 내세우면서 경제 활성화의 돌파구를 여는 것이 강조되었다. 총적인 목표는 인민경제의 자립성과 주체성의 강화, 인민생활의 개선 향상 등이었다.

이에 비해 자력갱생을 강조한 2019년에는 자력갱생을 '번영의 보검'으로 틀어쥐고 '사회주의건설의 전全 전선에서 혁명적 앙양을 일으켜나가는 것'을 내세우면서 자립경제의 위력을 강화하는 것이 강조되었다. 총적인 목표는 자체의 기술력과 자원, 전체 인민의 높은 창조정신과 혁명적 열의에 의거한 경제발전의 전략적 목표의 성과적 달성, 새로운 성장단계로의 이행, 인민경제 전반의 정비 보강 및 활성화를 위한 국가적 작전의 올바른 수립과 강력한 집행 등이었다.

2018년과 2019년의 《신년사》를 비교해보면 정책의 지향성이 다른 점을 느낄 수 있다. 《신년사》를 분석할 때 이러한 방향성과 총적인 목표에 대하여 정확한 독법을 한 뒤에 정책 우선순위의 변화를 추적하는 것이 바람직하다. 《신년사》의 정책 우선순위의 변화와 부문별 중점 정책을 알아본 뒤에 현지지도의 경제리더십에 대해 살펴보기로 한다.

김정은 위원장이 《신년사》에서 밝힌 경제부문의 과제를 보면 정책의 우선순위가 약간씩 변화해왔음을 알 수 있다.[4] 경제정책의 방향을 집약적으로 표현한 구호와 기본방향 등이 대체적으로 맨 앞자리를 차지한다.[5] 이어서 인민경제 선행부문(석탄·전력·금속공업과 철도운수부문)과 중요공업부문, 식생활, 경공업, 건설부문, 국토관리, 증산과 절약투쟁, 과학기술, 경제관리 등이 앞서거나 뒤서거니 한다. 김 위원장의 첫《신년사》인 2013년부터 2019년까지를 분석 대상으로 삼아 흐름을 보면 두 가지 면이 확인된다.

우선 경제구호를 보면, '경제강국 건설의 전환적 국면'(2013년), '강성국가 건설의 모든 전선에서 새로운 비약의 불바람'(2014년), '강성국가 건설의 모든 전역에서 승리의 포성'(2015년), '경제강국 건설의 총력집중'(2016년), '자력자강의 동력으로 사회주의의 승리적 전진(2017년), '혁명적인 총공세로 사회주의강국 건설의 모든 전선에서 새로운 승리 쟁취'(2018년), '자력갱생의 기치높이 사회주의건설의 새로운 진격로'(2019년) 등으로 변해왔다. 여기서 알 수 있듯이 전환적 국면, 새로운 비약, 승리의 포성, 총력집중, 자력자강과 승리적 전진, 혁명적 총공세와 새로운 승리, 자력갱생과 새로운 진격로 등의 키워드가 이어졌다.

이 키워드들을 보면 경제강국 건설의 자신감과 함께 경제성장을 가로막는 불리한 환경을 돌파해야 하는 절박감을 느낄 수 있다. 2017년의 자력자강에 이어 2018년에 인민경제의 자립성과 주체성의 강화를, 2019년에 사회주의 자립경제의 위력 강화를 각각 내건 것은 국제사회의 대북 제재의 지속에 대한 대응전략이었다. 경제구호에 이은 총적 방향이 7년 동안 유사했음이 확인된다. 즉 자립적 민족경제의 토대 확립, 생산 정상화, 인민생활 향상 등이 반복되었다.

다음으로, 《신년사》에 등장한 부문별 순서도 중요한데 톱3 순서가 2013년에 선행부문-식생활-경공업, 2014년에 식생활-건설부문-과학기술, 2015년에 과학기술-식생활-경공업 등이었다. 이어서 2016년에 선행부문-식생활-경공업, 2017년에는 과학기술-선행부문-경공업, 2018년에는 선행부문-경공업-식생활, 2019년에는 과학기술-선행부문-식생활 등으로 나타났다. 대체적인 순서는 선행부문-식생활-경공업이었던 것이다.

특기한 일은 2014년, 2015년, 2017년, 2019년에 과학기술이 톱3에 들어간 것이고, 이 가운데 3개년은 이례적으로 과학기술이 다른 부문보다 앞서 언급되었다. 경제건설과 핵무력건설의 병진노선에서나 경제건설 총력집중노선에서 과학기술발전을 중시하고 있음이 거듭 확인된다.

2. 부문별 중점 정책

《신년사》의 부문별 중점정책을 파악하는 것은 경제발전전략의 방향과 과제를 이해하는데 큰 도움이 된다. 외부에서는 김 위원장의 《신년사》를 다룰 때 당해 연도의 정책 방향을 간단히 다루면서 대남정책 위주로 분석하는 경향을 보여 왔다. 특히 남한의 전문가 사회에서조차 《신년사》를 분석할 때 최소한 5년 정도의 정책 흐름을 보면서 해당연도의 정책을 파악하고 평가하고 예측하는 사례는 많지 않았다.

그러다보니 경제정책의 핵심을 파악하는 일에 대체로 소홀한 편이었다. 정책의 흐름을 중시하는 분석으로 전환하려면 부문별 중점 정책을 파악하는 일에 관심을 높일 필요가 있다.

1) 과학기술부문

과학기술부문에서는 매년 정책의 중점이 조금씩 이동되었음이 관찰된다. 2013년에는 '최첨단돌파전의 전개로 전반적 과학기술의 세계적 수준 도달'이라는 목표 아래, 모든 경제부문에서 과학기술발전의 우선 주력, 과학기술과 생산의 밀착 및 자체의 자원·기술에 의한 증산, 설비와 생산 공정의 CNC화와 무인화 실현 등을 내세웠다.

눈에 띄는 것은 과학기술과 생산의 밀착, 설비와 생산 공정의 CNC화와 무인화였다. 말하자면 첨단기술을 발전시켜나가는 한편, 생산현장에서 생산 정상화와 생산 증대에 쓸모가 있는 기술부터 도입해야 한다는 것이었다. 특히 첨단기술의 대표 격인 CNC화를 전국 공장·기업소들에 확대해나가는 일에 중점을 두겠다는 것이었다.

2014년에는 '경제발전과 인민생활 향상에 필요한 전망적 문제들과 현실적인 과학기술적 문제들의 해결'과 '첨단돌파에 의한 지식경제시대의 지름길 개척' 등을 목표로 삼았다. 이 목표를 달성하기 위해 과학자·기술자들의 과학적 재능과 열정의 총폭발에 의한 과학기술성과 제

고, 전 사회적인 과학기술중시기풍 확립, 전민과학기술인재화와 현대
과학기술 학습열풍 등을 제시했다. 이것은 산업구조 개편과 경제체질
의 개선에 필수적인 과학기술발전에 초점을 맞추면서 과학기술사회의
분위기를 조성하는데 방점을 찍은 것이었다.

2015년에는 '최첨단돌파전의 전개로 경제발전, 국방력 강화, 인민생
활 향상에 이바지하는 연구성과의 대량 산출'이라는 목표 아래, 우리
식의 현대화와 정보화의 적극 촉진, 일군과 근로자들의 과학기술수준
제고, 과학기술에 의거한 모든 사업 전개 등이 강조되었다.

흥미로운 점은 지식경제시대에 조응하기 위해 현대화와 정보화를
중시하면서도 '우리식'을 붙이고 있다는 것이다. 현대화·정보화에서의
'우리식'은, 휴대폰의 대량 보급과 전국적인 과학기술 콘텐트 네트워
크 구축 등에 나서면서 북한 전체를 내부 망網(intra network)으로 연결
하는 등 외부와 직접 연결되는 인터넷망을 통제하면서 이를 합리화하
는 것으로 나타났다.

2016년에는 '주체공업·사회주의자립경제의 위력 강화, 인민생활 향
상에 있어서 과학기술적 문제의 우선적 해결'을 목표로 삼았다. 이 목
표 아래 최첨단의 새 경지를 개척하기 위한 연구사업의 심화, 공장·기
업소·협동농장에서의 과학기술보급실 조성과 운영 정상화, 현실에서
떠오르는 문제들을 과학기술의 힘으로 풀어나가는 사회적 기풍의 확
립 등이 과제로 부각되었다. 대부분의 생산단위에서 과학기술보급실
을 운영해온 지 오래되었지만, 그 설비를 제대로 갖추어 과학기술 정
보네트워크를 활용하도록 해야 한다는 것이었다.

2017년에는 '원료와 연료·설비의 국산화, 공장·기업소 현대화, 생산
정상화의 과학기술적 문제 해결, 생산 확대와 경영관리 개선에 이바지
하는 과학기술성과들에 의한 경제발전 추동'을 목표로 삼았다. 그 목
표 아래 생산단위와 과학연구기관들 사이의 협동 강화, 기업체들에서
자체의 기술개발역량 구비, 대중적 기술혁신운동 등이 과제로 부각되
었다. 대체로 반복되는 정책과제들 속에서 흥미로운 것은 '경영관리
개선에 이바지하는 과학기술'이었다. 경영관리를 컴퓨터화·정보화하

는 상황에서 기업체들에 필요한 정보통신기술을 신속히 발전시키자는 방향을 읽을 수 있다.

2018년에는 '자립적 경제구조를 완비하는데서 제기되는 과학기술적 문제의 우선해결'(과학기술 선행, 경제작전·지휘 혁신)이라는 목표 아래, 우리식의 주체적인 생산 공정의 확립, 원료·자재·설비의 국산화, 모든 부문와 단위에서의 과학기술 보급사업, 기술혁신운동 등 그동안 강조해온 내용이 반복되었다. 유사 정책과제의 반복은 과학기술발전이 3~4년 노력한다고 해서 만족스러운 성과를 얻을 수 있는 게 아님을 보여준다. 앞으로도 유사 정책과제들이 《신년사》에 반복되는 것이 불가피하다.

2019년에는 '국가 차원의 인재육성과 과학기술발전사업의 목적지향성 있는 추진 및 그에 대한 투자 증대'라는 목표 아래, 세계적인 교육 발전 추세와 교육학적 요구에 맞게 교수내용과 방법의 혁신, 사회경제 발전을 떠메고나갈 인재들의 질적인 양성 등을 과제로 삼았다. 생산현장과 관련하여서는 새 기술개발의 높은 목표 수립, 실용적·경제적 핵심기술연구에 대한 역량 집중에 의한 경제성장의 견인력 확보, 과학연구기관과 기업체들의 긴밀한 협력에 의한 생산과 기술발전 추동 및 지적 창조력 증대의 제도적 조치 강구 등의 과제를 중시했다.

2019년부터 그 전년도에 열린 당 중앙위원회 제7기 제3차 전원회의 (4월 전원회의)《결정서》로 채택된 '과학교육사업의 혁명적 전환' 전략을 실천하기 위한 과제가 중시되었음을 알 수 있다. 교수내용과 방법의 혁신과 과학기술인재 양성, 연구기관과 기업체의 협력, 지적 창조력 증대 등의 2019년의 과업은 오랫동안 지속될 것이다.

2013~19년의 과학기술부문에서 두드러진 정책을 몇 가지 짚어보면 첫째, 과학기술과 생산의 밀착, 과학기술연구기관과 기업체의 긴밀한 협력이다. 둘째, 전 사회적인 과학기술중시 기풍 아래 한편으로 전민 과학기술인재화에 나서고, 다른 한편으로 기업체 자체의 기술역량 개발에 의한 경제성장에 나서는 것이다. 셋째, 원료·자재·설비의 국산화를 실현하는 것이다. 과학기술부문에서 이 세 가지 정책담론이 계속

반복되고 있음을 확인할 수 있다. <표 3-1>은 《신년사》에 나타난 과학기술부문 정책과제를 정리한 것이다.

2020년에는 《신년사》가 발표되지 않았지만, 김정은 위원장은 2019년 12월에 열린 당 중앙위원회 제7기 제5차 회의에서 보고를 통해 과학교육부문의 과제를 제시한 바 있다.

이 보고에서는 김일성종합대학을 비롯한 전반적인 대학들의 구성과 교육강령을 현실발전과 세계적 추세에 맞게 부단히 개선해나갈 것, 교육부문에서 교육내용을 실용화·종합화·현대화하고 교육·과학연구와 생산을 밀착시킬 것이 강조되었다. 또한 교육조건과 환경을 개변시키고 중앙과 지방의 교육수준 차이를 줄이기 위한 사업을 실속 있게 추진하여 재능 있는 인재들과 가치 있는 과학기술성과들을 더 많이 내놓을 것, 교원대열을 질적으로 강화할 것, 교육조건과 환경을 일신하기 위한 사업을 품을 들여 실속 있게 할 것 등이 과제로 제시되었다.[6]

〈표 3-1〉 《신년사》의 과학기술부문 정책과제

연도	정책과제
2013년	- 최첨단돌파전의 전개로 전반적 과학기술의 세계적 수준 도달 - 모든 경제부문에서의 과학기술발전 우선 주력 - 과학기술과 생산의 밀착으로 자체의 자원·기술에 의한 증산 - 설비와 생산공정의 CNC화, 무인화 실현
2014년	- 경제발전과 인민생활 향상에 필요한 전망적 문제들과 현실적인 과학기술적 문제들의 해결, 첨단돌파에 의한 지식경제시대의 지름길 개척 - 과학자·기술자들의 과학적 재능과 열정의 총폭발로 과학기술성과 제고 - 전 사회적인 과학기술중시기풍 확립 - 전민과학기술인재화와 현대과학기술 학습열풍
2015년	- 최첨단돌파전의 전개로 경제발전, 국방력 강화, 인민생활 향상에 이바지하는 연구성과의 대량 산출 - 우리 식의 현대화와 정보화의 적극 촉진 - 일군과 근로자들의 과학기술수준 제고 - 과학기술에 의거한 모든 사업의 전개

연도	정책과제
2016년	- 주체공업·사회주의자립경제의 위력 강화, 인민생활 향상에 있어서 과학기술적 문제의 우선적 해결 - 최첨단의 새로운 경지를 개척하기 위한 연구사업의 심화 - 공장·기업소·협동농장에서의 과학기술보급실 조성 및 운영 정상화 - 현실에서 제기되는 문제들을 과학기술의 힘으로 풀어나가는 사회적 기풍 확립
2017년	- 원료와 연료·설비의 국산화, 공장·기업소 현대화와 생산정상화의 과학기술적 문제 해결, 생산확대와 경영관리개선에 이바지하는 과학기술성과들로 경제발전 추동 - 생산단위와 과학연구기관들 사이의 협동 강화 - 기업체들에서 자체의 기술개발역량 구비 - 대중적 기술혁신운동 전개
2018년	- 자립적 경제구조를 완비하는데서 제기되는 과학기술적 문제의 우선해결 (과학기술 선행, 경제작전·지휘 혁신) - 우리 식의 주체적인 생산공정 확립 - 원료·자재·설비의 국산화 - 모든 부문과 단위에서의 과학기술 보급사업 강화 - 기술혁신운동 전개
2019년	- 국가 차원의 인재육성과 과학기술발전사업의 목적지향성 있는 추진 및 그에 대한 투자 증대 - 세계적인 교육발전 추세와 교육학적 요구에 맞게 교수내용과 방법의 혁신 - 사회경제발전을 떠메고나갈 인재들의 질적인 양성 - 새 기술개발의 높은 목표 수립 - 실용적, 경제적 핵심기술연구에 대한 역량 집중으로 경제성장의 견인력 확보 - 과학연구기관과 기업체들의 긴밀한 협력으로 생산과 기술발전 추동 및 지적 창조력 증대의 제도적 조치 강구

2) 인민경제 선행부문과 중요공업부문

인민경제 선행부문과 중요공업부문은 거의 매년 유사한 정책과제가 반복된다. 2013년에는 석탄·금속공업부문의 혁신이 강조되었고 2014년에는 철강재와 화학제품의 원만한 생산 보장, 전력공업과 석탄공업의 확고한 선행,[7] 전력·석탄·철도운수부문에서의 '연대적 혁신' 등이 과제로 제시되었으며, 2015년에는 석탄과 전력 생산 증대, 전기 절약 투쟁, 금속과 화학공업에서 '우리의 기술과 자원에 의거한 발전' 등이 강조되었다.

2016년에는 이전에 비해 인민경제 선행부문의 정책과제를 구체적으로 언급했는데 이것은 경제강국 건설의 '전환적 돌파구'를 마련하려면 전력·석탄·금속공업과 철도운수부문에서의 총진격이 필요하다는 인식에 따른 것이었다. 정책과제로는 전당과 국가 차원에서 전력문제 해결의 총력 집중,[8] 화력발전소와 여러 경제부문에 대한 충분한 석탄 공급, 금속공업부문에 대한 국가적인 보장대책 수립,[9] 철도운수부문에서 수송조직과 지휘 개선에 의한 열차의 정상운행 보장 등이 제시되었다.

2017년 이후에는 더 구체적인 과제들이 등장했는데 이것은 최고영도자가 선행부문의 정책과제를 일일이 언급해야 할 정도로 이 부문이 중요함을 보여주었다. 전력공업에 대해서는 2017년에 발전설비와 구조물의 질적인 보수, 기술개조 추진에 의한 전력생산계획의 수행, 국가통합전력관리체계의 실속 있는 운영, 교차생산의 조직화, 전력생산과 소비 사이의 균형 조절, 다양한 동력자원 개발에 의한 새로운 발전능력의 대대적 조성 등이 과제로 떠올랐다.

2018년에는 자립적 동력기지의 정비보강, 새로운 동력자원개발 주력, 화력에 의한 전력생산의 결정적 증대, 불비不備한 발전설비의 정비보강, 도道의 지방 특성에 맞는 전력생산기지 건설, 기존 중소형 수력발전소에서의 전력생산의 정상화, 전 국가적인 교차생산 조직, 전력낭비 현상과의 투쟁 등이 과제로 부각되었다. 전반적으로 절전과 교차생산 조직화가 여전히 강조될 정도로 전력사정이 열악했음을 여실히 보여주었다.

2019년에는 전력생산의 획기적 증대, 전력공업에 대한 국가적 투자의 집중, 현존 전력생산 토대의 정비보강과 최대한 효과적 이용, 절실한 부문·대상부터 하나씩 개건 현대화에 의한, 최고생산년도 수준에 미치는 전력생산, 전력문제해결 사업의 전국가적인 사업화 등이 제시되었다. 2019년에는 또한 어랑천발전소와 단천발전소를 비롯한 수력발전소건설의 가속화, 조수력·풍력·원자력 발전능력의 전망성 있는 조성, 도·시·군들에서 다양한 에너지자원의 효과적 개발이용 등의 과제가 덧붙여졌다. 전력공업에 대한 국가투자의 집중과 '최고생산년도 수준'의 전력생산 회복이 강조되었음이 주목된다. 수력발전도 더 늘리려고 했으며 에너지자원의 다양화에도 주력했음이 확연히 드러났다.

금속공업에서는 2017년에 선진기술의 도입, 철 생산원가의 저하, 주체화된 생산 공정의 운영 정상화, 김책제철연합기업소와 황해제철연합기업소를 비롯한 금속공장에 대한 원료·연료·동력 보장대책의 수립 등이 과제로 설정되었다.

2018년에는 주체적인 제철제강기술의 완성, 철 생산능력의 확장, 금속재료의 질質 개선, 금속공업 부문의 필요한 전력, 철정광·무연탄·갈탄 화차와 기관차 자금의 우선 보장, 철강재 생산목표의 무조건 수행 등이 과제로 제시되었다.

2019년에는 주체화된 제철제강공정들의 과학기술적 완비와 정상운영, 생산원가의 최대한 감소, 철광석·내화물·합금철의 보장을 위한 작전안作戰案 수립과 집행 등이 강조되었다.

이러한 정책과제에서 거듭 확인된 것은 '주체적인 제철제강기술'의 발전인데 북한이 이 부문의 주체화 실현을 초미의 과제로 삼고 있음을 확인할 수 있다.

화학공업에서는 2017년에 2.8비날론연합기업소의 생산 활성화, 중요 화학공장의 능력 확장, 기술공정의 우리식 개조, 탄소하나C1화학공업을 창설하기 위한 사업 주력, 단계별 과업 수행 등이 과제였다.

2018년에는 탄소하나화학공업 창설의 촉진, 촉매 생산기지와 인비료공장 건설 추진, 탄산소다 생산 공정의 개건완비 등이 정책과제로 강조되었다. 2019년에는 화학공업의 주체화 실현에서의 '더 큰 발전'을 강조한 가운데 인비료공장 건설과 탄소하나화학공업 창설의 촉진, 회망초(황산나트륨·황산칼슘·석고·진흙 등으로 이뤄진 광물)공업과 인조섬유공업의 발전, 현존하는 화학설비들과 기술 공정들의 에너지 절약형·노력절약형으로의 개조, 화학비료공장들의 만가동 보장, 2·8비날론연합기업소의 생산 정상화를 위한 국가적 역량 투입 등이 강조되었다.

화학공업에서 단연 눈에 띄는 것은 탄소하나화학공업을 창설하려는 움직임이었다. 이와 관련해 2017년 5월 14일 박봉주 내각총리, 오수용 당 중앙위원회 부위원장(경제부장), 로두철 내각부총리 겸 국가계획위원회 위원장, 박태성 평안남도당위원회 위원장 등 경제정책의 핵심 책임자들이 참석한 가운데 열린 순천화학연합기업소에서 탄소하나화학공업 창설을 위한 대상건설 착공식은 주목할 만한 이벤트였다.[10]

석탄공업과 철도운수부문에서는 2017년에 발전소와 금속, 화학공장에 대한 석탄 및 수송 수요의 최우선적 보장 등이 핵심과제였고, 2018년에는 석탄·광물 철도수송에서의 연대적 혁신, 철도운수 부문에서의 수송 조직과 지휘의 과학화와 합리화, 철도부문에서의 군대와 같은 강한 규율과 질서 수립(특히 열차의 무사고 정시운행 보장) 등이 정책과제로 부각되었다. 2019년에는 화력탄 보장의 최우선적 주력, 화력발전소들의 전력생산의 정상화, 온 나라의 탄광 지원, 석탄생산에 필요한 설비와 자재 및 탄부들의 생활조건 보장 등을 위한 국가대책 수립과 함께, 철도를 비롯한 교통운수부문에서의 규율 강화의 된바람, 수송능력과 통과능력의 제고에 의한 수송의 긴장성 해소 등이 강조되었다.

북한 경제가 석탄화학 공업체제로 운영되어왔고 산업현장에 대한 석탄 공급이 생산 정상화의 결정적 요인이었기 때문에 석탄 수송을 중시하지 않을 수 없었다. 석탄이 제때에 공급되지 않으면 공장이 멈춰설 수밖에 없는 현실에서 철도수송에 의한 석탄의 원만한 공급은 현안 중의 현안이었다. 이것은 오늘날에도 마찬가지다. 한편, 북한이 도로운송체계보다는 철도운송체계에 의존하는 물류시스템을 갖고 있어 '열차의 무사고 정시운행 보장'은 오래된 숙제일 수밖에 없다.

그리고 중요공업부문, 특히 기계공업부문에서는 2017년에 기계공장들의 현대화 추진, 새 형의 뜨락또르(트랙터)와 윤전기재 및 다용도화된 농기계의 계열생산 공정 완비, 성능 높은 기계설비의 질적인 생산보장 등이 과제였다. 2018년에는 금성뜨락또르공장과 승리자동차연합기업소를 비롯한 기계공장들의 현대화, 세계적 수준의 기계제품들의 우리식 개발 생산 등이 정책과제로 등장했다. 2019년에는 기계설계, 가공기술의 혁신에 의해 '우리의 실정에 맞게, 우리 식으로' 현대적인 기계설비들을 개발 생산하는 것이 과제였다. <표 3-2>는 《신년사》에 나타난 인민경제 선행부문과 중요공업부문 정책과제를 정리한 것이다.

〈표 3-2〉《신년사》의 인민경제 선행부문과 중요공업부문 정책과제

연도	정책과제
2013년	- 석탄·전력·금속·철도운수부문의 확고한 선행, 경제강국 건설의 도약대 다지기 - 석탄·금속공업부문에서의 혁신
2014년	- 인민경제 전반의 활성화와 인민생활 향상에 필요한 철강재와 화학제품의 생산 보장 - 전력공업·석탄공업의 확고한 선행 * 발전소들에서 전력생산의 최대한 증대 대책 수립 * 긴장한 전력문제의 근본적 해결을 위한 전망계획 수립 및 실현 투쟁 * 수력자원 위주, 풍력·지열·태양열을 비롯한 자연에네르기 이용한 전력생산 증대 * 탄광들에서의 석탄생산 증대 - 전력·석탄·철도운수부문에서의 연대적 혁신에 의한 경제발전 적극 추동
2015년	- 전력문제해결 주력, 선행부문과 중요공업부문들을 추켜세우기 위한 투쟁 * 석탄과 전력생산 증대, 전기의 극력 절약 투쟁 (당면한 전력수요 보장, 전기문제의 전망적 해결대책의 현실성 있는 수립) - 우리의 기술, 우리의 자원에 의거한 금속·화학공업을 비롯한 기간공업부문들 발전 - 철도운수를 추켜세워 모든 경제부문들의 활기와 원활한 전진
2016년	- 전력·석탄·금속공업과 철도운수부문이 경제강국 건설의 총진격의 앞장에서 내달리기 - 전력문제 해결에 전당적·전국가적 역량 투입 * 지금 있는 발전소들의 정비보강, 만부하 가동으로 전력생산의 최대한 증대 * 단천발전소 건설을 비롯해 발전능력을 새로 더 조성하기 위한 투쟁 * 자연에네르기를 이용한 전력문제 해결사업의 전개 * 모든 부문·단위에서 생산된 전기의 절약 및 효과적 이용의 된바람 - 석탄공업의 생산적 앙양으로 화력발전소들과 여러 경제부문에 석탄의 충분한 공급 - 금속공업에 대한 국가적인 보장대책 수립 * 김책제철연합기업소·황해제철연합기업소를 비롯한 금속공장들의 주체화·

연도	정책과제
	현대화로 철강재생산 증대 - 철도운수에서의 규율 강화, 수송조직과 지휘 개선 * 열차의 정상운행 보장, 철도의 현대화 가속화
2017년	- 전력공업에서 발전설비와 구조물의 질적 보수, 기술개조에 의한 전력생산계획 수행 * 국가통합전력관리체계의 실속 있는 운영 * 교차생산의 조직화, 전력생산과 소비사이의 균형 조절 * 다양한 동력자원 개발로 새로운 발전능력의 대대적 조성 - 금속공업에서 선진기술 도입, 철 생산원가 감소, 주체화된 생산 공정들의 정상적 운영에 의한 철강재 생산 증대 * 김책제철연합기업소·황해제철연합기업소를 비롯한 금속공장들에 대한 원료·연료·동력 보장대책 수립 - 화학공업에서 2·8비날론연합기업소의 생산 활성화, 중요화학공장들의 능력 확장, 기술공정의 우리 식 개조에 의한 화학제품 생산증대 * 탄소하나화학공업의 창설사업 주력, 단계별 과업의 적시의 원만한 수행 - 석탄공업과 철도운수에서 발전소·금속·화학공장들의 석탄수송 수요의 최우선적 보장 - 기계공장들에서의 현대화 촉진 * 새 형의 뜨락또르와 윤전기재, 다용도화된 농기계들의 계열생산 공정 완비 * 여러 가지 성능 높은 기계설비들의 질적인 생산보장
2018년	- 인민경제의 자립성과 주체성 강화에 총력집중 - 전력공업에서 자립적 동력기지들의 정비보강, 새로운 동력자원 개발 주력 * 화력에 의한 전력생산의 결정적 증대 * 불비不備한 발전설비들의 정비보강으로 전력손실 감소와 최대한 증산 투쟁 * 도道들에서 지방의 특성에 맞는 전력생산기지 건설, 건설된 중소형수력발전소들에서의 전력생산 정상화에 의한 지방공업 전력의 자체 보장 * 전국가적인 교차생산의 조직화, 전력낭비현상과의 투쟁 전개에 의한 생산된 전력의 효과적 이용을 위한 된바람 - 금속공업에서 주체적 제철·제강기술의 완성, 철생산능력의 확장, 금속재료의 질의 결정적 제고에 의한 인민경제의 철강재 수요 충족 * 금속공업에 필요한 전력·철정광·무연탄·갈탄·화차·기관차·자금의 계획대로 어김없는 보장, 철강재생산 목표의 무조건 수행 * 금속공업의 주체화 완성 - 화학공업에서 탄소하나화학공업 창설의 촉진, 촉매생산기지와 인비료공장 건설의 계획대로 추진, 회망초를 출발원료로 하는 탄산소다생산공정의 개건 완비 - 기계공업부문에서 금성뜨락또르공장과 승리자동차련합기업소를 비롯한 기계공장들의 현대화, 세계적 수준의 기계제품들의 우리 식 개발생산.

연도	정책과제
	- 석탄과 광물생산·철도수송에서의 연대적 혁신 ＊ 철도운수에서 수송조직과 지휘의 과학화·합리화에 의한 현존 수송능력의 최대한 이용 ＊ 철도에 군대와 같은 강한 규율과 질서 수립으로 열차의 무사고 정시운행 보장
2019년	- 전력문제해결에 우선 주력으로 인민경제활성화의 돌파구 열기 ＊ 가장 중요하고 절박한 과업의 하나는 전력생산의 획기적 증대 ＊ 전력공업에 대한 국가적인 투자 집중, 현존 전력생산토대의 정비보강과 최대한 효과적 이용, 절실한 부문·대상부터 하나씩 개건 현대화에 의한, 최고생산년도 수준으로 전력생산 증대 ＊ 전력문제해결 사업의 전국가적인 사업화, 어랑천발전소·단천발전소를 비롯한 수력발전소 건설 가속화, 조수력·풍력·원자력 발전능력의 전망성 있는 조성, 도·시·군들에서 다양한 에네르기 자원의 효과적 개발 이용 - 석탄공업부문에서 화력탄 보장에 최우선적 주력, 화력발전소들의 전력생산 정상화 ＊ 온 나라의 탄광 지원(사상정신적, 물질기술적 지원), 석탄생산에 필요한 설비·자재, 탄부들의 생활조건의 보장을 위한 국가적 대책 수립 - 금속공업과 화학공업의 주체화 실현에서의 더 큰 발전 ＊ 금속공업에서 주체화된 제철·제강공정들의 과학기술적 완비 및 정상운영, 생산원가의 최대한 감소, 철광석·내화물·합금철의 보장을 위한 작전안 수립 및 집행 ＊ 화학공업에서 인비료공장 건설과 탄소하나화학공업 창설 촉진, 회망초공업과 인조섬유공업의 발전, 현존 화학설비·기술 공정들의 에너지절약형·노력절약형으로 개조, 화학비료공장들의 만가동 보장, 2·8비날론연합기업소의 생산 정상화를 위한 국가적인 역량 투입 - 철도를 비롯한 교통운수에서 규율 강화의 된바람, 수송능력과 통과능력의 제고로 수송의 긴장성 해소 - 기계제작공업에서 기계설계와 가공기술의 혁신으로 현대적인 기계설비들의 '우리의 실정에 맞게, 우리 식으로' 개발생산

3) 농업과 축산·수산·과수부문

식생활부문은 《신년사》에 농업 전반과 비식량 부문(축산·수산·과수)으로 나눠 정책과제가 제시된다. 농업 전반에서는 각 해당연도의 알곡생산목표 달성이나 초과수행을 목표로 삼았다. 2013년에는 농사에 대한 국가역량 집중, 농업생산의 과학화와 집약화 수준 제고 등이 과제였다.

2014년에는 농촌에서의 사상혁명·기술혁명·문화혁명 전개, 사회주의 농촌테제의 정당성과 생활력 실증, 농사에 모든 힘의 총집중, 과학적 영농방법의 적극 도입, 농사일의 책임적인 수행 등이 과제로 등장했다. 2015년에는 물절약형 농법을 비롯한 과학농법의 도입, 영농물자의 원만한 보장, 실정에 맞는 생산조직과 지도 등이 정책과제로 제시되었다.

2016년에는 농산부문에서의 혁신을 강조하는 가운데, 우량품종과 과학농법의 도입, 농촌경리의 종합적 기계화 추진, 영농공정별 보장대책 확립 등이 과제로 부상했다. 2017년에는 과학농사열풍과 다수확운동 전개, 우량종자와 과학적인 영농방법 도입, 두벌농사(이모작)면적의 증대, 능률적인 농기계의 적극 창안 도입 등이 과제였다.

2018년에는 우량종자와 다수확 농법과 능률적인 농기계의 대대적 도입, 과학기술적 영농 등이 정책과제로 제시되었다. 그리고 2019년에는 '경제건설의 주타격 전방인 농업전선에서 증산투쟁 전개'를 강조한 가운데, 내각과 해당 부문들에서 영농공정별에 따르는 과학기술적 지도의 실속 있는 조직화, 영농물자의 원만한 보장에 의한 알곡생산의 결정적 증대, 농장원들의 의사와 이익 존중 및 사회주의분배원칙 요구의 정확한 구현 등이 정책과제였다.

한마디로 정리하면 영농 과학화를 통해 알곡생산목표를 달성하자는 것이다. 북한의 농정당국은 김 위원장의 《신년사》에서 반복적으로 강조한 영농 과학화에 의해 농업생산을 증대하는 방향으로 움직였다.

덧붙여 협동농장 분조관리제에서 포전담당 책임제가 도입되어 농민들에게 인센티브를 더 부여하는 쪽으로 향하였다. 2015년 《신년사》에서 '실정에 맞는 생산조직과 지도'를 언급했던 것이나, 2019년에 '농장원들의 의사와 이익 존중'을 강조했던 것을 보면, 2015~19년에 포전담당 책임제를 통해 농장원들의 자율성을 더욱 확대했음을 짐작할 수 있다. 포전담당 책임제의 실행에 따라 협동농장 분조들이 '실정에 맞추어', '농장원들의 의사와 이익에 따라' 운영되었던 것이다. 농정의 키워드는 과학영농과 농민의 자율성 제고로 집약된다고 할 수 있다.

한편, 2013년에 축산·수산·과수부문의 결정적 발전으로 식생활을 개선하고 풍족하게 하자는 지침, 2014년에는 축산의 적극 발전과 온실남새·버섯의 대대적 재배에 의해 고기·남새·버섯의 공급량을 증대시키자는 지침에서 확인되듯이 과제가 포괄적으로 제시되었다. 2015년 《신년사》부터 축산·수산·과수부문에서 구체적인 과제들이 등장했다. 먹는 문제의 해결을 알곡 증산에서만 찾을 게 아니라 축산과 수산업에서도 활로를 열려는 의지가 뚜렷했다. 이는 인민들의 식단에서 단백질 공급을 늘리려는 노력이었다.

즉 2015년에는 축산기지와 양어기지, 온실과 버섯생산기지에서의 생산 정상화, 세포지구 축산기지건설의 본격 추진, 축산물 증산과 축산기지 운영의 준비, 수산업의 결정적 발전과 물고기대풍 마련[11] 등이 과제였다. 2016년에는 축산·수산부문에서의 신속한 생산 장성, 전국 도처의 양어장과 남새온실, 버섯생산기지의 활성화[12] 등이 과제로 등장했다.

2017년에는 세포지구 축산기지의 정상운영의 보장대책 수립, 과일·버섯·남새 생산의 증대,[13] 적극적인 어로전 전개, 양어·양식의 근거 있는 전개, 현대적인 어선의 제작, 동해안지구의 종합적 어구생산기지 조성 등이 과제로 부각되었다. 2018년에는 축산물·과일·온실남새·버섯 생산의 증대, 배무이와 배수리 능력의 제고, 과학적인 어로전 전개, 양어와 양식 활성화 등이 강조되었다.

그리고 2019년에는 축산업 발전의 4대 고리 장악, 닭공장을 비롯한 축산기지들의 현대화와 활성화, 협동농장들의 공동축산과 개인부업축산의 장려에 의한 고기와 알 공급의 증대, 수산부문의 물질기술적 토대 강화, 물고기잡이와 양어·양식 과학화, 수산자원의 보호증식 등의 정책과제가 떠올랐다. 김정은 위원장이 '인민들이 덕을 보게' 해야 한다거나 '인민들의 식탁 위에 바다향기가 풍기게' 해야 한다고 언약하고 이 부문의 현지지도를 더 늘리고, 정책 담당자들에게 그에 대한 책임을 촉구하는 흐름이 관찰되었다.

북한의 정치문화를 감안한다면, 인민들이 '인민들의 식탁'이란 표현을 김 위원장에게서 들었다는 데서 놀라움과 기대감을 가질 수 있을 것이다. 단백질 공급의 증가는 알곡 수요량을 줄일 수 있어서 먹는 문제의 해결에서 질적인 변화가 나타날 것이라는 예측도 가능하다. 다만 식생활 변화에는 말할 나위 없이 시간이 소요될 것이다. <표 3-3>은 《신년사》에 나타난 농업과 축산·수산·과수부문의 정책과제를 정리한 것이다.

이에 덧붙여 김정은 위원장은 2019년 12월 당 중앙위원회 제7기 제5차 회의 보고에서 농업생산 과제를 제시한 바 있다. 과학농법을 틀어쥐고 다수확열풍을 더욱 세차게 일으킬 것, 농업부문의 과학기술역량과 농업과학연구기관들을 튼튼히 꾸릴 것, 농업과학기술인재 육성사업에 힘을 넣을 것, 농촌경리의 수리화를 더욱 완성하여 흥풍(흉년·풍년)을 모르는 농업생산 토대를 마련할 것, 농산작업의 기계화비중을 높이고 나라의 농업토지를 한 선line에서 통일적으로 관리할 것, 축산업과 과수업 등 모든 분야에서 새로운 전환을 가져올 것 등이 과제였다.[14]

<표 3-3> 《신년사》의 농업과 축산·수산·과수부문 정책과제

연도	정책과제
2013년	- 농업은 경제건설의 주공전선 - 농사에 국가적인 역량 집중, 농업생산의 과학화와 집약화 수준 제고에 의한 알곡 생산목표 점령 - 축산·수산·과수부문의 결정적 성장으로 인민들의 식생활 개선

2014년	- 농촌에서 사상혁명·기술혁명·문화혁명 전개, 농업생산에서 결정적 전환에 의한 사회주의농촌체제의 정당성과 생활력 실증
	- 농업을 주타격 방향으로 확고히 장악, 농사에 모든 힘의 총집중
	  * 농업부문에서 과학적 영농방법의 적극 도입, 농사일의 책임적 수행에 의한 알곡고지 점령
	- 축산의 적극 발전. 온실남새, 버섯재배의 대대적 전개에 의한 고기·남새·버섯의 인민 공급 증대
	- 수산부문의 성장을 위한 국가적 대책 수립
	  * 고깃배와 어구의 현대화, 과학적 방법으로 물고기잡이 전투에 의한 만선의 뱃고동 소리 높이 울리기

연도	정책과제
	* 바닷가양식의 대대적 실행
2015년	- 농산·축산·수산 3대축으로 인민들의 먹는 문제 해결, 식생활 수준의 한 단계 제고 - 농업부문에서 물절약형 농법을 비롯한 과학농법들의 적극 도입, 영농물자의 원만한 보장, 실정에 맞는 생산조직과 지도로 불리한 자연조건 극복, 알곡생산 목표의 초과 수행 - 전국 도처의 축산기지와 양어기지, 온실과 버섯생산기지들에서 생산 정상화 (인민들이 덕을 보게 해야 함) * 세포지구 축산기지건설 가속화, 축산물 생산과 기지운영 준비의 착실한 진행 - 수산업의 결정적 성장, 물고기대풍의 마련 (인민들의 식탁 위에 바다향기가 풍기게 해야 함)
2016년	- 농산·축산·수산부문에서 혁신, 인민생활 개선의 전환 - 농업부문에서 우량품종과 과학농법의 적극 도입, 농촌경리의 종합적 기계화 촉진, 영농공정별 보장대책의 철저한 수립에 의한 알곡생산계획 수행 - 축산과 수산부문에서 생산의 신속한 성장, 전국 도처에 건설한 양어장과 남새온실, 버섯생산기지들의 성과 중시 (인민들의 식탁을 풍성하게 해야 함)

2017년	- 농업전선에서 과학농사열풍, 다수확운동 전개
	  * 우량종자와 과학적인 영농방법의 광범위한 도입, 두벌농사면적 증대, 능률적인 농기계들의 적극 창안도입에 의한 알곡고지 점령
	- 세포지구 축산기지의 정상운영을 위한 대책 수립, 과일·버섯·남새 생산 증대 (인민들이 덕을 보게 해야 함)
	- 수산부문에서 적극적인 어로전 전개, 양어와 양식의 근거 있는 수행
	  * 현대적인 고기배 생산, 동해안지구에 종합적인 어구생산기지 조성 (수산업의 물질기술적 토대를 강화해야 함)

2018년	- 농업과 수산전선에서의 앙양 - 우량종자와 다수확농법, 능률적인 농기계들의 대대적 도입, 과학기술적 영농에 의한 알곡생산 목표 점령 - 축산물과 과일·온실남새·버섯생산 증대 - 배무이와 배수리능력 제고, 과학적인 어로전 전개, 양어와 양식의 활성화
2019년	- 경제건설의 주타격 전방인 농업전선에서 증산투쟁 전개 - 내각과 해당 부문들에서 영농공정별에 따르는 과학기술적 지도의 실속 있는 조직화, 영농물자의 원만한 보장에 의한 알곡생산의 결정적 증대 * 농장원들의 의사와 이익 존중, 사회주의분배원칙의 요구의 정확한 구현 - 축산업 발전의 4대 고리 장악, 닭공장을 비롯한 축산기지들의 현대화와 활성화, 협동농장들의 공동축산과 개인부업축산의 장려에 의한 고기와 알의 공급 증대

연도	정책과제
	- 수산부문의 물질기술적 토대 강화, 물고기잡이와 양어·양식의 과학화, 수 산자원의 보호증식에 의한 수산업 발전의 새 길 개척

4) 경공업부문

경공업부문에서는 인민생활 향상을 위해 2013년에 경공업공장들에 대한 원료와 자재 보장, 질 좋은 소비품 증산이 정책과제로 제시된 이 래, 거의 같은 기조 아래 약간씩 변화를 보였다. 2014년에는 경공업공 장에서의 현대화와 CNC화의 적극 추진, 원료와 자재의 국산화 비중 제 고에 의한 생산 정상화, 실정에 맞는 지방공업의 발전 등이 과제였다.

2015년에는 경공업 종사자들의 책임과 임무 자각과 자체적인 발전 책략의 수립, 중앙과 지방 경공업공장들의 생산 정상화, 질 좋은 소비 품·학용품·어린이식료품 등의 증산과 배분 등이 강조되었다. 2016년 에는 공장과 기업소 현대화의 실현, 세계적 경쟁력을 가진 명제품名製 品과 명상품名商品 증산 등이 중시되었다.

2017년에는 원료·자재 국산화, 경영전략의 올바른 수립과 생산 활성 화, 인민소비품의 다종화·다양화와 질質 제고, 단천지구 광산·기업소 의 생산 정상화 등이 정책과제로 부상했다. 2018년에는 설비와 생산 공정의 노동력·전기 절약형 개조, 국내 원료와 자재에 의한 다양하고 질 좋은 소비품 증산, 도·시·군에서 자체의 원료원천에 의한 지방경제 발전 등이 과제로 제시되었다.

2019년에는 경공업부문에서 현대화·국산화·질質제고, 인민들이 좋 아하는 여러 가지 소비품의 생산 보장, 도·시·군들에서 기초식품공장 을 비롯한 지방공업공장들의 현대적 일신과 자체 원료와 자원에 의거 한 생산 정상화 등이 강조되었다.

경공업의 특성을 반영해 중앙공업과 함께 지방공업의 중요성이 강 조되었던 점, 인민생활자금 보장의 중요성을 감안해 단천지구 광산·기업소의 생산 정상화가 거론되었던 점이 눈에 띈다. 김정은 위원장은 2013년 3월 18일에 열린 전국경공업대회의 연설에서 김정일 국방위원장이 "단천지구 광산들을 뚝 떼어 인민생활자금을 보장하는데 복무"하도록 했다고 발언함으로써 이 사실을 확인했다. 이것은 단천지구 광산에서 발생하는 수입을 인민생활자금으로 사용한다는 것을 뜻한다.

또한 인민소비품 생산에서 품질문제가 유독 강조되었음도 간과할 수 없다. <표 3-4>는 김정은 위원장의 《신년사》에 나타난 경공업부문의 정책과제를 정리한 것이다.

<표 3-4> 《신년사》의 경공업부문 정책과제

연도	정책과제
2013년	- 경공업은 경제건설의 주공전선 - 경공업공장들에 대한 원료와 자재 보장대책의 철저한 수립, 질 좋은 인민소비품 증산
2014년	- 인민생활 향상에서 주요한 몫을 담당하고 있는 경공업 발전에 주력 - 경공업공장들에서 현대화, CNC화의 적극 추진 - 원료·자재의 국산화 비중 제고로 생산 정상화 - 모든 시·군들에서 실정에 맞게 지방공업 발전, 여러 가지 질 좋은 인민소비품 증산
2015년	- 경공업부문에서 책임과 임무 자각, 자체로 일떠서기 위한 책략 수립 - 중앙과 지방 경공업공장들에서 생산 정상화의 동음 높이 올리기 - 인민들과 학생들, 어린이들에게 여러 가지 질 좋은 소비품들과 학용품, 어린이 식료품들 더 많이 공급
2016년	- 경공업부문에서 공장·기업소 현대화의 높은 수준 실현 - 원료·자재 보장대책 수립, 활기 있는 생산 전개 - 세계적인 경쟁력을 가진 명제품, 명상품들 더 많이 출시
2017년	- 경공업부문에서 원료·자재의 국산화, 경영전략의 올바른 수립에 의한 생산 활성화 - 인민소비품의 다종화·다양화와 질 제고에서의 전환 - 단천지구 광산·기업소들의 생산 정상화 (인민생활 향상에서 은을 내도록 해야 함)
2018년	- 경공업공장들의 설비와 생산공정의 노력절약형·전기절약형으로 개조 - 국내 원료·자재로 다양하고 질 좋은 소비품들 더 많이 생산 공급 - 도·시·군들에서 자체의 원료원천에 의거한 지방경제의 특색 있는 발전

연도	정책과제
2019년	- 경공업부문에서 현대화·국산화·질제고의 기치 높이 들기 - 인민들이 좋아하는 여러 가지 소비품들 생산 보장 - 도·시·군들에서 기초식품공장을 비롯한 지방공업공장들의 현대적 일신, 자체의 원료·자원에 의거한 생산 정상화

5) 건설부문

건설부문에서는 세계적인 건축물과 기념비적인 창조물의 건설이 강조된 가운데 중요 대상건설, 살림집과 문화기지 건설, 도시건설 등 세 부문의 과제들이 제시되었다. 2013년 《신년사》는 당의 대자연개조 구상의 조기 실현을 군인과 돌격대원에게 주문하는데 그쳤다. 2014년에는 청천강계단식발전소 건설과 세포지구 축산기지건설, 고산과수농장 건설, 간석지 건설, 황해남도 물길공사 등의 기일 내 완공, 살림집과 합숙 건설, 교육조건과 환경 개선을 위한 건설, 문화봉사기지 등의 최상 수준의 건설, 평양시의 웅장화려한 건설의 군민軍民합동작전, 도·시·군들의 지방 특색을 반영한 도시 조성 등의 다양한 과제를 내놓았다.

2015년에는 청천강계단식발전소와 고산과수농장, 미래과학자거리 등의 10월 이전 완공, 교육문화시설과 살림집의 기념비적 창조물 건립, 발전소와 공장 건설 등이 과제였다. 2016년에는 중요 생산시설·교육문화시설·살림집을 최상의 수준으로, 최대의 속도로 건립할 것을 강조하는데 그쳤다.

2017년에는 려명거리 건설의 최상 수준의 완공, 단천발전소 건설과 김종태전기기관차연합기업소 현대화공사, 원산지구 건설 등에 대한 역량 집중, 교육문화시설과 살림집 건립 등이 거론되었다. 2018년에는 단천발전소 건설, 황해남도 물길 2단계 공사 등과 살림집 건설의 주력, 원산갈마해안관광지구 건설의 최단기간 내 완공, 삼지연군 꾸리기 등이 과제로 제시되었다.

2019년에는 삼지연군에 대한 산간문화도시의 표준 및 사회주의이상향으로의 변모, 원산갈마해안관광지구와 새로운 관광지구를 비롯한 대상건설의 완공, 건축설계와 건설공법의 계속 혁신과 마감건재의 국산화와 질적 발전, 국가의 대대적 건설에 필요한 시멘트를 비롯한 건재생산능력 확장 등이 강조되었다.

건설부문에서 눈에 띄는 것은 당해 연도에 집중해야 할 건설대상을 거명한 점인데, 이것은 특정 건설대상에 국가역량, 이를테면 정부예산, 건설자재, 운전기재(각종 차량), 노동력 등의 총동원령을 내렸다는 것을 보여준다. 북한은 건설부문의 정보를 가장 빈번이 공개하는 편이고 김 위원장의 현지지도도 이 부문에서 활발했던 것으로 나타났다. 짐작컨대 건설수요가 높은데다가 어떤 건설대상이나 가시적인 성과를 거둘 수 있어서일 것이다.

<표 3-5>는 김정은 위원장의 《신년사》에 나타난 건설부문의 정책과제를 정리한 것이고 <표 3-6>은 건설부문의 현지지도 등을 정리한 것이다.

〈표 3-5〉《신년사》의 건설부문 정책과제

연도	정책과제
2013년	- 군인과 돌격대원들이 당의 대자연개조구상을 앞당겨 실현할 수 있는 확고한 전망 개척
2014년	- 선군시대를 대표하는 세계적 수준의 훌륭한 건축물들과 인민들의 생활조건 개선을 위한 건설 확대로 자립경제의 토대 강화 및 인민들의 유족하고 문명한 생활 제공 - 청천강계단식발전소, 세포지구축산기지, 고산과수농장, 간석지 건설과 황해남도 물길공사를 비롯한 주요 대상 건설의 가속화, 기일 내 완공 - 살림집과 합숙 건설, 교육조건과 환경 개선을 위한 건설의 적극적 전개 - 문화봉사기지들의 최상의 수준의 건축 - 군민軍民협동작전으로 평양시의 웅장화려한 건설, 도·시·군들의 지방 특색이 살아나는 조성
2015년	- 조선속도 창조의 열풍 고조로 발전소와 공장, 교육문화시설과 살림집들을 기념비적 창조물들로 건축 - 청천강계단식발전소, 고산과수농장, 미래과학자거리를 비롯한 중요 건설대상들의 완공 (10월 대축전장을 빛나게 장식하도록 해야 함)
2016년	- 당의 건설방침과 대건설구상을 실현하기 위한 총공격전 전개

연도	정책과제
	- 중요생산시설들과 교육문화시설, 살림집들의 '시대의 본보기·표준'으로, 최상의 수준에서, 최대의 속도로 건축 (건설의 대번영기가 끊임없이 이어지게 해야 함)
2017년	- 려명거리 건설의 최상의 수준의 완공 - 단천발전소 건설, 김종태전기기관차연합기업소 현대화공사, 원산지구 건설을 비롯한 중요대상건설에 역량 집중 - 교육문화시설과 살림집들을 더 많이 훌륭히 건축
2018년	- 군민軍民이 힘을 합쳐 원산갈마해안관광지구 건설의 최단기간 내 완공 - 삼지연군꾸리기와 단천발전소 건설, 황해남도물길 2단계공사를 비롯한 중요대상건설 가속화 - 살림집건설에 계속 주력
2019년	- 조국의 부강과 인민의 행복을 위한 거창한 대건설사업들을 통 크게 전개 - 전당·전국·전민이 떨쳐나 삼지연군을 산간문화도시의 표준, 사회주의이상향으로 변모 - 원산갈마해안관광지구와 새로운 관광지구를 비롯한 대상건설들을 최상의 수준에서 완공 - 건축설계와 건설공법들의 계속 혁신, 마감건재의 국산화와 질적 발전으로 모든 건축물들을 우리 식으로 화려하게 건축 (인민들이 문명과 낙樂을 누리게 해야 함) - 대대적인 국가적 건설에 맞게 시멘트를 비롯한 건재 생산능력의 계획대로 확장

〈표 3-6〉 김정은 위원장의 건설부문의 현지지도 등

일자	활동내역	보도일
2012.01.	조선인민군 군대가 맡고 있는 평양민속공원, 영웅거리의 고기상점 등 여러 건설대상들 시찰	01.11 중통
2012.04.	릉라인민유원지 개발사업 현지지도	04.30 중통
2012.05.	개선청년공원 유희장 시찰 요해 및 완공을 앞둔 창전거리, 류경원과 인민야외빙상장 건설사업 현지지도	05.25 중통
2012.06.	릉라인민유원지, 평양산원 유선종양연구소 건설현장 현지지도	07.01 중통
2012.09.	대동강타일공장 현지지도	09.02 중통
2013.05.	인민군대에서 건설 중인 여러 대상들 시찰	05.07 중통
2013.05.	인민군대에서 새로 건설하고 있는 마식령스키장 현지지도	05.27 중통
2013.06.	대관유리공장 현지지도	06.15 중통
2013.07.16	새로 건설 중인 아동병원과 구강병원 건설장 현지지도	07.16 중통
2013.08.	완공단계에 이른 과학자살림집 건설장과 새로 개건 중인 평양체육관 시찰	08.07 중통
2013.08.	미림승마구락부, 문수물놀이장 건설장 시찰	08.09 중통
2013.08.	김일성종합대학 과학자살림집 건설장 방문	08.13 중통

일자	활동내역	보도일
2013.08	조선인민군 제3404군부대 시찰 및 마식령스키장 건설장 현지지도	08.17 중통
2013.09.	애국돌공장(황해남도 해주시) 현지지도	09.03 중통
2013.09.	완공단계 문수물놀이장 건설장 시찰	09.18 중방
2013.09.	문수물놀이장 건설장과 완공단계에 이른 미림승마 구락부 건설장 현지지도	09.23 중통
2013.09.	5월1일경기장을 돌아보고 개건 보수과업 제시	09.24 중통
2013.09.	완공을 앞둔 김일성종합대학 교육자살림집 건설장 현지지도	09.29 중통
2013.10.	아동병원 건설현장 시찰 및 옥류아동병원 명명	10.06 중통
2013.11.	마식령스키장 건설장 재차 방문	11.02 중통
2013.11.	평양건축종합대학 현지지도	11.27 중통
2013.12.	조선인민군 설계연구소 현지지도	12.14 중통
2014.02.	새로 개건 중인 송도원 국제소년단야영소 시찰	02.24 중통
2014.03.	새로 개건하고 있는 중앙동물원 방문	03.12 중통
2014.05.	김책공업대학 교육자 살림집건설장 시찰	05.21 중통
2014.05.	대관유리공장 현지지도	05.26 중통
2014.05.	과학자휴양소 건설장 시찰	05.29 중통
2014.06.	쑥섬개발사업 현지지도	06.02 중통
2014.06.	위성과학자거리 건설장 및 5월1일경기장 개건현장 현지지도	06.20 중통
2014.06.	평양육아원, 애육원 건설장 현지지도	06.25 중통
2014.07.	평양 국제비행장 항공역사 건설장 현지지도	07.11 중통
2014.08.	김책공업종합대학 교육자 살림집건설장 현지지도	08.13 중통
2014.08.	평양육아원, 애육원 건설장 현지지도	08.13 중통
2014.08.	연풍 과학자휴양소 건설장 현지지도	08.18 중통
2014.10.	평양국제비행장 건설장 현지지도	11.01 중통
2015.02.	원산시 육아원, 애육원, 초등학원, 중등학원 건설장 현지지도	02.11 중통
2015.02.	미래과학자거리 건설장 현지지도	02.15 중통
2015.02.	평양 쑥섬 과학기술전당 건설장 현지지도	02.27 중통
2015.03.	평양시 양로원건설장 현지지도	03.06 중통
2015.04.	완공단계에 이른 평양국제비행장 2항공역사 건설장 현지지도	04.12 중통
2015.04.20	백두산선군청년발전소 건설장 현지지도	04.20 중통
2015.09.	완공을 앞둔 백두산영웅청년발전소 건설장 현지지도	09.14 중통
2016.03.	려명거리(금수산태양궁전과 용흥사거리 사이) 건설 선포 및 강령적 과업 현지에서 제시	03.18 중통
2016.05.	류경안과종합병원 건설장 현지지도	05.27 중통
2016.05.	보건산소공장 건설장 현지지도	05.30 중통
2016.07.	백두산건축연구원 현지지도	07.14 중통
2016.07.	천리마건재종합공장 현지지도	07.27 중통
2017.01.25	려명거리 건설장 현지지도	01.26 중통
2017.03.	백두산건축연구원 현지지도	03.11 중통

일자	활동내역	보도일
2017.03.	려명거리 건설장 현지지도	03.16 중통
2018.05.	원산갈마해안관광지구 건설장 현지지도	05.26 중통
2018.06.	새로 건설된 평양대동강수산물식당 현지지도	06.09 중통
2018.07.	삼지연군안의 건설장들 현지지도	07.10 중통
2018.07.	어랑천발천소 건설장 현지지도	07.17 중통
2018.07.	염분진호텔 건설장 현지지도	07.17 중통
2018.08.	원산갈마해안관광지구 건설장 현지지도	08.17 중통
2018.08.	삼지연군 안의 건설장 현지지도	08.18 중통
2018.10.	삼지연군 현지지도	10.30 중통
2018.10.	원산갈마해안관광지구 건설장 현지지도	11.01 중통
2018.10.	양덕군 온천관광지구건설현장 현지지도	11.01 중통
2018.11.	신의주시 건설총계획 지도	11.16 중통
2018.11.	대관유리공장 현지지도	11.18 중통
2018.04.	삼지연군 현지지도	04.04 중통
2019.04.	원산·갈마해안관광지구건설장 현지지도	04.06 중통
2019.04.	평안남도 양덕군 온천관광지구건설장	04.06 중통
2019.05	강계시와 만포시건설 총계획 지도	06.01 중통

*중통은 '조선중앙통신'의 줄임말

6) 국토관리부문

김정은 시대의 북한은 국토관리부문에서 산림복구전투와 환경보호 사업을 강조해왔다. 2014년에 지하자원·산림자원·해양자원을 비롯한 귀중한 자원 보호와 증산, 나무심기의 전군중적 운동 전개('우거진 푸른 숲 조성') 등이 중시되었다. 2015년에는 전당·전군·전민의 산림복구전투 전개('푸른 숲이 우거진 황금산 전변'), 수림화·원림화·과수원화 실현 사업의 전개, 평양시와 도·시·군 소재지들, 일터·마을의 문명화된 조성과 정상유지·관리 등이 과제로 부상했다. 2016년에는 전당·전군·전민의 산림복구전투, 도시와 농촌, 일터와 마을의 알뜰하게 꾸리기, 나라의 자원보호, 대기와 강하천, 바다오염을 막기 위한 대책 수립 등이 정책과제로 제시되었다.

2017년에는 도 단위로 현대적 양묘장 조성, 산림복구전투 전개, 강하천관리·도로보수·환경보호사업의 계획적인 진행(국토의 면모 일신) 등이 과제였다. 2018년에는 산림복구전투 성과의 확대, 조성된 산림의 보호관리 개선, 도로의 기술상태 개선, 강하천 정리의 정상화, 환경보호사업의 과학적·책임적 전개 등이 과제로 언급되었다. 2019년에는 산림복구전투 2단계 과업의 적극 추진, 원림녹화와 도시경영 및 도로관리사업의 개선, 환경오염의 철저한 방지 등이 중점적으로 강조되었다.

북한에서 전력과 에너지 부족이 오래 지속되면서 도시와 농촌 곳곳에서 땔나무로 인한 산림훼손이 극심했던 데다가 다락밭과 뙈기밭 같은 농지조성으로 인해 산림이 잠식되어 장마철 폭우의 피해가 심각한 지경에 이르렀다. 1995년 고난의 행군 이래 매년 산림복구전투가 주요 과제로 강조되어 왔음은 《신년사》 등으로 확인된다. 산림복구전투를 비롯한 국토관리부문은 노력에 비해 단기 성과가 나지 않는 백년대계의 사업이다. 꾸준히 장구한 세월동안 노력해야 하는 사업인 점에서 지식경제시대의 인재양성에 나선 교육사업과 유사한 측면이 있다. <표 3-7>은 김정은 위원장의 《신년사》에 나타난 국토관리부문의 정책과제를 정리한 것이다.

참고로, 2019년 12월 당 중앙위원회 제7기 제5차 회의에서는 김정은 위원장이 생태환경을 철저히 보호하기 위한 결정적 대책을 세울 것, 자연재해에 대응하기 위한 국가적인 위기관리체계를 정연하게 세울 것 등을 강조한 바 있다.[15]

〈표 3-7〉 《신년사》의 국토관리부문 정책과제

연도	정책과제
2013년	※ 정책과제를 제시하지 않음.
2014년	- 지하자원과 산림자원·해양자원을 비롯한 나라의 귀중한 자원 보호 및 적극 증대 - 나무심기의 전군중적 운동 전개 (모든 산들에 푸른 숲이 우거지게 해야 함)
2015년	- 전당·전군·전민이 떨쳐나 산림복구전투 전개 (조국의 산들을 푸른 숲이 우거진 황금산으로 전변시켜야 함) - 모든 부문들에서 수림화·원림화·과수원화 사업의 일관된 전개 - 평양시와 도·시·군 소재지들, 일터·마을들의 문명화된 조성과 정상유지·정상관리

연도	정책과제
2016년	- 전당·전군·전민의 산림복구전투의 본격적 전개 - 도시·농촌, 일터·마을들의 알뜰한 조성 - 나라의 자원보호 및 대기·강하천·바다오염 방지를 위한 적극적인 대책 수립
2017년	- 도道들에 현대적 양묘장들 조성, 산림복구전투의 근기 있는 전개 - 강하천관리와 도로보수, 환경보호사업의 계획적 진행 (국토의 면모를 더욱 일 신시켜야 함)
2018년	- 산림복구전투 성과의 확대, 조성된 산림에 대한 철저한 보호관리 - 도로의 기술상태 개선 - 강하천 정리의 정상화 - 환경보호사업의 과학적, 책임적 수행
2019년	- 산림복구전투 2단계 과업의 적극 추진 - 원림녹화와 도시경영, 도로관리사업의 개선 - 환경오염의 철저한 방지

7) 증산·절약투쟁

김 위원장의 《신년사》에서는 증산增産·절약節約투쟁이 줄곧 강조
되었다. 2013년에 '김정일 국방위원장의 현지지도 단위'(현대적 공장,
생산기지)에서의 증산투쟁이 중시된 가운데, 모든 부문과 단위들에서
증산경쟁 전개, 경제계획의 어김없는 수행 등이 강조되었다. 2014년에
는 모든 경제부문에서 생산적 잠재력과 내부예비의 남김 없는 동원이
중시된 가운데, 전 사회적인 절약투쟁 강화,[16] 나라 살림살이의 견실화
기풍의 수립 등의 과제가 제기되었다.

2015년에는 모든 경제부문·단위에서의 경영전략과 기업전략 수립,
예비와 잠재력의 남김 없는 동원, 생산증대, 제품의 질質과 경쟁력 제
고 투쟁 등이 정책과제로 강조되었다. 내부예비와 잠재력의 동원은 증
산과 절약 투쟁의 또 다른 표현으로 볼 수 있다. 경쟁력 제고를 위해서
는 모든 공장과 기업소에서 수입병 근절, 원료·자재·설비의 국산화 실
현, 전형단위들을 따라 배우기 등이 과제로 제기되었다.

2016년에는 모든 경제부문에서 통 큰 투쟁목표 수립을 기조로, 내부
예비와 잠재력의 남김 없는 동원, 생산 정상화, 제품의 질 제고와 설

비·원료자재의 국산화 등이 과제였다. 2017년에는 모든 부문과 단위에서 자력갱생, 자급자족의 구호 아래 최대한 증산·절약투쟁 전개(2017년 계획의 지표별 완수)가 강조되었다.

2018년에는 모든 부문·단위에서 자체의 기술역량과 경제적 잠재력의 총동원의 깃발 아래 증산절약투쟁 전개가 중시되었다. 2019년에도 어김없이 모든 부문·단위에서 예비와 가능성·잠재력의 최대한 탐구동원, 증산·절약투쟁 등이 강조되었다.

북한에서 내부예비 동원과 절약투쟁을 강조한 것은 어제 오늘의 일이 아니고, 1950년대 이래 중요한 정책으로 자리매김 되어 왔다. 부족한 물자를 해외에서 유입하기 어려웠던 환경의 영향 탓도 있었지만, 자립적 민족경제건설노선 아래 계획경제를 수행한다는 취지에서도 증산과 절약투쟁이 강조될 수밖에 없었다. 생산증대의 줄임말인 증산은 집단주의 경제시스템에서 경제성장의 기초로 여겨진다. 생산단위들의 증산을 통해서, 생산성을 높일 때 지속적인 경제성장이 가능하고 경제발전으로 이어진다.

절약은 내 것이 아니면 제멋대로 낭비하기 쉬운 생산현장 안팎에서의 잘못된 습성을 바로잡기 위한 노동기풍과 관련이 있다. 또한 절약은 내부예비 동원과 함께 생산요소의 투입과 관련이 있고 이것 역시 경제성장의 기초다. <표 3-8>은 김정은 위원장의 《신년사》에 나타난 증산·절약투쟁 등의 정책과제를 정리한 것이다.

2020년 1월 1일자 『로동신문』은 《신년사》를 대신하여 2019년 12월 28~31일에 열린 당 중앙위원회 제7기 제5차 전원회의에서 김정은 위원장이 한 보고를 보도했다. 이에 따르면 김 위원장은 "오늘의 시대에 내세워야 할 본보기는 절약정신을 체질화한 애국적인 근로자이며 노력절약형, 에네르기절약형, 원가절약형, 부지절약형 기업체"라고 강조하면서 증산절약과 질 제고의 과제를 제시했다고 한다. 전사회적으로 전기절약투쟁을 힘 있게 벌릴 것, 자기 부문·단위의 실정에 맞게 예비를 찾아내고 더 많이 증산절약하는 경쟁열풍을 일으킬 것, 모든 부문과 단위에서 선질후량先質後量의 원칙에서 생산물·창조물의 질을 높

이는데 선차적인 힘을 넣을 것 등이 그 과제였다.[17]

<표 3-8> 《신년사》의 증산·절약투쟁 등의 정책과제

연도	정책과제
2013년	- 인민경제 모든 부문·단위들에서 사회주의증산경쟁 전개, 생산 활성화 (올해 인민경제계획을 어김없이 수행해야 함)
2014년	- 인민경제 모든 부문에서 생산적 잠재력과 내부예비의 남김 없는 동원, 생산 증대 - 절약투쟁 전개 * 전사회적으로 절약투쟁 강화, 한 와트의 전기, 한 그람의 석탄, 한 방울의 물도 극력 아껴 쓰기 * 모두가 높은 애국심과 주인다운 태도로 나라 살림살이를 깐지게 해나가는 기풍
2015년	- 모든 경제부문과 단위들에서 경영전략과 기업전략의 올바른 수립, 예비와 잠 재력의 남김 없는 동원에 의한 생산 증대 및 제품의 질과 경쟁력 제고 투쟁 전개 - 모든 공장과 기업소들의 수입병 일소, 원료·자재·설비의 국산화 실현투쟁 전개 - 당에서 내세운 전형단위들을 따라 배우기에 의한 면모 일신
2016년	- 인민경제 모든 부문에서 투쟁목표의 통 큰 수립, 내부예비와 잠재력의 남김 없는 동원에 의한 생산 정상화의 동음 울리기 - 제품의 질제고와 설비·원료자재의 국산화
2017년	- 인민경제 모든 부문·단위에서 자력갱생과 자급자족의 구호와 최대한 증산, 절약 투쟁 (올해 계획을 지표별로 완수해야 함)
2018년	- 인민경제 모든 부문·단위들에서 자체의 기술역량과 경제적 잠재력의 총동원 - 증산절약투쟁 전개 (더 많은 물질적 재부를 창조해야 함)
2019년	- 모든 부문과 단위에서 예비와 가능성·잠재력의 최대한 탐구동원 - 증산과 절약투쟁 (인민경제계획을 지표별로 완수해야 함)

3. 현지지도의 경제리더십

현지지도는 북한 최고영도자의 경제리더십에서 말할 나위 없이 중요하다. 현지지도에 의한 경제리더십은 다른 나라 지도자들의 경제리더십과는 뚜렷이 구별된다. 다른 나라들에서도 최고지도자가 생산현장을 방문하는 일은 종종 있다. 그러나 이런 경우와 현지지도는 완전히 다르다. 현지지도는 경제리더십을 수행하는 체계적인 시스템이다.

현지지도 방식에서는 사전사후 관리를 통해 생산현장의 구체적인 정보가 세밀하게 최고영도자에게 보고된다. 북한의 최고영도자는 지방에 체류하는 경우가 잦고, 현지지도의 강행군을 견뎌내려면 '건강' 문제가 고려되어야 한다. 김정은 위원장의 경우 젊기 때문에 현지지도 횟수에 구애받지 않을 수 있을 것이다. 더군다나 당과 국가의 경제담당 총괄(당 부위원장 겸 국무위원회 부위원장)과 내각 총리가 빈번이 현지요해에 나서고 있어 전체적으로 영도집단의 생산현장에 대한 장악력은 매우 높고 스킨십도 높은 수준이라 할 수 있다.

생산현장의 지도적 간부들과 노동자들은 현지지도와 현지요해를 계기로 최고위 지도자들과 만나 악수하고 대화하는 과정에서 일체감을 느낄 수 있을 것이다. 영도집단으로서는 '경제부문에서의 일심단결'이라는 하나의 권력자산을 획득하는 길이기도 하다. 생산현장의 노동자들은 일상적으로 '내 일'인가, '남의 일'인가, '우리 일'인가에 직면하는데 최고위 지도자들의 현장 방문과 대화는 '우리 일'이라는 각성을 높여줄 것이다.

1) 김정은 위원장의 현지지도

김정은 위원장의 현지지도 단위를 탐색해보면 그가 무엇에 집중하는지가 파악된다. 현지지도 단위의 선정과 일정에 대해서는, 각 경제현장에서 올라오는 보고서에 기초해 당 경제부서 및 조직지도부의 검토를 거쳐 최종적으로는 당 위원장 서기실(남한의 '청와대 비서실'과 유사한 기능 수행)이 정하는 것으로 알려져 있다. 김 위원장의 동선動線에 관해서는 호위총국이 관여하기 때문에 서기실이 마지막 결정단계에서 호위총국과 일정을 상의할 것이다.[18] 김 위원장에게 현지지도 단위에 대한 사전 브리핑을 하는 것으로 알려진 조용원 제1부부장이 현지지도에 밀착 수행하며 기록 등을 담당하고 있다. 조용원은 당 조직지도부 제1부부장이면서 당 위원장 서기실에 소속(부실장)된 것으로 추정된다.

북한의 보도매체는 최고영도자의 동선의 보안 때문에 현지지도 일자를 밝히지 않는 경우가 많으며, 어떤 경우에는 아예 공개하지 않는 것으로 알려져 있다.

김정은 시대에 들어와 현지지도의 공개 빈도가 이전보다 많아진 것으로 관찰된다. 김 위원장이 현지지도에서 지시한 '강령적 지침'들은 기본 부문과 혁신 부문의 전략적 방향과 과제를 다룰 때 구체적으로 살펴볼 것이다.

북한에서는 선대 수령들(김일성 주석과 김정일 국방위원장)과 현존 최고영도자(김정은 당위원장 겸 국무위원장)의 교시와 말씀 등이 가장 중요하게 취급된다. 교시와 말씀 등이 초법적인 지위를 갖는데다가 전략적 노선의 방향을 제시하는 경우가 많기 때문이다. 북한에서는 최고영도자가 당·국가·군대 산하 공장·기업소, 상업시설, 건설장, 수산사업소, 학교 등의 현장을 방문하여 지도하는 '현지지도'를 중시한다. 북한 보도매체들은 최고영도자의 공개 활동을 다양한 용어로 표현한다. 현지지도 외에 시찰, 지도, 참관, 관람(경기·공연), 기념사진촬영, 접견·면담, 연회·회의 참석, 축하·표창, 연설 등이 있다.[19]

현지지도는 생산·건설·교육 현장을 방문하여 요해(현황파악), 지도와 과업 제시 등을 행하고 현지말씀 관철 등으로 이어지는 전형성을 보여 왔다. 최고영도자가 전하려는 메시지에 따라 방문 장소, 형식, 수행자, 요해 및 과업 제시가 치밀하게 기획된다. 개별 단위의 1회 방문, 지역 전반을 돌아보는 지역 현지지도, 연간 계획에 따른 정기 현지지

도, 정세나 국면의 필요에 따른 긴급 현지지도 등 다양한 형태로 진행된다.[20]

남한의 한 연구는 김정은 위원장의 현지지도 행보를 몇 가지의 특징으로 정리한 바 있다. 첫째로, 지역의 순회 현지지도이다.[21] 통상적으로 지역의 순회 현지지도는 5~8월에 집중된다. 매년 초에 제시한 과업을 점검하고 정권수립일(9월 9일)이나 당 창건일(10월 10일), 가을걷이를 앞두고 성과를 독려하기 위해서다. 평양에 집중했던 2012년을 예외로 하면, 2013년에 2개월(5월 14일~7월 16일) 동안 6개 지역, 2014년에 2개월(5월 25일~7월 26일) 동안 5개 지역, 2015년에 1개월(5월 7일~6월 3일) 동안 3개 지역, 2016년에 3개월(5월 15일~8월 18일) 동안 평양시 일원 16곳, 평안남도 등을 집중적으로 현지지도 한 바 있다.

2017년에는 지역 순회 현지지도 대신에 미사일 발사 참관 등에 주력했다. 김 위원장은 2018년 상반기에 대외 활동에 주력하면서 일시적으로 현지지도를 중단했다가 약 54일(6월 30일~8월 21일) 동안 평안북도, 량강도, 함경북도, 강원도, 평양시, 황해남도, 평안남도, 원산시, 그리고 다시 평안남도, 함경북도, 량강도, 평안북도 등 7개 지역 총 30개 단위를 순회했다. 『로동신문』은 이 기간에 15차례에 걸쳐 사진 총 411장을 게재하며 김 위원장의 현지지도를 대대적으로 보도했다.[22] 그 어느 해보다 많은 광폭의 지역 순회를 압축적으로 진행한 것은 경제건설 총력집중노선을 실행하기 위해서였다.

둘째로, 현지지도 일정의 수행자는 당 조직지도부 중심으로 구성된다.[23] 당 조직지도부가 현지지도를 기획하고 수행하는 것은 오랜 관행이었지만 2018년부터 부부장급 중심으로 수행하도록 한 것[24]은 이례적이었다. 현지지도의 발의와 제안은 최고영도자와 당의 정치국·정무국과 내각 등에 의해 이뤄진다. 당 조직지도부는 《지도계획서》를 작성하고 정치국 비준을 받아 확정한다. 일정이 확정되면 조직지도부 검열지도1과에서 지도사업요해그루빠를 조직해 해당 지역 당사업과 행정사업 전반에 대한 검열을 실시한다. 검열을 토대로 최고영도자는 현지에서 지도하면서 과제를 제시한다. 현지지도 단위에 대해서는 '걸린 문제'를 풀어주는 중앙의 각종 지원이 뒤따르고 내각 총리와 간부들의 방문이 이어지며 현지말씀 관철 및 궐기대회가 진행되는 것이 관행이다.

셋째로, 당이 전면에 나서 경제성과를 확인하고 정책 실행을 관리한다.[25] 김 위원장은 현지지도에서 내각의 조건타발식 방임, 소방대식 일본새, 주인답지 못한 무책임, 만성적 형식주의 및 요령주의에 대해 경고해왔다. 곳곳의 현지지도에서 현지 당 조직들로 하여금 문제해결에 나설 것을 강조했다. 필요한 기계와 설비의 부족을 해결해주는 것도 당, 자금·자재보장 대책을 세우는 것도 당, 건설 속도와 질을 보장하는 것도 당이었다.

내각책임제를 강조하고는 있지만 내각의 실제 장악력이 약해서 당이 나서지 않으면 안 되었기 때문일 것이다. 당 우위의 정치구조가 지속되는 한편에서는, 김 위원장을 비롯한 영도집단이 나서서 내각책임제·내각중심제를 강화하기 위한 실효성 있는 대책 마련에 골몰하는 것으로 보인다.

넷째로, 김 위원장이 현지지도에서 지적하고 질타한 문제점이 적나라하게 보도된다. 가령 '정말 너절하다', '보수도 하지 않은 마구간 같은', '땜때기식 건물보수', '이런 일군들은 처음 본다'는 등의 직설적 표현이 사용되었다. 주로 성과를 치하하고 만족을 표하던 기존의 정형화된 보도에 비하면 이례적이다.

김정은 시대에 들어와서는 성과에 대한 칭찬과 치하, 방치된 문제에 대한 비판과 질타가 그대로 보도되고 있다. 경제현장을 세밀히 들여다보는 과정에서 경각심을 줄 필요를 느꼈을 것이고, 새 노선에 따라오지 못하는 간부들의 형식주의가 답답하기도 했을 것이다. 갈마해안관광지구 현지지도(2018년 8월 17일) 이후 적대세력의 '강도적인 제재봉쇄'와 '압살책동'에 대응해 경제성과를 더 높여야 한다고 주문하기도 했다. 이는 2018년 4월의 판문점 남북정상회담과 6월의 싱가포르 북미정상회담 이후 북한이 기대하던 제재 완화가 현실화되지 못했기 때문일 것이다.

다섯째로, 경공업과 관광, 도시건설과 인민생활, 북·중 경협 등을 강조한다.[26] 김 위원장은 삼지연과 원산갈마해안관광지구 건설에 애착을 보였다. 삼지연군 건설은 당과 국가 자금이 직접 투입되는 전당적, 전국가적, 전사회적 사업이다. 마치 스위스 산간도시를 기획하듯이 베개봉 마루 전망대에서 삼지연군을 내려다보는 그의 사진이 유독 눈길을 끌었다. 무봉국제관광특구 개발과 연계한 경제발전전략의 구상도 엿보였다.

원산갈마해안관광지구에 대해서는 2018년 《신년사》에서 최단기간의 완공을 주문한 바 있는데 이는 원산-금강산관광특구 개발의 차원이었다.

평안북도 신도군 비단섬의 방문은 신의주국제경제지대 개발을 염두에 둔 행보였다. 인민생활과 관련된 가방, 식료, 섬유와 방직, 화장품 등 경공업부문의 현지지도가 상대적으로 많았다. 감자농장, 양어장, 양묘장, 수산사업소, 조선소, 발전소, (무)궤도전차공장 등의 현지지도는 《신년사》에서 강조한 사업부문과 일치한다.

이상의 현지지도를 보면 김 위원장의 경제리더십의 현주소를 잘 알 수 있다. 그는 김일성-김정일 시대의 현지지도 패턴을 이어가면서도 사전기획의 치밀성, 동일한 산업현장의 반복 방문, 현장 방문의 잦은 빈도, 성과와 과오의 적나라한 공개, 전략적 노선의 핵심부문의 현지지도 집중 등에서 알 수 있듯이 '집중포화'를 들이대는 모습을 보였다. 산업현장에서 열정을 쏟아내며 각 단위의 책임자들과의 스킨십도 강화하였다.

그의 현지지도의 행보는 김일성 수상이 왕성한 현지지도에 나섰던 1950~60년대, 김정일 비서가 당 조직과 사상사업에서 새로운 지도체계를 형성해가던 1970년대 전반기를 연상시킨다. 김정일 비서는 30대 초반에 인민들과의 접촉을 확대하기보다는 당 조직과 사상사업에 집중한 데 비해, 김정은 위원장은 김일성 수상이 인민들을 자주 만나던 1950~60년대의 모습에 훨씬 가깝다. 김 위원장은 연로한 지도층 인사들을 현지지도에 동행시키지 않고 젊은 지도그룹과 함께 종횡무진하고 있다. 그는 일부 단위에 대해서는 현지지도를 대신하여 당·국가 경제총괄(당 부위원장, 국무위원장 부위원장)과 내각 총리로 하여금 현지요해(관계부문일군협의회 포함)에 나서도록 하는 등 업무분담을 통해 효율성을 높이고 있다. 이 과정은 국정 장악력을 높여주고 있다.

2) 김정은 위원장의 현장주의와 질책

김정은 위원장의 '현장주의'에서 중요한 특징의 하나는 그가 일부 생산현장에서 해당 간부들을 혹독하게 질책한 내용이 보도되는 일이 잦다는 것이다. 그가 선대 수령들과는 달리 산업현장에서 쓴 소리와 비판을 마다하지 않다 보니, 그의 현실 인식이 새삼스럽게 주목받고 있다.

대부분의 현장에서는 격려와 칭찬을 한 뒤에 '강령적 지침'을 제시하고 중앙에서 무엇인가를 지원해주겠다고 말하는 것이 통상적이었다. 그런 가운데 질책을 쏟아낸 현장에 대해서 북한 보도매체들이 질책의 내용을 그대로 공개하니 이는 예전에 없던 일이었다. 김정은 위원장의 질책은 거의 다 일군(간부)들에게 집중되어 있었고, 해당 단위의 일부 일군들은 철직撤職되거나 재교육에 들어가기도 했기 때문에 일군들의 긴장도는 높아졌을 것이다.

그의 육성이 공개되지는 않았지만, 여러 현장에서의 질책은 조선중앙통신에 보도되고 『로동신문』 등에도 게재되었다. 그 분위기가 여과 없이 드러남으로써 생산현장의 실상이 어느 정도 공개된 셈이었다. 북한 매체에 공개된 질책 가운데 현장 분위기를 잘 보여주는 사례를 간추려 소개한다.

- **만경대유희장(2012년 5월)**

  "설비의 갱신 같은 것은 몰라도 사람 손이 있으면서 잡풀이야 왜 뽑지 못하겠습니까? 유희장이 이렇게 한심할 줄은 생각도 하지 못하였습니다. 인민에 대한 복무정신이 영(0)이 아니라 그 이하입니다. 인민들을 귀하게 여길 줄 모르는 일군들이 천만 명이 있은들 무슨 필요가 있겠습니까? 이 기회에 복무정신을 똑바로 갖추도록 경종을 울려야 할 것입니다. 평양시당과 성, 중앙기관을 비롯한 연관부문의 일군들이 만경대유희장 변모 사업에서 맡겨진 임무와 책임을 다하여야 합니다." [27]

■ 1월18일기계종합공장(2013년 6월)

"2층짜리 혁명사적교양실 건설을 2년 넘도록 끝내지 못한 것을 이해할 수 없습니다. 건설장 여기저기 쌓여 있는 골재 더미와 블록들을 보니 한심합니다. 말이 나오지 않습니다. 공장의 분위기가 다른 공장과는 완전히 다릅니다. 이 공장 당위원회에서는 당의 방침을 사상적으로 접수하지 않았습니다. 도당위원회 일군들이 공장에 내려와 무엇을 보고 무엇을 지도하고 있는지 모르겠습니다. 실무화되고 경직된 사고방식, 사업태도에 경종을 울려야 합니다." [28]

■ 기상수문국(2014년 6월)

"지금 기상관측사업이 현대화, 과학화되지 못해 오보가 많습니다. 기상관측과 예보사업을 잘해야 이상기후에 의한 재해로부터 인민들의 생명과 재산을 보호하고 농업, 수산업을 비롯한 경제 여러 부문들에서 자연피해를 제 때에 막을 수 있습니다. 기상수문사업은 연구사, 예보원들의 책임성을 높이는 것과 함께 과학기술역량을 튼튼히 하여야 합니다. 단기, 중기, 장기예보의 정확성을 보장하기 위한 사업을 심화시키며 세계 여러 국가들과 과학기술 교류사업을 활발히 진행하여야 합니다. 각종 관측망들을 잘 배치하고 기상관측 설비들의 현대화를 높은 수준에서 실현하여야 합니다." [29]

■ 평양국제비행장 건설장(2014년 10월)

"지난번에 2항공 역사 건설장을 돌아보면서 세계적인 추세와 다른 나라의 좋은 것들을 받아들이면서도 주체성, 민족성이 살아나게 마감하라고 과업을 주었는데 그렇게 하지 못하였습니다. 이대로 시공하면 어느 한 나라의 항공역사 복사판으로 될 수 있습니다. 2항공 역사 마감시공에서 결함이 발생한 것은 설계가들이 건축에서 주체성, 민족성을 살리는 것이 생명이고 핵이라는 당의 건축 미학사상을 깊이 새기지 못했기 때문입니다. 하나의 건축물을 세울 때에도 우리의 멋, 특성, 민족성이 살아나야 합니다. 지금 진행하고 있는 내부 마감공사를 일시 중지하고 형성안들을 검토하여 다시 개작 설계안을 완성하여야 합니다."

"활주로와 유도로, 정류장이 세계적 수준입니다. 국제항공 안전규정에 부합되게 모든 활주로 표식들을 잘하였습니다. 군인 건설자들이 당의 의도에 맞게 활주로를 훌륭히 건설하고 있는데 대하여 치하합니다. 남은 공사도 질적으로 잘하기 바랍니다. 지금 건설하고 있는 평양국제비행장 맞은 켠에 앞으로 새로운 항공역사와 활주로를 더 건설하고 수도 중심으로부터 항공역까지 고속철도와 도로를 연결시켜 세계적인 비행장으로 전변시켜야 하겠습니다." [30]

■ **대동강자라공장(2015년 5월)**

"이제는 우리 인민들에게 약재로만 쓰이던 자라를 먹일 수 있게 되었다고 기뻐하던 장군님(김정일 국방위원장)의 눈물겨운 사연이 깃들어 있는 공장이 어떻게 이런 한심한 지경에 이르렀는지 억이 막혀 말이 나가지 않습니다. 혁명사적교양실도 꾸리지 않은 것은 도저히 이해할 수 없는 문제입니다. 공장에서 장군님의 업적을 말아먹고 있습니다. 당의 전투적 구호도 바로 세워져 있지 않는 공장 안에서 맥 빠진 한숨소리만 들립니다. 공장이 주저앉을 지경에까지 이르렀는데 놀라울 정도입니다. 이런 단위는 처음 보았습니다."

"당에서 민물 왕새우를 기르라고 종자도 보내주었으며 필요한 대책을 세워주었지만 공장에서는 2년이 지나도록 양식장을 완공하지 못했습니다. 이것은 공장일군들의 무능과 굳어진 사고방식, 무책임한 일 본새의 발로입니다. 전기, 물, 설비 문제가 걸려 생산을 정상화하지 못하고 있다는 것은 말도 되지 않는 넋두리입니다. 현대화 사업도 잘하지 않고 있습니다. 수질측정 및 자동조종체계를 구축하지 않고 양식장 내부를 감시나 하는 카메라만 설치해 놓은 것이 무슨 종합조종실이고 현대화이겠습니까? 양식에 필요한 물 보장 및 순환체계는 물론 먹이보장대책도 과학적으로 세워야 하는데 조건과 환경을 운운하면서 제기되는 문제를 자체의 힘으로 풀어나가지 못하고 있습니다. 선진기술을 적극 받아들이지 않으면 생산이 퇴보하는 것을 막을 수 없습니다."

"지금 천만군민이 조선로동당 창건 일흔 돌에 훌륭한 선물을 마련하겠다고 긴장한 전투를 벌리고 있는데 도대체 이 공장 일군, 종업원들은 10월의 대축전장에 어떤 성과를 안고 들어서려고 하는지 모르겠습니다. 이 공장에서처럼 일을 해서는 장군님의 염원을 실현할 수 없고 나중에는 당의 권위까지 훼손시키는 엄중한 결과를 초래할 수 있습니다. 대동강자라공장을 인민들이 실지로 덕을 보는 공장, 선진적인 양식방법과 기술이 도입된 양식의 본보기 단위로 전변시켜야 합니다." [31]

■ 신의주방직공장(2018년 7월)

"공장에서 과학기술에 의거하여 생산을 정상화할 생각은 하지 않고 자재와 자금, 노력 타발만 하면서 과학기술사업에 응당한 관심을 돌리지 않아 설비와 기대들의 만가동, 만부하를 보장하지 못하고 공장 현대화 수준도 높지 못합니다. 모든 부문에서 우리 식의 국산화, 현대화의 불길이 세차게 타오르고 있는 때에 이 공장 일군들과 노동계급은 난관 앞에 주저앉아 일떠설 생각을 하지 못하고 동면하고 있습니다. 공장 당위원회가 종업원들의 노동조건과 생활조건을 개선하기 위한 사업에 관심을 돌리지 않고 있는 것도 문제입니다."

"방직공업을 획기적으로 발전시키는 것은 인민생활 향상의 돌파구를 열어나가는데서 매우 중요한 의의를 가집니다. 공장 당위원회가 사상교양사업을 적극 벌여 노동자와 기술자들이 공장 현대화의 직접 담당자라는 책임감을 갖도록 하여야 합니다. 공장의 생산 공정을 새 세기 산업발전에서 주되는 목표로 되고 있는 노력절약형, 기술집약형 구조로 전환하고 첨단기술을 도입하여 생산지휘와 경영활동을 과학적으로, 합리적으로 해나감으로써 생산과 경영활동에서 최대한의 실리를 보장하여야 합니다. 창립 60돌을 맞는 다음 해까지 생산 공정의 과학화, 현대화를 실현하는 것과 함께 생산건물들과 공장 안팎을 현대적으로 개건하고 변모시킴으로써 위대한 당의 영도 밑에 인민생활 향상에 적극 이바지하는 굴지의 방직공장으로 장성 강화된 데 대하여 긍지높이 총화할 수 있도록 하여야 합니다." [32]

- **신의주화학섬유공장(2018년 7월)**
  - 신도군 비단섬 갈대를 기본원료로 하는 섬유 및 종이 생산업체

"당에서 제일 관심하는 사업인 후대 교육사업에서 지금 걸리고 있는 문제의 하나가 종이를 수요대로 충족시키지 못하고 있는 것입니다. 우리는 어떻게 하나 우리나라의 자원과 원료 원천에 의거하여 종이공업을 추켜세워 학생들의 교과서나 참고서, 학습장 생산에 필요한 종이를 원만히 보장해 주어야 합니다. 나무로 종이를 생산하면 산림이 견디지 못하니 비단섬에서 갈대 생산을 활성화하고 그 갈대를 원료로 하는 현대적인 종이생산 공정을 확립하여야 합니다."

"(갈대를 원료로 시험적으로 생산한 종이를 살펴 본 뒤) 그만하면 괜찮습니다. 종이의 질과 생산성을 높이기 위한 연구를 더 심화시켜야 하겠습니다. 비단섬에서 갈(대)생산을 늘려 원료를 충분히 보장할 수 있는 가능성이 조성되고 이 공장에서 갈에 의한 종이생산 능력을 확장하기 위한 사업이 마지막 단계에서 진행됨으로써 종이 문제가 풀릴 수 있는 전망이 열리고 있습니다."

"(공장의 개건현대화 사업을 파악한 뒤) 지금 모든 공장, 기업소들에서 새 세기의 요구에 맞게 생산문화, 생활문화를 높은 수준에서 실현하기 위한 된바람을 일으키고 있는 때에 개건현대화 공사를 진행한다는 이 공장에서는 보수도 하지 않은 마굿간 같은 낡은 건물에 귀중한 설비들을 들여놓고 시험생산을 하자고 하고 있습니다. 새로 꾸린 생산 공정의 조립이 끝나 당장 시운전을 해야 하는 상황임에도 불구하고 건물보수를 땜질하듯 하여 여유 공간에 설비와 생산 공정을 박아 넣는 식으로 하는 등 똑똑한 개건현대화 방안과《기술과제서》도 없이 마구잡이로 하고 있습니다. 지금 진행하고 있는 현대화 사업의 규모와 전망계획, 노력과 자재보장 정형을 요해하는데 대하여 지배인, 당위원장, 기사장이 서로 밀기내기를 하면서 누구 하나 정확히 답변하지 못하고 있습니다. 숱한 단위들에 나가 보았지만 이런 일군들은 처음 봅니다."

"(내각과 화학공업성의 책임일군, 도당위원회의 책임과 관련하여) 중요한 공장의 생산정상화를 위한 현대화사업을 등록이나 해놓았을 뿐 공장에만 방임하면서 관심도 돌리지 않고 잘 나와 보지도 않으며 지도통제를 바로하지 못하고 있습니다. 화학공업 부문이 몇 년째 추서지(회복되지) 못하고 말만 앞세

우고 있는 원인을 알 수 있습니다. 내각의 경제사업 지도능력과 화학공업 부문의 실태를 두고 우려하지 않을 수 없습니다. 대단히 심각합니다. 일군들이 잡도리를 단단히 하고 달라붙어 종이생산 공정 개건현대화를 시급히 결속하고 생산건물을 잘 꾸리기 위한 사업에 역량을 집중하여 와닥닥 끝내며 갈 하선장 부두준첩(준설)공사도 다그쳐야 합니다." [33]

■ **어랑천수력발전소 건설장(2018년 7월)**

"팔향 언제(둑) 건설을 시작한지 17년이 되어 오도록 총 공사량의 70% 밖에 진행하지 못하고 있습니다. 내각에서 몇 년째 어랑천발전소 건설을 다그쳐 끝내기 위한 결정적 대책을 반영한 보고서가 없기 때문에 벼르고 벼르다 오늘 직접 나와 보았는데 말이 안 나옵니다. 더더욱 괘씸한 것은 나라의 경제를 책임진 일군들이 발전소 건설장이나 언제 건설장에는 한 번도 나와 보지 않으면서도 어느 발전소가 완공되었다고 하면 준공식 때마다는 빠지지 않고 얼굴들을 들이미는 뻔뻔스러운 행태를 보이고 있는 겁니다."

"내각을 비롯한 경제지도기관 책임일군들도 덜 돼먹었지만 당 중앙위원회 경제부와 조직지도부 해당 지도과들도 문제가 있습니다. 밤낮 사상투쟁의 방법으로 총화하겠다는 소리나 하고 제기된 자료를 해당 부문에 보내주겠다는 것이 고작 세우고 있는 대책이 아닙니까? 이렇게 일들을 해가지고 어떻게 당의 웅대한 경제발전구상을 받들어 나가겠습니까? 위대한 수령님(김일성 주석)과 위대한 장군님(김정일 국방위원장)의 간곡한 유훈이고 나라의 전력생산 장성에 크게 이바지할 중요한 문제를 관심하지 않고 있는 것을 보면 내각이 국가경제사업의 중심을 바로 쥐지 못하고 있습니다."

"현대적인 발전설비들을 설치하고 만가동, 만부하를 보장하여 전력생산을 끊임없이 늘려야 합니다. 품이 좀 들더라도 전력 도중손실을 줄이기 위한 결정적인 대책을 강구하여 생산된 전력을 효과적으로 이용하여야 합니다." [34]

■ **청진 염분진호텔 건설장(2018년 7월)**

"지난 2011년 7월에 착공했으나 골조공사를 끝낸 지 6년이 지난 지금까지 내부 미장도 완성하지 못하고 있습니다. 결정적인 대책을 세워 빨리 완공하여야 합니다. 자금과 자재보장 대책은 세워줄 테니 함경북도 당위원회가 나서 내년 10월 10일까지 호텔을 세워야 합니다. 염분진은 바닷가 경치가 유달리 아름답고 철길과 뱃길, 도로가 가까이에 있어 교통조건도 좋은 것만큼 인민들이 아무 때나 와서 문화휴식을 하기에 더없이 이상적인 곳입니다. 호텔 건물을 중심으로 해안을 따라 600여 미터 구간에 다양한 형태와 용도의 해안공원 숙소와 봉사시설들을 더 건설하여 이 지구를 특색 있는 염분진 해안공원으로 꾸려야 합니다. 호텔의 외부 입면 설계가 잘못되었고 수용능력도 작습니다. 중앙과 도의 설계전문가들이 힘을 합쳐 설계를 전면적으로 검토하고 현대적 미감에 맞추어 새롭게 다시 하여야 합니다." [35]

■ 온포휴양소(2018년 7월)

"휴양소 목욕탕을 제대로 관리하지 않아 최근에 잘 만든 양어장 물고기 수조보다 못합니다. 환기도 잘 되지 않아 습하고 불쾌한 냄새가 나는 이런 환경에서 치료가 되겠습니까? 정말 너절합니다. 위대한 수령님과 위대한 장군님의 영도업적이 깃들어 있는 사적건물이라는 간판을 걸어놓고 이렇게 한심하게 관리 운영하여 인민들의 호평이 아니라 비평을 받게 되면 사철 온천물이 마를 줄 모르고 솟아나는 경치 좋은 곳에 인민을 위한 휴양소부터 일떠 세워주신 수령님과 장군님의 업적을 말아먹고 죄를 짓게 됩니다." [36]

■ 청진가방공장(2018년 7월)

"도당위원회가 제일 선차적으로 틀어 쥐고나가야 할 중요한 정책적 문제를 놓치고 형식주의적으로 일하고 있습니다. 당의 방침을 접수하고 집행하는 태도가 매우 틀려먹었습니다. 당 정책관철을 위하여 이악하게 달라붙어 투쟁하는 혁명적 기풍과 주인다운 일 본새가 돼먹지 않았습니다. 가방공장을 건설할 당시 도당위원장 사업을 하였던 일군과 도들의 가방공장 건설사업을 올바로 장악 지도하지 못한 당 중앙위원회 해당 부서들의 사업을 전면 검토하고 엄중히 문책하고 조사하여야 합니다."

"청진가방공장이 건설된 지 1년 반이 되도록 아직 도안실도 만들지 않고 제품진열실도 너절하게 두고 있는 것을 보면 도당위원회 사업에 확실히 문제가 있습니다. 도당위원회가 전적으로 책임지고 도마다 학생가방공장을 건설하도록 했는데 수준에 현저한 차이가 나는 것을 보면 이는 분명 당 정책을 접수하는 일군들의 사상관점의 차이로 보아야 합니다. 청진가방공장의 경우를 보면 함경북도당위원회 사업의 탈선이 심각한 것을 알 수 있습니다. 당 중앙위원회가 도당사업을 검토하여 바로잡아 주어야 합니다." [37]

[관련 보도의 발단] 김정은 위원장이 전국적 수요를 충족시킬 수 있는 가방천과 쟈크를 비롯한 가방제작용 자재생산 공정들을 꾸려 주었으며 그 능력이 갖추어진 데 맞게 각 도에서 독립적인 학생가방 생산공장을 잘 꾸리고 자재들을 보장받아 질 좋은 가방을 대대적으로 생산 공급하는 사업을 중요한 정책적 과업으로 틀어쥐고 강하게 내밀 데 대한 과업을 제시했다는 것이다. 함경북도 당위원회가 당의 방침을 제대로 접수하지 않고 청진재생섬유공장 건물의 허술한 방들을 내어 가방 생산기지를 너절하게 꾸려놓았고, 지방의 가방생산 실태를 요해하기 위해 찾아온 김 위원장에게 큰 실망을 주었다는 보도가 있었다.

- **묘향산의료기구공장(2018년 8월)**

"당 제7차대회 이후 묘향산의료기구공장을 비롯한 단위들을 개건현대화하여 본보기 단위로 꾸릴 데 대하여 당에서는 이미 여러 차례의 방침을 내려 보냈는데 개건현대화 진행 중인 공장이 맞긴 맞는지, 당에서 경종을 울린 지 벌써 2년이 되어 오는데 도대체 무엇을 개건하고 현대화하였는지 알 수 없습니다. 우려스럽고 실망하지 않을 수 없습니다. 공장의 일부 건물들은 2015년에 개건보수한 것으로 보고 받았는데 왜 벌써 이렇게 한심하게 되었는지 모르겠습니다. 의료기구들을 생산하는 공장인데 이런 정도의 환경과 기술 장비 수준으로써는 현대적인 의료기구들을 절대로 생산할 수 없습니다."

"보건성 의료기구공업관리국을 비롯하여 보건부문 전반이 동면하면서 빈 구호만 웨치고 있습니다. 최근 몇 년 어간에 보건부문은 자랑할 만한 성과가 없습니다. 설비 현대화는 둘째치고라도 공장의 환경정리라도 제대로 해놓고 사는 단위가 없습니다. 보건사업에 대한 당적 지도를 강화하고 내각과 각급 인민정권기관들이 보건 부문의 물질기술적 토대를 강화하기 위한 사업에서 자기의 책임성과 역할을 높여 나갈 데 대하여 당에서 강조하고 있지만 일군들이 만성적으로 무책임하게 집행하고 있습니다. 해당 부서들에서 이 공장을 주체화, 현대화가 실현된 의료기구공업의 본보기단위로 개건 현대화할 데 대한 지시를 받고도 생산 공정을 개건 현대화하지 못하였는데 중앙당 부서들부터가 공장에 대한 당적 지도, 정책적 지도를 바로하지 못하고 있습니다. 특히 과학기술보급실을 꾸린 것만 보아도 보건부문 당 조직들에서는 어떤 사상관점으로 접수하고 어떻게 형식적으로 집행하고 있는가를 알 수 있습니다. 이런 곳에서 무슨 과학기술학습의 열풍이 일겠습니까? 보건사업이 차요시되고 있습니다. 이것은 인민적 보건시책을 반대하는 반인민적, 반당적 행위나 같습니다."

"무상치료제에 의한 현대적인 질 높은 의료봉사 혜택을 누리게 하자면 제약공업과 의료기구공업을 발전시켜 대중약품과 의료기구 생산을 늘리기 위한 국가적 대책을 세워야 합니다. 묘향산의료기구공장의 생산환경을 국제적 기준에 맞게 꾸리고 최신 과학기술에 기초하여 생산 공정을 현대화하고 국제규격에 부합되고 성능 높은 의료설비와 기구들을 원만히 생산할 수 있는 최첨단 공장으로 꾸려야 합니다. 묘향산의료기구공장을 개건 현대화한 다음에는 그 경험에 토대하여 보건성 의료기구공업관리국 아래 의료기구공장들을 전반적으로 다 현대화, 활성화하고 기술장비 수준을 개선함으로써 보건부문의 물질기술적 토대를 결정적으로 개변시켜나가야 합니다. 의료기구공장들의 국산화, 자동화, 현대화 수준을 결정적으로 높이기 위한 대책을 연구해야 합니다." [38]

김 위원장의 질책 대상을 보면 자신이 직접 지도한 사업의 부실화(청진가방공장, 묘향산의료기구공장), 김정일 국방위원장의 업적사업 훼손(대동강자라공장), 현장관리의 부실(1월18일기계종합공장, 온포휴양소), 공사의 지연(어랑천수력발전소, 청년염분진호텔), 개건·현대화 사업의 부실(신의주화학섬유공장), 과학기술에 의거한 생산 정상화 노력의 부재(신의주방직공장), 건설부문의 주체성과 민족성 경시(평양국제비행장), 기상관측의 오보(기상수문국), 인민에 대한 복무정신 결여

(만경대유희장) 등으로 나눠진다.

특히 청진가방공장은 김 위원장이 국가 차원에서 가방제작용 자재 생산 공정을 조성하고 각 도에 '독립적인 학생가방 생산 공장'을 조성하도록 했고 그 과정에서 함경북도 당위원회 사업으로 제시했다고 한다. 그는 청진가방공장 건설 당시의 도당위원회 사업과 당중앙위원회 해당 부서 사업을 전면 검토하고 '엄중한 문책과 조사'를 하도록 지시했다.

묘향산의료기구공장의 경우 김 위원장이 의료기구 공장들의 개건·현대화의 '본보기 단위'로 강조했음에도 보건성 의료기구공업관리국을 비롯한 보건부문 전반의 동면冬眠으로 인해 일군들의 만성적인 무책임한 집행이 확인되었다는 것이다. 그는 중앙당 부서들부터가 '공장에 대한 당적 지도, 정책적 지도'에서 부실했으며, 이는 보건사업을 차요시次要視하는 태도이고, 궁극적으로는 '인민적 보건시책에 반대하는 반인민적, 반당적 행위'라고 비판의 강도를 높였다.[39]

당 중앙위원회 경제부·조직지도부 해당 지도과와 도당위원회, 그리고 내각을 문제 삼은 사례는 신의주화학섬유공장과 어랑천수력발전소 건설장에서도 찾아볼 수 있다. 김 위원장이 이처럼 청진가방공장, 묘향산의료기구공장, 신의주화학섬유공장, 어랑천수력발전소 등에서 당 중앙위원회와 내각의 해당 부서를 직접 겨냥한 것은 현지지도 단위에만 책임을 묻는 것이 아니라 당과 국가의 고위급 실무선에까지 '연대 책임'을 묻는 것이어서 경제리더십의 실행에서 새로운 양상이라 할 수 있다. 이것은 국가적으로 중요한 공장들의 생산 정상화를 위해 개건·현대화사업에 대한 당과 국가 중앙의 방임·무관심·책상머리지도 현상에 대대적인 개선과 혁신이 필요했기 때문일 것이다.

김 위원장은 공장 차원에서 신의주방직공장에서처럼 자재·자금·노력(노동력) 타발이나 하고 난관 앞에 주저앉아 동면해서는 안 된다고 강조했다. 노력절약형·기술집약형 생산구조로 전환하려는 자세, 첨단 기술을 도입해 생산지휘와 경영활동을 과학화·합리화하려는 자세 등이 부족하다고 질타했다.

공장당위원회에게 종업원들의 노동조건과 생활조건을 개선하는 사업에 무관심한 것을 지적하기도 했다. 신의주화학섬유공장에서는 낡은 건물에 현대화된 생산 공정을 그냥 앉혀 놓고 시운전하려는 작태에 일침을 놓고 '똑똑한 개건현대화 방안과《기술과제서》도 없이 마구잡이'로 공장을 운영한다고 비판했다.

이상에서 김 위원장의《신년사》와 현지지도를 통해 경제발전을 위한 정책 구상과 과제들을 전반적으로 살펴보았다.《신년사》의 발표 및 현지지도의 실행은 그의 가장 중요한 통치행위이고, 이것은 당 중앙에서 면밀히 검토한 끝에 결정한 것이다. 북한의 당·국가·군대에서 이뤄지는 모든 통치행위는 시스템적으로 운영되며 최고영도자는 그 시스템의 중심이자 뇌수의 존재이다. 이러한 북한의 사회정치적 생명체와 수령론, 유일사상과 유일적 영도체계에 의한 시스템적 운영은 지속될 것이다.

따라서 김 위원장이《신년사》를 즉흥연설 하듯이 하는 일은 없을 것이고, 갑자기 생각나서 어느 생산현장을 방문하는 일도 별반 없을 것이다. 경제현장에서의 발언에서 즉흥성을 찾고 그런 방향에서 분석하는 것은 적절하지가 않다. 김정은 위원장의《신년사》발표를 보면 2013년부터 2018년까지는 조선로동당 청사에서 선 채로 연설문을 읽었는데 2019년에는 청사 집무실 소파에 앉아서 연설문을 손에 들고 읽어서 화제가 되었다. 이는《신년사》발표에 대한 내외의 관심을 의식한 변화 시도였던 것으로 볼 수 있다.

김 위원장의《신년사》와 현지지도 발언 등은 정교하게 짜인 시스템 경영과 시나리오 경영의 산물로 이해할 필요가 있다. 북한에서는 최고영도자의 발언을 강령적 지침으로 규정하며, 해당 부문의 간부들은 그 지침을 학습하고 연구하여 해당 단위의 과업을 수행하도록 되어 있다.[40] 북한 경제학자들을 비롯한 전문가집단도 그의 저작과 발언을 집중 연구하여 논문 등의 서두에 인용하는 것이 관습화되어 있다.

이런 사정 때문에 김 위원장의 저작들과 담론체계는 당 중앙 핵심부서에서 종합적으로 심도 있게 다룬다. 북한 사회의 집단주의와 일심단결의 정치논리는 최고영도자(수령의 대행)-당-인민 사이의 사상·감정

의 일체화뿐 아니라, 경제발전전략과 당면 정책과업에 대한 인식에서
도 하나로 통일할 것을 요구한다. 그러다보니 최고영도자의 말 한마
디, 행위 하나하나가 오케스트라의 연주처럼 섬세하게 편성되어 있다.

이를 위해 당 중앙의 기본부서(조직지도부와 선전선동부)가 모든 사
안을 총괄하지 않을 수 없다. 경제발전전략과 당면 정책과업과 관련하
여서는 일차적으로 내각과 당 경제부서가 보고서를 집중 생산하고 이
를 조직지도부와 선전선동부의 해당 실무선에 넘기도록 되어 있다. 겉
으로 드러나지 않지만, 세대교체에 따른 여러 가지 역동성과 실리적
혁신의 시도가 당 중앙 내부에서 있을 것이다.

당 조직지도부와 선전선동부를 통과한 보고서는 당 위원장의 서기
실로 넘겨지고 서기실에서 최종적으로 다듬어서 김정은 위원장에게
보고된다. 서기실에 도착한 각종 보고서는 이미 여러 단계를 거친 것
이기 때문에 어느 정도 질적인 수준을 갖추고 있다고 할 수 있다.

김 위원장이 집권하면서 짧은 기간에 통치의 제도화와 정상화에 성
공할 수 있었던 것이나, 전략적 노선과 당면 정책과업을 체계적으로
제시할 수 있었던 것은 시스템 경영과 시나리오 경영 때문일 것이다.
최고영도자의 절대적 지위와 역할, 광폭적인 활동에 가려져서 그 시스
템의 작동이 외부에 드러나지 않았을 뿐이다.

이 점을 고려할 때 《신년사》와 현지지도 등과 각종 저작(노작, 담화,
연설, 서한 등)에 나타난 정책담론 분석의 중요성은 아무리 강조해도
지나치지 않는다. 수령제 시스템과 사회정치적 생명체에서는 뇌수腦
髓의 존재인 최고영도자의 사유가 집단의식에 의해 구체적으로 작용
하고, 그의 말이 곧 법法이며, 그의 행위는 전형성을 갖는 전범典範이
다.[41] 김 위원장의 담론과 현지지도 발언이나 지시는 북한 사회의 곳곳
에 스며들어 현실적 세계에서 작동하고 있다.

경제성장과 발전의 동력을 생각의 통일, 행동의 통일에서 찾는 북한
에서는 간부들이나 인민들 할 것 없이 누구나 지도자의 생각과 행동을
따라 배우려고 예민하게 더듬이를 세우고 있다.

제2절 김정은 시대 경제발전전략의 기본 부문

김정은 시대의 경제발전전략의 방향과 과제를 시스템적으로 이해한
다는 관점에서 인체에 비유하자면, 그 골격骨格과 장기臟器를 이루는
것은 △농업과 축산·수산업 등의 발전에 의한 먹는 문제 해결 △경공업
의 질적 도약에 의한 인민생활의 획기적 향상 △자립경제의 기초 공고
화를 위한 선행부문과 중요공업부문 발전 등 세 가지라고 할 수 있다.

이에 더하여 △자연재해 예방과 산림복구전투를 기본으로 하는 국토
관리와 환경사업 개선 △지방공업의 현대화와 군 단위의 인민생활 향
상을 위한 지방경제 살리기는 근육筋肉 만들기로, △자력자강과 대외
경제협력은 영양제를 공급하는 펌프pump 역할로 볼 수 있을 것 같다.

그리고 경제발전전략의 혁신 부문에 해당하는 △상업은행 활성화의
금융혁신을 통한 재정은행사업의 변화 모색 △단번도약의 모색을 위
한 첨단과학기술 발전 △국방공업 능력의 민수 전환을 위한 군수·민간
경제의 결합 등은 혈액血液 순환을 원활히 하여 인민경제 전반에 활력
을 주려는 조치로 이해할 수 있다.

이것은 말 그대로 비유일 뿐이고 시각에 따라 달리 표현할 수도 있
을 것이다. 이제부터 서술하는 기본 부문과 혁신 부문의 경제발전전략
은 그 자체로 독립적이기 보다는 제1권의 일부 내용[42]과 밀접히 연관
되어 있다. 연관된 부분을 함께 읽으면 해당 부문의 이해에 도움이 될
것이다(각 부분의 제목에 미주를 달아 제1권의 어느 부분과 연관되어
있는지를 밝혀 놓았다).

1. 먹는 문제 해결 : 농업과 축산·수산업 등의 발전[43]

"전체 인민이 흰 쌀밥에 고깃국을 먹으며 비단옷을 입고 좋은 집에서 살게 하려는 것은 위대한 수령님(김일성 주석)과 위대한 장군님(김정일 국방위원장)의 평생 염원이며 이것은 사회주의를 건설하는 조선혁명가들의 이상이고 투쟁목표입니다. 오늘 우리 당에 있어서 경제발전과 인민생활 향상보다 더 절박한 혁명임무는 없습니다." [44]

"사회주의경제건설의 주 타격 전방인 농업전선에서 증산투쟁을 힘 있게 벌려야 합니다. 내각과 해당 부문들에서는 영농공정별에 따르는 과학기술적 지도를 실속 있게 짜고 들어 올해 농사에 필요한 영농물자를 원만히 보장하여 알곡생산을 결정적으로 늘여야 합니다. 농사의 주인인 농장원들의 의사와 이익을 존중하고 사회주의분배원칙의 요구를 정확히 구현하여야 합니다. 당에서 밝혀준 축산업발전의 4대고리를 틀어쥐고 나가며 닭공장을 비롯한 축산기지들을 현대화, 활성화하고 협동농장들의 공동축산과 개인부업축산을 장려하여 인민들에게 더 많은 고기와 알이 차례지게 하여야 합니다. 수산부문의 물질기술적 토대를 강화하고 물고기잡이와 양어, 양식을 과학화하며 수산자원을 보호 증식시켜 수산업발전의 새 길을 열어나가야 합니다." (김정은 위원장의 2019년 《신년사》)[45]

　김정은 당 위원장이 2019년 3월 6일에 열린 제2차 전국당초급선전일군대회에 보낸 서한 《참신한 선전선동으로 혁명의 전진동력을 배가倍加해 나가자》에 '흰 쌀밥에 고깃국'이 등장한다. '흰 쌀밥에 고깃국'은 북한에서 먹는 문제의 상징이다. 김일성-김정일 시대에 이어 김정은 시대에도 먹는 문제의 해결은 당과 국가의 중대사다.
　전략적 노선에서 농업과 축산업·수산업 등의 발전은 생명줄이나 다름없다. 김 위원장은 2014년 2월 6일에 열린 전국농업부문분조장대회 참가자들에게 《사회주의농촌테제의 기치를 높이 들고 농업생산에서 혁신을 일으키자》라는 서한(농업혁신서한)을 보내어 농업발전전략을 천명해 주목을 끌었다.

그는 2012년 4월 6일 당중앙위원회 책임일군들과 한 담화《위대한 김정일 동지를 우리 당의 영원한 총비서로 높이 모시고 주체혁명위업을 빛나게 완성해나가자》(4·6담화)에서 이미 "우리는 인민들의 먹는 문제, 식량문제를 원만히 해결해야 합니다"라고 하면서 농업부문에 대한 국가투자 증대, 당의 농업혁명 방침의 관철, 정보당 알곡수확고 증대를 통한 알곡생산 목표 달성, 수매양정사업의 조직화에 의한 식량공급의 정상화 등의 대책을 제시했었다.[46] 이 기조는 2014년 2월 분조장대회《농업혁신서한》에도 이어졌다.

이에 앞서 그는 2012년 4월 15일의 김일성주석 탄생 100주년 기념 열병식 연설에서 "우리 인민이 다시는 허리띠를 조이지 않게 하며 사회주의 부귀영화를 마음껏 누리게 하자는 것이 우리 당의 확고한 결심"이라고 밝혀[47] '허리띠'의 상징으로 식량문제 해결의 의지를 표명했다.

북한이 먹는 문제를 원만히 해결하려면 농업은 물론이고 축산업과 수산업·양어사업도 동시에 발전시켜야 한다. 인민들이 탄수화물과 단백질과 함께 다양한 영양소를 충분히 섭취할 수 있게 해야 하고, 이것은 북한의 절박한 과제이다.

1) 전국농업부문분조장대회와《농업혁신서한》

김정은 위원장이 분조장대회의《농업혁신서한》에서 제시한 농업의 중점과업은 농촌에서 사상혁명·기술혁명·문화혁명의 힘 있는 전개와 농업생산의 결정적인 증대로 집약된다(표 3-9).[48] 사상·기술·문화의 3 대혁명은 1973년에 등장해 북한 전역으로 확산되었고, 같은 해에 농촌에서의 3대혁명이 본격적으로 추진되었다.[49] 김 위원장은 김일성-김정일주의의 사상 무장과 제국주의자들의 사상문화적 침투책동에 대한 반대투쟁(사상혁명), 과학기술시대·정보화시대에 조응하는 종합적 기계화와 화학화·수리화, 전민과학기술인재화(기술혁명), 사회주의문명

국(문화혁명)을 내걸었다. 기술·문화혁명의 과업에서 혁신 요소가 관
찰된다.

〈표 3-9〉 전국농업부문분조장대회 《농업혁신서한》에 제시된 중점과업[50]

구분	중심과업

농촌에서 사상혁명, 기술혁명, 문화혁명의 힘 있는 전개	○ 농촌에서의 사상혁명 주력
	- 농업근로자들에 대한 선군시대 농촌혁명가로 튼튼히 준비시키기
	  * 김일성-김정일주의 무장
	  * 사회와 집단, 조국과 인민을 위한 헌신성
	  * 나라의 농업발전에 양심과 노력 바치기
	- 농업근로자들에 대한 사회주의 신념과 반제계급의식 교양
	  * 우리식 사회주의를 생명으로 여기기, 열렬히 사랑하기
	  * 제국주의자들의 사상문화적 침투책동 반대 투쟁 전개
	
	○ 농촌에서의 문화혁명 가속화 (사회주의문명국의 성과적 건설)
	- 교육사업부문
	  * 농촌에서의 전민과학기술인재화 구호와 과학기술지식보급 사업의
	    활발한 전개 (농업근로자 전체의 선진영농기술 학습, 현대적
	    기술수단의 능숙한 취급)
	  * 농업근로자들의 일하면서 배우는 교육체계 망라, 학습
	- 문화사업부문
	  * 농업근로자들의 문화정서생활 향유 여건 마련
	  * 농촌마을 문화적 건설, 문명하고 아름다운 사회주의선경
	
	○ 과학과 기술의 시대, 정보화시대의 요구에 맞는 농촌기술혁명
	- 농촌경리의 종합적 기계화와 화학화 가속화
	  * 농업노동과 공업노동의 차이 감소
	  * 농민들의 힘든 노동에서의 완전한 해방
	- 농촌 수리화
	  * 새로운 관개시설 건설
	  * 여러 가지 현대적 관수방법 도입에 의한 관개체계 완성

농업생산의 결정적 증대 (농업부문에서 가장 중요한 과업)	○ 목표: 2014년의 알곡생산과제 수행 및 2015년부터 더 높은
	      알곡고지 점령
	○ 방향: 알곡생산의 결정적 증대와 함께 남새와 축산·과수를 비롯한
	      농촌경리의 모든 부문에서의 새로운 혁신
	○ 방법: 당의 농업정책과 주체농법의 요구대로 과학기술적 영농
	※ 농업증산의 근본열쇠=당의 농업정책과 주체농법의 요구대로 농사를
	    과학기술적으로 지어 정보당 수확고를 최대로 높이는 것

구분	중심과업
	1. 종자혁명의 가속화 - 종자문제 해결의 선차적 주목, 기후풍토조건에 맞는 품종 확보 (수확고가 높으면서도 비료를 적게 요구하는 품종, 생육기일이 짧으며 가물과 비바람, 병충해를 비롯한 여러 가지 피해에 잘 견디는 품종 확보, 다른 나라로부터의 다수확품종 도입 사업 관심) - 채종사업 개선 (지방별·협동농장별 수요에 따라 좋은 종자의 원만한 생산 보장, 현대적인 종자가공공장 건설, 모든 종자들에 대한 정선·선별·피복처리 종합화에 의한 협동농장 공급체계 수립) 2. 영농방법의 혁신 - 적지적작, 적기적작의 원칙에서 작물과 품종배치를 잘하고 비배관리를 과학기술적으로 진행 - 지대적 특성과 자연기후조건에 맞는 작물과 품종배치 ★ - 적시의 질적인 시기별 영농작업 ★ - 과학기술적 비료치기 ★ - 앞선 영농방법과 기술의 광범한 도입 ★ - 유기농법의 적극 장려 ★ - 농산과 축산의 고리형 순환생산체계의 확립 ★ 3. 농업과학기술의 발전 - 농업과학연구부문 : 종자문제, 영농기술문제, 새로운 농기계 개발문제를 비롯한 연구사업 집중 - 농업부문 과학자, 기술자 : 애국의 마음으로 농업생산에서 절박하게 나서는 문제들을 종자로 틀어쥐고 연구사업을 목적지향성 있게, 끝장을 볼 때까지 완강하게 전개 - 농업과학기술성과들의 제때에 생산 도입 (낡은 경험을 고집하면서 과학기술을 홀시하는 경향 일소, 과학연구성과의 농업생산에의 적극 도입) 4. 농경지 보호와 알곡재배면적 증대 - 토지보호사업 주력, 부침땅 소실 방지 - 나무심기와 강하천정리, 구조물 보수와 관리의 정상화 (장마철 큰물로 인한 농경지 침수와 유실 방지) - 경사지 부침땅의 풀뚝다락밭 건설의 계획적 전개 (자연피해로부터의 농경지 보호) - 큰물로 유실된 부침땅의 원상 복구, 지적도보다 줄어든 면적의 토지를 찾아내기 위한 사업의 적극적인 전개 - 특히 토지의 유용낭비 현상 일소 ★ - 새 땅을 얻기 위한 간석지 건설의 지속적인 주력, 가능한 여러 가지 방법에 의한 부침땅 증대

구분	중심과업

	5. 임농복합경영방법 (산림토지의 효과적 이용+알곡생산 증대)
	- 시·군에서의 적절한 대상지 결정 및 임농복합경영의 대대적 조직 전개
	  (알곡생산 증대, 산의 수림화)
	
	6. 알곡위주의 농업생산구조로의 개선
	- 비알곡작물 재배면적 감축, 벼와 강냉이 재배면적 증대
	- 내각 : 농업성 밖의 단위들에서 가지고 있는 부침땅의 이용실태의 전반
	  적 검토, 대상별로 알곡생산계획 부과 및 무조건 집행

《농업혁신서한》은 알곡생산의 결정적 증대와 함께 남새와 축산·과수를 비롯한 농촌경리의 모든 부문에서의 새로운 혁신을 강조한 가운데 종자혁명의 가속화, 영농방법의 혁신, 농업과학기술 발전, 농경지 보호와 알곡재배면적의 증대, 임농복합경영방법, 알곡위주의 농업생산구조로의 개선 등의 과업을 담았다.

이 과업 가운데 영농방법의 혁신에서는 변화의 열망이 느껴지지만 알곡위주의 농업생산구조로의 개선은 식량 부족에서 벗어나려는 오랜 염원을 반복한 것이다. 종자혁명, 농업과학기술, 임농복합경영 등에서 김정일 시대의 계승과 혁신 요소가 함께 나타났다. 김정일 시대에 강조되었던 먹는 문제 해결의 과업은 <표 3-10>[51]과 같다.

<표 3-10> 김정일 시대의 먹는 문제 해결을 위한 정책과업

정책 방향	과 업
종자혁명	- 1대 잡종생산체계 확립 - 게놈 기술을 비롯한 생명공학기술의 적극 도입 - 다른 나라에서 좋은 종자를 수입하는 도입육종 주력
감자농사혁명	- 감자재배면적의 증대 - 대홍단식 감자농법의 적용 (좋은 종자, 거름, 축산배합, 통알감자심기 등) - 감자밭 김매기와 감자수확 등 전 공정의 기계화 실현 - 감자수송과 저장·가공문제 해결
두벌농사 방침	- 이모작 면적의 확대 - 종자문제 해결 및 지력 향상 - 알곡 대 녹비작물의 재배형태의 정확한 규정 - 영농작업의 기계화와 물대기, 물빼기 잘하기

정책 방향	과 업
알곡생산의 물질기술적 토대 축성	- 토지정리 완성 - 높은 수준의 수리화 완성
축산부문	- 국영축산과 협동농장 공동축산, 개인부업축산의 병행 - 집단사육과 분산사육의 올바른 조직화 - 축산업의 과학화·현대화·집약화 주력
과일생산	- 과일농사의 과학화·전문화·기계화 - 병충해 장기대책의 철저한 수립
양어부문	- 양어의 과학화·집약화 - 자연양어가 가능한 모든 지역에 치어를 놓아기르는 사업 전개 - 물고기와 알의 수입

김정은체제가 출범한 후 2013년 12월에 열린 내각 전원회의 확대회의에서는 '지역 특성에 맞춘 농업생산구조 개선'을 내걸고 알곡생산을 기본으로 하면서도 축산·남새·과수·잠업·공예작물의 배합을 강조했다. 이에 비하면 《농업혁신서한》은 알곡위주로 되돌아갔다고 할 수 있다. 이는 다양한 작물의 배합을 권장했다가 알곡 재배면적과 생산량의 감소를 우려한 데 따른 조정으로 보인다. 김 위원장의 지시사항은 다음과 같았다.

"농업부문에서는 식량생산을 최대로 높일 수 있게 농업 생산구조를 알곡위주의 생산구조로 개선하여야 합니다. 식량문제를 푸는 것이 우리 앞에 가장 절실한 요구로 나서고 있는 조건에서 될수록 비알곡작물재배면적을 줄이고 벼와 강냉이 재배면적을 늘여야 합니다. 내각에서 농업성 밖의 단위들에서 가지고 있는 부침땅들의 이용실태를 전반적으로 검토하여 보고 대상별로 알곡생산계획을 주어 그것을 무조건 집행하도록 하여야 합니다." [52]

이것은 협동농장 분조들에서 포전담당 책임제가 시행되고 농장원들에게 '재배작물 선택권'을 부여하더라도 알곡 재배면적만큼은 마음대로 조정해서는 안 된다는 것을 뜻한다. 연간 곡물생산량이 최소한 550만 톤(精穀 기준)을 넘어서야 북한이 식량부족을 벗어날 수 있으므로 언제나 긴장상태에 있을 수밖에 없다. 북한의 경제계획상으로는 연간 곡물생산량의 목표가 700~800만 톤으로 알려져 있다.

김 위원장의《농업혁신서한》은 분조장대회 참가자만을 겨냥한 것은 아니었다. 농업 생산현장의 말단 책임자뿐 아니라 당·국가·군대의 모든 관련자들에게 총체적인 과업을 제시한 것이었다. 그는 자체로 농사짓는 운동 전개(생산현장), 농촌에 대한 국가적 지원 강화(국가), 내각과 농업지도기관의 역할 제고(해당기관), 농업부문에 대한 당적 지도의 강화(당) 등 주체별로 실천과업을 제시했다.

생산현장에서 분조관리제의 우월성 발양과 분조장들의 책임성과 역할 제고를 강조했던 점이 눈길을 끌었다. 분조관리제의 우월성 발양의 방법으로 포전담당 책임제의 확대 실시를 제시했는데, 중요한 점은 '협동농장 자체의 실정에 맞게 올바로 적용'해야 한다고 밝힌 것이었다. 이것은 협동농장에 대한 농정당국의 획일적인 지시에서 벗어나 협동농장의 자율적 결정권을 중시하겠다는 의지의 표현이었다.

2) 《농업혁신서한》의 주체별 실천과업

김정은 위원장은《농업혁신서한》에서 농장원들과 직접 대면하는 분조장의 지위와 역할을 가장 먼저 다루었다. 이전의 전국농업대회(혹은 농업부문열성자대회)와는 달리 전국농업부문분조장대회가 처음으로 개최된 만큼 분조장에게 주는 메시지를 앞세웠다. 김일성 주석과 김정일 국방위원장이 분조장의 지위와 역할을 상세하게 제시한 사례는 드문 편이었다. 다만 내각 농업성 등이 작성해 군협동농장경영위원회에 내려 보낸《협동농장 관리운영지침》이나《협동농장 사업지도서》 같은 자료들에는 분조장과 관련된 지시사항이 포함되어 있었던 것으로 추정된다.

김정은 위원장의《농업혁신서한》에는 분조로 하여금 생산과 생활공동체로서의 기능을 제대로 수행하게 하려는 의지가 현실감 있게 담겼다. 분조를 잘게 쪼개어 포전담당 책임을 맡기면 분조장의 역할은 더 중요해진다.

김 위원장은 국가의 농촌지원과 관련해 농업부문에 대한 투자 증대, 물질적 보장사업의 개선과 노력(노동력)적 지원 등을 강조했다. 해당 기관의 역할에 대해서는 '농업에 힘을 집중하는 원칙에서' 경제작전과 조직사업, 지휘의 조직화, 농업생산에서 제기되는 문제들의 적시適時 해결 등을 내각에 주문했다.

그는 농업지도기관들에게는 농업전선의 담당자다운 책임감 있는 농사지도를 지시했다. 특히 "농사지도에서 고질적으로 남아있는 주관주의와 관료주의, 형식주의를 결정적으로 뿌리 뽑아야 합니다"라고 말했다. 이것은 지도기관들에서 주관주의·관료주의·형식주의가 여전히 남아 있고, 이것이 농정에 해를 끼칠 수 있다는 인식을 보여준다. 주관주의·관료주의·형식주의는 포전담당 책임제의 자율적 책임영농과 배치되며, 농촌에서의 당 세도와 관료주의는 농장원들의 영농의욕을 저하시킬 것이기 때문이다.

김 위원장은《농업혁신서한》의 끝머리에서 다른 문건과 마찬가지로 '당적 지도'의 강화를 다루었다. 북한이 농업부문에서 혁신 조치를 취하면 외부에서는 그로부터 중국 '농업개혁'과의 유사성을 찾으려는 경향을 보이며, 포전담당 책임제에서 '개인농'의 싹을 찾으려는 기대감으로 이어진다. 그런데 북한은 포전담당 책임제를 전국의 협동농장에 도입하면서도 사회주의적 원칙과 집단주의 정신을 여전히 강조하며, 이것은 당적 지도에서도 재차 확인된다.

《농업혁신서한》에서는 당적 지도와 관련해 농업부문 일군들과 근로자들의 정신력을 발동시키기 위한 정치사업, 농촌에서의 전형단위의 창조 및 모든 단위들에서의 전형단위를 따라 앞서기 위한 경쟁, 군郡당위원회의 역할 제고, 분조장 대열의 조직화 등이 강조되었다. 농업부문에서 정치적 요소가 작동되는 것이다.

이렇게 볼 때 외부에서 북한의 '농업개혁'을 기대하는 것은 현실과는 거리가 먼 무망無望한 일이다. 협동농장 분조들로 하여금 '자체의 실정에 맞게' 포전담당 책임제를 운영하게 하면서도 농업증산과 집단주의 생산문화를 동시에 유지하려는 것이 당과 국가의 방침이다. 북한의 정책담론을 파악할 때, 특히 최고영도자의 저작을 다룰 때 특정 측면의 중요성이나 새로움에 착안해 자의적으로 분석하는 경우가 종종 있는데 이렇게 하면 전체적인 방향성이 오도誤導될 수 있다.

그래서 정책담론의 맥락을 이해하려고 할 때 <표>로 정리하면 유익하다. <표 3-11>은 김 위원장의 《농업혁신서한》에 나타난 생산현장-국가·내각·농업지도기관-당의 실천과업을 정리한 것이다.[53]

〈표 3-11〉 전국농업부문분조장대회 《농업혁신서한》의 주체별 실천과업

구분	중심과업
자체로 농사짓는 운동의 힘 있는 전개	○ 목표 : 농사를 자체로 짓는 것은 농업부문 일군·농업근로자의 응당한 본분 ○ 방향 : 모든 협동농장에서 모범적인 협동농장들의 경험을 본받아 자체의 힘으로 농사를 짓기 위한 투쟁의 적극적 전개 ○ 방법 : 분조의 역할 제고 1. 분조관리제의 우월성 발양 - 현실발전의 요구에 맞게 분조관리제의 올바른 실시, 농장원들의 책임성과 창조적 열의 발양 - 분조관리제의 요구대로 농장원들에게 토지관리와 영농공정 수행, 생산계획 수행에 대한 명백한 과업 제시, 그에 대한 총화의 제때에 실속 있는 진행 - 최근 농장원들의 생산열의 향상을 위해 분조관리제 안에서 실시한 포전담당 책임제에 대해서는 협동농장 자체 실정에 맞게 올바로 적용 (농업생산에서 은이 나게 하여야 함) - 분조관리제에서의 철저한 사회주의분배원칙 실행 ★ 2. 분조장들의 책임성과 역할 제고 - 분조장= 사회주의농촌진지를 강화하는데서 당이 의거하고 있는 농촌핵심, 분조농사와 관리를 조직하고 집행하는 농촌의 초급지휘성원 - 분조장들이 자기 임무를 어떻게 수행하는가에 따라 당의 농업정책이 관철되는가 못되는가, 분조관리제의 우월성과 생활력이 발휘되는가, 못되는가 하는 것이 좌우됨. ○ 분조장의 지위와 역할(임무)[54] 1. 당의 농업정책과 주체농법의 적극적인 옹호자·선전자·관철자 2. 분조농사와 분조관리를 책임적으로, 창발적으로 해나가는 분조의 참된 주인, 능숙한 지휘관

구분	중심과업
	3. 모든 농사일에 정통하고 현대농업과학기술지식을 소유한 새 세기의 진짜배기 실농군 4. 농장의 공동재산을 알뜰히 거두고 애호관리하는 착실한 살림군 5. 분조원들을 친혈육처럼 사랑하고 보살펴주는 분조의 맏형·맏누이 ※ 농업생산에서 혁신의 불바람을 세차게 일으켜나가는 농촌 선구자·기수
농촌에 대한 국가적 지원 강화	○ 기본전제 : "농촌에 대한 국가적 지원을 떠나서는 농업의 과학화, 현대화를 실현할 수 없으며 농업생산을 끊임없이 장성시켜나갈 수 없습니다." ○ 국가적으로 농업부문에 대한 투자 증대 및 물질적 보장사업 개선 1. 농업생산에 필요한 비료를 제때에 보장 - 남흥청년화학연합기업소와 흥남비료연합기업소에 전력과 석탄을 대주어 비료생산을 높은 수준에서 정상화 - 질소비료생산과 함께 인·칼리·규소비료와 여러 가지 미량원소비료도 생산보장 2. 농촌에 뜨락또르를 비롯한 현대적인 농기계의 대량 공급 3. 전력과 연유, 박막과 농약 같은 영농자재의 충분한 보장 ○ 노력(노동력)적 지원 1. 지방별, 협동농장별 실정에 맞게 농촌노력지원사업의 합리적 조직 2. 농촌지원자들이 농민들과 함께 농사를 책임지는 입장에서 농사일을 알뜰하고 깐지게 하도록 하여야 함. ※ "협동농장들의 노력과 영농설비들을 농사와 관련이 없는 다른 일에 동원시키는 현상을 없애야 합니다."
내각과 농업지도 기관의 역할 제고	○ 내각 : 농업에 힘을 집중하는 원칙에서 경제작전과 조직사업, 지휘 조직화, 농업생산에서 제기되는 문제들을 제때에 해결 ※ "나라의 경제형편이 어렵다고 하여 농업부문에 대한 보장사업을 계획이나 내려 보내고 사무실에 앉아 독촉이나 하는 식으로 할 것이 아니라 생산현장에 내려가 걸린 문제들을 찾아내고 적극적인 대책을 세워나가야 합니다." ○ 농업지도기관: 농업전선의 담당자다운 책임적 농사지도 ※ "농사지도에서 고질적으로 남아있는 주관주의와 관료주의, 형식주의를 결정적으로 뿌리 뽑아야 합니다." ※ "농사에 대한 지도에서 기술적 지도를 기본으로 틀어쥐고 앞선 영농기술과 방법을 일반화하며 협동농장들에서 모든 농사일을 과학기술적으로 하도록 요구성을 높이고 실속 있게 도와주어야 합니다." 55
농업부문에 대한 당적 지도 강화	○ 농업부문 일군들과 근로자들의 정신력을 발동시키기 위한 정치사업의 실속 있는 전개 1. 김정일애국주의의 소중한 간직과 실천활동에서의 철저한 구현 2. 전화의 불길 속에서 전시식량생산을 보장한 전 세대 농민들의 영웅적

구분	중심과업
	투쟁정신 따라 배우기 전개 3. 정치사업 무대의 포전 이동 및 경제선동의 힘 있는 전개로 농장원들의 열의와 기세 북돋우기, 온 논장벌의 알곡 증산투쟁 ㅇ 농촌에서의 전형단위 창조 및 모든 단위들의 전형단위 따라 앞서기 위한 경쟁의 힘 있는 전개 1. 전형단위를 창조하기 위한 사업을 해당 단위를 도와주는 방법으로가 아니라 그 단위가 자체의 힘으로 전형단위가 되도록 떠밀어주는 방법으로 전개, 모든 단위들이 전형단위를 따라 앞서기 위한 경쟁을 활발히 벌려 나가도록 하여야 함. 2. 협동농장 안에서도 전형작업반·전형분조를 창조하고 작업반과 분조들이 그 단위를 따라잡기 위한 경쟁열풍을 세차게 일으켜나가도록 하여야 함. ㅇ 군당위원회의 역할 제고 1. 군협동농장경영위원회를 비롯한 행정경제기관 일군들이 높은 책임성을 가지고 농사에서 혁신을 일으키기 위한 작전과 지휘를 실속 있게 해가도록 적극 떠밀어주며 나타나는 편향들을 제때에 바로잡아주어야 함. 2. 농촌의 모든 당조직들이 농사일에 힘을 집중해 자기 단위 앞에 맡겨진 농업생산과제를 어김없이 수행하도록 당적 지도를 짜고 들어야 함. ㅇ 분조장 대열의 잘 꾸려주기 - 당에 충실하고 애국심이 높으며 기술지식이 있고 능력 있는 사람들로 분조장 대열을 꾸리고 그들이 알곡증산으로 당과 인민의 높은 기대에 보답하도록 도와주고 이끌어주어야 함.

김 위원장이 제시한 영농방법에서의 혁신적 조치들에 대해서는 <표 3-9>와 <표 3-11>에서 ★표시 부분을 중심으로 살펴본다. 첫째, 지대적 특성과 자연기후조건에 맞는 작물·품종 배치와 적시適時의 질적인 시기별 영농작업이다.[56] 포전(논밭)마다 지대적 특성과 자연기후조건에 차이가 있다는 지적은 '협동농장마다 자체의 실정에 맞게' 포전담당 책임제를 올바로 실시하는 것과 관련된다. 각 포전에 어떤 작물과 품종을 심는 게 바람직한가를 실리實利적으로(영농수익 차원), 과학적으로(과학기술영농 차원) 따져보고 결정해야 한다고 그가 강조한 데 따라, 알곡위주 생산의 원칙이 지켜지는 범위에서 농민들의 작물·품종 선택권의 폭이 넓어질 것이다.

김일성 시대부터 주체농법 아래 적지적작適地適作이 강조되었지만

(계승), 그것은 협동농장 차원이었다. 김정은 시대에는 '포전을 담당하는 분조' 단위에서 적지적작을 하자는 것이다(혁신).[57] 협동농장에서 시기별 영농작업을 제때에, 질적으로 하는 과제도 김일성 시대부터 주체농법 아래 적시적작適時適作이 강조되었지만(계승), 김정은 시대에는 앞으로 '무엇을 어느 때까지 하라고 일률적으로 내리먹이는 편향'이 있어서는 안 된다는 지적[58]에서 보듯이 농장원들의 자율적 책임영농을 중시하는 방향으로 전환되었다(혁신).

둘째로, 과학기술적 비료치기와 유기농법의 적극 장려이다.[59] 협동농장에서 비료를 칠 때 과학기술적으로, 효과적으로 해야 한다는 지적은 일반론에 해당하지만, '적은 비료로 더 많은 알곡을'에서 효율성이 관찰된다(혁신). 북한에서 오랫동안 질소비료에 많이 의존해온 것으로 알려져 있는데, 농작물 생장에 필요한 질소비료는 과다過多사용 시에 농작물을 죽일 수도 있고 토양 산성화와 수질오염 등의 문제를 일으킨다.

김 위원장은 다양한 미량원소비료(아연비료, 붕소비료 등)를 비롯해 비료를 구색에 맞게 사용할 것과 유기질비료를 많이 생산할 것을 강조했다. 비료공장에서 협동농장에 이르기까지 인식의 변화가 요구되는 것이다. 정보당 수확고를 높이기 위해 논밭 정보당 20~30톤 이상의 질 좋은 거름이 필요하다고 언급한 만큼 농장마다 이에 집중할 것이다. 그는 또한 물 관리와 비료·농약치기에서 눈짐작과 손짐작이 아닌 '과학적 측정과 분석에 기초한 선진적인 비배관리'를 강조했다. 농장 분조들에서 포전담당 책임제를 실시하여 농장원의 영농의욕을 높인다고 해도 그것만으로는 증산에 한계가 있는 만큼 비료치기와 유기농법[60] 등에서도 혁신이 필요하다고 역설했던 것이다.

셋째로, 앞선(선진) 영농방법과 기술의 광범한 도입과 농산·축산의 고리형 순환생산체계의 확립이다.[61] 영농방법의 혁신에서 선진 영농방법과 기술의 도입은 당연한 일이고 생산성 증대에 필수적이다. 김 위원장은 정보당 수확고를 높이면서 종자·노동력·영농자재는 적게 들이는 방법, 이모작·삼모작 도입으로 토지이용율과 집약화 수준을 높이는 방법 등을 창안할 것, 이를 협동농장들에 일반화할 것을 촉구했다. 분조장들이 선진 영농방법과 기술을 분조 농민들에게 교육하고 실천해 나가는 주체가 되어 새 바람을 일으키도록 자극했던 것이다.

농축산 결합의 고리형 순환생산체계는 농산, 축산, 과수, 잠업 등 각 부문별 생산물과 배출물을 서로 다른 부문의 비료·사료로 활용하게 하여 부문과 전체의 생산을 함께 높이는 방식이다.

조선과학기술총연맹 중앙위원회는 2012년 11월 27~30일에 순환식 생산체계에 관한 농업부문과학토론회(제3차)를 개최했는데 관련 연구논문이 280건 발표되었다. 토론회 참가자들은 고리형 순환생산체계를 도입해 농업증산과 가축사료 문제를 자체로 해결한 사례, 유기질비료·유기농약 생산과 이용 등 유기농법의 도입에서 이룩한 성과와 경험을 교환했다.[62] 김 위원장이 고리형 순환생산체계의 확립을 거듭 촉구함에 따라 과학기술계와 농업현장에서 혁신적 방안들이 계속 이어지고 있다.

김 위원장은 토지의 유용낭비 현상의 일소와 관련하여 "농경지를 함부로 침범하거나 다른 목적에 이용하는 것과 같은 비법적인 현상이 나타나지 않도록 엄격한 규율과 질서를 세우며 그런 현상들에 대한 행정적, 법적 통제를 강화하여야 합니다"라고 지적했다(계승).

북한이 농업 집단화를 1958년에 완료한 뒤 집단주의를 강조하고 개인이기주의를 통제하고 있고, 《형법》에 토지남용·폐경죄(제173조), 토지유실죄(제174조)를 규정하거나 《농업법》에 농업토지의 지목 변경 시 중앙농업지도기관의 승인(제32조), 농업토지의 유실·매몰 등 피해 시의 적시 복구(제50조), 농업토지의 농업생산에만 이용 및 남용 금지(제52조) 등을 규정하고 있지만, '비법非法적인 현상'이 여전히 남아 있다고 할 수 있다. 재배면적의 감소를 우려하고 있는 것이다. 농업부문의 다양한 혁신적 조치들도 식량생산의 기본 토대가 튼튼할 때 가능한 것이고, 이 토대를 유지하기 위해 법적 통제가 정당화된다고 할 수 있다.

3) 분조관리제 하의 분배의 변화

《농업혁신서한》에서 강조된 분조관리제의 우월성이 제대로 발휘되자면 담당포전에서의 생산 못지않게 분배도 중요하다. 김정은 위원장은 분조관리제에서 철저한 사회주의 분배원칙을 실행할 것을 촉구했다. 그가 평균주의를 비판하며 분조에서 '노동의 양과 질에 따른 평가와 분배'를 해야 한다고 강조한 것은 김정일 국방위원장의 발언을 연상시킨다(계승).

분배정책에서 중대한 변화가 일어난 것은 2002년의《가격과 생활비 개정 조치》(7·1조치)를 비롯한 경제관리 개선조치였고, 그 방향을 제시한 것은 김정일 국방위원장의 2001년《10·3담화》에서였다. 그는 《10·3담화》에서 "작업반과 분조, 매 근로자들에게 작업과제를 명백히 알려 주고 그 수행결과에 따라 일한 것만큼, 번 것만큼 노동보수와 분배 몫이 정확히 차례지도록 하여야 합니다"라고 지적했다.

김정은 위원장은 '일한 것만큼, 번 것만큼'의 분배정책의 바탕 위에서, 분조 생산알곡에서 국가 몫을 제외한 나머지에 대한 농장원 현물분배, 알곡의무수매의 합리적 조정 등을 제시하여[63] 농민들의 자발적 열의를 불러일으키려고 했다(혁신). 알곡의무수매의 합리적 조정은 의무수매량의 하향 조정을 뜻할 수 있고, 농민들의 가처분 현물이 늘어날 수 있다. 가처분 현물을 시장가격으로 내다 팔면 가처분 소득이 늘어날 것이다. 이는 생산과 분배가 맞물려 돌아가게 하여 농민들의·자발성을 높이려는 것이고, 포전담당 책임제의 효과를 염두에 둔 조치였다.

그밖에 북한에서는 인민생활 향상이 경제실무적 과제로 취급되지 않고 정치사업으로 인식되고 있다는 점도 중요하다. 김 위원장은《농업혁신서한》에서 식량자급은 '제국주의자들의 압력과 경제제재'를 이겨내는데 있어서 절박한 과제이고 혁명과 건설의 관건적인 문제라는 인식을 보였다.[64] 먹는 문제의 해결을 민심과 반제투쟁 및 자력갱생의 실천적 고리로 삼았던 것이다. 이런 기조는 오랫동안 유지될 것으로 예상된다.

4) 농업부문의 현지지도

김정은 위원장의 협동농장 등에서의 현지지도 발언을 통해 농업부문의 강령적 지침을 살펴보는 것은 중요하다. 제시된 농업 과제들이 현장적이기 때문이다. 현지지도 발언은 그가 《농업혁신서한》에서 제시한 중심과업들과 주체별 실천과업을 현장 상황에 맞게 세밀하게 보완하는 면이 있다. <표 3-12>는 김정은 위원장의 농업과 축산·수산·과수부문의 현지지도 등을 정리한 것이다.

〈표 3-12〉 김정은 위원장의 농업과 축산·수산·과수부문의 현지지도 등

일자	활동내역	보도
2012.08.	운곡지구종합목장 현지지도	08.06 중통
2013.03.	룡정양어장(황남 룡연군, 2010.11.21. 김정일 국방위원장과 방문) 현지지도	03.12 중통
2013.05.	조선인민군 제621호 육종장 현지지도와 405군부대시찰	05.21 중통
2013.05.	조선인민군 제313군부대 관하 8월25일수산사업소 현지지도	05.28 중통
2013.06.01	마전해수욕장 및 조선인민군 제1521호 기업소에 새로 건설한 성천강그물공장과 수지관직장 방문	06.01 중통
2013.06.02	조선인민군 제549군부대 돼지공장 방문	06.03 중통
2013.06.04	고산과수농장 방문	06.04 중통
2013.06.	새로 건설한 보성버섯공장 방문	06.05 중통
2013.07.	조선인민군 제534군부대 산하 1116호 농장에 건설한 버섯공장 현지지도	07.16 중통
2013.09.	룡연바닷가 양어사업소 현지지도	09.03 중통
2013.10.	1단계 건설이 끝난 조선인민군 제621호 육종장 현지지도	10.09 중통
2013.12.	조선인민군 제313군부대 관하 8월25일수산사업소 현지지도	12.16 중통
2013.12.	조선인민군 수산부문 모범적 일군들에 대한 당 및 국가 표창수여식 참석	12.27 중통
2014.01.	조선인민군 제534군부대에서 새로 건설한 수산물 냉동시설 시찰	01.07 중통
2014.02.10	전국농업부문분조장대회 참가자들과 기념사진촬영	02.10 중통
2014.02.23	1월8일수산사업소 건설장 시찰	02.22 중통
2014.04.	조선인민군 1월8일 수산사업소 시찰	04.22 중통
2014.06.	대동강과수종합농장과 대동강과일종합가공공장 시찰	06.05 중통
2014.06.	평양시 사동구역 장천 남새전문협동농장 현지지도	06.10 중통
2014.06	기상수문국 현지지도	06.10 중통

일자	활동내역	보도
2014.07.	조선인민군 제1521기업소의 성천강 그물공장과 수지관 직장 현지지도	07.18 중통
2014.07.	고산과수농장 현지지도	07.24 중통
2014.08.	완공된 조선인민군 제621호 육종장 현지지도	08.21 중통
2014.11.	조선인민군 제567군부대 관하 18호 수산사업소 현지지도 및 수산사업소 예술소조원들의 공연관람	11.17 중통
2014.12.	5월9일메기공장 현지지도	12.06 중통
2014.12.	평양메기공장 현지지도	12.23 중통
2014.12.	조선인민군 6월8일농장에 새로 건설한 남새온실 현지지도	12.26 중통
2014.12.27	수산부문의 모범적 일군들과 공로 있는 후방일군들에 대한 당 및 국가 표창수여식 참가 및 표창수여자들과 기념 사진촬영	12.28 중통
2015.01.	새로 건설한 평양시 버섯공장 현지지도	01.10 중통
2015.01.28	조선로동당·국가 경제책임일군들과 한 담화 《세포지구 축산기지 건설을 다그치며 축산업 발전에서 새로운 전환을 일으키자》 발표	01.30 중통
2015.03.	5월27일수산사업소 건설장 현지지도	03.14 중통
2015.03.	새로 건설된 조선인민군 어구종합공장 현지지도	03.18 중통
2015.03.	인민군대에서 새로 건설한 어분사료공장 현지지도	03.24 중통
2015.03.	금산포 젓갈가공공장과 금산포 수산사업소 건설장(서해 능금도) 현지지도	03.27 중통
2015.05.	신포원양수산연합기업소 현지지도	05.09 중통
2015.05.	조선인민군 제580군부대 산하 7월18일 소목장과 안변양 어장 현지지도	05.11 중통
2015.05.	조선인민군 제810군부대 산하 신창양어장 현지지도	05.15 중통
2015.05.	대동강자라공장 현지지도	05.19 중통
2015.05.	조선인민군 제810군부대 산하 석막대서양연어종어장과 낙산바다연어양어사업소 현지지도	05.23 중통
2015.06.	조선인민군 제810군부대 산하 1116호 농장 현지지도	06.01 중통
2015.06.	평양시 사동구역 장천남새전문협동농장 현지지도	06.30 중통
2015.07.	평양대경김가공공장 현지지도	07.11 중통
2015.08.	조선인민군 제810군부대 산하 1116호 농장 현지지도	08.13 중통
2015.10.	현대적으로 개건된 평양메기공장 현지지도	10.31 중통
2015.11.	대동강에 새로 설치한 이동식 그물우리양어장 현지지도	11.18 중통
2015.11.	조선인민군 313군부대 관하 8월25일수산사업소 현지지도	11.23 중통
2015.11.	조선인민군 제549군부대 관하 15호수산사업소 현지지도	11.25 중통
2015.12.	5월9일메기공장 현지지도	12.12 중통
2015.12.	삼천메기공장 현지지도	12.16 중통
2015.12.28	조선인민군 제3차 수산부문 열성자회의 참가자들에 대한 당 및 국가 표창수여식 참가	12.28 중통

일자	활동내역	보도
2016.07.	평양자라공장 현지지도	07.06 중통
2016.07.	조선인민군 810군부대 산하 어분사료공장 현지 지도	07.24 중통
2016.07.	새로 건설된 인민군 어구종합공장 현지지도	07.30 중통
2016.08.	대동강과수종합농장, 대동강돼지공장 현지지도	08.18 중통
2016.09.	조선인민군 제810군부대 산하 1116호 농장 현지지도	09.13 중통
2016.09.	강원도 고산과수농장 현지지도	09.18 중통
2016.11.	조선인민군 5월27일 수산사업소, 1월8일 수산사업소 현지지도	11.17 중통
2016.11.19	8월25일 수산사업소 현지지도	11.20 중통
2016.12.	조선인민군 15호 수산사업소 현지지도	12.15 중통
2017.01.	조선인민군 제4차 수산부문열성자회의 참가자들과 기념사진촬영	01.01 중방
2017.01.	새로 건설된 금산포젓갈가공공장·수산사업소 현지지도	01.15 중통
2017.02.	삼천메기공장 현지지도	02.21 중통
2017.04.	평양버섯공장 현지지도	04.08 중통
2017.04.	조선인민군 항공 및 반항공군 4월22일 태천돼지공장 현지지도	04.23 중통
2017.09.	황해남도 과일군 현지지도	09.21 중통
2017.09.	조선인민군 제810군부대 산하 1116호농장 현지지도	09.30 중통
2017.11.	새로 건설된 순천메기공장 현지지도	11.28 중방
2018.07.	삼지연군 중흥농장 현지지도	07.10 중통
2018.07.	함북 경성군 중평리 현지지도	07.17 중통
2018.07.	조선인민군 제810군부대 산하 낙산바다련어양어 사업소, 석막대 서양련어어종장 현지지도	07.17 중통
2018.08.	삼천메기공장 현지지도	08.06 중통
2018.08.	금산포젓갈가공공장 현지지도	08.08 중통
2018.08.	운곡지구종합목장 현지지도	08.13 중통
2018.08.	연풍호방류어업사업소 현지지도	08.13 중통
2018.08.	함경북도 경성군 온포온실농장 건설사업부지 현지지도	08.18 중통
2018.11.	동해지구 수산사업소들 현지지도	12.01 중통
2019.04.16	신창양어장 현지지도	04.17 중통

*중통은 '조선중앙통신'의 줄임말.

식량부문

우선 김정은 위원장의 식량부문에 대한 현지지도부터 살펴본다. 그가 현지지도에서 언급한 '말씀자료'는 당 서기실의 정리과정을 거친 뒤에 유사 생산현장에 즉각 통보된다는 점을 감안하면 생산현장 등에서의 그의 발언은 중요한 정책과제를 펼쳐 보인 것임을 알 수 있다. 현지지도를 앞둔 사전 준비는 보도 내용을 통해 느낄 수 있다.

그는 당 중앙의 시험농장인 제1116호 농장(인민군 제810군부대 산하), 삼지연군 중흥농장, 평양생물기술연구원(인민군 제810군부대 산하) 등의 현지지도에 나섰고 농기계전시장을 시찰하였다.

[1] 김 위원장은 2015년 5월 말경 조선인민군 제810군부대 산하 제1116호 농장에 대한 현지지도에 나섰다.[65] 군부대 산하 농장에서 제시한 과제들도 민간 협동농장에도 동일하게 적용된다. 그는 농장에서 "환경정리, 포전관리, 농작물 비배관리를 잘하고 있는 것을 첫눈에 알 수 있었다"면서 "인민군대가 농업전선에서도 선구자적 역할을 훌륭히 수행하고 있다는 것을 실증해준다"고 말했다. 군대가 운영하는 농장에 선구자적 역할을 부여한 것은 북한의 경제운영 방식을 이해하는 하나의 열쇠이다.

그는 제1116호 농장이 "농업 생산의 과학화, 집약화 수준을 높이는데 이바지할 수 있는 밀, 보리, 강냉이를 비롯한 다수확품종들을 육종해냈을 뿐 아니라 새로운 품종의 작물들과 선진기술을 적극 받아들이기 위한 사업도 잘하고 있다"고 높이 평가했다. 또 "정보당 수확고가 높은 새 품종의 콩과식물과 집짐승 먹이작물, 장수식품으로 널리 알려진 푸초(부추) 등 우량품종들을 연구하고 재배하기 위한 사업에도 깊은 관심을 돌리고 있다"며 만족했다고 한다. 그의 발언에서 다수확품종의 육종, 새로운 품종의 작물과 선진기술 도입, 우량품종의 연구·재배 등을 중시하고 있음이 확인된다.

그는 그해 8월 중순에 재차 제1116호 농장에 대한 현지지도[66]에 나서 "영양가와 수확고가 높은 먹이작물에 대한 시험재배에 성공한 것은 자랑할 만한 성과"라고 치하했다. 그는 "농장에서 재배하고 있는 애국풀을 전국 도처에 널리 퍼지게 하기 위한 투쟁을 벌려야 한다"고 지시했다. 그는 시험재배하고 있는 콩과작물과 우량품종의 강냉이 품종들을 보면서 "농장에서 선진 농업과학기술을 적극 받아들여 다수확품종의 농작물들을 육종 재배함으로써 우리 당의 종자혁명 방침의 정당성과 생활력을 실천으로 증명하였다"면서, "모든 단위들에서 이들의 경험을 따라 배워야 한다"고 강조했다. 아울러 "당 중앙위원회와 성, 중앙기관, 도, 시, 군 책임일군들이 이 농장을 참관하게 하여 당의 종자혁명방침을 어떻게 관철해야 하는가를 직관적으로 보게 하자"는 지침을 내렸다.

그는 2016년 9월 중순에 제1116호 농장을 또 다시 방문했다.[67] 그는 "농장에서 이룩한 자랑찬 성과는 우리 당의 종자혁명 방침의 승리"라면서 새 품종의 강냉이와 밭벼를 육종해낸 일군들과 과학자·연구사들의 공로를 높이 평가했다. 그는 "인민들의 식량문제, 먹는 문제를 해결하자면 경지 면적이 제한된 우리나라의 실정에 맞게 종자혁명을 해야 한다"면서 "우량 품종들을 더 많이 육종해내야 한다"고 강조했다.

김 위원장은 2017년 9월 하순에도 당 중앙의 시험농장인 제1116호 농장을 방문했다.[68] 그는 《평옥9호》, 《밭벼24호》, 수수강냉이 등 다수확품종의 농작물들을 본 다음에 새로 건설한 연구소를 돌아보았다. 그는 연구소의 생물공학실, 배양실, 원종보관실, 과학토론회실 등을 돌아보면서 "첨단농업과학 연구기지답게 건설을 잘하였다", "농장에서 지금까지 연구하여 시험재배에 성공한 벼, 강냉이, 사탕수수, 목화, 사과, 복숭아, 포도, 대추 등 갖가지 농작물들을 전시해놓았는데 정말 볼만 하다"고 치하했다. 그는 온실에서 재배하고 있는 논벼, 밭벼, 수수강냉이, 검은강냉이, 사탕갈 등을 보고는 "다수확품종의 종자를 연구하는 것과 함께 온 나라에 널리 도입하기 위한 사업에도 깊은 관심을 돌려야 한다"고 강조했다. 그는 농장에서 시험재배에 성공한 남새작물 이름을 단백질이 많다는 뜻에서 《단백초》라고 명명하기도 했다.

그는 "올해 밭벼24호를 파종한 후 60여 일간 심한 가물(가뭄)이 들었지만 가혹한 조건에서도 풍작을 거둘 수 있게 되었는데 가물견딜성이 매우 강한 물절약형의 다수확 벼 품종이라는 것이 확증되었다"고 말했다. 그는 "다수확품종인 《평옥9호》를 심은 강냉이밭들에 팔뚝 같은 이삭들이 달렸다"면서 "전작前作으로 밀을 심고 후작後作으로 강냉이를 심으면 정보당 13~15t의 알곡을 생산할 수 있다고 하는데 두벌농사에 적합한 품종"이라고 평가했다. 김 위원장의 제1116호농장의 현지지도에서는 《평옥9호》, 《밭벼24호》 같은 다수확품종의 육종과 전국적 도입에 지대한 관심을 갖고 있음을 확인할 수 있다. 이 농장은 군부대 산하로 운영되면서도 당 중앙의 시험농장이기 때문에 그의 지대한 관심 하에 육종과 종자혁명의 산실이 되고 있다.

김 위원장은 2019년 10월 초순에 제1116호 농장을 방문했다.[69] 그는 "최근 농업전선의 비약적인 과학적 발전을 중시하고 이에 대해 높이 평가하지만 아직은 시작에 불과하며 높은 수준에 미치지 못하고 있다"면서 "세계적인 농업발전 추세를 잘 알고 나라의 전반적인 농업을 혁신시키기 위한 사업에 전국가적인 힘을 넣어야 한다"고 말했다. 그는 특히 "국가적으로 농업과학연구부문에 대한 인적, 물적 지원을 강화해야 한다"고 하면서 "농업과학연구시설을 꾸려놓는데 그치지 말고 농업과학연구부문의 과학자, 기술자 대열을 질적으로 육성 강화하기 위한 일련의 조치들을 취해나가는 것을 중요한 정책적 요구로 틀어쥐고 나가야 한다"고 강조했다. 그는 다수확 품종들의 도입에서 지역시험을 거쳐 확증된 품종들을 전국적으로 일반화하기 위한 과학기술적 지도와 현장 지도를 조직화할 것, 새 품종에 대한 보급사업을 개선하여 널리 재배하도록 할 것, 중·산간지대와 저수확지들에서 생산량을 높일 수 있는 영농방법을 연구할 것 등을 지침으로 제시하기도 했다.

[2] 김 위원장은 2018년 7월 초순에 삼지연군 중흥농장의 현지지도에 나섰다.[70] 그는 농장의 제1작업반 감자포전에서 "북부 고산지대 감자농사에서 제일 난難문제인 낮은 기온과 병에 의한 피해를 막기 위한 농업기술적 대책을 철저히 세워야 한다"고 말했다. 그는 "감자역병에 대한 예찰예보 사업을 강화하며 농약확보 대책을 철저히 세우고 병이 발생하는 즉시 집중 분무해주어 더 퍼지지 않게 하여야 한다"고 하였다.

그는 "지금 농업부문에서 20여 년 전에 장만해놓은 농기계들을 기계화의 본보기로 내세우고 있는데 부단히 변화 발전하는 현실적 요구에 맞게 현대적이며 능률 높은 농기계들로 종합적 기계화를 실현하여야 한다"고 지적했다. 종합적 기계화의 일반론을 넘어서 '현대적·능률적 기계화'를 요구했던 것이다. 특히 "농장일군들이 견문을 넓혀 세계적인 농기계 발전추세도 잘 알고 목표를 대담하게 높이 세워야 한다"고 지적했듯이 세계적 발전추세에 대한 '견문'을 중시했다. 그는 "실지 농사일을 모두 기계로 하자면 어떤 설비들이 얼마만큼 필요한지 주저하지 말고 충분히 타산하여 제기하면 당에서 적극 풀어주겠다"거나 "당에서 중흥농장을 농촌진흥의 표준 단위로 꾸리는 사업을 적극 도와주겠다"고 하면서, 필요한 자재와 노동력을 잘 타산하여 보고할 것을 지시했다. 농장에서 필요한 기계설비·자재·노동력 등을 마련해주겠다는 약속은 당·국가 농업부서의 사전 검토에 따른 것으로 볼 수 있다.

그는 "이 농장을 농기계 현대화의 본보기 단위로 먼저 잘 꾸린 다음 그에 기초하여 삼지연군과 군 안의 농장들을 종합적 기계화가 높은 수준에서 완벽하게 실현된 우리나라의 표준으로, 농장원들의 이상이 현실화 된 종합적 기계화 농장으로 전변시키자는 것이 당의 확고한 결심"이라고 밝혔다. 그는 또 "지금 농기계 보관관리 사업이 잘되지 않고 있는데 이 사업을 전국적으로 추진하여 농기계들의 가동률과 수명을 늘여야 한다"고 강조했다. 그는 "생산성만 생각하면서 몇 가지 우량품종을 모든 농장들에서 일률적으로 심지 말고 맛이 좋으며 감자가공품 생산에서 질을 보장할 수 있는 다양한 품종들을 도입하여 감자생산의 질을 높여야 한다"는 등의 지시를 내렸다. 중흥농장에서의 지시는 삼지연군 전체로 확산되어 감자농사와 기계화 영농의 바이블이 되고 있을 것이다.

[3] 김 위원장은 2015년 6월 초순에 조선인민군 제810군부대 산하 평양생물기술연구원에 대한 현지지도에 나섰다.[71] 연구원(부지면적 4만 9,200여m²)은 작물의 병해충을 구제하는데 쓰이는 생물농약 등을 연구개발하고 생산하는 과학연구·생산기지다. 그는 "평양생물기술연구원에서 효능이 높고 인체, 토양, 생태환경에 아무런 영향도 주지 않는 21세기 생물농약을 연구개발한 것은 자랑할 만한 성과"라고 치하했다.

그는 "연구원에서 생산하고 있는 생물농약은 각종 진드기류를 포함하여 80여종의 병해충들을 거의 100% 죽일 수 있으며 화학농약과 혼합하여 이용하면 살충작용은 물론 경제적 효과성이 높아지는 실리가 큰 농약"이라고 평가했다. 그는 "연구원에서 이룩한 성과를 널리 소개 선전하여 전국이 따라 배우게 함으로써 과학기술의 불길이 번지게 하자"고 독려했다. 김 위원장이 이 연구원을 방문한 것은 생물농약 생산의 중요성 때문이기도 하지만, 농업부문에서 과학영농의 기치를 높이 들게 하려는 것으로 보인다.

[4] 김 위원장은 2015년 8월 초순에는 농기계전시장을 시찰했다.[72] 전시장에는 농업성 농기계공업관리국 아래 공장들에서 생산한 모내는 기계, 토양관리 기계, 파종 및 비배관리 기계, 수확 및 탈곡 기계, 축산사료가공 기계, 소형양수기 등을 포함한 113종, 510점의 농기계와 부속품들이 전시되었다. 그는 전시장을 둘러보고 "내각과 농업성을 비롯한 해당 부문에서 당의 의도대로 현대적인 농기계들을 우리의 힘과 기술로 만들어내기 위해 적극 노력하고 있는 것이 알린다"고 치하했다. 그는 "이 사업(현대적인 농기계생산)에 전당적, 전국가적인 힘을 집중하여야 한다"고 하면서 관련한 문제들을 자신이 "직접 풀어주고 적극 도와주겠다"고 약속했다. 김 위원장의 농기계전시장 시찰은 기계화영농에 국가투자를 집중해야 한다는 것을 강조하기 위한 행보였다.

〈표 3-13〉 김정은 위원장이 농업부문 현지지도에서 내린 지침

방문단위	지침 내역
제1116호 농장	- 가뭄, 추위 등 불리한 날씨 속에서도 높고 안전한 소출을 낼 수 있으며 병해충 견딜성이 강하고 생육기일이 짧은 다수확품종의 농작물들을 더 많이 육종해낼 것 - 종합적인 종자연구 개발기지인 만큼 국가적인 투자를 강화하고 물질기술적 토대도 튼튼히 다질 것 - 최첨단 기술이 도입된 현대적인 온실을 갖출 것 ("온실문제는 당에서 풀어주겠다"고 약속) - 도·시·군 당 책임비서와 해당 부문의 일군들이 농장을 참관하게할 것.
삼지연군 중흥농장	- 축산에 힘을 넣어 고리형 순환생산체계를 확립할 것. - 감자밭의 지력을 높이며 김매기와 북주기, 거름과 비료시비, 병해충구제를 비롯한 감자밭 비배관리를 과학기술적으로 할 것 - 농장들에서 현대적인 농기계들을 갖추어 놓을 것. - 농기계 보관고를 잘 건설하여 귀중한 기계설비들에 대한 보관관리를 잘 할 것. - 감자종자 생산과 보관체계를 정연하게 세우고 채종사업을 과학기술적으로 할 것. - 정보당 소출이 높은 감자품종을 육종 도입할 것. - 식품용도에 맞는 감자품종도 선택하여 도입할 것.
평양 생물기술 연구원	- 생산량을 2배로 늘이고 국가적 수요를 충족시킬 수 있도록 물질기술적 토대 구축 - 생산에 필요한 원자재·동력 문제 등 해결

방문단위	지침 내역
농기계 전시장	- 농업전선의 돌파구를 열자면 현대적인 농기계들과 부속품들을 더 많이 　생산하여 농촌에 보내줄 것 - 농기계·부속품·소농기구를 생산하는 공장·기업소·농기계작업소의 생산 정 　상화 및 품질 향상 - 농기계와 부속품 생산기지의 현대화 ("가까운 몇 해안에 이 사업을 결속해 　야 한다"고 지시)

김 위원장이 식량부문 현지지도와 시찰에서 제시한 과제는 몇 가지로 요약된다. 첫째, 밀, 보리, 강냉이(평옥9호)를 비롯한 다수확품종을 육종하는 것이었다. 그밖에 가뭄에 강한 벼(밭벼24호)와 정보당 수확고가 높은 콩과식물과 가축먹이작물, 시험재배에 성공한 남새(단백초) 등 다양한 품종의 육종재배도 중시했다.

둘째, 다수확품종 등 새로운 품종을 전국 농장에 보급하기 위해 준비하는 것이었다. 셋째, 중흥농장을 시작으로 삼지연군 농장 전체에 대한 종합적 기계화에 나서자고 한 것이나 농기계, 부속품, 소농기구 생산 정상화와 품질 향상에 주력하자고 한 데서 보이듯이 농업 기계화 수준을 높이는 것이었다. 이에 더하여 농기계 보관관리를 잘하여 농기계의 가동률과 수명을 높이는 것도 강조했다. 넷째, 농장에서는 고리형 순환생산체계를 확립하고 비배관리의 과학화에 주력해야 한다는 것이었다. 다섯째, 기계화 영농이나 최첨단 기술도입을 위해 농업에 대한 국가투자를 늘려야 한다는 것이었다.

[5] 2014년 2월에 열린 전국농업부문분조장대회와 김 위원장의 현지지도 이외에 주목할 행사는 전국농업과학기술성과 전시 및 발표회, 농촌청년작업반·청년분조열성자회의 등이었다. 조선중앙통신은 2017년 12월 5일~7일 농업연구원에서 2017년 전국농업과학기술성과 전시 및 발표회가 열렸다고 보도했다.[73] 행사는 농작물종자분과, 과학농사분과, 농업화학과 생물농약분과, 수의축산분과로 나눠 진행되었다. 전시발표회에는 기후풍토에 맞으면서도 소출이 높은 다수확 우량품종, 물절약형농법·유기농법을 비롯한 과학농법 도입, 토양관리·수의방역 사업 등 농업생산의 과학화·현대화를 촉진시키는데

기여할 100여 건의 과학기술성과 자료들이 제출되었고 220여 종, 300여 점의 전시품들이 출품되었다. 농업부문의 과학기술성과가 다수확 우량품종, 과학 농법를 비롯한 과학화·현대화에 초점이 맞춰져 있음을 알 수 있다.

조선중앙통신은 2018년 3월 12일 농촌청년작업반·청년분조 열성자회의를 진행했다고 보도했다.[74] 회의에는 고인호 내각 부총리 겸 농업상, 리일환 당 중앙위원회 부장과 관계부문·청년동맹 일군들이 참가했다. 박철민 김일성-김정일주의청년동맹 중앙위원회 1비서는 "농촌청년작업반, 청년분조운동이 사회주의농촌체제의 기치높이 경제강국 건설과 인민생활 향상을 위한 투쟁에서 위력한 대중운동으로 강화 발전된" 것에 대해 언급했다. 그의 발언을 통해 협동농장에서 청년작업반과 청년분조를 운영하고 있으며, 청년들을 중심으로 농업생산 증대에 나서고 있음이 확인된다. 북한 협동농장에서 청년 농장원들을 늘리기 위해 제대군인들과 도시처녀들의 농장 진출을 적극 권장하고 있음은 일찍부터 알려진 사실이다.[75]

박철민 1비서는 "운동의 불길 속에서 1,400여개의 청년작업반·청년분조들이 모범청년작업반·청년분조, 2중·3중모범청년작업반·청년분조로 자라났다"고 밝혔다. 토론자들은 회의에서 전국의 농촌청년작업반·청년분조원들이 사회주의농촌의 핵심, 열혈의 청년혁명가들로 자라난 것을 강조했으며 농촌청년작업반·청년분조운동을 혁명적으로 전개하지 못한 결함에 대한 경험과 교훈도 분석하고 총화(결산)했다고 한다.

농촌청년작업반·청년분조운동과 포전담당 책임제의 관계는 별반 알려진 것이 없다. 청년분조들이 포전담당 책임제를 실천하면서 생산혁신의 바람을 일으킨다면 먹는 문제 해결에 유리한 분위기가 조성될 것이다. 이 운동이 농업생산 증대에 영향을 미치기까지는 시간이 걸릴 수 있다. 청년들이 부족한 농촌에 제대군인들을 농장원으로 배치하고 이들이 청년분조로 정착하기까지는 시간이 걸릴 것이다.

남새와 버섯생산

김정은 위원장은 남새(채소)와 버섯 생산 현장에도 빈번히 방문했다. 식단食單의 질과 직결된 남새와 버섯 같은 부식도 날이 갈수록 중요해지고, 그 증산에 노력하고 있음이 확인된다. 그가 현지에서 지도한 남새·버섯 생산 현장은 장천남새전문협동농장, 평양남새과학연구소, 인민군 6월8일 농장 남새온실, 함북 경성군 중평리 대규모 남새온실농장, 인민군 제267군부대가 건설한 보성버섯공장, 국가과학원 중앙버섯연구소, 평양버섯공장 등이었다.

[1] 김 위원장은 2014년 6월에 평양시 사동구역의 장천남새전문협동농장을 시찰했다.[76] 그는 "온실남새 생산에서도 본보기를 만들고 그것을 일반화해야 성과를 확대할 수 있다"면서 이 농장을 "온실남새 생산의 전형단위로, 온 나라의 본보기 공장으로 꾸리자는 것이 당 중앙의 결심"이라고 밝혔다. 그는 평양시당위원회를 통해 장천남새전문협동농장을 전국의 본보기로 꾸리는데 필요한 문제를 보고받고 "우선적으로 해결해주도록 조치를 취하겠다"고 약속했다. 그는 2015년 6월에 재차 이 농장을 방문하여,[77] "장천남새전문협동농장은 수도시민들에게 사철 신선한 남새를 먹이기 위하여 남새전문생산기지로 성장 강화되었다"면서 "농장에서 수십 정보의 남새온실들을 새로 건설하고 남새생산을 늘일 수 있는 토대를 마련"한 데 대해 치하했다. 평양시민들의 채소수요를 충족시키기 위해 대대적으로 온실 건설에 나서고 있는 것이다. 전국의 도시지역에 채소 생산을 위한 전문협동농장을 발전시켜나갈 계획에 따라 평양에서부터 그 분위기를 잡아나가고 있다.

[2] 김 위원장은 2014년 12월 하순 조선인민군 6월8일 농장에 새로 건설한 남새온실에 대한 현지지도에 나섰다.[78] 그는 "인민군대의 일 본새가 다르다"면서 남새온실을 구릉지대에 배치한 것에 대해 토지이용 측면에서 평가했다. 그는 "온실을 잘 건설하는 것도 중요하지만 온실농사를 잘하여 군인들이 그 덕을 톡톡히 보게 하는 것이 더 중요하다"고 강조했다. 온실농사에서 성과를

거두어 군인들의 식탁이 나아지는 실리를 거두어야 한다는 것이었다.

그는 인민군대의 당 정책 관철과 관련하여 "무슨 일이나 즉시에 정확히 집행하고 보고하는 것을 체질화하고 있다"고 칭찬했다. 그는 인민군대의 후방사업과 관련하여, 당 정책 해설, 당 정책 실현을 위한 과업과 방도 제시, 선진과학기술과 우수한 경험 등을 담은 《월간잡지》를 만들라는 지시도 내렸다. 김위원장의 지시에 따라 후방사업 관련 잡지가 창간된다면 그 잡지에 식생활과 관련된 '선진과학기술과 우수한 경험' 자료들이 수록될 것이고, 그렇게 되면 그 자료들이 민간 협동농장에도 전파될 것이다. 식생활에 관한 한 군대 따로, 민간 따로는 아니기 때문이다.

[3] 김 위원장은 2015년 7월 초순에 평양남새과학연구소의 현지지도에 나섰다.[79] 연구소(총 부지면적 143만 5,000여m²)는 모든 공정이 컴퓨터에 의해 자동 조절되는 현대적인 수경온실, 박막(비닐)온실, 첨단생물공학 연구설비 등을 갖춘 남새 연구·생산기지다. 그는 2012년 9월에 이곳을 방문해 여러 가지 온실남새를 생산해 인민들에게 공급하는 과업을 제시한 바 있다. 그는 계절에 구애됨이 없이 갖가지 남새를 생산하여 '인민들의 식탁食卓을 풍성하게' 하기 위한 과업을 제시한 뒤에 "연구소의 과학자들에게 살림집을 지어주겠다"고 약속했다.

김 위원장이 제시한 과업이 공개되지는 않았지만 연구소에 채소의 종자개량을 통한 다수확품종 개발, 채소 생장에 적합하도록 온실여건 개선 등을 지시했을 것으로 관측된다. 남새 생산에 종사하는 모든 연구소와 농장에서 '인민들의 식탁을 풍성하게!'를 모토로 삼고 있음을 알 수 있다. 그가 연구소 과학자들에게 주택을 지어주겠다고 약속함에 따라 평양시 당위원회와 인민위원회는 이를 위한 실행계획을 만들어 당 중앙과 내각에 보고했을 것이다. 이것은 과학자·기술자를 우대하는 일련의 조치들과 궤를 같이 한다.

[4] 김 위원장은 2018년 7월 중순에 함경북도 경성군 중평리의 비행장 구획에 대규모 남새온실농장을 꾸릴 구상을 갖고 이 지역 현지지도에 나섰다.[80] 그는 "여기에 100정보의 남새온실농장을 건설하면 멋있을 것"이라면서 "이만

한 온실면적이면 도道내 인민들의 수요를 충분히 충족시킬 수 있을 것"이라고 밝혔다. 그는 남새온실농장 건설의 건설지휘부 및 각 부문별 상무TFT 조직, 온실설비 제작과 건설자재 보장, 온실기사 양성과 종자·노동력 확보 등 농장건설과 운영준비에 필요한 총적인 방향을 제시했다.

그는 8월 중순에 이곳을 다시 찾아 온포온실농장 건설준비사업을 현지에서 지도했다.[81] 그는 "온실농장을 건축 미학적으로는 물론 실리적 측면에서도 나무랄 데 없도록 과학적인 타산을 앞세우고 최상의 수준에서 건설하여야 한다"고 강조했다. 그는 또 "온실농장 부지가 대단히 넓은 조건에서 현대적인 양묘장도 같이 건설하여 이 지구를 당의 정책이 집대성된 구획으로 꾸릴" 것을 지시했다. 차광수비행군관학교 실습비행장을 철수시킨 자리에 대규모 온포온실농장(남새전문생산)과 양묘장을 건설하기 위한 계획을 수립했던 것이다.[82] 100만 정보에 농장을 건설한다는 엄청난 계획이고 그곳에서 생산하는 채소로 함경북도의 채소 수요를 충족시키려고 한다. 아마도 단계적 개발을 통해 한쪽에서 소출을 내면서 다른 한쪽에서는 계속 온실을 건설해나갈 것으로 추측된다.

그는 2019년 10월 중순에 중평남새온실농장과 양묘장 건설장을 현지에서 지도했다.[83] 그는 전망대에 올라 "수십 정보의 남새온실과 연간 2,000만 그루의 나무모를 생산하는 양묘장이 일떠서고 수백 세대의 소층 살림집들과 공공건물들, 학교, 유치원, 탁아소, 병원, 각종 편의봉사시설들이 즐비하게 들어섰다"고 하면서 "중평남새온실농장 마을은 사회주의 농촌문화주택 건설의 본보기, 전형으로 내세울 수 있다"고 높이 평가했다. 그는 "앞으로 산간지대의 군들은 삼지연군과 같은 기준에서 건설하며 농촌마을은 경성군 중평남새온실농장 마을 수준으로 건설하여야 한다"고 밝혔다.

그는 2019년 12월 3일 중평남새온실농장과 양묘장의 조업식에 참석하여 "남새생산에서 양적 지표도 중요하지만 영양학적 지표와 맛이 더 중요하다"며 "선진과학기술을 적극 받아들이고 최적화, 최량화를 실현하여야 한다"고 말했다.[84]

| 5 | 김 위원장은 2013년 6월 5일 조선인민군 제267군부대에서 새로 건설한

보성버섯공장을 방문했다.[85] 이 공장은 북한 최초의 현대적 버섯생산기지(건축 연면적 3,400여m², 18개 재배호동)이다. 그는 "공업적인 방법으로 버섯을 대대적으로 생산하는 기지들을 도처에 일떠세워 군인들과 인민들의 식생활에 이바지하게 해야 한다"고 지시했다. 그는 같은 해 7월 16일에는 조선인민군 제534부대 산하의 제1116호 농장에 건설한 버섯공장의 현지지도에 나섰다.[86] 이 버섯공장은 궁륭식穹隆式(한 가운데가 높고 길게 굽은 천장·지붕) 재배장과 실내 재배장으로 이뤄져 있으며 원료처리·접종·배양·재배 등 생산방법이 공업적이고 집약화 수준이 높다고 한다. 그는 "이곳을 시범으로 하여 군대와 사회에 버섯공장들을 대대적으로 건설하여야 한다"고 지시했다.

북한에서 버섯은 채소와 함께 '인민들의 식탁을 풍성하게' 하는 건강식품으로 취급된다. 군부대의 버섯공장에서 모범을 만들어 민간의 버섯공장을 확산시킨다는 방침이다. 군대의 무조건적인 명령 하달이 모범 창안에는 적격이기 때문일 것이다. 인민들의 식의주 생활의 향상에 군대가 앞장서는 것은 김정일·김정은 시대의 공통점이다.

|6| 김 위원장은 2013년 10월 초순에 새로 건설한 국가과학원 중앙버섯연구소를 현지에서 지도했다.[87] 연구소(건축연면적 6천100여m²)는 연구용 버섯재배실, 원료창고 등을 갖춘 버섯연구기지로서, 송이버섯, 느타리버섯, 영지버섯, 흰곤봉버섯, 털검정버섯, 비늘먹물버섯, 참나무버섯, 벼짚버섯 등의 재배기술을 갖추고 있다. 그는 "온 나라 방방곡곡에서 버섯생산 바람이 일어나고 있으며 전국 도처에 능력이 큰 버섯공장들과 버섯생산기지들이 꾸려지고 있다"면서 "버섯생산의 공업화, 과학화를 실현하려면 과학연구사업을 선행시켜야 한다"고 강조했다. 그는 "여러 가지 식용 및 약용버섯 재배기술을 연구 완성하고 지역적 특성에 맞게 기질基質문제를 해결하기 위한 사업을 심화시키며 버섯재배에 필요한 종균을 원만히 생산 보장해야 한다"고 지시했다. 이 연구소가 개발한《버섯기질 발효기》는 기존 공정과 달리 50~60℃ 온도와 60~65% 습도에서 기질을 저온·저압 멸균하는 에너지 절약형 설비인데다가 배양성공률을 높일 수 있어 경제적이라고 한다. 이 발효기의 종합조종반은 기질발효실 내 온습도를 측정하고 증기발생기·공기가열장치를 자동으로 조종할 수 있고,

증기발생기는 전기보일러 형태로 1시간에 증기 25kg를 생산한다.[88]

각 도마다 《버섯공장표준설계안》에 의거해 버섯공장들이 건설 중인데 중앙버섯연구소는 『버섯재배기술문답집』 등 관련도서들을 새로 집필해 재배단위들에 배포했다고 한다. 연구소는 전국 각지의 버섯생산기지를 갖춘 공장·농장·기관·기업소와 인민 세대들의 관심에 부응해 버섯 재배기술을 설명한 VCD·DVD를 보급했다.[89] 중앙버섯연구소를 국가과학원 산하에 설립할 정도로 북한은 버섯 재배에 열을 올리고 있다. 현지지도 관련 보도를 통해 이 연구소가 《버섯기질 발효기》 개발, 『버섯재배기술문답집』 배포 등의 기능을 수행하고 있음을 알 수 있다.

〔7〕 김 위원장은 2015년 정초에 평양시 교외에 새로 건설 중인 평양버섯공장을 시찰했다.[90] 평양버섯공장(부지면적 2만 4,800여m², 건축 연면적 1만 9,950여m²)은 그의 발기에 의해 건설된 것으로 알려졌다. 그는 "버섯 무균공정, 버섯 재배공정 등 원료투입으로부터 출하에 이르는 생산 공정의 통합생산체계, 기업관리의 경영정보체계가 완벽하게 구축되었다"고 밝혔다. 그는 "생산과 경영활동을 짜고 들어 평양 시민들이 실지로 덕을 보는 공장으로 되게 하여야 한다"면서 "버섯생산과 관련한 기술적 지도와 과학기술 보급사업을 잘하며 창조된 우수한 경험을 서로 교환할 수 있게 컴퓨터망 체계를 구축하여야 한다"고 지시했다. 버섯재배 공업화의 표준단위인 평양버섯공장에서는 2016년 10월 31일 박봉주 총리 등이 참가한 가운데 준공식을 가졌다.[91] 김 위원장은 2017년 4월 초순에 평양버섯공장을 재차 방문했다.[92] 이 공장에서는 흰곰봉버섯, 팽나무버섯, 느타리버섯 등을 연간 1,000톤 생산할 수 있다고 한다. 그는 공장 전경도 앞에서 해설을 들은 다음 원료장, 발효장, 파종장, 배양장, 재배장, 기술준비실, 통합생산지휘실, 과학기술보급실 등을 돌아보고 몇 가지 '강령적 지침'을 제시했다. 북한은 2013년에 국가과학원 중앙버섯연구소를 설립한 데 이어 2016년에 버섯재배 표준공장인 평양버섯공장 준공식을 가짐으로써 버섯 생산의 토대를 마련했다고 할 수 있다.

〈표 3-14〉 김정은 위원장이 남새·버섯 생산 현지지도에서 내린 지침

방문단위	지침 내역

장천
남새전문
협동농장
	- 과학적 재배방법 완성과 정보당 수확고 증대 및 농장의 생활환경과
	  면모를 일신할 것.
	- 여러 가지 남새를 많이 생산하여 수도시민들에게 공급할 것.
	- 남새 비배관리와 생산에서도 전국의 본보기가 될 것.
	- 남새생산의 과학화·집약화 수준을 높일 것.
	- 선진과학기술을 적극 받아들이며 우량품종·다수확 품종의 남새들을
	  재배할 것.
	- 농장원들을 남새박사·농산박사로 키울 것.
	- 평양시 주변 농장들을 잘 꾸리기 위한 사업도 전개할 것

평양남새 과학 연구소	- 온실남새 재배의 과학화·집약화 수준을 더욱 높임으로써 정보당 남새 생산량을 비약적으로 늘릴 것. - 이룩된 성과와 경험을 다른 단위들에 널리 보급하기 위한 사업을 진행할 것. - 온실남새 생산을 높은 과학기술에 의거해 끝장을 볼 때까지 밀고 나갈 것.

경성군
온포온실
농장건설
	- 온실농장의 형식과 구성을 수경온실과 토양온실을 배합하여 실정에
	  맞게 할 것.
	- 온실 경영에 필요한 영양액 비료생산기지를 함경북도에 꾸릴 것.
	- 토지 이용률을 높이고 노동력을 절약하면서도 생산의 효과성을 높일 것.
	- 온실건설에 필요한 설비·자재들을 자체로 제작하여 국산화 비중을
	  최대로 높일 것.
	- 온실농장 구획을 명백히 가르고 규모 있게 건설하며 모든 생산건물들을
	  현대적인 맛이 나게 잘 건설할 것.
	- 강하천을 끼고 있는 지대적 특성에 맞게 제방을 쌓고 윤환선 도로를
	  형성할 것.
	- 온실농장에서 남새생산을 기계화할 것.

평양
버섯공장
	- 기술기능 수준을 끊임없이 높이며 선진적·실리적 재배방법들을 적극 받아
	  들일 것.
	- 버섯품종을 늘이기 위한 연구를 심화시킬 것.
	- 발효법으로 버섯생산의 공업화를 실현하기 위한 연구사업을 밀고나갈 것.
	- 생산원가와 에너지를 절약하면서도 생산량을 높이기 위한 투쟁을
	  힘 있게 벌릴 것.
	- 현대적인 설비들을 애호 관리할 것.
	- 버섯 생산에서 이룩한 성과와 경험을 널리 일반화할 것.

김 위원장은 현지지도에서 평양과 같은 도시 인근의 남새농장들에게
몇 가지 지침을 내렸다. 첫째, 남새를 사계절 공급하기 위해 남새온실을
새로 많이 건설하자는 것이었다. 둘째, 온실 건설에 필요한 설비·자재의

국산화 비중을 높이자는 것이었다. 셋째, 과학적 재배방법을 도입해 정보당 수확고를 증대하자는 것이었다. 넷째, 수경온실·토양온실을 함께 운영하고 남새생산에서 기계화·과학화·집약화 수준을 높이자는 것이었다. 그리고 다섯째, 중평리의 비행장구역(100만 정보)에서처럼 온실농지가 넓은 경우 현대적인 양묘장 건설을 배합하자는 것이었다. 중평리는 함경북도 전체에 공급할 남새생산기지로 발전시킬 계획이다.

그는 버섯생산 증대를 위해서도 몇 가지 실천대책을 제시했다. 첫째, 송이버섯 등 다양한 버섯류(식용·약용)의 재배기술을 갖추자는 것이었다. 둘째, 종균과 기질 생산을 보장하고 버섯 무균공정, 버섯 재배공정 등 생산 공정의 통합생산체계, 기업관리의 경영정보체계를 완비하자는 것이었다. 셋째, 버섯 품종을 늘이기 위한 연구를 심화하고 버섯생산의 성과와 경험을 일반화하자는 것이었다.

과수업

북한은 인민들의 식생활을 개선하기 위해 남새와 버섯 생산뿐 아니라 과수업에도 집중해오고 있다. 김정은 시대에 들어와 과수업에 대한 관심이 더욱 높아졌음은 현지지도에서도 확인된다. 김 위원장은 고산과수농장, 대동강과수종합농장과 대동강과일종합가공공장, 과일군 등의 현지지도에 나섰다.

[1] 김 위원장은 2013년 6월 4일에 강원도 고산과수농장을 시찰했다.[93] 그는 농장의 확장공사를 맡은 618건설돌격대가 김정일 국방위원장의 유훈을 어떻게 관철하고 있는지를 알아보고는, "과일생산을 늘이려면 과수밭을 확장하고 과일묘목을 자체 생산하며 과일나무 비배관리를 과학기술적으로 해야 한다"고 강조했다.

그는 2014년 7월 하순에 고선과수농장을 재차 방문해 가까운 연간에 도달해야 할 목표, 과일생산 증대 방도 등을 제시하고 "농장에 필요한 운전기재(차량)와 설비들을 보내주겠다"고 약속했다.[94] 그는 2016년 9월 중순에 이 농장을 다시 방문했다.[95] 그는 "618건설돌격대의 일군들과 돌격대원들이 수천t 능력의 현대적인 과일보관고를 흠잡을 데가 없이 훌륭히 건설했다"고 치하하고, "농장이 올해 이룩한 성과에 토대하여 더 높이 비약하기 위한 투쟁을 힘 있게 벌려야 한다"고 강조했다. 이 농장의 현지지도에서 확인된 것은 과수밭 확장, 과일묘목의 자체 생산, 과일나무의 과학기술적인 비배관리, 과일생산 증대, 과일보관고 건설 등의 움직임이었다.

[2] 김 위원장은 2014년 6월 초에 대동강과수종합농장과 대동강과일종합가공공장을 시찰했다.[96] 그는 과수종합농장에서는 정보 당 수확고 증대, 과수와 축산의 고리형 순환생산체계를 이용한 과수원 지력地力 향상, 우량품종의 과일나무를 재배하기 위한 연구사업 심화 등을 지시했다. 과일종합가공공장에서는 종업원들의 기술수준 제고, 설비·기술 관리 향상, 각종 과일 가공품 증산, 품질과 위생안전을 최상의 수준에서 보장하기 위한 투쟁 등을 지시했다. 그는 2015년 8월 중순에 대동강과수종합농장을 다시 방문해 과수업 전반에 대한 '강령적 지침'을 제시했다.[97] 그는 2016년 8월 중순에 이 과수농장을 또다시 현지에서 지도했다.[98] 그는 "불리한 기상기후조건 속에서도 예년에 없는 과일대풍이 이룩된 것은 나라가 흥할 징조"라면서 "이 기세로 나간다면 가까운 연간에 수만t의 과일을 생산해낼 수 있을 것"이라고 말했다. 그는 정보당 50t의 과일 생산, 과일 생산의 과학화·집약화 수준 제고 등을 거듭 지시했다. 김 위원장이 세 차례나 방문할 정도로 대동강과수종합농장에 관심을 보인 것은 이곳에서 생산된 과일들이 수도권에 공급되기 때문이다. 이 농장에서는 과수와 축산의 고리형 순환생산체계를 중요시하고 있음이 눈에 띈다.

[3] 김 위원장은 2017년 9월 중순에 황해남도 과일군을 방문했다.[99] 과일군의 일군들과 근로자들은 가뭄과 고온현상이 지속된 불리한 조건에서도, 수백 정보의 과수밭 개간, 질 좋은 흙보산 비료를 비롯한 유기질 비료 생산, 해안연선 60여리 구간에 방풍림 조성, 농약 생산 공정 조성 등에 노력해 전년도보다 정보당 수확고를 2.5배, 사과는 5.8배 늘리는 성과를 거두었다고 한다. 김 위원장은 "정보당 70~80t의 과일을 생산한 과수작업반들이 수다하다는데 정말

대단하다"면서 "그루당 평균 200알 이상, 최고 300알 이상 달린 사과나무들도 많다는데 끔찍이도 많이 달렸다"고 말했다.

대동강과수종합농장에서 정보당 50t의 과일을 생산하는데 비해 과일군에서는 정보당 70~80t을 생산하는 작업반이 많다고 언급한 것으로 보아 대표적인 과일 생산지역이기 때문으로 볼 수 있다. 과일군에서 생산된 과일은 북한 전역에 공급된다.

〈표 3-15〉 김정은 위원장이 과수업 현지지도에서 내린 지침

방문단위	지침 내역
대동강 과수 종합농장	- 과수농장들에서 정보당 50t의 과일을 생산하기 위한 목표를 내걸고 정보당 수확고를 결정적으로 높이기 위한 투쟁을 힘 있게 벌릴 것. - 과일생산량은 과수의 과학화·집약화 수준을 어떻게 실현하는가에 따라 결정되는 것만큼 과학과수科學果樹의 기치를 높이 들고 나갈 것. - 생산성이 높고 맛이 좋은 과일 종자들을 적극 받아들이고 우량품종의 과일묘목 생산을 정상화할 것. - 해당 농장들에서는 적지적수의 원칙에서 과일나무 배치를 정확히 할 뿐 아니라 시기별·공정별에 따르는 과일나무 비배관리를 과학기술적으로 할 것. - 과수·축산의 고리형 순환생산 체계를 철저히 세우고 그것을 효과적으로 이용할 것. - 과수부문의 기계화 비중을 높이기 위한 사업에 큰 힘을 넣으며 운반수단과 용기문제를 풀기 위한 대책도 잘 세울 것. - 국가적인 과학기술 지도체계를 바로 세우고 과수업의 세계적인 발전 동향에 맞게 선진기술을 적극 받아들일 것. - 전국의 과수농장들 사이에 사회주의 경쟁을 활발히 벌릴 것.

김 위원장이 과수농장에서 한 발언들을 요약하면 첫째, 정보당 50t 이상으로 수확고를 증대하기 위해 과수밭을 확장하고 과일묘목을 자체로 생산하고 시기별·공정별로 과일나무 비배관리를 과학기술적으로 하자는 것이었다. 둘째, 생산성 높고 맛 좋은 과일종자를 도입하고 우량품종의 과일 묘목의 생산을 정상화하자는 것이었다. 셋째, 과수와 축산의 고리형 순환생산체계를 이용해 지력을 향상하고 과일생산의 과학화·집약화 수준을 높이자는 것이었다.

| 4 | 북한에서는 2015년부터 2017년 사이에 과수업 관련 행사들이 잇달았다. 북한은 2015년 11월 24일 평양 인민대학습당에서 전국과수부문과학기술 전시 및 발표회를 개최했다.[100] 전시발표회에는 전문과수농장들과 도농촌경리위원회, 고산과수농장과 농업과학원, 원산농업종합대학 등 과수부문 생산·과학교육 기관들이 출품한 과학연구·기술혁신 성과자료 90여건과 우수한 과일 품종 80여점이 전시되었다.

북한은 2016년 11월 9일~11일 평양 과학기술전당에서 전국과수부문과학기술 전시회 및 발표회를 열었다. 참가자들은 과일생산의 비약적 증산을 위한 과학연구·생산 활동을 전개하는 과정에서 연구·완성한 논문 등 150여 건의 과학기술 성과 자료들을 제출했다.[101]

북한은 2015년 12월 29일 평양 인민문화궁전에서 2015년 과수부문 사회주의 생산경쟁총화를 진행했다.[102] 곽범기 당 중앙위원회 비서(경제부문), 리철만 내각 부총리 겸 농업상을 비롯하여 관계부문 일군들과 농업근로자들이 총화에 참가했다. 대동강과수종합농장, 고산과수종합농장, 과일군, 북청군의 과수부문 일군들과 농업 근로자들은 과일생산의 현대화·과학화·집약화 수준을 높여 정보당 수확고를 결정적으로 끌어올리기 위한 사회주의 경쟁을 전개하여 많은 성과를 달성했다고 한다.

그리고 북한은 2017년 11월 28일 박봉주 총리 등이 참가한 가운데 전국과수부문 열성자회의를 개최했다.[103] 회의에는 김정은 위원장의 서한《과수업발전에서 새로운 전환을 일으키자》가 전달되어 주목을 끌었다. 고인호 내각 부총리 겸 농업상은 회의 보고에서 과수부문의 일군·근로자들이 과학과수科學果樹의 열풍을 더욱 세차게 일으켜 나라의 과수업 발전에서 근본적 전환을 이룩해야 한다고 강조했다. 회의에서는 이전의 과수부문 전시발표회에서와 마찬가지로 당해 연도 생산경쟁순위가 공개되었다. 이 회의에서는 2018년《사회주의 생산경쟁 요강要綱》이 발표되었다.

김 위원장이 2017년의 전국과수부문 열성자회의에 보낸 서한《과수업발전에서 새로운 전환을 일으키자》에는 현 시기 과수부문 앞에 나서는 중심과업, 과수업을 새로운 과학적 토대 위에 올려 세우고 과일

생산을 결정적으로 늘이기 위한 방향과 방도 등이 제시되었다. 그리고 《사회주의 생산경쟁 요강》은 과수업에 국한되지 않는 만큼 농업·경공업·중공업 등 모든 경제부문의 생산현장에서 각기 필요한 해당 요강이 배포되었을 것이다. 요강에는 각 생산부문의 현황과 목표, 과제, 경쟁방안 등이 담겼을 것으로 추정된다.

5) 축산업·수산업 등의 현지지도

축산업

먹는 문제의 해결에서 북한이 식량 다음으로 중시하는 것이 단백질 섭취에 필요한 축산업과 수산업이다. 김정은 위원장은 축산업과 수산업 생산현장을 빈번히 방문하고 있고 이 부문에 인민군대가 깊숙이 관여하고 있다. 그는 강원도 세포지구 축산기지, 평안남도 운곡지구종합목장, 함경남도 안변군 7월18일 소목장, 인민군 제621호 육종장, 대동강돼지공장 등을 방문했다.

[1] 김 위원장은 2014년 8월 하순에 조선인민군 제621호 육종장을 시찰했다.[104] 그는 2013년 10월에 1단계 건설이 끝난 육종장을 돌아보고 "육종장에서 생활력이 강하면서도 증체율增體率이 높은 집짐승들을 더 많이 육종해내고 선진축산기술을 보급하고 과학기술적 지도를 할 수 있는 체계를 구축하여야 한다"고 지시했다. 그는 풀 먹는 집짐승 기르기에서 사료단위 낮추기, 수의방역대책, 우리식의 풀판조성·재배기술 완성, 고기 가공방법 개선, 원림녹화 등의 사업을 잘 수행하라고 해당 지침을 내렸다. 육종장은 육종育種사업과 선진축산기술 보급기지이기 때문에 그 중요성은 아무리 강조해도 지나치지 않는다.

[2] 북한의 축산업 발전에서 강원도 세포지구 축산기지는 매우 중요하다. 김 위원장은 2015년 1월 28일에 당과 국가경제기관 책임일군들과 한 담화《세

포지구 축산기지건설을 다그치며 축산업발전에서 새로운 전환을 일으키자》를 발표했다.[105] 이것은 강원도 세포군·평강군·이천군에 조성된 세포지구 축산기지 건설을 독려하고 축산업 발전을 호소한 것이었다.

그는 《담화》에서 "우리 당은 축산업을 발전시키기 위하여 세포등판을 개간하여 대규모축산기지로 전변시킬 데 대한 방침을 제시"했다면서 "우리나라에서 수만 정보의 풀판을 조성하고 대규모축산기지를 건설하기는 이번이 처음"이라고 밝혔다. 그는 "세포지구를 대규모 축산기지로 꾸리는데서 가장 중요한 문제는 토지개량과 풀판조성을 잘 하는 것"이라고 강조했다. "세포지구의 땅은 전반적으로 부식함량이 적고 산성화되어 있어 거기에 그냥 풀씨를 뿌려서는 먹이풀을 많이 생산할 수 없다"면서 "토지개량을 어떻게 하는가 하는데 세포지구 축산업의 운명이 달려있다"고 밝히고 세포지구의 '강령적 지침'을 제시했다. 세포지구 축산기지는 5만여 정보의 풀판 조성, 수백 정보의 바람막이숲, 1만 2,600여 정보의 풀판보호림, 2,000여 km의 방목도로, 360여 km의 배수로 및 저류지가 조성되어 있고, 수천동의 살림집과 공공건물, 통합생산체계·수의방역체계가 갖춰진 집짐승우리와 수의방역시설, 축산물가공기지(평강고기가공공장, 평강사료가공공장)들을 갖추고 있다. 2017년 10월 27일에 열린 준공식에는 박봉주 내각 총리, 박태덕 당 중앙위원회 부위원장, 고인호 부총리 겸 농업상, 박정남 강원도당 위원장 등이 참가했다. 박 총리는 "세포지구 축산경리위원회와 세포군, 평강군, 이천군 축산경영위원회의 일군들과 종업원들이 축산기지의 생산을 높은 수준에서 정상화하기 위한 목표와 계획을 세우고 경제조직사업을 짜고 들" 것을 촉구했다.[106] 북한 축산업의 성공 여부는 엄청난 규모의 세포지구 축산지구(전체 면적 501km²)에 달려 있다고 해도 과언이 아니다. 과학적인 종축 생산체계 확립과 배자이식(胚子移植,암컷에서 배를 꺼내어 다른 암컷에 옮겨 심는 것)기술, 인공수정기술 등 축산업의 첨단기술이 도입되었다는 점이 특히 주목된다.

|3| 김 위원장은 2015년 5월 중순에 함경남도 안변군에 있는 조선인민군 제580군부대 산하 7월18일 소목장의 현지지도에 나섰다.[107] 그는 소목장에서 북한 소와 세계적으로 이름난 소들을 '삼원교잡(三元交雜,계통·품종·성질이 다

른 암수의 교배)방법'으로 육종해낸 '안변소'가 북한 기후풍토조건에 잘 순응 되고 사양관리에도 좋다는 보고를 받았다. 그는 "목장에서 당의 방침대로 축산과 농산의 고리형 순환체계를 확립하고 먹이문제를 풀었을 뿐 아니라 농산물 생산량을 높인 것을 비롯하여 많은 일을 했다"고 평가했다. 그는 "전기문제도 원만히 해결하기 위하여 소형 수력발전소를 건설하고 있는데 이런 문제를 자체의 힘으로 풀어나가려는 자력갱생의 혁명정신이 마음에 든다"고 치하하면서 소목장에 대한 '강령적 지침'을 내렸다.

[4] 김 위원장은 2016년 8월 중순에 대동강돼지공장을 현지에서 지도했다.[108] 그는 통합조종실, 종축호동, 육성호동, 비육호동, 고기가공장, 유기질복합비료직장 등을 돌아보면서 생산정형을 요해하고 "축산물 생산의 과학화, 정보화, 자동화를 높은 수준에서 실현할 높은 목표를 제기하고 통합조종체계를 훌륭히 구축해놓았다", "우량품종 육종체계를 확립해 놓고 새끼돼지 생산을 정상화하고 있으며 돼지고기 생산을 비약적으로 늘릴 수 있도록 사료보장 및 수의방역 대책도 잘 세워놓았다"고 치하했다. 그는 또 "돼지배설물을 이용하여 유기질 복합비료를 생산할 수 있는 현대적인 설비들도 갖추어놓고 생산을 높은 수준에서 정상화함으로써 대동강과수종합농장에 유기질 복합비료를 원만히 보내주고 있다"고 말했다.
그는 "돼지고기 생산의 과학화, 집약화를 실현하고 과수와 축산의 고리형 순환 생산체계를 확립"한 것을 평가하고 "해당 부문의 일군들을 참관시켜 이 공장의 성과와 경험을 널리 일반화하여야 한다"고 지시했다. 김 위원장의 지시에 따라 과수와 축산의 고리형 순환 생산체계를 확립한 이 공장의 경험이 북한 전역의 돼지공장들에 전파될 것으로 관측된다.

[5] 김 위원장은 2018년 8월 중순에 평안남도 운곡지구종합목장의 현지지도에 나섰다.[109] 그는 "육종사업과 사양관리 방법을 과학화하고 현대화 수준을 높여 축산에서 선진국가 대열에 들어서야 한다"면서 "무엇보다도 현재 기르고 있는 집짐승들의 종자 퇴화를 막기 위한 연구 사업을 심화시켜야 한다"고 말했다. 그는 사료용 사탕수수 포전에 들러 "정보당 수확고가 80t 이상이

라고 하는 이 종자를 빨리 전국에 도입하여 일반화하기 위한 사업을 내밀어야 한다"고 밝혔다. 사료용 뽕나무포전에서는 "다수확먹이작물, 우량품종의 사료용 풀들을 많이 재배하여 풀과 고기를 바꿀 데 대한 김일성 동지와 김정일 동지의 유훈을 관철하여야 한다"고 말했다.

그는 비육소원종장을 돌아보고 "지금 있는 우량종자들의 퇴화를 막고 원종 특성을 유지하기 위한 과학기술사업을 짜고 들며 증체율이 낮고 고기맛과 우유의 질이 높지 못한 소품종들을 우수한 품종으로 교체하기 위한 사업도 진행하여야 한다"고 말했다. 그는 특히 "뒤떨어진 축산과학기술 실태를 사실 그대로 평가하고 국가적으로 중시하는 관점을 세우며 우선적으로 발전시키기 위한 사업을 적극화해 나가야 한다"고 지적했다. 김 위원장이 북한을 축산선진국으로 발전시킨다는 목표 아래 낙후된 축산과학기술 실태를 진단하고 이를 개선할 것을 촉구한 점이 인상적이다.

<표 3-16> 김정은 위원장이 축산업 현지지도 등에서 내린 지침

방문단위	지침 내역
세포지구 축산기지 (담화)	- 좋은 품종의 풀 먹는 집짐승을 많이 육종하여 세포지구 축산기지에 보내줄 것 - 집짐승 육종사업을 강화하여 좋은 집짐승품종을 많이 얻어내도록 할 것 - 다른 나라들과의 과학기술교류를 활발히 벌려 좋은 품종의 집짐승들을 들여다 시험단계를 거쳐 기르도록 할 것 - 해당 단위의 지대적 특성에 맞게 인공풀판과 자연풀판을 잘 조성해놓고 영양가 높은 먹이풀들을 재배하며 그 정보당 생산량을 늘릴 것 - 콩농사를 많이 하여 콩깨묵 생산을 늘리며 단백곤충을 비롯한 여러 가지 단백질먹이 원천을 적극 탐구 이용할 것 - 당 조직들은 축산을 근기 있게 내밀어 그 덕을 보고 있는 단위들과 근로자들의 경험을 널리 소개 선전하고 일반화하는 사업을 적극적으로 진행할 것
7월 18일 소목장	- 축산에서의 현대화·과학화·공업화의 본보기 및 교육단위로, 축산발전의 척도를 보여주는 표준단위로 전변시킬 것 - 적지適地에 인공풀판을 대대적으로 조성하는 것을 비롯하여 사료기지를 튼튼히 꾸릴 것 - 선진기술을 적극 받아들이고 기술기능 수준을 부단히 높여 우량품종의 소종축과 사양관리를 고도로 과학화할 것 - 방역시설들을 빈틈없이 갖추고 방역초소들의 책임과 역할을 높여 폐사율을 낮출 것

방문단위	지침 내역
	- 앞으로 많은 소고기가 생산되는 조건에 맞게 가공대책도 잘 세울 것. - 소목장의 축사를 비롯한 공공건물, 살림집 등을 건설하여 목장지구를 또 하나의 사회주의 선경으로 전변시킬 것
대동강 돼지공장	- 우량품종의 돼지 육종을 증대시킬 것 - 돼지사양 관리방법의 과학화 수준을 향상시킬 것 - 위생방역 대책을 철저히 수립할 것

운곡지구
종합목장
	- 생산성이 높고 사료단위가 낮으며 고기질과 맛이 좋은 종자들을 전국에
	  퍼트릴 것
	- 과학자와 연구사 대열을 잘 꾸리고 축산 과학기술 수준을 높이기 위한
	  사업을 잘할 것
	- 연구소 실태를 요해하고 국가적으로 도와주기 위한 대책을 세울 것
	- 축산을 과학화·공업화·현대화하기 위한 과학연구 사업을 항구적인
	  목표로 틀어쥐고 계속 힘 있게 밀고 나갈 것
	- 선진적인 축산 과학기술 지식 보급사업을 강화할 것
	- 축산부문 과학자·기술자 육성사업을 중시할 것
	- 육종연구와 사양 관리 방법을 개선할 것
	- 과학화·선진화를 촉진시키기 위한 단계별 목표들을 설정할 것

김 위원장은 축산업의 현지지도에서도 중요한 과제를 제시했는데 무엇보다 축산과학기술 수준을 높이고 선진적인 축산과학기술지식 보급사업을 강화하는 동시에, 축산의 과학화·공업화·현대화를 위한 과학연구 사업을 강화할 것을 강조했다. 그가 "뒤떨어진 축산과학기술 실태를 사실 그대로 평가하고 국가적으로 중시하는 관점"을 수립할 것을 촉구한 데서 알 수 있듯이 축산업에서 유독 과학기술을 더 강조했다.

김 위원장이 세계 최첨단의 축산업을 경영하는 스위스에서 체류한 경험이 있기 때문에 북한의 축산과학기술발전의 지체를 실감나게 느낀 것으로 보인다. 그는 세포지구 현지지도에서도 "다른 나라들과의 과학기술교류를 활발히 벌려 좋은 품종의 집짐승들을 들여다 시험단계를 거쳐 기르도록 할 것"을 강조했다.

또한 그는 세포지구에서 토지개량과 풀판(인공풀판과 자연풀판) 조성, 가축육종사업 강화를 강조했다. 가축육종에서는 소·돼지 우량품종의 육종을 강화하고 사양관리방법을 개선하는 가운데 종자 퇴화를 막기 위한 연구 사업을 심화해야 한다고 역설했다. 그밖에 대동강돼지공장에서 돼지배설물을 유기질 복합비료로 생산해 대동강과수농장에 보내주었듯이 축산·과수, 축산·농산 고리형 순환생산체계를 확립해야 한다고 언급했다.

|6| 김 위원장은 2019년 《신년사》에서 축산업 발전의 '4대 고리' 장악, 닭공장을 비롯한 축산기지들의 현대화·활성화, 협동농장들의 공동축산과 개인부업축산의 장려에 의한 고기와 알의 공급 증대 등의 과업을 제시했다. 이와 관련하여, 『로동신문』은 같은 해 4월 2일자 사설("축산업발전에서 새로운 전환을 일으키자")에서 축산업 발전의 4대 고리에 대해 강조했다. 4대 고리는 종자문제 해결, 먹이문제 해결, 집짐승사양관리의 과학화·합리화, 수의방역사업 등이다.

첫째로, 종자문제의 해결이 축산업 발전의 선결조건임을 명심하고 먹이를 적게 들이면서 고기와 알을 많이 생산할 수 있는 좋은 품종의 집짐승을 육종·확보·보존하는데 선차적인 힘을 넣어야 한다는 것이다. 둘째로, 먹이문제의 해결은 축산업 발전의 결정적 담보인만큼 풀판 조성, 임농林農복합경영방법 도입, 예비와 가능성의 총동원 등으로 먹이문제를 자체로 해결해야 한다는 것이다. 또한 축산과 농산의 고리형 순환생산체계 수립, 단백질 먹이문제와 먹이첨가제 문제 해결, 먹이 생산의 현대과학기술에 기초한 공업화가 필요하다는 것이다.

셋째로, 집짐승사양관리를 과학적으로, 합리적으로 해야 한다는 것이다. 이를 위해 집짐승들의 생리적 특성에 맞는 사양관리, 해당 지대에 알맞은 품종 양육, 과학적인 사양관리방법의 확립에서 축산과학연구기관들의 역할 제고, 축산부문 일군들과 근로자들의 전문과학지식·기술기능 소유 등에 노력해야 한다는 것이다. 넷째로, 수의방역사업은 축산업에서 생명과 같으니 모든 축산단위에서 방역시설들을 잘 갖추어놓고 집짐승들에 대한 검진과 우리소독을 정상적으로 해야 한다는 것이다. 일단 집짐승 전염병이 발생하거나 그러한 위험이 조성되면 해당 지역을 제때에 차단하고 빈틈없는 방역대책을 세워야 한다는 것이다.[110] 축산업 발전의 4대 고리는 모든 축산기지와 농목축장에 적용되는 공통의 과제이다.

2019년《신년사》에는 흥미로운 점이 담겨 있었다. 축산업 발전의 4대 고리, 즉 종자문제 해결, 먹이문제 해결, 가축사양관리의 과학화와 합리화, 수의방역사업 등 기본과제를 언급한 뒤 닭공장을 비롯한 축산기지들의 현대화·활성화, 협동농장에서의 공동축산·개인부업축산의 '장려'에 의한 고기·알 공급 증대 등을 강조했던 것이다.

'개인부업축산의 장려'라는 말이 김 위원장에게서 나왔다는 것은 의미가 있다. 포전담당 책임제에 따라 자율영농이 정착되는 과정에서 개인부업축산이 장려되면 상승효과를 거둘 수 있다.

수산업

김정은 시대에 들어와 수산업 발전의 계기가 된 것은 2013년 12월 26일에 열린 조선인민군 수산부문 열성자회의였다.[111] 서홍찬 인민무력성 부상(후방사업 담당)은 회의 보고에서 물고기잡이 목표의 상향 수립과 집행의 총공격전, 물고기 저장과 냉동능력 향상, 가공설비의 현대화 등을 과제로 제시했다. 이 회의는 군인들에게 물고기를 정상적으로 공급하는 것을 목표로 한 것이었지만, 어획고가 늘어나면 자연히 민간에 공급할 것이다. 이것은 먹는 문제 해결에 군수단위가 적극적으로 나섰음을 뜻한다.

김정은 위원장의 수산업 부문의 현지지도 단위는 제534군부대, 인민군 1월8일수산사업소, 인민군 제567군부대 관하 18호수산사업소, 인민군 5월27일수산사업소, 함남 신포원양수산연합기업소, 인민군 제313군부대 관하 8월25일수산사업소, 인민군 제549군부대 관하 15호수산사업소 등이었다.

[1] 김 위원장은 2014년 정초에 조선인민군 제534군부대에서 건설한 수산물 냉동창고를 둘러보고 "어업 환경이 군대와 사회가 다를 바 없지만, 실적에서는 크게 차이나는 이유는 경제부문 일군들이 조건 탓을 내세워 군대처럼 당의 사상관철, 정책옹위를 잘하지 못했기 때문"이라면서 "전국의 육아원, 초

등·중등학원, 양로원 등에 물고기를 공급해주는 일을 군대가 맡을 것"이라고 밝혔다. 그는 "물고기를 전문적으로 공급하는 수산사업소를 군대에 조직할 데 대한 명령을 하달"하기도 하였다.[112] 군대에 수산사업소를 조직하라는 김 위원장의 명령은 물고기의 군인 공급을 넘어 육아원, 초등·중등학원, 양로원 등에 정기적으로 공급하기 위한 조치였다.

|2| 김 위원장은 2014년 2월 하순에 조선인민군 1월8일 수산사업소를 시찰했는데 "1월8일 수산사업소를 전국의 본보기로 건설하자는 것이 당의 결심"이라면서 "공사를 기일 내에 끝내는데 필요한 지침"을 주었다. 그는 "수산사업소 건설이 끝난 즉시 어업에 투입할 수 있게 선장, 어로공 모집과 그들을 만능 어로공으로 준비시키기 위한 사업을 지금부터 잘해야 한다"고 지시했다.[113] 그는 공사 과제를 2개월 만에 수행하고 조업을 앞둔 이 수산사업소를 다시 방문한 동해포구에서 《단풍》호 계열의 현대적인 고깃배 건조 증대와 성능 제고, 수산물 냉동과 절임에 필요한 시설 건설, 어로공의 다층 주택지구 건설 등의 성과에 대해 치하했다.[114]

그는 2016년 11월 중순에 1월8일 수산사업소를 다시 방문하여 "일군들과 종업원들이 원아들의 친부모, 양로원 노인들의 친자식이 된 심정으로 더 많은 물고기를 잡아 전국의 육아원, 애육원, 초등 및 중등학원, 양로원들에 보내줄 것"이라는 기대를 밝혔다. 그는 "사회의 수산부문에서 자그마한 성과를 놓고 만족해할 때 인민군대의 수산부문 일군들과 어로전사들은 사회에서는 엄두도 내지 못할, 비교조차 할 수 없는 많은 양의 물고기를 잡았다"고 칭찬했다.[115] 그는 2018년 11월 말에 이 수산사업소를 또 방문해 전국의 육아원·애육원·초등중등학원·양로원에 1년 365일 신선한 물고기를 400g 공급할 것을 지시하고 '강령적 지침'을 제시했다.[116]

|3| 김 위원장은 2014년 11월 중순에는 조선인민군 제567군부대 관하 18호 수산사업소를 현지에서 지도했다.[117] 그는 수산사업소에서 잡은 물고기들은 최전연(최전방) 부대들의 초소에 공급된다는 것을 듣고 "보관과 저장을 잘해야 군인들에게 선도가 좋은 물고기를 보내줄 수 있다"고 말했다. 그는 "먹는

문제를 해결할 수 있는 예비는 바다를 보다 효과적으로 이용하는데 있다"면서 "죽으나 사나 수산을 추켜세워야 한다"고 강조했다. 그의 발언을 보면 선대 수령들에 비해 매우 직설적이고, 김정일 시대에 이어 먹는 문제 해결에서 축산업 못지않게 수산업을 중시한다는 것을 알 수 있다.

[4] 김 위원장은 2014년 12월 27일에는 당 중앙위원회 회의실에서 진행된 수산부문의 모범적인 일군들과 공로 있는 후방일군들에 대한 당 및 국가 표창 수여식에 참석하여 연설했다.[118] 그는 "인민군대 수산부문에서 잡은 물고기들이 조국보위 초소는 물론 주요 공장, 기업소들과 육아원, 애육원, 양로원, 화력발전소와 탄광들에도 공급되었는데 군인들과 인민들이 물고기를 받고 좋아하는 보고를 받을 때면 기쁘다"고 말했다. 그는 "사회주의 조국의 바다를 황금해로 만들기 위한 방도는 당의 방침을 0.001mm의 편차도 없이 무조건 철저히 결사 관철하는데 있다"면서 "당의 수산 정책을 추진하는 데 애로와 난관을 과감히 극복해나가야 한다"고 강조했다. 그의 발언을 통해 군대 수산사업소에서 잡은 물고기들이 화력발전소와 탄광 등에도 공급되고 있음을 알 수 있다.

[5] 김 위원장은 2015년 3월 중순에 동해지구에 건설되던 조선인민군 5월27일 수산사업소 건설장을 시찰했다.[119] 이곳은 '원양수산사업소'(총면적 5만 5,140여㎡)로서 부두, 방파제, 호안, 냉동시설, 가공장, 합숙·문화회관·살림집 등을 건설하고 있었다. 5월27일 수산사업소 건설은 당중앙군사위원회 확대회의에서 결정된 사안이었고, 김 위원장은 현장에서 "수산사업소 건설을 당에서 정해준 날짜에 최상의 질적 수준에서 끝내기 위해 인민군 대연합부대들에서 건설역량을 편성하여 현지에 파견할 데 대한 인민군 최고사령관 명령을 하달하겠다"고 밝혔다. 수산사업소 건설을 위해 인민군 대연합부대들의 건설역량을 파견한 것도 이례적이었지만, 이를 위해 '조선인민군 최고사령관 명령'을 하달한 것을 더욱 놀라운 일이었다.
그는 2016년 11월 중순에 5월 27일 수산사업소(문천지구)를 다시 방문했다.[120] 그는 "최근 며칠 사이에 수천 톤의 도루메기를 잡았다는 보고를 받고 온 나라 인민들에게 희한한 물고기 대풍 소식을 한시바삐 전하고 싶어 만사를 제쳐놓

고 찾아왔다"고 말했다. 그는 어선에서 금방 잡아온 물고기를 퍼 올리는 모습과 야외하륙장에 쏟아지는 물고기, 냉동저장실마다에 쌓여 있는 물고기 더미를 보면서 물고기 잡이 실태를 확인했다. 현장 방문에서 어획고 실적을 직접 확인한 첫 사례가 아닌가 싶다. 김 위원장은 2018년 11월 말에도 5월27일 수산사업소를 방문해《황금해-014》호에 올라 만선滿船하고 귀항한 선장과 어로공들을 축하해주고, "집중어로전투의 환경에 맞게 어로공들을 당정책의 절대적인 신봉자, 견결한 옹호자, 철저한 관철자로 튼튼히 준비시켜 날에 날마다 새로운 기적과 혁신이 끊임없이 창조되게 하여야 한다"고 강조하면서 '강령적 지침'을 제시했다.[121]

|6| 김 위원장은 2015년 5월 초순에 함경남도에 소재한 신포원양수산연합기업소의 현지지도에 나섰다.[122] 그는 "기업소의 일군, 어로공, 종업원들은 더 많은 수산물을 생산하여 인민들의 식탁에 오르게 해야 한다"고 강조했다. 그는 "인민생활 향상과 인민들의 식생활 개선을 위한 투쟁에서 수산부문이 맡고 있는 임무가 중요하다"면서 '강령적 지침'을 제시했다. 그는 특히 "수산부문에 대한 투자를 늘리고 국가적인 힘을 집중해야 한다"면서 "그를 위한 당적, 국가적 조치를 취해주겠다"고 약속했다. 수산부문에서 상당한 성과를 거두면서 국가투자 증대를 통해 수산업 발전에 사활을 걸려고 했던 것으로 보인다. 이 무렵부터 '인민들의 식탁위에 바다향기' 같은 표현이 보도매체에 빈번히 등장했다.

|7| 김 위원장은 2015년 11월 하순에 조선인민군 제313군부대 관하 8월25일 수산사업소를 방문했다.[123] 그는 2013년에도 이곳을 두 차례 방문해 현대적인 수산기지로 변모시킬 것을 직접 발기했다고 한다. 그는 "수산사업소에서 어장탐색과 물고기잡이를 비롯한 생산과 경영활동의 정보화, 과학화를 지식경제시대의 요구에 맞게 실현할 목표를 내세우고 첨단기술을 도입하여 기상예보체계, 해상지휘체계, 물고기가공지휘체계, 설비 및 전력감시체계, 배수리지휘체계 등을 완벽하게 구축해놓았다", "수천t 능력의 현대적인 초급동 및 냉동시설들도 훌륭히 갖추어놓았다"고 치하했다. 이러한 치하를 통해 다른 수산사업

소에서도 첨단기술에 의한 기상예보체계, 해상지휘체계, 물고기가공지휘체계, 설비·전력감시체계, 배수리지휘체계 등을 갖출 것을 촉구한 것이었다.

그는 2016년 11월 중순에 8월25일 수산사업소를 다시 방문했다.[124] 그는 "인민군대 수산부문의 일군들이 잡아들인 물고기를 미처 처리하지 못해 고심하고 있다는데 얼마나 좋은가"라고 하면서 "세세연년歲歲年年 물고기대풍, 물고기 사태를 마련하는 것으로써 부강조국 건설에 이바지하여야 한다"고 강조했다.

그는 2018년 11월 말에도 8월25일 수산사업소를 방문하여 "1,500톤 능력의 절임탱크를 짧은 기간 안에 실리 있게 개조하여 3,000톤 능력의 냉동저장고로 꾸린" 것과 "일 급동急凍 능력을 체계적으로 늘인" 것에 대해 높이 평가했다.[125]

그는 2019년 11월 하순에도 이곳을 방문해 "8월25일 수산사업소는 '수산'이라는 말이 영영 잊혀질 뻔 했던 시기 당 수산정책을 옹위해 들고 일어난 수산혁명의 불씨사업소, 바다에 황금단풍을 물들인 단풍호 고향사업소로 자신의 마음속에 첫 자리에 놓여있는 단위"라며 "오늘 찾아온 것은 이곳 수산사업소에 건설하게 되어있는 물고기가공장 건설이 진척되지 못했다는 안타까운 보고를 받고 현지에서 직접 요해하기 위해서"라고 말했다. 그는 "인민무력성 본부에 각 부서들이 있고 숱한 장령들이 앉아있는데 누구도 당에서 관심하는 수산사업소에 계획된 대상건설이 부진 상태임을 보고한 사람이 없었다"면서 "이런 문제까지 최고사령관이 요해하고 현지에 나와 대책하지 않으면 안 되는 것이 현실이고 답답한 일"이라고 엄한 어조로 말했다고 한다. 그는 "당 중앙에 걸린 문제 하나도 제대로 똑똑히 장악보고하지 않은 것은 총정치국과 무력성이 범한 실책"이라고 비판했다. 김 위원장은 이날 새로 건설한 통천물고기가공사업소(1일 수백t 급동가공능력과 수천t 냉동저장능력)도 방문했다.[126] 공개된 보도를 종합하면, 김 위원장이 8월25일 수산사업소를 방문한 것이 무려 여섯 차례였다.

〖8〗 김 위원장은 2015년 11월 하순에 조선인민군 제549군부대 관하 15호수산사업소를 방문했다.[127] 그는 "15호수산사업소를 비롯한 인민군대 수산부문의 일군들과 어로전사들이 같은 어황조건에서도 사회의 수산사업소들은 엄두도 내지 못하는 많은 양의 물고기를 잡을 수 있은 것은 당의 사상과 의도를

실천으로 받들어가겠다는 비상한 각오와 결사관철의 정신을 높이 발휘하였기 때문"이라면서 "인민군대 수산부문을 앞세워 온 나라 수산부문을 불러일으키려는 당의 결심이 정당하다는 것을 다시금 확증해주었다"고 말했다. 군대 수산사업소를 격려하면서 민간 수산사업소를 계속 자극했던 것이다.

그는 2016년 12월 중순에 15호 수산사업소를 또 방문했다.[128] 그는 "올해 인민군대 수산부문에서 이룩한 놀라운 성과들[129]을 통하여 황금해의 역사를 계속 줄기차게 이어나갈 수 있다는 확신을 더욱 굳게 가지게 된다"고 치하했다.

〈표 3-17〉 김정은 위원장이 수산업 현지지도 등에서 내린 지침

방문단위	지침 내역
1월8일 수산 사업소	- 계절에 구애됨이 없이 물고기를 잡을 수 있도록 과학수산을 틀어쥐고 나갈 것 - 생산과 경영활동의 과학화·현대화·정보화를 높은 수준에서 실현할 것 - 선진적인 어로방법을 적극 받아들이고 어획량을 늘일 것 - 선창·하륙·선별·냉동·저장·공급에 이르기까지 물고기를 다루는 모든 공정들에서 위생학적 요구를 철저히 지키도록 엄격한 질서를 세워놓을 것 - 수역 오염, 운반과정에서의 변질을 고려하여 계절별·어종별로 잡은 물고기들과 보관된 물고기들의 품질을 정상적으로 검사할 것
18호 수산 사업소	- 수시로 변동되는 어황조건과 성어철에 맞게 어장탐색을 과학기술적으로 진행할 것. - 집중적인 어로전을 전개할 것. - 일군들이 어로공들과 함께 배를 타고 바다에 나가 현장에서 생산지휘할 것
5월27일 수산 사업소	- 어황이 조성된데 맞게 트롤과 건착어업을 배합하여 도루메기 집중어로로 전투를 과감하게 벌려나갈 것 - 어장 탐색의 과학화수준을 높여 중심어장을 신속히 타고앉아 연속적인 어로전을 벌려 항차당, 기망당, 연유 1톤당 어획량을 늘일 것 - 고기배들의 기술관리를 더욱 개선하여 원성능 유지를 잘할 것. - 냉동블록을 만들 때 냉동서랍에 물고기들을 골고루 펴고 물량조절을 잘하여 물고기 블록이 얼음으로 도포한 것처럼 매끈하게 되도록 할 것 - 냉동한 물고기블록을 비닐주머니에 넣어 포장하는 작업대를 만들고 자동포장기를 제작·설치하여 손노동을 극력 줄일 것
신포원양 수산연합 기업소	- 경영·기업전략을 제대로 수립할 것. - 사회주의 증산경쟁열을 높일 것. - 세계적 수산업의 발전추세와 선진기술 습득을 위한 과학기술보급사업을 전개할 것.

방문단위	지침 내역
	- 수산부문사업의 물질기술적 토대를 공고히 할 것(고기배 현대화, 충분한 어구자재 마련, 과학적 어로방법 확립) - 수산성을 비롯한 해당 부문의 일군들의 낡은 사고방식과 책상주의를 결별할 것.
8월25일 수산 사업소	- 전국의 모든 수산사업소들이 적극 따라 배울 것 - 어로공들에게 노동보호물자들과 식량·기초식품·부식물·땔감들을 원만히 보장해줄 것 - 하륙·선별·냉동·저장·공급에서 위생학적 요구를 철저히 지키며 수산자원을 보호하기 위한 사업에도 관심을 돌릴 것. - 건설 중인 물고기가공장을 기계화·자동화가 높은 수준에서 실현된 현대적인 가공장으로 꾸릴 것.
15호 수산 사업소	- 생산과 경영활동의 과학화·현대화·정보화를 높은 수준에서 실현할 것. - 선진적인 어로방법을 적극 받아들여 항차당·기망당 어획량을 늘여나갈 것. - 어로공들에게 노동보호물자와 식량·기초식품·땔감을 보장해주는 것을 비롯하여 그들의 생활을 잘 돌봐주기 위한 사업에도 소홀함이 없을 것. - 모든 생산건물·생활건물들을 일신시키며 방파제와 부두도 더 잘 건설할 것

|9| 김 위원장은 그밖에 수산업과 관련하여, 젓갈류 가공공장인 동해지구 갈마식료공장(2014년 6월 하순, 8월 중순)[130]과 서해안 금산포젓갈가공공장 (2015년 3월 하순, 2017년 1월 중순, 2018년 8월 초순)[131], 강원도 통천군의 천 아포수산연구소(2014년 7월 중순)[132], 조선인민군 제1521호 기업소의 성천강 그물공장과 수지관직장(2014년 7월 중순)[133], 평양시 교외의 조선인민군 어구 종합공장(2015년 3월 중순, 2016년 7월 말)[134]등을 현지지도 했다. 현지지도 현 장을 보면 김 위원장이 수산업에 기울인 관심이 확연히 드러난다.

김 위원장은 수산사업소 등의 현지지도에서 몇 가지 방향을 제시했 다. 첫째, 집중어로전투로 어획량을 늘리자는 것이었다. 둘째, 어황조 건과 성어철에 맞는 어장탐색을 위해 과학기술수준을 높이고 선진어 로방법을 도입하자는 것이었다. 셋째, 하륙·선별·냉장·저장·공급 등 모든 공정을 현대화하고 자동포장기를 공급해 위생처리 수준을 높이 자는 것이었다.

넷째, 전반적으로 수산부문에 대한 국가투자를 늘려 첨단기술에 의한 기상예보체계, 해상지휘체계, 물고기가공지휘체계 등을 개선하자는 것이었다. 한 마디로 말해 "죽으나 사나 수산을 추켜세워야 한다"는 것이었다.

양어사업

북한은 수산업에 더하여 메기공장·자라공장과 양어장 등의 양어사업에도 심혈을 기울여왔다. 김 위원장의 메기공장에 대한 현지지도 횟수가 적지 않은데 외부에서 볼 때엔 낯선 풍경이지만 인민들에게 단백질 공급을 늘리려는 노력의 일환이다.

그는 5월9일 메기공장, 평양메기공장, 삼천메기공장, 순천메기공장, 대동강자라공장, 인민군 제580군부대 산하 안변양어장, 인민군 제810군부대 산하 신창양어장, 인민군 제810군부대 산하 석막대서양연어종어장과 낙산바다연어양어사업소, 개천 연풍호 방류어업사업소(쏘가리종어기지), 대동강 이동식그물우리양어장, 인민군 제810군부대 산하 어분사료공장 등을 현지지도 하였다.

[1] 김 위원장은 2014년 12월 초순에 5월9일 메기공장을 시찰했다.[135] 그는 "군인들과 인민들에게 물고기를 풍족하게 먹일 수 있는 가장 빠른 길은 물고기를 많이 잡는 것과 함께 양어사업을 끝장 볼 때까지 밀고 나가는 것"이라면서 "5월9일 메기공장의 경험을 불씨로 장군님(김정일 국방위원장)의 유훈교시를 철저히 관철하자"고 말했다. 그는 2015년 12월 중순에 이곳을 다시 방문했다.[136] 그는 "컴퓨터에 의한 종합조종체계를 구축하여 물 온도와 폐하pH(수용액의 수소 이온 농도를 나타내는 지표), 산소량을 실시간으로 감시, 조종할 수 있게 되었으며 생산 공정과 경영활동의 과학화, 정보화가 높은 수준에서 실현하였다"고 평가했다.

그는 "물고기 기르기에서 커다란 성과를 거두자면 과학기술을 틀어쥐고 양어의 과학화, 집약화, 공업화를 실현하기 위한 투쟁을 힘 있게 벌려야 한다는 것을 보여주고 있다"면서 "이 공장의 경험을 양어부문의 모든 단위들이 따라 배워야 한다"고 강조했다. 김 위원장은 김정일 시대에 이어 메기공장에 집중하고 있으며, 양어의 과학화·집약화·공업화 방침, 생산 공정과 경영활동의 과학화·정보화 방침을 중시하고 있다.

[2] 김 위원장은 2014년 12월 하순에 평양메기공장을 방문했다.[137] 그는 "지금 일부 일군들이 아직도 이런 저런 조건 타발만 하면서 양어를 잘하기 위해 혁명적으로 달라붙지 않고 있다"면서 "양어는 인민생활 향상을 위해 절대로 중단할 수도, 양보할 수도 없는 대단히 중요한 사업"이라고 강조했다. 그는 "공장 현대화에 필요한 설계 및 시공 역량을 파견해주겠다"고 약속했다.

그는 2015년 10월 말경 현대적으로 개건된 '평양메기공장'을 시찰했다.[138] 그는 메기 생산 및 공장현대화 정형을 지도하면서 "지난 시기 한해 생산량이 900여 톤 밖에 안 되던 공장에서 올해에 1,800여 톤의 메기를 생산하는 놀라운 성과를 이룩하였다", "특히 양어못 면적과 노력, 물량을 늘이지 않으면서도 물고기 생산량을 2배로 장성시켰다"고 높이 평가했다. 김 위원장이 평양메기공장의 현대적 개건을 지시한 지 1년도 채 안되어 양어못 면적과 노동력·물량을 증대시키지 않고도 생산량을 2배로 늘리게 되었다는 것이다. 이 공장의 경험으로 보아 다른 양어장에서도 현대적 개건으로 얼마든지 생산량을 늘릴 수 있다는 자신감을 얻었을 것으로 보인다.

[3] 김 위원장이 메기공장 중에 가장 자주 방문한 곳은 삼천메기공장이었다.[139] 그는 2015년 12월 중순에 이곳에서 현지지도를 했다. 그는 "공장이 자리 잡고 있는 지역은 우리나라에서 소문난 온천지대로 온수성 물고기인 메기를 기르는데서 이상적인 곳"이라면서 "공장을 세계적인 메기생산기지로 전변시켜야 한다"고 강조하고 '강령적 지침'을 제시했다. 그는 "평양메기공장과 5월9일 메기공장의 현대화 과정에 이룩된 성과와 경험들을 적극 받아들여 생산과 경영활동의 지능화, 정보화, 숫자화, 자동화, 기계화를 최상의 수준에서 실현하여야 한다"고 강조했다. 아울러 "공장 현대화에 필요한 강력한 설계 및 시공역량과 과학자, 기술자들을 파견해주겠다"고 약속했다. 생산과 경영활동의 지능화·정보화·디지털화·자동화·기계화의 실현은 양어장뿐 아니라 새 세

기 산업혁명이 진행 중인 북한의 모든 생산현장의 지향점이다.

그는 2017년 2월 하순에 삼천메기공장을 다시 방문했다.[140] 그는 과학기술보급실, 종합조종실, 종어種漁호동, 알깨우기호동, 비육肥育호동, 팽화(膨化,고분자 화합물이 용매를 흡수하여 부피가 늘어나는 것)사료공장, 냉동저장고 등 공장의 여러 곳을 돌아보면서 생산 및 현대화 정형을 요해하였다. 그는 "연간 3,000여 톤의 메기를 생산할 수 있게 된 것은 대단한 성과"라고 치하하고 '강령적 지침'을 또 다시 제시했다.

그는 2018년 8월 초순에 또 삼천메기공장을 방문했다.[141] 그는 "연 평균 300톤 정도의 메기를 생산하던 공장을 개건 확장하여 지난해에 3,001톤을 생산하였는데 공장이 10여 년 동안 생산하던 양을 한 해 동안에 생산한 셈"이라면서 "현대화의 성과가 은을 내는 실리가 큰 공장"이라고 말하는 등 만족감을 표현했다. 그는 "삼천메기공장이 양어 부문을 선도해 나가는 기관차, 첨단 양어 기술보급의 선구자, 교육자, 원종장이 되어야 한다"면서 공장의 관리운영과 양어사업에 필요한 다양한 지시를 내렸다. 양어장의 현대적 개건으로 인한 성과가 평양메기공장에 이어 삼천메기공장에서도 두드러졌던 것이다.

『4』 김 위원장은 2017년 11월 하순에 새로 건설된 순천메기공장을 현지에서 지도했다.[142] 그는 "양어못들에 대한 물 온도와 페하, 산소량을 실시간 측정 조종하고 생산과 경영활동에서 나서는 여러 가지 문제들을 과학적으로 풀 수 있게 통합조종체계를 원만히 구축해 놓았다"고 평가했다. 그는 "물을 절약하면서도 그 이용률을 최대한 높일 수 있게 과학적인 물 재순환 체계를 확립하는 것이 마음에 든다"면서 "팽화먹이 생산 공정과 단백곤충 생산 공정을 자체로 꾸려놓고 생산에 들어감으로써 먹이 소비단위 기준을 극력 낮추면서도 생산량을 높일 수 있는 확고한 담보를 마련해 놓은 것도 자랑할 만한 성과"라고 치하했다. 그는 연간 1,200톤의 생산과제를 수행하여 평안남도의 인민들에게 공급할 것을 지시했다.

『5』 김 위원장은 2015년 5월 중순에 대동강자라공장의 현지지도에 나섰다.[143] 그는 "대동강자라공장을 인민들이 실지로 덕을 보는 공장, 선진적인 양식방법과 기술이 도입된 양식의 본보기 단위로 전변시켜야 한다"고 강조하면서 전력보장대책 수립, 전반적인 생산 공정들의 자동화, 먹이문제의 100% 국산화, 양식을 과학화하기 위한 연구사업 수행 등의 과업과 방도들을 밝혔다. 그는 2016년 7월 초순에 이곳을 다시 방문했다.[144] 그는 "1년 동안에 희한하게 천지개벽되었다"고 평가하면서 "국가과학원에서 제작한 현대적인 자라알 깨우기 기계와 무인 먹이운반 공급기를 생산에 받아들임으로써 알 깨우기 실수율實收率을 비약적으로 높이고 양식공정의 무인화를 실현하였다"고 말했다. 그는 "대동강자라공장이 현대적으로 개건된 것만큼 생산을 높은 수준에서 정상화하여야 한다"고 강조했다. 이 공장에서 길러진 자라들은 평양지역의 식당에서 판매되고 있다.

[6] 김 위원장은 2015년 5월 중순 함경남도 안변군에 있는 조선인민군 제580군부대 산하 안변양어장을 방문했다.[145] 그는 종합조종실에서 컴퓨터로 양어 못들의 물 온도·산소량을 실시간으로 측정 조정하고 수중카메라로 물고기들의 생리 상태를 감시하는 모습을 보면서 "양어를 과학화, 현대화하여야 생산을 높은 수준에서 정상화할 수 있다"면서 "이곳 양어장에서 당의 의도에 맞게 통합관리체계를 잘 세웠다"고 칭찬했다. 그는 특히 양어장의 현대화 사업을 도와준 김책공업종합대학의 과학자·연구사들의 공로를 높이 평가했다. 그는 몇 가지 지침을 내리면서 "양어장에 필요한 운전기재(차량)들과 설비들을 당에서 마련해주겠다"고 약속했다.

그는 같은 시기에 조선인민군 제810군부대 산하 신창양어장도 방문했다.[146] 그는 "철갑상어 양어에서 제일 어려운 문제가 알깨우기인데 이곳 양어장에서 고도기술을 요구하는 철갑상어 알깨우기를 과학적인 방법으로 하고 있다"면서 "우리나라 양어기술이 높은 경지에 올라섰다는 것을 잘 알 수 있다"고 말했다. 그는 "신창양어장은 우리의 양어기술척도를 보여주는 양어장, 나라의 양어를 발전시키는데서 본보기단위, 교육단위로서의 사명과 역할을 수행해야 한다"고 강조했다.

그는 2019년 4월 16일 신창양어장의 현지지도에 재차 나섰다.[147] 그는 양어장의 관리운영 정형을 요해하고 "온 나라가 인민군대의 모범을 본받아 당의 양어정책을 관철하여 인민들과 군인들에게 맛좋고 영양가 높은 물고기를 많이 먹이기 위해 마음 써 온 김정일 장군님의 염원을 실현하여야 한다"고 말했다. 그는 "신창양어장이 양어의 주체화, 과학화, 현대화, 공업화, 집약화를 실현하기 위한 사업에서 계속 기치를 들고나감으로써 양어기술 발전의 척도를 보여주는 표준양어장, 본보기단위, 교육단위로서의 사명과 역할을 해나갈 데 대한 당의 믿음과 기대에 보답하여야 한다"고 강조했다.

〖7〗 김 위원장은 2015년 5월 하순에는 동해안의 조선인민군 제810군부대 산하 석막대서양연어종어장과 낙산바다연어양어사업소의 현지지도에 나섰다.[148] 종어장은 연어 알 깨우기와 새끼고기 기르기를 진행하여 양어사업소에 보내주고 있다. 그는 "첨단기술이 도입된 여과, 소독, 산소포화 공정, 온도, 수질, 물 재순환체계를 확립한 것은 좋은 일"이라면서 "알 깨우기와 새끼고기를 기르는데 이용한 물도 그대로 방류시키지 않고 실내의 양어 못들에 흘러들게 하여 칠색송어를 비롯한 여러 가지 물고기들을 키우고 있는 데 물 절약형 양어를 하는데서 전국의 모범"이라고 평가했다.

그는 또 "자동 사료공급기도 자체로 창안 제작하고 사료 가공장, 분석·검측설비들도 갖추어 놓은 것을 비롯하여 양어에서 주체화, 현대화, 과학화, 공업화, 집약화를 실현할 데 대한 당의 방침 관철에서 많은 성과를 이룩하였다"고 치하했다. 그는 연간 3000여 톤의 연어를 생산하는 양어사업소에서는 "장군님(김정일 국방위원장)이 가르쳐준 대로만 하면 성공이라는 관점, 당의 수산정책을 관철하겠다는 정신이 무에서 유를 창조할 수 있었다"고 말했다.

김 위원장은 2018년 7월 중순에 이곳을 다시 방문했다.[149] 그는 "바다양어, 그 물우리 양어를 과학화, 공업화하기 위한 선진기술을 적극 받아들이며 오염되지 않은 깨끗한 바다의 생태환경을 높은 수준에서 유지보호하기 위한 사업에 힘을 넣어 대서양연어 양어에 알맞는 적지수역適地水域을 확대 전개하여 곳곳에서 더 많은 대서양연어를 생산하여야 한다"고 말했다. 그는 "연어가공품 생산의 과학화, 자동화, 현대화 수준을 높이고 위생 안전성과 품질을 철저히 담보하며 규격화, 표준화를 실현하여야 한다"고 강조하기도 했다. 그는 종어장에서 컴퓨터에 의한 물재순환 자동조종체계 확립, 산소발생장·침강정沈降

井·자외선소독실의 신규 건설에 의한 수질소독 및 산소포화능력 향상, 새끼
연어의 사름률(새끼연어를 옮겨 길러서 제대로 살아남은 비율)을 높이는 현
대적인 비육장肥育場의 위생방역적 개건, 6개 실내호동에 있는 54개 콘크리트
양어못의 수지양어못 개조, 퇴수처리 문제 해결로 물고기 폐사율의 결정적
감소, 초미분쇄장·팽화사료공장·1,000톤급 사료창고 건설, 병균을 막는 익생
균益生菌에 의한 사료생산체계 수립 등 여러 가지 설적을 치하했다.

｜8｜ 김 위원장은 2018년 8월 중순에 개천시 서남동지역에 위치한 연풍호방
류어업사업소(쏘가리종어기지)를 방문했다.[150] 그는 연풍호방류어업사업소
건설이 완공 단계에 이르렀다는 보고를 받고 두 차례 종자 쏘가리를 보내주
었고, 그 사업소는 종자 쏘가리에서 알을 받아 깨운 수만 마리의 새끼쏘가리
와 먹이사슬을 이루는데 필요한 다른 종류의 새끼물고기 수십만 마리를 연풍
호에 방류했다. 그는 "성질이 급하고 살아 움직이는 먹이만을 먹는 쏘가리의
특성에 맞게 초어와 능어를 비롯한 번식력이 강하고 빨리 자라는 물고기들을
함께 기르면서 먹이사슬을 조성하기 위한 사업을 힘 있게 내밀며 배합사료로
쏘가리를 대량 순치하는 기술개발을 심화시켜야 한다"고 말했다. 그는 "새끼
물고기를 키우는 수조의 수질관리를 잘하고 오물과 오수를 제때에 배출하고
잘 청소해주며 물 여과장치, 물 환수장치, 산소 공급장치, 자동 온도조절 장치
들을 비롯한 필요한 설비들을 더 설치하여 새끼 물고기 수조 탱크와 양어못
관리를 현대화하여야 한다"고 강조했다. 김 위원장이 양어사업의 현안에 대
하여 이처럼 세밀하게 지시할 수 있는 것은 서기실(비서실)이 해당 기관(부
문)으로부터 《현재 상황 및 개선방안 보고서》 같은 것을 받아 재정리한 뒤 그
에게 보고하기 때문일 것이다.

｜9｜ 김 위원장은 2015년 11월 중순에 대동강에 새로 설치한 이동식그물우리
양어장(옥류교와 릉라도 사이)을 방문했다.[151] 그는 "양수동력설비들이 전혀
필요 없으며 많은 노력과 먹이를 절약하면서도 물고기 생산량을 늘릴 수 있
는 그물우리양어는 경제적 효과성이 커서 세계적인 추세가 되고 있다"면서
"이동식그물우리양어를 적극 장려하여야 한다"고 말했다. 그는 "물 온도, 폐

하, 산소량을 실시간 측정하고 그물우리별 먹이공급량과 공급회수, 공급시간은 물론 나비등, 불장식 등을 자동 조종하는 종합적인 관리체계를 구축"한 것과 "먹이를 절약하면서도 수질오염을 방지할 수 있는 사료공급체계를 마련"한 것에 대해 치하했다. 그는 "각 도, 시, 군들에서도 평양시에서처럼 현대적인 이동식그물우리양어장을 꾸려놓는 사업을 중요한 정책적 요구로 받아들이고 당적으로 힘 있게 밀고나가야 한다"고 촉구했다. 앞으로 북한 전역의 일부 강과 호수에서 이동식그물우리양어장을 마주치게 될 것 같다.

〈표 3-18〉 김정은 위원장이 양어사업 현지지도 등에서 내린 지침

방문단위	지침 내역
5월9일 메기공장	- 물고기 생산주기를 줄일 것. - 먹이소비단위 기준을 낮출 것. - 물고기들의 면역력을 향상시킬 것. - 입방(m^3) 당 물고기생산량을 증대시킬 것. - 양어부문의 과학화·집약화·공업화를 실현할 것.
평양 메기공장	- 현존 생산능력을 최대한 효과적으로 이용하여 메기 생산을 늘릴 것(연간 2천 톤). - 평양시민들과 봉사기관들에 메기를 정상적으로 공급할 것. - 먹이첨가제 문제를 해결할 것 ("당에서 사료 보장대책을 세워 주겠다"고 약속). - 메기의 생육 기일을 단축하고 사료단위의 감축 사업에 집중할 것. - 물 온도 보장을 위해 동평양 화력발전소에서 나오는 버림물의 이용률을 높일 것. - 태양열 물가열기를 받아들이는 등 자연 에너지의 활용 대책을 세울 것. - 선진기술을 도입하고 물고기먹이 소비단위와 생산원가를 낮출 것. - 메기양어와 관련한 과학기술 보급의 거점으로 만들 것. - 평양메기공장과 같은 현대적인 메기공장을 여러 도들에도 일떠세울 것. - 메기공장들 사이의 사회주의경쟁을 활발히 벌려 메기생산량을 결정적으로 늘릴 것.
삼천 메기공장	(1차) - 알깨우기장과 실내 및 야외 못들을 더 건설하고 현대적인 팽화먹이 생산기지를 꾸려놓을 것. - 물 문제를 원만히 해결하고 온천물 원천이 풍부한 공장주변에 능력이 큰 저수지를 새로 건설할 뿐만 아니라 물재순환체계도 철저히 확립할 것. - 생산능력, 양어의 주체화·과학화·집약화·공업화 수준의 최고 공장으로 전변시킬 것. (2차) - 물고기 생산주기와 생산원가를 줄이는 연구 사업에 계속 큰 힘을

방문단위	지침 내역
	넣을 것 - 먹이 소비단위기준을 더욱 낮출 것 - 물고기들에게 생육 조건을 잘 보장해주어 면역력을 높일 것 - 공장이 다른 단위들에 메기양어와 관련한 과학기술을 널리 보급하는 거점 　으로서의 사명을 수행할 것 (3차) - 메기 생산주기를 단축하고 사료단위를 세계적 수준으로 낮추기 위한 목표 　를 세우고 연구 사업을 계속 심화시킬 것 - 성장속도와 면역기능을 높이기 위한 사료첨가제 개발 사업을 전국의 메기 　공장들에서 경쟁적으로 진행할 것 - 메기 생육단계별 사료처방을 과학적으로 하여 고기 맛을 좋게 할 것 - 우량품종의 메기종자들을 육종하며 원종보존체계를 세워 종자메기의 퇴화 　를 막을 것 - 물 입방(m^3)당 메기생산량을 계속 늘일 것 - 메기 못의 수질관리를 잘하며 갈수기에도 물을 원만히 보장하는 대책을 　세울 것 - 생태환경조건을 잘 보장해 주어 알 깨우기 실수율을 최대한으로 높이며 　폐사율을 극력 줄일 것 - 호동별·못별·기대별 사회주의 경쟁과 국가컴퓨터망의 양어부문 자료기지 　를 통한 따라 배우기, 따라 앞서기, 경험교환운동을 활발히 벌릴 것
안변 양어장	- 현존 생산능력을 최대한 효과적으로 이용할 것 - 영양가 높은 사료로 맛이 좋고 위생안전성이 담보된 물고기를 더 많이 　생산할 것 - 양어에서 주체화·현대화·과학화·집약화를 실현할 데 대한 당의 방침을 　접수하고 끈기 있게 전개할 것
신창 양어장	- 최신식 양어설비들을 창안제작하고 이용할 것 - 태양빛으로 전기를 생산하는 자연에너지발전소를 건립할 것 - 실리를 보장하는 노력절약형·물절약형 양어를 해나갈 것 - 선진적인 양어기술을 배워갈 수 있는 조건보장대책을 수립할 것
석막 대서양 연어 종어장, 낙산바다 연어양어 사업소	(종어장) - 우리식의 채란·채정·알 깨우기 방법을 완성할 것 - 종자연어의 퇴화를 막기 위한 연구사업을 심화할 것 - 양어설비의 현대화를 실현할 것 (양어사업소) - 바다오염을 막고 생태환경을 보호할 것 - 식물성 먹이를 받아들이기 위한 사업을 전개할 것 - 연어가공의 자동화를 높은 수준에서 실현할 것 - 연어가공품의 위생안전성과 품질을 담보하기 위한 사업을 전개할 것
대동강 이동식 그물우리	- 강과 호수들에 새끼물고기들을 방류시키는 것과 함께 그물우리양어장을 　대대적으로 설치할 것 - 해당 수역의 특성에 맞는 양어 방법과 기준을 확립하며 우량품종의 물고기

방문단위	지침 내역
양어장	종자와 사료문제를 원만히 해결하기 위한 사업에 힘을 넣을 것 - 그물우리를 대량적으로 생산하기 위한 대책을 세울 것 - 수산성을 비롯한 해당 부문에서 정책적 지도, 과학기술적 지도를 짜고들 것 - 과학기술역량을 튼튼히 꾸리고 선진양어기술을 받아들이기 위한 사업을 잘할 것 - 환경오염방지대책을 철저히 세우도록 감독통제 사업을 강화할 것

[10] 김 위원장은 2015년 3월 하순에 새로 건설한 조선인민군 제810군부대 산하 어분사료공장을 시찰했다.[152] 그는 "건뎅이, 까나리, 멸치, 도루메기 등을 가지고 철갑상어, 칠색송어, 룡정어 사료를 비롯한 각종 어분사료를 생산하고 있는 것은 좋은 일"이라면서 "인민군대가 물고기 먹이생산의 국산화를 실현하는데서 앞장섰다"고 칭찬했다. 그는 적은 원가와 적은 노력으로 실리보장, 현대적인 설비 보강, 물고기 선별·가공·포장·운반공정의 흐름선화·무인화 등의 과제를 제시했다.

그는 2016년 7월 하순에 이곳을 다시 방문했다.[153] 그는 사료가공장, 물고기선별장, 물고기냉동실, 사료보관창고 등을 돌아보고 "어분사료 생산 공정의 통합조종체계를 훌륭히 구축하고 가공, 포장, 운반공정의 흐름선화를 높은 수준에서 실현한 것을 비롯하여 과학적이며 합리적인 어분사료 생산방법을 확립하기 위한 사업에서 많은 성과를 이룩하였다"고 평가했다. 그는 "현대적인 어분사료 생산설비들이 꽉 차있는 공장의 생산 잠재력이 대단하다"고 치하하면서 "생산을 높은 수준에서 정상화한다면 질 좋은 어분사료들을 충분히 보장해줄 수 있다"고 강조했다. 양어장 사업이 확산되면서 각종 어분사료의 수요가 높아진데 따라 어분사료공장을 건설할 정도로 양어장 사업은 활황을 누리고 있다.

김 위원장은 양어사업의 현장 곳곳에서 양어의 주체화·과학화·집약화·공업화를 실현해야 한다고 강조하는 한편, 생산과 경영활동의 지능화·정보화·디지털화·자동화·기계화를 최상의 수준에서 실현해야 한다고 주문했다. 또한 첨단양어기술을 보급할 것을 지시하면서 물고기 생산주기 감소, 먹이소비단위 및 생산원가 절감 등에 대한 대책을 세워야 한다는 등을 제시했다. 그는 또 수조의 수질관리와 물재순환 자동조종체계에 의한 물 절약형 양어를 강조하기도 했다.

북한에서 양어사업은 김정일 시대의 식품정책의 상징과 같은 것이었지만, 그 효과에 대해서는 일부 회의적인 시각이 있었던 것 같다. 김위원장은 "양어사업을 끝장 볼 때까지 밀고나가는 것"을 강조하는가 하면 "인민생활 향상을 위해 절대로 중단할 수도, 양보할 수도 없는 대단히 중요한 사업"이라고 역설하기도 했다. 그는 김정일 시대의 양어사업을 그대로 밀고 나갈 것을 호소했던 것이다. 그가 '끝장 볼 때까지 밀고 나가는 것'을 언급한 경우는 다른 부문에서 더러 있었지만 '절대로 중단할 수도, 양보할 수도 없는'이라는 표현을 사용한 예는 거의 찾아보기가 어렵다.

6) 식량 수요량과 공급량

끝으로 먹는 문제 해결과 관련하여 북한의 식량 수요량과 공급량을 추산해볼 필요가 있을 것 같다. 유엔식량농업기구FAO와 농업전문가들의 여러 가지 추론과 통계들이 있지만, 탈곡 후의 정곡 기준으로 북한이 곡물을 연간 550만 톤 생산한다면 식량위기로 번지지는 않을 것 같다.

FAO 통계에 따르면, 북한은 2014~17년에 매년 약 500만 톤 정도를 생산한 것으로 알려져 있다(조곡 기준 약 600만 톤).[154] FAO는 식량 최저수요량을 1인당 하루 최저열량 1,640kcal(필요열량 2,130kcal의 약 75%)의 공급을 기준으로 삼는다. 이를 곡물로 충당하려면 1인당 하루 480g(쌀·옥수수 기준 100g 당 평균 350kcal)이 필요하고, 연간 175kg(쌀 58kg, 옥수수 81.8kg, 밀·보리 6.2kg, 기타 곡물 5.3kg 등 주곡 151.3kg과 감자 13.4kg, 콩 10kg)이 필요하다.

여기에 북한의 인구 2,540만 명을 곱하면 연간 약 450만 톤이 된다. 식량용 이외에 종자, 사료, 수확·보관 손실분 등 100만 톤을 더하면 북한은 매년 정곡 기준으로 550만 톤의 식량이 필요하다고 할 수 있다. 2017년의 경우 북한에서 50만 톤 정도 부족했던 것으로 추정된다.

FAO는 2018년의 식량 가용량으로 정곡 기준 472만 톤으로 전망한 바 있다(쌀 157만 톤, 옥수수 220만 톤, 밀·보리 7만 톤, 기타 곡물 14만 톤, 감자 47만 톤, 콩 27만 톤). 550만 톤의 수요를 기준으로 하면 80만 톤이 부족했다고 볼 수 있다(15만 톤 수입, 65만 톤 정도 부족).[155] <그림 3-1>은 곡물 500만 톤의 식량배분에 관한 이해를 도와준다.[156]

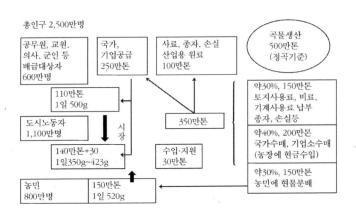

〈그림 3-1〉 북한의 식량배분(곡물 500톤 기준시)

북한은 채소와 버섯 같은 부식류 생산과 단백질 공급을 위한 축산업·수산업·양어사업에 집중해왔고, 김정은 위원장이 알곡 외의 부문의 현지지도에 자주 나선 것은 앞에서 살펴본 대로이다. 알곡 외의 식품 생산이 늘어나면 식량 부족의 압박이 어느 정도 완화될 수 있을 것이다. 북한은 정곡 기준으로 500만톤 이상을 생산하고 축산물과 수산물 공급을 늘리면 수입 없이도 먹는 문제를 해결할 수 있다고 판단하는 것 같다.[157]

다만 지역적 차이가 있고, 협동농장별 생산물의 차이를 고려할 필요가 있다. 평안남북도·황해남북도 평야곡창지대는 쌀농사 위주, 함경남북도·강원도·자강도·량강도 산악지대는 옥수수·감자를 비롯한 밭작물 중심이고, 협동농장들도 모두 양곡 생산을 위주로 하는 것이 아니고 작물선택권이 부여되고 있으며, 남새·축산전문농장 등도 있다. 따라서 공급 격차를 줄이려면 알곡생산 전문지역들과 협동농장들이 알곡 부족 지역들에 알곡을 공급해주는 것이 필요하다. 식량비축, 산업용 원료, 축산수요 증가, 지역적 편차와 이동 곤란 등을 고려한다면 FAO 기준의 최저 수요량인 정곡 기준으로 550만 톤에 50만 톤을 더하여 600만 톤이 필요하다고 보는 것이 현실적일 수 있다.

참고로 축산물·수산물의 공급증가 등을 고려해 필요열량의 65%를 식량으로 공급한다고 가정할 경우 최소한 연간 520만 톤 정도가 필요하다고 추정할 수 있다.[158]

그리고 관점을 바꿔 생각해보면 북한의 2010년대 식량자급률은 알곡 기준으로 90%대를 유지하고 있다는 사실이 중요하다(옥수수 비중이 높다). 북한으로서는 모자라는 10%를 수입으로 메우기 어렵다는 데 어려움이 있는 것이다. 김 위원장이 "현 시기 농업전선은 경제강국 건설의 주타격방향, 사회주의수호전의 전초선일 뿐 아니라 우리 혁명을 고무추동하는 매우 중요한 전선입니다"라고 말하는 것[159]에서 식량자급자족의 의지를 확인할 수 있다. 북한에서 먹는 문제의 해결은 경제건설 총력집중노선의 실천에서 가장 기본적이고 중대한 사안으로 인식되고 있는 것이다.

김 위원장은 경제강국 건설과 인민생활 향상을 지향하는 전략적 노선에서 다른 어떤 과업보다도 먹는 문제의 해결을 중시해왔다. 국정운영에서 '흰 쌀밥에 고깃국'의 상징적 염원을 반드시 실현하려는 것이다. 그는 농업에 대한 국가투자 증대, 알곡생산의 결정적 증대, 식량공급 정상화 등을 기본방향으로 삼고 있다. 그는 또한 종자혁명의 가속화를 비롯해 과학기술적 비료치기, 유기농법 장려, 선진적인 비배관리, 선진영농방법과 기술도입, 농산과 축산의 고리형 순환생산체계 확립 등 영농방법의 혁신, 알곡재배면적의 증대와 알곡위주의 농업생산구조 유지, 임농복합경영방법, 채소·버섯 등 부식 생산과 과수업·축산업·수산업·양어사업의 활성화 등을 전략적 과업으로 제시하고 있으며, 그 실천에 스스로 앞장서고 있다. 이 점은 그가 농축산업과 수산업 등의 생산현장을 빈번히 방문해 현지지도를 한 것에서 확인된다.

김 위원장은 과학영농에 주력하는 한편, 농업생산의 주체인 협동농장 농장원들의 자율적 책임영농을 위해 분조관리제 아래 포전담당 책임제를 확대해나가고 있다. 한편으로는 '일한 것만큼, 번 것만큼'의 분배라는 구호 아래 국가 몫 외에는 농장원들에게 현물로 분배함으로써 영농의욕을 고취하고 있다.

그리고 농업지도기관의 주관주의·관료주의·형식주의를 극복하기 위해 당적 지도와 정책적 지도를 더욱 강화하고 있다. 관료주의와 형식주의야말로 농장원들의 자율적 책임영농을 가로막는 폐단이기 때문이다. 당적 지도를 강화하는 과정에서 당원·근로자들의 자력갱생과 집단주의의 정신을 강화해나가고 있는데 이는 자율성 확대가 개인이기주의로 변질되지 않도록 하려는 조치로 볼 수 있다.

그는 농업부문에서 본보기와 전형 단위를 창조하여 사회주의경쟁(집단경쟁)의 불을 붙이는 데에도 높은 관심을 보이고 있다. 협동농장에 대한 군郡당위원회의 지도와 역할을 높여나가는 한편, 협동농장의 말단 책임자인 분조장 대열을 정비하고 그들의 역할을 높이려고 한다.

협동농장 분조관리제 하의 포전담당 책임제의 확대 조치에 대해 '중국식 농업개혁'(개인농)의 길로 보려는 외부의 기대 섞인 관찰은 덧없어질 공산이 크다. 분조를 잘게 쪼개어 포전을 나눠주고 작물선택권, 처분권 등에서의 자율성을 높여준다고 하더라도, 국가 차원의 농작물의 수요와 공급 시스템이 작동하고 있고 각 협동농장에는 농작물 생산할당량이 여전히 부과되며 분조장들은 이를 세밀히 관리해야 하고 협동농장에 보고해야 한다.

매사에 '우리식' 발전경로를 중시하는 북한은 우리식 경제발전전략에서 실리적 혁신조치들을 늘려나가고 있다. 다만 식량문제는 안보와 직결되기 때문에 농업전략에서 다양한 실험을 전개하기에는 무리가 뒤따를 수 있다고 보고 신중한 자세를 유지할 것이다.

옛 속담에 "기갈 든 놈은 돌담조차도 부순다"는 말이 있지만, 북한으로서는 먹는 문제의 해결과정에서만은 일사천리一瀉千里의 종종 걸음보다는 사려분별思慮分別의 소걸음牛步을 걸을 것이다. 북한이 먹는 문제를 안정적으로 해결하면 그 잠재력과 집행력은 다른 영역에 긍정적인 영향을 줄 것이다.

2. 인민생활의 획기적 향상 : 경공업의 질적 도약

"경공업부문에서는 현대화, 국산화, 질제고의 기치를 계속 높이 들고 인민들
이 좋아하는 여러 가지 소비품들을 생산보장하며 도, 시, 군들에서 기초식품
공장을 비롯한 지방공업공장들을 현대적으로 일신하고 자체의 원료, 자원에
의거하여 생산을 정상화하여야 합니다." (김정은 위원장의 2019년《신년사》)

북한의 생활경제가 나아지고 있다는 체감은 먹는 문제 해결과 인민소
비품 공급에 달려 있다. 북한 정부가 사회주의경제강국 건설과 함께
인민생활 향상을 강조하는 것도 이 때문이다. 전자는 장기성을 띤 데
비해 후자는 단기 과제이고 민심과 직결된다. 김정은 시대에 들어와
경제사정이 전반적으로 호전되는 가운데 인민들의 기대심리는 더 높아
지고 있고, 이를 김정은 국무위원장을 비롯한 영도집단도 잘 알고 있다.
2013년 3월 18일에 열린 전국경공업대회는 안팎의 주목을 끌었다.
김정은 위원장은 최영림 내각총리를 비롯해 경공업부문 책임간부들이
모두 참가한 전국경공업대회에 참석해 경공업의 질적 도약을 호소하
는 연설을 했다. 그는 경공업전선이 "현 시기 경제강국 건설과 인민생
활 향상을 위한 투쟁에서 주 타격방향"이라고 선언했다.
그는 경공업부문의 중심과업으로 생산 잠재력의 최대한 동원과 인
민소비품 생산의 획기적 증대, 경공업의 현대화·과학화 추진과 세계
선진수준 도달, 8월3일인민소비품 생산운동의 지속적 전개, 인민봉사
(서비스)사업 개선 등을 제시했다. 그는 경공업부문 일군들의 책임성
과 역할 제고, 과학자·기술자의 역할 제고, 경공업부문에 대한 지원과
당조직의 역할 제고 등의 실천과제도 경공업대회에서 내놓았다.
여기에서는《경공업대회 연설》에 나타난 정책과제, 자강력제일주의
와 지방공업의 중시, 경공업 부문에 대한 김 위원장의 현지지도 등에
서 나타난 인민생활의 향상을 위한 움직임을 다루려고 한다.

1) 《경공업대회 연설》에 나타난 정책과제

《경공업대회 연설》은 김정은 위원장의 경공업부문 발전전략을 잘 보여준다. <표 3-19>는 《경공업대회 연설》[160]을 요약한 것인데 이 가운데 주목할 점을 살펴본다.

첫째, 생산 정상화에 의한 인민소비품 증산을 호소하면서도 생산량에 치중하고 품질은 홀대하는 그릇된 경향에서 벗어날 것을 강조했다. 세계시장에 내놓아도 손색이 없는 제품을 생산하는 '품질우선' 전략을 택하고 있다. 이것은 생산량 목표의 달성을 중시하던 낡은 관행에서 벗어나 품질 중시로 전환하지 않으면 수출도 어렵거니와 내수시장에서도 인민들로부터 외면당할 수 있는 현실을 감안한 것이다.

대도시와 북부지역 시장에서 한 동안 중국 수입품이 상당한 비중을 차지했던 만큼, 자국 생산의 인민소비품의 품질 향상은 발등의 불 만큼이나 시급한 과제였다. 품질우선 전략은 모든 생산부문에 해당되는 것이지만 특히 경공업 제품에서 절실한 과제다.

둘째, 경공업부문에서 원자재의 국산화를 실현하고 생산설비도 국내에서 해결할 것을 강조했다. 경공업의 원자재는 화학공업부문으로부터 공급받기 때문에 이 부문의 생산이 정상화되어야 경공업도 발전할 수 있다. 화학섬유와 수지, 기초화학제품들이 경공업부문에 정상적으로, 제때에 공급되지 않으면 공장·기업소들에서 생산이 활성화될 수 없다. 경공업 생산설비의 국내 조달도 중요하며, 이것은 기계공업부문이 담당한다. 경공업 공장·기업소들이 기계공업부문으로부터 기계 설비를 원활히 공급받지 못한다거나 기계 설비의 품질이 낮다는 이유 등을 들어 해외에서 기계 설비를 수입해야 조기 정상화가 가능하다고 상급기관에 보고하는 사례가 많았던 것 같다.

김 위원장은 설비 수입의 편향 극복을 강조하면서 수입병이 경공업 발전의 걸림돌이라고 지적했다. 그는 다른 나라에서 상품을 들여다 팔아 돈을 벌 생각을 앞세우는 일부 일군들을 질타하기도 했다.

북한에서는 군(郡)에 산재해 있는 지방공업공장들이 인민소비품 생산의 상당 부분을 책임지고 있는데 이 공장들의 형편은 열악하다.[161] 김 위원장은 내각 산하의 중앙공업공장들에게 지방공업공장들에 필요한 설비·부속품, 원료·자재 등을 지원하거나 기술협력을 나설 것을 적극 권장했다. 지방공업공장들을 살리지 않고서는 인민소비품 생산의 부족과 저低품질의 늪에서 헤어나기 어렵기 때문이었다. 경공업의 생산 정상화를 위해서는 화학공업과 기계공업을 비롯한 중앙공업공장들이 보다 효율적으로 중앙과 지방의 경공업을 지원하는 시스템을 구축해야 한다는 문제의식이 높았다.

〈표 3-19〉 김정은 위원장의 전국경공업대회 연설에 나타난 정책과제

구분	방향	전략적 과제
중심 과업	생산잠재력의 최대한 동원, 소비품 생산의 획기적 증대	- 공장·기업소의 생산정상화 - 소비품의 다량생산 * 기초식품, 1차 소비품 생산의 결정적 증대 * 생산량 치중, 품질 홀대의 그릇된 경향에 대한 경계 (대외시장에 내놓아도 손색이 없는 제품 생산) - 경공업 원료·자재문제 해결 및 국산화 실현 * 화학공업 공장·기업소의 섬유·수지·기초화학제품 생산보장 - 인민생활자금 보장 단위들의 역할 제고 * 단천지구 광산·공장·기업소 등에서의 생산증대, 생산·수출의 일체화, 외국과의 가공무역 확대발전 - 중앙공업공장들의 지방산업공장 지원 * 설비·부속품, 원료·자재 해결 및 기술협력
	현대화·과학화 추진, 경공업의 세계 선진수준 도달	- 낡고 뒤떨어진 설비와 생산 공정의 현대적 개조 * 생산능률이 낮은 설비와 손노동이 많은 생산공정의 현대적 개조를 위한 단계별목표 수립 및 실천 (단기간에 경공업 공장·기업소의 면모 일신) * 현대화가 실현된 공장에서의 설비와 생산 공정의 최첨단 기술장비 도입 * 영도업적단위에서의 생산 공정의 CNC화·무인화 실현에 앞장서기 (전망적으로 첨단수준 설비와 생산 공정을 갖춘 현대적 생산기지 추가 건설) * 설비수입 편향 극복 (수입병= 경공업 발전의 걸림돌) - 경영활동의 과학화 * 과학자·기술자 생산 인입→ 제품생산과 질質제고, 설비관리와 경영활동의 모든 문제의 과학적 분석과 과학기술력에 의한 해결

구분	방향	전략적 과제
	8월3일 인민소비품 생산운동	* 공장·기업소의 과학기술역량 강화→ 새 제품개발능력 향상 　및 대중적 기술혁신운동 전개 - 내부예비의 동원 이용, 다양한 소비품 생산 - 모든 부문·단위에서 기본제품 및 생활필수품 생산의 동시 진행
	인민봉사사업 개선 주력	- 상업·급양·편의봉사망의 현대화 - 운영방법의 혁신 - 상품 확보와 원자재보장대책 수립 * 생산된 제품의 불법적 거래 현상 없애기
실천 과제	일군들의 책임성·역할 제고	- 당정책의 결사관철 정신, 인민에 대한 헌신적 복무정신, 이악 　하고 박력 있는 사업 전개력 * 일군들의 책임감 결여, 패배주의, 노력 부족 질타 - 성·중앙기관 일군들의 전반적 실태와 아래 단위 실정의 구체 　적 요해·장악과 문제 해결, 새로운 전환을 위한 작전과 지휘 - 경공업부문 일군들의 경직·도식과 침체·부진 배격, 참신하고 　탄력 있게 업무 추진, 합리적 경영전략·기업전략 수립, 자체 　의 힘으로 확대재생산 실현 및 생산 활성화 * 다른 나라에서 상품을 들여다 팔아 돈을 벌 생각을 앞세우는 　일부 일군 질타
	과학자·기술자 역할 제고	- 경공업과학분원과 경공업부문 과학자·기술자들의 경공업 과 　학기술의 세계적 수준 도달을 목표로 분발 - 현행 생산에서 제기되는 과학기술적 문제의 적시 해결, 경공업 　원료의 국산화, 기계설비와 생산 공정의 CNC화·무인화를 위한 　혁신안 연구완성, 새로운 경공업제품과 기능성제품 개발
	경공업 지원	- 인민경제 여러 부문과 단위들의 경공업부문 적극 지원
	당조직 역할 제고	- 도·시·군 당조직과 경공업부문 당조직에서의 당의 경공업 방 　침 관철에 당사업의 화력 집중 * 당 방침 제시의 초기에는 "벅적 끓다가 일정한 기간이 지나 　면 그 집행을 쥐버리는 편향"(오분열도식 일 본새) 극복 - 김정일애국주의 정치사업 전개 - 자력갱생·간고분투의 영웅적 투쟁정신을 깊이 심어주기 위 　한 교양사업 전개 - 후방사업에 깊은 관심, 생활상 애로의 적시 해결 - 도·시·군 당위원회 책임일군들의 해당 지역 안의 중앙경공업 　공장과 지방산업공장, 인민봉사단위 실태의 정상적 파악 및 　책임 있는 문제 해결

셋째, 경공업부문에서 현대화·과학화의 분위기를 조성해 과학자·기술자의 역할을 높여야 낡고 뒤떨어진 설비와 생산 공정의 현대적 개조

및 경영활동의 과학화가 가능하다고 강조했다. 경공업부문의 공장·기업소들을 단기간에 혁신하려면 생산성이 낮은 설비와 손노동이 많은 생산 공정부터 개조해야 하고, 이를 위한 단계별 목표를 수립해 실천해야 한다는 것이다. 현대화가 어느 정도 진척된 공장들에서는 최첨단 기술 장비들을 장착해야 한다는 판단이었다. '영도업적단위'(현지지도 공장·기업소들)는 특히 생산 공정의 CNC화와 무인화無人化에 앞장서야 한다는 것이었다.

김 위원장은 또한 경공업부문의 생산단위들에 과학자와 기술자들을 적극 인입하여 이들이 제품의 생산량 증대와 품질 제고에 직접 나서게 할 것(즉 생산과 과학기술의 결합), 설비관리와 경영활동의 모든 문제들을 과학적으로 분석하고 과학기술의 힘으로 해결할 것을 강조했다. 공장·기업소의 과학기술역량을 강화해야 신규 제품개발 능력이 향상될 것이기 때문이다.

그는 과학자와 기술자들에게 경공업 생산현장에서 제기되는 과학기술적 문제를 제때에 해결하고, 경공업 원료의 국산화, 기계설비와 생산 공정의 CNC화·무인화를 위한 혁신안의 연구완성, 새로운 경공업제품과 기능성제품의 개발 등에 나설 것을 촉구했다.

경공업과학분원과 경공업부문 과학자와 기술자들에게는 이 부문의 과학기술이 세계수준에 도달하도록 목표를 세우고 분발할 것을 당부했다. 공장·기업소의 과학기술역량을 과학자와 기술자에게만 의탁해서는 곤란하다는 문제의식도 내비쳤다. 국가가 양성하는 과학자와 기술자 숫자는 제한되어 있고 공장·기업소가 원하는 과학자와 기술자를 모두 파견하는 것은 현실적으로 불가능하다. 이 때문에 북한에서는 대중적 기술혁신운동이 중시되어 왔고, 김 위원장도 이 운동을 여전히 중시했던 것이다.

넷째, 당 사업에서 당의 경공업방침의 관철에 화력을 집중할 것을 거듭 강조했다. 김 위원장은 당 방침이 제시되는 초기에는 벅적 끓다가 일정한 기간이 지나면 그 집행을 줴버리는(함부로 내버리고 돌아보지 않는) 편향과 오분열도식五分熱度式 일 본새라는 낡은 관행에서 벗어날 것을 촉구했다. 그는 지역(도·시·군) 및 경공업부문에 소속되어 있는 당 조직과 책임자급 간부들에게 자기 지역 안의 중앙경공업공장과 지방산업공장, 인민봉사단위 실태를 정상적으로 파악하고 그곳에서 발생하는 문제점을 책임지고 해결하는 자세를 가져야 한다고 지적했다.

그는 내각의 성·중앙기관 일군들에게 경공업의 전반적 실태와 아래 단위의 실정을 구체적으로 요해하고 문제점들을 해결하며, '새로운 전환을 위한 작전과 지휘'를 잘 해나갈 것을 당부했다. 새로운 전환은 실리적 혁신이 필요함을 뜻한다. 경공업부문 일군들에게는 경직과 도식에서 벗어나 침체·부진을 이겨낼 것과 참신하고 융통성 있게 업무를 수행하고 합리적 경영전략과 기업전략을 수립해 공장·기업소 자체의 힘으로 확대재생산을 실현할 것을 요구했다.

그는《경공업대회 연설》에서 당에는 책임성 강화를, 정부에는 새로운 전환을 위한 작전과 지휘를, 생산현장에는 합리적 경영전략과 기업전략을 각각 제시했던 것이다. 김정은 시대에 들어와 경공업부문에서 품질, 국산화, 생산 공정의 CNC화와 무인화, 경영활동의 과학화 등이 강조되고 있음은 특기할 만하다.

참고로 <표 3-20>은 김정일 시대의 인민소비품 생산과 관련한 정책과제를 정리한 것[162]인데 <표 3-20>을《경공업대회 연설》과 함께 살펴보면 좋을 것 같다.

〈표 3-20〉 김정일 시대의 인민소비품 생산의 정책과제

방향	정책과제
식료가공품 생산 증대	- 소금, 간장, 된장, 기름, 맛내기 등 기초식품 생산 주력 - 각종 식료가공품의 생산 증대
일용품 생산 증대	- 양복천, 내의천, 조선치마저고리감, 실크천과 비로도 등 - 신발 생산 주력 및 기성복 비중의 증대 - 부엌세간(법랑그릇과 경질유리그릇의 다량 생산, 합금강 수저 등) - 화장품(과제·균질제품 생산), 치약과 칫솔 등
문화용품 생산	- TV, 냉장고, 세탁기, 녹음기, 카메라 등
생산잠재력의 최대한 이용	- 방직·신발·식료·화장품공장에서의 대담한 기술개건 - 다른 나라의 현대적인 공장 도입사업 - 공장의 완전가동 대책 수립

방향	정책과제
	- 중앙공업·국방공업부문의 공장·기업소에서 8.3인민소비품 생산기지 조직 - 각 시·군에서의 가내작업반, 부업반 등의 광범위한 조직
경공업제품 質質 향상	- 기술갱신과 생산의 전문화, 기술공정의 준수, 간부들의 책임성 고양 - 경공업부문 과학자·기술자들의 품질향상 노력

그밖에 김 위원장이 경공업부문을 지원하는 인민생활자금 보장단위
들의 역할을 높일 것을 강조한 점도 눈에 띈다. 인민생활자금 보장단
위로 유명한 곳은 단천지구의 광산·공장·기업소들이다.[163] 인민생활자
금 보장단위들에게는 생산과 수출의 일체화를 통해 다른 나라들과의
가공무역을 발전시키는 것이 허용되고, 그것으로 얻어지는 외화원천
으로 인민생활자금을 보장하도록 하고 있다.

남한에서 단천지구 광물자원을 수입할 때 현금결제 외에 경공업제
품의 공급이 가능했던 것은 구상求償무역이 적용됐기 때문이다. 국제
사회의 대북제재 조치가 해제되면 단천지구와 같은 인민생활자금 보
장단위들이 더 늘어날 수 있다.

2) 자강력제일주의와 지방공업 중시

김정은 위원장이 《경공업대회 연설》에서 제시한 정책과제는 2013
년 3월의 것이지만, 전략적 방향이나 과업의 면에서 볼 때 그 뒤에도
눈에 띄는 변화는 없었다. 다만 경공업대회 이후에 자강력제일주의와
지방공업의 중요성을 부각시키는 경향이 뚜렷해졌다. 조선로동당 기
관지 『로동신문』은 2018년 3월 23일자 사설[164]에서 경공업 일군들과
근로자들이 《인민소비품 생산성과로 당 중앙을 결사옹위하자!》를 신
념으로 삼아야 한다면서 몇 가지 과업을 제시했다.

첫째, 인민생활 향상 대진군의 추동력은 자강력제일주의라는 점을
명심해 자력갱생·간고분투의 투쟁정신을 더 높이 발휘하자는 것이었

다. 이것은 장기성을 띤 '기본원칙'이면서도 국제사회의 대북 제재 국면이 장기화한 데 따른 것으로 볼 수도 있다.

둘째, 인민소비품 생산을 늘리는데서 지방공업이 차지하는 몫이 대단히 크다는 점을 감안해 각 도·시·군이 지방경제를 특색 있게 발전시켜 지방공업의 위력을 발휘하자는 것이었다. 지방공업공장들이 자체로 해결하기 힘든 설비와 부속품, 원료·자재문제를 중앙공업공장들이 풀어주고 기술적으로 도와줘야 한다는 설명이 보태졌다.

셋째, 인민소비품의 질을 결정적으로 높여 세계와 경쟁하는 명제품·명상품의 개발과 생산에 적극 떨쳐나서자는 것이었다. 《세계와 경쟁하라!》, 《세계에 도전하라!》, 《세계를 앞서나가라!》 등이 현 시대의 중요한 요구라고 강조한 것도 의미가 있다. 경공업에서 세계적 수준에 도전하려는 의지가 역력했다.

넷째, 경공업 일군들의 책임성과 역할을 높이고 기업전략과 경영전략을 올바로 세우며 과학기술을 확고히 앞세워 생산을 끊임없이 확대해나가자는 것이었다. 《경공업대회 연설》 기조의 반복이다. 김 위원장의 연설이 작성될 때 당·국가 실무책임자들이 총동원되었을 것이기 때문에 이는 자연스러운 일이다.

둘째 과제와 관련하여 『로동신문』은 같은 해 3월 22일자에서 지방공업의 역할과 발전을 강조한 바 있다.[165] 북한에서 지방공업은 지방의 원료원천에 의거하여 인민소비품에 대한 지방적 수요를 충족시킬 목적으로 창설되고 지방경제기관들에 의하여 지도 관리되는 공업으로 정의된다. 지방공업의 발전은 1차 소비품 문제의 해결에서 매우 긴요하다.

지방공업을 발전시키면 국가에 큰 부담을 주지 않고도 자체의 풍부한 원료원천에 의거해 1차 소비품에 대한 지방적 수요를 보장할 수 있다. 도·시·군마다 자체의 튼튼한 원료기지를 확보하고 그 이용률을 높이면 국가의 추가적 투자가 거의 없어도 1차 소비품에 대한 지방 자체의 수요를 충족시킬 수 있다. 인민들이 좋아하는 여러 가지 소비품들을 원만히 생산 공급할 수 있다는 것이다.

지방공업의 발전에 대한 강조는 인민들의 다양성에 대한 요구가 높아지는 상황에서 대규모 중앙공업과 함께 중소규모 지방공업도 다 같이 발전시켜야 한다는 적극적인 의미를 담고 있다. 지방의 특성에 맞게 제품 생산을 전문화하면 해외시장에 내놓아도 손색이 없고 시·군을 대표하는 특산물 생산을 늘릴 수도 있다는 것이다. 이런 점들을 고려해 김정은 시대에도 지방공업의 발전에 힘을 쏟고 있다.

지방공업 발전과 관련해 주목되는 현상은 자강력제일주의라는 명분 아래 각 도道들 사이의 경쟁을 경제발전의 동력으로 삼고 있다는 점이다. 『로동신문』 2019년 3월 16일자는 '도들 사이의 경쟁'에 대하여, 인민대중의 사상정신적 풍모를 강국 건설의 높이에 맞게 올려 세우는 집단적 혁신운동, 나라의 전면적 발전을 가속화하는 총진군운동, 그 규모와 내용에서 전례가 없는 보다 높은 형태의 경쟁운동이라고 보도해 주목을 끌었다.

신문은 "도의 기능과 역할을 높여나갈 때 모든 사업을 중앙의 의도에 맞게 진행하여 국가의 전면적이고 다각적인 발전을 추동할 수 있다"면서 "도당위원회들에서는 경쟁을 선포한 당 중앙의 의도를 깊이 새기고 그 관철을 위한 투쟁에 총력을 집중해나가야 한다"고 강조했다. 또한 "도당위원회들은 대중을 경쟁에로 총궐기시키고 자기 지역의 구체적 실정과 도내 인민들의 기질적, 심리적 특성에 맞게 사상전의 집중포화, 연속포화, 명중포화를 들이대어 누구나 경쟁을 사활적인 것으로 받아들이고 한사람같이 떨쳐나서도록 하여야 한다"고 촉구했다.[166] 각 도들 사이의 경쟁을 사상전의 차원에서 언급할 정도로 경쟁을 중시한 것이었다.

한편, 북한은 지방경제 발전의 기본단위인 군郡을 중시하면서 군들이 농업생산을 추켜세워 인민들의 먹는 문제 해결, 지방공업공장들의 현대화와 높은 수준의 생산 정상화, 자기 군의 실정에 맞는 발전전략의 올바른 수립 등에 나설 것을 강조하고 있다.

여기서 중요한 전략적 방향은 '자기 군의 실정에 맞는 발전전략'이다. 『로동신문』은 특히 "산을 진 곳에서는 산을, 바다를 진 곳에서는 바다를 잘 이용하며 농업지대나 공업지구나 할 것 없이 자기 지방의 특성에 맞게 지방경제를 발전시켜 인민들의 생활을 끊임없이 향상시키는 것은 우리 당이 일관하게 강조하고 있는 중요한 정책"이라고 환기시킨 바 있다.[167] 그 가운데서도 지방공업에서의 경공업제품의 생산을 가장 중시하고 있음은 말할 나위가 없다. 지방에서의 자강력제일주의는 도·시·군의 자력갱생을 중시한 것이어서 지역 자립의 측면이 있다는 점이 주목된다.

3) 식품부문의 현지지도

김정은 위원장의 경공업부문 현지지도에서의 발언은 이 부문의 발전전략의 현장적인 과업들을 담고 있다. 이 발언들은 《경공업대회 연설》의 중심과업들과 실천과제를 보완한다. <표 3-21>은 김 위원장의 경공업부문의 현지지도 등을 정리한 것이다.

〈표 3-21〉 김정은 위원장의 경공업부문 현지지도 등

일자	활동내역	보도
2012.07.	평양양말공장과 아동백화점 현지지도	07.03 중통
2013.03.18	전국경공업대회(평양) 참석, 연설	03.19 중통
2013.05.	룡문술공장 현지지도	05.19 중통
2013.05.	조선인민군 제639군부대 관하 동해후방기지 및 제534군부대 관하 종합식료가공공장 현지지도	05.26 중통
2013.05.	평양기초식품공장 현지지도	06.08 중통
2013.06.13	창성군 여러 부문 사업(창성식료공장, 창성각, 창성국수집, 은덕원, 창성혁명사적관 등) 현지지도	06.14 중통
2013.10.	김익철이 사업하는 일용품공장 현지지도	10.09 중통
2013.10.	김정숙평양방직공장 현지지도	10.13 중통
2013.11.	조선인민군 제354호식료공장 현지지도 및 최고사령관 감사 전달	11.16 중통
2014.04.	새로 건설한 김정숙평양방직공장 노동자합숙 시찰	04.30 중통
2014.05.	룡문술공장 현지지도	05.28 중통

일자	활동내역	보도
2014.06.	새로 건설한 갈마식료공장 방문	06.29 중통
2014.07.	원산구두공장 현지지도	07.26 중통
2014.08.	평양양말공장 현지지도	08.07 중통
2014.08.	새로 조업한 갈마식료공장 현지지도	08.15 중통
2014.11.	조선인민군 제534군부대 산하 종합식료가공공장 현지지도	11.17 중통
2014.12.	평양어린이식료품공장 현지지도	12.16 중통
2014.12.	김정숙평양방직공장 현지지도	12.20 중통
2015.01.	금컵체육인종합식료공장 현지지도	01.18 중통
2015.01.	류원신발공장 현지지도	01.21 중통
2015.01.	원산구두공장 현지지도	01.31 중통
2015.02.	평양화장품공장 현지지도	02.05 중통
2015.07.	락랑위생용품공장 현지지도	07.14 중통
2015.09.	새로 건설한 평양강냉이 가공공장 현지지도	09.01 중통
2015.09.	군수공업부문 생활필수품 품평회장 현지지도	09.22 중통
2015.11.	평양어린이식료품공장 현지지도	11.14 중통
2015.11.	원산구두공장 현지지도	11.27 중통
2016.01.	김정숙평양방직공장 현지지도	01.28 중통
2016.04.	새로 건설된 민들레학습장공장 현지지도	04.19 중통
2016.05.24	귀성제염소 현지지도	05.24 중통
2016.06.	새로 건설된 평양체육기자재공장 현지지도	06.02 중통
2016.06.	새로 건설 중인 룡악산비누공장 건설장 현지지도	06.04 중통
2016.06.	새로 건설된 류경김치공장 현지지도	06.10 중통
2016.06.	현대적으로 개건된 평양곡산공장 현지지도	06.16 중통
2016.06.	김정숙평양제사공장 현지지도	06.21 중통
2016.07.	평성합성가죽공장 현지지도	07.12 중통
2016.09.	룡악산샘물공장 현지지도	09.30 중통
2016.10.	만경대혁명사적지 기념품공장 방문	10.07 중통
2016.10.	새로 건설된 룡악산비누공장 현지지도	10.29 중통
2016.12.	원산구두공장 현지지도	12.09 중통
2017.01.	새로 건설된 평양가방공장 현지지도	01.04 중통
2017.01.	김정숙평양제사공장 이불생산공정과 노동자합숙 현지지도	01.08 중통
2017.01.	류경김치공장 현지지도	01.12 중통

일자	활동내역	보도
2017.05.	낙랑영예군인수지일용품공장 시찰	05.10 중통
2017.06.	강서약수공장 현지지도	06.03 중통
2017.06.	새로 건설된 치과위생용품공장 현지지도	06.20 중통
2017.10.	평양 류원신발공장 방문	10.19 중통
2017.10.	새로 개건된 평양화장품공장 현지지도	10.29 중통
2017.12.	삼지연군 여러 단위 현지지도	12.09 중통
2017.12.	새로 건설된 삼지연 감자가루생산공장 현지지도	12.16 중통
2018.06.	평안북도 신도군 갈종합농장 현지지도	06.30 중통
2018.06.	신의주화장품공장 현지지도	07.01 중통
2018.07.	신의주방직공장 현지지도	07.02 중통
2018.07.	신의주화학섬유공장 현지지도	07.02 중통
2018.07.	삼지연군 감자가루생산공장 현지지도	07.10 중통
2018.07.	청진가방공장 현지지도	07.17 중통
2018.07.	송도원연합식료공장 현지지도	07.26 중통
2018.07.	원산영예군인가방공장 현지지도	07.26 중통
2018.12.	원산구두공장 현지지도	12.03 중통
2019.04	개업을 앞둔 대성백화점 현지지도	04.08 중통

*중통은 '조선중앙통신'의 줄임말.

경공업부문의 현지지도를 식품과 강냉이가공, 방직, 신발·가방, 화장
품·위생용품, 기타 생활필수품 등 생산현장별로 나눠서 살펴보려고 한
다. 식품가공업을 비롯한 식품부문은 먹는 문제와 직결되어 있어 김
위원장이 남다른 관심을 기울이고 있다. 그는 평양기초식품공장, 평양
어린이식품공장, 평양곡산공장, 평양강냉이가공공장, 류경김치공장, 창
성식료공장 등 창성군의 여러 부문, 인민군 11월2일 공장, 인민군 제525
호 공장, 송도원종합식료공장, 삼지연감자가루생산공장 등을 방문했다.

[1] 김 위원장은 2013년 6월 8일에 평양기초식품공장에 대한 현지지도에 나
섰다.[168] 이 공장(부지면적 10만 2,000여m^2, 건물연면적 6만 3,900여m^2)은 된장·
간장 등 기초식품을 생산해 평양 시민들에게 공급하는데 식품공장으로서는

규모가 큰 편이다. 그는 기술개건사업에서 "우리의 힘과 기술로 현대화사업을 다그치는 것이 중요하다"면서 생산설비의 국산화 비중을 높이라고 지시했다. 생산현장의 모범을 창조하고 이를 전국으로 확산하는 따라 배우기 열풍을 조직하는 일이 북한에서는 일상화되어 있다. 평양기초식품공장을 비롯한 현지지도 단위는 전국 표준이 된다. 그가 생산설비의 국산화 과업을 제시한 만큼 북한 전역의 식품공장들에서 이 지침을 실행할 것이다. 식품공장들이 생산공정의 개건 현대화에 나서면서 설비 수입에 매달린다면 그 외화를 감당할 수 없다. 국제사회의 대북 제재가 유지되는 조건에서, 생산설비의 수입에 과잉 의존하면 개건 현대화는 구두선口頭禪에 그칠 수 있기 때문에 국산화 비중을 높이는 것이 주요 과제로 부각된 것이다.

│2│ 김 위원장은 평양기초식품공장을 방문했던 그 무렵에 평안북도 창성군의 여러 부문 사업도 현지에서 지도했다.[169] 그는 개건 현대화된 창성식료공장과 식당(창성각과 창성국수집), 인민봉사시설(은덕원), 읍 소재지 등을 돌아보았다. 그는 창성식료공장에서 "자기 군의 특성에 맞게 경제를 발전시키고 세계와 경쟁하는 제품들을 생산하여야 한다"고 강조했다. 군郡 단위의 특성에 맞는 경제발전은 오랜 과업이었고, 세계와 경쟁하는 제품 생산은 혁신 과제이다. 북한 시장에서 중국의 생활필수품이 널리 판매되는 여건에서 세계와 경쟁하는 것이 중요하지 않을 수 없다. 지방공장들의 제품이 중국 제품에 비해 품질이 많이 떨어지면 인민들에게서 외면당하게 된다. 그에 따른 판매 부진은 생산 정상화에 연쇄적인 부정적 반응을 일으킬 것이다.

한편, 김 위원장은 창성군 현지지도에서 "지식경제시대 요구에 맞게 군들에 현대적인 전자도서관을 세우고 중앙과학기술보급기지와 망으로 연결하여야 한다"고 강조했다. 김정일 시대에 시작된 평양국제새기술경제정보센터, 중앙과학기술통보사 등 중앙과학기술보급기지와 지방 전자도서관의 인트라넷 연결 사업은 김정은 시대에 더욱 활기를 띠어 성과를 거두고 있는 것으로 알려져 있다.

│3│ 김 위원장은 2014년 8월 하순에 조선인민군 11월2일 공장을 시찰했

다.[170] 그는 "원료 준비로부터 제품생산과 포장에 이르는 모든 생산 공정의 자동화, 무인화를 실현"한 것에 대해 만족을 보였다. 그는 식료품의 위생안전성을 확보하고 생산원가를 절감시키는 생산 공정의 현대화를 이룩한 공장 기술자들과 평양기계대학 교원·연구사들의 공로를 높이 평가했다.

군대 후방사업을 담당하는 식료품공장 기술자들과 평양기계대학 간의 협력은 산학産學협동의 모범사례[171]로 알려졌다. 김 위원장이 "11월2일 공장에서 이룩한 성과와 경험을 다른 식료공장들에도 널리 일반화하여야 한다"고 지시한 것도 이 때문이다. 그는 "공장에서 이미 이룩한 성과에 만족하지 말고 생산 환경의 무균화, 무진화를 보장하기 위한 목표를 내걸고 노력"하라고 지시했다. 군대 산하의 식료품공장과 민간 대학의 산학협동은 군수-민간 경제협력의 좋은 모델이라 할 수 있다.

┃4┃ 김 위원장은 2014년 12월 중순에는 평양어린이식료품공장을 방문했다.[172] 그는 "콩우유가 떨어지지 않게 정상적으로 먹이는 것은 자신의 간절한 소원이라고 하던 장군님(김정일 국방위원장)의 말을 잊을 수 없다"면서 몇 가지 지침을 하달했다.

그는 다음해 11월 중순에 새로 완공된 이 공장을 다시 현지에서 지도했다.[173] 그는 "공장의 현대화에서 특별히 마음에 드는 것은 모든 생산 공정들마다에 우리 과학자, 기술자들이 설계하고 우리 손으로 만든 첨단설비들을 갖추어놓은 것"이라며, "당의 현대화방침에서 중핵을 이루는 것이 바로 국산화"라고 또 다시 강조했다. 그는 "남을 쳐다보는데 습관 된 일부 사람들이 이곳을 돌아보면 수입병이 싹 없어질 것"이라고 말했다. 그는 "국산화 실현에 자기의 모든 것을 바쳐가는 사람들은 업어주고 싶다"면서 "중앙과 지방의 많은 일군들이 이 공장을 돌아보고 따라 배우게 하자"고 덧붙였다. 식료품공장의 설비 국산화는 경공업 발전의 도화선導火線이 되고 있다.

평양에서는 2015년 11월 24~26일에 제5차 전국 술, 기초식품 및 어린이식료품 전시회가 열렸는데 행사 기간에 우리식 현대화의 본보기 공장으로 평가된 이 공장에서 참관행사가 진행되기도 했다.[174] 공장의 참관행사는 방식상학方式上學(한 단위의 모범을 본보기로 삼아 방법, 기술 등을 본받게 하는 북한식 참관

교육 방식)의 일환으로 북한에서 자주 진행된다.

|5| 김 위원장은 평양시 교외에 새로 건설된 류경김치공장을 2016년 6월에 방문했다.[175] 이 공장(건축연면적 1만 5,660여m²)은 연간 4,200여 톤의 김치와 장절임 등을 생산할 수 있다. 그는 생산 공정 및 설비들의 기술적 특성에 대해 요해하고 "해당 부문의 일군들과 과학자, 기술자들이 가공, 발효, 숙성 등 모든 생산 공정의 현대화, 기계화, 자동화를 높은 수준에서 실현하였다"고 말했다. 그는 "통김치 생산 공정, 깍두기 생산 공정, 장절임 생산 공정들마다에 우리 손으로 만든 현대적인 설비들이 빼곡히 들어앉았다"면서 "당의 국산화 방침 관철에서도 많은 성과를 이룩했다"고 평가했다. 그는 류경김치공장을 "우리나라 김치공업화의 본보기, 표준단위로 꾸리자는 것이 당의 의도"라면서 강령적 과업을 제시했다. 김치공업화는 좀 낯선 표현이지만 류경김치공장의 건설이 북한의 발효식품산업 발전의 계기가 되었음이 틀림없다. 발효식품 생산에 필요한 설비도 기계설비의 국산화 노력의 결과다.

그는 2017년 1월 중순에 류경김치공장을 다시 방문했다.[176] 그는 "김치생산의 공업화, 과학화가 완벽하게 실현된 류경김치공장을 본보기로 하여 각 도들에도 현대적 김치공장들을 일떠세워야 한다"고 거듭 강조했다. 평양에서처럼 각 도에 대규모 김치공장이 건설되면 인민들의 식생활이 한층 더 개선될 것이다.

|6| 김 위원장은 2018년 7월 하순에 조선인민군 제525호 공장의 현지지도에 나섰다.[177] 이 공장은 자체의 기술역량으로 띄운콩 액체종균 생산설비 39종, 57대를 제작하여 연간 60톤 생산능력의 띄운콩액체종균 생산 공정을 꾸리고 생산을 정상화하는 성과를 거두었다고 한다. 그는 이 공장이 매년 계획을 넘쳐 수행한데 대해 높이 평가하고 "맛도 좋고 영양학적 요구를 만족시키는 여러 가지 기초식품들을 더 많이 생산하는데 힘을 넣어 군인들의 식생활 향상에 실질적으로 이바지해야 한다"고 말했다. 그는 "원료준비공정, 콩우림공정, 액체종균배양공정, 균체여과 및 희석공정, 포장공정 등 모든 공정이 흐름선화되고 생산현장의 무균화를 철저히 실현한" 것에 대해 만족을 보였다.

그는 기초식품직장·정미직장을 비롯한 공장의 여러 곳을 돌아보면서 "모든

생산공정들의 자동화, 무인화가 높은 수준에서 실현된 자랑할 만한 공장"이라고 평가하고, "오늘 이렇게 불의不意에 공장에 와 보았는데 설비들이 만가동하며 생산 정상화의 동음動音(기계가 돌아가면서 내는 소리)이 높이 울리고 있는 것을 보니 기분이 대단히 좋다"고 말했다. 그는 또 "식료공장답게 공장 안팎을 깨끗하고 위생문화적으로 알뜰하게 거두고 있다"면서 공장의 일군들과 종업원들의 주인다운 일 본새를 높이 평가했다.

2018년 시점에 식품공장에서 생산 공정의 자동화와 무균화가 일반화되고 있음을 알 수 있고 인민군대 후방사업의 공장들이 이를 선도하고 있는 것으로 짐작된다. 김 위원장은 불시에 이 공장을 방문한 것으로 밝혔는데 그런 경우는 드물다. 불시不時 현지지도는 생산현장 책임자들의 느슨한 사업태도에 경각심을 주려는 것으로 보인다.

〖7〗 김 위원장은 2018년 7월 하순에 강원도 원산의 송도원종합식료공장을 방문했다.[178] 김정일 국방위원장이 일찍이 각 도道에 종합식료공장을 하나씩 건설하라고 한 교시敎示에 따라 2010년 1월에 조업한 공장이 150여 가지 당과류와 식료가공품들을 생산하는, 전국에서 손꼽히는 식료가공기지로 전변되었다고 한다. 김정은 위원장은 식료가공 설비들이 즐비하게 늘어선 작업장들에서 쉼 없이 쏟아지는 갖가지 식료품들을 보면서 "가지 수가 정말 많다. 별의별 것이 다 있다", "포장도 다양하고 수준 높게 잘하였다", "최근에 식료공업 부문에서 제품포장과 상표도안 수준이 현저히 개선되었다"고 치하했다. 그는 "송도원종합식료공장의 제품들이 도道적인 범위를 벗어나 전국 각지로 퍼져가고 중앙의 식료공장제품 못지않다는 평가를 받고 있는데 대단히 좋은 일"이라면서 "전국적인 식료공장들 사이의 제품경쟁을 활발히 벌려 따라 배우고 따라 앞서기 위한 투쟁열풍 속에 생산적 앙양을 일으키고 성과를 계속 확대해나가야 한다"고 강조했다. 식료가공품 생산에서 생산품과 포장의 다양화, 상표도안 개선 등이 이뤄지고 있음을 알 수 있다. 특히 김 위원장의 발언을 통해 확인된 것은 송도원종합식료공장의 제품들이 전역에서 판매되고 있다는 사실이다. 지방 식료공장의 제품이 중앙 식료공장의 제품과 경쟁할 정도라면 적지 않은 변화라고 할 수 있다.

│8│ 김 위원장은 현대적으로 개건된 평양곡산공장을 2016년 6월 중순에 방문했다.[179] 그는 "공업적인 방법으로 강냉이를 가공하여 여러 가지 당분을 얻어내는 현대적인 생산 공정들을 확립해놓음으로써 식료공업의 주체성을 더욱 강화할 수 있게 되었다"고 말했다. 그는 "모든 생산 공정들의 자동화, 흐름선화, 무균화, 무진화를 실현하고 엄격한 품질검사체계까지 확립해놓음으로써 노력(노동력)을 극력 절약하면서도 생산능률을 비약적으로 높이고 제품의 위생안전성을 철저히 보장할 수 있게 되었다"면서 "공장에서 여러 가지 영양학적, 위생학적 요구를 만족시키는 각종 식료품들을 생산하고 있는데 상품도 안도 멋있고 포장도 잘했다"고 높이 평가했다.

그는 "평양곡산공장의 현대화에서 이룩한 가장 큰 성과는 설비의 국산화 비중을 95% 이상 보장한 것"이라면서 "원료투입으로부터 제품포장에 이르는 모든 생산 공정들마다에 우리가 설계하고 우리의 손으로 만든 첨단설비들을 차려놓았는데 하나와 같이 미남자처럼 생겼다"고 치하했다. 그는 "이제는 원료보장대책을 잘 세워주어야 공장의 생산을 정상화할 수 있다"고 지적하고, "평양곡산공장의 현대화 정형을 온 나라가 다 알게 널리 소개 선전하며 중앙과 지방의 일군들이 이 공장을 돌아보고 따라 배우게 하자"고 덧붙였다. 생산공정의 자동화, 무균無菌·무진無振화 설비가 95% 이상 국산화되었다고 한 것으로 보아 2016년 무렵에 국산화에서 여러 성과들이 나타나기 시작한 것으로 보인다. 국산화 설비를 생산하는 기계공장들이 군수산업과 겹치는 부분이 적지 않을 텐데 어느 정도인지 공개되지 않아 사정을 정확히 알기는 어렵다.

│9│ 김 위원장은 새로 건설한 평양강냉이가공공장 현지지도에 2015년 8월 말쯤에 나섰다.[180] 이 공장(부지면적 1만 2,800여m², 연간 생산능력 1만 톤)은 원료 투입에서 포장까지 모든 생산 공정이 무인화·무진화·무균화를 실현하여 여러 가지 강냉이 가공품을 생산하고 있다. 그는 "생산 공정 조종과 경영관리 등을 종합적으로 할 수 있게 통합생산체계를 구축해놓았다"면서 "특히 우리의 힘과 기술로 현대적인 설비들을 창안 제작한 것이 마음에 든다"고 말했다. 그는 "평양강냉이가공공장은 수도 시민들의 식생활 향상에 적극 이바지해야 할 중요한 공장"이라면서 강령적 과업을 하달했다. 그는 "지방들에서

도 현대적인 강냉이가공공장을 건설하여 인민들이 덕을 보게 하여야 한다"고 강조했다. 평양에서 먼저 현대적 시설을 갖춘 강냉이가공공장을 건설하고 각 도에서 이 사례를 응용하는 양상은 언제나 비슷하다.

[10] 김 위원장은 새로 건설된 삼지연감자가루생산공장을 2017년 12월 초순에 방문했다.[181] 그는 "모든 생산 공정들과 운영설비들을 감시, 측정 및 조정하고 생산지휘와 경영활동을 과학적으로, 종합적으로 분석 예측하여 최대한의 실리를 보장할 수 있게 에너지 절약형 통합생산체계를 잘 구축해놓았다", "원료투입, 탈피, 세척, 선별, 절편, 더운물 처리, 냉각, 익히기, 건조, 제분, 포장에 이르기까지 가루 생산 공정이 고도로 자동화, 흐름선화되었는데 현대화 수준이 대단히 높다"고 치하했다. 그는 "감자보관에 적합한 온습도를 자동적으로 조절할 수 있는 저장고의 능력이 대단하다"면서 "자동 적재기와 벨트 컨베이어를 이용하여 생산현장까지 감자를 운반하고 있는데 무인화가 실현된 공장, 노력절약형 공장"이라고 말했다.

그는 2018년 7월 초순에 이 공장을 다시 찾았다.[182] 그는 "감자가루를 가지고 국수, 우동, 꽈배기, 편튀기, 과자, 영양쌀을 비롯한 다양한 식료품들을 만들기 위한 설비들을 현대적으로 갖추고 맛 좋고 영양가 높은 감자가공품들을 대대적으로 생산하여야 한다"고 말했다. 그는 "우리나라에서 처음으로 감자가루와 여러 가지 감자가공품들을 생산할 수 있는 표준공장을 설립한 경험과 설계에 기초하여 북부고산지대의 감자 생산지들에도 현대적인 감자가루 생산공장들을 일떠세워야 한다"고 강조했다.

그는 "감자를 수확하는 족족 수송하기 위한 감자수송대를 조직하는데 필요한 운전기재들을 당에서 풀어주겠다"고 약속하고, "한 알의 감자도 허실하지 않고 제때에 실어 들여 공장에 감자원료를 원만히 보장해주어야 한다"고 지시했다. 삼지연감자가루생산공장의 모델(가루+식료품 생산)에 따라 북부고산지대의 감자 생산지에서도 감자가루 생산공장들이 크고 작게 건설될 것이고, 그 제품들은 삼지연군뿐 아니라 지역 경계를 넘어 판매될 가능성이 있다.

<표 3-22> 김정은 위원장이 식품부문 현지지도에서 내린 과업

방문단위	과업 내역
평양 어린이 식료품 공장	- 생산을 활성화할 것 ("당에서 콩을 비롯한 생산원료를 전적으로 보장해주 며 경영활동에서 제기되는 모든 문제들을 다 풀어"주겠다고 약속) - 인민군대 식료공장들의 모범을 따라 배워 모든 생산 공정의 자동화·무인 화·무균화·무진화를 실현할 것 - 종업원들이 현대과학기술로 튼튼히 무장할 수 있게 과학기술 지식보급기 지를 조성할 것 - 노동 및 위생 안전규정을 준수하는 사업을 전개할 것
류경 김치공장	- 생산현장의 위생안전성을 철저히 보장할 것 - 각이한 재료들의 배합비율과 숙성시간 등 생산규정을 엄격히 준수할 것 - 김치가공방법의 과학화와 표준화를 실현할 것 - 공장 종업원들의 책임성과 기술기능수준을 끊임없이 향상시킬 것 - 김장용 남새(야채)와 양념 원자재를 올바로 선정할 것 - 원자재 생산 단위들에서 철저하게 품질을 보장할 것 - 이 공장건설 경험에 토대하여 각 도들에도 현대적인 김치공장을 건설할 것
제525호 공장	- 식료공장들에서는 식품의 위생안전성을 보장하는데 특별한 주의를 돌릴 것 - 원료·식료품첨가제·반제품·완제품에 대한 위생학적 검사를 현대적 측정수 단들을 충분히 갖추고 엄격히 진행하는 질서를 세울 것 - 전군소軍적으로 콩농사를 중시하여 콩 생산이 늘어나는데 맞게 군인들에 게 콩 음식을 다양하게 해줄 것. (먹기도 좋고 건강에도 좋은 띄운 콩을 정 상적으로 급식시킬 것) - 공장에서 설비관리·기술관리를 짜고 들고 생산 공정의 자동화·무인화·무 균화를 위한 더 높은 목표를 내걸고 투쟁해나갈 것
송도원 종합식료 공장	- 제품의 가지 수가 늘어나는데 맞게 보관 조건이 각이한 식료제품들에 대한 품질검사·감독사업을 엄격하게, 정확히 할 것 - 모든 생산공정들을 보다 완벽하게 자동화·무인화·무균화하기 위한 현대화 를 자력갱생의 기치높이 우리의 기술역량과 우리의 자재·설비에 의거하여 진행할 것 - 과학기술보급실 운영을 실속 있게 짜고 들어 종업원들을 지식형 근로자로 준비시켜 생산공정의 기술개건과 설비현대화에서 한 몫 하도록 할 것
평양 강냉이 공장	- 원료보장 대책을 세울 것 - 제품의 위생안전성과 질質을 보장할 것 - 인민들의 호평을 받는 강냉이 가공제품을 생산할 것
삼지연 감자가루 생산공장	- 가공품의 가지 수를 부단히 늘여나갈 것 - 생산공정들에서 기술규정의 요구를 철저히 지킬 것 - 위생문화적 환경을 더 잘 보장하기 위한 사업에 깊은 관심을 돌릴 것

방문단위	과업 내역
	- 한 알의 감자도 허실 없이 제때에 가공하기 위한 생산조직과 지휘를 짜고들 것. - 설비들을 애호관리하고 점검·보수체계를 철저히 세워 만가동·만부하를 보장할 것. - 보관조건을 잘 갖추어 감자가루의 품질을 철저히 보장할 것 - 과학적인 품질검사 체계를 확립할 것.

김 위원장의 식품공장의 현지지도에서 나타난 특징은 생산 정상화, 설비 국산화, 생산 공정의 자동화·무인화·무균화·무진화, 생산품과 포장의 다양화 및 상품도안 개선, 에너지 절약형 통합생산체계 구축, 무인화 실현에 의한 노력절약형 공장 등의 성과를 칭찬했다는 점이다. 그는 중앙과 지방의 일군들로 하여금 모범단위의 "공장을 돌아보고 따라 배우게 하라"고 지시했다.

그는 식료공장들 사이의 제품 경쟁의 중요성을 일깨우는 한편, 세계와 경쟁하는 제품을 생산하도록 독려했다. 그는 또 생산 정상화를 위한 원료보장대책 수립, 생산현장의 위생안전성 보장, 각이한 식료제품들에 대한 품질검사와 감독사업의 엄격화 등을 강조했다. 부문별로 보면 김치가공방법의 과학화·표준화 실현, 다양한 강냉이가공품의 생산, 감자가공품의 가지 수 증대, 군인들에게 공급하는 콩 음식의 다양화 등을 주문하기도 했다.

식품부문과 관련하여 『로동신문』 2015년 9월 30일자 보도가 눈에 띈다.[183] 한덕수평양경공업종합대학이 각종 식료설비들을 개발해 여러 경공업공장들에 보내주고 있다는 보도였다. 대학의 대외경공업기술교류사는 식료공장들에서 필요한 분쇄기, 껍질 벗기는 기계, 여과기 등을 원료조건과 현장조건에 맞게 개발해 식료설비 국산화의 진전을 가져왔다고 한다.

50여종, 수백 대의 식료설비를 수십 개 단위들에 보냈는데 수입산 설비보다 간편하고 원가가 적게 들며 성능은 좋다고 한다. 예를 들어 껍질 벗기는 기계, 눈 분리기 등 강냉이가공설비는 송도원종합식료공장과 평양강냉이가공공장에 도입되었다. 송도원종합식료공장은 이 설비로 강냉이튀기, 강냉이강정, 강냉이국수 등을 만들면서 나오는 기름과 박을 이용해 이익을 얻고 있다고 한다.

대외경공업기술교류사는 식료품의 질을 높이고 생산 공정의 무인화 실현을 위한 식료기계들도 개발하고 있으며, 반죽 물의 질을 좌우하는 분쇄기·교반기도 개발해 경공업 공장들과 세포지구 축산기지에 보냈다. 음료제품의 질을 높이는 여과기도 개발하여 여러 단위들에 보냈다고 한다.

그밖에 김 위원장이 약수공장과 술공장을 방문했다는 보도도 있었다. 그는 2017년 6월 초에 남포 강서약수공장을 방문했다.[184] 그는 "인민들의 건강을 보호하고 증진시키는데서 강서약수공장이 맡고 있는 임무와 역할이 대단히 중요하다"면서 약수 생산의 증대, 품질 향상, 공장의 현대화·과학화·자동화, 포장용기 문제의 해결, 위생문화 환경의 조성 등의 지침을 내렸다.

2014년 5월에 방문한 룡문술공장에서는 "생산 공정의 자동화, 무인화를 보다 높은 수준에서 실현"할 것과 제품의 질을 더욱 높일 것을 주문했는데 특히 "룡문술을 조선을 대표하는 명주로 만들어야 한다"고 지시했다.[185] 약수공장과 술공장의 방문에서 확인되듯이 김 위원장의 식품부문에 대한 현지지도는 매우 다양한 부문에 걸쳐 있다.

4) 방직부문의 현지지도

식품에 이어 방직부문에 대한 김정은 위원장의 현지지도를 살펴보기로 한다. 북한은 남한과 달리 평소에 식의주食衣住로 표현하는데서 알 수 있듯이 의류를 먹는 문제 다음으로 생각한다. 김 위원장은 김정숙평양방직공장, 김정숙평양제사공장, 신의주방직공장, 평양양말공장 등을 방문했다.

| 1 | 김 위원장은 2013년 10월 13일에 김정숙평양방직공장을 방문했다.[186] 그

는 종합생산지휘실·견본실을 비롯한 공장의 여러 곳을 돌아보면서 생산정형과 새로운 방직설비들의 특성, 제품의 질에 대해 살펴보고 "책임지고 합숙소(미혼 여성노동자들의 기숙사)를 지어주겠다"고 말했다. 평양시 선교구역에 있는 이 공장은 북한 최초의 방직공장으로, 여러 차례에 걸쳐 종합적인 방직공장으로 개편되었다. 현재 방적, 견방, 화학섬유방적, 직포, 염색 등 종합직장과 공무, 기계화, 전기, 온조, 건물보수, 설비수리 등 부문별 직장, 그리고 기술준비실, 공업시험소 등을 두고 있다. 또한 '일하면서 배우는 공업대학'과 기능공학교, 문화회관, 체육관, 탁아소, 유치원, 병원, 요양소, 정양소, 상점, 세탁소, 부업농축장 등 후생시설들을 갖추고 있다.[187] 그가 이 공장에서 합숙소 건설을 직접 약속한 것으로 보아 평양시 선교구역 당위원회 또는 내각 경공업성 당위원회에 여성노동자들의 민원이 접수됐을 가능성이 있다.

그는 2014년 12월에도 이 공장을 방문했는데 인견천직장, 염색종합직장 등 여러 곳을 돌아보면서 생산정형과 제품의 질에 대해 요해하고 "교복과 신발, 학용품, 가방문제를 당에서 전적으로 맡아 풀겠다"면서 "공장에서 학생 가방용천 생산에 필요한 기술공정을 꾸리기 위한 사업도 밀고나가야 한다"고 지시했다.[188] 교복·신발·학용품·가방 생산문제를 당이 해결하도록 조치하겠다는 것은 내각에 맡겨서는 차질이 빚을 수 있다는 우려 때문일 것이다.

그는 2016년 1월 하순에 이 공장을 또 다시 방문했다.[189] 그는 "공장에 꾸려진 가방용 천 생산 공정은 완전히 국산화된 생산 공정, 당에서 바라는 우리식 생산 공정"이라면서 "우리나라에서 생산하고 있는 데트론인견실을 가지고 우리의 힘과 기술로 만든 유연창대직기와 고온고압 롤라염색기 등을 가지고 가방용 천을 생산할 수 있게 하였는데 생산 공정의 국산화 실현에서 자랑할 만한 성과를 이룩하였다"고 치하했다. 2016년 무렵에 생산 공정의 국산화에서 성과들이 나타나기 시작한 것은 방직부문에서도 동일했다.

[2] 김 위원장은 2016년 6월에 김정숙평양제사공장을 방문했다.[190] 그는 이 공장에서 낡은 설비 제거 및 현대적이고 고속화된 설비 설치, 종업원들의 노동조건 개선, 생산능력과 제품의 질 향상, 생산 정상화 등에서 성과를 거두어 '인민들의 입는 문제를 푸는데 적극 기여'한 것을 치하했다. 그는 과학기술보

급실의 개건확장과 현대과학기술의 무장에 깊은 관심을 돌려 "생산과 경영활동의 현대화, 정보화, 과학화를 실현에서 많은 성과들이 이룩"된 것을 중요하게 여겼다. 그는 특히 김정숙평양제사공장과 평양기계종합대학·평양방직기계공장을 비롯한 해당 부문의 일군·과학자·기술자·노동계급이 위생용품 생산 공정을 잘 꾸려놓은데 대하여 만족을 보였다. 그는 "공장의 어느 곳을 보아도 흠잡을 데가 없고 모든 것이 마음에 든다"고 하면서 "김정숙평양제사공장은 생산에 있어서나 생산문화, 생활문화에 있어서 최근에 돌아본 공장들 중에서 최고의 수준"이라고 높이 평가했다.

그는 2017년 1월 초순에 이 공장을 다시 방문했다.[191] 그는 새로 꾸린 이불 생산 공정을 둘러보고 "경공업 정책의 운명은 경공업공장들에서 생산하는 제품들이 인민들의 마음을 사는가 못사는가에 달려있다"면서 "공장에서는 인민들 속에서 인기가 있는 질 좋은 이불들을 생산하여야 한다"고 강조했다. 그는 현지지도에서 '인민들 속에서 인기'를 언급할 정도로 현실에 민감하게 반응하고 있다.

┃3┃ 김 위원장은 2018년 6월 말~7월 초에 신의주방직공장의 현지지도에 나섰다.[192] 그는 "공장에서 과학기술에 의거하여 생산을 정상화할 생각은 하지 않고 자재와 자금, 노력 타발만 하면서 과학기술 사업에 응당한 관심을 돌리지 않아 설비와 기대들의 만가동, 만부하를 보장하지 못하고 공장현대화 수준도 높지 못한" 것을 비판하면서 공장을 현대적으로 개건하는데서 나서는 과업과 방도들을 밝혔다. 이때부터 이 공장은 현대적 개건의 대상1호로 부상했던 것 같다. 그는 "이 공장 합숙생들이 당에서 김정숙평양방직공장과 김정숙평양제사공장에 마련해준 노동자 합숙을 몹시 부러워하였다고 하는데 그에 못지 않게 훌륭한 합숙을 지어주겠다"고 약속하고, 건설 역량을 동원시키는 조치를 취했다. 여성노동자의 근로의욕 고취와 관련하여 생활근거지인 합숙소 개건만큼 중요한 일도 없다. 합숙소가 많이 낡아 신규 건설이 불가피했을 것이다.

┃4┃ 김 위원장은 2014년 8월 초순에 평양양말공장을 방문했다.[193] 그는 "2010년 12월 이 공장을 찾은 장군님(김정일 국방위원장)이 여자양말 직장에

서 생산되는 제품들에 대해 인민들이 좋아하면 아까울 것이 없다고 하며 생산능력을 더 확장할 데 대한 과업을 주었으며 장군님의 조치에 의하여 현대적인 남자양말 생산공정도 꾸려지게 되었다"고 회고하며 강령적 과업을 하달했다. 외부 시각으로 보면, 최고영도자가 양말공장까지 방문해서 강령적 과업을 하달하느냐고 고개를 까우뚱할 수 있겠는데, 이 공장은 내각 경공업성 산하의 국영기업체이고 이곳에서 생산하는 양말이 평양뿐 아니라 북한 전역에 공급된다는 점을 감안해야 할 것이다.

〈표 3-23〉 김정은 위원장이 방직부문 현지지도에서 내린 과업

방문단위	과업 내역
김정숙 평양제사 공장	- 생산을 높은 수준에서 정상화하고 제품의 질을 더욱 개선할 것 - 기술혁신운동을 힘 있게 벌려 공장을 노력절약형 공장으로 전변시킬 것
신의주 방직공장	- 공장의 생산공정을 새 세기 산업발전에서 주되는 목표로 되고있는 노력절약형·기술집약형 구조로 전환할 것 - 첨단기술을 도입하여 생산지휘와 경영활동을 과학적으로, 합리적으로 해나감으로써 생산과 경영활동에서 최대한의 실리를 보장할 것 - 공장의 일군들과 노동계급은 국가경제발전 5개년전략기간 생산능력을 장성시킬 목표를 세우고 공장의 물질기술적 토대를 갖추며 공장의 면모를 일신시키기 위한 투쟁에 떨쳐나설 것 - 다음해까지 생산 공정의 과학화·현대화를 실현할 것 - 생산건물들과 공장 안팎을 현대적으로 개건하고 변모시킬 것
평양 양말공장	- 양말에 대한 인민들의 수요를 충족시킬 것 - 생산 정상화를 위한 원료·자재보장대책 수립과 원자재의 국산화에 노력할 것 - 제품의 실용성과 미적 가치를 보장하고 경제적 효과성을 높일 수 있게 양말도안을 잘할 것 - 제품 생산·포장·판매에 이르는 모든 생산조직과 경영활동을 개선하기 위한 경영전략·기업전략을 올바로 세울 것

김 위원장은 "경공업정책의 운명은 경공업공장들에서 생산하는 제품들이 인민들의 마음을 사는가 못 사는가에 달려 있다"고 말할 정도로 제품의 질에 신경을 쓰고 있다. 그는 방직부문에서 생산 정상화와 이를 위한 원료·자재보장(원자재 국산화), 제품의 질 개선, 노력절약

형·기술집약형 공장으로의 전환, 공장 안팎의 현대적 개건, 생산·경영 활동에서의 실리 보장(경영전략·기업전략 수립), 생산 공정의 과학화·현대화 등의 지침을 제시했다.

김정숙평양제사공장의 위생용품 생산 공정의 제작 과정에서 평양방직기계공장과 평양기계종합대학의 협업이 있었던 것처럼 산학협력이 활발해지고 있다. 그는 방직공장에서 학생가방용 천을 생산할 것을 지시했고 양말공장의 생산능력 확대, 품질 좋은 이불생산 등도 강조했다. 그는 방직·제사공장의 여성노동자들을 위해 합숙소를 새로 지어주겠다고 약속하는 등 후생사업에도 관심을 보였다.

5) 신발·가방 생산부문의 현지지도

식품·방직부문에 이어 신발·가방 생산현장에 대한 김정은 위원장의 현지지도를 살펴본다. 그는 원산구두공장, 류원신발공장, 평성합성가죽공장, 평양가방공장, 청진가방공장, 원산영예군인가방공장 등을 방문했다.

|1| 김 위원장은 2014년 7월 하순에 원산구두공장을 방문했다.[194] 그는 "장군님(김정일 국방위원장)이 2009년 2월 이곳을 현지지도하며 공장에서 생산한 신발의 모양과 맵시, 무게에 이르기까지 세심히 요해하고 제품의 질을 높일 데 대한 과업을 주었다"면서 "그 관철 정형을 알아보기 위해 찾아왔다"고 말했다. 그는 "장군님이 신발생산에 필요한 원료, 자재의 국산화와 제품의 경량화, 설비 현대화를 실현할 데 대하여 중요하게 강조하였다"면서 "장군님의 현지지도 사항을 관철하기 위해 노력해야 한다"고 지적했다. 경공업부문 공장의 원자재 국산화와 설비 현대화 방침은 김정일 시대에 이미 강조되던 것임을 알 수 있다. 그는 신발 상표를 《매봉산》으로 정하고, 노동자들의 노동조건과 생활환경을 비롯한 "제기되는 모든 문제를 당에서 직접 풀어주겠다"고 약속했다.

그는 2015년 1월 말, 5개월 만에 개건공사를 끝낸 이 공장을 다시 방문했다.[195] 그는 "신발 생산의 다종화多種化, 다양화多樣化, 다색화多色化를 실현할 데 대한 당의 의도대로 각계각층의 요구와 기호에 맞는 여러 가지 질 좋은 구두들을 생산하기 위해 생산지휘와 경영활동을 짜고 들고 있는 것은 좋은 일"이라고 말했다. 그는 이 공장을 "신발공장의 본보기, 표준으로 전변시킨데 맞게 공장에서는 질 좋고 맵시 있는 구두를 더 많이 생산하기 위한 투쟁을 벌려야 한다"고 강조했다.

그는 2015년 11월 하순에 이 공장을 또 다시 방문했다.[196] 그는 "노력(노동력)을 절약하면서도 재단 실수율實收率을 높일 수 있게 우리의 힘과 기술로 만든 레이저재단기를 새로 설치한 것을 비롯하여 기술혁신에서도 큰 전진을 이룩하였다", "공장에서 2.8비날론연합기업소와 평성합성가죽공장에서 나오는 염화비닐과 합성가죽으로 구두를 생산하고 있는데 우리의 것을 가지고 만든 신발들을 보니 정말 기쁘다"고 말했다. 그는 또 "공장에서 만든 구두의 형태도 다양하고 맵시 있을 뿐만 아니라 가볍다", "신발생산의 다종화, 다양화 ,다색화, 경량화輕量化를 실현하고 견고성을 보장할 데 대한 당의 방침 관철에서도 성과를 달성하였다"고 치하했다. 그는 "세계와 당당히 경쟁할 수 있는 명제품, 명상품을 생산하기 위한 투쟁을 힘 있게 벌리자"고 호소했다.

그는 2016년 12월 초순에 원산구두공장을 또 방문했다.[197] 그는 "원산구두공장 앞을 지나다가 예고 없이 들렀는데 높이 울리고 있는 생산 정상화의 동음소리를 들으니 정말 기분이 좋다"고 말했다. 그는 "모든 부문, 모든 단위들에서 하나의 제품을 생산해도 세계적인 안목을 가지고 최상의 질적 수준에서 다양하게, 인민들의 호평과 인정을 받을 수 있게 만들어 안겨줌으로써 인민들이 우리의 것이 제일이라는 긍지와 자부심, 우리식 사회주의의 우월성과 위력을 폐부로 절감하게 하여야 한다"고 강조했다. 예고 없는 방문의 사례였다.

그는 2018년 12월 초순에도 이 공장에 대한 현지지도에 나섰다.[198] 그는 《전국신발전시회》에서 이 공장이 1등을 차지하고 공장에서 출품한 《매봉산》 신발에 대한 호평이 대단했다는 보고를 받고 공장을 다시 방문하게 되었다고 한다. 그는 사출작업반을 돌아보면서 "신발창 설계를 현대적 추세와 과학기술적 요구에 맞게 계속 부단히 갱신하기 위하여 가치 있는 창의 고안과 기술

혁신안들을 서로서로 내놓으며 애쓰는 기풍이 좋다"고 평가했다. 그는 "신발의 질을 높이기 위한 선결 조건은 도안 설계를 잘하는 것"이라고 거듭 강조하면서 "세계적인 신발공업 발전 추세와 신발공학의 내용들을 깊이 연구하고 적극 활용함으로써 인민들의 기호에 맞는 여러 가지 새로운 신발 도안 창작 사업에 선차적인 힘을 넣어야 한다"고 말했다.

그는 "공장에서 상점들에《의견수첩》을 만들어놓고 공장 제품에 대한 인민들의 의견을 종합하여 신발 생산에 받아들인다고 하는데 좋은 일"이라면서 "앞으로도 인민들의 엄정한 평가에 귀를 기울이고 연령별, 계절별, 직종별 특성에 맞게 기호를 파고들어 남녀노소 모두가 좋아하고 먼저 찾는 신발들을 더많이 생산하여야 한다"고 강조했다. 소비자의《의견수첩》활용이나 인민들의 엄정한 평가, 연령별·계절별·직종별 기호 중시 등에서 새 분위기가 감지된다. 그가 2014년 중반에서 2018년 말까지 4년 반 사이에 다섯 차례나 원산구두공장을 방문한 것은 이곳이 북한 전역에 신발을 공급하는 대표적인 공장의 하나이기 때문이다.

[2] 김 위원장은 2015년 1월 하순에 평양의 류원신발공장을 방문했다.[199] 이 공장은 김정일 당 조직비서의 발기로 1988년 11월에 창립된, 북한의 첫 사출 운동화 생산기지이다. 김정은 위원장은 제품진열실, 사출직장, 재봉직장, 제화 직장 등을 돌아보면서 신발 생산과 경영활동 정형을 요해한 뒤, "공장에서 신발생산의 다종화, 다양화, 다색화를 실현할 데 대한 당의 방침 관철에서 많은 성과를 이룩했다"고 평가하고, "인민들의 호평을 받는 신발, 대외시장에 내놓아도 손색이 없는 신발을 생산하기 위한 투쟁을 벌려야 한다"고 강조했다. 그는 "질 좋은 인민소비품을 보장하는 문제는 경제실무적인 사업이 아니라 우리 것을 소중히 여기고 지키며 제도의 우월성을 과시하는 중요한 문제"라고 지적했다. 질 좋은 인민소비품의 보장을 제도의 우월성 과시의 시각에서 보는 것은 북한다운 발상이지만, 신발의 대외시장 수출을 겨냥한 것에서 새로운 지향점을 확인할 수 있다.

그는 2017년 10월 중순에 이 공장을 다시 방문했다.[200] 이 공장은 그해 7월까지 건축공사(연건축면적 2만 4,700여 m²)와 설비현대화 공사(169종 1,844대)를 끝내어 각종 운동화와 종목별 전문 체육화를 연간 백 수십만 켤레 생산하는 신발생산기지로 전변되었다고 한다. 그는 이 공장에서 "초임계 탄산가스에 의한 염화비닐 발포기술을 도입하여 가벼우면서도 질이 좋은 신발창을 생산할 수 있게 하였으며 9종에 130여 조의 운동 신발창 형타(물건의 모양대로 만든 틀)와 깔창형잡이 형타를 제작하고 현대적인 레이저재단기, 갑피재단기, 채본인쇄기 등을 새로 설치하여 운동신발의 다종화, 다양화, 다색화를 실현할 수 있게 되었다"고 밝히고 신발생산에 관한 강령적 과업을 제시했다.

그는 "류원신발공장의 제품들을 김정숙평양방직공장과 평성합성가죽공장에서 생산한 그물천과 합성가죽을 가지고 만들었는데 우리의 것을 가지고 만든 신발들을 보니 정말 힘이 나고 기분이 좋다"며 만족을 보였다. 그는 "류원신발공장이 우리나라 신발공업 부문의 전형단위, 표준공장으로 전변된데 맞게 신발들을 인민들의 호평을 받고 그 어디에 내놓아도 손색이 없는 제품으로 생산하여야 한다"고 덧붙였다. 자국 생산의 그물천과 합성가죽을 이용한다는 보도내용으로 보아 원자재 공급시스템이 안정화되고 있는 것으로 관측된다.

[3] 김 위원장은 2016년 7월 중순에 평성합성가죽공장을 방문했다.[201] 그는 부직포 생산 공정, 건식합성가죽 생산 공정, 습식합성가죽 생산 공정, 가방 생산 공정, 과학기술보급실을 비롯한 공장의 여러 곳을 돌아보면서 생산 및 관리 운영실태를 요해했다. 그는 이 공장이 "질 좋은 합성가죽을 생산하기 위해 창조적 지혜를 바쳐가고 있으며 인민들 속에서 수요가 높은 여러 가지 가방들을 만들기 위해 아글타글(무엇을 이루려고 몹시 애쓰거나 기를 쓰고 달라붙는 모습) 노력하고 있다"고 말했다. 그는 "평성합성가죽공장이 맡고 있는 임무와 역할이 중요하다"면서 공장의 관리운영에서 지침이 되는 과업을 제시했다. 그는 "이 공장이 합성가죽에 대한 전국적인 수요를 원만히 충족시킬 수 있는 능력이 큰 공장으로 전변된 것만큼 생산을 정상화하고 생산량을 끊임없이 늘릴 수 있도록 원료, 자재를 충분히 보장해주어야 한다"면서 이를 위한 필요한 조치를 취하겠다고 말했다. 평성합성가죽공장이 북한 전역의 신발공장과 가방공장에 원자재를 공급할 수 있게 됨에 따라 원자재 공급시스템의 안정화를 촉진시킬 것으로 보인다.

【4】 김 위원장은 2017년 1월 초순에 평양시 통일거리에 있는 평양가방공장을 방문했다.[202] 이 공장(건축연면적 1만 590여 m²)은 연간 24만 2,000여 개의 학생가방, 6만여 개의 일반가방을 생산하는 가방생산기지다. 그는 "공장을 산뜻하고 멋있게 잘 지었다", "건물들과 주변 환경이 깨끗하다", "수도의 면모에 어울리게 건설을 정말 잘했다"고 칭찬했다. 그는 "평양가방공장이 맡고 있는 임무가 대단히 중요하다"면서 상표를 특색 있게 만들 것, 질 제고에 큰 힘을 넣어 공장제품을 인기상품으로 만들 것 등의 과업을 제시했다. 품질과 상표를 강조하고 디자인과 포장을 중시하는 흐름이 자연스럽게 자리를 잡아가고 있는 것이다.

【5】 김 위원장은 2018년 7월 중순에 함경북도 청진가방공장에 대한 현지지도에 나섰다.[203] 그는 이곳에서 공장 건설 당시의 도당위원장이나 당중앙위원회 해당 부서를 지목해서 엄중한 문책과 조사를 지시했고, 이를 그대로 보도하도록 했다. 이 공장의 건설과정에서 비리가 밝혀졌거나 혹은 공장에 심각한 하자가 발견됐을 가능성이 높고, 여러 경로로 신소伸訴가 제기되었을 수 있다. 그러나 김 위원장은 공장 견본실을 돌아보면서는 "가방생산을 시작한지 1년 반이 되었다고 하는데 그 사이 가방생산 수준이 높아졌다. 종업원들의 수준이 괜찮다"고 말했다. 그는 "가방의 색깔과 크기도 다양하고 연령 특성에 맞게 품 들여 잘 만들고 있다"고 평가했다. 그는 "가방의 멜빵에 전반적으로 해면을 좀 더 두껍게 넣어야 하겠다"면서 "특히 어깨 부분에는 지금의 두 배 만큼 해면을 넣어 무거운 책가방을 메어도 아프지 않게 만들어야 한다"고 지적했다. 그의 지시가 세밀한 부분에 미치고 있음이 확인된다.

【6】 김 위원장은 2018년 7월 하순에 강원도 원산영예군인가방공장을 방문했다.[204] 그는 "도道들마다에 수십만 개의 학생가방들을 생산할 수 있는 물질기술적 토대가 원만히 갖추어진 것만큼 이제는 가방의 질을 높이기 위한 투쟁에 불을 걸고 힘을 집중하여야 한다"면서 "각 도의 가방공장들에서 생산한 제품들을 놓고 질 평가를 똑똑히 하고 요구성을 높임으로써 온 나라 어린이들과 학생들에게 공급되는 가방의 질적 수준이 꼭 같게 하여야 한다"고 말했다. 그

는 "중앙에서 가방천과 쟈크, 테이프, 합성가죽, 금구류와 수지가공품을 비롯한 가방생산 원료와 자재들을 계획화하여 책임적으로 보장함으로써 도들에 꾸려진 가방공장들에서 생산을 정상화할 수 있게 하여야 한다"고 강조했다. 그는 "전국의 가방공장 일군들과 종업원들은 하나의 가방을 만들어도 자기 자식에게 만들어주는 어머니 심정으로 질적으로 만들기 위하여 정성을 기울이고 심혈을 쏟아 부어야 한다"고 당부했다. 전국의 학생용 가방의 품질을 동일하게 만들라는 지적에서, 가방 품질이 지역에 따라, 공장의 생산수준에 따라 차이가 있음을 짐작할 수 있다. 가방 생산량은 전국적으로 어느 정도 안정권에 들어섰다고 판단해서 품질 제고에 관심을 집중하는 것 같다. 이것은 북한 인민들의 인민소비품에 대한 질적 요구가 과거에 비해 상당히 높아졌다는 증거이고, 북한 시장에서 중국 상품들이 일시적으로나마 휩쓴 여파이기도 하다.

〈표 3-24〉 김정은 위원장이 신발·가방부문 현지지도에서 내린 과업

방문단위	과업 내역
원산 구두공장	- 상표도안도 잘 만들 것 - 신발생산의 양과 질을 결정적으로 높일 것 - 인민들의 기호와 미감, 체질과 연령, 심리적 특성은 물론 계절에 따르는 신발들을 더 많이, 더 좋게 생산하기 위한 투쟁을 힘있게 벌려나갈 것 - 《매봉산》 상표를 단 구두의 질을 세계 최고의 수준으로 끌어 올릴 것 - 신발도안 현상모집을 실속 있게 벌리고 제품품평회를 정상적으로 엄격히 할 것 - 제화공정에 새로운 선진기술을 받아들일 것 - 우리의 힘과 기술로 국산화된 접착제를 개발할 것 - 종업원들의 기술기능수준을 부단히 높이고 신발생산과 관련한 추세를 더 잘 알 수 있도록 과학기술보급사업을 짜고들 것 - 기술자·기능공들의 창조적 지혜를 적극 발동하여 재봉작업에서 컴퓨터화를 널리 받아들일 것 - 신발창 풀칠 공정을 자동화하는 등 신발 생산의 전 과정을 자동화할 것 - 신발 생산에서 국산화 비중을 더욱 높이고 생산원가를 낮출 것 - 신발천, 인조털, 각종 접착제, 도색제, 광택제와 같은 원료·자재들을 제대로 생산 보장할 것
류원 신발공장	- 생산량을 늘리고 질을 높이기 위한 사업을 벌려나갈 것 - 전문가들은 물론 종업원들 속에서 도안창작 현상응모도 활발히 벌릴 것 - 과학기술보급실 운영을 짜고 들어 종업원들의 기술기능 수준을 끊임없이

방문단위	과업 내역
	높여주고 시야를 넓혀줌으로써 생산에서 걸린 문제는 과학기술의 힘에 의거하여 풀 것
평성합성 가죽공장	- 생산을 비약적으로 증대시킬 것 - 원료·자재의 국산화 비중을 높일 것 - 선진기술 도입으로 다색화·다양화된 세계적 수준의 합성가죽의 생산을 늘릴 것
청진 가방공장	- 가방의 질을 더 높이기 위한 투쟁을 힘 있게 밀고나갈 것 - 원자재 생산을 맡은 중앙의 공장들에서 가방천과 쟈크, 테이프를 비롯한 가방 부속자재들을 국산화하고 높은 수준에서 생산 보장할 것 - 가방생산 원가를 더 낮출 것 - 지금 학생들에게 공급하고 있는 민들레 학습장과 가방을 비롯한 학생용품들의 가격을 다시 잘 검토해볼 것 ("가격에 대한 군중의 평가를 들어보고 바로잡을 것은 바로잡아야 한다"고 지적)
원산 영예군인 가방공장	- 종업원들의 기술기능 수준을 높이기 위한 사업을 선행시킬 것. - 생산 공정마다에서 기술규정의 요구를 엄격히 지킬 것 - 가방공장들 사이의 기술교류를 조직하여 서로 배우고 지혜를 합쳐가며 가방의 질質 제고를 위한 투쟁에서 비약과 혁신을 일으킬 것

김 위원장은 '질 좋고 맵시 있는 구두를 더 많이 생산하기 위한 투쟁'과 '세계와 경쟁할 수 있는 명제품, 명상품을 생산하기 위한 투쟁'을 전개할 것을 호소했다. 그는 또 "인민들의 호평을 받고 그 어디에 내놓아도 손색이 없는 제품"을 생산할 것과 "하나의 제품을 생산해도 세계적인 안목을 가지고 최상의 질적 수준"을 보장할 것을 주문했다.

구체적으로는 원자재의 국산화, 설비 현대화 등은 물론이고 인민들의 기호를 반영한 신발의 다종화·다양화·다색화·경량화의 실현을 강조했다. 원자재의 국산화와 관련하여 염화비닐은 2.8비날론연합기업소, 합성가죽은 평성합성가죽공장, 그물천은 김정숙평양방직공장 등에서 공급받는 것이 확인된다. 그는 제화공장에 선진기술을 도입하고 생산 공정을 자동화하며, 원산구두공장의 《매봉산》 브랜드 같은 브랜드 상품을 발전시킬 것도 주문했다.

가방생산에서는 품질과 디자인을 중시한 가운데 전국 어린이용·학생용 가방의 질적 수준을 동일하게 할 것을 주문한 점이 눈에 띈다.

또 하나 특기할 점은 민들레학습장과 가방을 비롯한 학생용품의 가격을 재검토하라고 지시한 것과 가방 생산원가를 더 낮추라고 지시한 것이다. 그밖에 각 도 가방공장의 생산 정상화가 이뤄지도록 하기 위해 중앙에서 가방천·합성가죽·쟈크 등 원자재를 계획적으로 보장해주고, 가방공장들 간의 기술교류를 조직하라는 지침을 내리기도 했다.

6) 화장품과 위생용품 등 생산부문의 현지지도

화장품과 위생용품 생산과 관련한 정책과제를 파악하기 위해 김정은 위원장의 관련 생산현장의 현지지도를 살펴본다. 그는 평양화장품공장, 신의주화장품공장, 평양 낙랑위생용품공장, 룡악산비누공장, 치과위생용품공장 등을 방문했다.

| 1 | 김 위원장은 2015년 2월 초에 평양화장품공장의 현지지도에 나섰다.[205] 그는 화장품직장, 세수비누직장, 견본실 등 여러 곳을 돌아보며 생산·경영활동의 정형을 요해하고 "여성들을 비롯한 근로자들의 생활을 문명하게 할 뿐 아니라 건강을 증진시키는데 이바지하는 화장품들을 더 많이 생산하기 위한 투쟁을 벌여야 한다"고 말했다. 그는 "사람마다 화장품에 대한 기호와 요구가 서로 다른 것만큼 크림, 향수, 연지, 화장비누 등을 여러 가지 기능과 효과를 나타낼 수 있게 잘 만들며 천연적이고 저자극적, 기능적인 화장품을 개발 생산하기 위한 사업을 내밀어야 한"다고 강조했다. 그는 "《은하수》 상표를 단 우리의 화장품을 먼저 찾게 하고 《은하수》 화장품이 세계 시장에서도 소문이 나게 해야 한다"고 덧붙였다. 그의 입에서 기호에 맞는 화장품, 천연의 저低자극 기능성 화장품, 그리고 화장품 브랜드에 대해 술술 나오는 것을 인민들은 관심있게 지켜보았을 것 같다.

그는 새로 개건된 이 공장을 2017년 10월 하순에 다시 방문했다.[206] 그는 통합생산지령실, 도안창작실, 화장품연구소, 화장품분석소, 과학기술보급실, 제품견본실 등을 돌아보면서 개건정형과 생산·연구실태, 제품의 질에 대해 요해

했다. 그는 "생산지휘와 경영활동을 과학적으로, 종합적으로 분석 예측하고 최대한의 실리를 보장할 수 있게 통합생산 및 경영정보 관리체계를 높은 수준에서 구축하였다"고 치하했다. 그는 "피부보호 및 기능성 화장품, 분장용 화장품, 머리칼 화장품, 세척용 화장품을 인민들의 기호와 수요에 따라 여러 가지로 생산할 수 있게 원료배합, 주입, 포장공정을 자동화, 흐름선화하였다"면서 "화장품 용기생산 공정에서 줄지어 나오는 용기들도 하나같이 마음에 든다"고 칭찬했다.

그는 "공장을 개건하면서 새로 설치한 현대적인 설비들 중 84%에 달하는 137종 814대는 평양시 안의 공장, 기업소들이 과학연구기관들과 협력하여 자체로 제작 설치하였는데 대단하다"고 평가했다. 아울러 "모든 생산현장과 복도를 유리 칸막이로 격폐시키고 위생통과실을 새로 꾸려놓았을 뿐만 아니라 성능이 높은 공기조화기를 설치하여 무균화, 무진화를 완벽하게 실현하였으며 바닥과 벽체를 에폭시수지와 아크릴수지 칠감으로 마감하니 일터가 깨끗하고 정갈하며 환하다"고 말했다. 그는 "도안창작실도 잘 꾸려놓았다"면서 "화장품은 질이 좋아야 하지만 그에 못지않게 용기의 모양과 상표, 포장곽이 눈에 확 안겨오면서도 구매자들의 이용에 편리하게 만들어야 하는 것만큼 좋은 도안들을 창작해야 한다"고 말했다.

그는 또 "새로 내온 화장품연구소와 화장품분석소에 현대적인 분석 및 측정, 실험설비들을 갖추어놓고 화장품과 원료들의 정성, 정량분석, 유해물질 검출, 작용 효과성을 과학적으로 평가할 수 있게 하였으며 노화방지크림, 미백살결물, 여드름치료크림, 머리칼고착제 등을 새로 연구 개발하였는데 평양화장품공장은 과학연구와 생산이 일치된 기술집약형 산업의 본보기공장, 우리나라 화장품산업의 중심으로 전변되었다"고 말했다. 그는 이 공장의 강령적인 과업들을 제시하는 한편, 2단계 생산 공정 현대화 과업을 내놓았다.

그의 평양화장품공장에 대한 현지지도를 보면, 경공업 생산현장에서 한 발언 패턴의 종합세트라 할 수 있다. 경영활동에서의 실리 보장(통합생산 및 경영정보 관리체계 구축), 상품생산 증대, 생산 공정의 자동화, 생산설비의 연관 공급체계 구축, 브랜드와 포장 중시, 과학연구와 생산이 일치된 기술집약형 산업 등이 강조되었던 것이다. 이 공장에서의 지시사항은 시장경제 국가들의 화장품공장의 경영방침과도 큰 차이가 없어 보일 정도였다.

|2| 김 위원장은 2018년 6월 말에 신의주화장품공장을 방문했다.[207] 그는 "생산현장에 위생통과실을 새로 꾸리고 공기조화 설비들을 설치하여 생산공정의 무균화, 무진화를 완벽하게 실현하였을 뿐 아니라 작업현장 바닥과 벽체를 에폭시수지와 아크릴수지 칠감으로 마감하여 화장품을 생산하는 공장답게 생산현장이 깨끗하고 정갈하다"고 말했다. 그는 "공장에서 첨단돌파전을 힘 있게 벌려 생산지휘 및 기술공정관리, 경영관리를 정보화하여 생산과 경영활동을 과학적으로 진행할 수 있게 통합생산체계를 높은 수준에서 구축"한 것을 높이 평가했다. 그는 "배합공정, 숙성공정, 주입공정, 포장공정, 용기소독공정, 물정제공정 등을 현대적으로 꾸리고 원료투입으로부터 제품완성에 이르기까지의 전반 공정에서 무인화, 자동화, 흐름선화를 실현하였으며 수지용기 생산설비와 접착상표 인쇄설비를 보충하여 용기를 여러 가지로 다양하게 생산하고 있는" 것을 치하했다.

그는 "《봄향기》 화장품에 대한 인민들의 호평이 대단하고 수요가 높다고 하여 절대로 자화자찬하지 말고 《은하수》 화장품을 비롯한 우리나라 화장품들과 세계적으로 이름난 화장품들을 대비적으로 분석하여 보면서 공장제품들의 질을 새롭게 갱신하고 수요자의 기호와 연령, 체질별 특성에 맞게 품종을 늘여나가기 위한 연구사업을 부단히 심화시켜야 한다"고 강조하면서 화장품업계의 중요한 과업과 방도를 제시했다. 이 공장의 《봄향기》 제품은 평양화장품공장의 《은하수》 제품보다는 품질이 조금 떨어지는 것으로 알려져 있지만 제품개발의 경쟁을 통해 머지않아 평준화될 가능성이 높다. 브랜드 화장품들이 생산지를 넘어 평양백화점들이나 전국의 국영상점 혹은 시장에서 경쟁하고 있다.

|3| 김 위원장은 2015년 7월 중순에 평양 락랑위생용품공장을 방문했다.[208] 이 공장은 2012년 4월에 조업한 위생용품 생산기지다. 김 위원장은 "공장에서 생산하고 있는 위생용품들의 질이 높다"면서 "위생용품들에 대한 사용자들의 반영이 좋을수록 그들이 무엇을 더 요구하는가에 귀를 기울여야 한다"고

말했다. 그는 "인민들과 군인들이 좋아하는 위생용품의 가짓수를 늘리기 위한 사업을 짜고 들어야 한다"고 강조했다. 그는 "상표도안을 국제적인 기준에 부합되면서도 고상하고 문화성 있게 잘 만들며 상품포장 방법도 더욱 개선하여야 한다"고 덧붙였다. 그의 발언에서 확인된 바는 군부대들에 납품하기도 한다는 것인데 이런 사례도 있고, 군대에서 운영하는 생필품공장들이 민간에 상품을 공급하는 경우도 있다.

〖4〗 김 위원장은 새로 건설 중인 평양시 교외의 룡악산비누공장을 2016년 6월 초에 시찰했다.[209] 그는 "머리물비누, 목욕용 물비누, 가루비누 등을 생산하는 이 공장은 인민생활 향상과 직결되어 있는 공장, 당에서 중시하는 공장"이라면서 "생산능력에 있어서 전국의 수요를 충족시킬 수 있고 품질에 있어서 세계적 수준의 비누를 생산하는 현대적인 공장을 건설하겠다는 목표와 야심을 가지고 투쟁하여야 한다"고 말했다.

그는 그해 10월 하순에 이 공장을 다시 방문했다.[210] 그는 "룡악산비누공장을 잘 건설했다"면서 "과학적인 기술공정 설계에 기초하여 건축면적과 생산 공간을 조성하고 설비 배치를 합리적으로 하였을 뿐만 아니라 공장 안팎을 흠잡을 데 없이 꾸려놓았는데 모든 것이 마음에 든다"고 치하했다. 그는 "생산을 시작한지 얼마 되지 않았는데 샴푸, 린스, 그릇세척제, 가루비누를 비롯한 여러 가지 제품들이 그득히 쌓여있다"고 좋아했다. 그는 "인민생활 향상에 이바지하는 부문들의 물질기술적 토대를 더욱 튼튼히 다지기 위한 사업에 계속 큰 힘을 넣어 인민들이 그 덕을 단단히 보게 해야 한다"고 강조했다. 이 공장의 제품을 북한 전역에 공급하는 것을 목표로 삼고 있음을 알 수 있다. 6월 초에 '머리물비누'라고 부르던 것을 10월 하순에 샴푸·린스라고 지칭한 것이 흥미롭다.

〖5〗 김 위원장은 새로 건설된 치과위생용품공장을 2017년 6월에 현지지도했다.[211] 이 공장(건축연면적 1만 2,720여 m²)은 연간 수천만 개의 치약, 함수액含漱液(가글제), 각종 치과 위생도구들을 생산하는 종합생산기지다. 그는 통합생산지령실, 치약 생산 공정, 함수액 생산 공정, 치과위생품 생산 공정,

분석실 등 공장의 여러 곳을 돌아보면서 건설정형과 생산실태를 요해했다. 그는 "통합생산체계를 완벽하게 구축해놓은 결과 생산지휘와 경영활동을 과학적으로, 입체적으로 진행할 수 있게 되었다"고 말했다.

그의 다음과 같은 지적은 이 공장의 생산 공정의 현황을 이해하는데 도움이 된다. "사출기, 6색인쇄기, 제관기, 어깨사출기 등을 거쳐 생산된 치약관들에 원료배합장에서 진공 배합되어 숙성된 치약이 자동 주입되고 봉합된 다음 개별 곽 포장과 지함 포장되어 제품창고로 입고되는 치약 생산 공정이 현대적이다." "약제와 정수, 향료 등을 가지고 만드는 함수액 생산 공정과 사출, 성형, 세척으로 이루어진 함수약병 생산 공정의 자동화 수준이 대단히 높다." "함수액이 담겨진 용기들이 건조기에 들어갔다가 자동적으로 상표가 붙여진 다음 열수축 포장 또는 지함紙函(두꺼운 종이로 만든 상자) 포장되는 것이 볼만 하다." 그는 "각종 치간실과 솔이 달린 이쑤시개들, 틀이 세척솔, 혀 긁개, 혀 솔 등을 생산하는 치과 위생용품 생산 공정도 아주 잘 꾸려놓았다"면서 "제품들의 질도 괜찮다"고 평가했다. 치과위생용품공장의 현황을 보면 그의 집권기에 신규 건설 공장들이 늘어나고 있는 것을 알 수 있고, 인민들도 생필품 사정이 좋아지고 있음을 체감할 것으로 보인다. 다만 중앙 경공업공장들에 비해 지방 경공업공장들의 사정은 이에 못 미칠 것이다.

〈표 3-25〉 김정은 위원장이 화장품·위생용품 부문 현지지도에서 내린 과업

방문단위	과업 내역
평양 화장품 공장	- 생산공정을 현대화하고 분석과 검측설비를 구비할 것. - 포장용기와 상표도안을 개선할 것. - 사람들의 기호와 특성, 다양한 취미에 맞고 세계적으로 이름난 화장품과 당당히 경쟁할 수 있는 여러 가지 종류의 화장품들을 더 많이 생산할 것. - 이 빠진 공정을 찾아내어 생산공정을 더욱 완비할 것. - 다른 나라 화장품산업의 현황 자료들과 발전 방향을 연구하고 전망적으로 우리나라 화장품 공업을 더 높은 단계에로 추켜세울 것. - 원료·자재·첨가제의 국산화 비중을 최대한 높이며 여러 가지 향료를 원만히 보장하기 위한 사업에 큰 힘을 넣을 것.
신의주 화장품 공장	- 화장품의 안전성과 품질, 특정한 효과들을 정확히 담보하기 위한 과학적인 품질관리체계를 철저히 세우고 엄격히 준수할 것. - 필요한 분석설비들을 갖추고 새로운 실험방법과 기술들을 끊임없이 개발할 것.

방문단위	과업 내역
	- 각이한 형태와 크기, 색깔의 포장용기와 선물·기념품의 포장형식을 다양하게 할 것. - 제품들의 표준화와 규격화를 실현할 것. - 생산공정에서 손노동을 완전히 없애고 공업화하는 현대화사업을 계속 내밀 것. - 생산자 대중의 기술기능수준을 높이고 기술자·연구사 대열을 잘 꾸려 공장을 과학연구와 생산이 일체화된 기술집약형 공장으로 더욱 발전시킬 것. - 화장품 원료의 수입의존도를 낮추고 국산화 비중을 높일 것. - 분장용 화장품과 차향수, 위생실 향수를 비롯한 여러 가지 화장품들을 많이 개발 생산할 것.
라랑 위생용품 공장	- 질 좋은 위생용품의 생산을 늘릴 것. - 전반적인 생산공정의 통합생산체계를 확립할 것. - 경영전략·기업전략을 올바로 수립할 것. - 원료·자재 보장사업을 실속 있게 할 것. - 생산현장의 무균화와 무진화를 높은 수준으로 실현할 것. - 제품포장을 자동화할 것.
룡악산 비누공장	- 현대적인 설비를 완벽하게 갖출 것. - 원료투입에서 혼합·주입·포장·출하에 이르는 모든 생산공정들을 자동화할 것. - 통합조종체계를 구축할 것. - 제품의 위생안전성을 검증·담보하는 첨단분석 설비를 갖출 것. - 우리의 원료와 향료로 비누를 생산하기 위한 기술준비사업에 박차를 가할 것. - 구매자들이 쓰기 편리하게 상품도안과 포장을 잘하기 위해 잘 타산할 것. - 각종 물비누와 세척제의 가지 수와 생산량을 연차별로 늘리며 그 질을 담보할 것.
치과 위생용품 공장	- 위생용·치료용으로 이용할 수 있는 여러 가지 치약과 함수약, 잇몸과 이빨형태에 따르는 치솔을 비롯한 치과 위생용품의 가지 수를 더 많이 늘릴 것. - 치과 위생용품을 전문적으로 연구 개발하는 과학자·기술자들로 연구 집단을 튼튼히 꾸리고 조건 보장을 잘해줄 것. - 생산을 정상화할 수 있도록 원료보장 대책을 철저히 세울 것. - 생산 환경과 생산 공정의 무균화·무진화·무인화를 더 완벽하게 실현하기 위한 사업을 줄기차게 벌려나갈 것. - 종업원들의 기술기능 수준을 최대한 높이며 설비관리·기술관리를 짜고 들고 시설물들을 애호 관리할 것.

김 위원장은《은하수》《봄향기》브랜드 화장품의 세계화에 관심을 보였고 평양화장품공장이 "과학연구와 생산이 일치된 기술집약형 산업의 본보기공장"이 될 것을 촉구했다. 다른 나라 화장품산업의 현황

자료들과 발전방향을 연구할 것을 강조하기도 했다. 그는 화장품업계의 원료·자재·첨가제의 국산화, 천연의 저자극 기능성 화장품의 다양한 개발, 포장용기와 포장형식의 다양화, 생산 공정의 무인화·자동화·흐름선화, 과학적인 품질관리체계 준수 등의 지침을 내렸다.

그는 위생용품공장에서는 위생용품의 가지 수 증대, 상품도안과 포장 개선, 생산현장의 무균화·무진화·무인화, 생산 정상화를 위한 원료 보장대책의 수립, 제품포장의 자동화, 치과위생용품을 위한 전문개발연구집단의 조성 등을 강조했다. 룡악산비누공장에서는 "생산능력에 있어서 전국의 수요를 충족시킬 수 있고 품질에 있어서 세계적 수준의 비누를 생산하는 현대적인 공장을 건설하겠다는 목표"를 가져야 한다면서 모든 생산 공정의 자동화와 통합조종체계를 갖출 것을 지시했다.

그밖에 김 위원장이 생활용품 생산과 관련한 다양한 현장에서 한 발언들을 살펴본다. 그는 군수공업부문 생활필수품 품평회장, 평양의 락랑영예군인수지일용품공장, 민들레학습장공장, 평양체육기자재공장, 대성백화점 등을 방문했다.

[1] 김 위원장은 2015년 9월 하순에 군수공업부문 생활필수품 품평회장을 시찰했다.[212] 그의 직접적인 발기에 의해 조직된 품평회에는 군수공업부문의 여러 공장·기업소들에서 생산한 1,800여종의 생활필수품들이 전시되었다. 부문별로는 수지·금속제품, 가정용 전기제품, 완구, 경질유리그릇, 가구 등이 출품되었다고 한다. 그는 "군수공업부문에서 질 좋은 생활필수품을 더 많이 생산하는 것은 수령님(김일성 주석)과 장군님(김정일 국방위원장)의 유훈을 관철하는 문제, 우리의 것을 지키는 문제, 우리나라 사회주의 제도의 우월성을 발양시키기 위한 문제"라고 의미를 부여했다. 기존 포인트의 반복이지만 군수공업부문에서 질 좋은 생활필수품을 증산하는 과제를 강조한 것은 의미가 있다. 그는 "생산에 필요한 원자재 보장대책을 철저히 세워 모든 생산기지들을 만가동, 만부하로 돌려야 하며 생산기지들을 현대화하기 위한 투쟁을 벌려야 한다"고 강조했다. 그는 "생활필수품 생산에서 중요한 것은 인민들이 어떤 제품들을 좋아하는가를 민감하게 파악하고 그들의 요구를 만족시킬 수 있는 제

품 생산에 힘을 넣는 것"이라고 지적하고, 자신이 "생활필수품 생산과 관련한 문제들을 직접 풀어주고 적극 도와주겠으니 해당 부문에서는 이 사업을 통이 크게 밀고나가라"고 지시했다.

군인들과 군인가족들에게 공급하는 내구성 소비재 생산에서 수요자 기호를 중시한다는 것이 그의 지시에서 확인된다. 군수공업부문 생활필수품 품평회장 같은 행사가 중요한 이유는, 군인들과 군인가족들에게 공급하던 공장들에서 각종 소비재의 초과생산분을 민간에 판매해 수익성을 올리려고 할 것이기 때문이다.

|2| 김 위원장은 2017년 5월에 평양 락랑영예군인수지일용품공장을 시찰했다.[213] 이 공장(건축연면적 9,900여 m²)은 각종 식료포장 주머니, 각종 규격의 수지용기, 1회용 수지밥곽(도시락)과 컵, 각이한 용도에 따르는 수지관 등 여러 가지 수지(플라스틱)제품들을 대량 생산하는 수지일용품생산기지다. 그는 "공정관리체계, 품질관리체계, 전력관리체계, 업무관리체계로 이루어진 통합 조종체계를 높은 수준에서 구축해놓은 결과 일군들이 생산현장 실태에 대한 실實시간적이며 직관적인 정보에 기초하여 과학적인 결심을 채택함으로써 제품의 질을 제고하고 경영활동에서 최대한의 이익을 얻고 있다"고 말했다. 그는 공장에서 생산한 제품들을 보면서 "가지 수가 많을 뿐만 아니라 쓸모 있게 잘 만들었다", "공장 제품에 대한 인민들의 수요가 높다", "포장재들을 손색없이 만들어 평양시를 비롯한 각 도의 식료공장들에 보내주고 있는데 대단하다"고 치하했다. 그는 "이 수지일용품공장은 설비관리에서 본보기, 모범 공장"이라면서 "온 나라에 널리 소개 선전하고 따라 배우게 하라"고 지시했다. 평양의 경공장공장들은 대체로 본보기공장으로 꾸려지고 그것이 전국 공장의 표준 잣대가 되는 경향이 있다.

|3| 김 위원장은 새로 건설된 민들레학습장공장도 방문했다.[214] 그의 직접적인 발기와 지도하에 건설된 이 공장(연간 생산능력 5,000만권)은 전국 유치원에서 대학에 이르는 학생들에게 공급할 학습장을 전문적으로 생산하는 기지다. 그는 "생산공정이 자동화, 흐름선화된 민들레학습장공장의 생산능력이

대단하다"면서 "유치원 어린이들과 소학교, 초급중학교, 고급중학교, 대학의 학생들을 위한 수십 종에 달하는 학습장들을 생산하고 있는데 모두 마음에 든다", "종이의 질도 좋고 제책도 흠잡을 데 없으며 도안도 학생들의 연령심리에 맞게, 과목별 특성에 맞게 잘하였다"고 치하했다. 그는 현재는 연간 5,000만권, 앞으로 연간 1억 5,000만권의 학습장을 생산할 것, 기업관리의 정보화 수준과 원료·자재의 국산화 비중을 높일 것, 공장에 포장용기 생산 공정을 새로 꾸릴 것, 철도 인입선을 건설할 것 등의 강령적 과업을 제시했다.

|4| 김 위원장은 새로 건설된 평양체육기자재공장을 2016년 6월 초에 방문했다.[215] 그는 청춘거리 체육촌에 건설된 이 공장(건축연면적 9,980여m²)에서 "전문체육선수들은 물론 청소년들과 근로자들 속에서 수요가 높은 여러 가지 체육기자재들을 생산하는 공장의 특성에 맞게 현대적인 설비들을 합리적으로 그쯘히(빠짐없이 충분히 다 갖추어 놓은 상태로) 갖추어놓았으며 생산과 경영활동의 현대화, 정보화를 높은 수준에서 실현한 결과 지난 시기에 비해 여러 가지 체육기자재들을 더 많이 생산할 수 있게 되었다"고 말했다. 그는 "공장에서 만든 제품의 질을 담보할 뿐만 아니라 국제적 기준에 부합되는 체육기자재들을 생산하기 위해 엄격한 품질관리체계를 구축해놓았다"면서 "생산을 시작한지 얼마 되지 않았는데 제품창고에 축구공, 배구공, 농구공들이 넘쳐나고 있다", "정말 볼만하다"고 치하했다.
그는 "당의 체육강국 건설구상을 실현하는데서 평양체육기자재공장이 맡고 있는 임무가 중요하다"면서 체육기자재의 가지 수 증대, 《대성산》 상표의 품질을 세계적 수준으로 끌어올리기 등 과업을 제시했다. 그는 "전문체육부문을 발전시키고 체육의 대중화, 생활화를 실현하는데 절실히 필요한 체육기자재들은 우리의 힘과 기술, 우리의 자재로 만들어 써야 한다"고 강조했다.

|5| 김 위원장은 2019년 4월 초순 평양 대성백화점을 방문했다.[216] 개건보수 및 증축공사를 끝마친 대성백화점은 상업·편의·급양봉사를 할 수 있는 종합적이며 다多기능화된 봉사기지로 변화되었다고 한다. 그는 각 층 매장을 돌아보면서 백화점 개건·증축공사 정형과 상품 전시상태 등 상업봉사 준비 실

태를 요해했다. 그는 "날로 높아가는 인민들의 지향과 요구를 원만히 충족시킬 수 있게 질 좋은 생활필수품들과 대중소비품들을 충분히 마련하여놓고 팔아주어 인민들의 생활상 편의를 보장하여야 한다"고 말했다. 그는 "당의 인민관과 상업정책으로 무장하고 올바른 상업전략을 세우며 인민을 위한 봉사자로서의 자각을 가지고 봉사활동을 인민들의 요구와 기호에 맞게 헌신적으로 해나갈 것"을 당부했다. 상업정책과 함께 올바른 상업전략의 수립을 강조한 것이 인상적이었다.

한편, 북한은 전국인민소비품전시회, 8월3일인민소비품전시회 등의 전시회를 거의 매년 열고 있다. 2016년 11월 7일~10일에 평양의 중앙경공업제품견본관에서 제27차 전국인민소비품전시회가 열렸다.[217] 개막식 행사에 임철웅 내각 부총리, 최일룡 경공업상, 조영철 식료일용공업상, 중앙·지방의 인민소비품 생산단위 일군들과 과학자·기술자·노동자들이 참가했다. 전시회에는 북한 전역의 경공업공장들과 성·중앙기관 산하 공장·기업소 생활필수품 생산단위들에서 생산한 신발과 의류, 식료품 등 10만여 점이 출품되었다. 전시회 기간에 한쪽에서는 품평회들이 열렸고 새 기술보급 및 2월2일제품 등록사업 등이 진행되었다. 2월2일제품은 1981년 2월 2일 김일성 주석이 참석한 전국품질감독일군대회 이후 최우수상품에 수여해온 품질인증 기준을 충족한 제품을 말한다.

조선민주여성동맹은 같은 해 11월 11일에 제6차대회에 즈음하여 평양의 3대혁명전시관 새기술혁신관에서 여맹원들의 인민소비품전시회를 열었다.[218] 최룡해 당 중앙위원회 부위원장, 조영철 내각 식료일용공업상, 김정순 여맹 중앙위원회 위원장 등이 개막식에 참가했다.

전시회에는 전국의 여맹조직들과 여맹원들이 지방에 흔한 원료·부산물로 가내 작업반에서 만든 초물草物제품(왕골, 짚, 버들가지, 싸리 등으로 만든 돗자리, 광주리 등), 일용잡화 등 1,590여 종, 5만여 점의 인민소비품들이 출품되었다. 같은 해 12월 29일에는 평양 인민문화궁전에서 그해 생산된 최우수제품들에 대한 '12월15일 품질메달' 수여모

3임이 진행되기도 했다.[219] 12월 15일 품질메달은 천지윤활유공장의
'통용기관 윤활유 SJ/CH 40', 천리마타일공장 타일, 사리원 대성타올공
장의 목욕수건과 세수수건 등 최우수 제품으로 평가된 6가지 제품에
수여되었다.

북한은 2017년 8월 3일~6일에 내각 식료일용공업성 인민소비품전시
장에서 전국8월3일인민소비품전시회를 개최했다.[220] 전시회에는 각지
공장·기업소·가내작업반 생산자들이 자체의 원료·자재를 이용해 만든
7,700여 종의 소비품들이 출품되었다. 이전에 비해 인민들의 기호·수
요에 맞는 새 제품들이 많이 출품되어 인기를 끌었다고 한다.

2천 여 종의 제품을 내놓은 평양시는 가정용 전기제품, 각종 편직물
과 여름 신발, 담배곽으로 만든 종이공예품 등으로 관심을 끌었다. 평
안북도는 묘향산 천연나무로 만든 주전자와 찻잔, 태천군 옻칠로 만든
국수쟁반와 조미료통, 신의주 초물생산협동조합 제품 등으로 호평을
받았다. 황해북도는 부채, 자연풍경을 묘사한 털 공예품, 오지독, 단지
등을 전시했다.

평안남도와 황해남도는 문발, 방석, 바구니 등 초물 제품을, 강원도·
함경남도·량강도·자강도는 참대 모자, 광주리 제품과 도자기 꽃병, 그
릇·열매를 형상한 나무공예품 등을 전시했다. 참고로, 지역 특색을 반
영한 전통공예품뿐 아니라 지역시장 등에서 판매되는 다양한 제품이
8월3일인민소비품의 이름으로 생산되고 있다.

7) 경공업의 질적 도약

이상에서 살펴본 대로 북한은 경공업의 발전을 위한 다각적인 노력
을 기울이고 있다. 김정은 위원장은 인민생활의 획기적인 향상을 위해
인민소비품의 생산증대와 품질우선 전략을 지휘하고 있고, 원자재와
생산설비의 국산화에 집중하고 있다. 국산화는 다른 생산부문에서도
자강력제일주의 정신과 함께 중시되는 전략적 방향이다. 경공업부문

의 원자재를 원활히 공급하기 위해 화학공업의 생산 정상화에 노력하는 한편, 생산설비의 국산화 비중을 높이기 위해 기계공업 발전에도 힘 쏟고 있다.

인민생활 향상은 그 체감이 구체적일 수밖에 없다. 김 위원장이 경공업전선을 경제강국 건설과 함께 '주타격방향'으로 정했던 것도 이 때문이다.

그가 경공업부문의 생산현장에서 한 발언들을 보면, 생산 공정의 현대적 개조와 경영활동의 과학화를 강조하는 일관된 흐름이 있었다. 현지지도 단위들에게 생산 공정의 CNC화와 무인화를 강조했던 것이 두드러진다. 대부분의 공장들에서 에너지·노동력 절약형의 통합생산체계와 무균화·무진화에 의한 위생관리체계, 과학기술보급기지와의 연계체계 등을 강조했다.

내각의 경공업에 대한 작전·지휘에서는 실리적 혁신을 강조했고 중앙공업뿐 아니라 지방공업의 부흥을 강조했다. 김 위원장은 인민들의 기호에 맞는 다양한 1차 소비품을 공급하려면, 또한 전국 각지의 지방 수요를 충족시키려면, 지방공업을 발전시켜야 한다는 생각을 갖고 있다.

지방공업의 발전은 중앙공업의 지원을 필요로 하지만, 각 지방에서 경공업생산의 자급 능력을 키워야 한다. 자급능력을 키운다고 해도 모든 인민소비품을 지방 단위에서 자체로 공급할 수는 없고, 부족분은 중앙공업이나 다른 지방공업의 지원으로 메워야 하는 형편이기 때문에 지방 특산물의 생산 전문화를 통해 교환능력을 키워야 한다. 이에 따라 지방 특산물의 생산 전문화도 중요한 과제로 부상하고 있다.

한편, 경공업의 질적 도약과 인민소비품 증산에서 민수용과 군납용이 혼용되는 현상을 놓쳐서는 안 될 것이다. 김정은 시대의 경제발전전략에서 두드러진 특징의 하나가 군수-민간경제의 결합이다. 그리고 생활필수품은 소비자들로부터 인기를 얻어야 하고 해당 제품에 대한 평가와 기호를 반영해야 한다는 의식이 높아지고 있다. 제품 브랜드를 중시하는 풍토가 형성되고 있는 것도 변화된 모습이다.

경공업의 대표 격인 공장들에서 실리적 혁신이 이어지면서 경공업

전반에 활력이 보인다. 김 위원장 자신이 경공업의 질적 도약의 선구자로 나서며 지도력을 발휘하고 있다. 외부의 시선에서 보면, 최고영도자가 화장품공장과 위생용품공장까지 방문하는 것에 대해 하찮게 생각할 지도 모른다. 그러나 북한에서는 그가 그런 곳을 방문해 '강령적 과업'을 제시했다는 것만으로도 효과가 있고, 그가 인민생활 향상을 위해 불철주야 노력하고 있는 것으로 각인된다.

북한이 생활필수품의 만성적 부족에서 벗어나고 경공업의 질적 도약을 이뤄내는데 성공한다면 그것만으로도 자신의 경제발전 역사를 새로 쓰는 게 될 것이다. 북한에서 경공업의 질적인 도약과 혁신에 이르기는 과정에서 정부와 인민들 사이에서 기대와 실망이 교차할 수 있다. '잘 살아 보세'의 지향은 일정 기간 동안 피와 땀과 눈물을 요구하는 과정일 수 있기 때문이다.

3. 선행부문과 중요공업부문 발전 :
자립경제의 기초 공고화[221]

"전력문제해결에 선차적인 힘을 넣어 인민경제활성화의 돌파구를 열어야 합니다.…전력공업부문에 대한 국가적인 투자를 집중하여 현존 전력생산토대를 정비보강하고 최대한 효과적으로 이용하면서 절실한 부문과 대상부터 하나씩 개건 현대화하여 전력생산을 당면하게 최고생산년도 수준으로 끌어올려야 합니다.…석탄이 꽝꽝 나와야 긴장한 전력문제도 풀 수 있고 금속공업을 비롯한 인민경제 여러 부문의 연료, 동력수요를 충족시킬 수 있습니다.

금속공업부문에서는 주체화된 제철, 제강공정들을 과학기술적으로 완비하고 정상운영하면서 생산원가를 최대한 낮추며 철 생산능력이 늘어나는데 맞게 철광석과 내화물, 합금철을 원만히 보장하기 위한 작전안을 세우고 집행하여야 합니다. 화학공업부문에서 인비료공장 건설과 탄소하나화학공업 창설을 다그치고 회망초공업과 인조섬유공업을 발전시키며 현존 화학설비와 기술공정들을 에네르기절약형, 노력절약형으로 개조하여야 합니다.…

철도를 비롯한 교통운수부문에서 규율 강화의 된바람을 일으키고 수송능력과 통과능력을 높여 수송의 긴장성을 풀며 기계제작공업 부문에서는 기계설계와 가공기술을 혁신하여 여러 가지 현대적인 기계설비들을 우리의 실정에 맞게 우리 식으로 개발 생산하여야 합니다." (김정은 위원장의 2019년 《신년사》)[222]

자립적 민족경제건설노선은 북한에서 변함없이 견지되고 있다. 이 노선은 인민경제 선행先行부문과 중요공업부문의 탄탄한 기반 위에서만 가능하다. 선행부문에는 전력공업·석탄공업·금속공업과 철도운수부문이 포함되고, 중요공업부문에는 기계공업, 전기전자공업, 화학공업 등이 속한다. 선행부문과 중요공업부문은 한 국가의 경제적 운명을 쥐고 있는 기간基幹산업이다.

기간산업은 각국의 산업구조와 경제생활 등에 따라 차이를 보이는데 대체로 석탄·석유·전력 등의 동력산업, 제철·제련 등의 금속산업, 도로·철도·해운·항공 등의 수송산업, 비료·시멘트·기초화학 등의 화

학공업 등으로 분류된다.[223]

시장경제 국가의 경우 기간산업의 주체는 국영기업에서 사기업(독점자본)으로 넘어갔지만, 북한과 같은 계획경제 하에서는 국영기업으로 남아 있다. 선행부문과 중요공업부문은 엄격한 계획에 의해 통제되는 국영기업들로 이뤄져 있다. 북한에서도 케인스Keynes적 유효수요 확대는 필요하고, 기간산업의 공장 설비와 원료를 늘리고 고용을 창출하는 투자수요는 더욱 중요하다. 인민경제 선행부문과 중요공업부문은 유효수요 확대의 면에서 중요하다.

북한 경제에서 선행부문과 중요공업부문이 차지하는 비중은 매우 높다. 일제 강점기에 이북 지역에서는 대형 수력발전과 철강·화학공업, 산업용 원료·연료를 공급하던 철도를 중심으로 중화학공업 구조가 만들어졌고, 북한은 건국 이래 중화학공업을 개건·확장하고 성장시켰다. 그 결과 1980년대에는 비교적 현대화된 생산구조를 갖추게 된다.

1980년대 후반에 구소련과 동유럽 사회주의국가들이 무너지면서 사회주의 무역시장이 사라지고 원유를 비롯한 전략물자 수입이 중단되면서 북한은 심각한 경제침체에 빠져들었다. 그 여파로 철강·화학·전력공업의 공장들이 멈춰 섰고, 산업설비 생산이 급격히 하락하면서 산업 전반이 심각하게 타격을 입었다.

북한은 중화학공업 중심의 산업구조(전력과소비형)에 포박된 상황이었고 생산성을 높이려면 첨단과학기술 중심의 산업구조로 전환하여야 했다.[224] 북한은 CNC 공작기계의 개발과정에서 축적한 기술력을 여러 산업부문의 공정 자동화에 적용했고, 제4차 과학기술발전 5개년계획 기간(2008~12년)에 들어서면서 어느 정도 기술 안정화가 이루어졌던 것으로 평가된다.[225]

북한의 경제발전전략에서 2000년대는 새로운 도전의 시기였다. 북한이 1995년 이래의 고난의 행군을 수습하면서 2002년 9월에 선군시대 경제건설노선을 내건 데에는 첨단과학기술 중심의 산업구조로 전환하지 않고서는 미래가 없다는 위기의식이 작용했다고 볼 수 있다. '위기의 강'을 건너 김정은 시대에 들어오면서 전환과 혁신의 도약기에 들어설 수 있었다. 그렇다고 해도 인민경제 선행부문과 중요공업부문의 중요성은 사그라지지 않는다. 기본에 충실하지 않으면 경제도약이 불가능하기 때문이다.

<표 3-26>은 김정은 위원장의 선행부문과 중요공업부문의 현지지도 등을 정리한 것이다. <표 3-26>에서 유의할 점은 기계공업부문 현지지도가 압도적으로 많았고, 그 중에는 군수단위가 적지 않게 섞여 있다는 것이다. 국방공업의 기계공장 등이 무기생산 외에 민수용 기계생산에 나선 사례도 있었고 일부 기계공장들은 아예 민수용 기계와 군수품(지하공장)을 동시에 생산했던 것으로 알려져 있다. 이 점을 감안해 공개적으로 보도된 기계공장의 현지지도는 모두 포함시켰다.

〈표 3-26〉 인민경제 선행부문과 중요공업부문의 현지지도 등

일자	활동내역	보도
2012.01.22	허철용이 사업하는 기계공장 현지지도	01.22 중통
2012.07.	평양항공역 사업 현지지도	07.05 중통
2013.05.	새로 건설된 강태호가 사업하는 기계공장 현지지도	05.14 중통
2013.05.	조선인민군 2월20일 공장 현지지도	05.17 중통
2013.06.	허철용이 사업하는 기계공장 현지지도	06.17 중통
2013.06.	1월18일기계종합공장 현지지도	06.19 중통
2013.06.	안주시(평남) 송학협동농장 남새온실 시찰 및 남흥청년화학연합기업소 현지지도	06.20 중통
2013.06.	강계뜨락또르종합공장 현지지도	06.22 중통
2013.06.	강계정밀기계종합공장 현지지도	06.23 중통
2013.06.	장자강공작기계공장 현지지도	06.24 중통
2013.06.	룡성기계연합기업소 2월11일공장 현지지도	06.29 중통
2013.06.	신흥기계공장 현지지도	06.30 중통
2013.07.	강동정밀기계공장 현지지도	07.03 중통
2013.08.	5월11일공장(전자제품 생산공장) 현지지도	08.11 중통
2013.11.	주성호가 사업하는 선박공장 현지지도	11.02 중통
2013.11.	조선인민군 11월2일공장 현지지도	11.12 중통
2014.02.	조선인민군 11월2일공장 현지지도	02.20 중통
2014.03.	평양약전기계공장 현지지도	03.03 중통
2014.03.	강태호동무가 사업하는 기계공장 현지지도	03.20 중통
2014.05.	1월18일기계종합공장 현지지도	05.14 중통
2014.05.	천마전기기계공장 현지지도	05.25 중통
2014.05.	허철용이 사업하는 기계공장 현지지도	05.27 중통

일자	활동내역	보도
2014.08.	천지윤활유공장 현지지도	08.05 중통
2014.08.	전동렬이 사업하는 기계공장 현지지도	08.10 중통
2014.08.	조선인민군 11월2일공장 현지지도	08.24 중통
2014.08.	완공된 10월8일공장 현지지도	08.31 중통
2015.01.	강동정밀기계공장 현지지도	01.16 중통
2015.02.	인민무력부 기공구 전시회장 방문	02.02 중통
2015.02.	조선인민군 해군 제597군부대 관한 10월3일공장 현지지도	02.08 중통
2015.03.	전동렬이 사업하는 기계공장 현지지도	04.01 중통
2015.04.	평양약전기계공장 현지지도	04.08 중통
2015.05	룡성기계연합기업소 2월11일공장 현지지도	05.07 중통
2015.06.	완공된 평양국제비행장 항공역사 현지지도	06.25 중통
2015.07.	김종태전기기관차연합기업소 현지지도	07.20 중통
2015.08.	농기계전시장 시찰	08.06 중통
2015.09.	신의주측정계기공장 현지지도	09.04 중통
2015.10.03	백두산영웅청년발전소 준공식에 참석하여 연설 및 전체 건설자들과 기념사진촬영	10.04 중통
2015.10.	김종태전기기관차연합기업소 방문 및 새로 만든 지하전동차 요해	10.23 중통
2015.11.19	새로 만든 지하전동차 시운전 참관	11.20 중통
2015.12.	1월18일기계종합공장 현지지도	12.20 중통
2016.03.	태성기계공장 현지지도	03.02 중통
2016.03.	조선인민군 해군 597군부대 관하 10월3일공장 현지지도	03.22 중통
2016.03.	룡성기계연합기업소 2월11일공장 현지지도	03.24 중통
2016.03.	신흥기계공장 현지지도	04.01 중통
2016.04.	룡성기계연합기업소 동흥산기계공장 현지지도	04.02 중통
2016.04.	리철호가 사업하는 기계공장 현지지도	04.08 중통
2015.05.	기계설비전시장 참관	05.13 중통
2016.05.	허철용이 사업하는 기계공장 현지지도	05.19 중통
2016.08.	1월18일 기계종합공장 현지지도	08.10 중통
2016.08.	순천화학연합기업소에 새로 꾸린 아크릴계 칠감 생산공정 시찰	08.13 중통
2016.12.	원산 군민발전소(자력갱생 창조물) 현지지도	12.13 중통
2017.02.	강동정밀기계공장 현지지도	02.07 중통
2017.11	3월16일공장 현지지도	11.04 중통
2017.11	금성뜨락또르공장 현지지도	11.15 중통
2017.11.	승리자동차연합기업소 현지지도	11.21 중통
2017.12.	압록강타이어공장 현지지도	12.02 중통
2018.01.	새로 개건된 평양무궤도전차공장 현지지도	02.01 중통
2018.02.	새 형의 무궤도전차 시승	02.04 중통

일자	활동내역	보도
2018.05.	완공된 고암-답촌 철길 현지시찰	05.25 중통
2018.07.	청진조선소 현지지도	07.17 중통
2018.07.	라남탄광기계연합기업소 9월1일기계공장 현지지도	07.17 중통
2018.07.	조선인민군 제525호 공장 현지지도	07.25 중통
2018.08.	평양 무궤도전차공장과 버스수리공장 현지지도	08.04 중통
2019.05.05	금야강2호발전소 현지지도	05.05 중통
2019.05.	강계뜨락또르종합공장 현지지도	06.01 중통
2019.05	강계정밀기계종합공장 현지지도	06.01 중통
2019.05.	장자강공작기계공장 현지지도	06.01 중통
2019.05.	2.8기계종합공장 현지지도	06.01 중통
2019.06.	평남기계종합공장 현지지도	06.02 중통

*중통은 '조선중앙통신'의 줄임말.

인민경제 선행부문과 중요공업부문이 농업·경공업과 다른 점은 김
정은 위원장이 2014년 2월 6일에 전국농업부문분조장대회 참가자들에
게 보낸 서한《사회주의농촌테제의 기치를 높이 들고 농업생산에서
혁신을 일으키자》나 2013년 3월 18일의《전국경공업대회 연설》과 같
은 '강령적 저작'이 상대적으로 적다는 것이다. 선행부문과 중요공업
부문이 기간산업이기 때문일 것이다.

다만 전력문제에 대해서는 김 위원장이 2017년 5월에 당·국가경제
기관 책임일군들과 한 담화《전력문제를 해결하여 경제강국 건설의
진격로를 열어나가자》가 공개되었다. 북한은 이 담화를 통해 2016년
에 '국가통합전력관리체계'를 수립했다는 사실을 공개했다. 그는 전력
생산과 공급의 현대화·과학화 사업에서 발전설비의 효율성 제고와 전
력의 도중손실 감소를 강조하기도 했다.

"전력공급을 개선하는 것은 전략생산 못지 않게 중요합니다. 전력공업부문에
서 지난해에 전국적인 통합전력관리체계를 세워 전력의 긴장성을 푸는데 적
지 않게 이바지하였습니다. 그 성과에 토대하여 국가통합전력관리체계를 보
다 높은 수준에서 완성하고 실속 있게 운영하여야 합니다. 모든 단위의 변전
소들이 전력관리 기술장치들을 빠짐없이 설치하고 규정대로 운영하며 공장,
기업소들에서도 자체 전력관리체계를 세워 배정된 전력으로 생산과 경영활

동을 실리 있게 해나가도록 하여야 합니다. 전력 공급사업을 지난 시기에는 중앙에서 도맡아 하였는데 앞으로는 도들이 국가통합전력관리체계 안에서 자체의 실정에 맞게 책임적으로 하도록 하여야 합니다." [226]

"전력생산과 공급을 현대화, 과학화하기 위한 사업에 힘을 넣어야 하겠습니다. 발전소들에서 발전설비들의 효율을 높이고 송전계통에서 전력의 도중손실을 줄이기 위한 대책을 세워야 합니다. 발전소들에서 발전설비의 효율을 높이고 송전계통에서 전력의 도중손실을 줄이는데 전력예비가 있습니다. 지금 있는 발전설비들을 효율이 높은 발전설비들로 교체하고 송전계통에서 전력의 도중손실을 줄이면 몇 개의 발전소를 새로 건설하는 것과 맞먹는 전력예비가 나옵니다." [227]

김 위원장은 선행부문과 중요공업부문의 현지지도를 계속해왔고 현장에서 주요 과업들을 제시했다. 이러한 과업이 선행부문의 현장에서는 적은 편인데 비해 기계공업부문 현지지도에선 압도적으로 많았다. 이는 기계공업의 생산단위가 국방공업과 중첩되기 때문일 것이다. 북한 보도매체가 '강령적 과업'을 모두 공개하지는 않는다. 보도된 것만이라도 잘 살펴보면 인민경제 선행부문과 중요공업부문의 과업 방향을 파악할 수 있다.

여기에서는 인민경제 선행부문의 정책과제, 에너지·석탄공업의 현황과 현지지도, 제철·철강공업의 현황과 현지지도, 철도운수 현황과 현지지도, 중요공업부문의 현황과 현지지도 등의 순서로 다루기로 한다.

1) 인민경제 선행부문의 정책과제

북한은 김일성 시대부터 줄곧 인민경제 선행부문을 중시해왔고 김정은 시대에도 이 원칙은 견지되고 있다. 선군시대 경제건설노선을 내건 김정일 시대에 조선로동당에서 발행한 한 경제해설서는 인민경제 선행부문의 정책과제를 제시한 바 있는데[228] 그 내용은 지금도 여전히 정책 아젠다로 살아 있다.

이를테면 전력공업에서 대규모 수력발전소의 건설, 중소형 발전소의 대대적 건설, 기존 발전소의 효율적 관리운영, 새로운 동력자원의 적극 개발 이용, 생산된 전력의 효과적 이용 등이 과제로 제시되었다. 석탄공업에서는 굴진·갱 건설의 우선시와 예비 채탄장의 마련, 석탄운반능력의 향상, 중소탄광의 개발 확대, 전국가·인민의 지원 등이 과제였다.

금속공업에서는 김책제철연합기업소의 생산 정상화, 금속공장 협동생산 규율의 철저한 관철, 콕스탄을 쓰지 않는 제철법의 적극 도입, 파철수집사업의 전개 등이 강조되었다. 철도운수부문에서는 철길 현대화, 철길 강도의 향상, 철길보수공사의 주력, 기관차·객화차의 생산과 수리, 철도수송 조직·지휘의 개선 등이 중시되었다.

<표 3-27>은 이 정책과제를 세부적으로 정리한 것이다. 선군경제노선 하에서 제시된 정책과제들이지만 김정은 시대에도 변함없이 중시되는 내용들이다. 인민경제 선행부문은 경제발전의 기반에 해당하는 기본 중의 기본이기 때문이다.

〈표 3-27〉 김정일 시대의 인민경제 선행부문의 정책과제

구분	정책과제	세부지침
전력공업	대규모 수력발전소 건설	- 순서에 따라 1~2개 건설대상에 설비·자재·노동력 집중 (섬멸전 방법) - 현재 건설 중인 대규모 수력발전소에 역량 집중 (조업기일 단축) - 국가투자 집중, 전인민경제적 지원 강화 (내각·위원회·성 등 모든 부문이 발전소 건설에 필요한 물질기술적 조건의 최우선적 보장)
	중소형 발전소의 대대적 건설	- 낙차고에 의한 발전소, 띠우개식 발전소, 계단식 발전소 등 다양한 형태 건설 - 공장·기업소의 여유 노동력, 농한기의 노동력과 운송수단 집중 동원 - 건설위치의 합리적 선정, 발전능력과 설비의 정확한 결정, 건설공법 견지

구분	정책과제	세부지침
	기존 발전소의 효율적 관리운영	- 발전소 정비보강, 설비·기술관리 조직화, 선진과학기술 도입 등을 통한 발전기 효율 증대 - 수력발전 : 수차효율 증대, 수력구조물의 보수사업, 과학적 물 관리 등 - 화력발전 : 발전설비에 대한 예방보수체계 확립 (적시 정비보수) - 발전설비의 현대적 기술갱신 - 보수자재 및 부속품·운영자재 보장 - 신규 발전소 및 기존 발전소의 컴퓨터화 추진 (발전소 운영의 과학화)
	새로운 동력자원 적극 개발이용	- 풍력발전소 건설 주력 (서해안반도지대, 백무고원, 두만강하류, 원산만일대, 강원도지대 등) - 기타 조수력, 태양열, 지열 등 여러 가지 형태의 동력자원 개발이용
	생산된 전력의 효과적 이용	- 전력공업의 선후차 구분, 정격전압·정격주파수가 요구되는 국방공업과 주요 인민경제부문과 단위에 대한 우선 공급체계 수립 - 국가 전기와 지방 자체로 생산하는 전기의 합리적인 배합 이용 - 공장·기업소에서 전기를 적게 쓰는 기술공정으로의 전환 대책 수립
석탄공업	굴진·갱 건설 우선과 예비채탄장 마련	- 고속굴진운동 전개, 천공발파방법 개선, 굴진속도 향상 - 선진채탄방법 도입 (수력채탄법의 신속한 도입과 일반화)
	석탄운반 능력 향상	
	중소탄광 개발 확대	- 지방경제발전과 주민용 연료·땔감문제
	전국가·인민의 지원	- 임업 : 동발나무 탄광보내기 - 금속·기계·화학공업 등 : 설비·발파용 자재, 철판, 베어링 등 자재 보내기 - 전력공업부문 : 탄광송전전력 책임보장 - 철도운수부문 : 석탄의 적시운송, 자재설비 운송
금속공업	김책제철 연합기업소 생산정상화	- 소결로와 해탄로의 현대적 개건 - 산소전로와 연속조피기, 가열로의 신기술도입 및 현대화 - 원료와 자재의 원만한 생산보장 (무산광산연합기업소의 접근성 우수)

구분	정책과제	세부지침
	금속공장 협동생산규율의 철저한 관철	
	콕스탄 쓰지 않는 제철법의 적극 도입	- 콕스탄을 적게 쓰거나 전혀 쓰지 않는 방법으로 철을 생산하는 흑색야금공업 건설
	파철수집 사업	- 공장·기업소의 못쓰게 된 설비의 폐기 및 제강소 보내기
철도운수 부문	철길현대화, 철길강도의 향상	- 레일에 작용하는 차량의 축상하중과 열차의 허용 속도의 수준 향상 - 나무침목의 콘크리트침목으로의 교체 - 철도의 중량화·고속화 실현, 철길의 통과능력 향상, 철도 운행의 안정성
	철길보수 공사 주력	
	기관차·객화차 생산 및 수리	- 전력소비 적은 교류기관차 증산, 기존 기관차의 교류기관 차로의 전환 - 성능 좋은 디젤기관차 개발
	철도수송 조직·지휘 개선	- 열차의 무사고정시운동 보장 - 수송조직과 지휘의 컴퓨터화 개선 완성 (철도성 컴퓨터센터와 철도국분소, 주요 역의 통보소 설치에 의한 컴퓨터망 형성)

2) 에너지·석탄공업의 현황과 현지지도

석탄화력과 수력 위주의 전력공업

전력공업은 석탄·석유와 함께 에너지산업의 한 부분이다. 북한의 전력공업은 석탄을 이용한 화력과 수력 위주[229]이다. 화력은 설비관리와 연료공급에 어려움을 겪어 가동률이 저하되어 있고, 수력도 설비 노후화와 수자원 활용여건의 악화로 제약받고 있다. 북한은 장거리 송전의 손실을 줄이기 위해 각 지구의 수요와 공급을 고려해 발전소를 배치해 왔다. 서부지구에는 압록강 수계의 수풍·운봉·강계청년발전소,[230] 대동강 수계의 대동강발전소[231] 등의 수력발전소와 북창·평양 등의 대규모 화력발전소가 있다. 동부지구에는 압록강·두만강지류에 허천강, 부전강, 장진강 등에 대용량 수력발전소가 있는 반면에 선봉·청진 화력발전소 등 화력발전소의 규모는 비교적 작다.

2012년 이후 완공된 대형 수력발전소는 희천1,2호(30만KW), 어랑천2호(2.5만KW), 예성강4호(1만KW), 백두산영웅청년1,2호발전소(5.4만KW), 희천3~12호발전소(12만KW) 등이다. 수력발전소는 30~40년 넘어 노후화가 심각한데, 수풍발전소[232] 노후시설 개보수(2009년 8월~2012년 8월) 외에는 실적이 알려진 바 없다.

북한은 소규모 지방공장과 가정용 전력수요에 충당하기 위해 건설비용이 적게 들고 건설기간도 짧은 중소형 발전소(1만KW 미만) 건설에 집중해왔다. 1지역 1발전소 정책에 따라 중소형 발전소를 집중 건설해 2008년 말까지 약 7,000개, 총 48만KW 이상의 발전용량을 조성한 것으로 알려졌다. 다만 우후죽순雨後竹筍격의 건설과 강우량 부족, 효율 저하 등으로 인해 폐지되거나 가동 중지된 발전소도 많아 2015년에 1,100여개 정도 가동되었던 것으로 알려져 있다.

북한은 2015년 무렵에 금야강발전소 등 1만KW 이상의 발전소 건설에 주력하는 한편, 금야강2호발전소, 백두산영웅청년3호발전소, 예성강청년3,5호발전소 등 대규모 혹은 큰 용량의 중소형 발전소를 건설하고 있다.[233]

화력발전소 건설에 주력했던 것은 1970년대였다.[234] 1960년대의 평양화력발전소(50만KW)[235]건설에 이어 70년대에 북창화력(120만KW),[236] 청천강화력(20만KW),[237] 선봉화력(20만KW)[238] 등을 건설했고 80년대에 북창화력을 증설(40만KW)했고, 청진화력(15만KW)[239]을 건설했다.[240] 그 뒤 순천화력(20만KW)[241] 건설 등이 이어졌으며 2000년대 들어설 무렵에는 대규모 화력발전소 8개에서 296만KW의 발전설비 능력을 갖게 되었다. 화력발전의 설비능력에 수풍, 허천강, 장진강 등의 대규모 수력발전소 20개의 480만KW의 수력발전 설비능력을 합하면 2000년대 들어 발전설비 능력은 총 750만KW가 넘는 것으로 추정되었다.

한편, 북한은 전원 분산의 필요성에 따라 공장화력발전소도 건설해왔다. 공장화력발전소는 보일러를 보유한 공장·기업소들이 폐열을 이용해 발전한다. 제1차 7개년 계획기간(1961~70년, 3년 연장)에 본격적으로 추진되어, 제2차 7개년 계획기간(1978~84년)에는 대부분 공장에 공장화력발전소가 건설되었다. 공장화력발전소의 설비는 최대 용량이 2.9만KW(2.8비날론연합기업소)이고 대부분 1만KW 미만의 소형이며, 폐열과 폐가스 등을 이용하기 때문에 전력 생산량은 저조하다고 한다.

북한은 2010년 이후에 신규 발전소의 건설과 노후 발전소의 개보수에 중점을 두고 노동력 동원과 외자유치에 힘써 왔지만 뚜렷한 성과를 거두지 못한 것으로 알려져 있다.[242]

재생에너지 개발 관심

북한은 2000년대 들어 수력발전의 계절적 제한성, 화력발전의 석탄 생산량 감소와 설비 노후화에 따른 발전능력 감소를 타개하려고 재생에너지(태양광·풍력·지열·생물 등)를 강조했다. 화석연료에서 탈피하여 태양·바람·식물 등의 생태에너지를 이용하려는 노력은 세계적인 추세다. 예를 들어 유럽연합EU은 우라늄까지 고갈되는 40년 뒤 에너지 자원의 3분의 1을 갈대 같은 식물로 충당할 계획인 것으로 알려져 있다.[243]

김정은 집권 이후에 재생에너지 개발을 제도화하고 중장기계획을 발표하는 등의 변화가 나타났다. 풍력발전이 전력수요의 15%를 담당하도록 하겠다는 장기목표에 따라 중규모 발전용 풍력발전기를 개발하고 국제교류를 확대해오고 있다. 2004년 말에 300KW 풍력터빈을 생산한 것으로 알려져 있으나 생산품의 대부분은 10KW 이하라고 한다.

바이오 부문에서는 나무·농업부산물을 태워 에너지로 사용하거나 메탄가스를 이용하는 기술개발이 주종을 이룬다. 2000년의 볏겨가스 개발 이후, 2002년 볏겨가스 발전소의 건설, 2005년 메탄가스를 이용한 조명등 '광명2002-가' 도입 등의 성과를 거두기도 했다. 조수력 부문에서는 시·군 단위로 중소형 조수력 발전소를 건설해왔고 에너지 수급을 높이기 위해 노력하고 있다.[244]

주민용 태양광 패널은 대부분 중국에서 수입되고 일부는 북한에서 생산된다. 중국 자료에 따르면, 2016년 한해 동안 북한에 태양광 패널 466,248개를 수출했다고 한다.[245] 태양광 패널은 지방 백화점이나 시장, 평양국제상품전람회·나선국제상품전시회 등에서 판매되었다.[246]

석탄공업

북한의 1차 에너지 공급구조(2014년 기준)는 석탄 52.6%, 수력 29.4%, 석유 6.6%, 기타 11.4% 등으로 석탄 비중이 압도적으로 높다. 석탄 증산은 전력·화학공업에서의 생산 정상화의 핵심과제다. 북한은 2000년대 들어 심각한 에너지 부족을 해소하기 위해 다양한 노력을 기울였다.

에너지문제를 해결하기 위한 3개년 계획(2003~05년)을 수립하여 석탄 화력발전소들의 노후화된 발전설비 교체 및 기술개건·보수, 전력·석탄 생산에 대한 자본·노동력·수송 등의 집중 투자, 일부 탄광의 기술개건과 설비 현대화 등을 실행하였다. 이러한 노력으로 광업 생산의 감소세가 진정되는 듯 했지만, 에너지문제를 근본적으로 해결하는 데에는 미치지 못했다.[247]

북한에는 무연탄과 유연탄이 풍부하게 매장되어 있다. 탄화가 90% 이상인 무연탄은 평안남도·함경남도 일대의 고생대 지층에 매장되어 있고 잠재 매장량이 약 45억 톤에 달한다(한국광물자원공사의 추정). 금속·철강공업에 필요한 역청탄(콕스탄)은 생산되지 않아서 전량 수입에 의존한다. 탄화가 불충분한 갈탄이 전체 석탄 매장량의 약 45%를 차지하는데 주로 함경북도 일대의 신생대 제3기층에서 채굴되며 잠재 매장량은 약 160억 톤에 달한다. 갈탄이 주종인 유연탄 산지로는 함북북부탄전, 함북남부탄전, 안주탄전 등이 유명하다.

함북북부탄전은 온성군, 회령시, 경흥군, 경원군 등 두만강 연안의 갈탄 중심이고 매장량은 약 19억 톤으로 추정된다. 함북남부탄전은 길주군, 명천군, 경성군 등의 탄전이 해당되며 매장량은 약 5억 7천만 톤으로 추정된다. 안주탄전은 청천강 하류의 문덕군, 숙천군, 증산군 등 평야지대와 황해 해저지역에 분포한 유연탄 탄전이고, 매장량은 1백 수십억 톤으로 추정되며 채굴가능 매장량의 4분의 3이 해저에 묻혀 있다.

한국광물자원공사는 국제기준의 적용 시에 북한의 석탄 매장량(채굴가능량)이 약 26억 톤 수준일 것으로 추산하고 있으며, 영국원유(British Petroleum)사가 출간한 『2013년 세계에너지통계』는 북한의 채굴가능한 확정 매장량을 무연탄 및 역청탄 3억 톤, 아역청탄 및 갈탄 3억 톤 수준으로 집계하였다.[248]

김정은 시대에 들어와 석탄부문의 과학기술발전에 노력을 기울이는 징후가 뚜렷하다. 지구촌의 거의 대부분 국가들이 석유 중심의 중화학공업구조를 갖고 있는데 비해 북한은 석탄 중심의 중화학공업구조를 갖고 있다.

세계적으로 석탄가스화 기술이 급속도로 발전하고 있고 에너지원 및 화학원료로서 석탄이 지닌 결함이 해소되고 있어서 석탄공업은 새롭게 조명되고 있다. 북한도 석탄가스화 기술공정을 비롯한 다양한 석탄 관련기술들을 산업에 도입하면서 석탄·전력·화학공업의 발전 토대를 강화할 수 있는 새로운 기회를 맞이하고 있다.

전력·석탄공업부문 현지지도

인민경제 선행부문 가운데 전력공업과 관련된 김정은 위원장의 활동과 신규 수력발전소 건설의 동향을 살펴본다. 전력공업은 말할 나위 없이 산업 전반의 기초이다. 그가 방문한 발전소는 백두산영웅청년발전소, 원산군민발전소, 금야강2호발전소, 어랑천발전소 등이었다.

〖1〗 김 위원장은 2015년 4월에 백두산선군청년발전소 건설장을 시찰했다.[249] 량강도 백암군의 서두수 상류에 건설된 백두산선군청년발전소(3개 계단식 발전소)는 수력발전소 건설 역사상 가장 불리한 자연 지리적 조건을 극복해야 하는 공사대상이었다고 한다. 그는 건설현장에서 "장군님(김정일 국

방위원장)이 남긴 유산인 백두산선군청년발전소 건설을 하루빨리 완공하자는 것을 청년돌격대원들에게 호소하기 위해 찾아왔다"고 했다. 그는 건설장의 여러 곳을 돌아보며 공사정형과 돌격대원들의 생활을 요해했고, 기본건설 대상인 1호 발전소 콘크리트 언제堰堤(댐)공사 가속화, 2호 발전소 사석언제 건설 종료 및 물길굴 건설의 마감단계 진입 등의 성과에 만족을 보였다. 그는 "당 창건 70돌(10월)까지 1호, 2호 발전소 건설을 무조건 끝내야 한다"고 지시했다. 그는 "발전소 건설을 다그쳐 끝내자면 시멘트, 강재, 연유燃油, 건설용 자재, 발전설비를 제때에 생산보장해주며 수송문제를 풀어야 한다"면서 내각과 성·중앙기관들에서 필요한 대책을 세우라고 지시했다. 그는 "백두산 선군청년발전소 건설에서도 군민軍民협동작전의 위력을 발휘하여야 한다"면서 "인민군대의 역량을 건설장에 파견해주겠다"고 약속했다.

이 수력발전소의 건설에 청년돌격대원들을 집중적으로 투입해오다가 그해 10월까지 1호·2호 발전소 건설을 완료하려면 건설인력이 더 필요하다고 판단해 군대를 파견하기로 결정했던 것이다. 내각 등 중앙경제기관들에게는 수력발전소 건설자재와 발전설비 등의 공급과 수송 과업을 제시함으로써 발전소 건설이 국가적 사업임을 분명히 했다.

그는 2015년 10월 3일에 열린 이 발전소의 준공식에 참석했다.[250] 조선중앙방송은 같은 날 백두산영웅청년2호발전소[251]에서 전력생산이 개시되어 삼지연군을 비롯한 량강도에 더 많은 전기를 보내는 토대가 한층 강화되었다고 보도했다. 보도에 따르면, 백두산영웅청년돌격대원들은 모든 건축공사를 최단기간에 결속해 발전설비 조립을 맡은 단위들에서 40일 만에 설비조립 목표를 달성하고 부분별 시운전에 들어갔다. 발전소 건설과정에서 수력설비조립사업소, 대안중기계연합기업소, 연두평수력발전건설사업소, 국가과학원 등이 협력했으며,[252] 9월 29일부터 무無부하단계의 시운전을 시작했으며 연이어 부하단계의 시운전에 들어갔다. 그 과정에서 건설 관계자들은 발전기 조립상태와 진동·소음준위·유압계통 등에 대한 시험을 진행했다. 조기부期 조업한 1호 발전소에서 삼지연군까지 시험 송전이 진행되고 2호발전소에서도 전력생산이 시작됨에 따라 삼지연군을 비롯한 량강도에 더 많은 전기를 보낼 수 있는 토대가 강화되었다는 것이다.[253]

백두산영웅청년3호발전소는 언제의 속벽 콘크리트혼합물 다지기와 본체 쌓기를 2016년 1월 13일 시작해 3월 31일에 완료했다.[254] 김 위원장은 그해 4월 하순에 3호발전소의 현지지도에 나섰다.[255] 그는 "백두산영웅청년돌격대원들이 우리나라 수력발전소 건설 역사상 가장 불리한 자연 지리적 조건을 극복해야 하는 엄혹한 난관과 시련 속에서도 새로운 기술혁신안들과 합리적인 건설공법들을 적극 받아들여 겨울철에는 수력발전소 건설을 할 수 없다던 기존 건설공법에 종지부를 찍었다"고 말했다. 그는 "고난의 행군, 강행군 시기에는 혁명적 군인정신과 강계정신이 창조되었다면 오늘의 어려운 시기에는 백두산영웅청년정신이 창조되었다"고 치하하면서, 3호발전소 건설에서 위훈을 세운 전체 돌격대원들과 건설자들, 대안중기계연합기업소와 라남탄광기계연합기업소, 수력설비조립사업소를 비롯한 연관부문 공장·기업소 일군들과 노동계급에게 조선로동당 명의의 감사를 주었다.

같은 해 4월 28일에 거행된 3호발전소 준공식에 최룡해·오수용 당 중앙위원회 비서, 리상원 량강도 당위원회 책임비서, 전용남 청년동맹 중앙위원회 등이 참가했다.[256] 백두산영웅청년발전소 건설에서 확인된 바는 북부지역의 전력문제를 해결하기 위해 수력발전소 건설에 전념하고 있다는 것, 수력발전소 건설에는 청년돌격대와 군대가 동원된다는 것, 발전설비를 생산하는 대안중기계연합기업소 같은 국가기업소들이 건설 단계에서부터 참여한다는 것 등이다.

[2] 조선중앙통신은 2016년 4월 29일 원산군민발전소 준공식을 보도했다. 이 발전소는 서해로 흐르는 강물을 동해로 돌려 낙차고落差高를 조성하여 전기를 생산하는 유역변경식流域變更式 수력발전소다. <그림 3-2>는 유역변경식 수력발전소에 대한 이해를 돕기 위해 남한의 강릉수력발전소를 예시한 것이고 <그림 3-3>은 한반도 최초의 유역변경식 발전소인 부전강발전소를 표현한 것이다.[257] 박봉주 내각총리, 오수용 당 중앙위원회 비서(경제담당), 박정남 강원도 당위원회 책임비서 등이 준공식에 참가했고 준공식에서 당 중앙위원회 감사문이 전달되었다.[258]

김 위원장은 그해 12월 중순에 원산군민발전소를 방문했다.[259] 그는 "원산군민발전소가 완공됨으로써 도道의 경제발전과 인민생활 향상에 필요한 전력과 주민 생활용수, 공업 및 관개용수 문제를 보다 원만히 해결할 수 있는 튼튼한 토대가 마련되었을 뿐 아니라 이 지역의 자연 풍치를 더욱 아름답게 변모시킴으로써 강원도 인민들의 생활향상을 위하여 그토록 마음 쓰던 장군님(김정일 국방위원장)의 염원을 빛나게 실현할 수 있는 확고한 전망이 열리었다"고 말했다. 그는 "강원도 인민들에 대한 믿음과 기대가 더욱 커졌다"면서 "이룩한 성과에 자만하지 말고 창조와 건설의 동음(動音)소리를 더 높이 울리며 모든 면에서 전국의 앞장에서 달려 나가라"고 격려했다. 원산군민발전소는 김정은 시대에 들어와 대대적으로 건설하고 있는 원산갈마해안관광지구의 전력 공급에 필요한 사업인 것으로 관측된다.

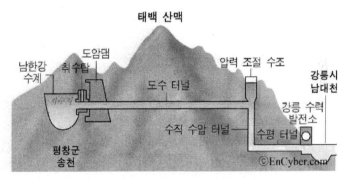

〈그림 3-2〉 강릉수력발전소 예시도

〈그림 3-3〉 부전강 유역변경식 수력발전

[3] 조선중앙통신은 2016년 8월 4일 금야강군민발전소 조업식(8월 3일)을

보도했다. 금야강은 함경남도 수동구와 요덕군을 거쳐 금야군 남동부에서 동해 송전만으로 흘러드는 강이다. 이 발전소의 조업에 따라 동해지구의 전력문제 해결에 유리한 환경이 조성됨은 물론, 금야강 일대의 큰물피해를 막고 관개용수를 보장하여 농업생산을 늘릴 수 있게 되었다고 한다. 오수용 당 중앙위원회 부위원장(경제담당)은 "일군들과 종업원들이 설비관리와 발전기 정비보강 사업을 짜고 들며 현대적 과학기술에 기초하여 발전설비의 효율을 높이고 만가동, 만부하를 보장함으로써 나라의 경제발전과 인민생활 향상에 필요한 전기를 원만히 생산 보장할" 것을 강조했다.[260]

금야강군민발전소는 강원도 원산에서 함경남도에 이르는 동해지구의 전력부족을 해소하기 위한 조치로 관측된다. 원산군민軍民발전소와 금야강군민軍民발전소의 명칭에서 지역경제 발전을 위해 군인 건설자들과 지역 주민들이 공동으로 발전소 건설에 참여했음이 확인된다. 생산된 전력이 군과 민간에 함께 공급되는지는 알려진 바가 없지만, 군이 운영하는 동해지구 수산사업소에도 전력공급이 이뤄질 것으로 추정된다.

김 위원장은 2019년 5월 4일 금야강2호발전소를 방문해[261] 언제와 발전기실을 비롯한 발전소의 여러 부문들을 돌아보며 건설 정형과 기술장비, 전력생산 실태를 요해했다. 그는 금야강군민발전소와 잇닿아 계단식으로 건설된 금야강2호발전소는 금야강군민발전소에서 나오는 퇴수退水와 여러 산골짜기에서 흘러내리는 물 원천으로 인해 갈수기渴水期에도 계절적 영향을 받지 않고 전기를 정상적으로 생산할 수 있다는 보고를 받고 "중소형 발전소로서 규모도 적당하고 수력 자원을 효과적으로 이용하기 위한 타산을 잘하여 실리 있게 건설한 것이 마음에 든다"고 말했다. 그는 "금야강2호발전소에 계획대로 수천KW 발전기를 다 설치하고 전력을 생산하면 군내 지방공업공장들과 협동농장들은 물론 주민지구에 필요한 전력도 충분히 보장할 수 있다"면서 금야군의 일군들과 근로자들의 불굴의 투쟁정신을 치하했다. 북한이 전력문제 해결을 위해 대규모 수력발전소(금야강군민발전소)와 중소형 발전소(금야강2호발전소)를 연결시켜 건설하는 방식을 고안하고 있으며, 이런 방식은 다른 수력발전소에서도 나타나고 있다.

【4】조선중앙통신은 2017년 5월 18일에 열린 단천발전소 건설 착공식 행사를 보도했다. 단천발전소 건설은 수백km의 물길 굴을 형성하고 여러 강하천의 물을 효과적으로 이용하기 위한 언제와 발전소를 만드는 사업이다. 발전소 착공식에 박봉주 내각총리, 오수용 당 중앙위원회 부위원장(경제담당), 로두철 내각 부총리, 김성일 함경남도 당 위원장, 리상용 량강도 당 위원장 등이 참가했다. 박 총리는 착공사에서 "대규모의 단천발전소가 건설되면 나라의 긴장한 전력문제를 해결하고 사회주의 경제강국 건설을 다그치는데 이바지할 수 있으며 인민들에게 행복한 물질문화 생활을 안겨주고 후대들에게 먼 훗날에 가서도 손색이 없는 재보를 마련해주게 될 것"이라고 말했다.[262] 단천발전소 건설은 풍부한 지하자원 산지에 채취공업·유색야금공업이 집중된 단천지구의 전력부족을 해소하기 위한 조치다. 단천지구는 인민생활자금 보장 단위이며, 남북 경제협력의 요충지가 될 곳이기도 하다.

조선중앙통신은 2018년 3월에 단천발전소 1단계 건설이 추진되고 있는 소식을 다루었다. 현장지휘부에 종합된 자료에 의하면, 1호발전소와 5호발전소 암반굴착은 55%, 물길굴 건설을 위한 작업갱 굴진목표는 44% 수행됐으며 여러 단위에서 기본 물길굴 굴진에 들어갔다. 군인건설자들은 합리적인 시공방법을 도입해 1호발전소 원추관 설치와 방수로 옹벽콘크리트타입 속도를 높였다고 한다. 굴착기와 삽차, 대형화물차를 비롯한 윤전輪轉기재들의 가동률을 높여 매일 800여m³씩 압력철관로 부설을 위한 토사굴착을 했다. 물길굴 공사를 맡은 군인건설자들은 암질조건에 맞게 천공 위치와 각도를 정하고 발파효율을 높여 2,000여m의 도갱굴진을 진행했다고 한다.

단천5호발전소 신흥언제 건설을 맡은 군인건설자들도 매일 500여m³의 암반굴착을 했다. 지형분석방법으로 작업갱들의 위치와 위험개소들을 찾아냈으며 발파가스제거 기술, 무선원격폭파기, 휴대용 콘크리트 수화열측정기 등을 받아들여 공사 기일을 앞당기는데 기여했다고 한다.[263] 북한 보도매체들은 발전소 등의 건설현장 소식을 전할 때 간혹 구체적인 숫자를 제시한다. 이것은 건설현장들의 경쟁을 유발하면서도, 성과 보도를 통해 기술자·노동자들을 격려하려는 것이다.

|5| 김 위원장은 2018년 7월 중순에 함경북도 남부지역의 어랑천발전소를 현지에서 지도했다.[264] 김일성 주석의 교시(1981년 6월 5일)에 따라 건설을 시작한 어랑천발전소는 어랑천 상류에 언제식으로 3호, 4호 발전소를 건설하고 그 아래에 팔향八鄕언제를 쌓아 물길 식으로 1호, 2호, 5호 발전소를 건설하게 되어 있으며, 총 발전능력은 13만 4천KW로 계획되었다.

그는 팔향언제 건설을 시작한지 17년이 되도록 총 공사량의 70% 밖에 진행하지 못한 원인을 파악하려고 이곳을 방문했다고 한다. 그는 내각 책임일군들이 팔향언제 건설장에 최근 몇 년간 한 번도 나와 보지 않았다는 보고를 받고, "도대체 발전소 건설을 하자는 사람들인지 말자는 사람들인지 모르겠다", "현장에 나와 보지 않으니 실태를 알 수 없고 실태를 모르니 대책을 세울 수가 없는 것은 당연하다"고 질타했다. 그는 "지금 위에서는 아래 실태를 외면하고 어랑천발전소 건설을 국가경제발전 5개년전략기간 수행할 과업이라고 말공부만 하고 있으며 고작 연석회의 보고문이나 매번 판에 박은 듯 꼭 같은 《내각사업계획서》라는데 힘을 넣어 추진할 대상이라고 목록에나 써넣고 그 문서장만 들고 만지작거렸지 실제적이며 전격적인 경제조직사업 대책을 세운 것은 하나도 없다"고 비판했다. 내각 전력공업성 간부들을 심각하게 문제삼은 발언이었다. 그의 발언에서 《내각사업계획서》의 존재가 확인되며, 주요 계획에 어랑천 상류의 언제 건설을 포함시키고도 실효성 있는 조직사업을 전개하지 않는, 책상물림의 태도를 문제 삼았음을 알 수 있다.

그는 "최근에 우리 당중앙위원회는 내각과 성, 중앙기관들의 사상관점과 소방대消防隊식 일 본새, 주인답지 못하고 무책임하며 무능력한 사업태도와 만성적인 형식주의, 요령주의에 대하여 엄한 시선으로 주시하고 있다"고 말했다. 이 발언은 당중앙위원회 조직지도부 등에 의한 내각 부서와 어랑천 현장 책임자들에 대한 지도검열을 단행할 수 있음을 경고한 것이었다. 무책임과 무능력, 형식주의와 요령주의 등은 어랑천발전소 사업에 국한된 것이 아니기 때문에 내각 사업 전반에 대한 지도검열을 염두에 둔 것일 수 있다.

그는 "당 중앙위원회가 전체 당 조직들과 당원들을 총발동하여 언제 건설뿐 아니라 어랑천발전소 건설을 틀어쥐고 조직 지도하여 다음해 10월 10일까지 공사를 완공할" 것을 지시했다. 그는 "전력공업은 인민경제의 생명선이며 심장과도 같다"면서 "어랑천발전소 건설을 전당적으로, 전국가적으로 힘을 넣어 해제껴야 한다"고 강조했다. 김 위원장이 당·국가의 해당 부문에 어랑천발전소 건설에 총력 집중할 것을 지시한 것은 함경북도의 전력 사정이 화급하고 건설 가속화의 여력이 있음을 암시한다.

김 위원장이 수력발전소 건설장에서 강조한 과제는 시멘트, 강재, 연유, 건설용 자재, 발전설비 등을 보장하는 것과 수송문제를 해결하는 것에 집중되었다. 백두산영웅청년발전소 3호 발전소의 건설에서 겨울철에도 수력발전소 건설이 가능한 공법을 도입했다는 점이 눈에 띈다. 유역변경식 발전소인 원산군민발전소는 강원도 내의 전력, 생활용수, 공업·농업관개용수 등을 해결하기 위한 것이었고 금야강군민발전소는 동해지구의 전력부족을 해소하기 위한 것이었다.

그가 금야강2호발전소와 같은 중소형 발전소에 대한 현지지도에 나선 것은 동해지구 수산사업소에 대한 전력공급을 중시한 것으로 보이고, 대규모 수력발전소와 중소형 발전소의 배합을 강조하려는 의지도 있는 것 같다.

그는 어랑천발전소에서 《내각사업계획서》에 주력사업으로 올려놓고도 "실제적이며 진격적인 경제조직사업 대책을 세운 것은 하나도 없다"고 비판의 날을 세웠다. 그는 "최근에 우리 당 중앙위원회에서는 내각의 성, 중앙기관 등의 사상관점과 소방대식 일 본새… 만성적인 형식주의, 요령주의에 대하여 엄한 시선으로 주시하고 있다"고 말해 내각 전력공업성 등의 책임자들로 하여금 간담이 서늘하게 했다. 이것은 수력발전소 건설의 중요성에도 불구하고 해당 부문의 간부들이 매너리즘에 빠져 있어 전력문제의 해결에 장애를 조성한다고 판단했기 때문일 것이다.

김정은 시대에 들어와 수력발전소는 꾸준히 건설되고 있지만[265] 화력발전소의 건설·증설계획에 관한 보도는 보이지 않았다. 북한이 화력발전에 소극적인 것은 석탄생산량의 감소나 중유 부족 탓도 있겠지만 화력발전소를 개보수해도 노후화로 인해 발전효율을 높이기 어려운 사정이 작용했을 것이다.

북한이 전력부족에서 탈출하려면 화력발전소 추가증설이 필요하지만,[266] 김정은 시대에 들어와서 선행부문에 대한 대규모 신규설비의 투자에는 전반적으로 소극적이다.[267] 대규모 신규 투자를 늘리기 보다는 김정일 시대에 시작한 프로젝트의 마무리와 생산의 안정화·효율화·현대화에 주력하고 있다고 볼 수 있다. 대규모 신규설비 투자의 중요성을 몰라서 그런 게 아니라 우선순위와 부족한 재원을 고려했기 때문일 것으로 관측된다.[268] 석탄공업의 경우에도 새 광산이나 갱에 대한 개발투자보다는 기존 광산의 채굴·처리 능력의 향상을 위한 투자에 집중하는 것으로 나타나고 있다.[269]

김 위원장이 석탄공업부문에 대한 현지지도에 나섰던 기록은 한 차례로 나타났다. 그는 2018년 7월 중순 라남탄광기계연합기업소 9월1일 기계공장을 방문했다.[270] 그는 과학기술보급실, 기계조립장을 비롯한 공장의 여러 곳을 돌아보면서 생산실태를 파악하고 '강령적 과업'을 제시했다.

그는 2016년 9월 25일에 열린 전국지질탐사부문일군열성자회의에 보낸《서한》에서는 지질탐사에 대한 과업을 담았다. 조선중앙통신 보도에 따르면 이《서한》은 박봉주 내각총리를 통해 전달됐으며 "당 제7차 대회가 제시한 사회주의 경제강국 건설의 웅대한 목표를 점령하기 위하여서는 지질탐사 사업에서 일대 전환을 가져와야 한다"는 지시가 담겨 있다고 한다. 그는 "지질탐사는 사회주의경제강국 건설의 척후전선"이라고 강조했다.

이 열성자회의에서 보고에 나선 리룡남 내각 부총리는 "서한에 제시된 과업을 받아 당의 국가경제발전전략에 기초하여 전망목표와 단계별 과업, 실행대책을 세우며 현존 토대와 잠재력을 최대한 동원 이용하여 반드시 수행하여야 할 것"이라고 강조했다.[271] 기존 광산만으로는 석탄공업의 획기적인 발전을 기대하기 어렵기 때문에 지질탐사 부문의 혁신과 발전을 통해 광산개발을 확대하려는 것이었다.

〈표 3-28〉 김정은 위원장이 전력·석탄공업부문 현지지도에서 내린 과업

방문단위	과업 내역
어랑천 발전소	- 어랑천발전소 건설에 필요한 설비·자재보장과 수송을 맡은 모든 단위들에서 증산·증송투쟁을 힘 있게 조직 전개할 것 - 연유燃油도 계획대로 보장해주며 언제 건설장에 있는 윤전輪轉기재들과 건설기계들의 가동률을 높여 건설속도와 질을 철저히 보장할 것 - 효율이 높고 현대적인 발전설비들을 설치하고 만가동·만부하를 보장해 전력생산을 끊임없이 늘릴 것 - 품이 좀 들더라도 전력도중 손실을 줄이기 위한 결정적인 대책을 강구하여 생산된 전력을 효과적으로 이용할 것
라남탄광 기계연합 기업소 9월1일 기계공장	- 생산건물들의 정상유지 관리사업과 함께 생산공정과 설비들의 기술개건사업도 계속 힘 있게 내밀 것 - 노동자·기술자들이 창조적 협조를 강화하고 대중적 기술혁신 운동을 광범히 벌려 생산능력을 확대하고 기계제품들의 현대화·자동화를 높은 수준에서 실현할 것 - 생산과 과학기술을 밀착시키고 대담하고 통이 크게 작전하고 완강하게 실천하여 높은 기술을 요구하는 기계제품들도 만들어 낼 것 - 종업원들 모두가 다 기계설비에 정통하고 현대과학기술로 무장하여 기계제품의 질을 결정적으로 높일 것 - 종업원들의 후방공급사업을 개선하고 훌륭한 물질문화생활 조건을 마련해주기 위한 사업에 깊은 관심을 돌릴 것 - 사상·기술·문화의 3대혁명 기치를 높이 들고 공장을 굴지의 기계제작 중심기지로 꾸려나갈 것
전국지질 탐사부문 일군 열성자 회의서한	- 지질탐사부문의 발전전략을 과학적·전망적으로 수립하고 단계별로 집행할 것 - 지질탐사사업의 현대화·정보화를 실현할 것 - 탐사설비들을 현대화·국산화할 것 - 국가의 통일적인 지도하에 지하자원 개발의 규율과 질서를 확립할 것 - 지하자원보호 감독기관의 책임성과 역할을 높일 것 - 지질탐사부문에 대한 물질기술적 보장사업에 국가적 힘을 투입할 것

3) 제철·제강공업의 현황

제철·철강공업

북한의 금속공업은 흑색금속(철과 그 합금 포함)과 비철금속을 포함하며, 흑색금속공업은 제철공업과 철강공업으로 나눠진다. 제철공업은

선철·입철·해면철과 합금철 생산부문으로 분류된다. 제철공업에서 생산된 선철 대부분은 강철 생산의 주원료로 쓰이며 그 일부는 주물 생산에 쓰인다. 입철과 해면철은 강철 원료로 쓰이며 합금철은 주로 합금강 생산에 쓰인다. 제철공업의 주요 과제는 선철 생산에서 콕스탄 사용을 최대한 줄이며 국내 탄으로 철을 생산하는 새로운 야금법을 발전시키는 것이다.

철강공업은 선철·입철·파철을 주원료로 만든 강철로 압착가공제품을 생산하는 분야다. 야금부문에서는 제철공업에서 생산되는 선철·입철·합금철과 파철 등을 주원료로 하여 여러 가지 강철을 생산한다. 제강로에서 뽑아낸 강철 물을 모형에 부어 일정한 크기의 덩어리로 만든다. 압착가공부문에서는 제강직장에서 생산된 강괴를 소재로 여러 가지 압연강재와 2차 금속가공제품을 생산하고 있다.[272]

북한 제철·철강공업의 입지를 보면, 청진시를 중심으로 한 함북 북부지구, 송림·남포시를 중심으로 한 대동강하류지구, 평양시와 주요 공업중심지 등의 철강생산기지, 주요 기계공업 중심지들에 조성된 큰 규모의 주철·주강기지, 지방공업부문에 속하는 중소규모의 주철·주강품 생산기지 등으로 분포되어 있다.

함북 북부지구와 대동강하류지구가 절대적인 비중을 차지한다. 이 지역은 철광석·석탄 등의 원자재 공급이 원활하고 인근 하천의 공업용수가 풍부하며 원자재·완제품 수송을 위한 교통이 발달되어 있다. 철광석 매장량(약 30억 톤 추산)이 풍부하며 경제적으로 가치 있고 많이 쓰이는 자철석·적철석·갈철석 등이 있다. 중석·니켈·코발트와 크롬 같은 합금용 광물과 용제로 쓰이는 석회석, 내화재료로 쓰이는 마그네사이트, 점토·규소와 사문석 같은 광물자원도 많다.

주요 철강공장들은 함북 청진(김책제철연합기업소)[273]과 김책(성진제강연합기업소),[274] 황북 송림(황해제철연합기업소),[275] 평남 남포(천리마제강연합기업소)[276] 등에 위치한다. 이들 공장은 원료를 무산광산 등 인근 철광산에서, 공업용수를 대동강과 수성천(청진시) 등에서, 전력을 북창화력발전소 등에서 공급받는다. 주변에 관련 기계공장이 많이

산재해 있어 제철공장의 활용도는 높은 편이다.[277]

북한은 6개년 계획기간(1971~76년)에 구소련의 경제기술협조에 힘입어 대야금기지 구축을 위한 김책제철연합기업소 확장공사를 추진해 연산 100만 톤 규모의 제강공장과 열간압연공장을 갖추었고, 이 기간에 철강공업 현대화의 전환점을 이루었다. 그 뒤 구소련의 지원으로 김책제철에 처음으로 연산 40만 톤급 규모의 냉간압연공장을 건설했다. 1984년에는 철강생산 목표를 기존의 2배인 740~800만 톤으로 정해 김책제철을 비롯한 청진·성진 제강소를 대폭 확장했다.

제3차 7개년 계획기간(1987~93년)에 북한은 생산능력의 확장, 생산의 과학화·자동화를 통한 생산성 제고, 강종鋼種의 다양화와 고강도 제품의 생산 등을 추진했다. 이 기간에 철강 1천만 톤을 목표로 삼아 1989년에 김책제철 2단계 확장공사를 완료했다(철강 생산능력 240만톤, 압연능력 140만 톤). 1989년 12월에는 천리마제강 내 10월9일강철공장(철강 연산 200만 톤 규모)을 착공하기도 했다. 1993년에는 10월3일제철소의 신규 건설 등 생산능력 확장과 제강제품의 다양화를 꾀하였다.[278]

북한은 제3차 7개년 계획기간에 금속공업의 정책 방향으로 '자체의 원료·연료에 의존한 금속공업의 주체화·현대화'를 제시했다. 철강공업에서 선철 생산보다 철강·압연강재의 생산능력을 제고시켜 철강생산구조를 개선하려고 했다. 특히 고속도강·스테인리스강 등 합금강과 특수강의 생산 비중을 높이는 동시에, 규격 강재의 종류를 다양화하고 2차 금속제품의 생산을 늘리는데 주력했다.

1995년 고난의 행군에 들어가면서 전력·원자재 부족 등으로 제철·제강소 가동률은 미미한 수준으로 떨어졌다. 북한은 1997년 6월에 금속부문의 생산 목표를 연간 1천만 톤에서 144만 톤으로 대폭 감축시킬 정도로 큰 어려움을 겪었다. 김정일 국방위원장은 2006년에 김책제철연합기업소의 정상화를 내걸고 당·국가·군대의 연합지휘집단을 구성하면서 금속공업에서 전환점을 만들어냈다. 그는 '우리식 주체철 생산'을 강조하면서 철강재의 증산을 통한 산업 정상화를 역설했다.[279] '우리식 주체철' 생산은 역청탄 없이 철광석·석회석·무연탄가루를 혼합하여 초고전력전기로에 넣어 대형 산소분리기에서 발생한 공업용 산소를 불어넣는 방법을 사용한다.

북한은 2009년에 성진제강연합기업소에서 주체철 생산체계를 확립한 이래 다른 제철소에도 이를 도입해 왔다. 우리식 주체철 생산 노력은 김정은 시대에 와서도 지속되고 있다. 북한은 2018년 9월 김책제철에서 100% 자체 기술과 연료·원료로 운영되는 생산 공정을 확립했고, 거의 같은 시기에 황해제철의 주체화 대상공사를 완공했다.

비철금속공업

금속공업의 한 부분인 비철금속공업은 제련부문과 가공부문으로 이뤄져 있다. 제련부문에서는 비철금속 광물을 처리하여 동·니켈·납·아연 등 중금속과 알루미늄·마그네슘 등 경금속, 텅스텐·몰리브덴 등 희유금속, 금·은·백금 등의 귀금속과 황동·청동·경질합금과 같은 여러 가지 유색합금과 순금속을 생산한다. 가공부문에서는 제련부문에서 생산된 유색금속과 그 합금들을 압착 가공하여 판, 띠, 봉, 관, 선 등을 생산한다.

마천령산맥 일대와 평안도·황해도 지역에 다양한 비철금속 자원이 부존되어 있다. 납·아연광은 함경남도 단천군 검덕광산에 9km에 걸쳐 광맥이 형성되어 북한 전체의 절반이 매장되어 있고, 함남·평남·황남을 중심으로 20여개 지역에 걸쳐 광맥이 분포되어 있다. 금·은 광산으로는 운산광산, 상농광산, 물동광산, 옹진광산, 함흥광산, 락산광산 및 천마광산 등이 유명하다. 비철금속 공장은 강원도 문평·문천을 비롯하여 함경남도 함흥 등 각지에 산재해 있다.

비철금속공업의 배치는 동부지구와 서부지구 간에 차이를 보인다. 구리광석은 82%가 동부지구에서 생산되지만 제련능력의 대부분은 서부지구에 집중되어 있다. 납광석은 62%가 동부지구에서 생산되고 나머지는 서부지구에서 생산되지만, 제련능력의 대부분 동부지구에 집중되어 있다. 귀금속은 제련소 부산물에서 생산되는데, 제련설비가

1960년대 재래식 용광로법 방식이어서 기술수준이 떨어진다.

지역별로는 평양유색금속공장, 만경대알루미늄샷시공장 등(이상 평양), 북창알루미늄공장(평남), 평북제련소, 용암포제련소(이상 평북), 해주제련소, 해주금강청년제련소(이상 황남), 문평제련소, 9월21일제련소, 원산제련소(이상 강원), 흥남제련소, 7월27일제련소(이상 함남), 운흥제련소(량강) 등이 있다.[280]

북한은 1970년대에 비철금속공업의 시설 확장에 나섰다. 6개년 계획 기간(1971~76년)에 문평·흥남제련소(동부), 남포·해주제련소(서부)의 생산능력을 높이고 동부지구에 구리제련소, 서부지구에 납·아연을 동시 처리하는 제련시설을 건설했다. 그밖에 전기·전자공업이 요구하는 희유금속과 순금속의 수요를 자체 조달할 것을 계획했다. 제2차 7개년 계획기간(1978~84년)에는 유색금속 100만 톤 생산목표를 달성하기 위해 기존 제련소들을 확장했고 북창알루미늄공장(연산 2만 톤)이 1985년부터 조업에 들어갔다.

단천지구의 대규모 유색야금기지 신규 건설계획은 1976년 이래 지속되었다. 해방 전에 건설되어 개보수·확장된 남포·문평·흥남 등 3대 제련소와 1980년대에 건설한 운흥(구리), 평북(금·동), 해주금강청년(납), 단천(아연), 9월21일(아연) 제련소와 북창알루미늄공장 등의 생산능력은 구리 4.9만 톤, 납 9.3만 톤, 아연 30.5만 톤, 알루미늄 2.4만 톤 등 총 47.1만 톤에 달한다.[281]

1990년대에는 에너지 부족에 따른 원부자재 감소, 콕스탄 수입 감소, 제련설비의 노후화 등으로 인해 유색금속 분야는 부진을 면치 못했다. 북한은 설비 노후화 및 환경오염 때문에 2000년 12월에 남포제련소와 211호 제련소를 철거한 바 있다.

북한은 2000년대 들어 비철금속을 포함한 광물자원의 생산증대에 나선 가운데 2002년에 납·아연·구리 등의 증산을 위해 검덕·혜산지구의 광산들과 제련소 등에 역량을 집중했다. 2006년에는 철 생산기지의 생산 정상화, 주요 금속공장의 개건 현대화, 채취공업부문에 대한 투자 증대 등에 나섰다.

2010년대 들어서는 전력·건설자재 공급의 개선에 힘입어 각급 제련소의 설비 철거·개선사업이 활발히 진행되었다. 2012년에 운흥제련소의 개건 확장공사 완료, 2013년에 단천제련소의 산화아연 생산공장 건설, 평북제련소의 정련시설 확장공사 완료, 2014년에는 7월27일제련소의 정련시설 재건축 진행 등의 성과를 거두었다.[282]

금속공업부문 성과

김정은 위원장이 금속공업부문의 현지지도에 나선 일정은 확인되지 않는다. 그의 모든 현지지도가 공개되는 것은 아니기 때문에 이 부문의 현지지도가 없었다고 단정할 수는 없다. 조선중앙방송은 2018년 3월 25일에 김책제철연합기업소의 주체철의 생산량 증가를 비롯한 혁신 소식을 보도했다.

이 기업소는 산소열법용광로를 조업한 이래 3월에 들어와 주체철 일일 생산량을 연이어 돌파했다고 한다. 산소열법용광로 용해공들이 새 기준, 새 기록창조운동을 전개하면서 용해시간 단축과 쇠물 생산량 증대를 위한 합리적인 작업방법을 도입한 결과였다. 이전에 비해 무연탄 소비량을 낮추면서도 주체철 생산을 늘리는 측정장치와 분석장치를 도입해 성과를 거두었다고 한다. 이 기업소는 절전기술 혁신안을 도입하고 압축기·냉각기의 정상가동에 필요한 부속품을 자체의 힘과 기술로 제작하여 산소생산 정상화에도 기여했다.[283]

김책제철연합기업소에서 2018년 9월 25일에 진행된 '주체화대상' 준공식에는 오수용 당 중앙위원회 부위원장(경제담당), 김덕훈 내각 부총리, 함경북도 관계부문 일군들 등이 참가했다. 북한에서 주체철 생산은 자력갱생의 핵심 중의 핵심이다.

이전의 보도를 종합해보면, 김책제철연합기업소는 산소열법용광로와 유동층가스발생로의 건설, 산소분리기의 원상복구, 로爐 운영의 정상화를 위한 입체전 등을 진행했으며, 연관 산업체들인 청진금속건설연합기업소와 설비조립연합기업소는 주체철 생산의 심장부에 해당하는 산소분리기(1만 5,000m^3/h) 설치공사를 완공하는 성과를 거두었고, 김책공업종합대학과 청진광산금속대학, 국가과학원 등의 전문가들은 두뇌전·첨단돌파전에 의한 비콕스제철법의 새 경지를 개척하는 성과를 거두었다.[284] 조선중앙통신은 2018년 12월 8일자에서 "올해에 금속공업부문에서 국내의 연료, 원료에 철저히 의거한 주체철 생산체계를 확립하기 위한 물질기술적 토대가 마련되었다"고 보도했다.

김철제철연합기업소 외에도 황해제철연합기업소에서 산소전로공사·산소분리기를 비롯한 주체화 대상공사의 완공, 미량합금강 생산기술의 도입 등의 성과, 천리마제강연합기업소에서 인발강관가열로에서의 고온공기연소기술 도입, 각종 규격의 선재압연 생산 공정의 확립 등의 성과, 흥남전극공장에서 점결제의 주체화 실현(국내원료로 만든 전극의 금속공장 공급) 등의 성과가 각각 있었다고 한다.[285]

금속공업부문의 주체철 생산체계는 북한에서 새 세기 산업혁명에 성공하느냐, 실패하느냐의 관건적인 과업이다. 김 위원장의 공개적인 현지지도가 이 부문에 유독 관찰되지 않는 것은 생산현장에서 다양한 실험이 진행되고 있고 그 성과들이 기업체에 정착되기까지 많은 시간이 소요되기 때문일 수 있다.

『로동신문』은 2019년 5월 27일자에서 김정은 위원장이 최고인민회의 《시정연설》에서 "금속공업부문에서 주체철 생산기지들을 과학기술적으로 완비하고 정상운영하면서 우리의 실정에 맞는 새로운 현대적이고 대규모적인 철 생산체계를 확립할 데 대한 과업을 제시"했다고 거듭 밝히면서 "금속공업부문에서 당면하게 힘을 넣어야 할 문제는 주체철 생산 공정의 현대화, 과학화를 계속 높은 수준으로 끌어올리는 것"이라고 강조했다.

구체적으로는 금속공업부문 일군들이 주체철 생산 공정들을 노력절약형·전기절약형·기술집약형 구조로 완비하기 위한 목표와 단계를 올바로 정하고 하나씩 모가 나게 실현해나갈 것, 생산의 모든 요소를 따져보고 원단위 소비기준을 낮추기 위한 방도를 찾으며 과학기술에 의거하여 주체철 생산을 늘여나갈 것을 촉구했다.[286] 이 보도로 보아 주체철 생산 공정의 현대화·과학화 수준이 아직 높은 단계에 이르지는 못한 것으로 추정된다.

성진제강연합기업소가 주체철 생산체계를 2009년에 확립한 뒤에 함경북도 청진의 김책제철연합기업소와 황해북도 송림의 황해제철연합기업소도 주체철 생산에 주력해오고 있다. 북한은 남한의 포스코가 개발한 파이넥스FINEX 공법과는 달리, 철광석에 무연탄과 산소·석회석을 혼합해 선철을 뽑아내는 산소열법용광로 공법을 개발해 주체철 생산에 사용하는 것으로 알려져 있다. 전량 수입에 의존해야 하는 코크스 대신에 무연탄을 사용해 철강을 생산한다.

북한의 새 세기 산업혁명의 한 축이 주체철 생산체계를 어느 수준으로, 어느 정도의 속도로 정착시키느냐에 달려 있고, 그 전망이 뚜렷해질 때 김정은 위원장의 현지지도가 이 부문에 집중될 수 있다.

4) 철도운수 현황과 현지지도

철도운수의 '주철종도' 구조

북한은 사회간접자본의 기초인 철도운수부문을 인민경제 선행부문으로 취급해왔다. 북한의 육상 수송망은 '주철종도主鐵從道' 구조이다. 철도가 육상수송의 중심이고 도로와 해운은 보조적인 역할을 한다. 화물의 90%와 여객운송의 62%를 철도가 맡고 있어 철도의 수송 분담률은 86%에 이른다. 도로는 12%, 해운수송은 2% 수준이다.

철도는 대량수송과 정기수송이 가능하며 수송시간이 짧고 수송원가가 저렴하다. 철도의 수송원가는 자동차의 34%, 해상운송의 53% 수준이라고 한다. 북한 철도화물의 평균 수송거리는 약 160km로, 자동차 화물수송 거리의 15배, 연안해운 거리의 1.7배이다. 북한의 철도 총연장은 2014년 말에 5,302km이었고, 남한(3,590km)의 148%에 달하였다. 남한에서는 철로 복선화로 궤도 총연장이 8,465km인 점을 감안하면,

북한의 철도 규모는 남한의 63% 정도다. 지하철은 평양시에 2개 노선, 총연장 34km 구간이 운행 중이다. 국제 철도망은 중국과 3곳, 러시아와 1곳, 남한과 2곳이 연결되어 있다.[287]

북한의 철도정책은 전철화·표준궤화·중량화를 축으로 한다. 철도노선의 전철화율은 79.8%로 남한의 68.4%에 비해 높은 편이다. 북한이 전철화에 힘 쏟은 것은 전기기관차의 마력이 디젤기관차에 비해 커서 경사가 심한 산악지형에 적합하기 때문이다. 수입에 의존하는 디젤기관차보다는 전기기관차 중심으로 운행되고 있다.

북한 철도는 대부분 남한 철도와 같은 표준궤(궤간 1,435㎜)를 사용하지만, 일부 지역에 협궤와 혼합궤가 부설되어 있다. 2008년을 기준으로 총연장 5,242km 중에 약 87%가 표준궤이고, 10%는 협궤구간, 3%는 광궤구간으로 남아 있다. 레일의 중량화는 철도의 기술 상태를 개선해 강도를 높이는 작업인데 1976년 이래 기존 열차는 30톤, 전차는 60톤으로 대체하는 작업을 진행한 바 있다.[288]

철도는 내각 철도성이 운영하며 철도성에 건설, 운수, 운전, 전기, 기술, 공장관리 등의 업무를 관장하는 국局이 있다. 전국 철도망을 평양·개천·함흥·청진 등 4개의 지역 철도관리국으로 편제하고 그 밑에 분국을 두고 있으며, 분국 아래 기관차대, 객화차대, 철길대 등이 있다.

북한에는 2009년 기준으로 30개의 주요 철도역과 686개의 중간역 등 총 716개의 역이 설치되어 있다. 주요 철도역은 함북의 9개소를 비롯해 함남, 평남 등 주요 공장·기업소들과 광산 지역에 있다. 철도역 대부분이 여객과 화물을 동시에 취급하며, 여객전용역은 20개, 화물전용역은 12개이다. 화물역은 대규모 화물집하 및 상하차 등 집중수송체계를 수행하는 집중화물역과 시멘트, 비료 등 컨테이너로 운반되는 화물을 취급하는 짐함취급역으로 구분된다.[289]

철도 기간노선과 지선의 현황

북한의 철도는 기간노선 10여개와 지선 90여개로 이루어져 있다. 주요 노선은 서부노선(평의선·평부선), 동부노선(함북선·강원선·금강산청년선), 내륙노선(만포선·혜산만포청년선·백두산청년선), 동서노선(평라선·청년이천선) 등으로 구분된다. 산악과 선로 노후화로 인해 운행표준속도는 여객열차 20~50km/h, 화물열차 20km/h로 운행이 느린 편이다. 경의선은 개성~사리원~평양~신의주를 연결하는 411.3km의 노선으로 서해안지대를 종주하는 핵심 철도망이다. 경의선은 평양~신의주의 평의선(225.7km)과 평양~개성의 평부선(197.7km)으로 구성된다. 경의선 지선으로는 평양에서 남포를 거쳐 평남온천으로 연결되는 평남선(86.4 km)과 대동강~덕천~구장을 연결하는 산업철도인 평덕선(192.7km), 순천~만포 간의 만포선(299.7km) 등이 있다. <그림 3-4>는 북한의 주요 간선철도를 표시한 것이다.[290]

동서노선에는 평라선과 청년이천선(평산~세포청년, 140.9km)이 있다. 평라선은 평양 간리~라진 간 781.1km를 동해안의 해안선을 따라 종단한다. 평원선(평양~고원, 212.7km)은 평라선의 일부로, 험준한 산악, 급경사, 터널 등 지형적인 악조건을 감안해 전 노선이 전철화 되어 있다. 평라선의 지선에는 고무산~무산 간 58km의 무산선과 길주~혜산 간 139.3km의 백두산청년선 등이 포함된다. 중국과는 신의주~단둥丹東, 만포~지안集安, 남양~투먼圖們 구간이 철교로 연결되어 있다. 러시아와는 홍의~두만강 간에 철도가 있으며 러시아식 광궤(1,524㎜)로의 환승작업을 거치면 시베리아횡단철도TSR로 연결된다.[291]

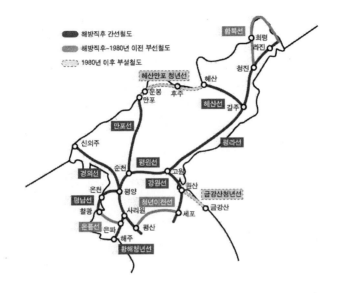

해방직후 간선철도
해방직후~1980년 이전 부선철도
1980년 이후 부설철도

함북선
회령
라진
청진
혜산만포 청년선
혜산
운봉
만포
후주
혜산선
길주
안포선
신의주
평라선
평원선
경의선
순천
고원
강원선
원산
온천
평양
금강산청년선
평남선
청년이천선
금강산
철광
사리원
세포
운율선
은파
평산
해주
황해청년선

〈그림 3-4〉 북한의 주요 간선철도

도로

북한 도로는 철도역과 주변지역 간의 연결 기능을 담당하며 단거리 운송 위주로 건설되어 있다. 북한의 도로 총연장은 2014년에 26,164km 였으며 이 중 고속도로는 729km로, 남한의 도로 총연장 105,673km 및 고속도로 4,139km에 비해 각각 24.8%, 17.6%에 불과했다. 고속도로를 제외한 도로 포장률은 10% 미만이며 간선도로 대부분이 왕복 2차선 이하다. 북한은 경제침체로 인해 도로망을 새로 건설하지 못했고 기존 도로의 개보수는 꾸준히 해오고 있다.

북한은 2012년에 개성시 령통사~박연폭포 순환도로를 완공하여 기존 40km 구간을 6km로 직선화했다. 평안남도 신양군내 도로, 고원(원산)~함흥 도로, 신의주~안주 고속도로 등이 공사 중이었거나 계획되어 있었다. 평양 시내의 도로 확장공사, 도로 포장, 도로 분리대 설치 등의 도로 정리 및 개보수 사업들도 진행되었다. 그밖에 청진~라선 도로의 개보수, 평양~원산 관광도로의 옹벽 보수공사, 희천~명문~강계 도로의 개보수, 원산~함흥 도로의 개보수 등을 진행했다. 개보수 사업은 꾸준히 이뤄졌고 주요 도로 주변의 환경미화사업도 진행했다.

중국의 지원으로 희천~강계~만포~지안시(중국)로 이어지는 새 고속도로와 신압록강대교를 건설했다. 2012년 5월에 만포시~지안시(중국) 간 교량은 완공되었지만 북한 구간이 완공되지 않아 2015년 12월 무렵까지는 개통되지 않았다.[292]

북한에서는 고속도로~3급도로는 중앙정부, 4급도로는 도道, 5급도로는 군郡, 6급도로는 리里가 각각 관리한다. 고속도로와 1급도로는 중앙과 도를 연결하는 주요 간선도로이고, 2급도로는 도와 도를 연결하고 3급도로는 도와 군, 군과 군을 연결하고, 4급도로는 군과 리를 연결하고 5급도로는 리와 리 사이를 연결하며 6급도로는 리 안의 마을과 마을 사이를 연결한다.

고속도로는 평양을 중심으로 방사형으로 평양~원산, 평양~남포, 원산~금강산, 평양~강동, 평양~개성, 평양~향산 등이 운영 중이다. 1급도로는 14개 노선에 총연장 2,330km에 이르는데, 포장·비포장이 혼재되어 있고 폭이 좁으며 굴곡이 심한 편이다. 2급도로는 29개로 총연장 6,631km에 이르며 지방 국도의 성격이다. 3급도로는 145개로 총연장 6,537km로 90% 이상이 비포장이라고 한다.[293]

북한의 간선도로망은 동해축, 동서연결축, 서해안축, 북부국경축을 중심으로 구성되어 있다. 주요 간선도로는 철도와 병행하여 발달되어 있고, 주요 지역을 고속도로 또는 1·2급도로가 연결하며 간선도로 사이를 각급 도로가 연결하고 있다. 서해안축인 평양~신의주 간 도로(약 228.8km)는 중심적 교통축으로 중국 국경도로의 기능을 겸한다. 원산~라진 간 도로(약 660km)는 동해안축으로 원산·함흥·청진을 경유하여 중국 동북부와 러시아를 연결하는 동해안의 중추 도로로서 경제·군사적인 성격이 강하다.

압록강을 따라 신의주~고무산 간을 연결하는 북부국경축은 동서부를 연결해 주는 도로로, 산악지대의 연계와 국경지역의 연계 기능을

갖고있다. 중국과 러시아를 연결하는 국제노선 도로와 동서 간을 연결
하는 횡단도로망 등은 모두 평양을 중심으로 집중된 형태를 보이며,
러시아와는 1개 교량(도로는 없음), 중국과는 12개(도로교 9개, 철교 2
개, 겸용 1개) 지점에서 교량이 연결되어 있다. 현재 남북 접경지역의
연계 도로망은 13개 노선이다.[294]

철도운수부문 현지지도

　김정은 위원장은 철도운수부문 현지지도를 꾸준히 이어오고 있다.
2018년 4월 27일 판문점 정상회담에서 김 위원장이 한 다음 발언이 화
제가 된 적이 있다. "문 대통령이 오시면 솔직히 걱정스러운 것이 우리
교통이 불비不備해서 불편을 드릴 것 같습니다. 평창올림픽에 갔다 온
분들이 말하는데 고속열차가 다 좋다고 합니다. 남측의 이런 환경에
있다가 북에 오시면 참으로 민망스러울 수 있겠습니다." 그의 솔직한
단면을 보여주는 발언으로 관심을 모았는데, 그가 평소에 북한의 철도
운수부문에서 발전이 지체되어 있음을 심각히 여겨왔음을 말해준
다.[295] 그는 김종태전기기관차연합기업소, 평양무궤도전차공장 등을 방
문했고 고암~답촌 철길을 시찰했다.

　|1| 김 위원장은 2015년 7월 중순에 김종태전기기관차연합기업소의 현지지
　도에 나섰다.[296] 그는 객차직장, 과학기술보급실, 1가공직장, 전선공장 등을
　돌아보며 기업소 실태를 요해하고 강령적 과업을 제시했다. 그는 "사회주의
　강성국가 건설을 다그치기 위해서는 결정적으로 나라의 철도를 현대화하여
　야 한다"면서 자신이 "이 사업을 직접 틀어쥐고 밀어주겠다"고 약속했다. 북
　한에서 철도 현대화가 얼마나 중요한 과제인지를 알 수 있는 행보였다.
　그는 그해 10월 하순에 이 기업소를 다시 방문했다.[297] 그는 "새로 만든 지하
　전동차가 운행을 시작하면 인민들이 정말 좋아할 것"이라면서 "교통운수문
　제를 원만히 해결하는 것은 인민들에게 보다 행복한 생활조건을 마련해주기
　위한 매우 중요한 사업"이라고 말했다. 그는 11월 19일에 새로 만든 지하전동

차 시운전을 참관했다.[298] 그는 지하전동차를 타고 평양의 개선역, 통일역, 승리역, 봉화역, 영광역 구간을 왕복하며 시운전 과정을 살펴보았다. 그는 "지하전동차의 성능이 정말 대단하다", "속도도 좋고 제동 상태도 나무랄 데가 없다", "미남자처럼 잘 생겼으며 의장품들과 운행정보 장치들도 현대감이 난다", "우리의 힘과 기술, 우리의 손으로 만든 지하전동차를 인민들이 이용하면 정말 좋아할 것이다" 등의 칭찬을 쏟아냈다. 그는 "노동계급들과 과학자, 기술자들은 지하전동차의 성과적인 시운전을 통하여 수입병이라는 말 자체를 없애야 한다는 것을 말이 아니라 실천으로 확증해주었다"고 치하했다. 김종태전기기관차연합기업소가 부속품 등의 수입에 의존하지 않고 지하전동차 제작에 성공했다는 사실이 이 보도에서 확인된다.

|2| 조선중앙통신은 2016년 1월 15일자 보도에서 철도성 정보기술연구소에서 철도 현대화를 위한 과학연구사업을 활발히 진행하고 있다고 밝혔다. 이곳 과학자·기술자들은 레일맞땜용접기·천정기중기·CNC(Computerized Numerical Control, 컴퓨터수치제어)터닝반의 원격조종체계들과 지리정보체계, 철길곡률계산프로그램 등을 연구 완성하여 열차의 정상운행, 철도의 물질기술적 토대 축성에 기여했다고 한다. 2016년 첫날부터 운행을 시작한 평양의 지하전동차 개발에도 이들의 공적이 깃들어 있다고 한다. 또한 수송지휘정보 체계를 개발 도입하여 북창지구의 화물수송에도 이바지했다. 정현철 정보기술연구소 기사장은 2016년에 수송지휘정보 체계 완비, 철도운수부문 공장·기업소 생산 공정의 CNC화·무인화 실현, 여러 가지 첨단정보기술제품 생산 등의 계획을 밝히기도 했다.[299]

철도운수부문에서 수송지휘정보 체계의 완비는 철도수송의 효율성 제고 및 철도사고 방지 등에 반드시 필요한 과제이다. 이것은 인민경제의 주체화·현대화·과학화와 함께 정보화가 산업 전반에서 확산되고 있음을 말해준다. 김정일 시대에 시작된 산업체의 CNC화·무인화가 김정은 시대에 들어와 철도운수부문의 공장·기업소의 생산 공정에 실제로 도입되고 있음을 알 수 있다.

|3| 김 위원장은 새로 개건된 평양무궤도전차공장을 2018년 1월 말~2월 초

에 방문했다.[300] 그는 가공직장, 전동기직장, 전차조립직장, 대수리직장 등을 돌아보면서 개건 현대화정형과 생산실태를 요해했다. 그는 "첨단기술을 도입하여 생산과 경영활동에서 최대한 실리를 보장할 수 있게 통합생산체계를 잘 구축해놓았다", "과학기술보급실과 도안창작실을 훌륭히 꾸려놓았다", "생산현장 바닥을 에폭시 수지칠감으로 마감하고 구내포장을 새로 하였으며 수종이 좋은 나무와 꽃 관목들을 심었을 뿐만 아니라 넓은 면적의 녹지도 조성하였는데 공장 안팎이 천지개벽되었다"고 치하했다. 통합생산체계 구축, 과학기술보급실·도안창작실 구비, 생산현장의 환경미화 등은 김 위원장의 생산현장 현지지도 때의 관찰 포인트이다.

그는 공장에서 생산한 새 형의 무궤도전차들에 올라가서 성능과 의장품의 질을 알아보고는 "우리 노동계급의 자력갱생의 혁명정신이 어려 있는 자랑스러운 창조물"로 평가하고, 공장의 2단계 개건 현대화 목표를 정해주고 필요한 조치를 취했다. 그는 새 형의 무궤도전차를 자신이 타보아야 마음을 놓겠다며 늦은 밤에 부인 리설주와 함께 무궤도전차를 타고 평양 시내를 돌았다.[301] 그는 "무궤도전차를 타보니 편안하고 믿음이 간다", "완충장치도 좋고 진동과 소음도 없으며 속도도 괜찮다. 전차의 기술상태가 좋다"고 긍정적으로 평가했다.

그는 2018년 8월 초에 평양무궤도전차공장과 버스수리공장을 현지지도하면서 이곳에서 만든 새 형의 무궤도전차와 궤도전차를 보았다.[302] 그는 평양무궤도전차공장 전차조립직장에서 "무궤도전차를 손색없이 정말 잘 만들었다", "반년 전에 비하여 무궤도전차의 질이 월등하게 개선되었다", "2단계 현대화를 아직 시작하지 않았는데도 차체 외부의 굴곡면의 가공정밀도와 옆면의 평탄도, 이음짬 처리수준이 높아지고 도장도 잘하였다", "모든 의장품들의 질과 문화성이 현저히 개선되었으며 바닥고무와 유리고무테 등 고무제품들과 수지장식합판의 질도 좋아졌다"고 높이 평가했다. 그는 현지에서 2단계 현대화 방안을 요해하고 제기되는 문제들과 해결방도들을 구체적으로 지시했다.

그는 "적극 밀어주겠으니 대담하고 통이 크게 목표를 세우고 2단계 현대화 전투를 본때 있게 전개하라"면서 "평양무궤도전차공장을 운전기계공장들을 대표할 수 있는 공장으로, 나라의 여객운수문제, 대중교통운수문제를 푸는데 적극 이바지하는 중추 공장으로 전변 시킬" 것을 강조했다. 무궤도전차trolley-bus(가공선架空線에서 트롤리에 의해 집전集電하고, 모터를 돌려서 주행하는 버스) 생산 공정의 현대화를 통해 여객버스 등의 생산에도 박차를 가하려는 것을 알 수 있다.

그는 이어 송산궤도전차사업소를 찾아 버스수리공장 일군들과 연구사·기술자·기능공들이 새롭게 만든 궤도전차를 보았다. 그는 새 형의 궤도전차의 제작, 운영 원가가 적게 드는 교류전동기 설치, 전동기 조종변환기와 조종프로그램 연구 도입, 전차의 기동과 속도, 제동특성의 개선에 의한 승객 편의 도모, 바퀴·주름연결부·유리·후사경rearview mirror·바닥고무판·수지장식합판·의자 등 대부분의 기계·전기 부분품과 의장품의 국산화 등의 실적보고를 듣고 만족을 보였다. 그는 새 형의 궤도전차와 무궤도전차의 시운전을 지도하면서 "지난번에 타 보았을 때보다 내부 환경과 의장품들의 질과 문화성이 높아지고 전차운행 시 소음과 진동도 적어졌다", "모든 기술적 특성 지표가 정상"이라고 평가했다. 송산궤도전차사업소 현지지도의 보도를 통해 궤도전차의 기계·전기 부품과 의장품 생산에서도 국산화 비중이 상당히 높아졌음을 알 수 있다.

〈표 3-29〉 김정은 위원장이 철도운수부문 현지지도에서 내린 과업

방문단위	과업 내역
김종태 전기기관차 연합기업소	- 전기기관차와 객차 생산을 높은 수준에서 정상화할 것. - 첨단기술이 도입된 새 세대 전기기관차의 생산을 늘릴 것. - 최단기간 안에 우리식의 지하전동차를 개발생산할 것. - 현대적인 객차들을 생산하기 위한 사업에 집중할 것. - 객차 의장품의 현대화 수준을 높일 것. - 객차들의 도장塗裝을 국제기준에 부합시키고 노선별·용도별로 다양화하고 질을 개선할 것. - 현대적인 지하전동차를 계열생산하고 그 질을 높이기 위해 생산공정의 CNC화·무인화를 실현할 것. - 평양지하철도를 더 잘 꾸리고 지하철도 관리운영의 정보화·현대화 수준을 높일 것.
평양무궤도 전차공장	- 무궤도전차에 대한 설계와 도안을 더 잘하고 마크도 특색있게 만들며 도장을 문화성 있게 할 것. - 의장품 하나하나를 인민들이 이용하는데 불편이 없게, 그들의

방문단위	과업 내역
	요구를 반영하여 잘 만들어 무궤도전차가 수도 평양의 얼굴이 되게 할 것. - 전반적인 생산공정의 현대화·자동화·흐름선화를 더욱 완벽하게 실현하기 위한 투쟁을 밀고나갈 것. - 새것을 만들어내는 데만 그치지 말고 부단히 기술적으로 세련시키고 생산 공정을 더욱 완비하여 계속 발전시켜나갈 것. - 무궤도전차의 기술적 특성을 보다 갱신하고 다량 생산하기 위한 투쟁을 줄기차게 벌려 수도여객운수 운영을 정상화할 것. - 이 빠진 공정들과 필수공정·핵심공정들을 보강하여 생산 공정전반을 현대화·자동화·흐름선화할 것. - 프레스 공정을 중시하고 잘 꾸릴 것. - 도장도안을 잘하고 도색 공정을 현대화할 것. - 기술자·기능공 대열을 튼튼히 꾸리고 그들의 수준을 부단히 높일 것. - 부분품 보장을 맡은 단위들에서 무궤도전차생산에 필요한 설비·자재들을 책임적으로 생산 보장할 것.

[4] 철도운수와 관련하여 김 위원장이 강원도 동해안의 원산시와 접한 문천시 일대에 완공된 고암~답촌 철길을 2018년 5월 하순에 시찰했던 점이 눈에 띈다.[303] 그는 고암지구와 답촌지구, 천아포 일대에 어촌지구를 건설하려는 구상 아래 그 선행공정으로 고암~답촌 철길을 건설하는 과업을 제시했었다. 그는 "고암과 송전반도[304]를 연결하는 철길이 완공됨으로써 당에서 구상한대로 답촌 어촌지구 건설을 빨리 다그치고 어촌지구에서 잡은 물고기들을 원만히 수송할 수 있는 대통로가 마련되었다"면서, 어렵고 방대한 공사를 자체의 힘으로 해결한 건설자들과 과학자·기술자들의 업적을 높이 평가했다. 그는 "석전만 해상 철길다리를 설계도 잘하고 시공도 질적으로 하였다"면서 "조국의 동해 기슭에 또 하나의 귀중한 창조물이 일떠섰다"고 만족을 보였다. 그해 5월 30일에 열린 고암~답촌 철길 개통식에는 박봉주 내각총리, 오수용 당 중앙위원회 부위원장(경제담당), 강종관 내각 육해운상, 박정남 강원도당 위원장 등이 참가했다. 조선중앙통신은 동해지구에 조선식 해상철길다리가 건설되어 철도운수부문과 수산업을 발전시켜나갈 수 있는 물질기술적 토대가 더욱 튼튼해지고 인민들에게 보다 편리한 여행조건을 보장해줄 수 있게 되었다고 보도했다.[305]

김 위원장은 김종태전기기관차연합기업소에서 생산한 지하전동차에 탑승해 평양지하철의 일부 구간의 시운전을 살펴보았고 평양무궤도전차공장에서 생산한 무궤도전차를 탑승해 평양 시내의 시운전을 살펴보았다. 그 과정에서 내린 지침은 <표 3-29>에 정리된 대로이다.

그가 고암지구와 답촌지구 등을 잇는 동해안의 철길을 시찰한 것은 어촌지구에서 잡은 물고기의 수송통로를 확보한다는 의미가 있다. 이전에는 철길 공사가 주로 중공업단지와 광산지구나 교통이 열악한 북부산악지대에 집중됐던 데 비해 동해 어촌지구를 연결하는 철길 공사가 늘어난 점도 특징적이다. 수산업 거점인 어촌지구의 교통망 확충은 인민생활과 직결된다는 점에서 주목할 만하다.

5) 중요공업부문의 현황과 현지지도

기계공업

북한의 중요공업부문에는 기계공업, 전기전자공업, 화학공업 등이 속한다. 기계공업에는 공작기계·광산기계·야금설비·화학설비·전기기계를 비롯한 중공업설비, 경공업설비, 자동차·기관차·배와 같은 운수기계, 건설기계, 농기계, 여러 종류의 계기·자동화요소 제품 등의 생산이 포함된다. 기계설계, 대형기계설비의 대수리, 예비품을 생산하는 부문도 이에 속한다. 기계공업은 평양을 중심으로 전역에 비교적 고르게 분포되어 있다. 주요 기계공업 생산지구로는 평양지구, 남포지구, 평남지구, 평북지구, 자강지구, 황북-황남지구, 황남-강원지구, 함북-량강지구 등이 있다.[306]

북한은 전후 3년 동안에 희천련하공작기계공장[307]과 희천정밀기계공장,[308] 광산기계공장, 농기계공장, 조선소를 건설해 여러 산업현장에 부속품들과 설비들을 공급할 수 있었다. 전후에 체코, 헝가리, 불가리아 등 동유럽 사회주의국가들이 자동차수리공장과 공작기계공장, 기관차

수리공장들에 대해 원조했는데 이것이 북한 기계공업 발전의 토대가 되었다. 이후 1980년대 초에 부족한 공작기계문제를 해결하기 위해 '공작기계 새끼치기운동'을 전개하여 각종 공장·기업소에 필요한 공작기계들과 자동화된 공작기계들을 자체로 생산했다.

1980년대 중반에 수치제어NC 공작기계 생산기지의 건설에 나섰으며, 1980년대 후반에는 범용 공작기계부문에서 6천 톤 프레스, 대형선반 20대 등 대형기계를 생산하고 공작기계의 다종화를 추진해 국내 공장·기업소 공급과 수출이 가능한 수준에 이르렀다.

북한은 2000년대에 CNC 공작기계에 의한 생산체계를 도입하고 대형 공작기계들의 CNC화를 추진해왔다. CNC 생산체계는 북한의 산업설비에 대한 현대화 정책인 자동화·컴퓨터화의 핵심이었다. 2000년대에 련하기계종합공장, 구성공작기계공장,[309] 양책베어링공장, 대안중기계연합기업소,[310] 락원기계연합기업소[311] 등에 CNC 생산체계가 도입되었다.

2010년경부터 CNC 생산체계는 기계공업을 넘어 여러 부문의 산업현장의 CNC 설비가 도입되기 시작했는데 부품과 전력 부족 등의 애로를 겪었다. 2012년 이후 북한 보도매체들은 공작기계 분야에서만 CNC를 언급하는 경향을 보이고 있다.[312]

기계공업부문 현지지도

김정은 위원장은 중요공업부문 가운데 기계공장을 가장 빈번히 방문했고 이 부문의 강령적 과업이 많이 공개되었다. 기계공업부문에서 유의할 점은 일부 군수공장들이 포함되어 있고, 군수공장들이 민수산업용 기계들을 많이 생산하고 있어 군수경제와 민간경제의 경계가 모호해지고 있다는 것이다.

다른 산업부문에도 공장 이름을 숫자로 붙이는 경우가 더러 있지만 기계공장의 경우 숫자를 붙이거나 '○○○ 동무가 사업하는 기계공장' 식으로 호칭하는 공장들이 많은데 대부분 군수산업과 관련이 있다.

|1| 김 위원장은 2013년 6월 17일에 평안북도 소재의 '허철용 동무가 사업하는 기계공장'을 현지에서 지도했다.[313] 그는 가공·조립직장을 돌아보면서 생산·현대화 정형을 요해했는데 "이곳을 처음으로 찾았던 10여 년 전에 비하여 공장의 면모가 일신되었다"고 언급함으로써 2003년 무렵 김정일 국방위원장의 현지지도에 수행한 적이 있음을 넌지시 내비쳤다. 그는 "우리나라 실정에 맞고 사용자들에게 호평을 받는 현대적인 기계들을 더 많이 만들어내야 한다"고 했는데, 정작 이 공장의 주요 생산품이 무엇인지는 공개되지 않아 궁금증을 불러 일으켰다. 이 공장은 군수-민간경제의 접점에 있는 사례로 보인다. 그는 2016년 5월 중순에 이 공장을 다시 방문했다.[314] 제7차 당 대회를 앞두고 진행된 《70일전투》에서 이 공장은 자강력제일주의 정신을 높이 발휘하여 국산화가 완벽하게 실현된 '우리식'의 현대적이고 성능이 높은 수십 대의 기계설비들을 생산해 인민경제 여러 단위들에 보내주는 성과를 거뒀다고 한다. 그는 "공장에서 만든 새 형의 기계설비들은 기술적 성능이 대단히 좋을 뿐 아니라 여러 가지 보조 장비들도 갖추고 있다"면서 "자동화, 현대화수준에 있어서나 다목적 측면에 있어서 세계와 경쟁할 수 있는 기계설비들"이라고 말했다. 그는 "기계설비 제작에 이용된 핵심 부분품을 비롯한 모든 협동품들은 우리의 힘과 기술, 우리의 자재로 만든 완전히 우리의 것"이라면서 "자강력은 이렇듯 기적을 낳는 비옥한 토양이며 자강력제일주의를 높이 발휘하면 못해낼 일이 없다"고 말했다. 그는 또 "공장에서 21세기 기계발전 추세에 맞으면서도 국산화된 새 형의 기계설비들을 제작할 수 있은 것은 연관 단위들에서 질이 확고히 담보된 협동품들을 제때에 보장해주었기 때문"이라고 지적했다. 이 공장이 기계설비 제작에서 국산화의 모범 사례가 되고 있다고 밝힌 것과 연관단위들의 협동품의 품질이 높았다고 평가한 것이 눈에 띄었다.

|2| 김 위원장은 2013년 6월 23일에 강계정밀기계종합공장의 현지지도에 나섰다.[315] 그는 이 공장의 소재가공직장, CNC자동화직장, 조립직장, 완성직장 등을 돌아보며 설비들의 가동정형과 생산실태를 요해했다. 특히 소재가공직장에서 설비들의 기술적 특성과 경제적 효과성에 대해 알아봤고 CNC자동화직장에서는 공구생산의 현대화 정형을 요해했다. 그는 정밀기계의 품질향

상과 관련하여 세계적 기술지표 분석, 최신과학기술 도입, 세계적 발전추세와 동향 파악 및 습득을 지시함으로써 '우물 안의 개구리'에서 벗어날 것을 촉구했다. 강계지구가 군수공장 밀집지역이고 군수공업의 핵심인 정밀기계공장인 점 때문에 이 공장을 군수단위로 보는 시각도 있다. 만일 이 공장이 제2경제위원회 산하의 군수공장이라면 민수공장으로의 전환 가능성을 보여주는 것이어서 주목된다.

그는 2019년 5월 말에 이 공장을 다시 방문했다.[316] 그는 자력갱생의 기치 높이 내부예비를 적극 탐구동원하고 대중적 기술혁신운동을 벌려 수십 종의 설비들을 자체로 제작한 것과, 가치 있는 기술혁신안들을 받아들이고 쓸모없이 버리던 폐기품들을 재생하여 생산에 이용해 제품의 질과 생산성을 높이고 국가에 많은 이익을 준 것에 대해 '애국적 소행'이라며 높이 평가했다. 그는 노동자들이 기계들의 소음이 높은 생산현장에서 일하는 것에 관심을 보이면서 작업소음을 줄이고 노동환경 조건을 개선할 것을 지시했다.

그는 또 과학기술보급실에서 최신형 PC들을 국가망에 연결해 놓은 것을 보고 만족해 하면서 "종업원들이 자기 단위의 현행 생산에 이바지할 수 있는 선진과학기술과 전문기술을 습득할 수 있도록 명백한 기술학습 방향과 계획을 주고 실지 그 덕을 볼 수 있게 하여야 한다"고 말했다. 그가 작업소음 저하와 노동환경 조건 개선을 지시한 것이나 선진과학기술과 전문기술 습득의 여건을 만들도록 한 것은 다른 산업현장에서도 빈번히 볼 수 있는 모습이었다.

|3| 김 위원장은 2013년 6월 24일에는 자강도 강계시의 장자강공작기계공장의 현지지도에 나섰다.[317] 그는 공장에서 생산한 제품견본을 보며 기술적 특성과 질質을 살펴보았다. 프레스직장에서는 소재가공 정형을 요해하고, 무인화직장에서는 기계제품의 가공-검사-출하에 이르는 모든 공정이 컴퓨터로 조종 관리·운영되고 있는 실태를 살펴봤다. 이 공장의 현지지도를 계기로 북한에서는 '공장 무인화' 운동이 시작된 것으로 관측된다. 북한은 본보기단위를 모든 단위가 적극 따라 배우는 방식상학方式上學에 익숙한 사회다.

그는 2019년 5월 말에 이 공장을 다시 방문했다.[318] 이 공장은 현대화·무인화의 표준공장, 주체적 기계공업의 본보기공장으로 발전했다고 한다. 그는 양덕

군 온천관광지구 스키장에 놓을 끌림식 삭도 제작 실태를 요해하면서 인민들이 불편을 느끼지 않도록 제품의 질을 더욱 높이라고 지시했다.

그는 공장에서 새로 제작한 감자가루생산설비들을 보고 잘 만들었다고 치하하면서 "식료공장을 비롯한 공장, 기업소들의 생산 공정 현대화에서 기계설비의 국산화를 실현하여야 한다"고 강조했다. 그는 "첨단기술이 도입된 현대적인 설비들을 보강하고 노동자들과 기술자들의 기술기능 수준을 높여 우리식의 새로운 기계설비들을 더 많이 개발, 완성하여야 한다"고 덧붙였다. 장자강공작기계공장이 스키장 삭도索道(케이블카)를 만들기도 하고 식료공장의 생산 공정 현대화를 위한 기계설비를 제작한다는 것을 알 수 있다.

[4] 김 위원장은 2013년 6월 말에 함경남도 함흥시에 있는 룡성기계연합기업소 산하 2월11일 공장을 방문했다.[319] 그는 이 공장에서 가공직장, 열처리직장, 조립직장 등을 돌아보며 설비현대화 정형과 생산실태를 요해했고, 기존 설비들을 현대화하기 위해 선진기술을 받아들여 성능을 높인 것에 만족을 보였다. 그는 2015년 3월 하순에 새로운 건설중기계를 비롯한 설비를 개발하는 2월11일 공장을 재차 방문했다.[320] 그는 제관직장, 주강직장, 조립직장 등을 돌아보며 생산정형을 구체적으로 요해하고, "기계제작공업 발전과 부강조국 건설에서 룡성기계련합기업소 2월11일 공장이 맡고 있는 임무가 대단히 중요하다"면서 생산과 경영활동에서 필요한 과업들을 제시했다.

그는 2015년 5월 초순에 이 공장을 또 다시 방문했다.[321] 그는 "선진기술을 적극 받아들여 생산 공정의 현대화를 실현함으로써 기존설비들의 성능, 생산능률, 제품가공의 정밀도를 높인 것은 자랑할 만한 일"이라면서 "인민경제 여러 부문에서 요구하는 현대적인 기계제품들의 성능을 세계적 수준으로 끌어올려 하루빨리 본격적인 계열생산에 들어갈" 것을 촉구했다. 그는 "2월11일 공장은 낡은 설비들을 현대적으로 개작하고 효과적으로 이용하는데서 전국의 본보기"라고 하면서 "다른 단위들에서도 이 공장의 경험을 적극 따라 배워야 한다"고 강조했다. 본격적인 계열생산화를 앞둔 2월11일 공장이 기계공업에서 설비 갱신의 모델로 부각되고 있는 것이다.

| 5 | 김 위원장은 2016년 4월 초에는 룡성기계연합기업소 산하 동흥산기계 공장의 현지지도에 나섰다.[322] 그는 프레스직장, 선압기직장, 가공직장 등을 돌아보면서 기계제품 생산정형을 구체적으로 요해했다. 그는 "공장에서 우리 실정에 맞고 실리가 대단히 큰 기계제품들을 만들어내고 있다"면서 "이곳에 찾아온 목적은 공장을 우리나라 기계공장을 대표하는 또 하나의 본보기공장, 표준공장으로 전변시키기 위해서"라고 말했다. 그는 "현대화사업에서 제기되는 모든 문제들을 당에서 전적으로 맡아 풀어주겠다"고 약속하고, "공장을 나라의 핵심기계공장으로 전변시키자"고 호소했다. 룡성기계연합기업소는 기계공업을 대표하는 기업체인데 그 산하의 동흥산기계공장도 2월11일 공장처럼 본보기공장이라는 것을 알 수 있다.

| 6 | 김 위원장은 2013년 6월 말에 함경남도 함흥시에 있는 신흥기계공장을 방문했다.[323] 그는 "기계제품을 생산해도 세계적인 기계제품들의 성능과 기술적 지표들을 압도할 수 있도록 만들고, 다목적·다기능 설비로 완성하며 국산화를 철저히 실현해야 한다"고 지시했다. 기계설비 현대화와 선진기술 도입을 강조하면서 동시에 국산화의 실현을 강조하는 것에서 북한의 기계공업이 처한 상황을 이해하게 된다.

그는 이곳에서 공장관리운영 사업에 대한 업무지침을 내리기도 했는데 생산정상화는 행정일군들이 전담하고, 노동자들의 후방사업(생활지원과 복지) 개선은 당 일군들이 책임지라는 것이었다. 이는 당 일군들에게 '행정대행'을 하지 말라고 해온 당의 방침과 궤를 같이한다. 공장·기업소의 당 일군들은 행정일군(기업관리 책임자)들이 생산 정상화에 전념하고 다른 업무에 시간을 빼앗기지 않도록 뒷받침해줘야 한다는 것이다.

그는 2016년 3월 말에 신흥기계공장을 다시 방문했다.[324] 그는 조립직장·가공직장·단조직장 등을 돌아보며 새 제품개발 및 생산실태를 구체적으로 요해했다. 그는 "공장에서 만든 능률이 높은 기계설비들이 마음에 든다", "현대적인 기술수단들을 도입한 결과 제품의 질이 훨씬 높아졌다"고 치하했다. 기계설비 생산에서 다목적·다기능·고능률·고품질의 제품을 강조한다는 것을 알 수 있다.

|7| 김 위원장은 2014년 3월에 '강태호 동무가 사업하는 기계공장'을 현지에서 지도했다.[325] 그는 2013년 5월 새로 건설된 이 공장을 찾아 모든 생산 공정이 현대화된 것에 대해 만족을 보였다고 한다. 그는 생산 정상화와 품질 제고를 위해 과학연구사업 우선, 과학기술역량 강화가 필요하다고 역설하고, 공장 일군들이 "기계제작공업을 세계적 수준에 끌어올리겠다는 각오를 가지고 생산에서 앙양을 일으킬 것"을 촉구했다.

그는 이 공장에서 "지식경제의 요구와 사회주의 문명국의 체모에 맞는 전자도서관을 일떠세울 데 대한 과업"을 준데 이어 "최신과학기술 자료들을 정상적으로 받아볼 수 있게 여러 과학연구기관들은 물론 이름 있는 대학들과 망網체계를 형성함으로써 과학자, 기술자, 노동자들의 기술기능 수준을 끊임없이 높여주고 시야를 넓혀줄 수 있게 되었다"고 한다. 이 기계공장도 군수단위인 것으로 추정되는데 그래서인지 생산제품에 관한 구체적인 언급은 없이 과학기술역량 강화를 통해 세계적 수준의 기계제작공업을 발전시킬 것을 지시하는 것을 공개하는데에 그치고 있다.

|8| 김 위원장은 2014년 5월에 평안남도에 새로 건설 중인 1월18일 기계종합공장을 방문했다.[326] 그는 공장이 기계제작공업 발전에서 '맏아들 공장', '심장과도 같은 공장'이라고 전제하고, 이 공장에서 "성능 높은 기계제품들을 더 많이 생산하며 새 제품 개발 사업에서 성과를 이룩하자면 생산 공정의 CNC화, 무인화를 실현하여야 한다"고 강조했다. 그는 "공장의 설계와 시공을 잘하는 것이 특별히 중요하다"면서 "중앙의 관록 있는 설계집단과 인민군대의 강력한 건설역량을 파견해주겠다"고 약속했다.

그의 지시에서 생산 공정의 CNC화·무인화와 대중적 기술혁신운동 전개, 노동계급의 정신력 발휘를 위한 사상교양사업 강화 등을 중시하고 있음이 확인된다. 생산현장에서 정치도덕적 자극과 물질적 자극(인센티브)을 배합하는 가운데 정치도덕적 자극을 앞세우는 원칙에 변화가 없음을 보여준다.

그는 2015년 12월에 1월18일 기계종합공장을 재차 방문했다.[327] 그는 "통합생산체계를 완벽하게 구축해놓았다"면서 "이 공장 통합생산체계는 우리나라 기계제작공업 부문에서 최고의 수준"이라고 밝혔다. 그는 "현대적인 설비들을 갖추어 놓은 것은 물론 우리의 설계와 기술, 힘에 의거하여 수자조종 공작기계와 공업용 로봇, 무인소재운반차, 자동창고 등으로 이루어진 유연생산체계를 확립함으로써 공장을 21세기 산업발전의 추세에 맞게 전변시켰다"고 말했다. 그는 "노동자들을 유해有害노동, 고열高熱노동에서 완전히 해방시킬 수 있게 도금 및 열처리공정의 자동화, 무인화를 실현하였으며 생산지휘를 보다 원만히 할 수 있도록 현대적인 무선통신망체계도 훌륭히 구축해놓았다"고 지적했다. 그는 2016년 8월에 이 공장을 또 다시 방문했다.[328] 그는 "공장의 과학화, 정보화, 자동화, 무인화가 높은 수준에서 실현되고 유연생산체계가 확립됨으로써 노력을 절약하면서도 생산주기를 단축하고 생산량을 늘렸을 뿐만 아니라 질제고에서 자랑할 만한 성과가 이룩되었다", "해당 단위와 합심하여 새 기계제품들을 개발 제작하였는데 나라의 기계제작공업 발전에서 큰 의의를 가진다"고 높이 평가했다.

그는 "당 제7차 대회 결정 관철을 위해 떨쳐나선 공장 노동계급의 열의가 대단히 높다는 것을 알 수 있게 되었다"면서 "그들의 정신력을 더욱 분발시켜 충정의 200일 전투에서 승리자가 되게 하여야 한다", "이 공장의 노동계급이 만리마萬里馬를 탄 기세로 인민경제 여러 부문에서 요구하는 최첨단 기계제품 생산에서 비약을 일으켜나가야 한다"고 강조했다. 김 위원장의 1월18일 기계종합공장 현지지도의 보도를 통해 이 공장이 통합생산체계, 유연생산체계, 무선통신망체계 등을 구비하고 있음을 확인할 수 있다. 그는 특히 이 공장에서 만리마 기세로 최첨단 기계제품 생산에서 비약을 일으킬 것을 촉구함으로써 만리마속도창조운동의 불을 지폈다.

[9] 김 위원장은 2014년 5월에 평안북도 소재의 천마전기기계공장을 시찰했다.[329] 그는 "최신식 전기기계들을 경제 여러 부문에 보내주기 위해서는 공장의 생산능력을 확장하고, 생산 공정의 현대화를 다그쳐야 한다"고 말했다. 그는 "모든 제품을 최상의 수준에서 만들기 위해서는 생산 공정의 CNC화를 높은 수준에서 실현해야 한다"고 강조했다. 생산 공정의 CNC화는 기계제작뿐 아니라 전기기계부문의 공장에서도 중요한 과제로 부각되고 있다. 북한은 이에 그치지 않고 경공업부문의 공장에서도 CNC화·자동화에 노력하고 있음

이 여러 보도에서 확인된다.

[10] 김 위원장은 2015년 3월 말에 평안북도 구성시에 있는 '전동렬 동무가 사업하는 기계공장'을 방문했다.[330] 그는 2014년 8월에 이 공장을 현지지도하면서 최첨단 기계제품을 개발하는 것과 함께 경비행기를 만드는 과업을 주었다고 한다. 그는 공장을 돌아보면서 새 제품 개발 및 생산정형을 요해하고 "공장 노동계급이 최첨단 설비들을 개발하는 과정에 세계와 당당히 경쟁할 수 있는 과학기술적 성과를 이룩했다", "우리의 기계제작공업을 도약시킬 수 있는 발판이 마련되었다"고 만족을 보였다.

그는 모든 생산 공정의 고도의 자동화·흐름선화, 설계역량과 기술자·기능공 대열 견고화 등을 지시하고, 이 공장에서 새로 만든 국산화된 경비행기에 직접 올라 이착륙 시험비행을 진행했다. 김 위원장이 최첨단 기계제품을 개발해온 이 공장에 경비행기 생산과업을 맡긴 것으로 보아 원래 군용비행기 엔진 생산과 부품제작·수리를 담당해오던 공장으로 관측된다.

[11] 김 위원장은 2016년 3월 1일 평안남도 남포시에 있는 태성기계공장의 현지지도에 나섰다.[331] 그는 종합가공직장, 조립직장 등을 돌아보며 생산실태와 완성된 기계제품들의 성능과 질에 대하여 요해했다. 그는 "기계제작공업 부문의 맏아들공장, 선각자공장, 핵심공장인 태성기계공장이 부강조국건설에서 맡고 있는 임무가 대단히 중요하다"면서 "공장을 지식경제의 시대에 맞게 현대화하여야 한다"고 지시했다. 그는 "공장의 생산 및 기술관리 공정을 견본 모방형이 아니라 개발 창조형으로 전변시켜야 한다"면서 이번 방문은 "공장을 현대화함으로써 우리나라 기계제작공업 발전의 새로운 도약대를 마련하자는데 있다"고 말했다. 그는 "태성기계공장을 세계적인 최첨단 기계제작기지로 만들자는 것이 당 중앙의 의도"라고 밝히고 "공장 현대화사업을 우리나라 기계제작 공업발전의 미래와 관련되는 중대한 사업으로, 전략적인 문제로 대해야 한다"고 강조했다.

미사일공장으로 알려진 태성기계공장에 대하여 김 위원장이 대놓고 세계적인 최첨단 기계제작기지로 만들자고 말한 것으로 보아 군수생산단위의 민수화 내지는 병행 생산화 작업이 본격적으로 진행되고 있음을 보여준다. 특히 생산·기술관리 공정과 관련하여 견본 모방형에서 벗어나 개발 창조형으로 전환할 것을 촉구한 점도 주목된다. 견본 모방형을 뛰어넘는 개발 창조형으로의 전환 요구는 기계제작공업 부문의 모든 공장에 적용되는 새 세기 산업혁명의 모토라고 할 수 있다.

[12] 김 위원장은 2016년 4월 초순에 '리철호 동무가 사업하는 기계공장'을 현지에서 지도했다.[332] 그는 "공장이 조업한지 얼마 되지 않지만(2013년 조업 개시) 기계제품의 가지 수를 늘이고 그 질을 개선하기 위한 투쟁에서 놀라운 성과를 이룩하였다", "공장에서 만든 기계제품들이 인민경제 여러 부문에서 크게 은을 내고 있다", "(그) 비결은 당의 의도대로 과학기술을 중시하고 과학연구사업과 생산을 철저히 밀착시킨데 있다"고 치하했다. 그는 이곳에서도 강령적 과업을 제시했는데, 이 기계공장처럼 어떤 제품을 생산하는지 정확히 알 수 없는 경우에는 대개 군수생산단위로 보아도 무방한데, 이 공장에서 만든 기계제품이 '인민경제 여러 부문에서 크게 은을 내고 있다'는 평가로 보아 군수-민수 병행 단위로 볼 수 있다.

[13] 김 위원장은 2016년 7월 3일에는 평양의 강동정밀기계공장을 방문했다.[333] 그는 CNC설비들을 제작하여 생산에 이용하는 것을 살펴보고 "생산량을 늘리고, 제품의 정밀성을 위해서는 설비 현대화를 높은 수준에서 실현해야 한다"고 강조했다. 정밀기계공장에서의 기계설비 현대화가 반복적으로 강조됨을 알 수 있다.
그는 2015년 1월 중순에도 강동정밀기계공장 방문한 바 있다.[334] 그는 2017년 2월 초순에 이 공장을 또 다시 방문했다.[335] 그는 새로 꾸린 제품전시장과 가공직장을 비롯한 여러 곳을 돌아보면서 현행 생산 및 현대화 정형과 제품의 질에 대하여 요해했다. 그는 "제품전시장을 멋쟁이 건축물로 건설하였으며 보기에도 좋고 다루기 편리하며 성능이 대단히 높은 여러 가지 제품들을 진열해 놓았는데 모든 것이 마음에 든다"면서 "공장의 정밀기계 가공기술은 세계적 수준"이라고 높이 평가했다. 그는 "과학기술보급실을 지식경제시대의

요구에 맞게 잘 꾸리라고 지시하였는데 당의 의도에 맞게 건설을 잘하였다"
고 하면서 "설계도 잘되고 시공도 만점이다", "흠잡을 데가 없다"고 높이 평
가했다. 김 위원장이 이 공장에 새로 건설된 제품전시장과 과학기술보급실에
만족을 보임으로써 다른 공장들에서 견학을 조직할 가능성을 시사했다.

⎾14⏌ 김 위원장은 2015년 9월 초순에 신의주측정계기공장을 방문했다.[336]
그는 "신의주측정계기공장에서 인민경제 여러 부문과 국방부문에 쓰이는 새
롭고 현대적인 측정계기들을 연구 개발하였다"고 말했다. 그는 "새로 만든 측
정계기가 세계적 수준"이라면서 "최첨단 측정계기를 우리의 힘과 기술로 연
구 개발한 것은 경이적인 성과"라고 치하했다. 그는 "모든 생산 공정들을 자
동화, CNC화함으로써 신의주측정계기공장을 노력절약형공장, 측정계기부문
의 본보기, 표준공장으로 전변시켜야 한다"고 강조하고, 자신이 "이 공장의
명예지배인이 되겠다"고 말하기도 했다. 김 위원장이 이 공장의 명예지배인
이 되겠다고 선포함에 따라 중앙당과 내각의 특별한 관심 아래 원자재 공급
과 설비 투자 등 광범위한 지원이 이뤄질 것이고, 생산성과 등이 빈번하게 당
중앙에 보고될 것이다.

〈표 3-30〉 김정은 위원장이 기계공업 현지지도에서 내린 과업

방문단위	과업 내역

허철용
동무가
사업하는
기계공장
	- 기계제품의 현대화 수준을 높이자면 자료보급기지를 잘 꾸려주어
	  현대과학기술을 습득시키며 세계 기계제작공업 발전추세도 알려줄 것.
	- 주강직장 현대화공사에 화력을 집중할 것 ("당에서 적극 도와주겠으니 올
	  해 당 창건 기념일까지 주강직장을 현대화하자"고 호소)

강계
정밀기계
종합공장
	- 제품 질을 높이려면 세계적으로 발전된 정밀기계들의 기술적 지표를
	  분석하고 최신과학기술을 받아들이기 위한 사업을 벌일 것.
	- 노동자·기술자들이 세계 정밀기계공업의 발전추세와 동향을 제때
	  파악하고 습득할 수 있도록 할 것.

장자강 공작기계 공장	- 앞으로 모든 부문·단위에서도 지식경제시대의 요구에 맞게 무인화를 실현할 것("장자강공작기계공장을 기준으로 삼아야 한다"고 지시)
룡성기계 연합 기업소	- 공장의 생산능력을 훨씬 늘이고 제품의 질을 더욱 개선하기 위해 공장을 현대화할 것 - 현행생산과 새 제품 개발사업에 절실히 필요한 핵심 부문부터 현대화할 것

방문단위	과업 내역
2월11일 공장	- 공장의 생산문화·생활문화를 근본적으로 일신시킬 것. - 과학기술보급기지를 잘 꾸리고 일하면서 배우는 체계에 의한 인텔테리화 사업에도 주력할 것 ("당에서 직접 맡아 올해 중으로 과학기술보급실과 문화회관 등을 건설해 주겠다"고 약속). - 인민경제계획을 무조건적으로 수행할 것. - 빠른 시일 안에 새 제품 개발사업을 위한 투쟁을 전개할 것. - 과학기술보급실을 활용해 선진과학기술을 학습하고 활용할 것.
룡성기계 연합 기업소 동흥산 기계공장	- 생산 공정의 현대화를 최상의 수준에서 실현할 것. - 1단계 목표로 낡은 설비들에 대한 갱신 및 CNC화, 생산 공정의 부분적인 무인화를 실현할 것. - 2단계 목표로 모든 생산 공정의 자동화·흐름선화를 완벽하게 실현할 것.
신흥 기계공장	- 여러 종의 다기능화된 기계설비들을 더 많이 개발할 것. - 기계공업부문에서 교조주의를 철저히 배격하고 주체적 입장을 확고히 견지할 것. - 생산을 높은 수준에서 정상화할 것. - 맡겨진 계획을 어김없이 수행할 뿐만 아니라 질적 측면에서 세계적 수준을 돌파할 것.
1월18일 기계 종합공장	- 과학자·기술자들뿐 아니라 노동자들이 폭넓은 과학기술을 습득할 수 있게 과학기술보급실도 잘 꾸려 공장에서 대중적 기술혁신운동을 일으킬 것. - 생산계획을 지표별로 넘쳐 수행할 것. - 종업원들의 기술기능수준을 높일 것. - 후방사업을 개선할 것. - 설비들을 애호관리할 것. - 공장의 안팎을 알뜰히 거두고 깨끗이 관리할 것. - 생산을 높은 수준에서 정상화할 수 있게 자재보장대책을 철저히 세울 것. - 현대화된 검측공정을 더 잘 꾸려놓기 위한 사업에 큰 힘을 넣을 것.
리철호 동무가 사업하는 기계공장	- 생산능력의 확장과 생산 공정의 흐름선화를 실현할 것. - 인민경제 여러 부문에 보내줄 새 기계제품을 개발하고 제품들의 정밀화·지능화 수준을 향상시킬 것. - 자재와 설비를 국산화할 것. - 기술자와 기능공을 양성할 것.
강동 정밀기계 공장	- 나라 실정에 맞으며 다양한 용도에 쓸 수 있는 기계제품들을 더 많이 만들 것. - 정밀기계들에 대한 늘어나는 수요를 충족시키고 제품의 질을 높이기 위해서는 현대적 기계가공설비들은 물론 첨단기술이 도입된 검사 및 검측설비들을 갖출 것. - 모든 생산 공정들에 유연생산체계를 전면적으로 확립하기 위한 투쟁을 벌릴 것.

김 위원장이 기계공업의 생산현장에서 제시한 지침은 주체적 기계 공업의 발전과 세계적 수준을 지향하면서[337] 통합생산체계와 유연생산 체계의 확립, 계열 생산화, 선진기술 도입에 의한 생산 공장의 현대화, 기계설비 제작의 핵심부분품의 국산화, 제품가공의 정밀도 향상, 무인화 표준공장 설립, 공장 과학기술보급실의 국가정보망 연결 등이었다. 이에 더하여 중요한 두 가지가 더 있었는데 하나는 견본모방형에서 개발창조형으로의 전환, 다른 하나는 군수-민수의 병행 생산이었다.

자동차·뜨락또르·선박 생산현장 현지지도

기계공업의 발전과 연관된 자동차, 뜨락또르(트랙터), 선박 등의 생산현장에 대한 김정은 위원장의 현지지도를 살펴보기로 한다.

|1| 김 위원장은 2017년 11월 초순에 평안남도 평성시에 위치한 3월16일 공장의 현지지도에 나섰다.[338] 1977년 3월 16일에 창립된 이 공장은 중형자동차 《태백산》호를 생산하고 있다. 그는 조립직장, 종합가공직장, 제관직장 등을 돌아보고 "공장의 일군들과 노동자, 기술자들이 자력갱생의 기치를 높이 추켜들고 과학기술의 위력으로 제기되는 문제들을 풀어나가면서 우리식의 대형 윤전輪轉기재 생산에서 집단적 혁신을 일으키고 있다"고 치하했다. 그는 "1월18일 기계종합공장에서 질 좋은 기관(엔진)들이 꽝꽝 생산되고 있는 것을 비롯하여 자동차 생산과 연관된 부문들의 물질 기술적 토대가 튼튼한 것만큼 3월16일 공장을 모체로 하여 현대적인 자동차공업을 창설할 수 있다"고 말했다.

그는 "3월16일 공장을 현대화함으로써 날로 늘어나는 인민경제의 수송수요를 원만히 보장하고 나라의 국방력을 더욱 튼튼히 다지는데 적극 이바지하게 하자"고 하면서 공장의 현대적 개건과 관련한 강령적인 과업을 제시했다(그 내용은 공개되지 않았다). 그는 "3월16일 공장을 우리나라 자동차산업의 중심으로 전변시키자는 것이 당의 의도"라면서 "해당 부문과 공장의 일군들, 과학자, 기술자, 종업원들이 공장을 세계적 수준의 자동차 생산기지로 꾸릴 대담

한 목표와 야심을 안고 달라붙어야 한다"고 강조했다.

그는 "나라의 자동차산업을 세계적 수준으로 끌어올리는데서 새로운 전환점을 마련하자", "우리 함께 힘을 합쳐 개건 현대화를 본때 있게 밀고나가자"고 호소했다. 3월16일 공장은 민수용과 군용 차량을 동시에 생산하는 기지로 관측되며, 군수-민수경제의 결합의 전형이라고 할 수 있다. 미국은 북한의 대륙간 탄도로켓ICBM인《화성15》호가 이 공장에서 조립된 것으로 관측한 바 있지만, 그 사실 여부는 확인되지 않는다.

| 2 | 김 위원장은 2017년 11월에 평안남도 덕천에 있는 승리자동차연합기업소를 방문했다.[339] 그는 2016년에 이 기업소가 제7차 당대회에 드리는 '충정의 노력적 선물'인 새 형의 5톤급 화물자동차들을 보고 "자력갱생이 안아온 자랑찬 결실"이라면서 기업소의 일군들과 노동계급에게 당 중앙위원회의 이름으로 '특별감사'를 준 바 있다. 그는 직접 자동차에 올라 운전하면서 5톤급 화물자동차의 성능과 기술적 특성에 대해 요해했다. 그는 조립직장, 정밀가공직장, 기관직장 등을 돌아보고 이 기업소가 2018년에 수행해야 할 화물자동차 생산과제를 주면서 강령적인 과업을 제시했다.

그는 "이 기업소를 세계적 수준의 화물자동차 공업기지, 개발창조형 자동차 생산기지로 전변시키자면 모든 생산 공정을 고도로 현대화, 주체화하여야 한다"고 강조했다. 그는 "원료자재의 국산화 비중을 높이고 노력을 극력 절약하면서도 생산량을 비약적으로 늘릴 뿐만 아니라 제품의 질을 최상의 수준에서 보장할 수 있게 최신 과학기술 성과와 세계적인 자동차공업 발전 추세를 적극 받아들여야 한다"고 말했다. 자동차산업에서도 원자재의 국산화 비중 제고와 함께 품질 향상을 위한 최첨단기술 도입을 강조하고 있음을 확인할 수 있다.

| 3 | 김 위원장은 2013년 6월 22일 자강도의 강계뜨락또르종합공장을 현지에서 지도하였다.[340] 그는 제품진열실에 들러 공장에서 생산한 기계제품들을 보면서 제품개발 사업을 요해하는 가운데 "당의 최첨단 돌파사상을 받들고 CNC화를 실현하며 설비를 현대적으로 개조하고 과학기술문제를 풀어나가야 한다"고 지시했다. CNC화 실현을 강조하는 행보는 김정일 국방위원장의 생

전에도 자주 있었던 일이다. 북한에서는 김정은 위원장이 정치적 후계자로 부각된 첫 시기부터 'CNC=김정은'의 인식을 인민들에게 심어준 바 있다.

그는 2013년 5월 말에 강계뜨락또르종합공장을 다시 방문했다.[341] 그는 공장에서 인민경제와 국방력 강화에 이바지하는 성능 높은 기계설비들을 생산하고 있는데 대해 높이 평가함으로써 이 공장이 군수품도 생산한다는 것을 숨기지 않았다. 그는 "강계뜨락또르종합공장은 나라의 기계제작공업을 발전시키는데서 중요한 자리를 차지하고 있다"면서 공장의 관리운영에서 지침으로 되는 강령적인 과업들을 제시했다. 그는 "콩농사도 잘하고 남새온실과 버섯 생산기지, 오리목장, 돼지목장, 양어장, 미꾸라지양어못을 비롯한 후방토대를 꾸리고 자체로 살림을 꾸려나가면서 종업원들에 대한 부식물 공급을 정상화하고 있는 것은 대단히 좋은 일"이라며 "공장 당위원회가 이 사업을 선차적으로 틀어쥐고 내밀어야 한다"고 당부했다. 이 공장은 농업기계설비를 생산하는데 그치지 않고 건설기계설비를 비롯한 다양한 기계설비를 제작하고 있다. 또한 이 공장도 다른 대규모 공장들처럼 농축산과 양어장 등을 직접 운영하여 종업원들에게 부식물을 공급하고 있으며, 공장 당위원회가 후방사업을 '선차적으로' 전개하도록 하고 있다.

|4| 김 위원장은 2017년 11월 중순에 남포직할시 강서구역의 금성뜨락또르 공장을 현지에서 지도했다.[342] 그는 공장에서 생산한 새 형의 80마력 뜨락또르《천리마-804》호를 보았는데 9월 말에 전체 조립을 전부 끝낸데 이어 부하시운전과 주행시험도 성과적으로 진행했다고 한다. 그는 뜨락또르를 직접 운전하면서 《천리마-804》호의 성능과 기술적 특성에 대하여 요해했다. 80마력 뜨락또르 부속품 총 3,377종, 1만 228개 중에 3,333종, 1만 126개를 자체로 생산함으로써 국산화 비중을 98.7% 수준에서 보장했다고 한다.

그는 "첫 《천리마》호 뜨락또르 생산으로 위대한 천리마시대를 들끓게 한 공장의 노동계급이 새 형의 《천리마-804》호 뜨락또르 생산으로 오늘의 만리마시대를 빛내어가고 있다"면서 "만리마시대의 자랑스러운 산아産兒인 80마력 뜨락또르가 울리는 동음은 전진하는 사회주의조선의 대진군가"라고 말했다. 그는 가공조립직장, 제관직장, 주물직장 등을 돌아보면서 2018년에 수행해야

할 뜨락또르 생산과제와 공장개건 현대화과업을 제시했다. 그는 "개건현대화 공사를 통하여 우리나라 윤전기계 공업 발전을 적극 추동하는 또 하나의 혁명을 일으키자"고 하면서 관련 지원 및 인민군대의 건설역량 파견을 약속했다. 김 위원장이 현장에서 한 약속에 대해서는 수행원들이 메모 혹은 녹음으로 기록했다가 약속 이행의 결과를 보고하게 되어 있다. 현지지도 단위들은 김 위원장의 지원 약속을 기대하면서 그의 방문을 선호하게 된다.

│5│ 김 위원장은 2017년 12월 초에 자강도 만포시에 소재한 압록강다이야공장을 방문했다.[343] 그는 공장에서 생산하는 각종 타이어와 새로 개발한 탄도로켓 자행발사대차의 대형 타이어를 보았다. 그는 9월에 이 공장에 《우리식 9축 자행발사대차》의 대형 타이어를 무조건 개발 생산하라는 과업을 주었다고 한다. 그는 "공장에 없던 대형 다이야 생산 공정을 수입설비에 의존하지 않고 국내에서 생산 보장하여 짧은 기간에 혁명적으로 새로 꾸리고 주요 물리기계적 성질이 수입산보다 훨씬 우수한 새 형의 대형 다이야(타이어)를 훌륭히 만들어낸 압록강 다이야공장의 일군들과 노동계급의 투쟁 본때와 일 본새에서 유달리 깊은 감동을 받았다"고 말했다. 그는 공장의 여러 곳을 돌아보면서 생산실태와 관리운영 정형을 요해했다. 그는 "공장을 세계적 수준의 다이야 생산기지로 전변시킬 대담한 목표를 세우고 생산공정의 물질 기술적 토대를 갖추며 공장 안팎을 완전히 일신시키기 위한 투쟁에 한사람같이 떨쳐나서야 한다"면서 개건 현대화를 위한 중대조치를 취했다고 한다.

│6│ 김 위원장은 2014년 8월 초 남포시의 천지윤활유공장을 방문했다.[344] 그는 이 공장을 "모든 생산공정들이 자동화, 정보화, 무인화된 공장, 콤퓨터에 의한 통합생산체계를 완벽하게 실현한 숫자화된digitalized 공장"으로 평가하고 "앞으로 각종 윤전기재에 필요한 질 좋은 윤활유와 그리스를 더 많이 생산하여 인민경제 여러 부문에 보내주기 위한 투쟁을 벌려야 한다"고 강조했다. 그는 또 "생산제품의 질이 수입제품 못지않다"면서 "윤활유와 그리스의 기술적 지표를 국제적인 경쟁력을 갖출 수 있게 갱신하여야 한다"고 강조했다. 북한에서 자동차산업이 발전하고 수입차량도 늘어나는 여건에서 윤활유·그리

스 생산의 국산화가 중요하기 때문에 김 위원장이 이 공장을 방문한 것이다.

〈표 3-31〉 김정은 위원장이 자동차 생산현장의 현지지도에서 내린 과업

방문단위	과업 내역
금성 뜨락또르 공장	- 개건현대화 상무(태스크포스)와 설계집단을 편성할 것 - 모든 생산공정들을 자동화·흐름선화·로봇화하여 노력절약형 공장으로 만들 것 - 공장 안팎을 완전히 일신시킬 것 - 종업원들이 현대 과학기술로 튼튼히 무장할 수 있게 과학기술보급실을 잘 꾸릴 것 - 공장 노동계급을 위한 문화후생 시설들을 훌륭히 건설할 것
압록강 다이야 공장	- 타이어 생산을 더 높은 수준으로 끌어올릴 것 - 생산공정을 새롭게 설계하고 현대화를 실현할 것 - 생산 정상화를 위한 원료자재 보장대책을 원만히 세우기 위한 투쟁을 줄기차게 밀고나갈 것 - 종업원들을 현대과학기술로 튼튼히 무장한 지식형의 인간들로 준비시킬 것 - 노동자들에게 더 좋은 생활조건을 마련해주기 위한 사업에 깊은 관심을 돌릴 것
천지 윤활유 공장	- 원료와 첨가제의 국산화 비중을 높일 것 - 과학기술 보급기지를 조직할 것 - 종업원들의 후방사업을 개선할 것

|7| 김 위원장은 2018년 7월 중순에 함경북도 청진조선소를 방문했다.[345] 그는 조선소에서 새로 건조한 전투함선의 구조와 전술기술적 제원, 무장장비 설치정형을 요해하고 시험항해도 해보면서 해군무력 강화에 도움이 되는 기동·화력능력이 뛰어난 전투함선을 잘 만든 것을 높이 평가했다. 그는 "대형짐배와 화객선, 고기배, 전투함선을 비롯한 여러 가지 배들을 많이 무어냄(건조함)으로써 수산업과 해상운수, 대외무역과 국가방위력을 더욱 공고 발전시켜야 한다"고 말했다. 그는 청진조선소를 정비확장하고 개건 현대화함으로써 선박건조 능력을 높일 데 대한 전투적 과업을 제시했다.

그는 "청진조선소를 선박의 설계로부터 배무이와 의장품 생산에 이르기까지 필요한 모든 것을 자체의 힘과 기술로 보장할 수 있는 물질기술적 토대와 기

술역량을 갖춘 현대적인 대규모 배무이 기지로 튼튼히 꾸려야 한다"고 지시했다. 그는 "청진조선소 노동계급을 굳게 믿고 새로 계획하고 있는 현대적인 화객선을 건조하는 사업을 이곳 조선소에 맡길 것을 결심하였다"고 말했다. 그는 《만경봉-92》호를 만들어본 경험도 있기 때문에 얼마든지 할 수 있을 것이니 대담하게 일판을 벌리고 혁명적으로 달라붙어 한번 본때 있게 해보자", "이 과정에 조선소의 배무이 기술을 더욱 발전시키고 생산 공정들의 과학화, 현대화를 높은 수준에서 실현함으로써 청진조선소가 우리나라 선박공업을 한 계단 도약시키는데서 기치를 들고나가게 하자"고 촉구했다. 청진조선소에서 대형화물선·화객선 등 민용 수송선뿐 아니라 전투함선도 생산한다는 것이 확인된다.

|8| 김 위원장은 2016년 5월 6일~9일에 진행된 제7차 당대회에 참석한 직후 평양에서 진행된 기계설비전시장을 참관하였다.[346] 그는 금성뜨락또르공장에서 만든 새 형의 80마력 뜨락또르를 보고 '사회주의수호전의 철마'라고 하면서 "모든 기술적 성능들이 세계적 수준에 당당히 올라선 능력이 큰 새 형의 뜨락또르를 100% 우리의 힘과 기술로 만든 것은 대단한 성과"라고 높이 평가했다. 그는 각종 농기계들을 보고 "우리나라의 자연지리적 특성과 우리 사람들의 체질에 맞게 잘 만들었다", "주체적 입장에서 우리의 힘과 기술로 제작 완성한 뜨락또르와 농기계들은 알곡증산에 적극 이바지할 수 있는 현대적이고 능률적인 기계들"이라고 말했다. 그는 "당 제7차대회에서 결정한 것처럼 농촌경리의 종합적 기계화를 본격적으로 내밀어 빠른 기간에 농산작업의 기계화 비중을 60~70% 수준에 올려 세우며 능률 높은 농기계들과 부속품들을 대대적으로 생산할 수 있게 농기계공장들의 설비와 생산 공정을 현대적으로 개건하여야 한다"고 지시했다.

그는 승리자동차연합기업소에서 새로 개발한 115마력 디젤기관을 이용한 5톤급 화물자동차, 청진버스공장[347]에서 만든 새 형의 버스를 보고 "잘 만들었다"고 평가했다. 그는 김종태전기기관차연합기업소에서 제작한 성능 높은 전기기관차, 수산부문에서 건조한 《황금해》계열의 만능화된 고깃배, 령남배수리공장에서 건조한 5,000톤급 무역짐배를 직관물을 통해 보고 "나라의 철도

부문과 수산업, 해상운수 발전에 이바지할 수 있는 자랑할만한 성과를 이룩하였다"고 평가했다. 그는 전시장에 현물 또는 직관물로 전시된 CNC기계, 무정형 철심을 이용한 변압기, 에너지절약형 변압기, 전동기, 풍력발전기, 대용량발전기 숫자식(디지털)여자기(교류발전기, 직류발전기, 동기同期발전기 등의 계자界磁 코일에 여자 전류를 공급하는 직류발전기), 채취기계설비들, 산림기계들도 "모두 기술경제적 의의가 대단히 큰 제품들"이라고 평가했다.

그는 "전시장에 출품된 기계제품들은 자강력이 제일이며 자력자강이 바로 우리가 살아갈 길이라는 것을 다시금 확증해준다"면서 "우리는 반드시 수입병을 뿌리 뽑고 수입병에 완전히 종지부를 찍어야 한다"고 강조했다. 그는 "특히 마음에 드는 것은 여러 가지 기계제품들을 다른 나라의 견본을 그대로 모방하여 만든 것이 아니라 우리식으로 제작한 것"이라고 말했다. 견본모방형에서 개발창조형으로 전환되고 있다는 뜻이다. 그는 자강력제일주의를 높이 발휘하여 여러 가지 기계제품들을 훌륭히 제작한 단위들에 제7차 당대회의 이름으로 감사를 주고 하루빨리 계열생산에 들어가도록 지시했다.

| 9 | 조선중앙통신은 2017년 1월 24일에 내각 기계공업성 및 산하 공장·기업소에서 기계설비의 현대화·국산화에 총력을 기울이고 있다고 보도했다. 기계공업성과 산하 공장·기업소들에서 2017년 정초부터 인민경제 중요 부문들에서 요구하는 기계설비들의 현대화·국산화에 온힘을 쏟고 있다는 것이었다. 기계공업성은 2017년의 전투목표로 새 형의 뜨락또르와 운전기재들의 계열생산 공정 완비, 여러 가지 성능 높은 기계설비들의 질적 생산, 설비·자재의 국산화 실현 등을 내세웠다고 한다.

대안중기계연합기업소에서는 CNC 9축 조종 종합가공반의 개발·완성, 화력발전소용 미루 대치차大齒車 열처리 공정과 장비직장의 여러 설비들의 CNC화 촉진 등에 나섰다. 대안전기공장에서도 45° 철심절단기를 CNC화하여 에너지절약형 변압기들의 계열생산화 사업이 추진되었다고 한다. 룡성기계연합기업소에서는 여러 규격의 압축기 부분품들의 국산화 실현, 다목적·다기능화된 플라즈마 종합가공 공정 확립 등 중요 기술과제들이 수행되었다. 락원기계연합기업소에서도 1m³ 유압식 굴착기의 질을 높이는 사업이 본격적으로 전개

되었다고 한다.[348] 이 보도에는 기계설비 제품의 세부 정보가 담겨 있는데, CNC 9축 조종 종합가공반, 45° 철심절단기의 CNC화, 다목적·다기능화된 플라즈마 종합가공 공정, 1m³ 유압식 굴착기 등은 관련 분야의 최첨단기술로 볼 수 있을 것 같다.

김 위원장이 자동차공장과 뜨락또르공장에서 가장 중요시한 것은 공장의 개건 현대화사업이었다. 그는 민수용·군용 차량을 동시에 생산하는 3월16일공장에는 '자동차산업의 중심'으로 발전시킬 것을 지시했고, 5톤급 화물자동화 생산에 성공한 승리자동차연합기업소에는 생산 공정의 현대화·주체화를 강조한 가운데 원자재의 국산화 비중의 제고, 노동력 절약, 생산량의 비약적 증대와 품질 향상, 세계적인 자동차공업의 발전추세의 도입 등을 지시했다.

그는 강계뜨락또르공장에서는 CNC화와 설비의 현대적 개조를 강조하면서 농업기계설비의 생산뿐 아니라 건설기계설비를 비롯한 다양한 기계설비의 제작을 지시했다. 금성뜨락또르공장이 개발한 신형《천리마-804호》의 부속품의 국산화 비중이 98.7%로 확인되었고, 이 공장에서 생산 공정의 자동화·흐름선화·로봇화를 통해 노동력절약형 공장으로 전환할 것을 지시했다.

그리고 청진조선소에서는 대형컨테이너선박과 화객선·어선·전투함선 등의 여러 가지 선박을 건조하는 과제와 더불어 조선소의 정비확장과 개건현대화를 제시했다. 이 공장이《만경봉-92호》를 건조한 경험을 살려 현대적인 화객선을 건조하라는 임무를 주었고, 선박 건조의 전 과정을 자체의 힘과 기술로 보장할 수 있게 하라는 지침도 내렸다.

전기공업

북한은 초기에 전기공업을 중공업에 부수된 것으로 인식하다가 발전설비를 비롯한 전기제품의 중요성을 깨달았다. 현재 발전기, 송배전용 전기기계 등 중전기 부문, 애자·개폐기·전선, 전동기·변압기·전기 등의 기본 전기부품·제품들을 생산하는 기술수준과 생산기반을 갖추고 있다. 북한은 전자공업을 공장 자동화의 필수불가결한 공업으로 인식하고 1970년대 후반부터 이를 육성하기 시작했다.

정보화시대의 추세에 맞춰 북한도 컴퓨터와 자동화기기 등을 중시했고 1980년대 후반에 생산 공정의 자동화·로봇화를 강조하기 시작했다. 1988년에 정무원(내각 전신) 전자자동화공업위원회가 설립되면서 전자공업의 발전에 집중하게 된다.

전기전자공업은 평양을 비롯해 평안남도에 집중 배치되어 있다. 이는 평양·남포 공업단지의 육성정책과 편리한 교통·잠재수요를 고려한 것이다. 전기전자공업의 중심지인 평양은 생산·소비의 지역연계라는 이점이 있다.[349]

사회주의공업화의 토대가 마련된 1960년대 이후에 북한에서는 전동기를 비롯해 많은 중重전기제품이 필요했다. 발전소 건설과 철도 전기화에도 전기기계가 필요했고 이 수요가 중전기공업의 육성 요인으로 작용했다. 제1차 7개년 계획(1961~70년, 3년 연장)을 계기로 전력기기의 대형화가 추진된다.

1962년에 평양전선공장(연산 2만 톤)이 체코슬로바키아의 원조로 건설되어 조업에 들어갔고 1963년에는 평양전구공장 전구직장이 건설되었다. 대안전기공장은 대형 전기기계 생산기지를 조성해 양산체제를 갖추었으며 주을전기공장의 애자, 평양전선공장의 각종 전선 등이 양산量産체제를 갖추었다. 제2차 7개년 계획기간(1978~84년)에 대안전기공장은 대안중기계종합공장(대단위 종합플랜트 전문생산공장)으로 탈바꿈했다. 구소련의 지원 아래 대동강축전지공장이 1982년에 완공되었는데 자동차용 축전지 120만개 이상의 생산능력을 갖추었다.

북한은 1980년대 이후 대안중기계연합기업소를 중심으로 설비·시설투자를 확대하여 대형 중전기기를 생산해왔다. 1990년대 이후에 신규 설비투자는 거의 없었지만 수력발전소 중전기 부문은 꾸준한 생산실적을 보였다. 대안중기계연합기업소, 룡성기계연합기업소 등에서 발전설비를 제작해 발전소 건설현장에 공급했다. 2008년 이후에는 흥남비료연합기업소, 남흥청년화학연합기업소 등에 설치하는 대형 산소분리기를 공급했다. 함흥전기기구공장은 2010년 이후 대형 연합기업소의 가스화 설비와 생산능력 확장공사에 전기기구를 지원했고 경성애자공장은 희천발전소, 천리마제강연합기업소 등에 전기부품을 공급했다. 평양3·26전선공장, 대동강축전지공장, 성천강전기공장 등에서도 투자 및 생산 활동이 상대적으로 활발했다.[350]

전자공업

북한은 1960년대부터 전자공업에 관심을 보였음이 확인된다. 1947년에 통신기계제작소를 설립했고 1948년에 자석식교환기·전화기·고성기(스피커)와 확성기를 제작했다. 전후복구 기간에 통신기계수리공장을 복구하는 한편, 체신기자재공장과 전기자재공장을 건설하고 1958년에는 통신기계제작공장을 가동했다. 1962년에 남포통신기계공장에 조립직장이 신설된 데 이어 1967년에 평양통신기계공장에서 반송전화기를 1만 대 생산했으며 1969년부터 TV수상기를 생산하기 시작했다. 희천종합전자기기공장도 1970년부터 생산을 개시했고 1969년에는 박천통신기계공장에서 통신기계를 생산하는 등 전자기기공업의 급속한 발전이 이뤄졌다. 냉장고, 선풍기, 전기다리미 등 가전용품은 1961년부터 생산되었다.

북한은 1970년대에 전자제품의 대량생산체제를 구축하는 한편, 자동화부문의 발전에 나섰다. 6개년 계획기간(1971~76년)에 북한은 서방으로부터 전자공업의 기술도입을 시도했는데 특히 1971년에 일본으로부터 연간 5만 대 규모의 냉장고·세탁기 생산설비를 도입해 1972년부터 생산에 들어갔다.

그러나 1970년대 중반 이후 전자공업은 기술낙후 등으로 더 이상 발전할 수 없었다. 민수용 전자기기, 공업용 전자기기, 자동화기기, 유·무선통신기기와 전자부품 등 모든 전자공업이 정체·퇴보되었으며 컴퓨터와 반도체를 비롯한 정보화 부문도 지체되었다. 북한은 1980년대 후반부터 전자공업과 자동화공업의 발전에 집중했고 컴퓨터, 집적회로와 프로그램 등 정보기기와 전자계측기기를 생산하는 공장들을 건설했다. 과학기술발전 3개년계획기간(1차 1988~91년, 2차 1991~94년)에 전자공업부문의 발전, 반도체 개발, 전자부품 국산화율의 80% 도달 등을 계획하기도 했다.[351]

1990년대의 경제침체 이후 북한은 산업현장의 기술개건과 현대화에 집중하게 된다. 북한은 '2000년 과학발전 전망목표'에서 32비트급 극소형 컴퓨터의 공업화 실현, 64비트급 극소형 컴퓨터 개발, 자동화기기 생산 등을 목표로 삼았다. 주요 경제부문의 전산화를 위해 소프트웨어 개발에 중점을 두고 조선컴퓨터센터 중심의 전산망 구축에 큰 관심을 보였다.

북한은 소프트웨어와 더불어 하드웨어에서는 자동화를 촉진하려고 노력했다. 대안중기계연합기업소 등 대규모 공장 기계장비의 CNC화 추진에서 확인되듯이 기술개건, 현대화가 전 방위적으로 실행되었다. 북한은 전문기술 및 인력 부족(하드웨어), 생산시설의 미비, 전략물자 수출입통제체제에 의한 첨단 과학기술제품의 수입 제한 등으로 어려움을 겪었다.

북한의 가전공업은 1990년대 중반 이후 자원배분 순위의 하락, 원자재 공급의 부족 등으로 생산이 위축되었으며 대동강수상기공장조차도 중국에서 부품을 들여와 단순 조립하고 있다. 그러다보니 중국산 TV, 냉장고, 전화기 등이 대량 수입되는 현상이 빚어졌다.[352]

전자·약전기계·건축 생산현장 현지지도

김정은 위원장이 전자·약전기계 공장, 건축부문 등의 현지지도에서 언급한 내용에 대해서도 간략히 살펴보기로 한다.

[1] 김 위원장은 2013년 8월 11일에 군수공장인 5월11일 공장을 방문했다.[353] 이 공장은 군용 전자부품 및 제품 생산을 담당해오다가 태블릿PC, 휴대

폰 등 각종 전자제품을 생산하고 있다. 특히 《아리랑》 휴대폰을 자체로 연구·개발해 생산한다. 그는 "《아리랑》은 가벼우며 통화, 학습에 필요한 여러 기능이 설치되어 사용하기 편하다"고 평가했다.

|2| 김 위원장은 2014년 3월 평양약전기계공장을 방문했다.[354] 약전은 통신·전자·계측부문의 신호·정보에 필요한 전력이다. 그는 약전기계 생산량 증대, 품질 개선과 제품 신뢰성 보장에 관심을 가져야 한다고 강조했다. 그는 신제품 개발 현황을 살펴보면서 "남들이 엄두도 못내는 것을 만들어내겠다는 마음을 가지고 기존 문헌에도 없는 것을 독자적으로 개발해야 한다"고 강조했다. 이 공장에서 미사일 부품을 생산한다는 정보가 있어왔는데 군수용 약전기계 개발에서 정착된 기술을 민수용 약전기계 생산으로 전환하는 작업이 진행 중일 것으로 관측된다.

그는 2015년 4월 초순 평양약전기계공장을 재차 방문했다.[355] 그는 제품진열실, 가공직장, 조립직장 등을 돌아보면서 새 제품개발정형과 생산실태를 요해했다. 그는 "공장의 노동계급이 기성 기술문헌에도 없고 남들이 엄두조차 내지 못하는 최첨단 약전기계제품을 만들어내겠다는 야심을 가지고 새 제품 개발사업을 벌리고 있는" 것에 만족을 보였다. 그는 "새 제품개발에서 성과를 거두자면 기성관념에 사로잡히거나 남들을 따라갈 생각을 하지 말고 주체적인 관점과 입장에서 문제를 풀어나가야 한다"면서 "우리의 힘과 기술에 의거하여 우리의 실정에 맞게 우리식대로 새 제품개발 사업을 다그쳐야 약전기계제품 생산의 주체화, 국산화를 실현할 수 있다"고 강조했다.

그는 생산량 증대 및 제품의 정밀성·안정성·실용성 보장 투쟁, CNC 기계 등 모든 설비의 만가동, 낡은 설비들의 현대화 대책 수립, 생산에 필요한 기재들의 창안 제작, 약전기계 핵심부분품들의 자체 생산보장을 위한 기술공정 확립(→ 생산원가 저하), 기술·품질관리 향상 등의 강령적 과업을 제시했다.

|3| 조선중앙통신은 2016년 3월 5일 대동강텔레비죤수상기공장의 숫자식 텔레비전(디지털 TV) 생산 추진 등 전자공업성 산하 생산단위들에서 전자제품 국산화에 나서고 있다고 보도했다. 보도에 따르면, 대동강텔레비죤수상기

공장에서 새로 개발한 디지털TV 생산을 추진 중이라고 한다.

전자기구관리국 전자기술제품연구소에서는 비동기전동기 속도조종용 전압주파수안정기를 자체의 힘과 기술로 개발했다. 이 안정기는 소형화·경량화되고 사용수명이 길어 가정·기관에서 사용하는 전자·전기설비들의 안전한 사용을 담보해주어 전기사고를 막고 정격 전압과 주파수를 보장해 준다. 전자자동화설계연구소에서는 영구자석을 적게 쓰면서 높은 출력이 보장되는 새형의 풍력발전기를 개발했다. 이 연구소는 더 발전된 전압계·전류계·주파수계 생산도 추진 중이다. 평양자동화기구공장에서는 냉각관의 성능 향상으로 냉각시간 단축 및 품질 개선이 이뤄진 극동기(냉동장치)와 선풍기 생산을 가속화하고 있다고 한다.[356]

|4| 김 위원장은 2016년 7월 중순에 백두산건축연구원을 방문했다.[357] 그는 "백두산건축연구원의 설계수단들을 더욱 현대화하여야 한다"면서 "설계의 과학성, 정확성, 신속성을 높은 수준에서 보장할 수 있도록 당에서 최신형 컴퓨터를 비롯한 현대적 설계수단들을 보내주겠다"고 약속했다. 그는 2017년 3월에 이 연구원을 다시 방문했다.[358] 그는 건축과학기술 성과전시장, 건축설계연구실 등을 돌아보면서 현대화 정형과 사업실태를 요해한 뒤에 강령적 과업을 추가로 제시했다.

|5| 김 위원장은 2013년 6월 15일에 평안북도의 대관유리공장을 방문했다.[359] 그는 "현대적인 유리제품 및 광학기재들에 대한 수요가 높아가고 있다"면서 공장 관리운영과 생산의 지침이 되는 과업들을 제시했다. 그는 "광학측정기재들의 성능이 지난해보다 훨씬 좋아졌고 안전성도 보장되었다"면서 "정밀성을 보다 높여야 한다"고 강조했다. 그는 "독자적 기술개발사업에 힘을 집중하며 생산공정의 현대화, 자동화를 실현하고 설비, 재료의 국산화 비중을 높이기 위한 투쟁을 벌려야 한다"고 지시했다. 설비·재료의 국산화는 어느 생산현장에서나 강조해오던 것이다.

그는 2014년 5월 대관유리공장을 다시 방문하여 "도금 생산 공정을 자동화, 무인화하여 노력과 원가를 절약하면서도 생산량을 높일 수 있게 되었다"고

만족을 보였다.[360] 생산 공정의 자동화·무인화는 본보기 공장들의 트렌드라는 것이 다시금 확인된다.

그는 2018년 11월 중순에 대관유리공장을 다시 방문했다.[361] 그는 "지난 기간 공장의 노동계급은 국가사정이 어려운 속에서도 나라의 과학교육과 경제발전에 절실히 필요한 광학유리제품들을 생산보장하기 위해 헌신적으로 투쟁하며 견실하게 당 정책을 받들어왔다"고 하면서 공장 노동계급이 걸어온 투쟁행로를 높이 평가했다. 그는 "지금의 현대화 성과에 만족하지 말고 공장의 전반적인 생산 공정과 제품검사 공정에 대한 현대화사업과 새 기술도입사업에 계속 힘을 집중하여 더 좋은 광학유리와 측정설비들을 만들어내야 한다"고 당부했다.

[6] 김 위원장은 2014년 8월 초에 평안남도 천리마군(옛 강서군 강선노동자구)에 있는 천리마타일공장을 방문했다.[362] 그는 "장군님(김정일 국방위원장)이 대단히 중시한 이 공장을 인민군대에서 운영하도록 과업을 주었다"면서 "생산을 높은 수준에서 정상화함으로써 공장의 새 역사를 쓰자"고 말했다. 그는 접착제직장, 타일생산직장, 숫자식(디지털) 천연색분무인쇄실, 타일전시장 등을 돌아보고 생산 정형과 새 제품개발 정형을 요해했고, 타일의 국내수요 보장은 물론 수출까지 하려면 "생산량과 질을 더욱 높여야 한다"고 강조했다. 특히 "모든 생산 공정들을 자동화, 현대화, 다기능화하며 컴퓨터에 의한 통합생산체계를 확립함으로써 숫자화된 공장으로 전변시켜야 한다"고 강조했다.

[7] 김 위원장은 2016년 7월 하순에 평양시 교외의 천리마건재공합공장을 방문했다.[363] 그는 공장의 능력 확장공사와 생산정형을 요해하고 공장사업에서 새로운 개선을 가져오기 위해 공장 관리운영을 인민군대에 맡기는 조치를 취했다고 한다. 그는 철판지붕재직장, 경량강철구조직장, 수지건재직장, 제품전시장 등을 돌아보며 생산정형과 제품의 질에 대하여 파악했다. 그는 "모든 생산 공정들이 자동화, 흐름선화된 것이 마음에 든다"면서 "이렇게 현대적인 생산 공정을 꾸려놓으니 노력과 원료, 자재를 극력 절약하면서도 높은 생산성과 건재품의 질을 충분히 담보할 수 있다"고 말했다.

〈표 3-32〉 김정은 위원장이 건설부문 현지지도에서 내린 과업

방문단위	과업 내역
백두산 건축 연구원	- 당의 주체적 건축미학 사상과 건설정책으로 튼튼히 무장할 것 - 주체성·민족성·독창성·현대성이 철저히 구현된 건축물들을 창조할 것 - 당의 건설구상과 인민들의 이상을 반영한 설계들을 최상의 수준에서 원만히 보장할 것 - 건축설계에서의 유사성과 반복을 철저히 배격할 것 - 건강건물, 녹색건물, 에너지제로·무탄소건물, 다기능화된 건물등을 더 많이, 더 훌륭하게 일떠세울 것 - 마감건재의 국산화 비중을 최대한 높일 것 - 건축에서 새로운 분야를 개척할 것 - 당의 국산화 방침이 구현된 설계를 내놓을 것 - 건재품의 다양화·다종화·다색화를 실현하기 위한 연구사업을 심화시킬 것 - 설계가·건축가들의 창작기량을 높이기 위한 사업에 힘을 넣을 것 - 현대적 설계수단들을 애호 관리할 것
천리마 건재 종합공장	- 건재품의 생산량과 질質을 높은 수준에서 보장할 것 - 주체화·현대화가 완벽하게 실현된 대규모의 종합적인 건재생산기지로 꾸려나갈 것 - 수많은 건재품들을 마음먹은 대로 생산해낼 수 있는 보배공장으로 전변시킬 것 - 우리의 자원과 원료, 우리의 기술로 건재품 생산의 국산화를 실현할 것

김 위원장이 방문한 5월11일 공장에서처럼 군수공장이 각종 전자제품, 특히 휴대폰을 자체로 개발 생산하는 것이 외부의 시각에서는 이해하기 어렵지만, 이는 오늘의 북한 경제를 이해하는 열쇠의 하나다. 그는 평양약전기계공장에서 약전기계 제품 생산의 주체화·국산화 실현, 핵심 부분품의 자체 생산보장을 위한 기술공정의 확립 등을 지시했다. "기존 문헌에도 없는 것을 독자적으로 개발해야 한다"거나 "기성관념에 사로잡히거나 남들을 따라 갈 생각을 하지 말고 주체적인 관점과 입장에서 문제를 풀어나가야 한다"는 그의 말에서 혁신의 분위기가 묻어난다.

그는 백두산건축연구원에서는 설계수단의 현대화, 주체성·독창성·현대성을 구현한 건축물 건설, 마감건자재의 국산화 비중의 제고 등을 강조하면서 특히 건축설계에서 '유사성'과 '반복'을 배격할 것을 촉구했다. 평양의 려명거리·창전거리 등 새로운 도시건축물에서 디자인이

다양한 것은 이러한 지시와 직접적인 관련이 있을 것이다.

그는 대관유리공장, 천리마타일공장, 천리마건재종합공장 등에서 대체로 생산 공정의 현대화·자동화·흐름선화·무인화를 강조했다. 내수와 수출을 동시에 겨냥해 생산량을 늘리면서 품질도 향상시킬 것을 주문했다. 천리마건재종합공장에서처럼 공장의 관리운영을 인민군대에 맡긴 사례도 나타나고 있다. 김 위원장의 머릿속에 인민군대의 경제단위가 선진화되어 있고 책임감도 높다는 생각이 자리잡은 것으로 보인다.[364]

화학공업

북한에는 무연탄 매장량이 상당하고 석회석 등 카바이드 생산에 필요한 원료가 풍부하며, 산악 수력발전의 전력 생산량도 많다. 일제 강점기부터 동부지구에서 석탄, 석회석 등을 이용한 화학공업이 발달했다. 북한의 화학공업은 자립적 민족경제건설노선과 결부되어 석탄화학공업 일변도로 발전되었다. 풍부한 석탄과 석회석을 반응시켜 카바이드를 만들고, 이를 출발물질로 사용하는 무기·유기화학을 발전시켰다. 카바이드를 기초 원료로 사용하는 유기합성공업을 창설하고 점차 합성섬유, 합성수지, 합성고무 등을 카바이드공업으로 해결한 것이 화학공업의 요체였다.

북한은 일제 강점기에 건설한 무기화학공업(카바이드·산·알카리)을 토대로 유기화학공업과 여타 관련분야를 발전시켰다. 농업의 수요에 맞추어 화학비료 증산에 주력하면서 인민생활에 필요한 합성섬유(비날론), 합성수지(염화비닐), 합성고무(클로로프렌) 등을 추가적으로 개발해 나갔던 것이다.[365]

동부의 함흥지구는 최대의 석탄화학공업지구이기 때문에 원료조달이 용이하고 대규모 수력발전소와 인접해 있어 화학공업의 발달에 유리한 입지여건이었다. 함흥지구는 고원과 문천탄전의 운곡탄광 등에서 무연탄을 조달하고 함경남도 고원군 부래산광산 등에서 석회석을 공급받고 있다. 화학공업은 전력을 가장 많이 소비하는데 함흥 주변에 허천강발전소, 장진강발전소, 부전강발전소[366] 등이 있어 비교적 수월하게 전력을 조달할 수 있다.

함흥지구는 석회석·무연탄 등을 원료로 하는 기초화학공업의 발전 토대 위에 화학비료·합성섬유·합성수지와 농약 등 무기·유기화학공업이 종합적으로 발전되어왔다. 함흥지구에는 2·8비날론연합기업소,[367] 흥남비료연합기업소,[368] 흥남시약공장, 흥남제약공장과 함흥다이야공장 등이 있다.

동부지구에는 함흥지구 외에도 7·7연합기업소(함북 은덕), 청진화학 섬유공장(청진시 송평구역) 등의 대규모 화학공장들이 있어서 황산·암모니아·카바이드 등의 기초화학제품, 화학섬유와 화학비료 등을 생산해왔으며, 최대의 정유공장인 승리화학연합기업소(함북 나선)도 동부지구에 있다.

서부지구에는 카바이드·무연탄 등을 원료로 한 순천, 청수, 신의주 등지의 화학공업기지와 석유화학공업 계열의 안주공업지구가 있다. 순천에 순천비날론연합기업소, 순천석회질소비료공장 등이 있는데 순천지구탄광에서 채굴한 무연탄을 주요 원료와 연료로 이용한다. 안주에는 최대의 석유화학공업 중심지인 남흥청년화학연합기업소가 있다. 이 기업소는 봉화화학공장에서 생산한 나프타를 원료로 각종 석유화학제품을 생산한다. 신의주에서는 압록강 하구의 갈대 등을 원료로 한 제지·인견섬유 공업 등이 발달되어 있다.

북한은 석유 도입량 감소로 인해 남흥청년화학연합기업소의 석유화학계열 설비의 가동률이 떨어지자 2008년 이후에는 안주지구에 풍부한 갈탄을 이용한 석탄가스화를 통해 암모니아를 생산하고, 이를 이용해 비료를 생산하는 설비를 구축했다.

평양지역은 제약·페인트 등 유기합성제품과 고무가공품처럼 노동력이 많이 필요한 화학제품공업이 발달되어 있는데 이는 숙련된 노동력과 과학연구기관 등이 잘 갖추어져 있기 때문이다. 서부 화학공업기지의 전력은 수풍발전소, 북창화력발전연합기업소와 평양화력발전연

합기업소 등에서 공급받는다.[369]

화학공업은 다른 공업부문처럼 제1차 7개년 계획기간(1961~70년, 3년 연장)에 들어서면서 본격적인 확장기를 맞이했다. 1961년에 화학제품 생산능력의 제고 및 품종의 다양화가 추진되었다. 같은 해에 2.8비날론공장에서 비날론을 시험생산하기 위한 1만 톤 능력의 파일럿 플랜트가 건설된 이후 1970년까지 2~3만 톤 능력으로 확장되었다. 1962년에는 본궁화학공장에 부탄올 직장을 건설했고 1963년 9월에는 본궁가성소다공장이 조업에 들어갔다. 6개년계획기간(1971~76년)은 화학공업의 보완기라 할 수 있다.

북한은 농업생산 증대를 위해 인비료의 생산에 역점을 두었고, 인회석광산을 대규모로 확장하거나 개발했고 기존 비료공장의 시설확장에도 주력했다.

1974년에 2·8비날론공장이 본궁지역의 카바이드·암모니아 등 화학공장과 부래산광산 등을 포괄하면서 2.8비날론연합기업소로 승격되었다. 이 무렵 화학공업의 가장 큰 변화는 석유화학공업의 창설이었다. 1970년대에 안주공업지구에 석유화학계열 공장을 건설하고 승리화학연합기업소와 봉화화학공장을 완성함으로써 석탄 일변도의 화학공업에서 부분적으로 탈피할 수 있게 되었다. 북한은 중국의 다칭大慶유전과 송유관이 연결된 봉화화학공장에서 원유를 정제해 나프타를 생산하고 이를 남흥청년화학연합기업소에 공급했다.[370]

북한은 제3차 7개년 계획기간(1987~93년)에 화학공업의 방향을 경공업 원자재의 생산 보장과 농촌경영의 화학화 촉진에 두었다. 비료생산 증대와 경공업부문의 원료공급 증대를 위한 화학공업시설 확장사업을 추진했다. 이 기간에 건설된 시설로는 1986년 9월에 착공해 1992년 3월에 1단계공사가 마무리된 사리원카리비료연합기업소가 대표적이다. 북한은 1989년 10월에 순천비날론연합기업소(연산 5만 톤 능력)를 건설했고 자강도 만포의 7월4일공장, 해주중과석비료공장, 단천인산비료공장 등의 건설에 집중했다. 북한은 이 무렵에 함흥지역을 종합적인 대규모 화학기지로 조성하기 위해 대대적인 확장사업을 전개했다.

화학공업은 1995년 중반부터 시작된 고난의 행군 기간에 여타 산업 부문보다 더 치명적인 타격을 입은 것으로 추정된다. 에너지 과소비형인 화학부문의 가동률이 심각하게 하락했고,[371] 석탄이 전력부문에 집중된 데다 수송난이 겹쳐 화학공업에서 석탄을 공급받기 어려웠다. 그 결과 2.8비날론연합기업소나 사리원카리비료연합기업소, 남흥청년화학연합기업소, 흥남비료연합기업소 등의 화학플랜트가 가동이 중단되거나 일부만 가동되는 엄혹한 상황이 발생했다.

화학공장들의 가동 중단은 원부자재의 공급을 악화시켜 산업 전반에 파급되었다. 1단계 공사를 마치고도 정상 가동되지 못하던 사리원카리비료연합기업소는 2005년에 철거된 것으로 알려졌으며, 남포제련소 비료분공장(2000년), 해주제련소 인비료직장(2004년) 등도 철거되었다. 철거되지 않은 화학플랜트들도 대부분 방치되는 상황이었다.[372]

북한은 청수화학공장[373] 확장공사(2000년 8월), 원산화학공장 석면포직장의 조업(2000년 10월), 남흥청년화학연합기업소 탄산소다 공장의 증설(2004년, 2005년) 등 가동률이 높은 일부 화학공업공장의 설비 증설을 추진했다.

2000년대 중반 이후에 대형 화학플랜트의 설비 복구와 부분 확충을 시도한 가운데 남흥청년화학연합기업소의 석탄가스화에 의한 비료생산 공정이 2006년에 시작되어 2009년 12월 말에 완공되었다. 2012년에는 이곳에서 저밀도폴리에틸렌 생산시설의 개건 및 폴리프로필렌 설비의 증축(연산 6천 톤, 총 1.1만 톤)이 완료되었다. 흥남비료연합기업소는 석탄가스화 비료생산의 공정을 2013년 11월에, 메탄올 생산 공정을 2012년 11월에 각각 증설했다.

2·8비날론연합기업소는 2010년 2월에 2단계 개건공사를 완료해 비날론 생산 공정이 조업에 들어갔고 2011~12년에 염화비닐 생산시설의 개선공사를 완료했으며, 2012년 6월에는 약 10만 톤의 석회비료 생산시설을 철거했다. 순천석회질소비료공장은 2010년 8월에 석회질소 생산시설의 일부를 철거했으며, 청수화학공장은 2009년 12월에 카바이드 생산시설의 컨베이어벨트를 철거했다. 신의주화학섬유공장은 2009

년 12월에 인견스프 생산시설의 일부를 철거했고, 청진화학섬유공장도 2010년 6월에 인견스프 생산시설을 일부 철거했다. 화학공업부문에서 뜻하지 않게 광범위한 산업구조 조정에 들어갔던 것이다.

이 과정에서 북한이 중점을 둔 것은 석탄가스화와 제철소 폐가스 등에서 발생하는 일산화탄소와 수소를 촉매로 반응시켜 메탄올을 얻은 후 이를 유기합성화학의 출발물질로 삼는 탄소하나화학공업이었다.[374]

한편 북한은 석유나 기타 원료로 화학제품을 생산하는 원료의 전환을 시도해왔다. 원유를 직접 증류·정제하여 에틸렌, 프로펠렌 등의 기초원료를 얻는 방법을 중시했다. 이와 관련하여 승리화학연합기업소, 봉화화학공장,[375] 남흥청년화학연합기업소 등의 가동률을 높이는 노력을 기울였으나, 원유 수입의 제한으로 어려움을 겪고 있다. 북한은 정유공장의 가동률 제고와 원유 가공품의 다양화도 시도하고 있다. 이밖에 중유의 열분해와 천연가스의 부분산화도 시도하고 있다.[376]

화학공업부문 현지지도

화학공업은 기계공업 못지않게 산업 전반에 영향을 미친다. 김정은 위원장은 기계공업에 비해 횟수는 적지만 화학공업부문에 대한 현지지도에 몇 차례 나섰다. 그는 남흥청년화학연합기업소, 순천화학연합기업소, 순천인비료공장, 갈종합농장, 신의주화학섬유공장 등을 방문했다.

|1| 김 위원장은 2013년 6월 20일에 평안남도 안주시에 있는 남흥청년화학연합기업소를 현지에서 지도했다.[377] 이 기업소는 요소비료, 폴리에틸렌, 아크릴섬유, 폴리프로필렌 등을 생산하는 석유화학종합공장과 탄산소다공장, 여러 보조부문 기업소들로 이뤄져 있다.[378] 그는 고압폴리에틸렌직장에 건설한 '기능성 3겹 온실박막' 생산 공정을 돌아보고 "기능성 3겹 온실박막을 처음 생산하는 것이니만큼 경험을 쌓고 노동자들의 기능 수준을 높여 생산을 정상화하고 그 질을 높여야 한다"고 말했다. 온실박막은 비닐하우스용 비닐이다. 그 기술수준이 확인되지는 않지만 '기능성 3겹 온실박막'의 첫 생산, 남새(채

소) 수요의 증가에 따른 온실박막 수요의 증가 트렌드 등을 알 수 있다.[379] 그는 이 기업소가 "경제강국 건설을 다그치고 인민생활을 높이는 중요한 임무를 지니고 있다"면서 여러 가지 강령적 과업을 제시했다. 강령적 과업에는 인민생활의 핵심인 농업과 경공업 부문에 원료·원자재를 정상적으로 공급할 것을 요구하는 내용이 담겼을 것이다.

|2| 김 위원장은 2016년 8월 중순에 평안남도 순천화학연합기업소에 새로 조성한 아크릴계 칠감 생산 공정을 시찰했다.[380] 그는 아크릴산 합성·정류 공정, 수성칠감 생산 공정, 유성칠감 생산 공정 등을 돌아보면서 세계적 수준의 아크릴계 칠감 생산 공정을 건설한 것에 만족을 보였다. 그는 "아크릴계 칠감 생산 공정을 우리식으로 확립하고 설비들도 모두 우리가 설계하고 제작하였는데 정말 대단하다", "건물벽체는 물론 각종 금속과 목재를 도색하는데 그만인 여러 가지 색깔의 외장재, 내장재뿐만 아니라 토양개량 및 수분보충제인 테라코템도 생산하고 있는 것을 보니 흐뭇하다"고 치하했다. 그는 아크릴계 칠감 생산 공정을 조성하는데 기여한 화학공업성, 순천화학연합기업소, 남흥화학설계연구소·김책공업종합대학의 일군·과학자들에게 당중앙위원회의 이름으로 감사의 뜻을 보냈다. 이 보도에서 확인되는 것은 순천화학의 생산 공정 건설에 내각 화학공업성의 주도 아래 남흥화학과 김책공대까지 나서고 있다는 점이다. 이것은 북한의 산학협력체계가 여러 산업부문에서 확산되고 있음을 보여준다.

조선중앙통신은 2017년 5월 14일 순천화학연합기업소에서 탄소하나화학공업 창설을 위한 대상건설 착공에 들어갔다고 보도했다. 북한은 탄소하나화학공업의 중요성을 강조해오다가 이날 대상건설의 착공에 들어감으로써 화학공업의 전환점을 만들었다. 착공식에는 박봉주 내각총리, 오수용 당 중앙위원회 부위원장(경제담당), 로두철 내각 부총리, 박태성 평안남도 당위원장 등이 참가했고 장길룡 화학공업상이 착공사를 발표했다.[381] 탄소하나(C1)화학공업은 석유화학과 달리 석탄 지하가스화를 이용해 수소·일산화탄소를 만들고 이를 합성하여 필요한 화학물질을 얻는 공업이다. 탄소하나화학공업의 도입에 따라 막대한 전력을 소비하는 카바이드 단계를 생략하거나 채탄과정에서 석탄

지하가스화 공법을 이용할 수 있어 화학연료를 저렴하게 확보할 수 있다.

조선중앙통신은 2018년 3월 6일에 탄소하나화학공업 창설과 관련한 여러 동향을 보도했다. 산소분리기 조립·건축공사와 순환수巡還水펌프장 건설을 비롯한 여러 대상건설이 빠른 속도로 진행되고 있다는 것이었다. 산소분리기 조립·건축공사의 현장에서 하부탑·열교환기 등 수십 톤에 달하는 장치물 조립을 최단기간에 끝냈다. 수천m³에 달하는 메탄올저장탱크 제작공사를 맡은 돌격대원들은 탱크 제작·설치작업을 80% 이상 돌파했다고 한다. 저탄장트라스 제작공사와 메탄올 합성·정류공정을 꾸리기 위한 공사에도 박차를 가하고 있다고 한다.

국가과학원 함흥분원의 과학자들은 메탄올 생산공정의 과학기술적 문제를 해결하는데 총력을 집중해 가압가스 청정체계를 새롭게 확립하고 메탄올 합성반응기를 등온식 반응기로 개조하기 위한 연구를 완성하는 등 공사를 앞당기는데 기여했다고 한다.[382] 국가과학원 함흥분원이 탄소하나화학공업에 참가하는 산학연협력체계가 작동되고 있다.[383] 함흥분원은 무기화학연구소, 분석화학연구소, 비날론연구소, 생물유기화학연구소, 석유화학및메탄올연구소, 석탄화학연구소, 화학재료연구소 등을 두고 있다.[384] 국가과학원 함흥분원이 탄소하나화학공업의 창설에 참여한 것은 관련 연구소를 두고 있기 때문이다.

|3| 조선중앙통신은 2017년 7월 16일 평안남도 순천시에서 순천인비료공장 건설 착공식이 열렸다고 보도했다. 착공식에는 박봉주 내각총리, 오수용 당중앙위원회 부위원장(경제담당), 로두철 내각 부총리 겸 국가계획위원회 위원장 등이 참석했고 장길룡 화학공업상이 착공사를 발표했다. 연설자와 토론자들은 자력자강의 위력으로 인 비료공장 건설에서 전례 없는 기적과 혁신을 창조해나가자고 호소했다.[385] 인은 질소·칼륨과 함께 작물에 필요한 3대 비료의 하나이고, 농업증산을 위해서는 인비료 생산의 증대가 반드시 필요하다.

|4| 김 위원장은 2018년 6월 하순에 평안북도 신도군의 갈종합농장에 대한 현지지도에 나섰다.[386] 그는 "갈(갈대)에 의한 화학섬유 생산을 활성화하자면 신도군을 대규모의 갈 생산기지답게 잘 꾸리고 갈 재배를 과학화, 현대화하

여 정보당 수확고를 높이며 갈 수송문제를 해결하여 공장들에 섬유원료를 원만히 보장하여야 한다"고 말했다. 그는 갈대 생산에서 기계화 비중을 높일 것, 갈밭 비배관리를 과학기술적으로 할 것, 관수보장 대책을 철저히 세우며 전력설비와 양수 설비들을 일신하고 수리정비를 계획적으로 할 것, 생산된 갈대를 허실함이 없이 제때에 수송하기 위한 갈대 수송선단들을 재정비하고 잘 꾸려줄 것, 비료와 농약을 충분히 보장하여 갈대 수확고를 높일 것, 군郡 안의 노동력을 타 사업에 동원시켜 생산에 지장을 주지 않도록 할 것 등 갈대 농사에서 전환을 일으키기 위한 강령적 과업을 제시했다.

그는 "신도군에 마력수가 높은 뜨락또르를 비롯한 윤전輪轉기재들을 보내주겠다"고 약속하고, 해당 부문에 연유燃油와 윤전기재들의 타이어·부속품들을 우선적으로 보장할 것, 전력설비와 양수설비, 끌배와 부선실태 조사 및 정비 대책 수립 등을 계획할 것과 이를 책임지고 지원할 것을 지시했다. 북한이 원자재의 국산화 차원에서 갈대에 의한 화학섬유 생산에 주력해온 것은 어제 오늘의 일이 아니다.

|5| 김 위원장은 2018년 7월 초에는 신의주화학섬유공장을 현지에서 지도했다.[387] 그는 "우리는 어떻게 하나 우리나라의 자원과 원료원천에 의거하여 종이공업을 추켜세워 학생들의 교과서나 참고서, 학습장 생산에 필요한 종이를 원만히 보장해주어야 한다"고 말했다. 그는 "나무로 종이를 생산하면 나라의 산림이 견디지 못한다"면서 "비단섬에서 갈(갈대) 생산을 활성화하고 그 갈을 원료로 하는 현대적인 종이생산 공정을 확립하여야 한다"고 강조했다. 화학섬유 생산뿐 아니라 종이 생산에 갈대를 이용하는 것에서 자력갱생의 정신과 원자재 국산화의 노력을 다시금 확인할 수 있다.

김 위원장이 화학공업 부문의 현지지도에서 초점을 둔 것은 탄소하나화학공업의 창설, 산학연협력체계의 활용, 원자재의 국산화 등이었다. 탄소하나화학공업은 막대한 전력을 소비하는 카바이드 단계를 생략하거나 채탄과정에서 석탄 지하가스화 공법을 이용하는 것이어서 앞으로 발전 잠재력이 높은 분야다. 화학공업에서의 원자재 국산화와 관련해서

는 종이 생산에 갈대를 이용하는 방법을 적극 활용하고 있다.

인민경제 선행부문과 중요공업부문을 중시하는 정책기조는 김일성-김정일시대를 거쳐 김정은 시대에도 관통하고 있다. 경제건설 총력집중노선 아래 중공업부문은 경공업과 농업·건설·서비스 산업과 연결되어 개선의 조짐이 뚜렷하다. 북한의 사정으로 보면 중공업 중에서 전기·전자, 유기화학, 산업기계, 수송기계, 시멘트, 발전설비 등의 부문에서 신속한 발전이 필요하다.[388] 선행부문과 중요공업부문의 발전 없이는 경공업과 농업, 건설 등의 순조로운 발전을 기대하기가 어렵다. 시대가 바뀌고 경제발전전략에서 중점이 조금씩 변하더라도 선행부문과 중요공업부문을 중시하는 기조에는 변함이 없을 것이다.

인민경제 선행부문과 중요공업부문에 대한 전략적 방향과 과제를 김 위원장이 제시한 생산현장 등에서의 강령적 과업을 중심으로 요약해본다. 그는 각종 기계설비의 현대화와 자동화를 통한 효율성의 제고, 생산현장에서의 대중적 기술혁신운동의 전개와 과학기술보급실의 활용, 생산과 과학기술의 밀착, 각종 공장의 과학화·정보화·자동화(CNC)·무인화, 통합생산체계와 유연생산체계·무선통신망체계 등의 구축 등 생산현장의 현대화·과학화를 위한 과업을 제시했다.

그는 또 원자재와 기계설비의 국산화. 주체철의 산소열법용광로 공법(코크스 비사용), 탄소하나화학공업의 무연탄가스화와 갈대에 의한 종이생산 등 주체화와 관련된 지침을 제시했다. 그가 품질 향상을 위한 최첨단기술의 도입과 개발 창조형으로의 전환, 연관 산업부문의 협력·지원 강화(산학연협동체계의 정착), 본보기공장·표준공장의 확산, 군수단위의 민수생산 전환 및 군수·민수 병행생산 등의 혁신적 측면을 중시한 것도 눈여겨봐야 한다. 그밖에 생산 정상화와 생산계획의 어김없는 수행, 후방공급사업(노동자 복지) 개선 같은 오래된 당부도 빠트리지 않았다.

이러한 방향과 과제는 북한의 산업발전에 반드시 필요하며 산업부문 상호 간에도 깊은 연관성이 있다. 산업발전에서 시너지를 거두려면 인민경제 선행부문과 중요공업부문에 대한 국가적 투자가 균형 있게 이뤄져야 한다. 원자재, 기계설비 등의 국산화에는 초기 투자가 많이 들어갈 수밖에 없고 그 재원을 확보하려면 경제 전반의 확대재생산과 지속적인 경제성장이 요구된다.

고난의 행군 시기에는 모든 것이 모자라서 고통을 겪었다고 한다면, 혁신과 비약의 만리마진군의 시기에는 더 많은 성취에 목말라 할 수 있다. 고속성장에는 그에 수반한 요소 투입의 확대가 반드시 필요하고 그것은 절약과 증산투쟁의 과정에서 허리띠를 다시 졸라맬 것을 요구할 수 있다. 가던 걸음을 멈추면 아니 간만 못하고, 사회주의경제강국 건설과 인민생활 향상의 목표를 수행하기 위한 모든 행정行程은 이미 기호지세騎虎之勢에 접어들었는 지도 모른다. 고속성장기에 들어서면 인민들 간의 빈부격차로 인한 상대적 박탈감이라는 불청객不請客을 맞이할 수도 있다.

최고영도자부터 당·국가·군대의 지도급 간부들, 모든 생산현장의 지휘자들(지배인·기사장·당위원장 등)과 생산자대중들이 성장통成長痛을 겪는 모습이 눈에 선하다. 고속성장기의 새로운 간난신고艱難辛苦를 인민들이 한마음 한뜻으로 감내하고 이겨낸다면 '대동강의 기적'은 기적처럼 눈앞의 현실이 될 수도 있을 것이다.

4. 국토관리와 환경사업 개선 :
자연재해 예방과 산림복구전투

"산림복구전투 2단계 과업을 적극 추진하며 원림녹화와 도시경영, 도로관리 사업을 개선하고 환경오염을 철저히 막아야 합니다." (김정은 위원장의 2019 년 《신년사》)

"산림복구전투 성과를 더욱 확대하면서 이미 조성된 산림에 대한 보호관리를 잘 하는 것과 함께 도로의 기술 상태를 개선하고 강하천정리를 정상화하며 환경보호사업을 과학적으로, 책임적으로 하여야 합니다." (김정은 위원장의 2018년 《신년사》)

북한의 경제발전전략에서 국토관리와 산림복구는 날로 중요해지고 있다. 고난의 행군 시기에 자연재해로 인한 피해가 극심했고 치산치수 治山治水의 한계가 적나라하게 드러났다. 오랜 세월 경지면적의 확장에 나섰던 북한이 산허리에 다락밭 등을 조성해온 데다가 겨울철 난방용으로 땔감을 많이 사용해 산림은 황폐해졌고, 그에 따라 홍수와 산사태에 취약해졌다.

산림 훼손은 홍수와 가뭄에 따른 자연재해를 야기했고 산림황폐화[389]가 더 가속화되는 악순환이 반복되었다.[390] 잇따른 자연재해는 북한 정부로 하여금 대책 마련에 골몰하게 했고 김정은 시대에 들어와 국토관리사업은 과거 어느 때보다도 중요한 전략적 과업으로 떠올랐다.

김정은 위원장은 집권 첫 시기에 국토관리사업의 총적 방향과 과업을 제시하는 담화를 발표해 이목을 끌었다. 그는 국토관리총동원운동 열성자대회를 앞둔 2012년 4월 27일, 당·국가경제기관·근로단체 책임일군들과 한 담화 《사회주의강성국가 건설의 요구에 맞게 국토관리사업에서 혁명적 전환을 가져올 데 대하여》에서 "토지관리와 보호사업에 큰 힘을 넣어야 한다"면서 자연재해 대책 마련, 경지면적의 확대와 정비·개량, 산림조성과 보호 등을 강조했다.[391] 김정은 시대의 국토관리 부문의 전략적 방향을 파악하기에 앞서 그 이전 시기의 국토관리사업에서 출발하기로 한다.

1) 산지자원 훼손과 《산림복원 10개년계획》

북한은 1980년대 중반 이래 국토관리에 집중했지만 1990년대 중반의 자연재해 기간에 그 취약성을 여지없이 드러냈다. 인민들은 경제침체가 장기화되고 국가관리가 소홀해진 틈에 산지山地를 통해 먹는 문제와 취사·난방문제를 해결했고, 당국은 산지자원의 이용질서가 문란해졌으나 조림·육림사업을 계획대로 실행하지 못했다.[392]

북한은 고난의 행군 이전인 1992년 10월에 《산림조성, 보호 및 이용 등 임업 발전에 관한 결정서》를 발표했고 그 해 12월 11일 최고인민회의 법령 제9호로 《산림법》을 제정하는 등 산림관리의 지도통제를 강화하는 조치를 취했다. 그러나 산지자원의 훼손과 자연재해에 속수무책이었다.

북한은 국경지역의 불법적인 목재 수출, 화전火田 확대 등 산림관리의 문란을 바로잡으려고 1999년 2월 4일과 9월 10일에 《산림법》을 수정 보충한 데 이어 온 나라의 수림화樹林化·원림화園林化 정책의 실행에 적극 나섰다. 산업 차원의 임업정책에서 조림·육림 중심의 국토관리정책으로 전환시키려는 의지가 뚜렷했다.

북한이 2000년에 수립한 《2001~2010 산림조성 10년 계획기간》(매년 15만 ha 산림 조성 목표)은 산림조성과 산림관리에 관한 첫 번째의 장기 계획이었다.[393] 2012년에 수립된 《산림건설 총계획, 2013~2042》는 무無입목지 168만 ha를 대상으로 조림하겠다는 내용을 담고 있었고, 《산림복원 10개년계획, 2012~2023》은 다양한 산림농업의 내용을 갖추고 있었다.[394]

《산림복원 10개년계획》에 따르면, 10년 안에 황폐산지에 총 40만 ha의 산림농지를 조성하고 20만 ha에 약재, 딸기, 버섯 등을 재배하여 소

득을 높이며, 별도로 30만 ha에 목축용 사료생산 초지를 조성하기로
되어 있었다. 지역경제 개발을 위한 야생과실, 유지, 펄프 등 공업원료
생산용 경제림 50만 ha를 조성하는 한편, 연료림 80만 ha를 조성해 농
촌지역의 연료문제를 해결하기로 되어 있었다. 종자 채취부터 양묘,
묘목운반, 식재, 식재 후 관리 등의 전반적인 조림사업체계를 고려할
때 산림 황폐화가 지속되는 상황에서 양묘장의 역할이 더욱 중요해졌
다.[395] 김정은 위원장이 양묘장의 현지지도에 적극 나선 것도 이 때문
이었다.

한편, 토지보호는 산지 침식浸蝕과 사태沙汰를 방지하고 큰물 피해
로부터 국토와 자원을 보호하기 위한 '치산치수의 기본'이다. 북한은
다각적인 산지 이용, 임산물 활용 등 산지를 합리적으로 이용하는 것
과 산림을 조성하고 보호하는 것을 동시에 추구해왔다. 산림의 이용과
관리에서 보전·조성을 우선시 하면서 경제발전과 인민생활 향상에 필
요한 산지의 다각적인 이용과 임산물의 활용을 지향했던 것이다.[396] 이
러한 원칙적인 방향은 1990년대 중반의 연속적인 자연재해로 인해 상
당히 무너져 내렸다.

연속적인 자연재해의 피해는 시간이 경과하면서 복구되었지만, 언
제 자연재해가 또 닥칠지 모르는 만큼 어떠한 자연재해도 극복할 수
있는 대책을 마련해야 한다는 절박감이 있었다. 토지이용 질서의 확립
과 땔감문제 해결에 대한 김 위원장의 발언을 보면, 농경지 훼손의 방
지를 중시하고 땔감으로 인한 산림훼손의 방지에 관심을 기울이고 있
음을 알 수 있다. 그의 정책은 김정일 국방위원장이 심혈을 기울였던
국토관리사업을 계승하고 있다. 국토관리사업은 장기성을 띤 정책부
문이기 때문이다.

2) 1980년대 중반의 환경보호와 국토관리사업

북한의 최고영도자가 국토관리에 관심을 보인 문헌을 찾아보면

1980년대 중반의 것들이 눈에 띈다. 김일성 주석은 1986년 4월 10일에 국가행정경제제기관 책임일군들과 한 담화 《환경보호사업을 개선강화할 데 대하여》에서 다음과 같이 말했다.

"환경보호사업에서 중요한 것은 또한 치산치수사업을 잘하는 것입니다. 예로 부터 치산치수는 천하지대본天下之大本이며 치산치수를 잘해야 나라가 융성한다고 하였습니다. 산과 강하천을 잘 다스려야 큰물피해와 가물(가뭄)피해를 막고 자연환경을 잘 보호할 수 있으며 국토를 더욱 아름답게 꾸려 후대들에게 물려줄 수 있습니다.…

산림보호사업을 잘하려면 산불을 철저히 방지하고 나무를 망탕 베는 현상을 없애며 병해충에 의한 피해를 미리 막고 나무가 잘 자라도록 여러 가지 조건을 충분히 지어주어야 합니다. 특히 경제림, 보호림, 풍치림을 많이 조성하고 보호관리하는 사업을 잘하여야 합니다.

지금 일부 일군들은 나무를 베어 쓰는 데만 관심을 돌리고 산림을 조성하고 관리하는 데는 관심을 돌리지 않고 있는데 이것은 대단히 옳지 않습니다. 나는 이미 오래전에 나무를 1대 베면 10대 심으라고 하였습니다. 그런데 아직 그렇게 하는 데가 별로 없습니다. 산림조성계획을 전망적으로 잘 세우고 식수조림植樹造林사업을 힘 있게 벌려 우리나라의 모든 산을 아름답고 풍요한 산림으로 만들어야 합니다." [397]

자연재해의 피해를 줄이려면 치산치수사업을 잘 해야 하고 간부들이 산림조성과 보호에 관심을 기울이면서 그에 따른 계획과 실천에 나서야 한다고 김 주석은 당부했던 것이다. 산림현장에서 '나무를 1대 베면 10대 심으라'는 지침이 이행되지 않았던 게 10여년 뒤의 비극을 초래했다.

김정일 당시 당 조직비서는 1984년 11월에 북한에서 처음 열린 전국 국토관리부문일군대회의 참가자들에게 《국토관리사업을 개선강화할 데 대하여》라는 서한을 보냈다. 그는 서한에서 "국토관리부문 일군들은 국토관리사업이 가지는 중요성을 옳게 인식하고 당의 국토관리정책을 철저히 관철하여 국토관리사업에서 새로운 전환을 일으켜야 하 겠습니다"라고 촉구하면서 세밀한 과업들을 내놓았다.

김 비서는 무엇보다도 국토건설총계획 수립[398]과 국토건설의 계획적 진행을 강조했다. 이어 토지관리, 산림조성과 보호관리, 도로건설과 관 리, 강하천관리, 연안·영해 관리 등 부문별 과업들을 제시했다. 그는 또 국토관리에 대한 감독통제의 강화와 국토관리부문에서의 과학기술 발전의 과업을 제시했는데 환경보호 연구사업의 강화를 강조한 것은 특기할 만하다. 그의 서한이 발표된 1984년 11월의 시점에 북한이 환 경보호에 관심이 높았음을 보여준다. <표 3-33>은 김 비서가 서한에서 제시한 국토관리사업의 과업들 가운데 중요한 부분이다.[399]

〈표 3-33〉 김정일 비서가 제시한 국토관리사업의 과업들(1984년)[400]

부문	방향	과업
국토건설 총계획 수립 및 국토건설의 계획적 진행	국토건설 총계획 수립	- 토지와 산림, 강하천과 연안, 영해의 이용, 철도와 도로 의 건설, 도시와 마을, 공장·기업소의 배치, 자원개발에 대한 총적 방향을 옳게 규정하여 반영할 것 - 부침땅을 다치지 않고 도시규모를 지내 크게 하지 않으 며 지역별 기후풍토적 특성과 발전전망, 국방상 요구를 고려하며 공해현상을 미리막기 위한 대책을 취하는 원칙 에서 세울 것 - 국토와 자원에 대한 실태를 종합적으로 조사 연구하는 사업을 잘 할 것 - 국토관리부문에서는 지방국토계획기관들이 국토와 자원에 대한 실태를 종합적으로 조사하고 그 변동정형을 중앙에 정상적으로 통보하는 체계를 철저히 세울 것 - 계획작성사업에서 개별적 일군들의 주관과 독단을 없애 고 집체적 지혜를 최대한으로 발양시킬 것
	엄격한 진행 규율 확립	- 공장과 주민지 건설과 관련하여 제기되는 기술과제에 대 하여서도 그것이 국토건설총계획에 따라 공해현상을 미 리 막으며 환경보호시설을 먼저 건설하는 원칙에서 되었 는가 하는 것을 따져보고 합의해줄 것
토지관리	토지보호 사업	- 다락밭을 많이 건설하고 필요한 곳에 제방과 돌을 쌓을 것 - 논밭머리에 버들도 심고 바람막이숲도 만들며 물도랑도 잘 정리하여 한치의 땅도 못쓰게 되거나 잃어버리는 일 이 없도록 할 것

부문	방향	과업
	토지개량 사업	- 필지별 토양의 조성성분과 땅의 내력에 기초하여 흙갈이 도 하고 소석회 같은 것도 쳐서 토지를 체계적으로 개량 할 것.
	부침땅의 끊임없는 증대	- 전당·전국·전민을 총동원하여 간석지개간사업과 새땅찾 기운동을 힘있게 벌려 당 제6차대회가 제시한 30만정보 의 간석지와 20만 정보의 새 땅을 개간할 것. - 토지정리사업을 힘있게 벌려 필요 없는 논두렁과 밭최뚝, 웅뎅이와 돌각담을 없애고 부침땅 면적을 더 늘일 것.
	토지이용 질서의 확립	- 토지이용질서를 철저히 세워 토지를 묵이거나 남용하는 것과 같은 현상이 조금도 나타나지 않도록 할 것. - 모든 부침땅은 반드시 등록하고 이용하며 새로 얻어낸 땅도 등록하고 이용하도록 할 것.
산림조성과 보호관리	산림조성 사업	- 용재림·경제림·보호림·풍치림을 비롯한 모든 산림을 전 망성 있게 잘 조성할 것. - 산림조성계획을 세우고 산림조성사업을 계획적으로 할 것.
	나무모 생산의 선행	- 채종체계와 육종체계를 바로 세우고 숲 사이 나무모기르기 방법과 앞선 나무모기르기 기술을 적극 받아들여 나무모생 산을 끊임없이 늘이며 자연나무모도 적극 이용할 것.
	적지적수의 원칙 준수	- 산림조성사업을 해당 지역의 기후와 토양 조건을 구체적 으로 조사분석한데 기초하여 지대별·필지별 특성과 나 무의 생물학적 특성에 맞게 할 것.
	나무심기의 전군중적 운동 전개	- 기관·기업소와 협동단체들에 조림구역을 정해주고 나무 를 책임적으로 심도록 할 것. - 식수절과 식수월간에 조직사업을 잘하여 광범한 군중이 나무심기에 적극 참가하도록 할 것.
	심은 나무에 대한 관리	- 심은 나무에 대한 관리를 잘하여 나무사름률을 결정적으 로 높이며 나무 사이에 산 콩을 많이 심어 잡풀을 없애 고 나무가 잘 자라게 할 것.
	산림보호	- 산불감시체계를 철저히 지키도록 할 것. - 허가 없이 나무를 베거나 밭을 일구는 일이 없도록 할 것.
	산림자원의 종합적 이용 대책 수립	- 국토관리부문에서는 목재자원뿐 아니라 모든 산림자원 을 조사장악하고 산림자원 이용정형과 변동정형을 정상 적으로 등록하며 산림자원 이용사업을 통일적으로 조직 통제할 것.
도로건설과 관리	도로 증설, 도로망형성	- 나라의 경제발전과 인민들의 생활상 요구에 맞게 고속도 로를 계획적으로 더 많이 건설하고 필요한 산업도로,

부문	방향	과업
	도로 기술상태의 개선	포전도로, 임산도로도 건설하여 나라의 전반적 도로망을 완성할 것. - 도로들을 잘 포장하며 다리를 중량차들이 다닐 수 있게 개건할 것. - 도로건설부문에 도로포장기를 비롯한 현대적인 도로건설설비들을 보장해주기 위한 국가적인 대책을 세울 것.
	도로보수 정비사업의 정상화	- 기관·기업소·협동농장들에 도로보수구간을 분담해주고 도로를 정상적으로 관리하게 하며 봄과 가을의 도로정비 기간에는 노력과 운수수단들을 집중적으로 동원하여 자갈과 모래를 실어다 도로에 펴도록 할 것.
강하천 관리	강하천 정리	- 중소하천정리사업을 계획적으로 하기 위한 사업체계와 국가적 보장대책도 바로 세울 것.
	사방야계 공사	- 강 상류와 강안 급경사지들에 사태를 막기 위한 계단도 만들고 옹벽도 쌓으며 나무도 심어 흙·모래가 씻겨 내려오지 않도록 할 것.
	시설물의 건설과 관리	- 강하천들에 강물을 잘 다스리고 이용하기 위한 크고 작은 언제와 갑문 같은 여러 가지 시설물을 더 많이 건설할 것.
국토관리 부문의 과학기술 발전	과학연구 사업 강화	- 산림과학연구기관들에서는 나무육종과 산림조성 및 보호관리에서 나서는 과학기술적 문제들을 깊이 연구할 것. - 산림과학과 산림경영기술을 빠른 기간 안에 세계적 수준에 올려 세울 것.
	건설 연구사업 강화	- 도로와 다리, 강하천 건설에 대한 연구부문에서 자연지리적 조건과 인민들의 생활감정에 맞는 시공 형식과 방법, 건설재료들에 대한 연구사업을 강화할 것.
	환경보호 연구사업 강화	- 주요 도시들과 산업지구들에서 공기와 물을 오염시키는 물질을 없애며 미광과 오염된 물을 처리하기 위한 과학기술적인 대책을 바로 세울 것.
	대중적 기술혁신 운동	- 국토관리부문에서는 부문별 특성에 맞게 기술혁신 목표와 단계를 바로 정하고 기술혁신운동에 과학자·기술자들과 노동자들을 적극 참가시킬 것.
	설계사업의 개선	- 설계를 일원화, 전문화하며 설계일군들의 자질을 높이고 앞선 설계방법을 적극 받아들여 설계의 과학성과 현실성을 철저히 보장하도록 할 것.

그는 서한에서 국토관리사업을 담당하는 당사자들에게도 과업을 제

시했다. 첫째, 국토관리부문 기업소들에게는 대안의 사업체계의 요구대로 경제조직사업을 진행할 것과 독립채산제를 제대로 실시할 것을 주문했다. 둘째, 정권기관에 대해서는 국토관리부문에서 역할을 높일 것을 강조하면서 인민위원회적인 사업 전개, 국토관리사업의 군중운동, 법적 통제의 강화, 사업조건 보장 등을 제시했다. 셋째, 국토관리부문에 대한 당적 지도를 강화할 것을 주문하면서 일군대열의 조직, 사상교양사업의 강화, 당정책 집행의 강화 등을 제시했다. 김 비서의 서한은 국토관리사업의 모든 부문을 망라하여 정책을 담은 교육 자료 같은 성격을 띠었다.

3) 1990년대 중반 연속적인 자연재해와 국토관리

김정일 당 조직비서가 1984년에 국토관리사업의 전반적인 방향과 과업들을 제시했고 그 가운데 산림조성과 보호관리, 강하천 정리가 포함되어 있었지만, 그 성과는 의문스럽다. 북한은 1995년 이래의 연속적인 자연재해에 속무무책이었고 고난의 행군을 겪은 게 그 단적인 증거다. 그는 자연재해의 직격탄을 맞은 현실에 기가 막혔을 것이다. 그는 1996년 8월 11일 당중앙위원회 책임일군들과 담화하면서 상황의 심각성을 다음과 같이 밝혔다.

> "당에서는 국토관리사업이 매우 중요하기 때문에 10여 년 전에 전국국토관리
> 부문일군대회를 소집하고 국토관리방향과 방도를 전면적으로 밝혀 주었으며
> 기회가 있을 때마다 국토관리사업을 잘할 데 대하여 강조하였습니다. 그런데
> 당의 국토관리정책이 제대로 관철되지 않고 있습니다.
> 일부 지방들에서는 원료기지를 꾸린다느니 뭐니 하면서 산에서 나무를 망탕
> 찍어 내어 산을 벌거숭이로 만들어 놓았습니다. 그러다 보니 무더기비가 내
> 리기만 하면 사태가 나고 강하천 제방둑이 터져 나라의 귀중한 토지가 물에
> 잠기거나 유실되고 있습니다.… 당에서 나무심기를 전군중적 운동으로 벌릴

데 대하여 계속 강조하였으나 일군들이 당의 방침을 실속 있게 집행하지 않았으며 심은 나무도 관리를 잘하지 않았습니다. 해마다 나무를 심는다고 하였지만 산림은 별로 늘어나지 못하였습니다.

강하천정리와 포전정리, 도로정리와 도로관리도 마찬가지입니다. 전망계획과 당면계획을 세워 가지고 강바닥을 파내고 제방을 쌓는 식으로 강하천정리를 정상적으로 하여야 하겠는데 당조직들과 행정경제기관들에서 그런 사업을 잘하지 않고 있습니다.…

최근 국토관리사업에서 엄중한 현상들이 나타나기 때문에 국토관리사업과 관련한 기록영화와 녹화물도 만들어 중앙과 지방의 당, 행정경제일군들에게 다 보여 주도록 하였는데 일군들이 그것을 보고 가책을 많이 받는다고 합니다.… 모든 일군들은 국토관리사업이 가지는 중요성과 국토관리사업에 대한 무관심성이 가져 온 엄중한 후과에 대하여 똑똑히 알고 국토관리사업을 개선 강화하는데 한결 같이 달라붙어야 하겠습니다." [401]

김정일 국방위원장은 이렇게 말한 뒤 국토관리사업의 개선 강화를 위한 과업을 내놓았다. 모든 간부들과 당원들과 근로자들 속에 국토관리사업을 잘할 데 대한 당의 의도를 깊이 인식시켜야 한다는 것이었다. 국토관리사업을 전당적·전사회적인 사업으로 벌려 나갈 것을 촉구했다. 이를테면 국토관리총동원 기간에 기관·기업소뿐 아니라 협동농장에서도 나무심기와 도로·강하천 정리사업을 할 것, 인민군 부대에서도 국토관리총동원 기간에 주둔지역의 도로와 강하천을 정리하고 나무를 심을 것, 나무심기와 강하천정리·도로관리를 비롯한 국토관리사업을 책임적으로 하지 않아 피해가 생기는 경우에는 해당 기관·기업소·협동농장들에서 피해복구와 손해배상을 하게 할 것 등을 강조했다.

그는 국토관리부문의 일군대열을 잘 꾸려야 한다고 지적했다. 아울러 도로건설 역량을 하나의 체계에 넣어 이용할 수 없겠는가 하는 것을 연구하고 대책안을 만들어야 한다는 것이었다.[402] 그의 발언 가운데 특히 주목을 끈 것은, 피해가 발생할 경우 피해복구와 손해배상의 책임을 지우겠다고 한 대목이었다. 식목과 강하천정리·도로관리가 부실

해서 생기는 피해에 대해 책임소재를 분명히 하겠다는 것이었다.

북한은 연속적인 자연재해에 심각한 피해를 입고 난 뒤에 국토관리의 중요성을 새삼 깨닫게 되었고, 이 부문은 2000년대 국가중점사업으로 부각되기에 이르렀던 것이다.

4) 김정일 시대 : 토지정리, 치산치수, 5대 정책과제

2000년대 초반의 북한의 국토관리는 토지정리와 치산치수의 양 갈래로 진행되었다. 김정일 국방위원장이 진두지휘한 토지정리와 치산치수를 다루고 그의 국토관리부문 5대 정책과제를 소개하려고 한다. 이러한 제반 정책과 실천은 김정은 시대의 전략적 과업으로 이어지는 징검다리라고 할 수 있다.

김정일 국방위원장은 전선시찰 과정에 토지정리사업을 구상해 이에 집중했다. 1998년 5월 강원도 창도군 대백벌에서 인민군대와 인민이 힘을 합쳐 토지정리를 개시한 것을 계기로 북한은 대대적인 토지정리에 들어갔다. 토지정리는 강원도의 시범 창조에 이어 평안북도, 황해남도 등 전역으로 확대되었다. 북한은 군인들과 돌격대원들의 '영웅적인 투쟁'에 의해 5년 만에 22만 6천여 정보의 토지가 면모를 일신했다고 밝혔다. 대규모 하천의 정비에도 나서 개천~태성호 물길공사를 완공하는 등 농촌 수리화에도 힘을 쏟았다.[403]

김 위원장은 토지정리에 대해 여러 차례 언급했는데 2000년 1월 24일과 27일에 평안북도 토지정리 사업을 현지지도하면서 일군들과 한 담화《토지정리는 나라의 부강발전을 위한 대자연개조사업이며 만년대계의 애국위업이다》, 2002년 12월 11일과 18일, 2003년 1월 17일에 평안남도의 토지정리현장과 완공된 개천~태성호물길을 돌아보면서 일군들과 한 담화《대규모의 토지정리와 관개건설의 성과에 토대하여 농업생산에서 새로운 앙양을 일으키자》가 대표적인 저작들이다. 아래는 이 담화의 주요 대목이다.

"지난해에 평안북도 토지정리총계획도를 볼 때에는 작업량이 방대하여 아득하게 생각되었는데 몇 달 사이에 거의 다 해제꼈습니다. 정말 큰 일을 하였습니다.… 평안북도의 중간지대에서도 이제는 영농작업의 종합적 기계화를 실현할 수 있게 되었습니다.…

토지를 정리하면 알곡생산을 훨씬 늘일 수 있습니다. 부침땅면적이 제한되어 있는 우리나라 조건에서 알곡증산의 큰 예비는 토지정리에 있습니다.… 토지정리를 하여 논과 밭들을 다 규격포전으로 만들어놓아야 모든 농사일을 기계화하여 농민들의 힘든 노동을 덜어줄 수 있습니다." [404]

"강원도와 평안북도, 황해남도에 이어 평안남도에 펼쳐지고 있는 오늘의 이 자랑찬 현실은 하자고 결심하면 못해낼 일이 없다는 철석같은 신념을 가지고 지구도 통째로 들어 옮길 기세로 내달리는 우리 군대와 인민의 힘이 얼마나 위력한가 하는 것을 뚜렷이 보여주고 있습니다.… 토지정리는 농업생산을 늘리고 농촌경리의 종합적 기계화를 실현하기 위한 중요한 사업일 뿐 아니라 봉건적 토지소유의 잔재를 말끔히 청산하는 역사적인 대업인 것만큼 이 사업을 계속 강하게 내밀지 않으면 안 됩니다.…

평안남도와 평양시, 남포시의 토지정리를 끝낸 다음에는 황해북도와 함경남도, 개성시의 토지정리를 하는 것으로 예견하는 것이 좋겠습니다.… 전국이 달라붙어 토지정리를 해주는 것은 황해북도와 함경남도, 개성시까지만 하고 그 밖의 도들에서는 자체로 토지정리를 하도록 하여야 합니다.… 토지정리를 하여 포전들이 큰 규모의 규격포전으로 된 것만큼 뜨락또르를 비롯한 농기계들이 마음대로 다니며 작업을 할 수 있어야 하겠는데 지금은 전선대들이 많아 그렇게 할 수 없게 되어 있습니다.… 결정적으로 송전선계통에 대한 정리사업을 하여야 합니다." [405]

김 위원장은 국토관리과 관련하여 치산치수의 시급성을 뼈저리게 느꼈을 것이고, 당·국가·군대의 책임일군들에게 틈틈이 이에 대한 경각심을 불어넣었다. 이를테면 2002년 3월 6일에 국토관리총동원 기간을 맞아 발표한 담화《치산치수사업을 힘있게 벌려 조국산천을 로동당시

대의 금수강산으로 꾸리자》가 그 예에 해당되는데 "우리 당은 산림조
성사업을 2000년대부터 새롭게 전개"했다고 토로하기도 했다. 2000년
을 기점으로 그 이전과 이후가 다르다는 상황인식이었다. 그의 다음
발언은 고난의 행군 시기에 산림 훼손은 더 심각했음을 토로하고 있다.

> "우리 일군들이 치산치수사업을 계속 근기 있게 내밀지 않다보니 점차 산에
> 나무들이 적어지고 산림들이 못쓰게 되었으며 강하천들이 볼모양 없게 되었
> 습니다. 더욱이 제국주의자들의 고립압살책동과 몇 해에 계속된 혹심한 자연
> 재해로 하여 나라의 경제형편이 어려워지면서 나무를 망탕 찍고 산에 부대기
> 를 일구다보니 야산들을 비롯하여 적지 않은 산들이 벌거숭이가 되었으며 강
> 들에 흙모래와 자각이 쌓여 강바닥이 높아지게 되었습니다. 그래서 나는 몇
> 해 전부터 치산치수사업을 잘할 데 대하여 현지지도를 할 때에도 말하고 기
> 회가 있을 때마다 강조하였습니다.… 전당, 전군, 전민이 총동원되어 치산치
> 수사업을 더욱 힘있게 벌려야 합니다." [406]

김 위원장은 치산치수의 상황을 그냥 둬서는 국토관리의 토대가 무
너질 것으로 우려했음이 분명하고, 그가 치산치수에 팔을 거둬 붙이고
나서면서 제시한 당면과업들은 김정일-김정은 시대를 관통하고 있다.
그는 전국의 수림화樹林化·원림화園林化와 관련하여 수종樹種이 좋은
나무 심기, 실속 있고 질質적인 나무심기, 나무모苗木와 종자種子문제
해결, 산림보호사업의 전개, 산림과학의 발전 등 질적인 측면을 강조했
다. 강하천 정리, 물자원의 적극 보호와 효과적 이용 등의 과업도 되풀
이했다.

그는 치산치수의 전환과 관련하여 전군중적 운동의 전개, 3대혁명붉
은기쟁취운동과의 결부, 당원·근로자들의 사회주의애국주의화, 도·
시·군을 비롯한 모든 부문·단위 책임일군들의 역할 제고, 국토환경보
호성의 책임성과 역할 제고 등의 과업을 제시함으로써 당·국가가 총
력전을 펼칠 것을 주문했다.

당시만 해도 산림복구전투에 군대가 본격적으로 동원되지는 않았

다. 반면에 토지정리에는 군대가 대대적으로 동원되었다. 2002년 무렵에는 토지정리가 산림복구보다 시급한 것으로 여겨졌던 것으로 보인다. <표 3-34>는 김정일 국방위원장이 2002년에 제시한 치산치수의 주요 과업들을 정리한 것이다.[407]

〈표 3-34〉 김정일 국방위원장이 제시한 치산치수 과업들(2002년)

부문	방향	과업
전국수림화·원림화	수종이 좋은 나무 심기	- 나무종류를 우리 시대의 현실에 맞게 개조할 것. ("전국에 용재림·섬유림·유지림·식용열매나무림을 대대적으로 조성하여 후대들에게 수림이 우거지고 《황금산》, 《보물산》으로 전변된 조국산천을 물려주어야 합니다.") - 어떤 수종을 심으라고 망땅 내리먹이지 말 것. - 가로수를 심을 때에는 도로의 성격과 주변환경에 어울리게 좋은 수종의 나무를 선택하여 심을 것. - 마을 가까이에 있는 야산들과 농촌살림집 주변에는 과일나무를 많이 심을 것.
	실속 있고 질적인 나무심기	- 바늘잎나무와 넓은잎나무를 잘 배합하여 심도록 할 것. - 산에 나무를 심을 때 배게(촘촘하게) 심을 것.
	나무모와 종자문제 해결	- 나라의 수림화·원림화를 실현하는데 필요한 나무씨들은 다 국토환경보호성에 집중시키고 통일적으로 관리하며 나무모 생산용으로 쓰도록 할 것. - 세계적으로 좋다고 하는 수종의 나무모와 종자를 계속 들여다 심어 전국에 퍼치도록 할 것. - 양묘장을 잘 꾸리고 나무모를 튼튼히 키울 것.
	산림보호 사업 전개	- 새로 심은 나무를 잘 가꿀 것. - 나무를 망땅 찍는 현상을 철저히 없앨 것. - 나무를 망탕 찍는 현상을 없애자면 땔나무림을 많이 조성하여 주민들의 땔감문제를 풀어줄 것. - 산불을 철저히 막을 것.
	산림과학 발전	- 산림과학연구기관들과 식물원들을 잘 꾸리고 그 역할을 높여 산림과학연구사업에서 전환을 일으키도록 할 것. - 중앙식물원과 지방식물원들에 유능한 식물학자들을 배치하고 사업체계도 바로 세워줄 것.
강하천 정리와 물의 효과적 이용	강하천의 정리	- 강바닥에 쌓이는 흙모래와 자갈 같은 것을 계획적으로, 일상적으로 파낼 것. - 강하천들에 흙과 모래가 흘러들고 사태가 일어나는 것을 막기 위한 사방야계공사를 잘 할 것.

부문	방향	과업
	물자원의 보호와 효과적 이용	- 강하천들에 갑문을 건설하고 언제를 쌓아 물을 잘 보존하여 관개용수와 공업용수로 쓰며 발전소를 건설하고 양어장을 꾸려 전기도 생산하고 물고기도 기를 것
치산치수 사업의 전환	전군중적 운동 전개	- 온 나라 전체 인민이 치산치수사업에 다 동원되어 산과 들에 나무를 심고 강하천들을 정리할 것 - 나무심기철에는 모든 부문, 모든 단위들, 모든 사람들이 총동원되어 나무를 심을 것 - 인민군대가 나무심기에서도 앞장에 설 것
	3대혁명 붉은기쟁취 운동 결부	- 3대혁명붉은기 수여를 위한 판정요강에 나무를 많이 심을데 대한 내용을 반영하고 나무심기지표를 수행하지 못하였을 때에는 3대혁명 붉은기를 수여하지 말 것
	사회주의 애국주의화	- 모든 당원들과 근로자들을 사회주의애국주의화 함으로써 그들이 모두 사회주의조국에 대한 열렬한 사랑의 정신을 지니고 내나라, 내조국을 더욱 부강하고 아름답게 꾸리기 위한 사업에 한사람 같이 떨쳐나서도록 할 것
	모든 부문·단위 책임일군 역할	- 도·시·군과 기관·기업소 책임일군들은 치산치수 사업을 대담하고 통이 크게 작전하여 자기 도·군·부문·단위에 있는 산과 강들을 본때 있게 꾸려나갈 것
	국토환경 보호성의 책임성과 역할 제고	- 당의 전국수림화·원림화 방침을 틀어쥐고 나무심기를 힘 있게 벌려나가도록 할 것 - 나라의 전반적인 국토환경보호사업을 전망성 있게 작전하고 강하게 내밀면서 국토환경보호 기관들과 일군들이 일을 책임적으로 하도록 장악 지도할 것

김정일 시대에 본격적으로 불붙은 북한의 국토관리사업은 토지관리, 수림화·원림화, 도로혁명, 강하천정리, 환경보호사업 등으로 전개되었다. 토지관리에서는 농지면적 확대를 위한 간석지, 새 땅 찾기운동이 중시되었고, 수림화·원림화에서는 수종樹種 변화가 중요하게 여겨졌다. 환경보호사업에서는 공장·기업소의 분산배치와 도시 인구집중의 방지가 중요하게 취급되었다.

이에 대해서는 조선로동당출판사가 2005년에 출판한 한 경제해설서에 잘 나타나 있다. <표 3-35>는 김정일 시대의 국토관리사업 5대 부문의 정책과제를 정리한 것이다.[408]

〈표 3-35〉 김정일 시대의 국토관리사업 5대 부문의 정책과제

부문	정책방향	정책과제
토지관리	농업토지 관리	- 기본방향 : 토지정리 및 부침땅의 보호·개량·증대 - 강하천 정리 및 전국의 수림화 실현 - 지력地力 향상사업 - 기존 농업토지의 효과적 이용
	간석지, 새땅찾기 운동	- 부침땅 면적 증대 - 새땅찾기 대상 및 공사 선후차에 대한 올바른 규정 및 사업진행
	산림토지 관리	- 사방야계공사를 통한 울창한 수림 조성 - 산림토지의 효과적 이용
	수역토지 관리	- 간석지 개간으로 부침땅과 소금밭, 양어장, 갈밭 등으로 전환
	토지별 관리	- 주민지구토지, 산업지구토지, 특수토지(혁명전적지 등) 관리 강화
수림화 원림화	수종변화	- 이용가치가 높고 빨리 자라는 수종 (경제림, 용재림, 보호림, 땔나무림) - 국내 좋은 수종의 다량식목 및 타국의 좋은 수종의 수입 및 확산 - 수종교체사업 전개 - 양묘장에서의 좋은 수종의 나무모의 다량 생산
	식목운동 전개	
	산림보호	- 나무를 베어 쓸 때는 반드시 해당절차에 의한 승인 필요 - 산불방지 노력 - 해충방지 노력 - 산림감독원의 책임성과 역할 제고 등
도로혁명	도로망 합리화	- 전망적인 계획 수립 및 이에 기초한 도로건설 진행 - 중앙-지방 간, 인민경제부문 간 도로망 연계 보장
	도로의 질적 건설	- 고속도로 증설, 도로포장 확대
	기존 도로 개선	
	도로 정상관리	- 기관·기업소·협동농장의 담당구간 분담에 의한 일상적 도로관리제도 수립 - 봄·가을철 도로보수정비기간에 노동력·운수수단의 집중 동원
강하천 관리	강하천 정리사업	- 공사의 선후차 규정, 선정대상에 모든 역량의 총동원방식 - 큰 강과 중소하천 정리의 병행 진행
	시설물 보호유지	
	수자원 확보·보호	

부문	정책방향	정책과제
환경보호 사업	공장·기업소 분산배치	- 공장·기업소 건설시 자연정화능력의 조성사업 전개 - 광산·공장의 오폐수 및 주민들의 생활하수의 강·저수지 방류 금지
	도시인구 집중 방지	- 주민밀집지역에 있는 유해가스·먼지 생산 공정의 공장의 가동중지 - 전국의 수림화·원림화 실현 - 공기·물을 비롯한 환경보호 연구사업 전개
	감독통제 사업 강화	- 법과 규정의 올바른 제정 - 공해감시체계 수립 - 환경파괴 위법현상에 대한 법적 통제사업 강화

5) 김정은 시대 : 국토관리사업의 전략적 과업

김정은 위원장이 《사회주의강성국가 건설의 요구에 맞게 국토관리사업에서 혁명적 전환을 가져올 데 대하여》(2012년 4월)에서 제시한 국토관리사업의 전략적 과업들은 김정일 시대를 계승한 것이었다. 그는 담화에서 토지관리와 보호사업과 관련하여 토지유실 방지, 부침땅 면적의 확보와 증대, 토지개량사업의 근기 있는 실행, 토지이용질서의 확립 등의 과업을 제시했다. 그는 온 나라의 수림화·원림화와 관련해서는 전당적·전국가적인 대책 수립, 나무모기르기의 선행, 나무심기, 산림보호관리 주력 등의 과업을 제시했다. 큰 틀에서 김정일-김정은 시대에 별반 차이가 없어 보인다고 할 수 있다.

그는 강하천정리를 비롯한 물 관리와 관련하여 강하천정리, 시설물들의 건설과 관리 등의 과업을 거의 반복했으며, 도로건설과 관리와 관련해서는 도로건설, 도로보수와 관리 등의 과업을 내놓았다. 환경보호·자연보호와 관련해서는 공해방지대책의 철저한 수립, 동식물 보호, 지하자원의 절약과 보호 등을 강조했는데 이전 시기보다 환경보호에 대한 관심이 높아진 것으로 관찰된다. <표 3-36>은 김 위원장의 담화에서 제시된 국토관리사업의 전략적 과업들을 정리한 것이다.[409]

〈표 3-36〉 김정은 시대의 국토관리사업의 전략적 과업들[410]

부문	방향	과업
토지관리와 보호사업	토지유실 방지	- 장마철대책을 철저히 세울 것. - 강바닥파기와 제방쌓기를 하여 부침땅이 매몰되거나 유실되는 일이 없도록 할 것.
	부침땅 면적의 확보 증대	- 간석지개간사업에 계속 큰 힘을 넣어 부침땅을 늘릴 것. - 토지정리사업도 마저 할 것. - 김정일 국방위원장의 유훈대로 논밭에 무질서하게 널려 있는 전주대들을 다 정리하도록 할 것.
	토지개량 사업의 근기 있는 실행	- 토지를 개량하여 논밭의 지력을 높일 것. - 필지별로 토양의 조성을 분석한데 기초하여 흙깔이도 하고 소석회도 치며 유기질비료를 많이 내고 녹비작물도 심을 것.
	토지이용 질서의 확립	- 모든 부침땅을 국가에 등록하고 이용하며 토지를 묵이거나 침범하는 일이 없도록 할 것. - 도시와 마을·공장과 도로를 건설하는데서 부침땅을 다치지 말고 산기슭이나 부침땅으로 적합하지 않은 땅을 이용하도록 할 것. - 논밭 가운데 있는 살림집과 공공건물들은 산기슭이나 비경지에 옮겨짓도록 할 것.
온 나라의 수림화·원림화	전당적· 전국가적 대책 수립	- 산림조성과 보호관리사업을 결정적으로 혁신하여 10년 안으로 벌거숭이산들을 모두 수림화할 것. - 전망성 있게 계획적으로 조직 진행할 것. - 목재림, 기름나무림, 산과실림, 밤나무림, 펄프 및 종이 원료림을 조성하는 방법으로 할 것.
	나무모 기르기	- 중앙과 지방들에서 양묘장들을 잘 꾸릴 것. - 나무모생산을 과학화·공업화·집약화할 것.
	나무심기	- 해당 지역과 지대의 기후와 토양조건을 구체적으로 분석한데 기초하여 적지적수의 원칙에서 나무를 심을 것. - 나무의 생장에 유리한 조건을 마련할 수 있도록 바늘잎나무와 넓은잎나무를 배합하여 심을 것. - 전군중적운동으로 진행할 것. - 일군들이 앞장설 것. - 나무심기를 질적으로 하고 심은 나무에 대한 비배 관리를 잘하여 나무 사름률을 결정적으로 높일 것.
	산림보호 관리 주력	- 산불을 방지할 것. - 인민들의 땔감문제를 결정적으로 해결할 것 * 도·시·군들에서 땔나무림을 실지 덕을 볼 수 있게 조성하고 잘 관리하며 공장·기업소·협동농장들에서 가지고 있는 자체 탄광들을 더 잘 운영하고 메탄가스화를 널리 실현하여 주민들의 땔감문제를 결정적으로 풀 것 - 산림병해충에 의한 피해도 철저히 막을 것.

부문	방향	과업
강하천 정리를 비롯한 물관리	강하천 정리	- 강하천정리사업에 힘을 넣어 큰물피해를 막고 강하천 주변을 보기좋게 잘 꾸릴 것 - 큰물피해를 막자면 무더기비가 쏟아져도 강물이 쭉쭉 빠질 수 있게 강바닥을 정상적으로 파내고 우불구불한 물길은 곧게 펴며 제방뚝을 견고하게 쌓고 보강하며 호안림도 조성할 것
	시설물 건설과 관리	- 강하천들에 언제와 갑문을 비롯한 여러 가지 시설물들을 건설하고 자연흐름식 물길을 비롯한 관개수로들을 정상적으로 정비 보강할 것 - 강하천들에 흙과 모래가 흘러들고 사태가 나는 것을 방지하기 위한 대책도 철저히 세울 것
도로건설과 관리	도로건설	- 나라의 전반적 도로망을 합리적으로 완성하고 도로의 현대화·중량화·고속화를 실현할 것 - 평양시에 윤환선 도로를 건설할 것 - 고속도로들과 주요 도로들을 더 많이 건설할 것 - 도로건설에서 질을 결정적으로 높일 것 - 도로건설을 전문화할 것 - 도로의 기술개건사업을 힘있게 다그칠 것
	도로보수와 관리	- 도로보수와 관리를 정상적으로 잘할 것 - 도로보수와 관리는 전군중적운동으로 할 것
환경보호, 자연보호 관리	공해방지 대책의 철저한 수립	- 대기오염을 막을 것 * 공장·기업소들에서는 먼지가 많이 나는 설비와 생산공정들에 제진장치와 밀폐장치·배풍장치를 잘하고 정상적으로 보수정비하며 그것을 끊임없이 현대화할 것 - 강하천과 호수·바다오염을 막을 것 * 도시건설에서 선하부구조, 후상부구조 건설원칙의 요구대로 상하수도와 우수망시설, 오수정화시설을 먼저 건설하여 환경오염을 철저히 막도록 할 것
	동식물 보호	- 생물품종들을 보호하고 생물의 다양성을 보장하기 위한 적극적인 대책을 세울 것 - 보호구들을 바로 정하고 그 면적을 단계별로 늘이며 이 지역들에서 산업건물과 시설물들을 망탕짓거나 지하자원·산림자원을 개발하고 산짐승들을 잡는 일이 없도록 할 것
	지하자원의 절약과 보호	- 나라의 지하자원개발을 국가자원개발성과 비상설 지하자원개발위원회에서 검토승인하는 체계를 엄격히 세워 지하자원을 망탕 개발하거나 지하자원 개발에 무질서를 조성하는 일이 없도록 할 것

　김 위원장은 2015년 식수절(3월 2일)을 맞아 2월 26일에 당·군대와 국가경제기관 책임일군들과 한 담화《전당, 전군, 전민이 산림복구전

투를 힘 있게 벌려 조국의 산들에 푸른 숲이 우거지게 하자》를 발표했다. 그는 다음과 같이 말했다.

"고난의 행군 시기부터 사람들이 식량과 땔감을 해결한다고 하면서 나무를 망탕 찍은 데다 산불방지대책도 바로 세우지 못하여 나라의 귀중한 산림자원이 많이 줄어들었습니다. 산에 나무가 얼마 없다보니 장마철에 비가 조금만 많이 와도 큰물과 산사태가 나고 가물(가뭄)철에는 강하천이 말라 경제건설과 인민생활에 큰 지장을 주고 있습니다. 지금 나라의 산림은 영원히 황폐화되는가 아니면 다시 추서는가 하는 갈림길에 놓여있습니다. 산림문제를 놓고는 더 이상 물러설 길이 없습니다.…

앞으로 10년 안에 모든 산들을 푸른 숲이 설레이는 보물산, 황금산으로 전변시키자는 것이 우리 당의 확고한 결심이며 의지입니다. 전당, 전군, 전민이 산림복구전투를 힘 있게 벌려 조국의 산들에 푸른 숲이 우거지게 하여야 하겠습니다." 411

그는 이 담화에서 "산림복구전투가 매우 중요한 사업이므로 당에서는 전당, 전군, 전민이 총동원되어 산림복구전투를 힘 있게 벌릴 데 대한 조선로동당 중앙위원회, 국방위원회, 조선인민군 최고사령부 공동결정서를 채택하여 내보내게 하였으며 강력한 산림복구 전투지휘부들을 조직하도록 하였다"고 밝혔다. 그는 또 "산림복구전투에서 인민군대가 앞장설 것과 전당, 전군, 전민이 총동원되도록 할 것"을 지시했다.

산림복구전투에 대한 공동결정서에 따라 전투지휘부가 조직되었고,412 전당·전군·전민의 총동원령이 내려진 가운데 인민군대를 선두에 세웠음이 확인되었다.413 공동결정서가 중앙위원회(당), 국방위원회(국가), 조선인민군 최고사령부(군대)의 공동명의로 채택된 것은 사안의 중대성을 말해준다. 2012년 4월 담화로부터 약 3년이 경과한 시점에 그가 산림복구전투 총동원령을 내린 것은 그만큼 산림복구가 심각한 과제였기 때문이다.

그의 담화에 이어 내각은 2015년 3월 7일에 《전당, 전군, 전민이 총동원되어 산림복구전투를 힘 있게 벌려나가기 위한 결정》을 채택했다.[414] 《결정》에는 온 나라를 수림화·원림화하기 위한 산림복구전투계획을 작성하고 이를 철저히 집행해나가기 위한 정책과제들이 담겼다. 구체적으로 보면 《산림조성 10년 전망계획》에 따른 산림복구에 필요한 자재·설비·자금의 보장(국토환경보호성 산림총국의 계획화), 국가계획위원회와 국토환경보호성[415] 산림총국, 임업성,[416] 농업성 등 해당단위들에서의 산림복구전투계획 작성과 인민경제계획 시달 등의 진행, 산림에 대한 대중관리·대중통제 체계 수립 및 감독통제사업 강화, 과학기술발전에 의한 산림복구전투의 지원 및 조직정치사업의 전개, 산림복구전투지휘부 조직 및 군민협동작전의 강화 등의 과제들이 제시되었다.

내각 업무에서 핵심은 산림복구전투계획을 작성·실행하고 산림복구전투지휘부를 조직·운영하는 등 전반적인 실무를 책임지는 일이었다. 산림복구전투에 관한 김 위원장의 담화를 실행하기 위해 국가적 차원의 집행에 돌입했던 것이다.

6) 김정은 위원장의 국토관리부문 현지지도

김정은 위원장의 국토관리부문에 대한 현지지도의 발걸음도 잦았던 사실이 보도자료로 확인된다. 화급한 경제현장에 대한 현지지도에 국한하지 않고 산림복구 같은 백년대계百年大計 부문에 적지 않은 관심을 기울였던 것이다. 그는 중앙양묘장, 인민군 제122호 양묘장, 강원도 양묘장 등에 대한 현지지도에 나섰다.

|1| 김 위원장은 2014년 11월 중순에 평양의 중앙양묘장을 방문했다.[417] 그는 김정일 국방위원장과 함께 이곳에 왔던 2011년 10월 당시를 회고하면서 "장군님이 중앙양묘장과 같은 현대적인 나무모생산기지를 유산으로 남겨 놓음으로써 나라를 수림화, 원림화할 수 있는 튼튼한 토대를 닦아놓았다"고 말했다.

그는 계절에 관계없이 식수를 보장할 수 있는 나무심기방법의 완성, 나무모 생산에 이용되는 해가림발 생산 공정 조성, 축산과 나무모 생산의 고리형 순환 생산체계를 확립할 수 있는 돼지목장 조성, 종업원들의 살림집 건설 등에서 성과를 거둔 것을 높이 평가하며 "새 세기의 요구에 맞게 산림과학원을 현대적으로 건설"하는 데서 "제기되는 문제들을 모두 풀어주겠다"고 약속했다.

그는 "고난의 행군, 강행군 시기 나라의 산림자원이 많이 줄어들었다"고 재삼 확인하면서 "산림 황폐화 수준이 대단히 심각하다"고 말했다. 그는 이곳 현지 지도에서 숲을 보호하고 감독통제하기 위한 사업 전개, 산림조성과 보호사업의 전망성 있는 계획적 수행, 사회주의애국림·모범산림군 칭호쟁취운동과 같은 대중운동 전개, 군민軍民협동작전의 위력 발휘 등을 제시했다. 그가 중앙 양묘장 현지지도에서 제시한 과업들은 2012년 4월 담화에서의 과업들과 전반적으로 일치한다.

|2| 김 위원장은 2015년 5월 하순에 인민군대에서 새로 꾸리고 있는 종합양묘장에 대한 현지지도에 나섰다.[418] 이 종합양묘장(부지면적 200정보)은 김정일 국방위원장이 2009년 10월 국토환경보호성 산하의 중앙양묘장을 현지지도하면서 인민군대에도 현대적인 양묘장을 꾸려야 한다고 한 교시에 따라 건설된 나무모 생산기지다. 종합양묘장은 재배구, 파종구, 채종구, 풍토순화구, 품종보존구, 야외재배장, 원형삽목장, 온실 등으로 이뤄져 있다. 그는 "인민군대가 당의 방침을 받들고 나무모 생산의 과학화·공업화·집약화를 실현할 수 있는 종합적인 양묘장을 잘 건설하고 있다"고 치하했다. 그는 "첨단기술을 받아들여 $3,000m^2$의 면적에서 한 해에 수십만 그루의 나무모를 생산할 수 있게 건설한 묘목온실이 마음에 든다"면서 "온습도를 실시간 측정하고 자동적으로 조종할 수 있는 온실환경 조종체계도 잘 구축해놓았다"고 높이 평가했다. 그는 "양묘장에서 경제적 가치가 큰 수종의 나무모를 키우고 널리 퍼치기 위한 사업도 잘하고 있으며 자체의 힘과 기술로 나무모 영양단지 생산 공정도 손색없이 꾸려놓았다"고 만족해 하였다.

그는 종합양묘장에서 한해에 1,000만 그루의 나무모를 생산할 수 있도록 생산 기지 확장, 용재림 조성에 필요한 묘목들과 관상가치가 있는 나무모들을 많

이 키우기, 계절에 구애됨이 없는 나무심기방법 완성, 나무모 용기를 여러 가지 재질로 생산하는 사업, 묘목 생산과 비배관리를 과학기술적으로 하는 과학연구·보급체계 확립 등을 제시했다. 그의 발언에서 산림복구의 절박성이 느껴지고 인민군대의 선구자적 역할을 강조한 점에서 주목된다.

"절대로 무책임하게 후대들에게 벌거숭이산을 넘겨주어서는 안 됩니다.… 산림복구사업은 장기적이며 전략적인 사업인 것만큼 끝장을 볼 때까지 밀고 나가야 합니다.… 중요한 것은 나무를 몇 대 심었는가 하는데 있는 것이 아니라 몇 대를 살렸는가 하는 데 있습니다.… 심은 대수나 장악하고 사름률(옮겨 심거나 접목한 식물이 제대로 산 비율)에 대해서는 관심을 돌리지 않는 것은 당 정책에 대한 입장이 바로 서있지 않은 그릇된 태도입니다.… 모든 부문, 단위들에서 산림복구사업을 중요한 정책적, 전략적 과업으로 틀어쥐고 나가야 합니다. 특히 인민군대가 선구자적 역할을 수행하여야 합니다."

김 위원장은 2015년 12월 초순에 조선인민군 122호 양묘장을 방문했는데[419] 이곳은 5월에 방문한 그 양묘장으로 확인되었다. 그는 "산림복구전투는 만년대계의 애국사업이며 10년 앞을 내다보아야 하는 장기적인 사업인 것만큼 한두 해 나무를 심어보고 성과가 눈에 뜨이지 않는다고 하여 맥을 놓아서는 절대로 안 된다"고 말했다. 그는 양묘장을 다시 방문한 것에 대해 "이곳을 지식경제시대의 요구에 맞게 과학화, 공업화, 집약화가 완벽하게 실현된 21세기 양묘장, 우리나라 양묘장의 본보기, 표준으로 전변시키기 위해서"라고 밝혔다. 그는 "설계로부터 자재보장, 건설 역량 투입에 이르기까지 현대화에서 제기되는 모든 문제들을 현지에서 직접 풀어주는 조치"를 취했다고 한다. 그가 양묘장에서 제시한 과업들은 다음과 같다.

- 나무모 생산의 과학화·공업화·집약화·자동화·기계화가 높은 수준에서 실현된 세계적인 양묘장으로 꾸릴 것.
- 종자처리, 싹틔우기, 영양관리, 생태환경보장, 병해충구제, 저장 등에 이르는 모든 생산 공정들을 고도로 현대화할 것.

- 적은 생산면적과 노력을 가지고 한 해에 수천만 그루의 나무모를 생산할 수 있는 토지절약형·노력절약형 양묘장으로 꾸릴 것.
- 지식경제시대의 요구에 맞는 현대적인 양묘장이란 어떤 것인가 하는 정확한 인식과 표상을 주는 양묘장으로 건설할 것.

김 위원장은 2016년 5월 중순에도 조선인민군 제122호 양묘장을 방문했다.[420] 그는 "지난해에 보았던 모습을 전혀 찾아볼 수 없게 천지개벽되었다"면서 "우리나라 양묘장의 본보기, 표준, 나라의 첫 양묘공장이 멋들어지게 일떠섰다"고 치하했다. 그는 "온도, 습도, 해 비침도, 탄산가스함량, 통풍량, 관수량, 영양액 시비량 등 나무모재배에 가장 적합한 조건과 환경을 보장할 수 있도록 양묘장에 통합조종체계를 훌륭히 구축한" 것을 특히 긍정적으로 평가했다. 그는 이 양묘장에서 거둔 성과들을 다음과 같이 밝혔다.

"온실작업의 자동화, 기계화를 높은 수준에서 실현함으로써 나무모를 한 해에 두 번 생산할 수 있게 되었습니다.… 원형 삽목장, 온실에서 키워낸 나무모들을 야외에서 적응시키는 재배장, 용기나무모 재배구들에 현대적인 관수설비와 해가림장치를 설치했는데 볼만합니다.… 종자선별로부터 파종, 나무모포장에 이르기까지 모든 생산 공정들을 자동화, 흐름선화하였으며 기질 생산 공정과 나무모 저장시설들도 갖추어놓았습니다.… 과학기술연구기지와 과학기술보급거점도 잘 꾸려놓았으며 사회주의문명국의 체모에 맞게 관리청사와 문화회관, 종합편의시설, 종업원살림집들도 잘 건설하였습니다."

그는 "122호 양묘장의 연간 생산량은 2,000여 만 그루"여서 "모든 도道들이 이같은 양묘장을 건설하면 한 해에 2억 그루의 나무모를 생산할 수 있을 것"이라고 자신감을 보이며 "도당위원장들을 비롯한 해당 부문의 일군들을 참관시킬 것"을 지시했다. 조선인민군 122호 양묘장의 현지지도에서 확인할 수 있는 바는 인민군대로 하여금 현대적인 양묘장을 건설해 운영하게 했다는 점과 이 사례를 각 도에 적용하려고 했다는 점이다.

[3] 김 위원장은 2018년 7월 하순에 강원도양묘장에 대한 현지지도에 나섰다.[421] 2년 전에 조선인민군 제122호 양묘장을 방문했던 그는, 각 도에 제122호 양묘장과 같이 연간 2,000만 그루의 나무모를 생산할 수 있는 토지절약형·노력절약형 양묘장을 건설하며 시범적으로 강원도양묘장을 본보기·표준으로 꾸리라고 지시했었다. 그는 강원도양묘장의 건설과정에 설계와 시공, 자금과 자재, 설비보장 대책을 세워주며 양묘장 건설 사업을 이끌었다고 한다.

그는 현지지도에서 연간 2,000여 만 그루의 나무모를 생산할 수 있는 대규모의 나무모 생산기지가 또 하나 일떠섰다고 높이 평가했다. 그는 "풍만한 산림자원은 경제건설의 귀중한 밑천으로 된다"면서 "도 안의 모든 산들을 황금산으로, 자연원료 기지로 전변시키기 위한 산림복구전투에서 병기창과도 같은 양묘장을 먼 훗날에 가서도 손색없는 만년대계의 건축물로 일떠세우고 나무모들을 대대적으로 생산하여야 한다"고 강조했다.

그는 "이번에 중요 건설부대에서 내려 보낸 20명의 기능공들이 시공지도를 맡아하면서도 건설자들에게도 기술전습을 주었다는데 앞으로 이런 방식으로 도道들의 건설역량을 장성시켜야 한다"며 만족을 보였다. 강원도양묘장 건설에서는 중요 건설부대의 기능공의 파견과 기술전습傳習의 모범사례가 강조된 점이 눈에 띈다. 그는 강원도양묘장에서 나무모 생산의 과학화 수준 향상, 매년 2회전 생산, 경제적·관상적 가치가 높고 도의 기후풍토에 맞는 좋은 수종의 나무모들의 생산 보장, 과학기술보급실을 통한 기술학습의 정상화, 양묘장들 사이의 경험교환 및 원격협의 체계 수립, 선진적인 나무모 재배기술의 발전 완성 등을 제시했다. 이 과업들은 전국 양묘장에 '교시教示'로 전파되었을 것이다.

김 위원장의 현지지도 발언을 종합하면, 나무모 생산의 과학화·집약화·기계화 수준의 향상, 좋은 수종의 나무모 생산, 4계절 나무심기방법의 완성, 비배관리의 과학화, 생산 공정의 자동화에 의한 토지절약형·노력절약형 양묘장의 운영, 인민군 제122호 양묘장 본보기의 민간전수(기능공의 강원도 파견)와 군민협동작전 전개, 양묘장 간의 경험교환과 원격협의체계 구축 등의 과업을 제시했던 것으로 나타났다.

그의 현지지도 등에서 산림복구전투에 대한 열의를 재삼 확인할 수 있다. 그의 관심과 열의를 반영하듯 숱한 방침과 지시들이 쏟아진 가운데 북한 보도매체들도 국토관리와 환경보호에 관한 보도를 내보냈다. 대표적인 사례를 소개한다.

|1| 조선중앙통신은 김일성종합대학이 2017년 3월에 대학에 산림과학대학을 설립했다고 보도했다. 산림과학대학은 산림복구전투계획의 보장, 국토환경보호사업, 산림부문의 과학기술과 산업의 발전 등의 역할을 수행할 것이라 한다. 박승호 학장은 짧은 기간에 대학 창설을 위한 실무사업들이 성과적으로 결속되었다며 준비상황을 밝혔다. 산림과학부문의 30여 개 과목이 개설되고 교수안이 작성되었다는 것이다. 새로운 교재 작성과 새로운 교수방법도 만들어졌고 강의수준을 높이기 위한 사업에서 진척이 있었다고 한다.
새 학년도인 2017년 4월 1일부터 공부하게 될 박사원생들과 학생 선발사업도 마무리됐으며 대학의 교육조건과 환경을 세계적 수준으로 보장하는데 필요한 현대적인 교육설비들과 기구들도 갖추어졌다고 한다.[422] 김일성종합대학 내에 산림과학대학을 설립함에 따라 앞으로 산림복구 전문가들이 체계적으로 양성되어 관련 기관·기업소·단체에 배치될 것으로 전망된다.

|2| 조선중앙통신에 따르면, 평양시 산림복구전투지휘부는 2018년에 수도 首都의 모든 산들을 보물산·황금산으로 전변시키기 위한 사업을 전개했다고 한다. 평양시가 산림복구전투 1단계 과업수행에서 좋은 성과를 거두었다는 것이다. 산림복구전투지휘부는 2018년에 수천만 그루의 나무모 생산, 수천 정보의 면적에 나무심기와 수천만 그루의 심은 나무 가꾸기, 산불막이선 보수 등 산림조성과 보호계획을 세우고 이를 실천했다고 한다.
구역·군 양묘장들에서 나무모 생산의 과학화·공업화·집약화 수준을 높여 창성이깔나무를 비롯한 수종이 좋은 나무모들을 더 많이 확보하도록 했다고 한다. 구역·군에서 산불막이선을 규정대로 형성하고 산불방화대의 역량을 강화하도록 하는 한편, 산림보호사업에 여러 가지 생물학적 방법을 도입해 생태환경을 보존하고 효과성도 높였다고 한다.[423] 이 보도를 통해 평양을 비롯해

각 도에서 산림복구전투지휘부가 활동하고 있음을 유추할 수 있다.

[3] 북한은 2005년부터 2015년 7월 중순까지 10년간 다양한 환경보호사업을 진행한 가운데 환경보호형 경제건설을 적극 추진했다고 한다. 김영철 국토환경보호성 국장은 조선중앙통신과의 인터뷰에서 10년간 환경보호사업에서 거둔 성과와 전망에 대해 다음과 같이 밝혔다.[424] 환경보호사업의 실태를 보여주는 흥미로운 내용을 포함하고 있다.

- 《폐기물취급법》, 《대동강오염방지법》, 《대기오염방지법》 등이 새로 제정되어 환경보호사업을 한 단계 끌어올리기 위한 법적 토대가 더욱 공고화되고 전국가적 범위에서 통일적으로 할 수 있는 정연한 체계가 서게 되었다는 것.
- 도처에 환경감시초소가 더 늘어나고 그 물질기술적 토대 강화를 위한 사업들이 본격적으로 추진되어 나라의 환경상태를 정확히 파악할 수 있는 담보가 마련되었다는 것.
- 평양시와 각 도·시·군들에 꽃 관목들과 잔디밭 면적이 늘어나고 공원과 유원지, 살림집 구획들이 몰라보게 변모되었다는 것.
- 많은 공장·기업소들에서 유해가스와 먼지, 산업폐수를 정화하기 위한 사업이 진행되고 일터와 마을을 수림화·원림화·과수원화하는 사업에서 전진이 이룩되었다는 것.
- 과학자들은 환경보호사업을 높은 과학기술적 토대 위에 올려 세울 수 있는 전망을 열어 놓았다는 것.
- 머지않아 전국적 범위에서 나라의 환경변화 상태에 대한 실시간적인 장악체계가 정연하게 세워지게 된다는 것.
- 평양326전선공장과 같이 환경관리체계가 도입되고 생산문화·생활문화가 높은 수준에서 실현된 공장·기업소들이 더욱 많아지고 있다는 것.
- 환경보호부문의 하부구조가 새롭게 완비되고 당면한 생태환경 파괴와 오염 문제를 해결하기 위한 사업들이 활발히 진행되어 '환경보호형 경제건설'이 적극 추진되고 있다는 것.

|4| 조선중앙통신은 2017년 2월 6일에 산림복구 및 국토환경 보호부문 일군회의가 진행되었다고 보도했다. 이 부문의 중요성을 반영하듯 박봉주 내각총리, 오수용 당 중앙위원회 부위원장(경제담당)이 참가했고 전광호 내각 부총리가 보고에 나섰다. 회의에서는 2016년에 산림복구전투와 국토관리총동원 사업에서 거둔 성과와 교훈이 분석총화 되고 2017년에 보다 큰 성과를 이룩하기 위한 대책적인 문제들이 토의되었다. 특히 2016년 산림복구전투와 국토관리총동원 사업에서 나타난 편향들에 대해서도 분석총화 되었다고 하는데 그 내용은 공개되지 않았다. 회의 참가자들은 2016년 산림복구 전투와 국토관리 총동원 사업정형을 수록한 녹화 편집물들을 시청하기도 했다.[425]

조선중앙통신은 2018년 2월 21일 평양의 인민문화궁전에서 산림복구 및 국토환경 보호부문 일군회의가 진행되었다고 보도했다. 박봉주 내각총리, 오수용 당 중앙위원회 부위원장(경제담당) 등이 참가한 이날 회의에서는 산림복구전투 1단계과업 수행정형과 2017년 국토관리총동원사업에서의 성과와 교훈이 분석총화 되고 2018년의 대책적인 문제들이 토의되었다. 1단계과업 수행정형과 국토관리총동원사업 정형을 보여주는 다매체 편집물 시청이 있었다. 거리와 마을들을 사회주의 문명강국의 요구에 맞게 잘 꾸리고 수산자원과 민족문화유산을 보호하는 사업에서 이룩된 성과들이 소개되었다. 회의에서는 전년도와 마찬가지로 산림복구전투와 국토관리총동원사업에서 나타난 편향들이 토론을 통해 분석총화 되었다.[426] 이 같은 일군회의에서 결함이나 편향 등에 대한 반성과 비판이 있어도 대부분 공개되지 않은 게 관행이다. 김정일 시대부터 일군회의 같은 모임에서 녹화편집물 시청이 있어왔는데 김정은 시대에 들어와 다매체 시청각 교육은 더 강화되고 있다.

|5| 조선중앙통신은 평양시에서 도시 오물의 100% 재자원화를 목표로 오물 이용사업이 활발히 진행되고 있다고 보도했다. 평양시 인민위원회(리원석 과장)에 따르면, 력포구역에 오물처리공장이 건설되어 운영되고 있는데 이곳에서는 비료와 건재 등이 생산되고 있다. 중구역, 보통강구역, 모란봉구역, 평천구역, 동대원구역, 락랑구역을 비롯한 중심 구역들에서도 오물을 재생 이용하기 위한 공장 건설이 마감단계에서 진척되고 있다고 한다. 오물을 가연성

오물과 비가연성 오물, 자원 오물, 일상생활 오물, 수지포장류 오물 등으로 분류 회수하는 대책을 세우고 있고, 가까운 장래에 오물을 이용한 에너지산업을 창설할 예정이라 한다.[427] 북한에서도 도시 오물의 재자원화에 대한 관심이 높아지고 있음을 알 수 있다.

│6│ 조선중앙통신은 2019년 3월 26일 내각 국토환경보호성이 산림기자재공장을 완공했다고 보도했다. 평양시 력포구역에 있는 이 공장은 각 도·시·군 산림경영부문에 산림기자재들을 전문적으로 공급한다. 이곳에서는 양묘장을 꾸리는데 필요한 수지경판·나무모용기·해가림발 등 다양한 수지제품들과 다용도 금속제품이 생산된다. 공장의 모든 생산 공장이 자동흐름선화되어 있고 수평식유압사출기·편직기·권사기·열처리기를 비롯한 현대적인 설비들을 갖추고 있다고 한다.[428] 산림복구전투의 열의가 높아짐에 따라 산림기자재 수요도 높아지고 있어 국토환경보호성이 직접 공장을 건설했다고 한다.

│7│ 『조선신보』는 2019년 2월 7일자에서 2015년에 시작된 북한 산림복구전투는 2018년부터 2단계에 들어섰다면서, 각 도·시·군의 기관·기업소·단체들에 산림담당림을 정하고 자기가 심은 나무는 자기가 관리하도록 하는 m^2당책임제를 적용함에 따라 산림에 대한 대중관리·군중관리가 실현되었다고 밝혔다. 2019년에는 산림조성, 나무모 생산, 종자확보, 심은나무가꾸기, 사방야계공사, 산불막이선공사 등의 과업을 추진했다고 한다.
중앙산림복구전투지휘부에 따르면, 2019년에 수십 여만 정보에, 수억 그루의 나무를 식수하는 산림조성계획을 수립했다. 각 도 양묘장 건설을 진행하는 가운데 연간 2,000여만 그루의 나무모를 대량 생산할 수 있는 현대적인 토지절약형·노력절약형 양묘장을 건설하는 사업도 계속 추진되고 있다. 이미 조성된 산림에 대한 보호관리사업도 전개하고 있다. 이를테면 산불 원격감시카메라에 의한 산불방지와 발생정형에 대한 실시간 감시체계를 통해 산불감시와 통보·진화체계를 세워나가고 있다. 모든 시·군들에서 생물농약생산기지를 꾸리고 생물농약과 기생벌 생산을 늘여 산림병해충을 예방하는 사업도 조직하고 있다고 한다.[429]

『조선신보』 기사가 말해주듯이 북한은 산림복구전투에 총력전을 펼쳤고 산림조성, 나무모 생산, 종자확보, 심은 나무의 사름률 높이기, 사방야계공사, 산불막이선공사 등에 노력해오고 있다. 중앙과 각지에 산림복구전투지휘부를 조직하고 인민군대를 선구자로 참여시키는 산림복구전투가 대대적으로 전개되고 있는 것이다.

2019년 4월 11일에 열린 최고인민회의 제14기 제1차 회의에서 내각 국토환경보호상에 임명된 김경준이 국무위원회 산림정책감독국장(산림정책감독국 신설)으로 겸임 발령 받은 것에서 알 수 있듯이[430] 북한은 산림복구전투의 운영 효율을 꾀하는 동시에 국가의 설비·자재·자금 등을 계획적으로 보장하려고 한다. 조선인민군 제122호 양묘장 건설을 기점으로 강원도를 비롯해 각 도에서 도 단위의 양묘장을 건설해 나무모 생산에 심혈을 기울였던 것도 눈에 띄는 변화였다. 전당적, 전국가적 대책 수립에 골몰하면서 산림복구에 필요한 과학기술연구에 적극 나섰던 것도 특기할 만하다.

북한은 지금 김정은 위원장의 말처럼 '산림의 영원한 황폐화냐, 산림을 극적으로 살려내느냐'의 갈림길에 서 있다. 국토관리사업에서 전국의 수림화·원림화를 중심으로 한 산림복구 외에도 토지이용 질서 확립, 부침땅 증대, 토지개량 등과 함께 강하천 정리, 환경보호사업 등이 활발히 전개되고 있다. 여름철을 앞두고는 장마철 대책에 부산하고 겨울철을 앞두면 땔감문제의 해결에 분주하다. 단기 과제와 장기 과제가 맞물려 돌아간다.

북한으로서는 경제발전전략의 집행 과제를 둘러싸고 매 시기마다 선택과 집중이 필요하지만, 산림복구전투 같은 백년대계 과업을 놓쳐선 안 된다는 문제의식이 활줄처럼 팽팽하다. '정상국가'를 지향하는 북한으로서는 국토관리와 환경사업 개선을 뒤로 미룰 수도 없고 미뤄서도 안 된다. 국토관리와 환경개선, 산림복구전투는 당장의 성과는 적기 때문에 인내심이 필요하고 꾸준한 투자와 노동력의 투입이 요구된다. '숲이 우거지는 그날까지' 자연처럼 끈질긴 생명력으로 국토관리사업을 전개해나가야 한다. 오늘의 산림복구전투는 금수강산 삼천리를 회복하기 위한 멀고도 험한 길이다. 북한 영도집단과 인민들은 오늘도 국토관리와 환경개선에서 눈을 떼지 않고 있다.

5. 지방경제 살리기 : 지방공업의 현대화와
군郡 단위의 인민생활 향상

"도, 시, 군당위원회들은 농사와 교육사업, 지방공업발전에서 전환을 가져오기 위한 투쟁을 강하게 내밀어야 합니다." (김정은 위원장의 2019년《신년사》)

"도, 시, 군들에서 자체의 원료원천에 의거하여 지방경제를 특색 있게 발전시켜야 합니다." (김정은 위원장의 2018년《신년사》)

"프랑스는 1963년 국토균형발전계획을 추진하기 시작했다. 드골은 "이제는 중앙 집중보다는 지방의 활력이 우리에게 절실하다. 지방은 프랑스의 내일을 이끌 새로운 경제 원동력이다"라고 선언하며 지방을 지원했다.… 극우파의 태두로 알려진 드골 정부의 지방 활성화 정책의 결과로 지방 도시에 사람이 넘쳐흐르게 되었다(낮은 물가, 좋은 교수, 쾌적한 생활환경, 높은 삶의 질이 젊은이들을 지방으로 끌어들이고 있었다)." (이헌재, 『경제는 정치다』, 로도스 출판사, 2012), 245쪽)

세계 어느 나라에서나 지방 활성화는 매우 중요한 정책이다. 이 정책은 좌파·우파 정부를 넘어서고, 자본주의 시장경제나 사회주의 계획경제 시스템을 넘어서는 보편성을 갖고 있다. 지방 살리기에서는 균형발전을 추구하면서도 전략거점에 특정 분야의 산업단지를 활성화하는 정책의 병행이 요구된다.

북한이 지방자치제도를 도입한 것은 아니지만 지방 활성화를 위해 지방의 자립성을 확대하는 움직임은 뚜렷해지고 있다. 지방예산제의 확대 실시와 지방공업의 현대화 등은 사회주의경제강국 건설과 인민생활 향상에 필요한 또 하나의 전략적 방향이다. 북한의 지방 행정은 도(직할시)·시(구역)·군의 체계를 갖고 있고 지방경제의 기본단위는 군郡으로 봐도 무방하다.

도道는 중앙과 시市·군의 관계를 조절하고 지방의 자립적 경제가

제대로 기능하도록 지원하는 가교 역할을 한다. '자립적 지방경제'는
북한에서 지방 인민들의 생활에 필요한 생필품의 생산·공급의 상당
부분을 지방 자체로 해결하는 시스템을 말한다.[431] 김정은 시대에 들어
와 자력갱생의 경쟁열풍 속에서 도 단위의 경쟁이 중시되는 가운데
'모범지방공업군'이나 '지방예산모범시'에서 보이듯이 시급·군급의 경
쟁도 일반화하고 있다.

여기에서는 군郡의 경제적 역할에서 출발해 지방예산제, 김정일 시
대의 지방경제의 발전에 대한 관심, 지방경제의 자립성과《지방예산
법》, 그리고 김정은 시대의 지방경제 살리기의 움직임 등을 살펴보려
고 한다.

1) 지방경제와 군의 경제적 역할

북한의 지방경제는 농촌경리, 공업, 건설, 상업 등을 포괄한다.[432] 농
촌경리는 농업생산, 축산, 과수업, 누에치기 등과 식품가공업의 일부
원료와 가공품 생산을 주로 담당한다. 군에 농촌경리에 복무하는 기업
소들이 집중되어 있고 군협동농장경영위원회가 농촌경리에 대한 기업
적 지도와 국가 차원의 물질적·기술적 협조를 맡는다. 지방공업은 중
앙공업에서 나오는 부산물과 폐자재, 지방의 농업·부업 생산물 등 원
료와 노동력을 비롯한 모든 생산 잠재력을 이용한다.

북한에서는 1960년대 초부터 지방공업이 중앙의 투자와 공급 없이
자체로 원료·설비·노동력을 해결한다면 중앙은 중공업 건설에 국가투
자를 집중할 수 있을 것이라는 정책 담론이 정착되어왔다.[433] 이 담론
은 지금도 여전히 유효하다.

북한의 경제이론지『경제연구』는 2003년에 "오늘 나라의 형편이 어
려운 것으로 하여 지방산업공장들에서 요구되는 원료자재를 국가가
다 생산 보장할 수 없는 조건에서 지방자재를 효과적으로 동원 이용하
는 것은 생산을 정상화하기 위한 필수적 요구로, 근본담보로 된다"는

내용의 논문을 게재한 바 있다.[434]

군 지방정부의 경제적 역할을 강화한다면 경제관리 체제나 시장에 충격을 주지 않으면서 경제에 활력을 불어넣을 수 있다. 군 단위의 경제적 자립성은 중요 산업에 미치는 충격이 상대적으로 적고 시장 확대에도 유연하게 반응할 수 있게 한다. 북한의 시장 확대와 경제발전 과정에서 지방경제의 자립성은 경제주체와 동력을 형성할 수 있다.[435]

북한 경제관리의 변화에서 한편으로는 공장·기업소의 독립채산제와 경영상의 상대적 독자성(자율성)의 확대 및 그와 쌍을 이루는 금융기관채산제가 존재하고, 다른 한편에서는 지방경제의 자립성(자율성) 확대가 자리하고 있다. 김정은 시대의 지방경제 살리기는 자력갱생의 구호 아래 지방경제의 자립성을 확대하는 방향으로 나아가고 있다. 지방경제의 자립성을 과도하게 해석해서는 곤란하지만 이를 무시해서도 안 될 것이다.

《조선민주주의인민공화국 지방주권기관법》[436]은 도(직할시)·시(구역)·군 단위의 인민위원회(행정경제기관)와 지방인민회의(지방의회)를 합하여 지방주권기관이라고 규정한다(제2조). 지방인민위원회는 해당 인민회의 휴회 중의 지방주권기관이며, 해당 지방주권의 행정적 집행기관이다. 지방인민위원회는 해당 지역 안에서 '국가정책의 집행자'이며 '인민생활을 책임진 호주戶主'이다(제22조). 지방인민위원회는 결정서·지시문 등본을 상급 인민위원회에 올려 보내는 한편, 결정서·지시문을 채택한 날부터 1주일 안에 기관·기업소·단체에 내려 보내야 한다. 기관·기업소·단체와 공민은 해당 인민위원회의 결정과 지시를 의무적으로 집행해야 한다(제32조).

<표 3-37>은 지방인민위원회의 구성과 임기, 임무와 권한을 정리한 것이다. 지방인민위원회는 지방의 인민경제발전계획의 작성과 그 실행대책 수립, 지방예산 편성과 그 집행대책 수립, 인민경제발전계획과 지방예산의 조절안調節案 심의 승인 등 지방경제를 운영하고 관리한다.

<표 3-37> 지방인민위원회의 구성과 임기, 임무와 권한

구분	내용	조항
구성과 임기	- 구성 : 위원장, 부위원장, 사무장, 위원들 - 구성인원 : 도(직할시) 11~15명, 시(구역)·군 9~13명 범위 안에서 해당 인민회의가 결정함. - 임기 : 4년 (불가피한 사정으로 선거를 하지 못할 경우에는 선거를 할 때까지 그 임기를 연장함)	제23조
임무와 권한	1. 인민회의 소집 2. 인민회의 대의원선거를 위한 사업 3. 인민회의 대의원들과의 사업 4. 해당 지방인민회의, 상급인민위원회 결정·지시와 최고인민회의 법령·결정, 국무위원장 명령, 국무위원회 결정·지시, 최고인민회의 상임위원회 정령·결정·지시, 내각과 내각 위원회·성의 결정·지시 집행 5. 해당 지역의 모든 행정사업의 조직 집행 6. 지방의 인민경제발전계획 작성 및 실행대책 수립 7. 지방예산 편성 및 집행대책 수립 8. 해당 지역의 사회질서유지, 국가 및 사회협동단체의 소유와 이익의 보호, 공민의 권리보장을 위한 대책 수립 9. 해당 지역에서 국가관리 질서를 세우기 위한 검열통제 사업 10. 하급 인민위원회 사업 지도 11. 해당 지역 안의 사회주의법무생활 장악지도 12. 국가표창, 열사증, 사회주의애국희생증수여와 관련한 사업 진행 13. 인민들로부터 제기되는 신소와 청원 처리 14. 하급 인민위원회의 그릇된 결정·지시 폐지, 하급 인민회의의 그릇된 결정의 집행 정지 15. 해당 재판소의 판사·인민참심원 보선 (차기 인민회의의 승인) 16. 불가피한 사정으로 인민회의 휴회 기간에 제기되는 지방의 인민경제발전계획과 지방예산, 그 조절안의 심의 승인	제24조

북한의 역사를 돌아보면, 농업부문의 협동조합화와 산업국유화가 마무리되면서 군의 경제적 역할이 강조되기 시작했다. 북한은 1958년에 열린 조선로동당 중앙위원회 6월 전원회의 이후에 지방공업의 발전을 군의 중요한 경제기능으로 설정했다. 지방경제의 중요성이 결정적으로 부각된 계기는 1962년 8월 7일과 8일에 평안북도 창성군에서 열린 지방당 및 경제일군 창성연석회의였다. 이 회의에서 김일성 수상은 군郡의 역할을 강화하고 지방공업과 농촌경리를 더욱 발전시켜 인

민생활을 훨씬 높이자고 역설했고, 이때부터 북한에서는 창성군이 지방경제 발전의 본보기로 내세워졌다.

그는 창성연석회의의 결론《군의 역할을 강화하며 지방공업과 농촌경리를 더욱 발전시켜 인민생활을 훨씬 높이자》에서 이렇게 말했다.

"군은 리와 노동자구를 지도하는 행정적인 말단조직일 뿐만 아니라 정치, 경제, 문화의 모든 분야에서 도시와 농촌을 연결시키는 거점입니다.… 농민들은 군을 거쳐서 당정책을 받아들이며 군을 거쳐서 도시와의 경제적 연계를 맺고 도시의 문화와 생활풍습을 배웁니다. 중앙의 정책도 그에 따라 세워지는 도의 방침들도 다 군을 거쳐 직접 농촌과 노동자구에 내려갑니다. 군은 그야말로 당정책의 집행을 직접 조직하고 지도하는 말단단위이며 당의 정책을 농촌에 침투시키는 정치적 거점으로 되는 것입니다.

또한 군은 지방경제를 발전시키는 거점이며 농촌에 대한 공급기지로 됩니다. 지방공업도 군을 단위로 하여 발전하며 농촌경리의 발전도 군이 직접 조직하고 지도합니다. 그리고 농촌에서 나는 생산물은 군을 거쳐서 도시에 나가며 도시에서 생산되는 모든 공업제품은 군을 거쳐서 농촌에 공급됩니다. 그 뿐만 아니라 도시의 기술문명은 군을 거쳐 농촌에 들어가며 그리하여 농촌에서의 기술혁명을 촉진시킵니다.… 군은 또한 농촌문화혁명의 기지입니다."[437]

김 수상의 발언은 정치·경제·문화의 모든 분야에서 군이 도시와 농촌 사이의 연결거점이라는 것을 설명하는데 할애하고 있다. 정치적으로는 군이 당정책을 집행하고 당정책을 농촌에 침투시키는 정치거점이라는 것이다. 경제적으로는 군 단위의 지방공업 발전이 중요하며, 군은 농산물의 도시 공급과 공산품의 농촌 공급의 중간 거점이라는 것이다. 창성연석회의를 기점으로 북한에서 군의 역할이 강화되었다.

이 시기에 정치에 입문한 김정일[438]도 지방경제의 발전을 국가발전전략의 일환으로 강조했다. 그의 저작은 창성연석회의의 영향을 받은 것으로 보이는데, 당시에 공개했던 것인지는 불분명하다. 아무튼 그는 1962년의 저작에서 "지방경제를 발전시키는 것은 사회주의경제건설에서 매우 중요한 의의를 가진다"면서 다음과 같이 지적했다.

"지방경제를 발전시켜야 나라의 모든 잠재력을 최대한 동원 이용하여 사회주
의경제건설을 힘 있게 다그칠 수 있으며 인민들의 늘어나는 물질적 수요를
더욱 원만히 충족시킬 수 있다.… 큰 규모의 중앙공업은 분업과 협업을 합리적
으로 조직하고 새 기술을 도입하여 노동생산능률을 높이는 데서 커다란 우월
성을 가진다.… 지방공업을 발전시키면 생산을 원료원천지와 소비지에 접근시
켜 많은 사회적 노동을 절약하고 지방에 묻혀 있는 모든 예비와 가능성을 최대
한으로 동원 이용하여 나라의 경제발전을 다그치며 도시와 농촌의 차이를 빨
리 줄여나갈 수 있다.… 지방공업은 중앙공업과는 달리 지방의 원료원천에 철
저히 의거하여야 한다. 그래야 지방산업공장들이 나라에 큰 부담을 주지 않고
도 인민생활 향상에 필요한 여러 가지 소비품을 많이 생산할 수 있다." [439]

김정일의 글에서 두드러진 점은 지방공업에서 생산을 원료원천지와
소비지에 접근시킴으로써 사회적 노동의 절약과 지방 예비의 동원이
가능하다고 지적했던 것이다. 그는 지방공업이 중앙공업과 달리 지방
의 원료원천에 의거해야 한다는 점을 강조했는데 이 원칙은 지금도 지
켜지고 있다. 지방경제 살리기에서 창성연석회의의 영향은 지대하다
고 할 수 있다.

2) 전국지방산업일군대회와 지방예산제

북한은 창성연석회의가 열린 지 10년이 채 되기 전인 1970년 2월 27
일에 전국지방산업일군대회를 처음 개최했다. 대회는 지방공업의 발
전대책을 모색하는 자리였는데, 김일성 수상은 이 대회에서 《지방공
업을 발전시켜 인민소비품 생산에서 새로운 전환을 일으키자》는 연설
을 했다. 그는 지방공업의 발전이 지닌 장점을 다음과 같이 열거했다.

"인민소비품 생산에서 중앙공업과 함께 지방공업을 대대적으로 발전시켜야 합니다. 대규모의 중앙공업과 중소규모의 지방공업을 병진시키는 방침을 계속 튼튼히 틀어쥐고 중앙공업의 위력을 충분히 이용하는 한편 지방의 창발성과 대중의 지혜를 적극 조직 동원하여야만 일용품공업과 식료가공공업을 획기적으로 발전시킬 수 있으며 소비품에 대한 근로자들의 수요를 더 잘 충족시킬 수 있습니다.

지방산업공장은 지방의 원료와 자재, 유휴노력을 동원하여 쉽게 건설할 수 있으며 설비들도 큰 힘을 들이지 않고 차려놓을 수 있습니다.… 지방공업을 발전시키면 국가의 큰 투자 없이 짧은 시일 안에 많은 공장을 건설하여 소비품생산을 빨리 늘일 수 있습니다.

지방산업공장들을 많이 건설하면 생산기지를 원료원천지와 소비지에 접근시킴으로써 생산과 공급을 더 원만히 할 수 있으며 사회적 노동의 낭비도 없앨 수 있습니다. 지방공업을 건설하면 온 나라의 모든 지방에 공업을 골고루 배치하고 지방의 경제를 종합적으로 발전시킬 수 있으며 자본주의사회에서와 같이 인구가 도시에 집중되는 폐단도 없이 할 수 있습니다.

지방공업의 발전은 공업과 농업 간의 연계를 강화하며 도시와 농촌의 차이를 줄이는 데서도 커다란 작용을 합니다. 지방산업공장들은 여러 가지 농산물과 부업생산물을 수매하여 가공하게 되므로 농민들, 특히 산간지대 농민들의 수입을 늘이는데 큰 도움을 주며 농업생산과 부업생산을 자극하여 농촌경리의 발전을 더욱 촉진시킵니다.…

지방공업을 발전시키는 것은 국방상 견지에서도 매우 중요합니다. 나라의 이르는 곳마다에 중소규모의 공장들을 많이 차려놓으면 전쟁 시기 도시에 있는 큰 공장들이 마사진다 해도 지방에 있는 공장들에서 생산을 중단함이 없이 계속하여 전쟁물자를 충당할 수 있으며 지방들에서 자체로 인민들의 생활필수품을 원만히 보장할 수 있습니다." [440]

김 수상은 일용품공업과 식료가공공업의 발전, 소비품 수요의 충족 등을 위해서는 중앙공업과 지방공업을 병진시켜 나가야 한다고 거듭 지적했다. 이것은 창성연석회의 이래의 정책을 되풀이한 것이었다.

지방산업공장은 지방의 원료·자재·유휴노동력을 동원할 수 있고 큰 투자 없이도 설비를 갖출 수 있다는 점을 감안하여 소비재 생산의 길을 여기에서 찾아야 한다는 주장이었다. 생산기지를 원료원천지와 소비지에 접근시키는데 따라, 이를테면 농산물과 부업생산물의 수매와 가공이 가능한 조건에 따라 농촌경리 발전을 촉진시킬 수 있다고 지적했다. 지방산업의 발전으로 도시로의 인구집중을 극복할 수 있을뿐더러 전쟁 시기에는 전쟁물자의 충당과 생활필수품의 보장에서 유리하다는 설명도 덧붙였다.

창성연석회의와 전국지방산업일군대회에서 군 단위의 지방산업공장 건설이 강조되었고, 이것은 군의 주요 사업이 되었다. 김일성 주석은 1980년 6월 30에 열린 전국지방산업일군대회의 연설에서 군마다 공장이 약 18개 들어설 정도로 지방산업공장이 많이 늘었다고 공개했다. 그는 《지방공업을 더욱 발전시키자》라는 연설에서 지방산업공장의 생산 정상화와 현대화, 제품의 질質 제고와 품종 다양화, 외화벌이, 식료가공공업 발전 등의 과업을 제시하면서 군의 역할 제고와 지방산업공장의 독립채산제에 대하여 다음과 같이 강조했다.

"군의 역할을 높여야 도시와 농촌 사이의 연계를 잘 보장할 수 있으며 지방공업을 발전시켜 인민생활을 더욱 높일 수 있습니다. 군의 역할을 높이기 위하여서는 군 인민위원회와 군 행정위원회 일군들이 높은 책임성을 가지고 주인답게 일하여야 합니다.…군 인민위원회와 군 행정위원회 일군들은 지방산업공장들을 잘 지도하여 군 자체의 공급기지를 튼튼히 꾸리며 농민들이 생산한 농산물을 제때에 수매하여 가공하도록 조직사업을 잘하여야 합니다. 수매사업을 잘 조직하면 지방의 예비를 동원하여 지방산업공장들의 원료와 자재 문제를 많이 풀 수 있으며 농민들의 수입을 늘이고 생산의욕도 높일 수 있습니다.… 군 인민위원회와 군 행정위원회 일군들은 또한 상품유통사업을 개선 강화하여 중앙과 지방에서 생산하는 공업상품을 농민들에게 제때에 골고루 공급하도록 하여야 합니다.

지방산업공장들에서 독립채산제를 철저히 실시하도록 하여야 하겠습니다.

지금 원료와 자재의 가격이 똑똑치 않기 때문에 지방산업공장들에서 독립채산제를 정확히 실시하지 못하고 있으며 경영활동에 대한 평가도 바로하지 못하고 있습니다. 해당 기관에서는 원료와 자재의 가격을 똑똑히 정해주어야 하겠습니다." [441]

김 주석이 1980년 연설에서 제시한 지방산업공장에 관한 지침에는 지금도 살아 움직이는 문제의식이 담겨 있었다. 그가 제시한 과업에는 군 인민위원회 일군들이 지방산업공장을 잘 지도할 것, 수매사업을 잘 조직할 것, 상품유통사업을 개선 강화할 것, 지방산업공장의 독립채산제를 철저히 실시할 것 등이 포함되어 있었다.

수매사업과 관련해 "농민들의 수입을 늘이고 생산의욕도 높일 수 있다"고 지적한 것이나 상품유통사업과 관련하여 "공업상품을 농민들에게 제때에 골고루 공급하도록 해야 한다"고 강조한 것은 오늘의 북한 농촌에 대입해볼 수 있다. 농민들의 수입 증대와 생산의욕 문제는 지방경제의 역동성과 밀접한 관련이 있다. 그리고 지방산업공장의 독립채산제와 관련하여 가격결정기관이 원료·자재의 가격을 제대로 정해줘야 한다는 지적은 놀라울 정도로 현재의 문제의식과 동일하다.

북한은 1981년 9월에는 지역별 관리체계를 도입하면서 도道 경제지도위원회를 신설하는 조치를 취하였다. 김 주석은 경제지도위원회의 신설이 현실적 요구에 따른 것이며, 이를 통해 공장·기업소들에 대한 중앙집권적 지도를 강화하는 공업지도체계를 세우겠다고 밝혔다. 중앙에서 관장하던 중앙기업소와 지방행정위원회가 관장하던 지방공업을 효과적으로 결합시킬 목적에서 새로운 경제관리 체계를 도입했던 것이다.

경제지도위원회가 신설되면서 정무원 부·위원회가 수행하던 경제지도·관리의 기능과 권한이 경제지도위원회로 대폭 이관되었으나, 현실적에서는 경제관리에 대한 중앙의 통일적 지도가 약화되고 지방본위주의의 폐해가 나타났다. 북한은 1983년에 도 경제지도위원회를 폐지하고 종래의 관리체제로 되돌아갔다.

지역별 관리체계에서 연합기업소의 도입을 통한 부문별 관리체계로 전환한 북한은, 군 단위의 지방경제의 종합적 발전을 다시 강조하기 시작했다. 김정일 비서가 1964년에 작성했다는 논문《사회주의 건설에서의 군의 지위와 역할》이 1985년에 공개된 것도 흥미롭다. 이 무렵에 군 단위의 지방경제의 종합적 발전과 이를 위한 지방공업의 발전이 대대적으로 강조되던 사정과 관련이 있어 보인다.[442]

한편, 북한에서는 1970~80년대에 지방의 자재와 원료자원을 이용하는 지방공업은 국가의 추가적인 지출 없이도 인민소비품의 생산을 발전시켜나갈 여건을 만들 수 있다는 담론이, 지도자에서 경제학자에 이르기까지 널리 퍼져 있었다.[443] 지방공업은 생산과 소비가 근접 거리에서 이뤄지는 만큼 원료 수송 및 제품 생산과 관련된 지출을 절약할 수 있고 자금 회전속도를 높이며 사회적 노동생산능률(노동생산성)을 높여 생산의 신속한 발전에 유리할 수 있다는 것이었다.[444]

북한은 국가적 자원, 국영기업체에서 배출되는 부산물 등을 지방에 지원해주고 지방에서는 자체의 힘으로 지방원천을 동원해 식료품·일용품 생산공장을 건설하도록 했다.[445] 1973년에는 지방예산제[446]가 도입되면서 지방공업에 의한 자력갱생을 군에 요구하기 시작했다. 지방이 자체로 예산을 확보하려면 지방경제의 모든 분야에서 창발성을 발휘해야 한다는 담론이 등장했고, 공장 기술장비의 현대화와 수매사업 방식 등의 개선을 통해 지방예산을 확보해야 한다는 지시가 하달되었다.[447]

지방예산제가 실시되면서 군은 독자적인 살림살이를 마련하기 위해 노력해야 했고 지방공장들은 독립채산제에 따라 독자적인 경영과 자립을 모색해야 했다. 당 중앙은 지방경제의 종합발전단위로서의 군의 역할을 높이기 위한 지도를 강화할 것을 군당위원회에 지시했다.[448] 군의 경제적 역할의 제고는 지방공업을 근간으로 하여 농업과 상업을 견인하고 이를 바탕으로 경제적 자립을 모색하려는 것이었다.[449]

1960년대 이래의 자력갱생이 국력 강화와 자립적 민족경제건설을 위한 것이었다면, 1990년대 중반 이후의 자력갱생은 지방의 생존 문제와 직결되었다. 사회주의건설의 지역거점이면서 인민들의 소비수요를

보장하는, 경제와 살림살이의 단위로 기능할 것이 군에 요구되었다.[450]

이전에는 중앙이 기본 자재를 공급해줄 수 있었지만 1990년대 중반의 경제침체 이후에는 모든 것이 여의치 않았다. 모든 원자재를 군 안에서 만들어 내거나 찾아야 했기 때문에 지방경제는 풍전등화風前燈火에 놓여 있었다. 대부분의 군들은 공식배급제에 의해 중앙에서 내려오는 물자가 부족한 조건에서, 식량을 마련하고 소비재를 충당하기 위해 다양한 방법을 찾으며 '스스로 살아가는' 자력갱생을 해야 했다. 궁즉변窮則變 변즉통變則通[451]이라 했던가, 물자 부족이 지방의 역동성을 낳는 보기드문 국면이 시작되었다.

3) 김정일 시대 : 지방경제 발전 관심

김정일 국방위원장은 1994년 10월 20일 당중앙위원회 책임일군들과 한 담화《군의 역할을 높여 인민생활에서 전환을 일으키자》에서 지방경제 발전에 관한 과업을 밝혔다. 김일성 주석이 살아생전에 제시한 1993년 12월의 혁명적 경제전략을 거듭 강조하는 분위기에서 제시된 과업이었지만, 지방경제 발전에 관한 한 지금도 통용되는 과업들이 대부분이었다.

> "당의 혁명적 경제전략을 관철하여 인민생활문제를 푸는데서 지방의 창발성을 발양시키고 지방의 원천과 잠재력을 동원하는 것이 매우 중요합니다. 특히 군의 역할을 높여 모든 군들이 자력갱생의 원칙에서 자체로 인민생활문제를 풀어나가기 위하여 적극 투쟁하도록 하여야 합니다.…
>
> 군은 나라의 200분의 1을 담당하고 있는 사회주의건설의 지역적 거점이고 지역적 단위인 것만큼 군에는 인민생활과 직접 관련된 경제부문들과 문화시설이 종합적으로 갖추어져 있으며 여러 가지 자연부원이 있고 예비도 많습니다. 군의 역할을 높이고 지방의 원천과 잠재력을 옳게 동원 이용한다면 군 자체로 인민생활에서 제기되는 문제들을 풀 수 있으며 국가에 큰 부담을 주지

않으면서도 군내 인민들의 생활을 끊임없이 높여나갈 수 있습니다.…

중앙공업에서 전력과 일부 자재나 대주면 군 자체로 지방산업공장들을 얼마든지 돌릴 수 있습니다. 군들에서는 원료, 자재가 없다고 우는 소리만 할 것이 아니라 자체의 원료기지를 튼튼히 꾸리고 잘 가꾸며 온갖 원료원천과 예비를 최대한으로 동원 이용하여 지방산업공장들이 정상적으로 생산하여야 합니다. 지방산업공장들에서 기술혁신운동을 힘 있게 벌려 설비와 생산 공정들을 현대화하며 소비품의 질을 높이고 그 가지 수를 늘여야 합니다. 군 안에 있는 큰 공장, 기업소들도 지방산업공장들의 설비를 현대화하고 기술공정을 개조하는 사업을 도와주도록 하여야 합니다.…

모든 군들에서 외화벌이기지를 잘 꾸리고 외화벌이투쟁을 적극적으로 벌려 외화벌이과제를 넘쳐 수행하여야 하겠습니다. 군에서 번 외화는 철저히 군 자체로 인민생활을 높이는데 쓰도록 하여야 합니다. 중앙이나 도가 군에서 번 외화를 한 푼도 다치지 못하도록 엄격한 규율을 세우며 중앙과 도의 무역기관들은 군이 자기가 번 외화를 효과 있게 쓸 수 있도록 도와주고 책임적으로 보장해주어야 합니다.…

군 살림살이를 잘하고 인민들을 잘살게 하자면 군당 책임비서와 군 행정경제위원장, 군 협동농장경영위원장을 비롯한 군 책임일군들의 책임성과 역할을 높여야 합니다.… 지방에서 자체로 살림살이를 잘 꾸려나가게 하자면 정무원(내각의 전신)과 중앙기관들이 지방의 창발성을 높이 발양시킬 수 있도록 조건을 지어주고 잘 도와주어야 합니다.… 우리 일군들은 중앙에서 지방에 대주기로 된 것을 계획대로 철저히 대주며 특히 인민생활과 관련된 절실한 것은 어떤 일이 있어도 무조건 제때에 보장하도록 하여야 합니다." [452]

김정일 위원장은 담화에서 군의 역할 제고, 지방의 원천과 잠재력의 동원 이용, 군 자체의 원료기지 조성 및 원료원천과 예비의 최대한 동원, 지방공장들의 생산 정상화와 설비·생산 공정의 현대화, 군 책임일군들의 책임성과 역할 제고 등을 강조했는데, 그 내용에서 새로운 것은 별반 없었다. 200여 개 군의 발전이 "국가에 큰 부담을 주지 않으면서도 군내 인민들의 생활을 끊임없이 높여나갈 수 있게 한다"는 지적도 마찬가지였다.

그러나 지방산업공장의 소비품의 품질 향상이나 가지 수 증대를 강조하는 한편, "중앙에서 지방에 대주기로 된 것은 계획대로 철저히 대주어야 한다"고 발언한 것에 군 경제담당자들은 기대감을 가졌을 것이다. 특히 군에서의 외화벌이기지 조성을 강조하면서 "군에서 번 외화는 철저히 군 자체로 인민생활을 높이는데 쓰도록 해야 한다"고 말한 것에 큰 관심을 가졌음직하다. '군에서 번 외화'에 대해서는 중앙과 도가 손도 대지 말고 군에서 외화사용을 할 수 있도록 협조하고 이를 보장하라고 했다. 군에서는 고난의 행군 기간에 외화벌이과제의 달성이 어려웠기 때문에 그 효과는 즉각적이지 않았으나 1998년 이후에는 사정이 달라졌다.

한편, 중앙으로부터의 자재공급이 줄어들면서 지방경제의 분권화가 현실적 과제로 떠올랐다. 공장·기업소들이 자생력을 갖게 되면서 자율경영이 작동된 것처럼 지방경제에서도 유사한 현상이 나타났다. 고난의 행군은 지방경제와 각 생산단위의 자력갱생을 요구했고, 이것은 지방과 생산단위의 자율성을 증대시키는 방향으로 흘렀다. 지방에는 도道에 도매소, 지구소매소(2~3개 시·군의 상품공급 관할)가, 각 시·군에 관할 소매소가, 시·군 상업관리소 밑에 각종 국영상점·급양관리소가 각각 편제되어 있는데 유통 부문의 변화는 불가피했다.

1990년대 중반 이래의 경제침체는 상업유통체계를 무력하게 만들었다. 경제당국은 지방 상업관리소에게 자체적으로 주민 공급용 상품을 확보하도록 했고, 이에 따라 지방의 자립성은 높아질 수밖에 없었다.[453]

북한 정부는 시·군 단위로 자립성을 갖도록 한데다 지방공업을 발전시켜 소비재를 자급자족하게 함으로써 지방예산 수요를 자체의 재원으로 조달하게 했다. 시·군은 지방예산에 편입된 기관·기업소들의 수입으로, 다시 말해 국가재정의 지원 없이, 자체 재정을 운영하도록 되어 있었다.

어느 국가에서나 재정파탄에서 벗어나는 것이 중요하고 재정 수요를 줄이는 것을 중시하게 되는데, 이 점에서 보면 북한이 지방의 자립화를 추구한 것은 자연스러운 일이었다. 각 군에서는 재정 확보를 위해 지방공업, 농업, 수산업, 인민봉사업, 수매사업 등을 발전시켜야 했다. 특산물을 활용한 지방산업과 가내반·부업반의 8·3인민소비품의 생산·판매, 외화벌이, 관광사업 등을 통해 재정을 마련하는 노력이 잇따랐다.[454]

북한의 지방들이 상당한 자립성을 얻고 자립 경험을 쌓아가면서 중앙정부의 일방통행에서 조금씩 벗어날 것이라는 예측이 가능하다. 그러나 그렇다고 해서 중앙집권적 통제를 유지하려는 노력이 사라진 것은 아니었다.[455] 당과 국가가 지방경제 발전을 위한 자력갱생을 중시하면 할수록 중앙과 지방 간에 원심력이 작동하게 되고 이에 대해 중앙당국은 구심력을 회복하려고 노력할 것이다.

4) 지방주권기관의 역할 강화와 중앙경제의 회복

김정일 국방위원장은 2001년의 《강성대국 건설의 요구에 맞게 사회주의 경제관리를 개선강화할 데 대하여》(10·3담화)에서 지방주권기관의 계획권을 확대하고 지방공업공장로 하여금 자신이 생산한 생산품의 가격을 자체적으로 결정하라고 지시했다. 이에 따라 예산 편성에서 지방주권기관의 역할은 강화되었다.[456]

이는 지방예산제의 확장을 뜻하는 것이었고, 지방예산의 편성과 계획에 대한 지방주권기관의 권한과 역할을 강화한 것이었다. 지방공업의 생산소비품의 가격·규격 등을 자체로 제정(상급기관의 감독)하여 판매할 수 있게 되었다.

북한은 지방주권기관의 예산편성에서의 자율권을 확대하면서 한편으로는 새로운 예산수납체계를 도입했다. 예산수납체계에서 지역·기관 본위의 이기적 성향을 제거하는 동시에, 중앙에 속한 기업체들의 운영효율을 높이려고 시도했다.[457]

새로운 예산수납체계에 따라 중앙경제와 지방경제의 역할이 나눠졌다. 중앙정부는 기간산업을 중심으로 한 중앙경제의 관리를 담당하고, 지방주권기관은 지방공업을 중심으로 한 지방경제 발전을 담당하게 되었다. 수납체계에서 계획권을 비롯한 관리 감독과 통제 권한을 지방정부에 위임하는 변화를 시도했던 것이다.

북한 정부가 고난의 행군의 어려움을 씻어내고 예·결산보고를 재개한 1999년 이후의 재정규모를 보면 지방경제의 비중이 상대적으로 증가했음이 확인된다.[458] 이것은 중앙경제와 지방경제의 역할 분담을 통하여, 중앙경제가 국가경제와 관련된 주요 산업을 집중적으로 관리했음을 말해준다.[459] 지방경제의 자율적 관리에 따라 지역 격차가 약간씩 나타났는데, 이는 중앙정부의 지원을 줄여나가면서 지방끼리의 경쟁을 유도했기 때문이다.

지방의 자립화를 제도화함으로써 중앙정부의 재정 부담을 경감시키고, 한정된 재원을 중앙경제의 회복에 집중하는 전략이 제대로 먹혀들었던 것으로 관측된다.

다만 지방정부는 세입을 자유롭게 사용하는 권한을 갖지는 못하였다. 지방 및 지방기업에 대한 통제에서 관료적 조정체계가 유지된 점에서 보면 변화의 제한성도 분명했다.[460] 지방경제 살리기와 중앙경제의 회복을 위한 조치가 지속되는 가운데 중앙집권적 국가 운영은 성역 聖域으로 남게 될 것이다.

5) 지방경제의 자립성과 《지방예산법》

북한에서 지방경제의 운영체계가 변화하는 과정에서 생산과 계획, 자재조달과 자금확보, 판매루트 등의 면에서 부분적으로 자립성이 생겼다. 현물계획의 생산이 어려워진 현실을 반영해 액상계획(현금계획) 위주로 바뀌면서 지방경제의 자립적 공간은 더욱 확대되었다. 지방산업공장들이 경영활동의 자율성을 갖게 된 결정적인 계기는 2002년의 7·1조치였다. 7·1조치에서 가격과 노동보수의 조정은 지방산업공장들의 근로자들의 욕구를 반영한 면이 있었다.

액상계획이 강조되면서 현물 생산량이 줄어들었고 지방 주민들의 소비품 수요가 충족되지 못하는 문제가 수면위로 떠올랐다. 지방산업공장들에서 계획 달성에 필요한 재정 부담을 근로자들에게 전가하는 사태도 벌어졌다. 그나마 공장 근로자들의 임금을 인상하고 공장에서 운영하던 농경지의 비배관리에 의한 식량공급제를 실시한 것은 근로자들의 직장 복귀와 식량부족 완화에 긍정적으로 작용했다.[461]

북한 정부는 지방산업공장들에게 1차 소비품 생산에 집중하도록 했다. 1차 소비품에는 된장, 간장, 치약, 칫솔, 학습장, 비누, 술 등 10여 가지가 포함된다. 지방산업공장들은 1차 소비품만은 반드시 생산해야 했고 생산에 집중하게 하느라 사회적 동원에서도 제외되었다. 1차 소비품의 생산 공장에는 원료, 자재, 전기 등이 우선적으로 공급되었으며 군 인민위원장들도 1차 소비품의 생산 공장에 관심을 집중했다. 1차 소비품은 주민들의 일상생활을 유지하기 위한 최소한의 필요요건이었다.

지방산업공장들은 자기 지방의 학생들에게 줄 선물(학생 교복, 탁아소·유치원·소학교 학생들의 당과류)의 공급 과제도 맡았고 그만큼 지방경제의 어깨는 무거워졌다. 국가적인 선물 생산이 군(郡)이 맡아야 할 선차적 과제로 바뀌었고 지방경제가 인민생활을 책임지는 분위기가 자리잡기 시작했던 것이다.[462] 이것은 지방경제의 자립성이 강화되는 징표였다.

김정일 국방위원장은 2010년 11월에 창성군을 현지지도하면서 창성의 일군과 근로자들에게 지방공업혁명을 일으키는 선봉적인 역할을 수행하라고 격려했다. 당시 창성군에서 식료공장·직물공장 등의 최신 기계설비의 개건, 대규모 식료가공공장·피복공장의 신규 건설, 창성각·창수국수집의 증축과 은덕원(목욕탕 등 편의시설)·소년회관·유치원·탁아소 등 군 소재지 중심거리의 신규 건설 등에서 성과가 있었다.[463] 창성연석회의가 열린 지 48년이 지난 시점에 지방경제의 혁신 지역으로 창성군을 다시 내세운 것에서 북한 사회의 한 단면을 볼 수 있다. 선대 수령이 지방경제 발전에 나선 역사적 현장을 재차 강조하면서 지방경제의 자립성 강화를 합리화하였다.

지방경제가 인민들의 삶에 직접적인 영향을 준다는 점에서 볼 때, 김정은 위원장이 '지방경제 살리기'에 나선 것은 자연스러운 일이었다. 이전 시대에 비해 변화가 있다면 선진기술·첨단기술에 의거한 지방공업의 발전을 독려했다는 점이다.[464] 각 군에서 외화벌이 사업을 적극 전개하여 설비 마련을 자체로 해결해야 한다는 담론도 나타났다.[465]

군은 농업생산의 지역적 거점이기 때문에 먹는 문제 해결의 중심 고리라는 담론도 거듭 강조되었다.[466] 지방공업 발전에 의한 인민소비품 증산, 농업기술 향상을 통한 식량 증산 등이 군의 과제로 뿌리 내리기 시작했다. 군의 경제적 역할이 커지면서 이전에 비해 중앙기관의 통제와 지시를 덜 받게 되었고 자립성은 더욱 강화되었다.[467]

이 변화를 감안하면 2012년 12월《조선민주주의인민공화국 지방예산법》[468]의 채택은 의미있는 일이었다. 지방예산제가 1973년에 채택된 지 40여 년만의 법제화였다.《지방예산법》은 지방예산의 편성과 집행에서 제도와 질서를 엄격히 세워 지방 살림살이에 필요한 화폐자금을 계획적으로 조성하고 이용하도록 하기 위한 것이다(제1조). 북한은 국가의 중앙집권적 지도 밑에 지방 살림살이를 자체의 수입으로 꾸려 나가는 지방예산제를 실시하고 지방 살림살이는 해당 지방인민위원회가 전적으로 책임지고 자체의 수입으로 지출을 보장하도록 하고 있다(제2조).

《지방예산법》은 지방예산의 편성에서 군중노선의 구현과 과학성·현실성·동원성의 보장(제3조), 지방에서 모든 예비의 최대한 동원 이용과 지방예산수입의 부단한 증대(제4조), 정해준 항목에 따른 지방예산자금의 정확한 지출(제5조) 등을 규정하고 있다. 지방예산 편성에서 현실성을 중시한 것이나 지방예산수입의 부단한 증대와 정해준 항목에 따른 지출을 강조한 것 등에서 법 제정의 취지를 가늠할 수 있다.

이 법이 중앙재정지도기관과 지방인민위원회, 지방예산제에 속하는 기관·기업소·단체에 적용된다고 규정(제6조)한 것을 보면 지방 전체의 생산현장을 포괄한다는 것을 알 수 있다. <표 3-38>은 지방예산제의 실시 및 지방예산 편성에서 기본적으로 지켜야 사항을 정리한 것이고, <표 3-39>는 지방예산의 수입과 지출에 관한 사항을 정리한 것이다.

〈표 3-38〉 지방예산제의 실시 및 지방예산 편성에서 지켜야 할 사항

구분	내용	조항
지방예산 제 실시	- 지방 살림살이를 국가의 통일적인 지도 밑에 지방이 책임지고 자체의 실정에 맞게 창발적으로 꾸려나가야 함. - 지방예산수입에서 윗 기관에 바칠 납부금을 먼저 납부한 다음 필요한 재정지출을 보장해야 함. - 지방 살림살이를 꾸려나가는데서 국가의 이익과 지방의 이익을 옳게 결합시키며 지방예산수입계획을 넘쳐 수행하고 국가에 이익을 준 지방에 물질적 우대와 혜택이 차례지도록 하여야 함.	제10조
지방예산 편성	- 자기 지방의 살림살이를 자체로 해나가면서도 국가에 이익을 줄 수 있게 하여야 함. - 지방예산 수입으로 필요한 지출을 보장하면서 그것이 현실적이고 동원적인 것으로 되게 하여야 함. - 윗 기관에 바칠 계획된 납부금을 의무적으로 보장할 수 있게 하여야 함. - 인민경제발전계획에 따르는 수입으로 윗 기관에 바칠 납부 몫과 자체의 지출을 보장할 수 없을 경우 자기 지방의 원료원천과 내부예비를 최대한으로 동원하여 수입과 지출을 맞출 수 있게 하여야 함. - 지방의 경제와 문화를 발전시키고 인민적 시책을 원만히 실시하며 국가기관들의 기능과 역할을 높여나가는데 필요한 자금수요를 보장하면서도 예산자금을 극력 절약할 수 있게 하여야 함.	제17조

〈표 3-39〉 지방예산의 수입과 지출에 관한 사항

구분	내용	조항
기본요구	- 지방예산 수입과 지출 보장을 바로 하는 것은 지방의 물질기술적 토대를 강화하고 인민생활을 향상시키기 위한 중요 요구임. - 수입원천을 최대한으로 동원하여 해마다 정해진 인구 한 사람당 수입액을 부단히 늘이며 벌어들인 자금을 극력 아껴 쓰도록 해야 함.	제24조
지방공업 예산수입 보장	- 지방공업공장들을 개건현대화하고 자체의 원료와 자재·동력으로 생산을 확대하여 지방예산수입을 늘려야 함. * 이 경우 지방공업공장들에서 지방원료에 의한 생산액 비중을 60% 이상 보장하는 것을 기본으로 하여야 함.	제25조

구분	내용	조항
농업발전 예산수입 보장	- 알곡과 고기, 남새, 과일, 누에고치 같은 농산물을 많이 생산하여 먹는 문제를 자체로 해결하고 지방공업 원료를 원만히 보장하면서 지방예산수입을 늘려야 함.	제26조
수산업발전 예산수입 보장	- 자기 지방의 특성에 맞게 수산업과 양어를 발전시켜 수산물에 대한 인민들의 수요를 보장하면서 지방예산수입을 늘려야 함.	제27조
상품공급, 사회급양, 편의봉사 사업	- 상품공급과 사회급양·편의봉사사업을 개선하고 봉사료수입을 늘려 주민들의 생활상편의를 보장하면서 지방예산수입을 늘려야 함. * 지방예산수입에서 봉사료수입금의 비중은 20~30% 이상 되어야 함.	제28조
문화후생 시설 운영	- 공원, 유원지, 문화회관, 극장, 영화관, 경기장 같은 것을 잘 꾸리고 그 운영을 개선하며 인민들의 문화정서생활을 보장하면서 지방예산수입을 늘려야 함.	제29조
부동산 예산수입 보장	- 관할 지역의 부동산을 정확히 등록하고 부동산 사용료 납부체계를 엄격히 세우며 해당 기관·기업소·단체로부터 부동산사용료를 정확히 받아들여 지방예산수입을 늘려야 함.	제30조
경영활동 개선 예산수입 보장	- 기관·기업소·단체에서 경영활동을 개선하여 원가와 유통비 지출을 극력 줄이고 순소득을 부단히 창조하여 지방예산수입을 늘려야 함.	제31조
기본건설 자금과 대보수자금	- 기본건설자금·대보수자금을 계획에 따라 선후차를 옳게 선정하고 공급해야 함. * 계획이 없는 대상에는 기본건설자금과 대보수자금을 공급할 수 없음.	제32조
지방경제, 과학기술 발전, 도시경영	- 지방경제발전을 위한 사업비를 바로 지출하여 지방공업과 농업생산을 늘리며 과학기술발전과 도시경영, 국토관리사업에 필요한 자금을 원만히 보장해야 함.	제33조
인민적 시책과 사회문화 사업	- 인민적 시책비와 사회문화사업비를 원만히 보장해야 함. * 이 경우 인민적 시책비를 우선적으로 보장해야 함.	제34조
부족되는 자금의 보장	- 부득이한 사정으로 기본건설자금과 인민적 시책비 같은 일부 자금을 지방예산자금으로 충당하지 못할 경우 중앙과 도 예산에 자금계획을 맞물려 필요한 자금을 보장받을 수 있음.	제35조
경비예산 자금 절약	- 기관·기업소·단체에서 경비예산자금을 아껴 쓰도록 하여야 함. * 기관·기업소·단체는 경비예산자금을 유용하거나 낭비하지 말아야 함.	제36조

구분	내용	조항
우대기금, 상금기금	- 우대기금·상금기금을 중앙 또는 도 예산에 바치는 납부금계획 과 지방 예산수입계획을 넘쳐 수행한 정도에 따라 분기마다 적 립하고 쓸 수 있음. * 우대기금과 상금기금은 정해진 질서에 따라 지방자체의 실정 에 맞게 이용해야 함.	제37조

6) 김정은 시대의 지방경제 살리기

지방공업의 현대화와 인민생활 향상

김정은 위원장의 집권 첫 해인 2012년부터 북한에서 지방경제 발전
에 대한 관심은 더욱 높아졌다. 2012년 1월 22일에 열린 내각 전원회
의 확대회의는 "경공업 부문에서 인민들의 기호에 맞으며 인민들이
인정하는 질 좋은 소비품을 더 많이 생산하고 지방공업 발전에 결정적
전환을 일으킬 데 대한 과제"를 토의했다.[469]

내각 전원회의 확대회의에는 총리를 비롯한 내각성원들이 참가할
뿐 아니라 내각직속기관 책임일군들, 성省 생산담당 부상들과 관리국
국장들, 도道 인민위원회 위원장들, 도 농촌경리위원회 위원장들, 도
지구계획위원회 위원장들, 도 지방공업관리국 국장들, 중요 공장·기업
소 지배인들이 방청으로 참가한다. '지방공업 발전에 결정적 전환'의
실행주체인 각 도의 지방공업관리국 국장들이 방청으로 참가한 것이
눈에 띄었다.

북한은 그 해에 평안북도 창성군을 지방공업의 '본보기 군'으로 육
성하는 사업을 진행했고,[470] 최고인민회의 상임위원회는 2015년 3월 25
일에 정령 제409호를 발표해 창성군을 모범지방공업군으로 부각시켰
다.[471] 모범지방공업군 칭호의 수여는 군 단위의 사회주의 경쟁열풍이
전개되고 있음을 보여준 것이었다.

모범지방공업군 칭호의 수여와는 별도로 최고인민회의 상임위원회
가 2017년 4월에 정령 제1669호《평안남도 평성시에 지방예산제모범

시 칭호를 수요함에 대하여》를 발표한 것에서 알 수 있듯이 지방예산
제모범시 칭호도 수여하고 있다. 지방 예산수입을 늘려 사회주의 문
명강국 건설의 요구에 맞게 시市를 잘 꾸리고 인민생활을 향상시키는
데서 모범을 보인 경우에 지방예산제모범시 칭호가 수여된다.[472] 이것
역시 시 단위의 경쟁열풍과 지방예산제가 더욱 강화되고 있음을 말
해준다.

북한은 2012년 8월 8일에 창성연석회의 50돌 기념 중앙보고회를 개
최하는 등 지방경제 발전에 박차를 가했다. 김정은 위원장은 이 보고
회에 서한《력사적인 창성련석회의 정신을 구현하여 모든 군을 살기
좋은 인민의 락원으로 일떠세우자》를 전달한 것으로 보도되었다.[473]

행사 보고자는 "김정은 동지의 고전적 노작에서 제시된 전투적 과
업을 철저히 관철하여 사회주의 건설의 지역적 거점으로서의 군의 역
할을 백방으로 강화하며 지방경제를 발전시키는데 힘을 기울여야 한
다"고 강조하고, 인민들의 식량문제 해결, 지방공업의 신속한 발전,
시·군 소재지들과 농촌마을들의 사회주의 선경仙景으로의 변모사업
전개 등의 과업을 내놓았다.[474]

식량문제 해결을 위해 유기농법과 두벌농사를 비롯한 영농기술 등
을 생산에 도입해 알곡 정보당 수확고를 획기적으로 증대시키자는 과
제가 강조됐다. 지방공업의 신속한 발전과 관련해서는 지방산업공장
들의 현대적 기술 장비, 모든 산의 황금산·보물산 전변, 필요한 원료기
지 조성 등이 과제로 제시됐다.

『로동신문』은 이날 사설("창성련석회의 정신으로 내 나라, 내 조국을
부강하게 하자")에서 김일성 주석의 창성연석회의 사상과 정신을 구현
하고, "지방공업과 농촌경리를 발전시켜 인민생활을 결정적으로 높이
고 조국을 부강하게 하자"고 강조했다.[475] 인민생활 향상과 조국 부강에
서 지방공업과 농촌경리가 중요하다는 것을 거듭 강조한 것이었다.

『로동신문』은 이에 앞서 8월 5일자에서 "강성국가 건설의 요구에
맞게 창성군 지방공업공장들이 현대화를 실현하고 군의 면모를 일신
하고 있다"는 모범사례를 소개했다. 같은 날 조선중앙통신은 "지방공

업은 최근 지식경제시대의 요구에 맞게 새로운 과학기술적 토대 위에 올라서고 있다"고 보도했다.[476] 지방공업에서 과학기술 중시가 중대과업임을 보여준 것이었다.

『로동신문』은 2012년 9월 27일자에서도 "군을 강화하고 역할을 높여야 경제강국 건설을 다그쳐 나갈 수 있고 인민생활도 하루빨리 향상시킬 수 있다"며 창성연석회의 정신의 철저한 구현과 지방경제 발전을 독려했다.[477] 근 두 달간 잇달아 지방경제 발전과 창성연석회의 정신을 강조했던 것이다.

『로동신문』은 2013년 5월 13일자에서도 지방공업 발전은 "인민생활 향상과 경공업 발전을 위한 국가의 추가적 지출을 줄이게 한다"면서 지방공업 발전의 적극 추진과 중앙공업과의 균형발전을 강조했다.[478] 인민생활과 경공업부문에 대한 국가의 추가지출을 줄이기 위해서는 지방경제의 발전이 중요하다는 담론이 거듭 확인된 것이다.

참고로 세계은행의 연구결과에 따르면, 개발프로젝트를 선별하고 기획하는 과정에 지역민들을 참여시키면 성공 가능성이 높아진다고 한다. 세계은행은 지역사회가 원하는 곳에 돈을 쓸 수 있도록 각 지역 사회에 2만 5천 달러를 지원하는 프로그램을 실시하고 있다. 이 프로그램에서는 지역에 의사결정권을 맡긴다. 지역민들의 생활을 향상시킬 수 있는 방법이 무엇인지, 돈을 어디에 써야 하는지, 부정행위가 어떤 직접적인 영향을 미치는지를 가장 잘 알고 있는 사람은 지역민 자신이기 때문이다.[479]

세계은행의 금융 지원이 가능한 여건이 될 때 북한도 지역 개발프로젝트의 이런 점을 고려하면 좋을 것 같다.

김정은 위원장의 지방 현지지도

김정은 위원장은 2013년 6월에 평안북도 창성군의 여러 부문 사업에 대한 현지지도에 나섬으로써[480] 지방경제 발전과 창성연석회의 정신의 계승을 시현했다. 그는 개건 현대화된 창성식료공장, 창성각과 창성국수집, 은덕원, 읍소재지 등을 돌아보았다. 그는 군을 중심으로 한 지방공업 발전을 강조한 가운데 지방산업공장의 현대화, 자기 군의 특성에 맞는 경제발전, 세계와 경쟁하는 제품 생산, 지식경제시대의 요구에 맞는 현대적인 전자도서관 설립, 중앙과학기술보급기지와의 망 연결 등을 지시했다. 눈에 띄는 것은 세계와 경쟁하는 제품 생산과 현대적인 전자도서관의 설립이었다.

지방산업공장에서 세계와 경쟁하는 제품을 생산해야 한다고 강조한 것은 시장에서의 중국 상품 줄이기 또는 수출 증대와 관련이 있어 보인다. 전자도서관의 설립은 대도시와 도 소재지에서 어느 정도 완료되었다고 보고, 군 단위까지 이를 확산하려는 것이었다. 북한에서 전자도서관은 전민과학기술인재화를 위한 토대로 여겨지고 있다.

그는 2012년에 지방경제 발전을 강조한 《서한》을 발표한 이후 2014년 《신년사》에서 "시, 군들에서는 자기 지방의 실정에 맞게 지방공업을 발전시켜야 합니다"고 강조한 바 있다. 2015년부터 3년간은 《신년사》에서 지방경제와 지방공업을 언급하지 않았다.

그는 2018년 《신년사》에서 "도, 시, 군들에서 자체의 원료원천에 의거하여 지방경제를 특색 있게 발전시켜야 합니다"라고 다시 언급했고, 2019년 《신년사》에서는 "도, 시, 군들에서 기초식품공장을 비롯한 지방공업공장들을 현대적으로 일신하고 자체의 원료, 자원에 의거하여 생산을 정상화하여야 합니다"라고 강조했다.

지방경제의 특색 있는 발전을 위해 도·시·군 자체의 원료원천, 지방공업공장들의 현대화 및 자체의 원자재에 의한 생산 정상화를 중시하고 있는 것이다. 지방공업공장들이 인민소비품의 생산 정상화에 성공하면 그만큼 중앙재정과 중앙공업의 지원이 덜 필요해질 것이다. 이 기조는 앞으로도 지속될 것이다.

이런 분위기 아래 2018년 1월 15일에 김정일 국방위원장의 '강계정신' 창조 20주년 기념 자강도보고회가 열렸다. 김재룡 자강도 당위원회 위원장은 보고에서 "경공업 공장들과 지방공업공장들의 현대화를 다그쳐 특색 있는 소비품들을 많이 생산"할 것이라고 밝혔다.[481] 자강도가 지닌 위상(군수공업지구)을 감안할 때 이곳에서 경공업 공장들과 지방공업공장들의 현대화를 가속화하겠다는 것은 나름의 의미가 있었다. 김재룡 당위원장이 2019년 4월에 내각총리에 전격 발탁된 것은 군수공업의 안정적 운영에 이어 경공업과 지방공업의 현대화에 노력한 공을 인정받았기 때문으로 추정된다. 자강도에서 진행된 경공업과 지방공업의 현대화 과정에서 '국방공업 부문의 민수 전환'이 일정하게 작용했을 것이다.

지방경제의 발전을 중시한 김 위원장의 현지지도 행보는 세 측면에 집중되었다. 첫째, 북한에서 가장 큰 혁명전적지답사숙영소가 있는 삼지연군에 대한 현지지도가 압도적으로 많았다. 삼지연군은 감자농사의 본보기 단위, 농촌경리의 종합적 기계화의 표준 단위, 그리고 산간도시의 전형으로 창조되고 있다.

김 위원장은 북한의 '표준 군'을 창조하는 사업에 직접 나서고 있으며 벌방(평야)지대·산간지대·해안지대에서 각각 본보기를 창조한 뒤에 이를 북한 전역에 일반화하려고 한다. 삼지연군은 산간지대의 본보기로 조성되고 있는 것이다.

그는 내각과 삼지연군 건설지휘부가 4단계 개발계획을 수립한 것을 3단계로 앞당겨 국가경제발전 5개년전략 기간 내(2020년)에 삼지연군 건설을 완성할 것을 지시했다. 그는 읍건설총계획안과 조감도를 보고 읍지구 구획별 원림녹화 설계와 백두산지구 생태환경의 보존에 대한 지침을 내리기도 했다. 그는 삼지연읍 종합상점에 들러서 상품진열 방법의 개선, 상품 보관·판매와 구매자 편리의 보장 등을 강조했는데 지방 국영상점에 대한 그의 행보는 특히 인민들의 관심을 끌었을 것으로 관측된다.

|1| 김 위원장은 2016년 11월 하순에 삼지연군의 여러 부문 사업에 대한 지도활동에 나섰는데[482] 동행한 책임 일군들에게 "이번에 삼지연군을 돌아보니 위대한 장군님(김정일 국방위원장)의 고향군인 삼지연군을 혁명의 성지답게 보다 훌륭히 꾸려야겠다는 결심이 더욱 굳어진다"고 하면서 삼지연군을 혁명

전통 교양의 대노천박물관, 감자농사의 본보기 단위, 농촌경리의 종합적 기계화를 완벽하게 실현한 표준 모범단위 등으로 조성하는 과업을 제시했다. 그는 "삼지연군 꾸리기를 어떻게 하나 3~4년 안에 끝내야 한다"면서 "삼지연군 꾸리기를 위한 강력한 건설부대를 새로 조직하여준 당의 의도를 똑똑히 명심하고 백두의 혁명정신으로 만리마 시대의 새로운 대진군 속도를 창조하여야 한다"고 말했다. 이때부터 삼지연군 꾸리기는 전국적인 관심사가 되었다.

[2] 김 위원장은 2017년 12월 초순에 삼지연군의 여러 단위들에 대한 현지지도에 다시 나섰다.[483] 새로 개건된 삼지연읍 종합상점을 방문한 그는 "상점의 매장들마다에 우리가 만든 가지 수가 다양하고 질 좋은 상품들이 가득 차있다"면서 "상품진열은 제품들에 대한 소개와 함께 봉사활동의 친절성, 편리성, 문화성을 보장하는데서 중요한 의의를 가지는 것만큼 상품진열 방법을 끊임없이 개선하기 위한 사업에 깊은 관심을 돌려야 한다"고 말했다. 그는 "상품보관과 판매, 구매자들의 편리를 최대한 보장할 수 있는 봉사시설들을 구색이 맞게 더 잘 갖추어놓음으로써 상점을 찾아오는 사람들이 자기들의 기호와 요구에 맞는 갖가지 상품들을 구매할 수 있도록 해야 한다"고 지시했다. 최고영도자가 지방 국영종합상점을 방문하여 상품진열과 봉사(서비스)를 강조했다는 것 자체가 북한에서는 정치경제적 의미를 갖는다. 이곳에서 지시한 모든 내용은 강령적 지침으로 전국의 군 단위 국영종합상점에 하달됐을 것이다. 확대일로에 있는 시장을 조절하기 위해서는 지방 국영상점망의 부활과 정상운영이 필요하다는 것을 잘 말해준다.

그는 삼지연군 읍 지구에 새로 건설한 살림집들을 돌아보면서 "살림집들을 더 많이 일떠세워 군 내 인민들에게 안겨주어야 한다"고 지시했다. 수도 평양의 건설에서 성과를 거둔 뒤 도 소재지의 건설에서 붐이 일고 있는 가운데 군 단위의 주택건설에 발을 내딛은 것이고, 삼지연군을 본보기로 삼으려는 것이었다.

그는 완공단계에 이른 삼지연청년역과 삼지연못가역을 방문했다. 그는 삼지연청년역에서 "역사 안의 1층 중앙 홀에서 2층 대기 홀까지 계단승강기를 놓았으며 열차시간을 실시간으로 볼 수 있게 영상표시장치를 설치하였고 선 미학성, 선 편리성이 구현된 여러 봉사시설들을 구색이 맞게 꾸려놓았을 뿐만 아니라 역 홈에는 지붕을 씌워놓아 여객들이 눈비를 맞지 않게 해놓았는데 삼지연군을 오고가는 사람들이 좋아할 것"이라고 말했다. 전국의 청년학생들과 군인들이 이곳 혁명전적지답사숙영소를 가장 많이 방문하는 점을 고려해 삼지연청년역과 삼지연못가역에서 북한의 발전상을 느끼게 하려는 것으로 보인다. 그는 중앙 홀, 표 파는 곳, 대기실, 도서매대, 간이매대, 식사실, 청량음료점 등이 꾸려져 있는 3개 층의 삼지연못가역을 돌아보며 "지대적 특성에 어울리고 자기의 얼굴이 살아나게 설계와 시공을 잘했다"고 칭찬했다.

그는 "혜산~삼지연철길 주변의 철거세대 살림집과 새로 짓는 살림집 건설을 다그치는데 역량과 수단을 집중하여 하루빨리 완공하여야 한다"고 강조했다. 그는 "216사단 건설자들의 힘찬 투쟁에 의하여 혜산~삼지연철길 완공을 눈앞에 두었고 백두대지의 혹한 속에서도 대상건설들에서 기적 같은 성과들이 이룩되고 있다"면서 "앞으로의 공사방향을 바로 정하며 돌격준비를 빈틈없이 갖추고 2단계 전투에 일제히 진입하여야 한다"고 지시했다.

|3| 김 위원장은 약 7개월 만인 2018년 7월 초순에 삼지연군 안의 건설장을 방문했다.[484] 그는 베개봉 전망대에서 삼지연군 읍건설 총계획안과 읍조감도를 보며 해설을 들었다. 그는 삼지연군 읍건설 총계획에 삼지연못가지구까지 확대 개발하는 안을 포함시키라고 지시했다. 그는 "삼지연군 건설을 철저히 교양구획, 살림집구획, 현대거리구획, 산업구획, 체육문화교육구획, 상업봉사구획, 관광구획으로 가르고 비준된 총계획안에 준하여 진행하여야 한다"고 지적하고 "삼지연군 건설을 통하여 현대문명이 응축된 산간도시의 전형을 창조하고 그 경험을 일반화하여 우리나라 산간 지대의 모든 군들의 면모를 일신시키고 잘 꾸려야 한다"고 강조했다.

그는 "철도수송을 확고히 앞세워 건설적기에 맞게 건설에 필요한 물동을 집중적으로 실어 날라 건설장들에 제때에 보장해주어야 한다", "건설자재들을 극력 절약하여야 한다"는 등의 지침을 제시하고 "삼지연군 읍지구 구획별로 원림녹화 설계를 잘하여야 한다", "백두산지구 생태환경을 그대로 보존하여야 한다"고 강조했다. 그는 또 "온 나라가 달라붙어 꾸려준다고 하여 자립성

과 자력갱생 정신이 희박해지면 안 된다", "삼지연군에서는 군을 공산주의 이상향으로 꾸려가는 행정에서 마땅히 새 세기 혁명정신, 새로운 시대정신을 창조하여야 한다"고 덧붙였다.

|4| 김 위원장은 2018년 8월 하순에도 삼지연군 안의 건설장을 찾았다.[485] 삼지연군의 건설에 '집중포화'를 들이댄 것을 알 수 있다. 그는 "삼지연군 읍 구획 구분과 요소들의 배치가 잘 작성 계획되었다"고 평가했다. 그는 "지금 군들은 각이한 자연 지리적 특성과 경제적 조건으로 하여 등차가 심하게 발전하였는데 먼저 표준 군들을 잘 꾸려 전형을 창조하여 벌방지대, 산간지대, 해안지대들의 본보기를 만들고 일반화해 나가야 한다"고 말했다.

이러한 지시는 삼지연군의 개발에 그칠 것이 아니라 평야·산간·해안지대의 특성에 맞는 표준 군, 본보기 군을 선정하여 개발할 것을 촉구한 것이었다. 그는 "삼지연군을 산간지대의 고유한 특성과 우리 민족성이 훌륭히 결합 구현된 군으로 만들자면 군 소재지를 잘 꾸린 다음 3~4년 어간에 연차적으로 단계별 목표를 세우고 군 안의 농장 마을들을 현대적으로 개건하여 전국적인 표준군, 모범군, 방식상학 단위로 만들어야 한다"고 강조하기도 했다.

그는 읍 지구의 살림집과 공공건물을 비롯한 건설장 전반을 돌아보면서 요해했다. 그는 "건물들의 층수에서 높낮이 차이를 더 주어 소층, 다층의 배합을 실현하며 다층 살림집들과 봉사시설들을 조화롭게 연결하여 건물들 사이 예술적 호상성, 호환성, 연결성을 보장하여야 한다"면서 "건축물들의 형식과 배치가 민족성에 기반하면서도 예술적 조형화와 다양화가 흠 잡을 데 없이 실현되게 하여야 한다"고 말했다. 그는 "삼지연군 건설에서 올해에 계획된 공사 과제를 어김없이 수행하자면 무엇보다도 물동 수송과 자재보장 사업을 최우선시하고, 그러기 위해서는 건설에 필요한 물동 수송을 당적으로 틀어쥐고 강하게 내밀어야 한다"고 지적했다. 그는 "공사 기간을 공사 규모와 실현 가능성을 과학적으로 타산하여 정확히 정하도록 해야 한다", "대상 공사에서 기술공법의 요구를 철저히 지켜 질을 충분히 보장하는 것이 기본이다"라는 지적도 잊지 않았다.

|5| 김 위원장은 2018년 10월 하순에 삼지연군을 다시 방문했다.[486] 2018년 한 해 동안에만 세 차례 삼지연을 찾은 것이다. 그는 10월 하순의 방문에서는 당 창건 75주년을 맞는 2020년 10월까지 삼지연군 총건설계획을 앞당겨 끝내는 것으로 다시 계획을 짜고 무조건 완수할 데 대한 전투적 과업을 제시했다. 그는 "내각과 삼지연군 건설지휘부에서 삼지연군 안의 모든 대상건설을 2021년까지 4단계로 나누어 진행하는 것으로 계획하고 있는데 당의 의도와는 다르다"면서 "건설을 3단계로 나누어 국가경제발전 5개년전략 기간 안에 끝낼 것을 구상하고 있다"고 말했다. 그는 삼지연군 인민병원과 과학기술도서관, 추가 호텔들에 대한 건설 과업을 제시하고 필요한 건설역량을 추가로 편성하도록 조치를 취했다고 한다.

그는 삼지연감자가루생산공장도 방문하여 "삼지연군의 기후풍토에 맞는 과학농법을 연구도입하여 앞으로 감자농사에서 더 높은 성과를 달성하여야 한다"면서 "토지개량사업을 근기 있게 내밀고 많은 물거름을 생산하며 농산작업의 기계화 비중을 결정적으로 높여나가야 한다"고 강조했다.

|6| 김 위원장은 2019년 4월 초순에도 삼지연군 현지지도에 나섰다.[487] 그는 삼지연군 읍지구 건설현장을 돌아보면서 공사진행 정형과 실태를 요해했다. 그는 1단계 공사계획에 반영되었던 살림집 1,900여 세대 건설 종료 및 수십 개 대상 공사의 완공·결속단계 도달에 대한 보고와 함께, 2019년에 계획된 고층 살림집과 봉사시설들을 비롯한 새로운 건설대상들의 기초굴착과 하부구조물 공사, 살림집 개건과 도로 정리를 진행하고 있다는 보고를 받았다. 그는 2단계 공사대상도 월별·공정별로 목표를 세우고 계획대로 끝내기 위한 투쟁을 전개할 것과 시공지도와 감독사업을 책임적으로 진행할 것을 강조했다. 그는 "군에서 모든 건설대상들을 최상의 수준에서 완공하여 삼지연군을 교과서적인 도시, 본보기 도시가 되게 꾸려야 한다"고 거듭 강조했다. 그는 "당 창건 75돌까지 삼지연군 건설을 결속하여 삼지연군을 현대문명이 응축된 산간도시로, 남들이 흉내조차 낼 수 없는 특색 있는 군으로 꾸려 내놓아야 한다"고 말했다. 그는 이날 삼지연감자가루생산공장도 다시 방문했다.

김 위원장의 삼지연군 방문에 앞서 『로동신문』은 3월 30일자에서 삼지연군을

'혁명의 고향집뜨락'(김정일 국방위원장의 고향이라는 뜻)이라고 표현하면서 "삼지연군 꾸리기에서 높이 발휘되고 있는 서로 돕고 이끄는 집단주의 기풍과 전투적인 일 본새, 건전하고 문명한 생활기풍, 지방공업공장 현대화 과정에 창조된 경험들은 누구나 따라 배워야 할 시대의 전형으로 되고 있다"고 강조했다. 구체적인 언급은 없었으나 '지방공업공장 현대화 과정에 창조된 경험'이라는 표현은 주목할 가치가 있다.

신문은 "내각을 비롯한 성, 중앙기관 일군들은 삼지연군 꾸리기에 필요한 노력과 물자보장을 첫자리에 놓고 최우선적으로 해결"해줄 것과 "삼지연군 건설이 본격적으로 진행되는데 맞게 설비, 자재, 마감건재 보장을 맡은 단위들에서 부과된 계획량을 책임적으로 수행하며 특히 시멘트공장들에서 증산투쟁을 벌려 계획된 시멘트를 무조건 보내"줄 것을 촉구했다.[488] 『로동신문』의 이 보도는 북한 전체가 삼지연군 건설에 매달리는 인상을 주었다. 삼지연군의 건설은 건설공사를 넘어 지방공업공장의 현대화를 성공시켜 지방경제 발전의 초석을 놓기 위한 줄달음질로 볼 수 있다.

[7] 김 위원장은 2019년 10월 중순에도 삼지연군 현지지도에 나섰다.[489] 삼지연군 읍지구 건설이 기본적으로 결속됨에 따른 방문이었다. 그는 "공공건물들은 물론 살림집들도 각양각색으로 비반복적이면서도 독특하게 설계하여 자연지대적 특성을 살리면서 높낮은 지형에 따라 여러 형태의 건축물들이 특색 있게 배치되었다"고 말했다. 그는 삼지연군인민병원과 치과전문병원 건설 사업을 지도하면서 "삼지연군인민병원은 당에서 특별조치를 취하며 추진하고 있는 대상"이라면서 "지방인민병원의 본보기로 될 것"이라고 밝혔다. 그는 또 삼지연들쭉음료공장도 방문했다. 삼지연군 2단계 공사에 대해서는 "전반적으로 잘 마무리되어가고 있다"고 확인하고 "삼지연군 읍지구는 볼수록 장관"이라고 평가하고 "삼지연군 건설자들이 당의 대건설 구상을 받들고 북방의 어려운 환경 속에서 고생들이 많았다"고 격려했다.

북한은 2019년 10월 15일 혜산~삼지연철길 개통식을 위연청년역에서 열었고(조선중앙통신, 2019년 10월 16일자), 12월 2일에는 김정은 위원

장의 참석하에 삼지연군 읍지구 준공식을 가졌으며(조선중앙통신, 2019
년 12월 2일자), 12월 10일에는 최고인민회의 상임위원회 정령 2-171호
를 발표해 삼지연군을 '삼지연시'로 승격시켰다(『로동신문』, 2019년 12
월 11일자).

둘째, 삼지연군에서도 확인되듯이 삼지연군 읍건설 총계획안과 신
의주시 건설총계획 같은 거점도시들의 건설계획을 직접 검토하고 지
휘했다는 점이다.[490] 그는 신의주와 같은 국경도시 건설은 국가적인 지
원 아래 5개년 계획목표를 수립해 연차별·단계별로 진행해야 한다고
지시했다.

신의주의 경우 신의주 중심광장에서 남신의주지구에 이르기까지 고
층 주택, 도급·시급 공공건물을 배치하고 기본 도시중심축과 도시기본
도로, 압록강 강안을 따라 고층 초고층 주택을 배치해야 하며, 도시 전
체를 공원 속의 도시로 만들어야 한다고 주문했다. 그는 또 계획단계
에서 전력공급망체계의 완비, 난방문제 해결, 상수도 보장, 산업폐수
및 오수정화체계의 수립 등에 주력하여 인민들의 편의성을 보장할 것
을 강조했다.

그는 강계시와 만포시 건설총계획에서도 도시건설에서 인민들의 편
의성을 보장하는 원칙을 준수할 것을 특별히 강조했다. 난방문제 해결
에 대해서는 전기난방과 지열난방, 자연에너지의 배합을 강조했다. 1
인당 하루 물공급량을 높은 수준에서 보장하기 위해 수원지의 물 생산
능력을 높일 것을 강조했다. 신의주시에서도 상수 보장을 '국제적 기
준대로' 할 것을 주문한 바 있다.

강계시와 만포시 건설총계획은 도급 설계기관에서 작성된 것이어서
수준이 높지 않았던 것 같다. 그는 도의 설계역량 강화, 중앙과 지방의
협력에 의한 '수준 있는 설계일군'의 양성사업을 지시하기도 했다.

[1] 김 위원장은 2018년 11월 중순에 신의주시건설총계획을 직접 검토하는
기회를 가졌다. 그는 신의주시건설총계획도와 도시건설전망 모형사판을 보
면서 신의주시를 현 시대의 요구에 맞게 건설하기 위한 과업과 방도를 제시

했다. 그는 "신의주시 중심광장의 김일성-김정일의 동상을 축으로 남南신의
주지구까지 도시 중심축을 종심 깊게 구성하고 그 주변에 고층살림집들과 도
급, 시급 공공건물들을 입체감이 나게 배치하며 기본 도시중심축과 도시기본
도로, 압록강 강안을 따라 고층, 초고층 주택구역들을 조형예술적으로 훌륭하
게 배치하면서 주택구역 안에 공원들도 많이 꾸려 신의주시를 공원 속의 도
시로 건설하라"고 지시했다. 그는 또 "도시녹화를 비롯한 문화적인 환경조성
에도 깊은 관심을 돌려야 한다"면서 "도시 기본도로 주변과 산업지역 변두리
에 녹지 띠를 조성하여 주민 1인당 녹지면적을 50m^2 정도로 보장하며 시립공
원과 식물원, 유원지를 지방의 특성에 맞게 아담하면서도 독특하게 건설하여
야 한다"고 지시했다. 김 위원장은 백두산건축연구원 설계원(건축사) 출신인
마원춘 당 부부장을 국무위원회 설계국장에 임명하고 그를 건설현장의 현지
지도에 늘 데리고 다니는데, 신의주시의 사례처럼 건설총계획안 단계에서부
터 수시로 보고받는 것으로 관측된다.

그는 "도시건설에서 제일 중요한 것은 인민들의 생활에 사소한 불편도 없도
록 하는 것"이라면서, "그러자면 전력생산을 늘이고 자연에네르기를 최대한
이용하여 도시전력 공급망 체계를 완비하고 난방문제를 원만히 해결하며 상
수 보장을 국제적 기준대로 할 수 있게 하고 주민지구와 산업기업소들이 밀
집된 조건에 맞게 산업폐수, 오수정화체계를 잘 세워야 한다"고 강조했다. 그
는 "신의주시건설총계획과 도시건설전망목표를 중앙의 강력한 설계기관들과
의 협동 밑에 검토하고 몇 개월 기간 내에 현실성 있게 재작성 제출하여야
한다"면서 "이 계획을 당중앙위원회는 해당 절차를 거쳐 토의결정하게 될 것
이며 국경도시 건설을 국가적인 지원 밑에 5개년 계획 목표를 세우고 연차별,
단계별로 하여야 할 것"이라고 밝혔다.

신의주가 국경도시라는 특성을 감안해 백두산건축연구원 같은 수준높은 설
계기관의 참여를 지시했음을 알 수 있다. 최고영도자가 중앙위원회와 함께
도시계획에도 일일이 관여한다는 점에서, 만기친람萬機親覽의 정치문화[491]에
예외가 없음을 보여준다.

[2] 김 위원장은 2019년 5월 말에 자강도 안의 당·행정 및 설계기관 책임일

군들과 함께 강계시와 만포시 건설총계획을 검토 지도했다.[492] 그는 "도시건설을 구체적인 타산도 없이 잡다하게 벌려놓고 빈 공지를 찾아 메꾸는 식으로 진행하다보니 전반적인 건물들이 무질서하게 배치되었다"면서 "건설구획을 사상교양지구, 산업지구, 문화지구 등 뚜렷하게 갈라 정리하고 그에 따라 구획별 조감도를 작성하여 연차별 계획에 맞물려 건설을 진행하여야 한다"고 지적했다. 그는 "도시 형성에서 자기 지방의 고유한 특성을 잘 살리는 것이 무엇보다 중요하다"면서 "산간문화도시의 본보기로 건설되고 있는 삼지연군의 경험을 본받아 건축형성계획을 과학적으로 세우고 건축물들을 다양한 형식으로 특색 있게 건설하여 시의 면모를 일신시켜야 한다"고 강조했다.

그는 "도시건설에서 제일 중요한 것은 인민들의 편의보장 원칙을 철저히 지키는 것"이라면서 "도, 시에서 운영하는 중소형 발전소들을 정비 보강하여 전력생산을 늘이고 전기난방과 지열난방, 자연에네르기를 배합하여 건물들의 난방문제를 해결하며 주민 1인당 하루 물 공급량을 높은 수준에서 보장할 수 있게 수원지들의 물 생산 능력을 높여야 한다"고 강조했다. 그는 "지방도시건설에서 혁명을 일으키자면 도의 설계 역량을 강화하는 것이 중요하다"면서 "도 설계기관들의 기구체계를 잘 연구하여 통합적으로 꾸리고 사업조건과 생활조건을 충분히 보장해주며 중앙과 지방이 협력하여 수준 있는 설계일군들을 육성하기 위한 사업을 힘 있게 내밀어야 한다"고 지시했다.

셋째, 김정은 위원장이 지방의 호텔과 휴양소, 온천지구에 대한 현지지도에도 적극 나섰다는 점이다. 그는 염분진호텔의 경우 해안공원 조성으로 확장, 건설하도록 지시했는데 바닷가에 위치한 호텔의 신축이나 재건축의 경우 대체로 이렇게 할 것으로 예상된다. 온포휴양소의 건설과 운영에서 경성군당위원회의 역할을 더 높일 것을 주문했다.

평남 양덕군 온천지구는 인민군대의 건설역량을 투입하고 인민군대가 자재를 보장하여 완공한 뒤에 국가에 '기증'하도록 했다. 국가에 기증된 온천시설에서 벌어들이는 수입으로 국가예산과 지방예산을 충당할 것으로 예상되는데, 온천을 '일부 단위들에서만 특권으로 이용할 것이 아니라' 국가관리 하에 전체 인민들이 향유하도록 해야 한다는 대의명분도 시대 흐름에 따른 것이다. 양덕군 온천지구의 본보기는 다른 낡은 온천들의 리모델링에 영향을 미칠 것이다.

[1] 김 위원장은 2018년 7월 중순에 함경북도의 염분진호텔 건설장을 방문했다.[493] 김정일 국방위원장이 여러 차례에 걸쳐 염분진에 호텔을 건설하라고 지시한 교시에 따라 2011년 7월에 착공한 염분진호텔 건설은 기본 건축공사를 끝내고 내부공사 단계에 있었다. 김정은 위원장은 호텔 건설이 골조공사를 끝낸 때로부터 6년이 지나도록 내부 미장을 완성하지 못한 것과 관련하여 "장군님께서 호텔의 위치를 풍치 수려한 염분진 바다가로 정해주고 건설 정형을 수시로 알아보며 생의 마지막 나날까지 관심하던 대상공사인데 아직까지 완공하지 못하고 있다"고 비판하면서 "결정적인 대책을 세워 빨리 완공하여야 한다"고 말했다.

그는 "당에서 자금과 자재보장 대책을 세워주겠으니 함경북도당위원회가 도안의 일군들과 건설자들을 수령의 유훈관철전에로 총궐기시켜 다음해(2019년) 10월 10일까지 염분진호텔을 보란 듯이 일떠세우고 김정일 동지에게 충정의 보고를 드려야 한다"면서 염분진 지구를 인민들의 문화휴식터로 이채롭게 꾸리기 위한 건설방향과 방도를 제시했다. 그는 "염분진은 바닷가 경치가 유달리 아름답고 철길과 뱃길, 도로가 가까이에 있어 교통조건도 좋은 것만큼 인민들이 아무 때나 와서 문화휴식을 하기에 더없이 이상적인 곳"이라면서 "호텔건물을 중심으로 해안을 따라 600여m 구간에 다양한 형태와 용도의 해안공원 숙소와 봉사시설들을 더 건설하여 이 지구를 특색 있는 염분진 해안공원으로 꾸려야 한다"고 지시했다. 그는 "염분진과 그 주변에는 명소들과 유명한 온천들도 있으므로 편의봉사 시설들을 훌륭히 갖춘 현대적인 호텔, 여관들이 건설되면 도내 인민들뿐 아니라 온 나라 인민들이 이 일대에서 등산과 해수욕, 낚시질과 천렵, 온천욕을 하며 충분한 휴식과 문화정서 생활을 마음껏 누릴 수 있게 될 것"이라고 말했다.

[2] 김 위원장은 2018년 7월 중순에 함경북도 경성군의 온포휴양소를 현지지도 했다.[494] 그는 휴양소 목욕탕을 돌아보며 "관리를 잘하지 않아 온천치료

욕조가 어지럽고 침침하고 비위생적이다. 최근에 잘 꾸려진 양어장들의 물고기 수조보다도 못하다", "탈의실도 온전히 꾸려져 있지 않고 환기가 잘 되지 않아 습하고 불쾌한 냄새가 난다", "인민들이 휴양 와서 치료하는 곳인데 소독은 제대로 하고 있는지 모르겠다. 이런 환경에서 치료가 되겠는가. 정말 너절하다"고 비판했다. 인민들은 최고영도자가 이렇게 현장에서 질타하는 것에 놀라면서도 그 내용이 언론에 그대로 등장한 것에 더 놀랐을 것 같다. 이전 시대에는 좀처럼 없었던 일이기 때문이다.

그는 최승남 경성군 당위원장에게 "온천의 용출량과 용출구의 온도, 욕탕의 온도는 얼마이며 휴양소의 수용능력은 얼마인가", "지금 휴양생들이 몇 명이나 있는가" 등을 질문한 뒤에 온포휴양소를 현대적으로 새로 건설하는 과업을 내놓았다. 그는 "인민들이 휴양을 와서 충분한 휴식도 하고 온천치료도 할 수 있도록 모든 봉사망들을 다 갖춘 종합봉사기지, 치료봉사기지로 훌륭하게 꾸리며 온천지대의 특성이 살아나게 설계를 독특하게 하여 우리나라에 둘도 없는 온천휴양소의 본보기로 건설하여야 한다"고 강조했다. 그는 "전반적인 국가사업이 잘되려면 군당위원회들이 자기의 역할을 옳게 하여야 한다"면서 "김일성 동지와 김정일 동지의 불멸의 혁명사적들로 이름 높고 도자기와 온천으로 자랑 높으며 세상에 널리 알려진 명승지가 많기로 소문난 경성군의 천연자원들을 군 경제발전에 효과적으로 이용하면 얼마든지 군을 남부럽지 않게 발전시켜 나갈 수 있다"고 강조했다. 이 현지지도를 보더라도 김 위원장이 군 단위의 경제발전에 깊은 관심을 쏟고 있음이 확인된다.

|3| 김 위원장은 2018년 8월 중순에 평안남도 양덕군 온천지구를 현지에서 지도했다.[495] 그는 양덕군 일대에 "휴양 및 요양 시설답게 위생문화적으로 온전하게 꾸려진 종합적인 봉사기지가 없다"면서 "며칠 동안 여러모로 따져본 결과 그 중 유리한 지역으로 평가된 양덕군의 온천지구를 현지 고찰하고 하나 지으려고 한다"고 밝혔다.

그는 "양덕군은 동서부 철도의 중간 지점으로 4개 도에 경계를 두고 수많은 군郡과 리里들을 이웃하고 있고 평양~원산고속도로도 가까이에 있어 교통이 편리하여 좋다"고 지적했다. 그는 "양덕군 안의 온천들은 유황성분이 많고 라

돈이 극히 적은 고온천으로서 용출량이 대단히 많고 약리적 작용과 치료 효능이 높을 뿐 아니라 이번에 온천수 성분을 분석해 본 데 의하면 오염성 평가지표인 암모니아와 아질산, 질산이온들과 병원성 미생물이 전혀 없어 오염되지 않은 온천으로 평가되었다"면서 "이 지구에 종합적인 요양 및 문화 휴양지를 개발하려 한다"고 밝혔다.

그는 양덕군 온정리 일대의 온천 골들을 돌아보면서 온천 용출량과 주변 환경을 요해했다. 그는 "야외온천도 할 수 있게 실내욕탕 뿐 아니라 야외온탕도 꾸리고 개별온탕, 대중온탕, 치료온탕 등 각종 온천욕 봉사를 할 수 있게 하라"고 지시했다. 그는 "온천지구에 치료를 목적으로 하는 종합적인 요양소도 건설하고 지금 이 지구에서 요양소를 운영하는 단위들이 호동별로 이용하도록 하며 개별적인 치료대상들이 요양을 할 수 있는 호동들도 꾸려 주어야 한다"고 말했다. 그는 모든 온천지들을 점차적으로 다 리모델링해야 한다면서 "먼저 양덕군 온천지구 개발 사업을 전국의 본보기로, 국가를 대표할 수 있는 급으로 높은 수준에서 하여 기준을 창조하여야 한다"고 말했다. 그는 "설계부터 세계적인 추세와 발전하는 현실에 맞게 똑똑히 잘하여야 한다"고 강조했다. 그는 "온천을 찾는 인민들이 교통 상 불편을 느끼지 않도록 철도역도 산간 철도역으로서의 특색이 살아나게 잘 건설하고 도로 포장도 질적으로 하여야 한다"고 말했다. 그는 "온천지구 개발 사업을 인민군대가 맡아 하여야 한다"면서 "인민군대가 건설 역량과 자재 보장에 이르기까지 일체 모든 것을 전적으로 맡아 내년도(2019년) 10월 10일까지 온천지구를 최상급으로 전변시켜 국가에 기증하도록 하는 것이 좋겠다"고 밝혔다.

그는 "앞으로 온천을 개발 이용할 때 온천수의 성분과 효능을 정확히 분석하도록 하며 영업과 관련한 법적 규정도 제정하여 나라의 귀중한 천연자원을 일부 단위들에서만 특권으로 이용할 것이 아니라 국가적인 통제 속에 전체 인민들이, 후대들이 향유하게 하여야 한다"고 강조했다. 김 위원장이 휴양소와 온천지구 개발에 공을 들이는 것은 인민들의 행복 체감지수를 높이려는 노력의 일환으로 볼 수 있다. '일부 단위들에서만 특권으로 이용할 것이 아니라'라는 표현이 최고영도자의 입에서 거침없이 나오는 것은 '인민사랑'의 공식담론과 맥을 같이 한다.

한편, 김정은 위원장이 2018년과 2019년《신년사》에서 지방경제 발전을 강조한 데 따라 『로동신문』도 관련 보도를 계속 내보냈다. 몇 가지 사례를 살펴본다.

[1] 『로동신문』은 2018년 3월 22일자에서 인민소비품 수요 충족을 위한 지방공업의 역할과 발전을 강조했다. 신문에 따르면, 지방공업의 발전에서 중요한 것은 1차 소비품 문제를 해결하는 것과 인민들이 좋아하는 갖가지 소비품을 원만하게 생산 공급하는 것이다. 앞의 것은 원료·자재의 국산화, 자체의 풍부한 원료원천에 의거한 1차 소비품의 지방적 수요 보장, 국가의 추가적 투자 불필요 등과 닿아있다. 뒤의 것은 수요구조의 다양성 충족, 대규모 중앙공업과 중소규모 지방공업의 동시 발전, 지방의 특성에 맞는 제품의 생산 전문화 등을 과제로 한다.[496]

3월 23일자는 경공업 발전을 통한 인민생활 향상을 독려하는 가운데 "중앙공업공장들은 지방산업공장들이 자체로 해결하기 힘든 설비와 부속품, 원료와 자재문제를 풀어주고 기술적으로 잘 도와주어 지방공업공장들에서 증산의 동음이 높이 울려나오도록 하여야 한다"고 강조했다.[497] 이는 지방산업공장들이 설비와 부속품 부족, 원자재 부족으로 어려움에 처해 있음을 보여준다.

[2] 『로동신문』은 2018년 8월 11일자에서 경제발전과 인민생활 향상에서 군의 중요성을 부각시켰다. 신문은 "모든 군들이 자기의 역할을 높이고 지방의 원료원천과 잠재력을 옳게 동원 이용한다면 군 자체로 인민생활에서 제기되는 문제들을 풀 수 있으며 국가에 큰 부담을 주지 않으면서도 군내 인민들의 생활을 끊임없이 높여나갈 수 있다"고 지적했다. 지방경제의 자력갱생으로 국가의 부담을 줄이려는 노력이다. 신문은 또 "군에서 자체의 강력한 건설역량과 교원진영, 인재대열을 잘 꾸리고 당의 의도에 맞게 군 현대화사업을 적극 추진시켜나간다면 나라의 면모가 일신되고 우리 인민의 새 생활, 새 문화창조에서도 근본적인 전환이 일어날 수 있다"고 지적했다. 지방경제 살리기에서도 교원진영과 인재대열의 양성이 중요하다는 것을 말해준다.

신문은 세부적인 사업방향에 대해서 군당위원회의 역할을 높일 것, 모든 군에서 자체의 힘으로 일떠서기 위한 투쟁을 전개할 것, 모든 군의 책임일군들은 당정책 관철의 밑불이 되고 꺼지지 않는 봉화가 될 것(군당위원장·군인민위원장·군협동농장경영위원장의 3위1체), 내각과 성·중앙기관은 모든 군이 살림살이를 자체로 꾸려나가도록 잘 도와줄 것 등을 제시했다. 자체의 힘으로 일떠서기 위한 투쟁과 관련해 지방공장들에서의 기술혁신운동, 설비와 생산 공정의 현대화, 소비품의 질 제고와 가지 수 증대, 식량문제·먹는 문제의 결정적 해결, 새 문화·생활창조 주력 등이 강조되었다. 살림살이를 자체로 꾸려나가는 것과 관련해서는 지방의 창의창발성이 높이 발양되도록 여건 조성, 인민생활과 관련된 절실한 것은 어떤 일이 있어도 무조건 보장하는 기풍 등이 강조되었다.[498] 거의 비슷한 과제들이 반복되고 있음을 알 수 있다.

[3] 『로동신문』은 2018년 12월 13일자에서 평양정신·평양속도 창조 열풍을 보도하면서 "시에서는 우선 인민생활 향상을 최우선적인 과제로 내세우고 있는 당의 의도에 맞게 시 안의 전반적인 경공업 공장들이 만부하를 걸도록 하는 문제와 함께 지방공업공장 현대화를 적극 추진하여 더 많은 인민소비품을 생산하게 하기 위한 사업에 주되는 힘을 넣었고, 시 안의 지방공업공장 현대화와 생산 정상화에서도 커다란 전진이 이룩되었다"고 밝혔다.[499] 이 보도에서도 지방공업공장의 현대화와 생산 정상화가 중요한 전략적 과업이라는 것이 확인된다.

[4] 『로동신문』은 김정일 국방위원장이 《사회주의건설에서 군의 위치와 역할》을 발표한 55년을 맞이한 2019년 3월 18일에 군 단위의 지방경제 발전에 관한 보도를 내보냈다. 지방경제 발전에서 중요한 과제로 첫째, 농업생산을 추켜세워 인민들의 식량문제, 먹는 문제를 해결하는 것, 둘째, 지방산업공장들을 현대화하고 생산을 높은 수준에서 정상화하는 것, 셋째, 자기 군의 실정에 맞게 발전전략을 옳게 세우는 것 등이 제기되었다.
첫째 과제와 관련하여 "농민들이 나라의 쌀독을 책임진 주인이라는 높은 자각을 가지고 농사일을 실속 있게 하도록 하는 것과 함께 현실에서 그 우월성이 확증된 분조관리제 안에서 포전담당책임제를 바로 실시하여 농장원들의

생산열의를 적극 발양시켜나가는데 알곡증산의 열쇠가 있다"고 보도한 것이 중요하다. 알곡 증산에서 농장원들의 생산열의가 중요하고 당면해서는 포전 담당 책임제를 올바로 실시해야 한다는 것이었다. 분조관리제 안에서의 포전 담당 책임제가 '그 우월성이 확증'되었다는 표현이 눈에 들어온다. 농업에서 포전담당 책임제가 혁신의 한 축을 이룬다면 공업에서는 사회주의기업 책임 관리제가 혁신의 한 축을 이룬다. 두 개의 수레바퀴가 생산현장에서 근로자들의 생산의욕을 고취하고 있는 것이다.

신문은 또 "모든 군들에서는 농업전선을 중시하는 당의 의도에 맞게 과학농사열풍, 다수확열풍을 세차게 일으켜나감으로써 지방경제를 추켜세우는데 적극 이바지하며 인민들의 먹는 문제를 결정적으로 해결하여야 한다"고 촉구했다. 농촌 전역에서 과학농사열풍과 다수확열풍을 전개하자는 것이었다.

둘째 과제와 관련하여 "지방산업공장들에서 인민소비품의 다종화, 다양화를 실현하고 중앙공장의 수준 나아가서 세계적 수준의 제품들을 생산하자면 과학기술에 의거하여 새 제품개발을 활발히 진행해나가야 한다"고 강조했다. 키워드는 과학기술에 의거한 신제품 개발이다.

셋째 과제와 관련해서는 "산을 진 곳에서는 산을, 바다를 진 곳에서는 바다를 잘 이용하며 농업지대나 공업지구나 할 것 없이 자기 지방의 특성에 맞게 지방경제를 발전시켜 인민들의 생활을 끊임없이 향상시키는 것"을 강조했다.[500] 당 기관지는 먹는 문제 해결, 지방산업공장의 현대화와 생산 정상화, 지역 실정에 맞는 발전전략 수립 등을 지방경제의 핵심과제로 강조했던 것이다.

김정은 위원장은 지방경제를 살리기 위한 여러 가지 전략적 조치를 취하고 있다. 그 가운데 지방경제의 자립성을 한층 강화하는 것과 삼지연군에서 보이듯이 군 소재지의 대대적인 개발에 나선 것이 중요하다.

지방경제의 자립성 강화는 지방예산제의 정착과 외화벌이사업의 권장 등을 제도화하는 것으로 나타났다. 지방의 경제적 자립도가 높으면 높을수록 국가재정은 기간산업과 전략산업에 투자할 수 있어 중앙경제의 부담을 덜어 준다. 지방의 경제적 자립도를 높이려면 지방공장들의 생산 정상화가 필요하고 군 단위의 독자적인 발전전략과 전문생산

특화시스템이 필요하다. 앞의 것은 공장 설비의 개건 현대화를 요구하며 이를 위해 투자가 필요하다. 뒤의 것은 다른 지방으로의 판매나 해외수출이 가능한 상품 생산에 필요한 공정을 갖춰야 하고, 이것 역시 투자가 필요하다.

지방 인민들에게 공급할 1차 소비품도 지방공장들이 생산해야 하기 때문에 그에 소요되는 자금도 군에서 확보해야 한다. 군에서 진행하는 사업은 대부분 자금이 요구되고 이를 자체적으로 마련해야 한다. 지방경제 살리기의 전략적 노선과 그 과제들이 옳다고 해도 자금 부족에 처한 군들에서 단기일에 과제를 해결하기는 쉽지 않다. 순차적으로, 단계적으로 지방경제를 발전시켜 나갈 수밖에 없을 것이다.

이런 가운데 김 위원장은 군 소재지의 대대적인 개발에 나서고 있고 그에 필요한 원자재와 자금은 중앙경제가 지원하고 있다. 삼지연군과 같은 본보기 군의 경우에는 중앙경제가 개발 지원을 할 수 있지만, 나머지 군들에서는 대규모 개발사업에 나설 수 없을 것이다. 중앙의 지원에는 한계가 있기 때문이다. 전략적으로 일부 군을 선택할 수밖에 없을 것이다.

도시와 농촌의 격차를 줄이기 위해 군 소재지의 개발은 반드시 필요하고 그것이 제대로 이뤄지면 지방 인민들의 생활체감지수도 좋아질 것이다. 남은 문제는 자금 부족과 투자순서다. 지방공업의 현대화와 군 단위의 인민생활 향상은 어려운 과제이고 벽에 가로막힐 수 있다. 국가 예산을 지방경제 발전에 지출하려면 그만큼 국가예산수입을 늘려야 하고 이를 위해서는 전반적으로 국영기업체들의 순소득이 증가해야 한다.

북한 경제가 '성장의 선순환구조'에 들어서면 국가예산지출에 의한 지방경제의 비약적 발전이 가능하겠지만, 그 이전에는 지방경제의 자력갱생과 지방예산제가 더욱 강조될 전망이다.

6. 자력자강과 대외경제협력 확대 :
특구·개발구와 관광산업

"사회주의자립경제의 위력을 더욱 강화하여야 하겠습니다. 우리는 자체의 기
술력과 자원, 전체 인민의 높은 창조정신과 혁명적 열의에 의거하여 국가경
제발전의 전략적 목표를 성과적으로 달성하며 새로운 장성단계에로 이행하
여야 합니다.…
우리 당과 공화국정부는 자주, 평화, 친선의 이념에 따라 사회주의나라들과의
단결과 협조를 계속 강화하며 우리를 우호적으로 대하는 모든 나라들과의 관
계를 발전시켜 나갈 것입니다." (김정은 위원장의 2019년 《신년사》)

북한은 자력자강과 대외경제협력을 동시에 추구한다. 얼핏 생각하
기에 모순되는 듯이 보이는 전략적 방향이 혼효混淆되어 있다. 북한은
경제발전전략을 수립할 때마다 대외경제협력을 중시해왔지만 현실적
인 제약 때문에 자력갱생을 강조하지 않을 수 없었다. 김정은 시대라
고 해서 근본이 달라지지는 않았다. 북한은 미국으로 하여금 대북한
적대시敵對視정책을 포기하게 하려고 오랫동안 정치군사적 역량을 강
화해왔고, 그 결과 군사력을 기반으로 국제정세의 물줄기를 트는데 어
느 정도 성공하고 있다. 이 물줄기가 대하大河에 이르기까지 우여곡절
이 많겠지만, 고정관념을 깨고 새로운 패러다임에 한 발을 들여놓는다
면 "역사는 언제나 다시 쓰여 질 수 있다." [501]

여기에서는 1970~90년대 북한의 대외경제협력에서 출발하여 대북
제재 하의 자력갱생과 자강력제일주의, 대외경제협력의 다양한 길 모
색, 김정은 시대의 대외무역 분권화, 경제특구와 개발구 지정 및 개발,
그리고 관광산업 등에 대해서 살펴보려고 한다.

1) 1970년대~90년대 북한의 대외경제협력

자립적 민족경제건설을 생명처럼 여겨온 북한이지만 대외경제협력을 뒷전에 둔 적은 별로 없었다. 국제사회는 북한에 '폐쇄경제'의 딱지를 붙여왔지만, 북한은 기회가 있을 때마다 대외경제협력과 교류를 확대하려고 시도했다. 그 성과가 미미했다고 평가할 수는 있을지언정, 자립적 민족경제건설노선을 세계시장과의 단절 혹은 '폐쇄경제'로 단정하는 것은 실체적 진실과는 거리가 있다.

북한이 체제 안보를 위해 전략무기 개발에 나서면서 미국을 비롯한 국제사회의 대북제재의 포위에서 벗어나지 못한데다가 그 이전의 대외무역의 확대 시도가 좌절로 끝난 전철前轍이 있었던 까닭에, 북한으로서도 대외경제협력을 위주로 한 경제발전전략을 수립할 수는 없었다. 김정은 시대의 북한이 낡은 역사를 청산하려고 한다는 점을 감안할 때 탈脫냉전기 및 2000년대에 북한의 대외경제협력에 나타난 흐름을 짚어보는 것은 의미가 있을 것이다.

북한은 1945년 해방에서 1948년 정부 수립까지 소련군정 아래 있었고, 소비에트연방공화국은 1991년에 자기 체제가 붕괴될 때까지 북한의 중요한 경제협력 파트너였다. 소련은 군정 기간에 식량, 소비재, 자동차, 연료 등을 북한에 무상으로 제공했다. 당시에 소련은 북한의 무역총액에서 90%를 차지했다.

소련은 한국전쟁 기간에 무기와 탄약, 수송기관과 발동기용 연료, 공장설비, 건설자재, 식량과 일용품 등을 북한에 공급했다. 북한은 1950~60년에 사회주의 국가들로부터 약 16억 5,336만 달러의 원조를 받았는데 그 가운데 약 12억 7,800만 달러(77%)가 무상원조였으며 이 자금은 전후복구 건설에 투입되었다.[502] 소련은 무상원조의 40.3%(5억 1,475만 달러)를 차지했고 중국이 26.3%(3억 3,600만 달러)로 2위였으며, 나머지는 동독(8%)을 비롯한 동유럽 사회주의국가들의 지원이었다.

북한은 1950년대 후반에 대외경제협력을 확대하기 위한 현실적인 접근법을 채택한 바 있다. 사회주의시장과의 연계를 강화하는 한편,

자본주의시장과도 무역관계를 확대하려고 했다. 그러나 현실에서는 사회주의국가들과의 친선과 상호원조관계가 강화되었고 이들 나라로부터 경제발전에 필요한 물품을 수입했다. 소련의 대북한 무상원조는 1960년대에 들어 중단되고 중소中蘇 이념분쟁과 중국 문화혁명文化革命의 여파로 이들 국가의 유상원조도 상당히 감소함으로써 북한은 어려움에 처하게 되었다.

북한은 외부원조의 감소(1961~69년 사회주의국가의 원조 약 3억 3,668만 달러)에 직면했고 제1차 7개년계획(1961~67년)의 목표를 기간 내에 달성하지 못했다. 북한은 자력갱생에 기초한 공업화정책을 추진하면서, 한편으로 무역상대국의 다각화, 서방국가로부터의 자본·기술 도입을 모색하는 전략을 취할 수밖에 없었고, 그에 따라 대외무역은 부분적으로 다변화의 길을 걸었다. 소련이 북한의 대외무역에서 차지하는 비중은 1965년에 이르러 40% 정도로 낮아졌다.[503] 북한은 사회주의권에 대한 과잉의존에서 다소 벗어났던 것이다.

1970년대의 서방무역 확대와 채무 불이행

북한은 1970년대 들어서면서 유무상통의 원칙[504]을 넘어 서방국가들과의 무역을 확대하고 차관을 도입하게 된다. 대외무역의 확대와 다변화에 적극 나섰던 것이다. 그 배경으로 몇 가지를 지적할 수 있다.

우선 북한은 기술혁명을 수행하면서 선진 설비와 기술을 도입해야 했다. 김일성 주석은 1975년의 공업열성자회의에서 경제가 급속하게 발전하고 새로운 경제부문이 생기는 조건에서 사회주의시장을 유지하면서 자본주의시장에도 적극적으로 진출하여 자국이 필요한 기계와 설비를 수입해야 한다고 강조했다.

다음으로 북한은 중소분쟁으로 인해 경제계획에 상당한 차질을 빚었던 경험으로 인해 대외경제관계의 다변화를 추진했다. 그리고 미중관계의 개선 등 동서화해東西和解의 분위기가 심화되면서 북한의 서방국가 접근도 용이해졌다. 북한이 남한의 경제성장에 자극받아 성장

가속화를 추진한 것도 대외경제협력의 확대에 영향을 주었다.[505] 1970
년대의 정세 변화는 북한으로 하여금 세계시장으로 나아갈 것으로 요
구했던 것이다.

북한은 제1차 6개년계획(1971~76년) 기간에 자본재와 기계·설비·기
술의 수입자금을 서방국가로부터 차입하는데 힘을 쏟았다. 북한이
1970~76년에 들여온 차관은 약 21억 4,900만 달러였는데 이 중 약 12
억 4,200만 달러(57.8%)는 서방국가들이 공여한 것이었다. 소련은 약 9
억 600만 달러(42.2%)였고, 중국은 약 160만 달러(0.0%)에 그쳤다. 이
추세는 지속되지 못했다.

북한은 1970년대 중반에 두 가지 문제에 직면했다. 하나는 대서방
무역적자의 급증과 오일쇼크로 인한 외채 증가였다. 다른 하나는 서방
국가들의 경제침체와 원자재 수요의 감소로 인해 북한의 광물 및 금속
류의 수출가격이 하락했던 점이다. 수출 감소로 인해 외화획득이 어려
워졌고, 그에 따라 차관도입은 중단되고 1976년 들어 채무 불이행사태
default에 빠져들면서 북한의 대외신용도는 급락했다.[506] 북한은 1970년
대 후반에 들어서면서 만성적인 무역적자와 외채 증가에 시달렸고, 대
외경제관계를 개선하려고 노력했지만 1970년대 말의 제2차 오일쇼크
로 인해 상황은 더욱 나빠졌다.

북한은 1970년대에 줄곧 서방국가들과의 경제협력을 확대하는 조치
(외자도입 증대와 무역구조 조정)에 발 벗고 나섰지만, 외채상환의 불
능으로 인해 1980년대 초반까지 대외경제협력은 여의치 않았다. 북한
은 소련 및 중국과의 협력을 통해 국제적 고립을 해소하는 한편, 자본
주의우호국들과의 교류를 통해 선진기술을 도입하고 수출시장을 확대
하는 과제에 집중하게 된다.[507]

1980년대 중반 합영법 도입

김일성 총비서는 1980년 10월에 열린 조선로동당 제6차대회에서 자
주·친선·평화를 전면에 내걸고 우호적인 자본주의나라들과 친선관계

를 맺어 경제·문화교류를 발전시켜나가겠다고 천명했다. 북한은 제2
차 7개년계획 기간(1978~84년)에 공업총생산액의 연 평균성장률을
12.2%로 발표하는 등 원만한 성장이 이뤄진 것 같았지만, 2년간의 조
정기간을 거쳐 1987년부터 제3차 7개년계획을 시작한 것에서 알 수 있
듯이 계획대로 성장하지 못했던 것으로 관측된다.

　북한은 1984년에 대외경제관계의 확대에서 돌파구를 찾으려 했다.
1984년 1월에 열린 최고인민회의 제7기 제3차 회의는 《남남협조와 대
외경제사업을 강화하며 무역사업을 더욱 발전시킬 데 대한 결정》을
채택했다. 이 결정은 5~6년 안에 사회주의국가들과의 무역을 10배 이
상 확대하고 자본주의국가들과의 경제기술교류와 무역도 적극 발전시
킨다는 내용을 담고 있었다. 그해 9월에는 최고인민회의 상설회의 결
정으로 《합영법》이 제정되었다.

　《합영법》은 외국기업의 투자유치에 나서려는 전례 없는 조치였고
'대외개방'의 첫 시도였다는 점에서 이목을 집중시켰다.[508] 1986~88년
에 북한의 수출입은 연평균 20% 이상 증가해 무역확대의 가능성을 보
여주었지만, 서방 자본을 유입하려던 합영사업은 예상과 달리 답보를
면치 못하였다.[509]

　북한은 1980년대 말에 구소련·동유럽 사회주의국가들의 체제 붕괴
라는 초유의 사태에 직면했고, 그에 따라 북한의 대외경제관계는 급격
히 움츠러들었다. 북한의 무역총액은 1988년에 약 52억 4천만 달러의
정점을 찍은 뒤에 감소추세가 이어졌다. 북한 무역규모는 1991년 이후
전년대비 60.0% 이하로 격감됐는데 이는 구소련과의 무역이 감소한
데 따른 것이었다(북한~소련 무역액은 1990년 17억 3천만 루블, 1991
년 6억 7백만 루블). 양국 간의 무역은 1991년에 경화硬貨결제로 바뀌
었고 북한은 최악의 상황을 피할 길이 없었다(한국은행 추정에 따르
면, 1990~94년에 연속 마이너스성장).

　북한은 이처럼 어려운 상황에서 대외경제협력을 확대해나갈 적극적
인 방안을 모색하게 된다. 자유경제무역지대 설치와 농업·경공업·무
역제일주의의 채택이 그것이었다.[510]

자유경제무역지대 설치와 무역제일주의

북한은 1991년 12월에 라진·선봉지역을 자유경제무역지대로 지정 (정무원 결정 제74호)하고 라진항·선봉항·청진항을 자유무역항으로 지정했으며, 1993년 3월에는 《자유경제무역지대 국토건설총계획》을 발표했다. 자유경제무역지대는 라진·선봉지역을 국제화물중계지, 수출가공기지 및 관광기지로 발전시켜 경제를 활성화하려는 방략이었다.

북한은 1992년 10월부터 《외국인투자법》,《외국인기업법》,《합작법》을 제정하는 등 제도정비에 나섰다. 사회간접자본SOC 개발 등 투자환경 개선과 저렴한 노동력을 이용한 수출가공산업 육성의 의지가 명백했다. 제1단계(1993~95년)에 12억 227만 달러, 제2단계(1996~2000년)에 10억 2,088만 달러, 제3단계(2001~10년)에는 10억 1,570만 달러가 소요되는 계획이었다. SOC는 투자규모가 큰데다가 수익이 날 때까지 상당한 기간이 소요되고 정치경제적 위험도 있어서 외자유치는 쉽지 않았다.[511]

북한이 라진·선봉지역을 자유경제무역지대로 개발하는데 따른 성과를 조기에 거둘 수는 없었지만, 경제특구·경제개발구를 확대해나가는 경험을 축적할 수는 있었다.

북한은 1993년 12월 당 중앙위원회 제6기 21차 전원회의에서 제3차 7개년계획(1987~93년)의 실패를 인정하면서 농업·경공업·무역 제일주의 전략을 내놓았다. 북한은 2~3년의 조정기를 정하면서 해외시장의 다각화, 무역방식의 다양화, 수출생산기지의 정비, 수출품 생산의 확대 등에 나서겠다는 결연한 의지를 밝혔다. 해외시장의 다각화와 관련해 중국, 일본, 러시아 등에 편중된 무역구조에서 벗어나 자원이 풍부하고 지리적으로 가까우며 거래조건이 좋은 동남아국가 등 개발도상국들과의 교역을 증진시키겠다는 목표를 세웠다.[512]

무역방식의 다양화와 관련해서는 원자재·반半제품 수출은 자제하고 가공무역, 되거리무역 등 다양한 방식을 도입하려고 했다. 수출품 생산의 확대를 위해서는 철강재, 유색금속, 기계설비, 축전지, 마그네샤 크링커, 시멘트, 돌가공품, 비단제품, 고려약 등을 적극 개발하기로 했다. 당시에 무역제일주의는 농업제일주의·경공업제일주의와 함께 '혁명적 경제전략'이라고 일컬어졌다.

북한이 무역을 확대하기 위해 새로운 무역체계를 도입한 것도 특기할만한 일이었다. 북한은 1992년 2월에《대외무역사업에서 혁명적 전환을 일으킬 데 대한 정무원 결정》을 채택하고 그해 12월에는 무역부·대외경제사업부를 대외경제위원회에 통합했으며 정무원의 각 위원회·부와 지방 행정경제위원회가 무역에 나설 수 있게 했다.[513] 1994년 4월에 열린 제9기 최고인민회의 제7차 회의에서는 각 도 무역관리국의 신설에 더불어 지방의 무역권한을 강화하는 조치를 취했다. 중앙정부의 무역 독점을 부분적으로 완화했던 것이다.[514]

무역제일주의 전략과 새로운 무역체계는 자본주의시장에도 통용될 수 있는 방법과 형식을 발전시켜 무역을 확대해나가려는 의지를 보여준 것이었다.[515] 그러나 혁명적 경제전략은 1994년 7월 김일성 주석의 갑작스런 죽음과 1995년 이래의 고난의 행군으로 인해 그 실행의 결정적 시기를 놓치게 된다.

대외경제의 실리주의와 보수화

1998년 9월 5일에 열린 최고인민회의 제10기 제1차 회의는 김정일 국방위원장의 재추대와《사회주의헌법》의 개정, 국가조직·제도 등의 정비를 위한 자리였다. 이 회의에서 대외경제위원회는 폐지되고 무역성이 부활되었다. 대외경제위원회 산하의 무역회사 13개는 무역성으로 이관되었고 대외건설국과 합영지도국은 경제협조관리국으로 통폐합되었다. 중복 기구들이 통폐합되고 상품 수출라인이 없는 회사들도 통폐합되었다. 무역회사들은 경영구조의 단일화와 전문화를 목표로 하여 구조조정에 들어갔다.[516] 그리고 1999~2007년에 북한의 무역증가율은 연평균 12% 내외로 비교적 안정적이었다.[517] 이 기간에 대외경제 부문에서 실리주의가 궤도에 올랐다고 할 수 있다.

북한은 대외경제부문에서의 '실리'의 원칙으로 세 가지를 강조했다.

첫째로, 상품의 수출입에서 최소 지출로 최대한의 이익을 내는 것, 둘째로, 국가이익의 견지에서 외화획득의 실익實益을 얻는 것, 셋째로, 상품수출입 거래에서 당면한 이익을 보장하면서도 전망적인 이익의 견지에서 실익을 얻는 것이었다.[518]

이 원칙 아래 수출입상품의 올바른 선정, 외화수입의 증대, 수출에서 가공품 비중의 제고, 수입허가제를 통한 외화낭비 통제 등이 강조되었다.[519] 수출품 생산에 있어서 새로운 과학기술을 도입하여 단위당 경상지출을 낮추는 한편, 유용한 선진기술이 집약된 설비·제품을 수입해야 한다고 강조되기도 했다.[520] 실리주의 기류는 2008년에 반전反轉을 맞이하여 일시적이나마 보수적 기류로 돌아서기도 했다.

2008~10년에는 경제정책 전반의 보수화 경향이 두드러진 가운데 대외경제부문에도 그 여파가 미쳤다. 국가의 통일적 지도가 강조된 가운데 무역회사별 수출입품목의 조정, 무역가격의 일원화 원칙 구현, 경제적 자립성 강화 등이 중시되었다. 지방의 무역활동을 통제하고 수출입창구를 일원화하는 한편, 수출입상품의 기준가격과 허용범위를 시세에 따라 대상별로 정해주고 모든 무역기관들로 하여금 그대로 적용하게끔 유도했다.[521]

또한 자주적인 수출구조를 꾸리는 것과 자국의 자원부원과 경제력에 기초하여 제품을 생산·수출하는 것도 강조되었다.[522] 그밖에 금융의 국제화, 대외무역의 비관세장벽, 외국인세법 등을 잘 연구하여 '우리식' 대외경제관계의 토대를 마련할 것과 외화수지관리에서 국가의 중앙집권적 장악·통제를 강화할 것을 촉구하기도 했다.[523] 이러한 보수화 경향은 조정 국면을 뜻하는 것이었지 대외경제협력의 확대라는 전략적 노선에서 완전히 물러선 것은 아니었다.

북한은 김정은체제 출범 직후 내각 산하에 무역성과 조선무역투자촉진위원회, 조선합영투자위원회 같은 대외경협 실행기구를 두었다. 조선합영투자위원회는 2012년 3월에 "투자환경은 앞으로 더욱 개선될 것이며, 외국투자가들은 기업경영의 좋은 기회를 가지게 될 것"이라고 표명했다. 위원회는 자립적 민족경제의 토대를 강화하는 기초 위에서 다른 나라들과의 경제협조관계를 확대하고 발전시켜 나가는 것이 북한의 시종일관한 정책임을 확인했다. 위원회는 또한 2011년 말에《외국인투자법》과《합영법》《합작법》《외국투자기업 및 외국인세금법》을 비롯한 투자 관련법들을 일제히 수정 보충하는 조치들을 취했던 것을 새삼 강조하기도 했다.

북한은 라선경제무역지대와 황금평·위화도경제지대를 중국과 공동으로 개발 관리하는 것에 합의했는가 하면,《황금평, 위화도경제지대법》을 새로 채택하고《라선경제무역지대법》을 전면적으로 수정 보충했다. 양 경제지대의 공동 개발·관리는 새로운 협력 형태라 할 수 있다. 조선합영투자위원회는 다른 나라 정부와 투자촉진단체, 기업들과의 교류협력을 확대해나갈 계획도 아울러 밝혔다.[524] 이처럼 조선합영투자위원회 같은 국가기구가 나서서 자국의 정책 방향과 법안의 취지를 설명하는 것 등에서 낡은 틀을 깨려는 적극성과 변화 추구를 찾아볼 수 있었다. 다만 조선합영투자위원회는 2013년 '장성택사건'의 여파로 해체·축소되어 이듬해 대외경제성(무역성의 확대)의 합영투자국으로 개편됐다.

1990년대 중반 이후 북한과 중국의 교역 급증

1993년 12월에 무역제일주의 전략을 내건 북한은 이에 앞서 1992년에《조선과 중화인민공화국 정부 사이의 무역협정》을 체결함으로써 중국을 주요 파트너로 삼았다. 북한과 중국 사이의 국경무역은 지속적으로 발전해왔다. 양국 관계는 중국의 대북 지원의 틀을 넘어 상호협력관계로 전환되었다. 1990년대 중반에 북한의 연속적인 자연재해에 대한 중국의 식량지원이 양국관계 전환의 모티브가 되기는 했지만, 한편으로는 양국 간의 무역관계가 정착되기에 이르렀다.

북한과 중국의 1999년도 무역총액은 3.7억 달러(1992년의 53.5% 수준)에 지나지 않았으나, 2000년 이후 북한 경제의 회복세에 발맞춰 양국 무역은 정상 궤도에 진입했다. 북한의 대중 무역의존도는 1992년 이래 평균 25% 이상이었다. 2002년 이후 무역의존도가 대폭 증가해 2004년에는 54%에 이르렀다.

당시 북한~러시아 간의 무역은 북한 대외무역 전체의 4~7% 수준이었고, 2004년 북한~일본 간의 무역은 7% 정도에 불과했다. 2006년 이후 국제사회의 대북 제재에 따라 북한의 대중 무역의존도는 더욱 높아졌다.

북한이 2006년에 지하핵폭발 시험을 선포하고 유엔이 제재를 강화하는 상황에서 북한~중국 무역은 더 늘어나 2008년에 27.9억 달러, 2009년에 26.8억 달러, 2010년에 34.7억 달러를 기록했다.[525] 다만 북한이 외화획득과 내수 물품의 보완에 치중하는 모습을 보였던 점을 감안할 때, 과연 두 나라가 경협을 자신의 경제발전의 전략적 수단으로 삼고 있는 지에는 의문이 있다. 국경 대교大橋의 유지와 정비, 국경지역의 항구 건설 등에 중국 자본이 유입되는데 그쳤다. 중국의 대외무역에서 북한이 차지하는 비중은 점점 낮아지고 중국의 흑자가 지속되고 있으며, 북한 기업이 중국 무역회사에 빚을 갚지 못하는 현상이 나타났다.[526]

양국의 관계발전 추세로 보아 경협은 앞으로 확대 발전할 것이다. 그 과정에서 중국의 중앙정부와 단동·연변 정부의 대교·도로·철도 수리와 관리 강화, 철도 운송능력의 제고, 국경무역에 대한 정책 혜택의 지속적 보장, 수출입상품 구성의 조절 등이 보완된다면[527] 국경무역은 더욱 발전할 것이다.

2) 대북제재 하의 자력갱생과 자강력제일주의

북한 인민들의 자력갱생과 자강력제일주의의 국정지침이 지속되는 상황에서 대외경제관계가 어느 정도 확대될지, 어떤 양상을 보일지에 대해 안팎의 관심이 높다. 대외경제관계의 확대가 '대외개방'으로 이어질 것이라는 기대 때문이다.

김정은 위원장이 새 경제발전전략을 추진하는 과정에서 대외경제 관계를 더욱 중시하겠지만, 경협의 폭과 속도는 북핵문제를 둘러싼 북미협상의 영향을 받을 것이다. 그는 대외경제협력이라는 변수變數를 경제발전전략의 상수常數로 만들려고 노력할 테지만, 자주권의 수호와 한반도 평화체제의 구축이라는 '높은 차원의 국가전략'에 따라 신중모드를 취할 수밖에 없을 것이다.

앞에서 지적했듯이 김정은 시대는 자력자강自力自强의 심화와 대외경제협력의 확대를 동시에 추구한다. 경제발전전략의 수행에서 양 측면이 모두 중요하다고 판단하는 것이다. 어느 한 쪽에 매달려 균형을 잃으면 정세 변화에 능동적으로 대처하지 못한다고 보는 것 같다.

오랫동안 자립적 민족경제건설을 강조해온 북한으로서는 자력갱생과 대외경제협력의 동시이행이 체질일 수도 있겠다. 사회주의경제권이 붕괴되고 세계적 냉전질서가 와해된 가운데 동아시아에서만은 냉전질서가 강고하게 남아 있고 북한에 대한 국제사회의 봉쇄는 지속되고 있다.

북한은 체제 위기에 대처하는 전략적 선택으로 핵과 미사일 등 전략무기 개발에 나섰고, 북핵문제는 국제사회가 대북제재를 유지·강화시키는 원인으로 작용했다. 국제사회에서 고립된 북한으로서는 자립적인 경제발전전략이 더욱 중요해졌다. 자력갱생의 혁명정신으로 경제성장의 기회를 만들어야 했고 다른 선택지를 생각할 겨를이 없었다.

미국의 대북 봉쇄가 강고히 유지되는 상황에서 북한이 대외경제협력의 기회와 틈새를 찾으려고 노력하지 않은 것은 아니었다. 국제환경이 유리하게 바뀐다고 해도 북한은 자력자강의 심화와 대외경제협력의 확대의 수레바퀴를 함께 굴려가며 황토 길이든 신작로든 가려고 할 것이다. 하나가 중요하다고 해서 다른 하나를 무시하면 수레는 균형을 잃게 되고 그것은 경제발전전략의 수행에 곧바로 타격을 줄 수 있다. 이러한 북한의 사유방식에는 양면을 모두 고려하는 '결합'의 원리라는 전형성典型性이 작용하고 있다.

김 위원장이 자력자강을 강조하면서도 국제사회의 대북제재를 해체시키려는 전략을 구사하는 것은, 북한의 피할 수 없는 운명이다. 그의 2019년 《신년사》는 그러한 생각의 단면을 보여준다.

"올해에 우리 앞에는 나라의 자립적 발전능력을 확대 강화하여 사회주의건설의 진일보를 위한 확고한 전망을 열어놓아야 할 투쟁과업이 나서고 있습니다.…《자력갱생의 기치높이 사회주의건설의 새로운 진격로를 열어나가자!》, 이것이 우리가 들고나가야 할 구호입니다. 우리는 조선혁명의 전 노정에서 언제나 투쟁의 기치가 되고 비약의 원동력으로 되어온 자력갱생을 번영의 보검으로 틀어쥐고 사회주의건설의 전 전선에서 혁명적 앙양을 일으켜나가야 합니다.…

주변나라들과 국제사회는 조선반도의 긍정적인 정세발전을 추동하려는 우리의 성의 있는 입장과 노력을 지지하며 평화를 파괴하고 정의에 역행하는 온갖 행위와 도전들을 반대하여 투쟁하여야 할 것입니다. 우리 당과 공화국정부는 자주, 평화, 친선의 이념에 따라 사회주의나라들과의 단결과 협조를 계속 강화하며 우리를 우호적으로 대하는 모든 나라들과의 관계를 발전시켜 나갈 것입니다."

《신년사》가 나온 지 달포 만에 당 기관지 『로동신문』은 김정일 국방위원장의 탄생 77주년 기념사설("위대한 령도자 김정일동지의 애국주의를 구현하여 공화국의 존엄과 비약의 기상을 높이 떨치자")에서 우리 힘과 기술로 사회주의강국건설의 모든 전선에서 대혁신·대비약의 폭풍을 세차게 일으켜나갈 것을 요구했다. 《세계와 경쟁하라!》, 《세계에 도전하라!》, 《세계를 앞서나가라!》, 이것이야말로 시대의 요구, 혁명의 부름이라고 호소했다.[528] 대혁신·대비약의 폭풍은 사회주의강국 건설의 절박성을 보여주면서 동시에 담대한 변화를 예고한 것이었다. 세계를 향한 경쟁과 도전과 추월은 김정은 위원장의 꿈이다. 중국의 지도자 시진핑習近平 국가주석이 '중국몽中國夢'을 공개적으로 추구했듯이 김정은 위원장이 '조선의 꿈'을 명시적으로 밝힌 것은 아니지만, '세계를 향한 경쟁과 도전과 추월'을 그의 꿈으로 볼 수 있다.

자력자강으로 세계와 경쟁한다는 관념은 북한 인민들 속에서 철리
哲理로 받아들여지고 있는 듯하다. 그러나 대외경제협력을 도외시할
생각이 없다는 것도 자명하다.

북한은 김정은 시대에 들어와 무역채널의 다변화, 수출품목의 다양
화, 특수경제지대를 통한 해외투자 유치의 확대 등을 통해 대외경제협
력을 확대해나갈 의지를 보이는 한편, 국제사회의 대북제재가 지속되
는 국면에서 내수內需에 집중하는 모습을 보였다.[529]

자강력제일주의가 부상한 것은 2016년이었다. 김 위원장은 2016년
《신년사》에서 "자강自强의 길만이 우리 조국, 우리 민족의 존엄을 살
리고 혁명과 건설의 활로를 열어나가는 길"이라면서 "사회주의강성국
가 건설에서 자강력제일주의를 높이 들고나가야 한다"고 역설했다. 자
강력제일주의의 등장을 《신년사》 발표 며칠 뒤에 있었던 제4차 핵실
험과 관련지어 보는 분석도 있다.[530] 당시 북한이 의욕적으로 시작한
경제개발구 개발 정책이 성과를 내지 못했고 2015년도 수출이 전년도
대비 12% 가량 감소했으며, 제4차 핵실험의 강행에 뒤따를 국제사회
의 제재 강화에 대비하지 않을 수 없었을 것이다.

《신년사》 이후 북한 경제학자들은 자강력제일주의에 관한 글을 잇
달아 발표했다. 이를테면 "우리나라에 대한 미제와 그 추종세력들의
경제적 봉쇄책동이 그 어느 때보다도 악랄하게 감행되고 있는 현실
은 자강력제일주의 기치를 높이 들고 현대화에 필요한 설비, 자재들
을 우리의 힘과 기술, 자원으로 국산화할 것을 요구하고 있다"는 식
이었다.[531]

경제봉쇄 하에서 경제발전전략의 목표를 달성하려면 자력으로 설비
현대화와 원자재 공급에 나서야 하고 그 방법은 국산화 외에 달리 길
이 없음을 호소한 것이었다. "오늘 경제강국과 문명국 건설을 위한 우
리의 투쟁은 그것을 가로막는 제국주의자들의 방해책동과 겹쌓이는
애로와 난관 속에서 진행되고 있으며 이것을 성과적으로 뚫고 나가자
면 전체 군대와 인민이 자강력제일주의를 높이 들고나가야 한다"는
설명도 있었다.[532] 자강력제일주의의 깃발을 군대와 인민이 함께 들어

야 한다고 역설한 것이었다.

"자신의 힘으로 능히 해결할 수 있는 것을 수입에 의존한다면 그것은 자립적 민족경제건설에 기여하는 것이 아니라 오히려 자력갱생의 혁명정신을 약화시키고 다른 나라에 대한 의존심을 조장시키며 외화의 지출을 증대시킨다"는 우려도 제기되었다.[533] 수입의존에서 벗어날 것을 호소한 것은 국산화 정책과 맞닿아 있다.

북한 경제학자들은 당과 국가의 국산화 정책에 적극 호응했다. 국산화와 공장·기업소의 현대화를 연계하는 논리를 적극 개진했던 것이다. 예를 들자면 "우리는 국산화의 비중을 높일 데 대한 당 정책을 철저히 관철하여 우리식의 현대화, 자력갱생에 기초한 국산화를 적극 실현해 나감으로써 주체의 사회주의강국 건설을 적극 다그쳐 나가야 할 것"이라는 담론이었다.[534] "설비, 자재의 국산화 비중을 높이는 것, 이것이 공장, 기업소 현대화에서 중핵이며 기본 지표이다. 공장, 기업소들을 현대화하는 데서 중요한 것은 우리의 힘, 우리의 기술, 우리의 자원에 의거한 현대화를 실현하는 것이다. 남의 설비를 사다가 생산 공정을 조립하는 것은 현대화가 아니다"라는 주장도 등장했다.[535]

나아가 "첨단기술설비에 대한 제국주의자들의 수출제한조치가 날로 악랄해지는 환경에서 자체의 경제력을 강화하자면 결정적으로 원료와 연료, 설비의 국산화를 실현하여야 한다", "경제건설의 기둥이 되고 경제의 생명선으로 되는 기간공업과 같은 핵심 분야에서부터 원료, 연료의 국산화부터 실현하여야 한다"는 제안으로 이어졌다.[536]

북한 매체들은 국산화의 대표사례로 주체철 생산체계의 완성, 마그네샤크링카 생산의 주체화 실현, 석탄가스화에 의한 비료생산공정 확립 등을 보도했다.[537] 그러한 주체화 노력이 생산력의 향상에 얼마나 도움이 되었는지를 파악하기는 어렵고 그런 만큼 평가도 조심스럽지만, 인민들이 자부심을 느끼는 계기는 되었을 것으로 보인다.

자강력제일주의는 2016년 5월 8일에 열린 조선로동당 제7차 대회《결정서》에도 반영되었다. 당·국가와 학계 및 생산현장이 한 목소리를 내는 북한의 분위기를 잘 알 수 있다. 그 대목을 옮기면 다음과 같다.

"우리는 자강력제일주의를 높이 들고나가야 한다. 자강력제일주의는 자체의 힘과 기술, 자원에 의거하여 주체적 역량을 강화하고 자기의 앞길을 개척해 나가는 혁명정신이다. 조선혁명의 역사는 자강력으로 개척되고 승리하여온 역사이다. 자강력제일주의의 기반은 자기 나라 혁명은 자체의 힘으로 해야 한다는 위대한 수령님들(김일성 주석과 김정일 국방위원장)의 혁명사상이며 자강력제일주의를 구현하기 위한 투쟁방식은 자력갱생, 간고분투이다.… 대회는 경애하는 김정은동지께서 밝혀주신 대로 사회주의건설의 총노선과 자강력제일주의를 항구적인 전략적 노선으로 틀어쥐고 사회주의강국건설에서 위대한 승리를 이룩하며 온 사회를 김일성-김정일주의화하는 역사적 위업을 빛나게 실현해나갈 확고한 결의를 표명한다." [538]

당의 《결정서》에서 자강력제일주의를 실천하는 투쟁방식으로 자력 갱생·간고분투를 꼽은 것은 옛것에서 지혜를 구한 것(溫故而知新)이었다. 북한 인민들에게 있어서 자력갱생과 간고분투는 과거와 현재와 미래를 잇는 일상日常이다.

김정은 위원장이 2019년 4월 12일에 최고인민회의 제14기 제1차 회의에서 한 시정연설 《현 단계에서의 사회주의건설과 공화국정부의 대내외정책에 대하여》는 자력갱생이 북한의 과거이자 곧 미래 전략임을 거듭 확인시켜주었다.

"우리 공화국은 세계사회주의진영이 존재하고 크건 작건 나라들 사이의 협조 관계가 이루어지던 지난 시기에도 혁명과 건설에서 독자성과 자주성을 견지 하여왔으며 자력갱생으로 사회주의건설을 전진시켜왔습니다. 자주의 혁명노 선을 틀어쥐고 자력으로 사회주의를 건설해나가는 것은 우리 공화국이 변함 없이 견지하여야 할 국가건설의 근본원칙으로 됩니다.… 우리에게는 최단기 간 내에 나라의 경제를 활성화하고 세계 선진수준에로 도약할 수 있는 자립 적 발전능력과 기반이 있습니다. 수십 년간 다져온 자립경제토대와 능력 있 는 과학기술역량, 자력갱생을 체질화하고 애국의 열의로 피 끓는 영웅적 인 민의 창조적 힘은 우리의 귀중한 전략적 자원입니다.… 자립적 민족경제건설노선을 튼튼히 틀어쥐고 자력갱생의 혁명정신을 높이 발휘해나갈 때 우리는 남들이 가늠할 수도 상상할 수도 없는 힘으로 놀라운 발전상승의 길을 내달리게 될 것입니다." [539]

3) 『로동신문』 사설 : 자력갱생의 혁명정신

『로동신문』은 2019년 4월 24일자(사설)에서 강원도 인민들이 전국 근로자들에게 보낸《호소문》에 호응하여 자력갱생의 혁명정신을 발휘할 것을 촉구하고 나섰다. 사설은 "강원 땅에 울려 퍼진 이 신념의 외침은 당중앙의 사상과 노선, 결심을 자력자강의 장엄한 승전포성으로 결사옹위하려는 불같은 충정의 분출이며 우리의 전진을 가로막으려는 적대세력들에게 조선 사람의 본때를 다시 한번 보여주려는 높은 계급적 자존심과 애국심의 발현"이라면서 "우리는 자력갱생을 번영의 보검으로 틀어쥐고 전민총돌격전, 총결사전을 과감히 벌림으로써 자력으로 부흥하는 조국의 위대한 역사를 써나가야 한다"고 강조했다.

자력갱생을 번영의 보검으로 여기는 담론은 이때부터 북한 사회에 퍼져나갔다. 이것은 자력갱생을 미래 전략으로 보는 김 위원장의 생각이 투영된 것이었다.

사설은 특히 "당 중앙위원회 제7기 제4차 전원회의와 최고인민회의 제14기 제1차 회의에서는 자주의 혁명노선과 자력갱생의 전략을 틀어쥐고 사회주의강국을 건설하는 것을 확고부동한 정치노선으로 재천명하였다"는 사실을 상기시키면서 "모든 것을 자력자강의 원칙에서 해결해나가면서 우리 식, 우리 힘으로 사회주의건설의 일대 번영기를 열어 놓으려는 것이 우리 당의 드팀없는 결심"이라고 밝혔다. 자력갱생의 혁명정신이 시대적 요구에 의해 자력자강의 원칙으로 정립되었던 것이다.

사설에서 특히 인상적인 대목은 전체 인민에게 진짜배기 자력갱생 투사가 될 것과 모든 부문·단위에서 자력갱생에 철저히 입각한 발전전략과 경영전략을 수립하고 실행할 것을 촉구한 점이었다.[540] 이것은 자력갱생이 시대적 요구에 의해 생산현장의 자율성의 증대로 이어질 것으로 예고한 것이었다. '우리식'의 강조는 변화하는 현실에 탄력적으로, 융통성 있게 대처하는 길을 열어놓은 면이 있다.

이에 앞서 『로동신문』은 4월 1일자에서도 자력갱생·간고분투의 혁명정신을 총폭발시킬 것을 촉구하는 논평을 실었다. 신문은 "우리의 사회주의건설 과정은 자력갱생으로 시작되고 자력갱생의 위력으로 승리 떨쳐 온 긍지 높은 역사"이고 "자력갱생의 전통을 계승해오면서 천만대중의 심장 속에는 자력갱생만이 우리가 살길, 나아갈 길이라는 것이 절대불변의 신념으로 뿌리내렸고 우리 인민은 불가능을 모르는 자강력의 강자로 자라났다"고 지적했다.

또한 "자기의 행복을 자기 손으로 창조하려는 우리 인민의 열의는 국가경제발전 5개년전략목표 수행을 위한 증산돌격운동의 불길이 세차게 타오르고 자력자강의 창조물들이 연이어 일떠서게 하는 원천으로 되고 있다"고 강조했다.[541] 자력갱생·간고분투를 5개년전략목표 수행과 증산돌격운동에 초점을 맞추었던 것이다.

『로동신문』의 2018년 보도 일부를 돌아보면, 당 중앙위원회 제7기 제3차 전원회의(4월 20일)에서 경제건설 총력집중노선이 채택된 것과 관련해 4월 25일에 "전당, 전국이 사회주의경제건설에 총력을 집중할 데 대한 우리 당의 새로운 전략적 노선에 관통되어 있는 근본핵, 기본원칙은 자력갱생"이라고 강조했고,[542] 11월과 12월에 특히 자력갱생 보도가 집중되었다. "우리 당의 자력갱생전략은 그 어떤 환경과 조건에서도 우리 혁명의 전진속도를 비상히 높여나갈 수 있게 하는 비약의 전략"이고 "그 어떤 정세 하에서도 흔들림 없이 혁명을 떠밀어나가는 제일가는 무기가 바로 자력갱생"이라는 지적(11월 30일),[543] "자력갱생의 위력은 곧 과학기술의 힘"이라는 지적(12월 5일),[544] "자력갱생의 혁명정신, 투쟁기풍으로 사회주의경제건설에서 눈부신 발전을 이룩해나가는 우리 인민의 힘찬 전진을 그 누구도 멈춰 세울 수 없다"는 지적(12월 8일)[545] 등이 그것이다.

이렇게 보면 북한은 자력갱생 전략을 대북제재 국면에서의 일시적인 대응 방침으로 보는 것이 아니라 혁명적인 전략적 노선으로 여긴다는 것을 알 수 있다.

4) 다양한 대외경제협력의 길 모색

북한이 자력자강을 강조하면 할수록 한편에서는 다양한 대외경제협력의 길을 모색한다고 보는 편이 합리적이다. 자력자강으로 수출능력이 커지면 수입능력은 확대된다. 이렇게 되면 경제발전의 선순환 구조가 만들어질 여지가 있다.

대외경제협력 확대의 구상은 김정일 시대에 그 원형이 만들어졌다. 그 기원은 1993년 12월 조선로동당 중앙위원회 제6기 제21차 전원회의에서 농업·경공업·무역 제일주의를 혁명적 경제전략이라고 선언한 때로 소급될 수 있겠지만, 아이러니하게도 2000년대의 선군시대 경제건설노선 하에서 대외경제관계의 정책과제들이 체계화되었다.

<표 3-40>은 선군경제노선 하에서의 대외경제관계 확립을 위한 정책과제들을 정리한 것이다.[546] 무역사업을 발전시키기 위해서는 무역확대, 수출증대 및 외화소득 증대, 수출품 품질의 향상, 수출상품구조의 개선, 설비·물자 수입, 신용제일주의 견지, 무역에서의 통일적 지도와 창발성 등에 나서야 한다는 것이었다. 대외경제협력의 길을 열어나가는데 있어서 무역사업의 발전 외에 합영합작사업, 과학기술교류, 경제특구, 국제금융거래 발전 등도 중시되었다.

〈표 3-40〉 대외경제관계 확립을 위한 정책과제

부문	전략적 방향	정책과업
무역사업 발전	무역확대	- 무역에서의 결정적 방향 전환 (대외시장의 지속적인 확장) - 동남아 국가들과 러시아·중국과의 무역 발전 - 유럽을 비롯한 발전된 자본주의국가들과의 무역 발전 - 외교관계가 없는 발전된 자본주의국가들과의

부문	전략적 방향	정책과업
		상품교류 발전 - 다양한 거래방법 숙지, 환시세·시장경기변동에 대한 민감한 대응
	수출증대 및 외화소득 증대	- 다양한 방법으로 가공무역 발전 - 되거리무역 발전, 변강무역질서 확립, 기술무역발전 주력 - 바터무역, 위탁수출입무역, 보상무역, 대리업무, 중계업 등 활성화 - 수출품의 다양화 및 증산
	수출품 품질 향상	- 수출품 품질에 대한 간부들의 낡은 관점 일소 - 대외시장수요(현지 사용조건)에 맞게 수출품의 품질 향상 - 수요자의 미적 요구와 민족적 기호에 맞는 제품 생산 - 수출품의 품질에 대한 감독통제사업 강화 - 국제품질인증제도의 도입 (ISO에 의한 품질관리체계 인증 도입사업 조직) - 대외시장수요를 감안한 수출품의 포장 개선
	수출상품구조 개선	- 원료 수출보다는 가공제품 수출로 전환 - 수공예 제품의 증산·수출 - 다양한 기술집약제품의 증산·수출 - 세계시장 패권을 쥘 수 있는 제품(마그네사이트, 흑연)의 무역거래 증대
	설비·물자 수입	- 전반적인 경제 활성화에 필요한 원자재 수입 - 경제 전반의 현대적 기술개건에 필요한 설비품 수입
	신용제일주의 견지	- 수출입계약을 똑바로 체결하고 이를 성실히 이행하는 무역 관행 정착
	무역에서의 통일적 지도와 창발성	- 무역성의 역할 강화 - 무역회사 및 간부들이 무역성의 통일적 지도에 복종하는 행정규율 확립 - 무역회사별로 주요 수출입품종의 합리적 조정, 현실적 가격 결정 - 공장·기업소·지방의 창발성 향상 - 자본주의시장 연구를 위한 국가차원의 강력한 연구집단 활동
합영합작 사업	기술개건에 도움이 되는 합영·합작사업	- 기술개건에 이바지하는 사업 대상 - 국가이익 차원의 경제적 타산 - 투자환경 조성
	올바른 운영	- 합영기업 : 이사회의 정상 소집운영, 이사회 결정의 존중 및 철저한 집행 - 합작기업 : 현안에 대한 비상설공동합의기구의 제때의 토의 및 합의 도출 - 신기술 도입에 의한 생산 공정의 지속적인 갱신

부문	전략적 방향	정책과업
		- 판매시장의 확대 및 기업의 실정과 능력에 맞는 판매 방법 적용 - 연간 결산 및 이윤분배사업의 정확한 실행
	타국 진출	- 서비스 및 상품유통 부문 진출에서 시작, 단계적으로 다양한 분야로 확대
과학기술 교류	과학자·기술자 교류	- 국제학술토론회, 유학, 실습, 견학, 초빙강의 등 다양한 교류 조직 - 첨단기술 개척을 위한 공동연구사업 조직 등
	지적소유권 매매	- 실리주의에 입각한 공업소유권(특히 특허기술)의 국제거래
경제특구	사회주의원칙 견지	
	선진기술도입 견지	
	특구개발전략 수립	- 특구 유형의 올바른 규정 (어떤 산업부문을 위주로 하느냐 고려) - 단계별 개발전략의 올바른 수립
	특구법 제정 중시	- 투자대상, 특구개발과 관리, 기업운영·분쟁문제 해결방법 등 규정
	특구기관 역할 제고	- 특구개발을 개발업자에게 맡기는 경우 중앙특구관리기관의 감독 수행
국제금융 거래발전	각국 은행거래 확대	- 합자은행, 단독은행, 은행대표부 등의 조직사업 중시 - 국제결제와 외환관리, 신용거래 등 합리적 조직 - 주재국 은행들과의 접촉 확대
	국제금융시장 진출	- 다양한 신용업무 수행, 외환관리능력 향상
	국제보험 확대	- 보험거래에서 화폐수입의 최대한 증대 - 재보험시장에 대한 조사연구 및 세계보험시장으로부터의 업무 유치 - 실리보장을 위한 자금지출 축소 등

5) 김정은 시대의 대외무역 분권화

김정은 시대의 대외무역

김정은 시대에 들어와 외화가득 능력이 높아진데 따라 수입능력도 증대했고, 이것이 내수시장에 긍정적인 영향을 미치면서 실물경제가 부분적으로 활력을 띠었다.[547] 북한은 2013년에 무역의 다각화를 중시하는 한편, 지하자원 중심의 수출구조를 넘어 경공업을 포함한 수출품목의 다양화를 지향했으며, 해외투자 유치를 위한 제도적·정책적 지원 시스템을 정비했다.[548]

그해에 무역의 중국 의존도는 더 높아졌고 지하자원의 수출 비중이 어느 해보다도 높았으며, 투자유치에 어려움을 겪었다. 개성공단을 통한 교역도 급감하여 전반적으로 무역구조가 취약해진 것으로 평가되었다. '장성택 반당반혁명사건'으로 인해 지하자원 수출을 통한 외화획득이나 경제개발구·특구를 통한 외자유치에서 어려움은 가중되었다.[549]

그럼에도 북한은 2013년에 역대 최고의 무역량을 달성했는데, 이는 북한과 중국 사이의 무역 확대에 힘입은 것이었다.[550] 북한은 2013년 10월 16일에 최고인민회의 상임위원회 정령을 통해 내각 산하의 국가경제개발총국을 국가경제개발위원회로 승격하고 조선경제개발협회를 별도로 조직했다. 조선경제개발협회는 다른 나라의 기업·단체들의 북한 특수경제지대에의 진출을 돕는 민간단체로 출발했는데, 투자토론회·상담회·전시회 및 정부 위임에 따른 투자합의, 투자가들의 기업활동보조 등 다양한 서비스를 제공하기로 되어 있었다.[551]

2014년에는 북한 대외무역량이 2013년에 약간 못 미쳤는데, 대중국 무역이 감소했던 탓이다. 북한이 식량, 원유, 생필품 등을 중국에서 수입하고 무연탄·철광석 등 지하자원을 수출해왔음을 감안하면 대중국 무역 감소는 부담이 될 수 있었다. 북한은 러시아와의 경제관계 개선에 노력했고 경제개발구, 중계무역, 관광산업, 기술무역 등 다양한 채널을 통한 외화획득을 강조했지만 그 성과는 미약했던 것으로 평가된다.

북한은 2013년 5월 29일에 《경제개발구법》을 처음으로 채택·공포한 이래 그해 11월 6일에 《경제개발구 창설규정》, 《경제개발구 기업창설운영규정》, 《경제개발구 관리기관 운영규정》 등을 발표했다. 11월 21일에는 최고인민회의 상임위원회 정령으로 각 도道에 특색 있는 경제개발구를 창설한다는 결정이 발표되었다.[552] 2014년 6월에는 무역성·

합영투자위원회·국가경제개발위원회를 통합해 대외경제성을 신설했다. 라진-선봉 자유경제무역지대를 통한 중계무역 및 서비스업 발전을 강조하는 모습도 눈에 띄었다.[553]

2014년도 북한의 대외무역은 대중국 무역이 중심을 이루었고 무역 증가세는 다소 주춤했던 것으로 나타났다. 수출 품목의 제한과 수입 품목(전략물자·생필품·자본재 등)의 패턴을 보면 질적인 개선이 거의 없었다. 남북교역에서는 2014년에 20억 달러, 누적 교역액 200억 달러를 상회했지만 개성공단에 대한 의존구조에서 벗어나지 못했다.[554]

북한의 2015년도 대외무역에서는 이전 5년간 역대 최대치를 기록해 오던 대중국 무역 증가세가 한풀 꺾였다.[555] 양국의 정치관계, 중국 기업들의 리스크 회피 심리, 동북3성의 경기부진, 김정은 위원장의 국산품 애용 강조와 수입병 비판 등이 이에 영향을 미쳤을 것이다. 2015년에도 지하자원의 수출부진은 지속되었고, 북한 정부는 수출을 통한 외화 확보에 차질을 빚자 소득수지(노동력 송출)와 서비스수지(관광수입), 국내 시장을 통한 자금 흡수에 더 집중하는 모습을 보였다.[556]

북한은 2016년에 대중국 수입을 대폭 늘렸는데 수입 감소의 부작용을 일시적으로 해소하려는 조치였을 것이다. 중국으로서는 대북제재가 접경도시들의 경제에 미치는 부정적인 영향을 최소화하기 위해 대북제재를 북한의 대중 수출부문에 제한했을 가능성도 생각할 수 있다. 중국 접경도시들(단둥, 훈춘, 옌지)의 경제는 북한의 대중 수출보다 수입에 더 큰 영향을 받기 때문이었다.

북한의 2016년 교역환경은 전반적으로 악화의 길을 걸었다. 원자재 가격의 하락, 중국경제의 성장 둔화, 대북제재, 중국의 친환경에너지 정책(무연탄 수입 제한) 등으로 인해 북한의 주력 수출품인 무연탄, 철 광석 등 광물의 수출 감소가 불가피했던 탓이다.[557]

북한은 2017년에 역사상 가장 강력한 경제제재에 직면했다. 2016년에 두 차례의 유엔 안보리의 제재 조치에 이어 2017년에는 네 차례의 제재 조치가 강행되었다. 갈수록 유엔안보리의 대북제재의 강도는 강해졌고, 미국을 비롯한 관련 국가들의 양자 제재도 범위가 넓어지고 강력해졌다.[558] 이처럼 어려운 환경에서 경제를 일으켜 세운다는 것 자체가 여간 힘든 일이 아니었을 것이다. 북한의 대외경제협력에서 대전환이 일어나려면 국제사회의 대북제재를 해체시키거나 완화시키는 '특별한' 노력이 필요했고, 이것이 김정은 위원장으로 하여금 미국과의 '전략적 담판'에 나서도록 재촉했을 것이다.

대외무역의 분권화 추진

북한은 김정은 시대에 들어와 '우리식 경제관리방법'에 조응하도록 대외무역체계를 일부 변경하고 대외무역의 분권화를 추진하고 있다. 무역을 늘리고 효율성을 높이기 위한 노력이었다. 대외무역 운영체계의 변화는 2015년에 수정 보충된 《조선민주주의인민공화국 무역법》에 반영되었다.

무역 분권화의 일환으로 무역 주체가 확대되었다. 종전에는 영업허가를 받은 무역회사가 무역을 하도록 되어 있었는데 '영업허가를 받은 기관·기업소·단체'가 무역을 할 수 있는 것으로 바뀌었다(제11조). 대외무역의 허가제를 유지하면서도 허가를 받을 수 있는 대상을 확대한 것이다.

무역허가 절차는 간소화하여 기관·기업소·단체가 무역회사 설립의 절차 없이 중앙무역지도기관에 영업허가를 신청해 영업허가증을 발급받기만 하면 된다(제13조). 무역 영업허가를 받은 기관·기업소·단체는 위탁수출입업무도 수행할 수 있어 다른 단위에게 와크(무역허가권과 수출입 허가물량)를 대여하고 수수료를 받을 수 있게 되었다(제17조).

무역계획의 작성과 실행에서 무역단위들의 자율성을 높인 것은 중대한 변화였다. 무역계획을 작성할 때 국가적인 전략지표, 제한지표, 기타 지표로 구분하여, 앞의 두 가지는 국가계획기관이 현물계획으로 계획화(계획작성과 실행)하도록 하고 기타 지표는 국가계획기관이 액상으로만 계획화하며, 현물계획은 개별 무역단위가 자체적으로 계획을 작성하게 했다.

각 무역단위에 대해 수출입 금액 목표만 제시하고 품목 선정과 수량은 무역단위의 자율에 맡겼다(제30조, 제31조). 종전에는 무역단위의 모든 수출입 가격과 운임을 중앙무역지도기관 및 가격제정기관이 결정했으나 국가적인 전략지표·제한지표의 수출입 가격과 운임에 대해서만 중앙의 승인을 받고, 기타 지표는 무역단위가 자율적으로 결정할 수 있도록 했다(제19조).[559] 《무역법》의 이러한 변화는 《기업소법》의 무역 관련조항이나 《무역법》의 개정 세칙에도 반영되었다.

기업체들은 사회주의기업 책임관리제에 따라 경영권을 자율적으로 행사하는 가운데 2014년 7월부터 무역과 합영·합작에 관한 권한을 갖게 되어 가능한 범위에서 대외경제활동을 능동적으로 전개할 수 있게 되었다. 기업체들이 대외무역사업을 창발적으로, 능동적으로 진행할 수 있도록 무역계획화 사업의 권한을 부여했던 것이다. 기업체와 무역단위에서는 외화수입총액에서 정책납부금을 납부하고 난 뒤의 순소득에 대해 국가납부몫과 기업체·무역단위에서 쓸 몫으로 분배하는 방식이 도입되었다.

2014년 11월부터 공장·기업소와 협동단체에서 생산한 수출품을 무역회사에 넘겨 다른 나라와 국내에서 외화로 판매하는 경우에 판매수입금에서 부가금을 공제한 나머지는 수출품 생산단위들의 외화돈자리에 넣어주는 방식으로 바뀌었다. 생산단위들은 넘겨받은 외화수입의 일정한 몫을 국가에 납부하고 나머지는 자율적으로 생산·경영활동에 이용할 수 있게 되었다.[560]

북한은 기업체의 생산·경영활동과 대외무역이 상승작용을 일으키기를 기대했으며, 이를 꾸준히 제도화하는 모습을 보였다.

무역적자와 대중국 무역 편중

북한의 대외무역은 김정은 시대에 들어와서도 오랜 틀에서 벗어나지 못한 것으로 관찰된다. 첫째, 무역적자 구조가 지속되고 있다. 북한의 수출·수입액 통계를 보면 2005년 이후 무역적자가 매년 10억 달러 내외

였고, 2000~16년에 북한의 무역수지 적자는 총 172억 달러에 달했다.[561] 장기간의 무역적자 지속에 대하여 관광객 유치 등을 통한 서비스수지 흑자, 노동자 해외파견 등을 통한 소득수지 흑자 등으로 메워 왔다.

북한은 1991~2012년에 총 28억 달러의 외화수급 흑자를 기록한 것으로 추정되며, 무기판매 등을 제외하더라도 이 기간에 14억 달러 이상의 흑자를 기록한 것으로 추정된다.[562] 김정은 시대에도 외화수급 흑자는 계속되고 있으며, 2012년에 비해 흑자 규모는 더 커졌을 것이다. 노동자 해외파견의 증가가 특히 외화수급에 중요한 역할을 해온 것으로 관측된다.[563]

둘째, 북한 무역의 대중국 편중 현상이 지속되고 있다. 남북교역을 제외한 북한의 대외무역에서 중국 무역이 차지하는 비율은 2007년의 67.0%에서 2011년에 88.6%로 증가했다. 김정은 시대에 들어와 증가폭은 줄었으나 점유율의 상승세는 지속되어, 2014년 이후 90%대를 유지해 왔다. 중국 다음으로 거래 규모가 큰 러시아와의 교역액은 북한 전체 무역액의 1.2%에 불과했다.[564] 중국의 광물자원 수요가 증가하고 원자재의 국제가격도 상승 추세를 보인 가운데 북한의 대중국 무역규모가 증가해 중국 편중 현상이 두드러졌던 것이다. 북한은 대외경제관계의 다각화에 노력해왔지만 국제정세로 인해 성과를 거두지 못하고 있다.[565]

2018년에 북한의 대중국 수출액은 1.9억 달러로 2017년에 대비해 88.2% 감소했고, 2016년에 비해서는 92.6% 감소했다. 이는 북한의 대중국 수출의 80~85%를 차지했던 석탄, 철강, 철광석, 수산물, 의류 등 5대 품목이 유엔의 대북제재로 인해 2018년부터 수출이 전면 금지된 데 따른 것이다. 2019년 상반기에도 수출 부진은 이어졌다. 2019년 상반기 수출액은 1억 485만 달러로 전년도 같은 기간에 비해 14.0% 증가하기는 했으나 예년과 비교하면 매우 적었다.

북한의 주요 수출품에 대한 제재가 해제되지 않는 한 이러한 양상은 지속될 것이다. 수입을 보면, 2018년의 대중국 수입액(원유 포함)은 25.3억 달러로, 2017년에 대비해 29.9%, 2016년에 대비해 26.1% 감소한 것으로 나타났다. 수출과 비교하면, 제재가 본격화된 후 수입의 감소폭은

상대적으로 적었으며, 그에 따라 북한의 무역적자 폭은 확대되었다.[566]

셋째, 북한의 대외무역은 과거에 비해 수출규모가 큰 폭으로 커졌으나 1차 산품 위주의 수출구조에서 벗어나지 못하고 있다. 석탄, 철강 및 철광석, 수산물, 의류 등의 수출액이 전체 수출액에서 차지하는 비율은 2011년 이후 80~85% 수준을 유지했다. 이들 품목은 1차 산품 또는 노동집약적 단순 가공품이었다.

석탄 수출은 2010년대에 급증하여 대중국 수출액이 매년 10억 달러 이상을 유지하면서 북한의 대중국 수출 증대에 크게 기여했다.[567] 의류 수출액은 2010년까지 2억 달러에도 미치지 못하다가 2011년 4.1억 달러로 급증한데 이어 꾸준히 증가해 2015년에 8.0억 달러, 2016년에 5.6억 달러를 기록했다. 의류는 원자재를 들여와 가공 수출하는 경우가 대부분이어서 북한이 실제로 벌어들인 달러 규모는 크지 않았을 것으로 관측된다.[568]

넷째, 대외무역에서 수입품목 구성은 고도화되고 있다. 30%대 후반에서 40%대 초반에 머물던 산업용 자재와 자본재 및 부품의 수입 비중은 2009년부터 상승해 2010년에 50%를 넘어섰으며 2015년 무렵에 53%를 유지했다. 수송기기의 비율도 2010년대에 들어와 상승한 것으로 나타났다.

산업용 자재와 자본재 및 부품 수입은 2010년의 11.7억 달러에서 2014년에 20.3억 달러로, 4년 사이에 73.5% 증가했다. 산업용 자재와 자본재 및 부품 수입액은 이후 다시 감소해 2016년에 16.1억 달러에 그치기는 했으나, 김정은 시대 이전에 비해서는 크게 증가된 수준이었다.

식료품과 연료가 전체 수입에서 차지하는 비중은 2000년대 초반에 50%를 넘기도 했으나 2010년경부터 30% 전후를 유지하다가 2015년 무렵에는 20%대 초반으로 내려갔다.

수입품목 구성의 고도화는 북한의 생산시설의 가동률이 높아진데 따른 것이고, 공장·기업소의 생산 정상화에 일정하게 기여했을 것으로 관측된다.[569] 무역적자 구조의 지속, 중국 편중의 심화, 1차 산품 위주의 수출구조 등은 북한의 무역구조가 여전히 낡은 틀에서 벗어나지 못하고 있음을 보여주지만, 수입품목의 고도화는 공장·기업소의 생산 정상화와 관계가 있는 것으로 관측된다.

북한과 중국 간의 경제협력과 관련해 주목할 점은 중국의 일대일로一帶一路정책이 북한 경제에 미치는 영향이다. 북한과 국경을 맞대고 있는 랴오닝성辽宁省은 단둥丹东을 관문으로 삼아 일대일로를 한반도로 확장하는 사업구상을 발표한 바 있다. 《랴오닝 일대일로 종합시범구 건설의 총체적 방안(辽宁「一帶一路」综合试验区建设总体方案)》은 랴오닝성을 허브로 중국과 북한은 물론이고 남한과 일본·러시아·몽골까지 포함하는 '동북아경제회랑'을 건설하겠다는 계획이다. 한반도정세가 완화되고 북한의 경제개발이 본격화되면 중국이 북한과의 경제적 연계를 본격화할 충분한 이유를 갖고 있는 셈이다.[570]

6) 경제특구와 경제개발구

특구·개발구 정책

경제특구와 경제개발구가 북한의 대외경제협력에서 갖는 중요성은 말할 나위 없이 크다. 국제사회의 대북제재가 완화되면 북한의 대외무역이 늘어나고, 경제특구와 경제개발구에 대한 해외투자 유치도 본격화될 것이다.

북한에는 중앙급 경제특구와 지방급 경제개발구가 있다. 지방급 경제개발구는 김정은 시대에 선보였다. 대규모 경제특구 개발은 투자유치가 쉽지 않고 시간이 많이 소요되므로 지방 사정에 맞는 소규모 경제개발구를 구상했던 것으로 관측된다.[571] 중앙급 경제특구는 라선경제무역지대(1991년), 개성공업지구(2002년), 금강산관광특구(2002년), 신의주특별행정구역(2002년/ 2013년 신의주 특수경제지대, 2014년 신의주국제경제지대로 개칭), 황금평·위화도 경제지대(2010년) 등 5개다. <표 3-41>은 5대 경제특구를 정리한 것이다.[572]

<표 3-41> 북한의 5대 경제특구

	라선	신의주	개성	금강산	황금평·위화도
위 치	함경북도	평안북도	황해북도	강원도	평안북도
면 적	약 470km²	132km²	66km²	약 100km²	황금평 16.0km² 위화도 12.2km²
지정일	1991.12 ※ 2010.1 특수경제지대	2002.9 ※ 2013.11 특수경제지대 ※ 2014.7 국제경제지대	2002.11	2002.11	2010
유 형	경제무역지대	홍콩식 특별행정구	공업단지	관광특구	경제무역지대
관련 법	라선경제무역 지대법	신의주특별 행정구기본법	개성공업 지구법	금강산관광 지구법 ※2011.5 금강산국제 관광특구	황금평· 위화도 경제지대법
주요 기능	첨단기술산업 국제물류업 장비제조업 무역 및 중계수송 수출가공 금융, 서비스	금융, 무역, 상업, 공업, 첨단과학, 오락, 관광지구 개발	공업, 무역, 상업, 금융, 관광지 개발	국제관광지	정보, 관광문화, 현대농업, 경공업
자치권	행정	입법·행정 사법	독자적 지도·관리	독자적 지도·관리	행정
토지 임차 기간	50년	50년	50년	50년	50년
비자 여부	무비자 (출입증명서)	비자발급	무비자 (출입증명서)	무비자 (출입증명서)	무비자 (출입증명서)

라선경제무역지대는 경제특구의 출발을 알린 첫 사례였다. 김정일 국방위원장은 2009년 12월 라선시를 방문해 "대외활동을 진공적으로 벌여 대외시장을 끊임없이 넓혀 가야 한다"고 강조했다.[573]

라선시 인민위원회의 황철남 부위원장은 라선경제특구 및 금강산 시범관광에 나선 외신기자들에게 "김정일 국방위원장이 2009년 라선시를 방문했을 당시 우리에게 '3가지 핵심 산업을 통해 라선경제특구의 경제를 부흥시켜야 한다'고 지시했다"고 밝혔다. 그는 라선경제특구 당국이 김 위원장의 지시에 따라 제조업, 물류·교통, 관광산업의 발전에 초점을 맞추고 있다고 말했다.[574]

최고인민회의 상임위원회는 2010년 1월 27일과 2011년 12월 3일에 《조선민주주의인민공화국 라선경제무역지대법》[575]을 수정 보충했다. 《라선경제무역지대법》은 경제무역지대의 개발과 관리에서 제도와 질서를 바로 세워 이 지대를 국제적인 중계수송, 무역·투자, 금융, 관광, 봉사(서비스)지역으로 발전시키기 위한 것이다(제1조). 경제무역지대에서는 첨단기술산업, 국제물류업, 장비제조업, 1차 가공공업, 경공업, 봉사업, 현대농업을 기본으로 하는 산업구들을 계획적으로 건설하는 것으로 되어 있다(제3조).

세계 여러 나라의 법인이나 개인, 경제조직과 북한 영역 밖에 거주하고 있는 동포가 투자할 수 있다(제4조). 투자가는 경제무역지대에 회사, 지사, 사무소 등을 설립하고 경제활동을 자유롭게 할 수 있으며, 북한 정부는 토지이용, 노력채용, 세금납부, 시장진출 등에서 투자가에게 특혜적인 경제활동조건을 보장한다(제5조).

이 지대에서는 "투자가의 재산과 합법적인 소득, 그에게 부여된 권리는 법적으로 보호"되고 북한 정부가 "투자가의 재산을 국유화하거나 거두어들이지 않는" 것으로 되어 있다(제7조). 이 지대에서 "공민의 신변안전과 인권은 법에 따라 보호"되고 "법에 근거하지 않고는 구속, 체포하지 않으며 거주 장소를 수색하지 않는다."(제9조). 이 법은 지대의 개발·관리, 기업창설과 경제무역활동, 관세, 통화·금융, 장려·특혜, 신소와 분쟁해결 등에 관한 규정도 두고 있다.

라선경제무역지대

김정일 국방위원장은 2010년 5월과 8월의 중국 방문에서 경제협력을 논의하던 중에 동북3성의 라선지역을 통한 동해 출로의 확보와 경제특구의 개발을 협의했다. 그 결과 조선합영투자위원회와 중국 상무부는 그해 12월 베이징에서 《황금평, 라선특구 합작개발을 위한 양해각서》를 체결했다. 그 직후 양국은 '두 경제지대 공동개발 및 공동관리를 위한 조·중 공동지도위원회'를 구성하고 이듬해 2월 계획분과위원회의에서 《조·중 라선경제무역지대와 황금평경제지대 공동개발계획 요강》 작성을 완료했다. 요강에는 6대 산업을 중점적으로 발전시켜 선진제조기지, 동북아지역 국제물류중심, 지역적인 관광중심으로 육성하려는 구상이 담겨 있었다.[576]

라선지대의 투자규모는 약 100억 달러에 이르는 것으로 알려졌다. 투자 분야는 라선지대 및 라진항 진출입로 구축(도로·철도 등), 항만건설(라진항·선봉항·청진항·웅상항 등), 라선공업지구 7개 조성, 물류센터 건설, 라선시 현대화사업(도시개발·아파트), 지하자원 개발 등이다. 국경의 원정교~라진항 53km 도로를 새로 포장해 고속도로 수준으로 이미 만들었다.

라진항에 약 100만 달러를 투자해 화물(석탄·곡물·목재 등)을 적재할 수 있는 물류창고를 건설했다. 물류창고의 추가 건설과 진입도로 확장 및 철도공사 등도 예정되어 있다. 라진항 1호 부두에 약 5,000만 달러를 투자해 부두 선적공사를 마무리하고 화물 크레인 5대를 투입해 무역항으로서의 기능을 살렸다.

라선특별시 합작투자위원회와 길림성 국제경제기술합작공사는 라진항 4~6호 부두 신설에 합의하고 약 5억 달러를 투자할 계획으로 건설 중이다(중국의 50년 사용권). 훈춘~원정리~나진항 고속도로 건설에 약 10억 달러를 투자할 계획이며 이것은 동북3성의 물자를 라진항을 거쳐 중국 남부 또는 해외로 수출하기 위한 것이다. 라진역~남양역~훈춘역 개보수 및 복선화 작업과 중국 권하~라진항 철도 신설도 계획되어 있다.

라선지대의 전력은 1차로 훈춘에서 끌어가고 2차로 라진항 인근에 화력발전소를 건설할 계획이며, 유조선 전용 부두와 석유정제공장, 제철소 건설 등도 계획되어 있다. 라선지대 개발에 필요한 외자를 유치하기 위해 황금의삼각주은행을 중심으로 한 국제금융단지도 조성되

고 있다.[577]

중국의 라선지대 참여에 자극을 받은 러시아도 이 지대에 관심을 기울여왔다. 북한은 중국 의존도를 줄이기 위해 러시아와 전략적 파트너 관계를 맺고 철도·에너지 협력을 추진하고 있다. 러시아철도공사RZD는 대북 합작회사 라손콘트란스Rasonkon Trans를 설립하여 라진~하산 철도 연결, 라진항의 현대화, 복합물류사업 등을 추진해왔다. 2013년 9월에 철도 개보수공사를 마치고 하산역~라진역을 연결하는 열차 운행을 개시했다.

개통 구간은 라진~하산의 본선 52km와 라진에서 라진항까지의 지선 2km 등 총 54km이며, 러시아식 광궤와 한반도식 표준궤를 합친 복합궤가 새로 깔렸다. 북·러시아가 함께 개보수 공사를 추진한 라진항 3호부두 화물터미널이 2014년에 개통되었다(화물처리 연 400만~500만톤).[578]

라선경제무역지대와 관련하여 '두만강하구 다국적도시'에 관한 김석철 건축가의 아이디어를 살펴보는 것은 흥미롭다. 그는 중국 동북3성과 러시아 시베리아, 일본열도가 얽혀 지정학적으로 발칸반도 같이 뜨거운 두만강 하구는 북한을 부자나라로 만들 수 있는 '기회의 땅'이라고 역설한다. 중국·러시아·일본이 두만강 하구에 동북3성과 시베리아와 동해를 아우르는 항만·공항을 만들면 '파나마운하보다 더 큰 경제권역'을 이룰 수 있다는 가설이다.

그는 라진·선봉만 개발해서는 북한 경제에 큰 도움이 못 된다면서 두만강 하구에 다국적 시장·공장도시(교역 허브), 운하·공항도시, 항만도시(부유식 부두), 관광허브(굴포리 선사유적지 등) 등의 도시특구로 만들자고 제안한다.[579]

북한이 라선경제무역지대를 개발하면서 이 아이디어를 빌려 중국·러시아·일본과 협의를 진행하고 남한도 참여시킨다면 경제권역의 형성에 도움이 될 것 같다.

신의주국제경제지대

황금평지대는 위화도를 포함하여 16km²를 개발하여 4대 산업단지(정보산업·관광문화산업·현대시설농업·경공업)를 조성하려던 것이었다. 첨단상업센터와 공동시장 개설, 봉사·오락시설, 전시장, 판매소, 은행지점 등이 계획되었다. 이 지대에서는 황금평과 신의주를 잇는 여객·화물 부두를 건설하고 지대 내에 그물형식의 도로망을 구축하며 황금평과 중국 단둥신구 간 2개의 출입도로 건설을 계획했다. 배전망과 인터넷·이동통신망을 건설하기로 했다. 양국은 2011년 6월 단둥에서 황금평·위화도 경제지대 조·중 공동개발 공동관리 대상 착공식을 열었다.

양국은 개발협조모델로 정부 간 협조지도체계, 황금평공동관리체계, 개발경영체계의 3단계로 진행하기로 했었다. 황금평지대 개발은 사무소 건물만 신축된 상태에서 '장성택 반당반혁명사건' 이후에 중단된 상태다.

황금평은 지대가 낮아 홍수에 약하고 산업단지로 개발하려면 5m 이상 축대를 쌓아야 하는 약점이 있다. 중국으로서도 단둥신도시 개발지역에 대규모 산업단지를 조성함에 따라 황금평 개발의 동기가 약해졌다. 양국은 이런 사정을 감안해 황금평 개발을 신의주 개발로 대체하는 논의를 했던 것으로 알려졌다.[580]

북한은 조선중앙통신을 통해 2013년 11월 11일 신의주에 경제특구를 개발하는 최고인민회의 상임위원회 정령을 발표했다. 정령은 "평안북도 신의주시의 일부 지역에 특수경제지대를 내오기로 했다"며 "특수경제지대에는 조선민주주의인민공화국 주권이 행사된다"고 밝혀 신의주특구 개발에 다시 나설 것임을 천명했다.

북한은 2014년 7월 23일에 외자유치와 경제개발을 목적으로 한 6개 경제개발구 개발계획을 추가로 발표하면서 '신의주특수경제지대를 신의주국제경제지대로 결정'한다는 내용의 최고인민회의 상임위원회 정령을 발표했다.

신의주국제경제지대는 82km² 면적에 산업, 첨단기술, 금융, 무역, 관광 등의 복합형 경제특구를 개발하는 계획으로, 예상 투자액은 1,000억 달러다. 신압록강대교가 2014년 10월에 완공된 이후 신의주지대 개발이 본격화될 것으로 예견되었으나, 유엔 안보리의 대북제재 조치에 따라 개발이 지연되고 있다. 중국도 신의주 개발에 관심이 높아 정세가 호전되면 개발이 본격화될 것이다.[581]

한편, 북한은 강원도 쪽의 원산지구와 금강산지구를 2단계로 개발하고 있다. 1단계로 2017년까지 원산, 원산비행장, 울림폭포, 마식령스키장 등을 개발했고, 2단계로 2025년까지 석왕사, 동정호, 시중호, 삼일포, 외금강, 내금강, 해금강까지 개발할 예정이다. 개발 규모는 약 414.8km² 에 이르며, 예상 투자액은 총 78억 달러로 추산된다. 원산갈마해안관광지구는 해양 및 도시형 종합관광지의 육성을 표방하고 있다.[582] 김정은 위원장은 원산갈마해안관광지구의 개발에 깊은 관심을 쏟고 있다.

《경제개발구법》과 경제개발구 현황

북한은 2012년 4월에 최고인민회의 제12기 제5차 회의에서 "수출품 생산기지들을 전망성 있게 꾸리고 경제무역지대 개발과 합영·합작을 활발히 전개하며 다른 나라들과의 경제기술 협조사업을 더욱 강화해 나갈 것"이라고 밝혔다.[583]

또한 김정은 위원장은 2013년 3월 31일에 열린 당 중앙위원회 3월 전원회의 보고에서 대외경제교류 확대를 위한 전략적 과업으로 대외무역의 다각화·다양화, 원산지구와 칠보산지구를 비롯한 여러 곳에 관광지구의 조성, 각 도 자체의 실정에 맞는 경제개발구의 개설 및 특색 있는 발전 등을 제시했다. 3월 전원회의 보고의 후속조치로《조선민주주의인민공화국 경제개발구법》[584]이 5월 29일에 최고인민회의 상임위원회 정령 제3192호로 채택되었다.

《경제개발구법》은 경제개발구의 창설과 개발·관리에서 제도와 질서를 바로 세우고 대외경제협력과 교류를 발전시켜 경제를 발전시키고 인민생활을 높이기 위한 것이다(제1조). 경제개발구로는 공업개발구,

농업개발구, 관광개발구, 수출가공구, 첨단기술개발구 등의 경제·과학 기술분야의 개발구들이 있다(제2조). 북한 정부는 관리소속에 따라 지방급 경제개발구와 중앙급 경제개발구로 구분해 관리한다(제3조).

다른 나라의 법인·개인과 경제조직, 해외동포는 경제개발구에 투자할 수 있고 기업, 지사, 사무소 등을 설립해 경제활동을 자유롭게 할 수 있다. 투자가에게는 토지이용, 노력채용, 세금납부 등에서 특혜적인 경제활동조건이 보장된다(제5조).

경제개발구에서도 《라선경제무역지대법》과 마찬가지로 "투자가에게 부여된 권리, 투자재산과 합법적인 소득은 법적 보호"를 받으며 북한 정부는 "투자가의 재산을 국유화하거나 거두어들이지 않"는다(제7조). 신변보장에 대해서는 "조선민주주의인민공화국의 법에 따라 보호"되고 "법에 근거하지 않고는 구속, 체포하지 않으며 거주 장소를 수색하지 않는다"고 규정하고 있다(제8조). 《경제개발구법》은 경제개발구의 창설, 개발·관리, 경제활동, 장려·특혜, 신소와 분쟁해결 등의 규정을 두고 있다.

최고인민회의 상임위원회는 2013년 11월 21일에 도별 경제개발구 지정에 관한 정령을 발표했다. 이날 발표된 경제개발구는 압록강경제개발구, 만포경제개발구, 위원공업개발구, 신평관광개발구, 송림수출가공구, 현동공업개발구, 흥남공업개발구, 북청농업개발구, 청진경제개발구, 어랑농업개발구, 온성섬농업개발구, 혜산경제개발구, 와우도수출가공구 등 13개였다.[585]

2014년 7월 23일에는 도별 경제개발구의 추가 지정 및 신의주시의 국제경제지대 지정에 관한 정령이 발표되었다. 이날 발표된 경제개발구는 은정첨단과학기술개발구, 진도수출가공구, 강령국제녹색시범구, 청남공업개발구, 숙천농업개발구, 청수관광개발구 등 6개였다.[586]

2015년 4월 23일에는 무봉국제관광특구 설치에 관한 정령이 발표되었는데, 량강도 삼지연군 무봉로동자구의 일부 지역을 대상으로 한 것이었다.[587] 2015년 10월 8일에는 함경북도 경원군 류다섬리 일부 지역에 경원경제개발구를 지정하는 정령이 발표되었다.[588] 2017년 12월 21

일에는 평양시 강남군 고읍리 일부 지역에 강남경제개발구를 설립한다는 정령이 발표되었다.[589] <표 3-42>는 북한에서 운영하거나 추진 중인 중앙급·지방급 경제개발구 등을 정리한 것이다.[590]

〈표 3-42〉 북한에서 운영(추진) 중인 중앙급·지방급 경제개발구 등

번호	도명	개발구명	시(군)	주요 개발사업	구분
1	평양시	은정첨단기술개발구(추)[591]	은정구역(위성동, 과학1~2동, 배산동, 을밀동)	첨단기술	중앙
2		강남경제개발구(추)	강남군(고읍리)	농업, 관광, 무역	지방
3	평안북도	압록강경제개발구	신의주(룡운리, 어적리)	현대농업, 관광, 무역	지방
4		신의주 국제경제지대		관광, 무역	중앙
5		청수관광개발구(추)	삭주군(청성노동자구, 방산리)	관광	지방
6	평안남도	청남공업개발구(추)	청남구(룡북리)	공업	지방
7		숙천농업개발구(추)	숙천군(운정리)	농업	지방
8	자강도	만포경제개발구	만포시(미타리, 포상리)	현대농업, 관광, 무역	지방
9		위원공업개발구	위원군(덕암리, 고성리)	광물자원 가공, 목재가공, 기계설비제작업, 농토산물가공, 잠업 및 담수양어과학 연구기지	지방
10	황해북도	신평관광개발구	신평군(평화리)	관광	지방
11		송림수출가공구	송림시(서송리)	수출가공. 창고보관(유통), 화물운송업	지방
12	황해남도	강령국제녹색시범구(추)	강령군(읍)	친환경공업, 농업	중앙

번호	도명	개발구명	시(군)	주요 개발사업	구분
13	강원도	현동공업개발구	원산시(현동리)	정보산업, 경공업, 관광기념품산업	지방
14	량강도	혜산경제개발구	혜산시(신장리)	수출가공, 현대농업, 관광, 무역	지방
15		무봉국제관광특구(추)	삼지연군 (무봉노동자구)	관광	중앙
16	함경남도	흥남공업개발구	함흥시 (해안구역 덕풍동)	보세가공, 화학제품, 건재, 기계설비제작	지방
17		북청농업개발구	북청군(문동리, 부동리, 종산리)	과수, 과일가공, 축산	지방
18	함경북도	청진경제개발구	청진시(송평구역 월포리, 남석리, 수성동)	금속가공, 기계제작, 건재생산, 전자제품, 경공업제품 생산 및 수출가공업	지방
19		어랑농업개발구	어랑군(룡전리)	농축산, 채종·육종	지방
20		온성섬관광개발구	온성군(읍)	골프, 수영, 경마, 민족음식 등 봉사시설 갖춘 관광	지방
21		경원경제개발구(추)	경원군(류다섬리)	수출지향 가공조립업 (임가공)	지방
22	남포시	와우도수출가공구	와우도구역 (령남리)	수출지향 가공조립업 (임가공)	지방
23		진도수출가공구(추)	와우도구역 (진도동, 화도리)	가공조립	지방
24	운영중	개성공업지구			중앙
25		원산-금강산국제관광지대			중앙
26		황금평·위화도경제지대(사실상 중단)			중앙
27		라선경제무역지대			중앙
28	미정	칠보산관광지구(함경북도 명천군)			중앙
29		개성고도기술개발구(개성시)[592]			중앙

원산-금강산국제관광지대의 개발프로젝트는 원산을 금강산지역과 연결시켜 거대한 관광지대로 만드는 것이다. 원산 개발계획에는 호텔, 동물원, 골프장, 레스토랑, 일반 수족관, 돌고래 수족관 등이 포함된다. 고속도로, 철도, 전력시스템, 항구, 공항 등을 개보수할 계획도 갖고 있다. 원산의 주요 호텔(동명, 송도원)이 개보수되었고 갈마반도에 세 번째 호텔을 개장했다. 2015년 중반부터 국제선 운영이 가능한 공항을 짓고 있다. 북한은 라선지대나 금강산에서 경험한 비자 면제나 관광특별비자 등을 고려하고 있다.[593]

와우도수출가공구는 남포시 와우도 구역 일대에 1억 달러를 투자해 약 $1.5km^2$ 조성하며, 수출 지향형 가공조립업 단지로 개발할 계획이다. 향후 남포항을 중심으로 한 금융, 관광, 부동산, 식료가공업을 결합한 종합적 경제개발구로 발전시켜 나간다는 구상이다.

온성섬관광개발구는 온성읍 일대 약 $1.7km^2$ 면적에 9천만 달러를 투자해 숙박소와 휴식장소, 경마장, 골프장 등 오락시설을 비롯한 관광휴양지구로 개발하려고 한다. 전력과 가스 등 에너지기지는 새로 건설할 예정이지만 우선 중국에서 끌어올 계획이다.

어랑농업개발구에서는 함경북도 어랑군 룡전리 일대 $4km^2$에 7천만 달러를 투자해 농축산기지와 채종·육종을 포함한 농업과학연구개발 등 현대적인 농업개발구를 건설하려고 한다. 어랑비행장이 현대화되면 칠보산 관광이 활성화될 것으로 보고 관광객들에게 농축산물과 과일 및 물고기 가공제품을 판매하려는 계획을 갖고 있다.

청진경제개발구는 청진시 송평구역 일대 약 $5.4km^2$에 2억 달러를 투자해 금속가공, 기계제작, 건재생산, 전자제품, 경공업 제품상 및 중계수송을 연계한 무역을 결합한 개발구로 개발한다는 계획이다. 전력이 상대적으로 풍부하고 이동통신도 구축되어 있어 인프라는 잘 갖추어져 있다. 남석리 지구에는 김책제철연합기업소의 생산품을 이용한 2~3차 금속가공제품을 생산하는 기지를 만들어 나간다는 구상이다. 다른 개발구에 비해 기술집약형 가공공업의 비중을 높여 나가는 것으로 되어 있다.

북청농업개발구는 북청군 문동리, 부동리 등 일대에 약 3km²를 개발하며 투자액은 1억 달러다. 주로 과수업과 과일 종합가공업, 축산업을 기본으로 하는 고리형 순환생산체계가 확립된 농업개발구로 개발하려고 한다. 주변의 약초와 고사리, 송이버섯 등과 동해 수산물을 이용한 가공업도 발전시켜 나갈 계획이다.

흥남공업개발구에서는 함흥시 덕풍동 일대 2km²에 약 1억 달러를 투자해 보세가공, 화학제품, 건재, 기계설비 제작을 위주로 하는 공업개발구로 건설하려고 한다. 주변의 룡성기계연합기업소, 2·8비날론연합기업소, 흥남비료연합기업소 등의 설비 및 원자재, 생산 등과 연계하고 있다.

혜산경제개발구는 혜산시 신장리 일대에 약 2km²를 조성하여 수출가공, 현대농업, 관광휴양, 무역 등이 집약된 개발구로 조성하려고 하며, 투자금액은 약 1억 달러다. 개발구의 호수지역에는 관광오락업을 결합한 국제봉사기지를 만들며, 구릉지대에는 피복, 방직, 호프가공, 아마가공 등 현대적인 경공업 생산기지를 조성하며, 임업기계제작기지 및 목재가공기지도 건설한다. 량강도에 풍부한 지하자원 등도 가공하여 수익성 높은 제품을 생산할 계획이다.

현동공업개발구는 원산시 현동리 일대 2km²를 개발하며, 투자액은 1억 달러다. 원산항과 가까운 지리적 이점을 활용하여 정보산업, 경공업을 기본으로 하고 있다. 원산갈마해안관광지구를 세계적인 관광지구로 발전시키려는 국가전략에 맞게 관광기념품 생산업을 연계하는 특징을 갖고 있다.

강령국제녹색시범기지 개발은 중화권 투자그룹을 끌어들여 황해남도 강령군에 무공해산업, 관광 등을 육성하는 녹색시범기지를 조성한다는 계획이다.

송림수출가공구는 송림시 서송리 일부 지역에 약 2km²를 조성하며, 투자금액은 8천만 달러다. 수출가공업, 창고보관업, 화물운송업 등 수출 집약형으로 개발할 계획이며 이동통신이 가능하도록 한다는 방침이다.

신평관광개발구는 황해북도 신평군 평화리 일대에 8.1km²를 조성하며, 투자금액은 약 1억 4천만 달러다. 인근 명승지를 중심으로 유람과 휴양, 체육, 오락 등의 관광개발구를 건설하려고 한다. 현재 100KVA 능력의 자체 발전소와 광섬유케이블 공사를 진행하고 있다. 마식령스키장 등 원산과 연계한 관광지대로 발전시킬 계획이다.

위원공업개발구는 1억 5천 달러를 투자해 위원군 덕암리 및 고성리 일부 지역에 3만km^2를 조성하는데, 광물자원 가공, 목재가공, 기계설비 제작업, 농토산물 가공업을 기본으로 하고, 잠업 및 담수양어과학 연구기지와 연계한 공업개발구이다. 인근에 화물부두를 건설하며 위원-만포 사이에 철도 개설도 계획하고 있다.

만포경제개발구는 만포시 미타리 및 포상리 일부 지역에 약 3km^2를 조성하는데, 투자금액은 1억 2천만 달러다. 현대농업, 관광휴양, 무역 중심의 개발구로 조성된다.

압록강경제개발구는 압록강유역의 신의주시 룡운리와 어적리 일부 지역에 약 6.6km^2를 조성할 계획이다. 총 2억 4천만 달러를 투자해 현대농업, 관광휴양, 무역을 기본으로 건설하려고 한다. 전기와 가스는 중국에서 끌어오는 것으로 되어 있다.[594]

조선경제개발협회는 2015년 초에 《13개 경제개발구에 대한 개발총계획》을 작성했다고 한다. 《개발총계획》은 하부구조 건설과 건물·도로건설과 전기, 통신보장 등을 반영한 것이다. 이에 따라 경제개발구(청진·압록강·만포·혜산), 공업개발구(흥남·현동·위원), 관광개발구(온성섬·신평), 수출가공구(송림·와우도), 농업개발구(어랑·북청) 등의 개발을 추진할 수 있게 되었다. 북한이 경제개발구를 통해 대외경제협력을 확대하려는 의지를 갖고 있음이 분명하다.[595]

북한이 제정한 《경제개발구 세금규정》은 경제개발구에서 기업소득세·개인소득세·거래세·영업세·자원세를 비롯해 세금 종류별에 따르는 납부의무와 과세대상, 세율, 계산방법, 감면 및 면제대상 등을 규정하고 있다. 이는 경제개발구에서 세금 부과와 납부를 정확히 하려는 조치였다.[596]

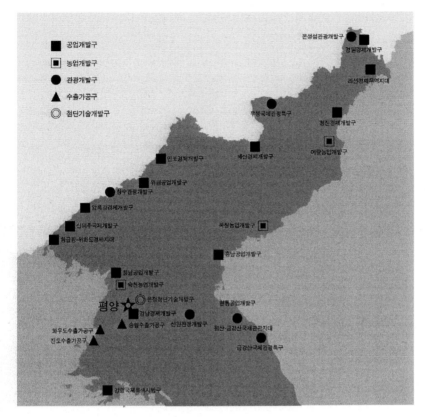

〈그림 3-5〉 북한의 경제개발구 위치도

한편, 조선중앙통신은 2015년 5월 11일에 제18차 평양봄철국제상품
전람회에서 각도 경제개발구들과 원산-금강산국제관광지대 개발에 관
한 투자설명회가 열렸다고 보도했다. 설명회에서는 경제개발구 개발
의 법적 담보, 외국투자가들의 기업창설 및 경영규정, 각 도 경제개발
구들의 현 실태와 전망 등이 발표되었다.[597]

5월 27일에는 금강산에서 원산-금강산국제관광지대 투자설명회가
진행되었는데 윤영석 국제관광지대개발추진위원회 위원장은 "원산-금
강산국제관광지대를 짧은 기간에 개발하기 위하여 총계획을 전망성
있게 세우고 그에 따라 지구별 세부계획들을 완성해 나가고 있다"면

서 "이 지대는 오래지 않아 세계적인 관광 중심지로서 경제문화교류의 활무대로 변모될 것"이라고 밝혔다.[598] 5월 25일부터 5박6일 동안 해금강, 구룡연, 삼일포 지구의 관광이 진행되었고 기업상담회도 열렸다.[599] <표 3-43>은 경제개발구 관련 주요 정책을 정리한 것이다.[600]

<표 3-43> 경제개발구 관련 주요 정책

구분		주요 내용
설립목적		- 국가경제발전에 기여 - 국가개발총계획과 지역국토건설총계획에 따라 국가개발을 하기 위함.
지역선정 원칙		- 국가경제발전략에 부합 - 대외경제협력과 교류에 유리 - 국가경제 및 과학기술발전에 기여 - 주민지역과 일정거리 확보 - 국가지정 보호구역 훼손 금지
개발원칙		- 단계적 개발 - 외자유치 다원화 - 자연생태환경 보호 - 토지와 자원의 합리적 이용 - 생산, 서비스 국제경쟁력 제고 - 경영활동 편익보장 및 사회공공이익 보장 - 지속가능한 균형 발전
관리권한 및 개발구 유형		- 중앙특수경제지도기관 및 지방 도 인민위원회 - 분야별로 공업개발구, 농업개발구, 관광개발구, 수출가공구, 첨단기술개발구, 관리소속에 따라 지방급 경제개발구, 중앙급경제개발구
투자대상		- 외국법인·개인·경제조직, 해외동포
기업 활동 관련 혜택	기업 경영 보장	- 투자기업의 자유로운 경영활동 보장 - 경영활동에서 특혜 보장 - 회사·지사·사무소 자유롭게 설립
	기업 활동 우대 정책	- 토지이용, 노동력채용, 세금납부 등 특혜 보장 (라선과 동일) - 인프라 건설, 첨단기술, 국제경쟁력 갖춘 생산부문 투자 장려 및 우대 * 토지위치 선택 우선권 부여, 토지사용료 일정 기간 면제
	세금 감면	- 기업소득세율 결산이윤의 14%, 장려부문 결산이윤의 10% - 10년 이상 운영기업은 기업소득세 감면 혹은 면제 - 기업에 재투자 혹은 기업 신설하여 5년 이상 운영할 경우 재투자분의 소득세 전부 환급
	관세 혜택	- 비관세 혜택 : 건설용 물자, 가공·중계·보상무역 물자, 생산 혹은 경영용 물자, 수출물자, 투자가 생활용품

구분		주요 내용
토지 이용	토지	- 임대기간은 50년 (라선과 동일)
	이용	- 토지이용권과 건물소유권 매매, 재임대, 증여, 상속, 저당 가능
	노동력	- 북한 노동력, 외국인 노동력
기타 혜택		- 합법적인 이윤과 기타 소득의 자유로운 송금 (라선과 동일)
		- 외화의 자유로운 반출입 가능
		- 유가증권 거래 가능

경제개발구와 기존 경제특구 차이

김정은 시대의 경제개발구 정책은 기존 경제특구 정책과 차이가 있다.[601] 첫째, 개방적 경제개발구로의 전환 가능성이다. 경제개발구 구상에는 경제특구의 폐쇄성이 약화되고 지방 경제개발구가 개방적인 특구로 운영될 가능성이 높아졌다.

둘째, 경제개발구가 특수한 지역에 설치되는 예외적인 것이 아니라 보편적인 경제정책으로 전환되고 있다. 지역개발과 전국의 특구화가 전개되어 '점'에서 '선'으로 확대되고 있다.

셋째, 경제개발구의 다양화 및 특화가 추진되고 있다. 국가의 대규모 경제특구에서부터 지방의 소규모 경제개발구까지 다양화됐으며, 종합적인 경제특구, 수출가공구, 공업개발구, 관광개발구, 농업개발구, 첨단기술개발구 등 형태적으로 다양해졌다.

넷째, 개발 방식 및 개발주체의 다양화도 시도되고 있다. 외국투자가가 단독으로 개발할 수 있고,[602] 여러 투자가가 공동 출자해 개발할 수도 있다. 북한 기업이 경제개발구에 참여하는 길도 열어 놓았다. 《경제개발구법》은 "우리나라의 기관, 기업소도 승인을 받아 경제개발구를 개발할 수 있다"고 규정했다(제20조).

다섯째, 경제개발구의 관리권한을 지방정부로 확대하고 있다.[603] 여섯째, 김정은 시대에 와서 경제특구와 경제개발구에서의 신변안전 보장을 명시하고 있다. 경제개발구에서는 '개인'(공민이 아닌)의 신변안전 보호를 규정했는데 이는 외국인과 내국인 모두를 포함하는 것으로 이해된다.

경제개발구는 새로운 모색으로 관심을 모았지만 부족한 면이 없지 않다. 해외 투자자들에게 투자자산이 보호받는다는 믿음을 줘야 하는데, 관련 법·규정과 절차가 구체적이지 않아 투자자들에게 확신을 주기에는 부족하다.[604]

해외 투자자들은 투자 수익성에 의문을 가질 수 있다. 기존 경제특구에서 20여 년간 사업하면서 수익을 얻은 사례가 극히 드물다.[605] 투자자들이 북한에 대규모 투자를 망설일 수 있다. 《경제개발구법》에 "경제개발구의 하부구조와 공공시설 건설은 개발기업이 한다"고 규정함으로써(제28조) 인프라 건설의 수반에 따른 수익성 약화의 우려도 있다.

지방당국은 경제개발구 개발을 처음 하는 것이어서 경험과 노하우가 부족하고 중앙정부의 지원을 기대하기도 어렵다.[606]

보다 근본적으로는 국제사회의 대북제재 국면이 어느 정도 해소되어야 투자 분위기가 조성되어 자본과 기술을 도입할 수 있고, 남북 경제협력이 경제개발구로 향할 수 있다.[607] 북한이 정세 완화를 위해 다각적인 노력을 기울이는 까닭이다. 평탄한 신작로에 들어서기까지 울퉁불퉁한 길을 탓할 수만은 없는 노릇이고, 북한식으로 말하자면 '가는 길 험난해도 웃으며 가야 한다.'

7) 관광산업

관광산업의 적극화

북한의 입장에서 관광산업은 외화획득의 효과적인 수단이다. 이전 시대에 체제 안전의 차원에서 외국인 관광을 극도로 제한했던 데 비해 김정은 시대에는 관광산업의 활성화에 본격적으로 나서고 있다.

《사회주의헌법》에 "공민은 거주, 여행의 자유를 가진다"(제75조, 1998년 9월 신설)고 규정하고 있지만, 북한은 노동력을 생산현장에 고착시키기 위해 거주·이동의 자유를 제한해왔다. 주민들은 여행증명서 없이는 거주지 이외 지역을 방문하기가 어려웠고, 외국인의 관광유치에 소극적이었다. 북한이 외국인 방문을 제한한 것은 체제 안전문제에 더하여 자본주의사회의 퇴폐문화 유입을 방지하기 위해서였다.

김정일 시대에는 외화벌이 사업의 일환으로 외국인 관광이 일부 지역에서만 허용되었다. 김정일 국방위원장은 1998년에 자강도의 여러 부문 사업을 현지지도(1월 16~21일, 6월 1일, 10월 20일, 22일)하면서 일군들과 한 담화《자강도의 모범을 따라 경제사업과 인민생활에서 새로운 전환을 일으키자》에서 관광업에 대한 부정적인 인식을 보였다.

"관광업을 하고 자원이나 팔아 돈을 벌어 가지고서는 경제를 발전시킬 수 없습니다. 관광업을 하면 돈을 좀 벌 수는 있겠지만 그것은 우리나라의 현실에 맞지 않습니다. 외자를 끌어들여 경제를 부흥시켜 보려 하는 것도 어리석은 생각입니다. 그처럼 어려웠던 전후복구건설 시기에도 우리는 관광업이나 외자도입이란 말을 모르고 살았습니다. 우리는 절대로 남을 쳐다볼 필요가 없습니다." [608]

그의 발언이 무역제일주의 등 혁명적 경제전략의 정책기조 하에서 나왔다는 사실이 중요하다. 관광업의 외자유치보다는 체제 안전문제가 여전히 중시되었던 것이다. 금강산 관광객 피살사건으로 남북 간의 관광이 중단된 이후 북한의 관광산업은 한동안 쇠퇴의 길을 걸었다.[609]

북한은 김정은 시대에 들어와 관광 중시로 돌아섰다. 인민들의 국내 관광을 권장하고 외국인 관광도 확대해나가고 있다. 기관·기업소·단체 등의 모집공고를 통해 마식령스키장, 평양 미림승마구락부 등의 최신 위락시설을 포함한 스키관광·승마관광 등을 홍보했는데, 이는 관광수입이 국가재정 확충에 도움이 된다고 판단했기 때문이다. 비싼 관광요금 때문에 인민들이 관광에 나서기 쉽지 않지만 현실적으로 일부 신흥부유층과 간부들이 관광에 나서고 있다.

김정은 시대에 들어와 외국인 관광객은 꾸준히 늘어나고 있고 중국인 관광객은 급증하고 있다. 여행객의 사진촬영 허용, 다양한 관광 상품의 개발 등에 따라 외국인 관광객숫자는 계속 늘고 있다. 중국인의 비자발급 편의의 확대,[610] 열차·비행기 직항노선의 신설 등 교통여건 개선[611]으로 인해 2016년부터 중국인 관광객이 급증했다가 잠시 소강상태를 보이기는 했으나 2018년부터 다시 도약해 2019년에 최고치에 도달했다. 2020년에 들어 '코로나19사태'로 외국인 관광이 전면 중단됐지만 관광확대 정책에는 변화가 없을 전망이다.

관광산업의 활성화에서 주목되는 것은 경제개발구 등에 관광특구의 지위와 역할을 부여한 점이다. 2017년 말까지 지정한 경제개발구 29개 (중앙급 10개, 지방급 19개) 중에 전문 관광개발구가 6개(중앙급 3개, 지방급 3개), 통합 관광개발구 5개(지방급)를 지정하는 등 관광개발구는 총 11개다.

전문 관광개발구로는 무봉, 원산-금강산, 칠보산, 청수, 온성섬, 신평 등이 있으며, 통합 관광개발구는 농업·경공업·무역 등의 여러 산업을 포함한 개발구로서 압록강, 숙천, 만포, 현동, 혜산 등이 그에 해당된다. 원산-금강산, 무봉, 온성섬 관광개발구는 외자유치에 따라 개발이 시작되었다. <표 3-44>는 북한의 관광특구 및 관광개발구를 정리한 것이다.[612]

〈표 3-44〉 북한의 관광특구 및 관광개발구

도	시·군·구	개발구	주요 사업	
중앙급	량강도	삼지연군	무봉관광개발구	전문 관광 개발구	관광
	강원도	원산시	원산금강산관광특구		관광
	함경북도	명천군	칠보산관광개발구		관광
지방급	평안북도	삭주군	청수관광개발구		관광
	함경북도	온성군	온성섬관광개발구		관광
	황해북도	신평군	신평관광개발구		관광
	평안북도	신의주시	압록강경제개발구	통합 관광	관광휴양, 농업

도	시·군·구	개발구		주요 사업
평안 남도	숙천군	숙천농업개발구	개발구	관광, 농업, 무역
자강도	만포시	만포경제개발구		관광휴양, 농업
강원도	원산시	현동공업개발구		관광기념품산업, 정보산업, 경공업
량강도	혜산시	혜산경제개발구		관광, 수출가공, 농업, 무역

관광산업의 새로운 동향

김정은 시대에 들어와 관광산업의 활성화를 보여주는 여러 가지 움직임이 있었다. 대표적인 예를 들면 다음과 같다.

｜1｜ 조선국제여행사는 2013년 8월 24일 평양 양각도국제호텔에서 관광설명회를 개최했는데 조성규 사장은 관광정책에 대해 다음과 같이 밝혔다. 첫째, 백두산·원산·금강산·칠보산지구 등의 명승지들과 여러 지역들의 개발이 추진되고 있다. 둘째, 관광지구들은 관광특구 형식으로 운영될 것이며 국경통과, 세관, 세금, 통신, 투자보호 등은 해당 특구법과 국제적 기준에 따라 진행된다. 셋째, 독자기업, 합영·합작기업들이 우선적으로 허용된다. 넷째, 원산·칠보산지구를 비롯한 관광지구들의 개발 및 관리운영에 필요한 외국 전문가들을 초청할 계획이라는 것이었다.[613] 조 사장의 회견에서 관광산업의 활성화를 위한 정책의 방향을 알 수 있다.

｜2｜ 최고인민회의 상임위원회는 2014년 6월 11일 원산~금강산국제관광지대를 신설하는 정령을 발표했다. 관광지대 설치는 원산지구와 동해 명승지들에 대한 국제관광을 활성화하기 위한 조치였다. 지대에는 원산지구(원산시 일부와 안변군 일부 지역), 마식령스키장지구(원산시 일부와 법동군 일부 지역), 울림폭포지구(문천시 일부와 천내군 일부 지역), 석왕사지구(고산군 일부 지역), 통천지구(통천군 일부지역), 금강산지구(금강산 국제관광특구와 고성군 일부 지역, 금강군 일부 지역) 등이 포함되었다. 지대에는 해당 지역과 대상에

따라 《금강산국제관광특구법》과 《경제개발구법》, 외국투자 관련 법규들이 적용된다.[614] 지금까지는 금강산지구, 마식령스키장지구, 원산갈마해안관광지구의 순서로 개발이 이뤄져 왔으나 앞으로 울림폭포지구, 석왕사지구, 통천지구로 개발이 확대되어 광역관광지구로서의 면모를 갖추게 될 것이다.

|3| 조선중앙통신은 2015년 4월 30일에 그해 1월에 평양시 중구역에서 설립된 평양고려국제여행사가 러시아, 아랍에미리트 등 여러 나라에 10여개 지사, 함흥시와 원산시에 분사를 두고 관광객 초청과 봉사안내사업을 진행하고 있다고 보도했다. 이 여행사는 평양고려호텔, 향산호텔, 마식령호텔 등의 관광봉사시설을 갖추고 있으며 평양~마식령, 원산~마식령 등 명승지·관광지들에 대한 관광버스를 운영하고 있다. 강철수 사장은 "앞으로 관광조직을 편성, 그 형식과 내용을 개선하여 국내외 관광객들이 보다 즐겁고 인상 깊은 나날들을 보낼 수 있게 최선을 다할 것"이라면서 "아시아와 유럽의 여러 여행사들과의 연계하에 관광사업을 활성화해 나갈 의향"이라고 밝혔다.[615] 평양고려국제여행사는 북한의 다양한 관광 상품을 해외에 소개하는 창구로서 관광산업의 견인차 역할을 하고 있다.

|4| 조선중앙통신은 2016년 7월 11일 무봉국제관광개발구 개발사업이 진행되고 있다고 보도했다. 계성남 조선경제개발협회 부회장에 따르면, 무봉국제관광개발구(면적 총 20km²)에는 호텔과 경마장, 골프장, 온탕, 약수터, 유람구역 등이 꾸려지고 있다. 외국투자기업의 협조 하에 전력보장을 위한 공사를 마쳤으며 몇 년 안에 도로·통신 등 전반적인 인프라 건설이 결속될 것이라 한다. 이곳은 경제개발구이기 때문에 《경제개발구법》에 따라 외국기업가들이 단독으로도 경영활동을 할 수 있다. 개발구에서 인프라 건설에 투자하거나 첨단기술제품, 세계적인 경쟁력을 가진 관광상품을 생산하려는 기업가들에게는 토지임대료와 기업소득세를 낮춰 주는 등 특혜를 제공한다. 계 부회장은 여러 외국기업가들이 무봉국제관광개발구 사업에 참가할 의향을 표명했다고 밝혔다.[616] 량강도 삼지연군의 무봉국제관광개발구가 관광진흥 효과를 거두면 국경 주변을 비롯한 다른 관광개발구들의 개발도 본격화될 것이다.

|5| 조선중앙통신은 2018년 1월 25일 원산갈마해안관광지구 건설이 착수되었다고 보도했다. 원산만 남부에 있는 갈마반도는 남대천(안변)의 흐름에서 생긴 화강암질의 모래가 바다물결의 작용에 의해 쌓인 육계도(섬과 육지 사이의 얕은 바다에 모래가 퇴적하여 연결된 섬)이다. 남북으로 놓인 반도의 북부는 기복이 심하지 않은 낮은 구릉이고 해안선은 전반적으로 밋밋하다. 갈마반도 북쪽에 길게 마주 뻗어 나온 호도반도가 있고 그 사이에 신도·대도를 비롯한 여러 섬들이 놓여있어 원산항의 자연방파제가 되고 있다. 갈마반도에는 명승지인 명사십리가 있다. 이 관광지구가 조성되면 여러 관광지와 원산-금강산국제관광지대를 연결하는 중간 체류장소로서 이상적이라 한다.[617]

『로동신문』도 같은 해 4월 24일 원산갈마해안관광지구 건설 동향을 보도했다. 기초콘크리트치기가 마감단계에서 벌어진 공사장에서 시공단위들이 지상골조공사에 진입해 건축물들을 세우고 있다는 것이었다. 이 지구에는 대상별 특성과 수용능력에 맞게 호텔들과 각종 숙소, 영화관, 상점을 비롯한 여러 건설대상들이 들어서고 있다. 수km의 해안방조제와 수십만m^2의 해수욕장·정박장을 비롯한 관광시설이 항구도시의 면모를 일신할 것이라고 한다. 건설지휘부는 내각과 성·중앙기관들을 비롯한 해당 부문과의 긴밀한 연계 밑에 자재수송을 앞세우고, 선 하부구조, 후 상부구조 건설원칙을 지키면서 지대 정리와 하수망 및 도로공사를 추진하고 있다고 한다.[618] 이 관광지구가 완성되면 원산-금강산국제관광지대에 외국인 관광객들의 숫자가 급증할 것으로 북한은 전망하고 있다.

김정은 위원장의 관광지구 현지지도

김정은 위원장의 관광지구에 대한 현지지도는 원산갈마해안관광지구 건설장과 평안남도 양덕군 온천관광지구 건설장에 집중되었고 금강산관광지구를 방문하기도 했다.

|1| 김 위원장은 2018년 5월 하순에 원산갈마해안관광지구 건설장의 현지지도에 나섰다.[619] 그는 2018년 《신년사》에서 군민軍民이 힘을 합쳐 원산갈마

해안관광지구 건설을 최단기간 내에 완공할 데 대한 전투적 과업을 제시한 바 있다. 그는 명사십리 해변가를 따라 건설장 전경을 바라보며 "불과 몇 개월 사이 정말 많은 일을 해제꼈다"고 치하했다. 그는 건설장의 여러 곳을 돌아보면서 공사규모와 진척정형, 자재와 설비보장대책 등 건설 전반의 실태를 요해하고, 공사일정 계획을 현실성 있게 세울 것, 모든 대상건설에서 천년千年책임·만년萬年보증의 원칙에서 설계와 시공기준·건설공법의 요구를 엄격히 지킬 것, 건축물의 질을 최상의 수준에서 보장할 것, 전국의 연관 단위들에서 증산투쟁·창조투쟁을 힘 있게 벌려 건설장에 필요한 설비와 자재·마감건재품들을 공사에 지장 없이 보장할 것, 2019년 태양절(4월 15일)까지 완공할 것 등을 지시했다. 그가 설계와 시공기준·건설공법을 엄격히 준수하도록 강조한 것은 속도전 과정에서 자칫 발생할 지도 모르는 날림공사를 막기 위해서라고 할 수 있다.

그는 2018년 8월 중순에 원산갈마해안관광지구 건설장을 다시 방문했다.[620] 그는 《원산갈마해안관광지구 총배치계획안》을 보면서 공사진행 정형을 보고받고 호텔과 자취숙소·봉사시설들을 비롯한 건설장 전반을 돌아보며 요해했다. 그는 "건물들이 개별화되고 높낮이에서도 차이가 얼마 없다"면서 "층수에서 높낮이 차이를 주고 30층·25층짜리 여관(호텔)들과 봉사(서비스)건물들을 더 조직하며 건물들 사이의 연결을 더 조화롭고 특색 있게 함으로써 전반적 거리 형성을 예술적으로 세련시켜야 한다"고 지시했다. 그는 "원림녹화를 잘 하여야 한다"면서 "지금 일부 구역들에는 양묘장에 들어온 것처럼 같은 종류의 나무들을 일률적으로 심었는데 바다를 끼고 있는 해안의 주변 생태환경에 어울리게 수종이 좋은 나무들을 배합하는 원칙에서 원림설계를 잘하고 그에 따라 조성하라"고 지시했다.

그는 건설물의 질을 최상의 수준에서 보장할 것, 난방·상하수도 부문을 비롯하여 하부시설망 공사를 질적으로 하는데 힘을 넣을 것, 전기·난방·급배수부문의 시공을 잘하여 건설에서 표준·기준이 되게 할 것, 설계와 감독기관들의 역할을 높일 것, 수압시험·강도시험·안전성검사와 보이지 않는 부분들에 대한 시공지도와 질의 감독 통제를 강화할 것, 백사장의 해수욕 구획들에 구급의료 시설들을 비롯하여 필수적으로 갖추어야 할 조건들을 다 구비해줄 것 등을 지시했다. 그의 현장 지시가 세밀한 부분에 미치고 있음을 알 수 있다. 마원춘 국무위원회 설계국장으로부터 상세하게 보고받기 때문일 것이다.

김 위원장은 2018년 10월 말에 원산갈마해안관광지구 건설장을 또 다시 방문했다.[621] 그는 "지난 8월에도 강조하였듯이 30층 이상의 여관, 호텔들을 추가 배치할 것을 예견해야 하며 당 및 근로단체위원회, 경영위원회, 안전보위기관, 사법검찰기관을 비롯한 사무청사도 거리형성에 인입될 수 있게 해안지대에 접근 배치하여 고층종합청사 형식으로 건설하라"고 지시했다. 그는 전자오락관·종합경기장·영화관들을 추가 배치할 것, 해안선과 비행장 사이의 공지에 큰 규모의 물놀이공원과 유희장을 배치할 것, 종합주차장 건설 및 갈마역 개건(원산갈마해안관광지구의 대중교통수단 해결) 등의 계획을 수립할 것 등을 지시했다. 그는 또 "원림녹화사업을 건설사업 못지않게 중시하여야 한다"면서 "원림설계를 해안거리 특성에 맞게 특색 있게 잘하고 원림조성사업에 힘을 넣도록 하여야 한다"고 거듭 강조했다.

그는 2019년 4월 초순에도 원산갈마해안관광지구 건설장을 방문했다.[622] 그는 건설장의 여러 곳을 돌아보면서 공사 실적과 시공 정형을 요해하였다. 그는 겨울철 기간에도 세상에 없는 건설 일화들을 창조하며 모든 건물들의 골조공사와 내·외부 미장작업을 거의 끝내고 새로 추가된 신설대상들도 빠른 속도로 해제끼고 있을 뿐 아니라 원림녹화도 입체적으로 진행하여 건설장의 전경이 몰라보게 일신된 데 대하여 높이 평가했다. 그는 "원림녹화사업을 건설 못지않게 중시하고 수종이 좋은 나무들을 더 많이 심고 생울타리도 형성하여 풍치를 돋구어야 한다"고 말했다.

그는 "원산갈마해안관광지구와 같은 대규모 건설사업은 절대로 속도 일면에만 치우쳐 날림식으로 하면 안 된다"면서 "당에서 인민들을 위해 막대한 자금과 노력을 들여 건설하는 대상인 것만큼 50년, 100년 후에도 손색이 없게 시공의 질을 최상의 수준에서 보장하여야 한다"고 강조했다. 그는 "원산갈마해안관광지구를 올해 당창건 기념일까지 바삐 그 무엇에 쫓기듯 속도전으로 건설하지 말고 공사기간을 6개월간 더 연장하여 다음해 태양절까지 완벽하게 내놓자"고 말했다. 그가 공사기간의 연장을 공개적으로 밝힌 것은 이례적이다.

|2| 김 위원장은 2018년 10월 말에 평안남도 양덕군 온천관광지구 건설장을 방문했다.[623] 그는 "온천관광지구가 요양소 구획과 관광휴양소 구획으로 나누어 건설되는데 맞게 세계 여러 나라들의 온천봉사시설들의 자료들을 깊이 연구한데 기초하여《기술과제서》작성부터 잘해야 한다"고 지적했다. 그는 "낡아빠진 휴양소, 요양소들을 붙안고 그 수준이 얼마나 뒤떨어지고 한심한지조차 모르고 전혀 옴짝도 하지 않고 동면하고 있는 보건성을 비롯한 성, 중앙기관들에서 어떻게 세계적 수준의 관광휴양 및 요양기지 꾸리기와 관련한《기술과제서》를 내놓겠는가"하고 질책했다.

그는 "이 사업은 당에서 직접 구상하고 인민들의 문명한 생활향유와 건강증진을 위해 발기한 대상건설인 것만큼 당중앙위원회 해당 부서와 국무위원회에서 전적으로 맡아 정부병원과 긴밀히 협동하여《기술과제서》를 작성하며 국무위원회 설계국이 기본이 되어 설계를 진행하되 필요한 설계기관들의 능력 있는 역량도 인입하여 강력한 설계집단이 달라붙어야 한다"면서 설계작성 문제에 대하여 여러 방안을 제시했다. 그는 특히 "인민군대는 조선에서 처음으로 되는 온천관광지구 건설을 통 채로 맡겨준 당의 믿음을 심장깊이 새기고 세상에 내놓고 자랑할 만한 또 하나의 인민의 소유물을 훌륭히 일떠세워야 한다"고 강조했다. 그의 발언을 통해《기술과제서》의 존재를 확인할 수 있고 국무위원회 설계국이 중심이 되어 태스크 포스 팀을 구성한다는 것을 확인할 수 있다.

그는 2019년 4월 초순에 평안남도 양덕군 온천관광지구 건설장을 방문했다.[624] 그는 "양덕군에 꾸리고 있는 온천관광지구 주변에 스키장까지 건설하여 낮에는 스키를 타고 저녁에는 온천욕을 하면서 휴식하면 인민들이 좋아할 것"이라면서 이 지구의 겨울철 기후조건과 지형을 거듭 요해하고 해당 부문에 스키장을 건설하기 위한 과업과 방향을 제시했다. 그는 "인민군대가 맡은 요양구획, 휴양구획, 종합봉사구획, 여관구획을 비롯한 모든 건설대상들의 건물 기초 굴착과 기초 콘크리트치기, 하부망 공사가 계획대로 진척되어 대상공사의 확고한 전망이 내다보인다"고 만족을 보이면서 군인건설자들의 기세를 높이 평가했다. 그는 "대상 공사를 제 기일 안에 무조건 끝내기 위한 단계별 목표를 명백히 세우고 월별, 주별, 일정별 공사계획을 어김없이 집행하도

록 요구성을 높이며 공사를 입체적으로 진행하기 위한 작전과 지휘를 짜고
들면서 자재 보장 대책을 철저히 따라 세워 공사를 순간도 중단 없이 내밀어
야 한다"고 강조했다.

김 위원장은 2019년 8월 말에 평안남도 양덕군 온천관광지구 건설장에 대한
현지지도에 나섰다.[625] 그는 "구획 구분과 배치가 실용적이며 매 건물들이 건
축미학적으로도 손색이 없다"고 평가했다. 그는 "스키장과 온천휴양이 결합
된 새로운 문화정서 생활분야가 창조되었다"면서 "스키장에 설치할 수평승
강기와 끌림식 삭도를 비롯한 설비제작을 모두 주요 군수공장들에 맡겨보았
는데 나무랄 데 없이 잘 만들었다"고 치하했다. 그는 "시설들에 대한 운영준
비를 빈틈없이 하고 스키장의 체육 기자재 보장 대책을 철저히 세워 올해 12
월부터 운영을 시작할 수 있도록 하여야 한다"고 지시했다.

그는 2019년 10월 말에 완공단계에 이른 양덕군 온천관광지구 건설장을 다시
방문했다.[626] 그는 온천관광지구의 봉사건물들을 보면서 "그 어디에 내놓아도
손색이 없다. 온천관광지구 주변의 농촌마을들은 농촌마을 건설의 본보기가
되었다"고 말했다. 그는 "양덕군 온천관광지구는 종합적인 치료 및 요양기지로
서 모든 봉사자들이 온천문화에 대한 일반적인 지식과 온천문화가 발전된 나라
들의 봉사형식과 내용도 잘 배우도록 하여야 한다"고 강조했다. 그는 "오늘
양덕군 온천관광지구를 돌아보니 머리가 맑아지고 기분이 개운하다. 금강산관
광지구와 정말 대조적이다. 적당히 건물을 지어놓고 이윤 추구를 목적으로 한
자본주의기업들의 건축과 근로인민대중의 요구와 지향을 구현한 사회주의건
축의 본질적 차이를 종합적으로, 직관적으로 보여주고 있다"고 덧붙였다.

김 위원장은 2019년 11월 중순에 준공을 앞둔 양덕온천문화휴양지를 방문했
다.[627] 그는 실내 온천장에 채광창을 더 내며 수영장 조약대와 정각을 철거하
고 내부 형성을 다시 할 데 대한 과업, 개별 욕수조 주변에 깔아놓은 인공잔디
대신 나무 바닥재로 마감할 데 대한 과업, 야외온천장의 계란 삶는 장소에 조
미료를 놓아줄 수 있게 벽장을 설치할 데 대한 과업, 야외 온천장으로 가는
보행통로에 난방관을 묻고 온천퇴수를 보장할 데 대한 과업, 스키장 주로의
경사가 급한 부분의 주로 폭을 넓혀 안전성을 보장할 데 대한 과업 등을 구체
적으로 점검하고 짧은 기간에 많은 일들을 하였다고 평가했다. 그는 "온천문

화휴양지에 건설하고 있는 승마공원을 빨리 완공하여 여러 가지 체육문화생활을 즐기고 온천욕을 할 수 있게 하여야 한다"면서 "골프장도 건설하여야 한다"고 말했다. 그는 또 "준공 기일이 박두한 것만큼 봉사를 담당한 단위의 당 조직들과 일군들과 봉사자들이 헌신적인 복무정신을 지니고 봉사준비사업을 책임적으로 하여 봉사활동에서 미흡한 점이 없도록 하여야 한다"고 지시했다. 그는 2019년 12월 8일 양덕온천문화휴양지 준공식에 참석함으로써 공사 전체를 마무리지었다.[628]

[3] 김 위원장은 2019년 10월 하순에 금강산관광지구에 대한 현지지도에 나섰다.[629] 그는 고성항과 해금강호텔, 문화회관, 금강산호텔, 금강산옥류관, 금강펜션타운, 구룡마을, 온천빌리지, 가족호텔, 제2온정각, 고성항 횟집, 고성항 골프장, 고성항 출입사무소 등 남측에서 건설한 대상들과 삼일포와 해금강, 구룡연 일대를 돌아보았다. 그는 "관광지구에 꾸려놓은 봉사건물들이 민족성이라는 것은 전혀 찾아볼 수 없고 범벅식이다. 건축미학적으로 심히 낙후할 뿐 아니라 관리가 되지 않아 남루하기 그지없다"고 말했다.

그는 "건설관계자들이 손쉽게 관광지나 내어주고 앉아서 득을 보려고 했던 선임자들의 잘못된 정책으로 하여 금강산이 10여 년간 방치되어 흠이 남았다. 국력이 여릴 적에 남에게 의존하려 했던 선임자들의 의존정책이 매우 잘못되었다"고 비판했다. 그는 "보기만 해도 기분이 나빠지는 너절한 남측 시설들을 남측의 관계부문과 합의하여 싹 들어내도록 하고 우리 식으로 새로 건설하여야 한다"고 말했다. 그는 "지금 금강산이 마치 북과 남의 공유물처럼, 북남관계의 상징처럼 되어 있고 북남관계가 발전하지 않으면 금강산 관광도 하지 못하는 것으로 되어 있는데 이것은 분명히 잘못된 인식"이라고 덧붙였다. 그는 "세계적인 관광지로 훌륭히 꾸려진 금강산에 남녘 동포들이 오겠다면 언제든지 환영할 것이지만 금강산에 대한 관광사업을 남측을 내세워 하는 일은 바람직하지 않다는데 대해 우리 사람들이 공통된 인식을 가지는 것이 중요하다"고 말하기도 했다.

그는 금강산 관광봉사와 관련한 정책적 지도를 맡은 당 중앙위원회 해당 부서에서 금강산관광지구의 부지를 망탕 떼어주고 문화관광지에 대한 관리를 외면하여 경관에 손해를 준데 대하여 엄하게 지적했다고 한다. 그는 "고성항 해안관광지구, 비로봉 등산관광지구, 해금강 해안공원지구, 체육문화지구를 꾸리며 이에 따른 금강산관광지구 총개발계획을 먼저 작성·심의하고 3~4단계로 갈라 연차별, 단계별로 건설하여야 한다"고 말했다. 그는 "금강산관광지구 일대를 금강산과 원산갈마해안관광지구, 마식령스키장이 하나로 연결된 문화관광지구로 세계적인 명승지답게 잘 꾸려야 한다"고 당부하면서 고성항 해안관광지구에 항구여객역을 건설하고 항 주변을 봉쇄할 것, 인접군에 관광 비행장을 꾸리고 비행장으로부터 관광지구까지 관광전용 열차 노선도 새로 건설할 것, 스키장도 건설할 것 등을 지시했다.

김 위원장은 원산갈마해안관광지구 건설장의 현지지도에서 당초 2019년 태양절(4.15) 완공을 지시했다가 당 창건일(10.10)로 연기했으며 이를 다시 2020년 태양절로 재차 연기했다. 연기 과정에서 "속도 일면에만 치우쳐 날림식으로 하면 안 된다"고 강조했다.

그는 전반적으로 시공의 질을 보장하고 시공기준과 건설공법이 제대로 지켜지는지의 감독통제를 강화함으로써 건축물의 질에서 최상의 수준을 보장하라는 지침을 내렸다. 그는 전기·난방·급배수 부문의 시공에도 관심을 보였고 건축물 층수의 높낮이와 연결 배치의 조화, 생태환경에 어울리는 원림녹화, 대중교통수단의 해결, 전자오락관·종합경기장·영화관 등의 추가배치 등을 강조했다. 그는 이 관광지구의 전국 연관 단위들이 설비·자재·마감건재품 등을 제대로 공급할 것을 지시하기도 했다.

그는 양덕온천문화휴양지 건설장의 현지지도에서는 강력한 설계집단을 구성하여 《기술과제서》 작성부터 잘 해야 한다고 지시했다. 특히 당 중앙위원회와 국무위원회가 담당하여 이 휴양지구 건설을 책임져야 한다고 밝힘으로써 당·국가의 사업임을 확인했다. 그는 이 휴양지에 스키장을 건설하는 등 세계적 수준의 관광문화휴양요양지로 만들 생각을 갖고 있다.

이 현장에서 월별·주별·일정별 공사계획을 어김없이 집행함으로써

"공사를 순간도 중단없이 내밀어야 한다"고 지시했다. 김 위원장이 원산갈마해안관광지구와 양덕온천문화휴양지의 개발에 주력한 것에서 관광입국의 의지를 읽을 수 있다.

그는 금강산관광지구의 현지지도에서 금강산관광이 10여 년 방치된 데 따른 시설낙후 등을 문제 삼고 이를 철거한 후에 세계적인 관광지답게 새로 조성할 것을 지시했다. 그는 고성항 해안관광지구, 비로봉등산관광지구, 해금강 해안공원지구, 체육문화지구 등을 조성하는 금강산관광지구 총개발계획을 우선 작성·심의하고 3~4단계로 나눠 건설하는 지침을 내렸다.

관광산업은 투자 대비 이익이 크고 고용창출 효과가 크며 운수, 숙박, 요식 등 관련 산업의 발전에 영향을 미치며, 국가이미지도 개선시켜준다. 북한이 이 때문에 관광산업에 공을 들이는 것이다. 북한은 관광인프라가 여전히 부족한 상태이지만 법령 정비와 홈페이지(tourismdprk.gov. kp) 개설, 비자발급 편의성의 제고 등에 노력하고 있다. 평양관광대학 관광봉사학부에 영어·중국어·러시아어학과를 개설하는 등 관광가이드와 통역원의 양성에도 힘을 쏟고 있다. 다만 관광자원의 확충, 관광인프라의 구비, 관광객의 활동제한 완화, 국제사회의 대북제재에 따른 투자유치의 어려움 해소 등의 과제가 여전히 남아 있다.[630]

북한은 여러 지방에서 관광인재를 육성하고 도별로 여행사를 설립하는 등 지역별 맞춤형 관광산업의 발전에 나서고 있다. 김 위원장은 2015년, 2018년, 2019년 《신년사》에서 원산갈마해안관광지구 개발을 최단 기간 내 끝내도록 지시하는 등 관광산업에 집중해왔다.[631] 원산갈마해안관광지구가 완공되면 북한 인민들과 외국인들이 함께 어울리는 모습이 늘어날 것이다.

전반적으로 보아 자강력제일주의는 한시적으로 끝날 기미는 없고 강고히 견지될 것이다. 대외경제협력이 확대되는 가운데 경제특구·경제개발구, 관광산업은 점진적으로 발전해나갈 것이다. 자강력제일주의와 대외경제협력은 국제사회의 대북제재 상황에 영향을 받겠지만 제재가 완화되더라도 자력갱생의 혁명정신은 지속될 것이다. 북한은 법적·제도적 준비를 갖춰놓고 제재의 완화를 기다리는 중이다. 그 기다림의 시간에 북한 매체들은 인민들에게 자력자강의 기치를 더욱 높이 들자고 호소할 것이다.

한편으로, 북한은 경제발전전략의 수행에서 대외경제협력을 더욱 확대하는 방향으로 나아갈 것이며, 중국 일변도의 무역구조에서 점차 벗어나 남한과 일본·러시아와의 경제협력과 교류 확대를 통해 무역구조에서 균형을 찾으려고 애쓸 것이다. 이에 더하여 오랜 숙원이던 동남아국가들과의 경제협력도 확대해나갈 것이다.

자력갱생의 토대 위에 불현 듯 대외경제협력의 급속한 확대라는 거대한 기둥이 솟아날 수 있다. 흙이 쌓여 산을 이루듯(積土成山) 자력자강의 심화와 대외경제협력의 확대는 사회주의경제강국 건설과 인민생활 향상의 밑돌이나 디딤돌이 될 수 있다. 혁신의 관점에서 볼 때, 북한의 대외경제관계 부문은 꼴찌에게 쏟아지는 눈총을 받다가 어느 순간 가장 앞서 달리며 갈채를 받는 주인공이 될 수 있다.

제3절 김정은시대 경제발전전략의 혁신 부문

"자본과 자본주의를 '권력과 화폐와 생산의 결합체'로 이해해야 된다고 말하고 싶다.⋯ 실제로 20세기 중반 이후 자본주의의 이해에 중요한 기여를 했던 이론가들의 저작을 보면 권력, 화폐, 생산을 총체적으로 이해하는 경향이 강하게 나타나고 있다. 하지만 이 세 가지 측면이 서로 어떻게 결합되어 있는지를 정밀한 논리로 체계적으로 설명한 경우는 극히 드물다.

이 점에 있어서 최근 조너선 닛잔Jonathan Nitsan과 심숀 비클러Shimshon Bichler가 내놓은 『권력자본론 Capital as Power』은 괄목할 만한 예외라 할 수 있다.⋯ 이들이 자본주의를 생산이라는 현상, 화폐적 축적이라는 현상, 그리고 이를 가능케 하는 끊임없는 사회적 재구조화, 즉 권력이라는 현상으로 각각 파악하고 있다는 점만은 지적해둘 필요가 있다.

또 이들은 이러한 각각의 측면을 파악하는 것을 훌쩍 넘어서서 이 세 가지 현상이 서로 어떻게 내적으로 긴밀하게 연관되어 있는가에 대해서도 체계적인 설명을 제시하고 있으며, 이에 근거하여 자본주의란 사회에 질서cosmos를 부여하는 독특한 권력양식mode of power이며 자본축적의 과정을 그렇게 사회에 새로운 질서를 창출해 부여(혹은 강제)하는 '창서創序(Creorder)'라고 보는 독창적인 이론을 제시하고 있다." [632]

자본주의를 특징짓는 여러 해석이 있어왔지만 자본주의를 생산이라는 현상, 화폐적 축적이라는 현상, 이를 가능하게 하는 끊임없는 사회적 재구조화(권력)라는 세 요소의 결합체로 보는 위 인용문의 견해는, 어떤 특징을 사회주의로 볼 것이냐의 문제를 다시 생각하게 한다. 생산과 화폐적 축적의 현상이 점점 유사한 방식으로 접근하게 된다면 앞으로 그 차이는 권력 현상만 남을 수 있다. 이 점에서 보면 어느날엔가 누구(계급)를 위한 권력인가, 무엇(국가의 역할)을 위한 권력인가를 기준으로 자본주의와 사회주의의 분기점을 나눌 수도 있을 것이다.

이 절에서는 '생산'과 '화폐적 축적'과 '사회적 재구조화'의 세 측면에서 북한이 어느 지점에 서 있는지를 생각해보면서 김정은 시대 경제발전전략의 혁신부문을 설명하려고 한다. 혁신부문으로 재정은행사업의 변화 모색, 첨단과학기술 발전, 군수-민간경제의 결합 등 세 주제를 다룬다. 재정은행사업은 시스템적 혁신, 첨단과학기술은 지식경제 시대상의 반영, 군수-민간경제의 결합은 시스템적 혁신과 시대상의 반영을 각기 내포하고 있다고 할 수 있다.

1. 재정은행사업의 변화 모색 : 상업은행 활성화의 금융혁신[633]

"경제 전반에 대한 국가의 통일적 지도를 원만히 실현하고 근로자들의 자각적 열의와 창조력을 최대한 발동할 수 있도록 관리방법을 혁신하여야 합니다. 내각과 국가경제지도기관들은 사회주의경제법칙에 맞게 계획화와 가격사업, 재정 및 금융관리를 개선하며 경제적 공간들이 기업체들의 생산 활성화와 확대재생산에 적극적으로 작용하도록 하여야 합니다. 경제사업의 효율을 높이고 기업체들이 경영활동을 원활하게 해나갈 수 있게 기구체계와 사업체계를 정비하여야 합니다." (김정은 위원장의 2019년 《신년사》)

"우리식 경제관리방법의 생활력을 높이 발양시키자고 하여도 재정은행사업을 개선하여야 합니다. 우리나라에서 재정은행사업은 국가관리의 수단일 뿐아니라 기관, 기업소 경영관리의 중요한 수단입니다. 재정은행사업을 혁신하고 그 분배적, 통제적 기능을 강화하는 것은 모든 기업체들이 경영관리를 짜고 들어 실리를 보장하도록 하는데서 큰 작용을 작용합니다. 재정금융체계와 자금관리방법을 개선하여야 사회주의사회의 요구에 맞게 경제계산을 정확히 할 수 있으며 유통을 원활하게 하고 확대재생산을 성과적으로 실현해나가도록 추동할 수 있습니다. 경제관리 개선의 기본 고리가 재정은행부문 사업을 혁신하는데 있다고 말할 수 있습니다." (김정은, 제3차 전국재정은행일군대회 참가자들에게 보낸 서한)[634]

북한의 경제발전전략에서 공장·기업소의 생산 정상화와 이를 위한 사회주의기업 책임관리제의 정착이 중요하다. 이 제도의 정착에 필요한 요소는 여럿이지만 그 가운데 화폐금융정책이 으뜸이다. 북한의 화폐금융정책은 재정은행사업에 담겨 있다. 북한의 재정은행사업에서 눈에 띄는 변화들이 나타나고 있다.

북한은 전통적으로 국가의 자금관리를 통해 공장·기업소의 자금운영, 생산과 판매, 고정재산 등을 통제하는 것을 재정은행사업의 핵심으로 삼아왔다. 발권 기능을 수행하는 중앙은행이 국가재정의 관리를 담당했고 상업은행의 역할도 수행했다. 이에 따라 기관·기업소·단체들은 중앙은행에 개설된 단일계좌를 통해 대금결제를 해왔다.

북한의 화폐유통은 현금유통現金流通과 무현금유통無現金流通이라는 이원화 시스템으로 이뤄져 있다. 북한은 재정은행사업에서 '원에 의한 통제'를 중시했는데, 하나는 예산수입과 지출 과정을 통제하는 '재정통제', 다른 하나는 은행의 영업활동을 통해 통제하는 '은행통제'로 진행되었다. 현금유통은 주민들 사이, 혹은 주민들과 기관·기업소·단체들 사이의 거래에서 이뤄졌다. 화폐는 은행 계좌를 중심으로 기관·기업소·단체, 주민, 상업유통기관 등을 거치면서 은행으로 환수되는 환류feed-back 시스템이 작동되었다. 이러한 전통적인 재정은행사업은 1990년대 중반에 이르러 중대한 변화에 직면한다.

여기에서는 화폐유통의 변화와 화폐교환의 역사적 의미를 돌아보고 재정은행일군강습과 전국재정은행일군대회에서 제시된 정책 변화, 《화폐유통법》과《중앙은행법》《상업은행법》 등 관련 법령의 의의, 김정일 국방위원장과 김정은 위원장의 재정은행사업에 관한 서한에 나타난 핵심적인 전략적 방향과 과제 등을 살펴보기로 한다.

1) 화폐유통의 변화와 화폐교환

1990년대 중반 화폐유통의 변화

1995년에 시작된 고난의 행군을 전후한 시기에 경제침체의 여파로, 주민에게 지급된 현금이 은행으로 환수되지 않는 상황이 벌어졌다. 북한에서 2003년에 종합시장이 도입되면서 현금은 국영상점이 아닌 시장으로 흘러갔고 전통적인 화폐유통 시스템이 작동하지 않는 지경에 이르렀다. 국영상점에 상품이 부족해지자 주민들의 시장 의존도는 더욱 높아졌고 주민들 사이에 저금기피 현상이 나타났다.[635]

북한 정부가 그토록 강조해온 '화폐유통의 공고화'는 그 반대의 늪에 빠져들었고 화폐의 안정성은 취약해졌다. 이를 타개하려면 재정은행사업에서의 변화가 불가피했다. 북한 정부는 '현실발전에 맞게' 변화를 수용하지 않을 수 없었다. 1990년대 중반에 시작된 화폐유통의 변화는 오늘도 지속되고 있다.

공장·기업소들은 1990년대 중반 무렵 국가로부터 원자재·자금을 정상적으로 공급받지 못했다. 기업체의 운영자금을 자체로 마련해 생산에 필요한 물자를 구입해야 했다. 주민들은 국영상점 대신에 시장에서 인민소비품을 구하기 시작했고, 국영상점을 통해 국가영역으로 환수되어야 할 화폐는 시장에서 유통되었다. 상품 부족은 시장가격의 상승을 부채질했고, 일부 주민들은 국정가격과 시장가격의 차이를 이용한 매매차익 거래에 나섰다. 이러한 현상은 국가의 재정에 어려움을 가중시켰다.

이 무렵 북한의 경제이론지 『경제연구』에는 상품공급의 부족을 해결하기 위해서는 경제적 공간(원가, 이윤, 수익성 등)을 적극적으로 이용해야 한다는 주장이 나타나기 시작했다. 공장·기업소에서 원자재를 절약해 원가를 절감하고 수익성을 높여야 한다는 것이었다. 가격이 고정된 여건에서 원가를 절감하면 그만큼 기업체들의 이윤과 수익이 높아진다는, 당연한 이치를 강조했던 것이다.

다만 경제적 공간과 직결되는 화폐공간의 이용을 지나치게 강조하다 보면, 정부의 생각과는 달리 화폐의 기능과 역할을 확대할 여지가 있었고 상당한 논란거리를 자초할 수 있었다.

『경제연구』에서는 1990년대 후반부터 2000년대 초반 사이에 화폐공간의 이용을 둘러싼 미묘한 논쟁이 벌어지기도 했다.[636] 이 문제는 자칫하면 재정은행사업을 둘러싼 좌우경적 오류의 비판에 직면할 수 있는 일이었다. 현실에서는 화폐유통의 변화를 피할 수 없었다.

화폐공간의 이용 문제

화폐유통의 변화는 재정은행사업의 정비를 필요로 했지만, 북한 정부는 이에 즉각적으로 대응하지는 않았다. 화폐공간의 이용을 인정하고 시장을 확대해나가는 방안에는 전략적으로나, 정책적으로 고려해야 할 사항들이 많았다. 1990년대 중반 이후에 인민들에게 지급한 현금이 시장으로 흘러들어가 시장화와 화폐유통을 촉진시킨 반면에, 중앙은행으로의 환류가 이뤄지지 않았다. 화폐가 시장용 상품생산에 투자되는 현상이 나타나기 시작했다.

시장 확산과 화폐유통의 활성화는 주민들의 달러 보유 경향으로 이어졌다. 시장의 상품수요를 충족시키기 위해 중국으로부터의 상품수입이 늘어나고 인플레이션이 나타나면서 인민들은 경화硬貨에 의한 가치축적을 선호했다. 조선원화의 구매력이 하락한데 반해 달러·유로와 위안元화는 가치가 고정되어 있었기 때문이다. 고난의 행군을 거치면서 화폐제도는 현실과의 간극間隙이 더 벌어졌다. 화폐가 국가의 통제 아래 제한적으로 유통되던 기존 시스템에서 벗어나 인민들의 삶의 현장에서 가치를 발휘하면서 북한 정부는 화폐금융제도를 근본적으로 바꾸는 '신의 한수'가 무엇인지를 생각하지 않을 수 없었다.[637]

2002년의 7·1 경제관리 개선조치 이후 종합시장에서 유통되는 화폐의 양은 크게 늘어났다. 가격이 저렴한 국영상점에서 상품을 구입해 시장에서 높은 가격으로 되파는 매매차익 거래가 더욱 빈번해졌다. 기업체들 사이에 현금유통이 가능해졌고 자재와 현금을 비축하는 행위도 늘어났다.

공장·기업소들은 7·1조치 이후 스스로 자금을 마련해 원자재를 구입해야 했고, 자체로 생산한 상품을 판매하고 그 수입으로 공장·기업소 노동자들에게 임금을 지급해야 했다. 노동자들은 생산성을 높여야 기업체의 이윤을 높일 수 있고 그래야 임금을 제대로 받거나 더 받을 수 있는 상황에 직면했다. 현실이 바뀌면 경제주체들의 생각과 행동이 달라지는 것은 당연한 이치였다.

화폐공간이 넓고 깊게 퍼져나가면서 공장·기업소들과 노동자들은 화폐를 보유해야 하는 현실에 눈을 떴다. 이 무렵『경제연구』에 화폐의 물신성物神性을 경고하는 글이 등장하기도 했다. 경제학자들의 입장에서는 상품화폐관계의 이용이 필요하다고 인정하면서도, 이에 대한 경계심을 풀고 확대하다보면 '돈만 아는' 물신숭배성이 되살아날 수 있다고 경계할 수밖에 없었다.

북한 정부는 7·1조치 이후 '비사회주의적인 현상'이 날이 갈수록 늘어나자 2006년을 전후해 시장 및 화폐 정책에서 보수적 방향으로 일거에 돌아섰다. 화폐의 기능을 축소하고 시장을 억제하려고 했다.

정책의 보수성은『경제연구』의 논문에도 반영되어 경제관리에서 국가계획을 우선할 것, 경제공간(원가·이윤·수익성 등)-화폐공간을 보조적 수단으로만 이용할 것을 강조한 연구가 부쩍 늘었다.[638]

모든 변화에는 두려움이 수반되고 이 점에서 경제 당국이나 경제학자들이 마찬가지였다. 북한의 경제학자들은 촉觸이 빨라 정책보다 앞서가더라도 반발 정도에서 머문다. 이들의 모든 논문은 편집 출판과정에서 엄정한 사전검토가 이뤄진다.[639]

제5차 화폐교환 단행(2009년)과 부작용

북한은 2008년에 종합시장을 일시적으로 폐쇄했으며, 2009년 11월 30일부터 화폐교환[640]을 전격적으로 단행했다. 북한에서는 총 5차례의 화폐교환이 있었다.

제1차 화폐교환은 북조선인민위원회 법령 30호에 의해 1947년 12월 6~12일에 실시되었다. 화폐교환의 목적은 일제강점기 화폐제도를 철폐하고 사회주의 경제체제의 화폐제도를 확립하려는 것이었다. 100원, 10원, 5원, 1원 등 4종의 신권을 발행하고 1:1의 비율로 교환해주었다. 교환 한도는 계층·계급별로 차별을 두었는데, 한도초과금액은 예금으로 동결했다. 1949년 5월에는 50전, 20전, 15전 등 보조화폐를 발행했고, 1949년 8월 15일부터 기존 화폐의 유통을 전면 중지시켰다.

제2차 화폐교환은 내각결정 11호에 의해 1959년 2월 13~17일에 실시되었다. 화폐교환의 목적은 6·25전쟁으로 인한 인플레이션의 누증을 방지하고, 새로운 재정금융의 토대 구축 및 새로운 경제계획 실시에 따른 투자재원을 확보하려는 것이었다. 100원, 50원, 10원, 5원, 1원, 50전 등 6종의 지폐와 10전, 5전, 1전 등 3종의 주화를 발행하고, 100:1의 비율로 교환해주었다. 교환 한도는 없었으며, 기관·기업소들은 보유 중인 구 화폐를 반드시 은행에 전액 입금하도록 했다.

제3차 화폐교환은 중앙인민위원회 정령에 의해 1979년 4월 7~12일에 실시되었다. 화폐교환의 목적은 기관·기업소·단체와 개인이 보유하고 있는 유휴화폐를 회수하여 급격한 물가인상을 방지하고 정부의 부족한 재원을 충당하려는 것이었다. 100원, 50원, 10원, 5원, 1원 등 5종의 지폐와 유통·계산의 편의를 위해 50전짜리 주화를 새로 발행하여 1:1의 비율로 교환해주었다. 교환 한도는 없었으며, 기관·기업소·단체는 4월 8일까지 은행에 입금시킨 다음 필요한 만큼 새 돈을 지불받았다. 10전, 5전, 1전 등 소액 주화는 교환하지 않고 이전 것을 그대로 유통시켰다.

제4차 화폐교환은 중앙인민위원회 정령에 의해 1992년 7월 15~20일에 실시되었다. 화폐교환의 목적은 화폐제도의 공고화, 화폐유통의 원활화를 통한 재정 확충이었다. 100원, 50원, 10원, 5원, 1원 등 5종의 지폐를 발행하고, 1:1의 비율로 교환해주었다. 1가구당 399원이라는 한도를 두고 한도초과금액은 예금하도록 하였으며, 30,000원 이상은 예금으로도 받지 않았다.

제5차 화폐교환은 최고인민회의 상임위원회 정령과 그 집행을 위한 내각결정에 의해 2009년 11월 30일~12월 6일에 실시되었다. 화폐교환의 목적은 인플레이션 억제, 재정 확충, 시장활동 억제를 통해 계획경제를 복원하여 북한정부의 사회적 통제력을 회복하는 것이었다. 5000원, 2000원, 1000원, 500원, 200원, 100원, 50원, 10원, 5원 등 9종의 지폐와 1원, 50전, 10전, 5전, 1전 등 5종의 주화를 발행했다.

교환비율은 현금의 경우 100:1, 은행에 저금한 몫의 경우 10:1이었다. 교환 한도는 최초 1가구당 10만원으로 알려졌으나 이후 주민의 극심한 반발 등 부작용으로 인해 1인당 5만원, 1가구당 20만원으로 한도를 완화했다. 화폐교환으로 시장 물가는 심하게 변동하고 급속한 물가상승이 야기되었다. 2010년 11월 말에 화폐교환 이전 수준으로 복원되었고, 그 이후 계속 상승세를 보였다.[641]

5차 화폐교환은 예상 밖이었고, 여러 마리 토끼를 잡으려는 궁여지책窮餘之策이었던 것 같다. 북한 외부에서는 이를 교환비율과 한도를 정한 '몰수형 화폐개혁'으로 평가했다. 화폐교환은 시장 및 화폐에 대한 억제정책의 정점이었다. 시중에서 활발히 유통되던, 증가된 화폐를 국가영역으로 환수하려고 했던 것이다. 북한 당국으로서는 국가 계획보다 화폐의 힘이 커지는 현실을 용납할 수 없었을 것이다.

이 무렵에 생산 정상화를 위한 화폐공간의 이용에 대해서조차도 '우경적 견해'라고 비판하는 논문이 『경제연구』에 등장했고 돈만 아는 낡은 사상을 없애기 위해 정치적 자극을 앞세워야 한다는 원칙론적인 주장이 강세를 보였다.[642] 재일조선인총연합회 기관지인 『조선신보』 2009년 12월 4일자는 북한에서 화폐교환을 단행한 것은 비정상적인 통화팽창의 조절,[643] 공식 상품유통망의 강화와 시장의 역할 축소, 국가경제건설의 재원 마련, 근로자들의 생활안정 등을 위해서였다고 보도했다. 특히 "경제관리에서 있었던 일부 무질서한 현상을 바로 잡는 조치가 있을 것"이라고 밝힘으로써 시장통제의 강화를 시사했다.

화폐교환의 전격 단행은 인플레이션의 억제, 계획부문의 복원, 재정확충 등의 정책이 실효를 거두지 못했기 때문일 것이다. 그러나 화폐교환의 결과는 참담했다. 화폐교환 이후 무상배려금 지급 등에 의해 적정 통화량 이상의 통화가 발행되었으나 발행된 화폐는 금융기관으로 환수되지 않았다. 오히려 외화통용이 확대되면서 화폐발행이익 seigniorage이 감소해 재정적자를 해소하기 위해 더 많은 화폐를 발행해야 했고 일시적으로 하이퍼인플레이션을 유발시켰다.[644] 인플레이션은 2013년에 접어들면서 어느 정도 해소됐다.

화폐교환의 실패에 따라 달러화dollarization, 즉 외화통용 현상이 급속히 확산되었다. 외화가 가치저장의 수단뿐 아니라 상품의 가격 기능을 하는 등 외화통용의 범위가 도리어 확대되었다. 화폐교환 이후 더 확산된 외화통용 현상은 화폐교환 실패의 여파에서 벗어난 이후에도 상당 기간 지속되었던 것으로 관찰된다.[645]

화폐교환의 부작용으로는 조선원화의 가치 저하, 외화대체 현상, 물신숭배의 만연, 인민들의 화폐관계망으로의 포획 등을 꼽을 수 있다. 예기치 않은 화폐 환수 때문에 주민들은 자신이 원하는 시점에 화폐로 생계문제를 해결할 수 없었고, 화폐의 가치저장 기능도 약화되었다.

주민들은 조선원화를 부의 축적수단으로 삼지 않게 되었고 은행은 점점 기능을 상실했다. '은행에 돈을 맡겨도 찾을 수 없다'는 인식이 확산되면서 돈은 으레 집에 보관하는 것으로 바뀌었다. 이참에 화폐교환의 영향을 받지 않는 외화를 더 선호하게 되었다.

일반적으로 외화가 가치저장의 수단이 될 경우 자국 화폐는 축적되지 않고 유통으로 내몰리고 인플레이션을 심화시킨다. 북한의 외화대체 현상은 조선원화와 외화의 수급요인, 정치사회적 요인, 법적·제도적 요인 등이 복합적으로 작용한 결과였다. 화폐자산으로 달러 등 외화를 보유했고 규모가 큰 거래에는 외화를 사용했으며 소규모 거래에서는 조선원화로 환전해 사용하는 흐름이 나타났다. 인민들의 시장 의존도가 높아지면 높아질수록 돈의 필요성은 더 커졌다.

북한 정부는 물신숭배의 만연을 피하기 위해 화폐의 기능을 제한했지만, 화폐적 이해관계가 커지면서 '화폐적 공동체'가 등장할 조짐이 있었다는 분석도 있다. 인민들이 화폐관계망에 포획될 여지가 커졌다는 것이다. 화폐교환을 통해 화폐관계망을 약화시키려고 했던 북한 정부의 생각과는 달리 그 역효과가 나타났다고 할 수 있다.[646]

북한 정부는 그 수습에 나서지 않을 수 없었고 김정일-김정은 시대의 이행기에 이 난제를 해결할 실마리를 찾아야했다. 김정일 국방위원장과 김정은 위원장이 재정은행사업과 관련한 서한을 발표한 것은 그 결과물이라 할 수 있다.

인플레이션(2010년)과 물가·환율 안정(2013년)

북한은 화폐교환 및 종합시장 폐쇄를 단행했으나 인플레이션, 상품 공급 위축 등의 몸살은 계속되었다. 북한 경제당국은 2010년 2월초부터 종합시장에 대한 단속의 고삐를 느슨하게 한 뒤 5월에 시장에 대한 억제책을 철회하기에 이르렀다.[647]

김정일 국방위원장을 비롯한 영도집단은 화폐교환의 진두 지휘자였던 박남기 당중앙위원회 계획재정부장의 '처형'이라는 반전反轉을 통해 상황 수습에 나섰다. 북한의 영도집단은 이 무렵에 화폐유통에 대한 근본적인 전환이 필요하다고 인식하고 그 준비에 돌입했던 것으로 관측된다.

『경제연구』 2010년 제3호에 실린 한 논문[648]은 "근로인민대중이 곧 화폐의 주인"이며 화폐는 "사람의 경제활동을 힘 있게 추동한다"는 관점을 제기했다. 이 논문은 "근로인민대중은 재정의 주인이다"라는 김정일 국방위원장의 발언을 이용했다. 즉 재정의 주인은 근로인민대중이고, 재정은 화폐를 이용하는 공간이며, 따라서 화폐의 주인은 곧 근로인민대중이라는 논법이 동원되었다. 이로써 근로인민대중을 위해서라면 화폐공간을 적극 이용할 수 있다는 이론적 발판이 마련되었다.[649]

2014년의 한 논문[650]에서는 "화폐공간을 경제관리와 경제활동의 보조적 수단으로 이용한다는 것은 화폐의 모든 기능수행들을 계획적으로 보장한다는 것을 의미한다"는 것으로 재해석되었다. 이 논문은 화폐가 가치척도 기능을 올바로 수행하도록 해야 한다는 관점에서 가격의 역할을 강조했고, 교환과 지불·축적의 기능을 보장하기 위해 임금체계를 정비할 것을 제안했다.

주목되는 점은 2010년 이후의 『경제연구』에서 화폐의 축적 기능을 인정했다는 사실이다.[651] 화폐의 축적 기능을 인정한 것은 상인계층의 자본축적을 인정하는 길을 열어놓은 점에서 논쟁의 불씨를 안고 있었지만, "그밖의 합법적인 경리활동을 통하여 얻은 수입도 개인소유에 속한다"고 한 《사회주의헌법》에 배치된 것은 아니었다(제24조).

북한에서 2013년부터 나타난 물가와 환율의 안정세는 주목할 만한 일이었다. 그 원인을 짐작해본다면 달러화의 급격한 확산에 따른 조선 원화의 유통 감소, 쌀 생산의 증가와 정부 비축미의 방출, 시장화의 진척에 따른 쌀의 보관 및 유통체계의 개선, 북한 정부의 통화증발 억제와 물가관리 노력 등이 복합적으로 작용했을 것이다.

북한 외부의 전문가들 사이에 이에 관한 견해가 일치된 것은 아니다. 물가와 환율의 안정세가 북한 정부의 정책적 노력과 관련이 있는지가 관심을 끌었지만, 정보와 자료의 부족 등으로 인해 뚜렷한 결론에 이르지는 못하고 있다.[652] 다만 두 가지는 분명했다. 하나는, 물가안정은 언제나 중앙은행의 목표라는 점이다.[653] 다른 하나는 김정은 위원장이 2013년부터 대규모 설비투자 등을 자제하면서 재정수요가 줄어들고, 경제 회복세에 따라 세수稅收는 증대된 점이다.

특이하게도 외화통용 현상이 2013년 이후 인플레이션의 해결에 오히려 긍정적으로 작용했다.[654] 북한 정부는 외화통용을 묵인하면서 시장을 통해 시중의 외화를 흡수하기 위해 다양한 시도를 하였다.[655] 북한은 금융기관을 활용한 시중 외화 흡수, 외화카드의 이용 확대, 외화상점 이용의 확대와 외화거래의 허용, 휴대폰이나 고가의 소비재·내구재 등 판매 시에 외화거래의 허용, 종합시장에서의 협동화폐교환소 설치와 시장 환율과 비슷한 환율 적용 등의 다양한 조치를 도입했다.[656]

특히 '협동화폐제' 도입이 눈에 띈다. 북한은 무역은행과 특수기관 은행들의 외화정기예금 취급, 2013년부터의 '협동화폐제' 실시와 개인·기관의 외화계좌 개설 유도 등의 조치를 실시했다. 협동화폐제는 외화를 취급하는 기관·기업소·단체와 개인에게 '내화구좌'와 함께 '외화구좌'를 별도로 개설해 거래하도록 하고 시장에서 통용되는 환율을 적용하는 '변동환율제'를 인정한 제도였다. 공식 환율이 1:100인데 비해 시중에서는 1달러 당 5,800원이라는 괴리가 있었고 이러한 괴리가 외국기업 진출의 장애 요인이 되었기 때문에 '협동화폐제'를 시행했다고 한다. 협동화폐제(협동구좌제)는 민간에 음성적으로 풀려있는 수십억 달러를 양성화하고 환율을 현실화시키려는 제도였다.[657]

이러한 조치들은 재정은행사업의 혁신을 위한 '준비체조'였다고 할 수 있다. 재정은행사업에서 외화와 환율 문제를 어떻게 다룰 것인지는 중요한 과제로 남아 있다.

2) 재정은행일군강습과 전국재정은행일군대회

북한은 2012년 8월에 각 공장·기업소의 재정회계일군회의를 열었는데 그 회의에 중요한 방침이 전달되었다. 기업소 간 거래에서 행표行表(무현금)에 의한 결제제도를 없애고 현금결제제도를 도입하는 방침이었다. 2013년 9월 재정은행일군강습 진행 이후에는 중앙은행의 지점에 외화과를 신설하고 기관·기업소·단체들에게 외화계좌 개설을 허용했다.

강습에서는 저금 이자율을 높여 주민들의 '장롱 속 현금'을 은행에 집중시키는 방법을 논의하는 등 은행 운영의 정상화 방법을 찾아 나섰다. 중앙은행이 '재정적' 기능을 넘어 '금융적' 기능을 수행하는 체계로 바뀔 조짐을 보이기 시작했던 것이다.[658]

북한은 재정은행사업의 개선이 필요할 즈음에 전국재정은행일군대회를 개최했던 전례가 있다. 1990년 9월 13일에 전국재정은행일군대회를 개최한 바 있는데 당시에 김정일 국방위원장이 대회 참가자들에게 《재정은행사업을 개선강화할데 대하여》라는 서한(이하 《재정은행사업 개선》으로 표기)을 보냈다.

그로부터 25년이 지난 2015년 12월에 제3차 전국재정은행일군대회가 평양에서 열렸다. 이때는 김정은 위원장이 대회 참가자들에게 《재정은행사업에서 전환을 일으켜 강성국가 건설을 힘있게 다그치자》라는 서한(이하 《재정은행사업 전환》으로 표기)을 보냈다. 북한의 재정은행사업 일군들에게는 두 서한이 금과옥조金科玉條로 여겨진다.

서한들의 제목에서 알 수 있듯이 김정일 국방위원장의 《재정은행사업 개선》은 '개선 강화'를, 김정은 위원장의 《재정은행사업 전환》은 '전환'을 내걸었다. 전환은 개선 강화를 수용하면서 시대적 과제상황에 맞게 보다 혁신적인 조치들을 담으려는 것이었다. 서한들에는 재정은행사업에서 변화가 필요하다는 문제의식과 전략적 과업들이 담겨 있었다. 특히《재정은행사업 전환》은 상업은행의 활성화를 통한 금융혁신을 추구하는 내용을 포함하고 있어 혁신의 방향을 뚜렷이 보여주었다.

김정은 위원장은《재정은행사업 전환》에서 "재정은행사업을 개선 강화하여야 강성국가 건설에 필요한 자금수요를 자체로 보장할 수 있을 뿐 아니라 사회생산물을 분배 이용하는 과정을 통하여 사회의 균형적이고 지속적인 발전을 이룩할 수 있으며 인민들의 물질문화생활 수준을 끊임없이 높여나갈 수 있습니다"라고 밝혔다. 국가자금수요의 보장, 균형적·지속적인 경제발전, 인민생활 향상 등에서 재정은행사업의 개선 강화가 그 어느 때보다도 중요하다는 것이었다.

그는 사회주의기업 책임관리제를 중심으로 한 "우리식 경제관리방법의 생활력을 높이 발양시키자고 하여도 재정은행사업을 개선"해야 한다고 강조했다. 즉 "모든 기업체들이 경영관리를 짜고 들고 실리를 보장하도록 하는데" 있어서 재정은행사업의 혁신과 그 분배적·통제적 기능의 강화가 필요하다는 것이었다. 그가 재정은행사업에서의 전환을 촉구한 배경에는 다음과 같은 현실인식이 있었다.

> "재정은행부문 사업의 현 실태를 놓고 보아도 재정은행사업을 개선 강화하는 것이 매우 절실한 요구로 나섭니다. 지금 재정은행사업이 당의 요구와 발전하는 현실에 따라서지 못하고 있습니다.… 국가의 자금을 통일적으로 장악하고 유일적으로 관리하지 못하고 있으며 많은 자금이 재정은행기관의 통제 밖에서 유통되고 있습니다. 재정은행기관들에서 나라의 자금사정이 긴장하고 애로가 많다고 하여 똑똑한 방법론이 없이 소방대 식으로 일하다보니 국가예산의 편성과 집행에서 심중한 문제들이 제기되고 화폐의 안정성을 보장하지 못하여 인민생활에 커다란 불편을 주고 있습니다. 재정은행부문에서 현실적 요구에 맞게 사업을 혁신적으로 하지 못하여 생산경영단위들의 손발을 얽어매고 경제사업에 혼란을 주는 경우가 적지 않으며 은행기관들의 신용도 높지

못합니다. 국내에서 다른 나라 화폐가 공공연히 유통되면서 나라의 자주권이 침해당하고 있지만 재정은행부문에서는 결정적인 대책을 세우지 못하고 있습니다." [659]

그의 지적을 보면 재정은행기관의 자금유통에 대한 통제부족, 화폐의 안정성 부족, 생산경영단위들에 대한 발목잡기, 은행의 신용저하, 외화(달러·위안화) 유통 등의 문제가 만연해 있었지만 재정은행부문에서 대책을 제대로 내놓지 못했던 것에 대한 답답함이 느껴진다.

그는 다른 부문과 마찬가지로 재정은행사업에 대해서도 솔직한 현실 인식을 보였다. 그의 지적에서 하이라이트는 "재정은행부문에서 현실적 요구에 맞게 사업을 혁신적으로 하지 못하여 생산경영단위들의 손발을 얽어매고 경제사업에 혼란을 주는 경우가 적지 않다"고 밝힌 것이었다.

전략적 노선의 실천은 현실을 올바로 인식하는데서 출발해야 하고, 이 점에서 최고영도자의 현실 인식은 매우 중요하다. 그는 잘못된 현실을 타개하려면 "현실발전의 요구에 맞게 재정은행사업을 혁명적으로 개선 강화"해야 한다고 촉구했다. 그는 나라의 재정토대를 확립하고 화폐유통을 공고화함으로써 "당의 선군혁명영도와 사회주의강성국가 건설을 재정적으로 믿음직하게 담보하는 것"이 재정은행부문의 총적 과업이라고 밝혔다.

그는 재정기관과 은행기관 사이의 연계와 협동 강화, 기업체에서 재정관리권을 원만히 활용할 수 있는 규정·세칙 작성과 실무적 대책 수립,[660] 사회주의기업 책임관리제의 요구에 맞는 기업체의 재정관리사업 개선[661] 등의 지침도 제시했다.

그는 또 기업체의 국가예산납부 의무의 책임적 수행, 생산 정상화와 종업원 생활 향상에 필요한 자금담보 마련, 국가의 경제발전전략과 기업체의 경영전략·기업전략에 기초한 재정관리사업의 전망성 있는 설계, 자체의 실정과 객관적 현실에 맞는 재정관리사업 조직화 등의 과업도 내놓았다.

《재정은행사업 전환》은 재정은행사업 전반의 혁명적 개선과 생산현장(기관·기업소·단체)의 재정관리사업의 개선을 동시에 겨냥한 것이었다. 사회주의기업 책임관리제가 정착되려면 기업체의 재정관리사업이 개선되어야 했기 때문일 것이다.

북한 정부로서는 국가예산의 납부, 기업체의 생산 정상화와 종업원의 생활향상을 동시에 해결해야 한다. 재정관리사업에서 국가의 경제발전전략과 기업체의 경영전략·기업전략을 동시에 고려하지 않으면 안 될 형편이었다. 김 위원장은 생산현장에서 재정관리사업을 조직할 때 '자체의 실정과 객관적 현실에 맞게' 할 것을 강조했다.

공장·기업소로 하여금 자체의 실정과 객관적 현실에 맞게 재정을 관리하도록 한 것은 화폐금융정책의 혁신의 예고편이었다. 사회주의기업 책임관리제에서는 자체의 실정에 벗어난 의사결정, 객관적 현실에서 벗어난 재정계획을 작성해서는 안 된다는 것이었다. 다시 말해 정부가 공장·기업소의 실정을 무시한 채 국가계획을 내리먹이는 식으로 강요해서는 안 된다는 기본전제가 깔려 있었다.

김 위원장은 《재정은행사업 전환》에서 국가예산의 편성, 수입예산과 지출에 관해서도 '변화된 현실'을 반영할 것을 지시했다. 재정수지 균형에 맞는 인민경제계획을 강조한 점에서나 예산납부계획의 의무적 수행, 예산자금의 초과지출과 낭비 현상의 금지 등은 이전과는 확연히 다른 모습이었다. 그의 서한을 인용한다.

"국가예산편성단계에서부터 수입과 지출의 균형을 철저히 보장하여야 합니다. 국가예산을 당의 노선과 정책에 기초하여 수입원천과 자금수요에 맞게 혁신적으로 세워야 합니다. 현실적 조건과 자금원천을 똑똑히 타산하지 않고 세운 국가예산은 사실상 빈 종이장에 지나지 않습니다. 제기되는 과업이 많다고 하여 현실을 무시하고 주관적 욕망을 앞세우면서 국가예산을 세워서는 안 됩니다. 내각과 국가계획위원회, 재정성에서는 인민경제계획 작성단계에서부터 재정수지 균형에 대하여 철저히 검토하고 균형이 맞지 않을 때에는 추가적인 경제조직사업을 통하여 재정수지 균형을 맞춘 조건에서 인민경제계획을 확정하고 국가예산을 편성하는 강한 규율을 세워야 합니다. 편성된 국가예산은 최고인민회의에서 법으로 채택된 다음에는 추가요, 조절이요 하면서 자의대로 변경시키는 현상이 없어야 합니다."

"수입예산을 어김없이 집행하는 것이 중요합니다. 국가예산수입의 기본원천은 공장, 기업소들에서 창조되는 사회순소득이며 수입원천을 늘이기 위한 기본방도는 증산하고 절약하는 것입니다. 모든 공장, 기업소들에서 이미 마련된 경제토대를 효과적으로 이용하고 내부예비와 가능성을 최대로 동원하여 생산을 정상화하며 생산물의 원가를 낮추어 더 많은 순소득을 창조하여야 합니다. 수입예산집행에서 예외로 되는 단위들이 있어서는 안 됩니다. 자기 단위의 특수성을 앞세우면서 국가예산납부대상에서 빠지려 하거나 맡겨진 예산납부계획을 제대로 수행하지 않는 현상이 없도록 하여야 합니다."

"자기 단위의 이기적 목적을 추구하면서 예산자금을 규정된 용도와 항목을 어기고 초과하여 쓰거나 낭비하는 현상이 나타나지 않도록 하여야 합니다. 비생산적 지출을 극력 줄여야 합니다." [662]

3) 재정은행사업과 《화폐유통법》

재정은행사업의 전환은 법제화와 혁신적 대책으로 나타났는데, 우선 2002년의 7·1 경제관리 개선조치에서 시작된 재정의 변화부터 살펴볼 필요가 있다. 재정은행사업에서도 김정은 시대는 김정일 시대의 계승에서 출발한다.

북한은 7·1조치 이후 중앙·지방의 예산항목 조정, 지방재정의 자율권과 납부의무 강화 등을 도입하였다. 이것은 중앙의 재정적 부담을 완화하려는 노력의 일환이었다. 일찌기 지방예산제를 실시해온 북한이지만, 이 즈음에서야 지방에 실질적으로 권한과 의무를 부여하는 변화가 시작되었다.

북한 정부로서는 국가의 자금수요를 충족시키자면 공장·기업소들이 국가납입액을 제대로 납부할 수 있도록 하는 것이 중요했다. 지방의 자금수요에 대해서는 지방 행정당국이 가급적 자체적으로 해결하도록 할 필요가 있었다. 국가재정체계가 시장 확대와 실물경제의 역동성을 흡수할 수 있는 대책을 마련해야 했다.

김정일 시대의 선군시대 경제건설노선(국방공업의 우선적 발전과 농업·경공업의 동시적 발전)의 실천을 재정적으로 뒷받침하려면 시장에서 벌어들인 수익금을 지방재정으로 흡수해 중앙재정의 부담을 줄여나가야 했다. 중앙재정의 정상화와 지방재정의 자율권 강화는 동시에 추진되었고, 그 과정에서 시장이 국가재정의 한 축을 맡게 된 것은 어쩌면 자연스러운 귀결이었다.[663]

재정은행사업의 실상을 이해하는데 있어서 화폐정책이 매우 중요하다. 화폐정책은《조선민주주의인민공화국 화폐유통법》[664]에 집중적으로 표현되어 있다. 김정은 시대에 들어와 금융혁신이 잇따르고 있지만, 이 법과《조선민주주의인민공화국 가격법》《외화관리법》은 여전히 수정되지 않은 채로 남아 있다. 금융혁신이 어느 정도 안착되어 은행의 변화된 기능이 안정적으로 정착될 때에 가서야 비로소《화폐유통법》과《가격법》을 손볼 것으로 관측된다.

《화폐유통법》은 현금유통과 무현금유통의 제도와 질서를 엄격히 세워 화폐유통을 공고히 하는 것, 경제관리를 합리적으로 하고 인민생활을 향상시키는 것을 목적으로 한다(제1조). 핵심은 화폐유통의 공고화이고 이것은 재정은행사업의 핵심이다.

북한에서 유통되는 화폐는 중앙은행권이고 기본단위는 '원'이며 보조단위는 '전'이다(제2조). 북한은 자주적 화폐제도의 강화를 추구한다(제2조). 민족화폐를 중시하고 이를 살려야 한다는 정책 담론이 되풀이된다. 조선원화가 불안정한 가운데 시장의 확대과정에서 달러화 현상이 나타났고 위안元화가 실질 구매력이나 가치축적 수단으로 각광받았던 것에 대한 대책을 세우지 않을 수 없었다.

북한은 사회주의경제에서 일반화된 화폐유통 시스템을 유지해왔고, 현금유통과 무현금유통을 결합하여 운영해왔다(제3조). 화폐의 안정성을 보장하기 위해 현금유통에서 중앙집권적 규율의 강화와 지방별 현금유통책임제의 실시를 기본으로 삼고 있다(제4조). 지방별 현금유통 책임제는 《화폐유통법》이 만들어지기 이전부터 지방예산제와 짝을 이뤄오던 제도였다.

《화폐유통법》의 현금유통 규정

북한의 화폐유통구조를 파악하려면 현금유통과 무현금유통을 이해해야 한다. <표 3-45>는 현금유통의 규정을, <표 3-46>은 무현금유통의 규정을 정리한 것이다. 무현금유통이 필요한 이유는 기관·기업소·단체들 사이에 물자유통을 계획적으로 보장하기 위해서였다. 경제의 규모가 커지고 인민경제 부문 간에, 지역 간에 연계가 밀접해지는데 따라 무현금결제의 범위를 확대해나가는 것을 상정해왔다(제5조). 무현금결제의 범위 확대는 계획경제가 순조롭게 실행되고 그 포괄 범위가 넓어지는 상황을 전제로 한 것이었다.

그러나 역설적으로 계획경제의 범위가 축소되는, 지금의 현실에서는 이 원칙이 지켜지기 어려워진다. 물자유통에서, 특히 경공업부문을 비롯한 인민생활에 직결되는 생산현장에서 계획적 보장보다 '합의와 계약'에 의거하는 경우가 늘어나고 있는 마당에 무현금결제의 범위 확대가 앞으로 고수될 것이라고 믿기는 어렵다.

〈표 3-45〉《화폐유통법》의 현금유통에 관한 규정

구분	내용	조항
현금유통조직	- 현금유통은 기관·기업소·단체와 공민 사이의 상품거래 같은데 적용하는 화폐유통형태	제11조
현금계획의 작성	- 해마다 인민경제계획·재정계획에 기초하여 지역별·항목별로 현금계획 수립	제12조
현금계획의 집행	- 중앙은행기관과 기관·기업소·단체 : 현금계획의 정확한 집행	제13조
현금유통의 조절	- 중앙은행 : 현금유통의 계획적 조절, 적당한 현금 유통량 보장 * 현금유통의 조절은 현금계획범위에서 조절화폐로 하여야 함.	제14조
유가증권의 발행	- 중앙은행 : 현금유통을 조절하기 위한 유가증권 발행 가능	제15조

구분	내용	조항
현금수입보장	- 기관·기업소·단체 : 상품판매·사회급양·편의봉사 수입 등 적극 증대 * 인민소비품생산계획과 상품유통액 계획은 어김없이 집행해야 함.	제16조
지방살림살이 현금의 수입	- 지방정권기관과 중앙은행기관 : 수입원천의 남김없는 동원, 지방살림살이에 필요한 현금을 자체의 수입으로 보장	제17조
현금의 입금	- 기관·기업소·단체 : 수입된 현금의 제때에 중앙은행기관 입금 - 중앙은행기관 : 기관·기업소·단체의 입금기간 규정, 현금 수용	제18조
현금의 지불	- 기관·기업소·단체 : 현금지불신청서의 중앙은행기관 제출 - 중앙은행기관 : 현금지불신청서의 정확한 검토, 현금 지불	제19조
현금지불날짜	- 중앙은행기관 : 시기별 현금지불의 균등성을 보장할 수 있도록 기관·기업소·단체별로 지불날짜 규정	제20조
현금의 보관	- 기관·기업소·단체 : 현금의 수입과 지출정형의 정확한 등록, 안전성이 보장된 금고에 현금 보관	제21조
현금보유한도의 규정	- 중앙은행기관의 현금보유한도는 중앙은행이 정함. - 기관·기업소·단체의 현금보유한도는 해당 중앙은행기관이 정함.	제22조
현금보유한도의 준수	- 기관·기업소·단체 : 현금보유한도의 엄격한 준수	제23조
유휴화폐의 동원	- 지방정권기관과 중앙은행기관 : 저금·보험사업을 군중적으로 조직하여 유휴화폐를 동원해야 함.	제24조
저금의 비밀과 신용보장	- 공민 : 저금에 자각적으로 참가해야 함. - 중앙은행기관 : 저금의 비밀과 신용을 보장해야 함.	제25조

〈표 3-46〉《화폐유통법》의 무현금유통에 관한 규정

구분	내용	조항
무현금유통 조직	- 무현금유통은 기관·기업소·단체 사이의 생산수단 거래 같은데 적용하는 화폐유통형태	제28조
무현금결제	- 무현금유통은 무현금결제를 통하여 실현됨.	제29조
돈자리의 개설	- 기관·기업소·단체 : 중앙은행기관에 돈자리를 두어야 함.	제30조
돈자리의 승인	- 기관·기업소·단체 : 계좌승인신청서의 중앙은행기관 제출 - 중앙은행기관 : 계좌승인신청서 검토, 돈자리 승인	제31조
계획과 계약에 따르는 대금결제	- 중앙은행기관 : 인민경제계획과 계약에 따라 유통되는 물자의 대금결제를 바로 하여야 함. * 인민경제계획과 계약에 없는 물자는 대금결제를 할 수 없음.	제32조

구분	내용	조항
화폐자금의 지불 및 청구	- 기관·기업소·단체 : 화폐자금의 지불·청구 결제문건 작성, 중앙은행기관 제출 - 중앙은행기관 : 결제문건 검토, 계좌에 화폐자금이 있을 경우에만 결제	제33조
환자결제	- 중앙은행 : 화폐자금의 순환을 촉진하기 위하여 지점 사이의 환자결제 조직	제34조
국가예산의 결제	- 중앙은행기관 : 국가예산집행과 관련한 결제를 정확히 하여야 함. * 국가예산의 수입과 지출에 대한 결제는 예산소속에 따라 하며 지출은 수입범위 안에서만 하여야 함.	제35조
결제방법의 개선	- 중앙은행기관 : 물자유통에 자금유통을 접근시킬 수 있도록 결제환절을 줄여야 함. * 중앙은행은 현실발전의 요구에 맞게 결제방법을 개선해야 함.	제36조

북한이 화폐유통의 공고화에 성공하려면 무엇보다도 상품보장에 성공해야 한다. 북한 정부는 상품생산을 늘려 화폐의 구매력을 높이고, 그에 따라 화폐의 순환을 촉진시켜야 한다고 강조해왔다(제6조). 상품이 모자라면 화폐유통이 제대로 이뤄질 리가 없으니 화폐순환도 정상적으로 이뤄질 수 없다는 가정이 법령에 반영되어 있다.

《화폐유통법》은 "조선민주주의인민공화국의 영역에서는 다른 나라의 화폐를 유통시킬 수 없다"고 명백히 밝혀놓고 있지만(제7조), 달러와 위안元화 등이 시장에서 통용되는 현실에서 이 원칙이 지켜지기는 쉽지 않다. 현실이 법보다 앞서는 것이다.

북한에서 중앙은행기관은 기관·기업소·단체들이 '생활비자금을 비롯한 노동보수자금'을 사회주의 분배원칙의 요구에 맞게 지불하는지, 화폐자금을 정확히 이용하는지를 지도하게 되어 있다(제39조). 이것은 생산현장의 노동자 급여 등이 사회주의 분배원칙에 따라 지불되는지를 감독하는 권한을 중앙은행에 부여하고 있음을 뜻한다. 이는 북한의 금융기관이 다른 나라의 금융기관과 결정적으로 다른 면이다.

이 역할은 김정은 시대의 상업은행의 활성화를 맞이하면서 중앙은행에 국한된다. 상업은행이 제대로 정착되고 활발히 운영되면《화폐유통법》도 현실발전의 요구에 맞게 불가피하게 수정 보충될 것이다.

《화폐유통법》은 그밖에 화폐자금을 유용·낭비했거나 분실했을 경우 해당한 금액을 회수하거나 손해보상하게 하고 있다(제41조). 보유한도를 초과한 현금보유라든가 인민경제계획과 계약의 위반에 의한 물자거래, 계획 밖의 건설 시행, 공사실적의 허위 제기에 의한 부당한 자금수령 등에 대해서는 해당한 금액을 국고에 납부하게 하거나 은행거래를 중지시킨다(제42조). 이러한 규제는 생산단위(기관·기업소·단체)들에서 인민경제계획과 계약의 선線을 넘어 자금을 부당하게 보유하는 현상을 통제하려는 조치들이다.

4) 김정일 시대 : 화폐유통의 공고화

김정일 국방위원장의《재정은행사업 개선》은 화폐유통 제도의 중요성을 강조한 점에서 현재의 재정은행사업의 원형적인 모습을 갖고 있다. 그는《재정은행사업 개선》에서 화폐유통과 관련하여 다음과 같이 밝혔다. 그 내용은《화폐유통법》과 일맥상통한다.

"사회주의사회의 본성과 그 과도적 성격에 맞게 화폐의 기능과 역할을 높이기 위하여서는 나라의 화폐유통을 공고히 하여야 합니다.… 화폐유통을 공고히 하여야 인민경제를 계획적으로 발전시키고 경제관리를 합리적으로 할 수 있으며 인민생활을 체계적으로 높일 수 있습니다.…

중앙은행에서 당정책과 사회주의경제법칙의 요구에 맞게 현금유통에 대한 조절사업을 책임적으로 하여야 하겠습니다.… 국가가 승인한 현금계획에 따라 화폐를 발행하고 유통시키며 모든 은행과 기관, 기업소 재정부서에서 현금유통규율을 엄격히 지키도록 지도통제하여야 하겠습니다.

현금유통을 원활히 보장하는데서 지역 간 현금조절을 계획적으로 기동성 있게 하는 한편 지방별 현금유통책임제를 바로 실시하는 것이 중요합니다.… 우리는 당의 지방별 현금유통책임제 방침을 철저히 관철하여 모든 지방에서 현금계획에 따라 필요한 현금을 자체의 수입으로 보장하며 현금유통을 옳게 조절하도록 하여야 하겠습니다. 화폐의 구매력을 높이고 현금유통을 원활히 하기 위하여서는 상품보장사업을 결정적으로 강화하여야 합니다.…

현금유통과 함께 무현금유통을 합리적으로 조직하여야 합니다.… 기관, 기업소들 사이에 계획에 따라 설비, 자재를 비롯한 중요물자를 주고받는 것은 철저히 무현금결제로 실현하는 규율을 세우며 기관, 기업소들에서 상업망을 통하여 인민소비품을 무현금결제로 사들이거나 현금으로 많이 사들이는 현상을 극력 제한하여야 합니다.… 기관, 기업소들은 화폐자금을 은행에 집중시키고 은행을 통하여서만 화폐거래를 진행하여야 합니다." [665]

김정일 국방위원장의 화폐유통에 관한 인식을 보면 화폐유통에 대한 통제의 의지와 자세가 역력하다. 그가 강조한 화폐유통의 공고화와 현금유통에 대한 조절사업, 지방별 현금유통책임제, 상품보장사업의 강화 등은 오늘도 유지되고 있다. 다만, 현금유통규율의 준수, 기관·기업소들의 인민소비품의 현금 매입 제한, 화폐자금의 은행(중앙은행) 집중 등은 오늘의 시각에서 보면 '시대상황의 잔재'로 여겨질 만하다.

현 시점에서 보면 《재정은행사업의 개선》은 《재정은행사업의 전환》으로 가는 징검다리로서의 의미가 크다. 징검다리 없이는 내를 건널 수 없음은 자명한 이치다. 북한의 재정은행사업 관계자들은 두 서한을 함께 소지하며 외우다시피 하고 있을 것이다.

5) 《중앙은행법》과 《상업은행법》

《중앙은행법》

북한의 경제현실에서 금융만큼 민감한 사안도 없다. 금융혁신은 사회주의기업 책임관리제의 정착과 상품공급, 시장의 활성화와 인민생활의 향상 등과 직결된다.《조선민주주의인민공화국 중앙은행법》[666]은 중앙은행사업의 제도와 질서를 엄격히 세워 국가의 화폐정책을 정확히 집행하고 금융사업을 개선 강화하기 위해 제정되었다(제1조).

이 법이 2002년 7.1조치의 약 2년 뒤인 2004년 9월에 처음 채택되고 김정은 시대에 들어와 2015년 7월에 수정 보충되었다는 것에는 중요한 함의가 있다. 2015년은 화폐금융정책에서 상당한 변화가 있었던 해였다.

그해 2월에 김천균 조선중앙은행 총재는 이례적으로 『조선신보』와 인터뷰하면서 중앙은행이 "나라의 경제건설에서 제기되는 자금수요를 국내자금을 원활하게 회전시키는 방법으로 충족시켜 나가는 데 주력하고 있다"면서 "그 일환으로 새 금융상품의 개발, 인민생활 영역에서의 카드 이용 등을 추진하고 있다"고 밝혔다. 그는 "우리식 경제관리방법이 확립되는 데 맞게 금융사업의 방법도 개선하고 경제기관과 기업체들이 벌이는 주동적이며 창발적인 기업활동에 금융조치들을 따라 세우고 있다"고 말했다.[667]

김 총재의 발언은 그해 7월《중앙은행법》과《상업은행법》의 수정 보충의 법제화로 이어졌고 12월에 열린 제3차 전국재정은행일군대회에서는 상업은행의 활성화를 비롯한 재정은행사업의 전환에 필요한 실천대책들이 논의되었다.

2015년에 수정 보충된《중앙은행법》을 살펴보기에 앞서, 김정일 국방위원장의《재정은행사업 개선》에서 재정은행기관의 역할을 어떻게 설정했는지부터 살펴볼 필요가 있다. 재정기관과 은행기관의 일반적인 역할에 대한 이해가 전제되어야 하기 때문이다. 김정일 국방위원장은 다음과 같이 밝혔다.

"재정기관은 국가예산의 집행을 통한 재정통제를 강화하여야 합니다. 재정기관은 기관, 기업소들이 증산절약예비를 남김없이 동원하여 현실적이며 동원적인 재정계획을 세우고 철저히 집행하도록 통제하여야 합니다. 재정기관은 공장, 기업소들이 인민경제계획을 양적으로나 질적으로 넘쳐 수행하고 재정계획을 바로 집행하여 국가예산납부의무를 어김없이 수행하며 국가에 더 많은 이익을 주도록 재정적으로 통제하여야 합니다.…

은행기관은 원에 의한 통제를 강화하여야 합니다. 우리나라에서는 국가예산 수입금을 직접 받아들이고 예산자금을 공급하며 공장, 기업소들에 대부를 주는 사업은 물론, 기관, 기업소들 사이에 하는 거래까지 어느 것이나 다 은행기관을 통하여 실현되는 것만큼 은행기관에서 원에 의한 통제를 강화하여야 나라의 모든 자금을 바로 공급하고 효과 있게 이용할 수 있습니다. 은행기관은 기본건설자금, 대보수자금, 인민경제사업비, 사회문화시책비를 비롯한 국가예산자금을 예산에 규정된 대로 정확히 공급하며 그것을 극력 아껴 쓰도록 하여야 합니다.

은행기관은 공장, 기업소에 대한 대부와 결제를 통한 통제를 강화하여 인민경제 모든 부문, 모든 단위에서 낭비를 없애고 설비와 자재, 노력, 자금을 가장 효과 있게 이용하도록 하여야 하겠습니다. 은행기관은 유동자금 공급과 대부사업을 잘하여 공장, 기업소의 자금수요를 원만히 보장하면서도 설비, 자재를 체화 사장시키거나 낭비하는 일이 없도록 하여야 합니다. 은행기관은 기관, 기업소들 사이의 결제를 신속하고도 엄격하게 하여 기관, 기업소의 경영활동에 필요한 물자의 유통을 원활히 보장하는 한편 계획과 계약에 없는 온갖 비법적인 거래를 하지 못하도록 엄격히 통제하여야 합니다.…

재정은행기관은 검열역량을 튼튼히 꾸리고 검열체계를 바로 세워 2급 이상 공장, 기업소는 2~3년에 한번씩, 그 아래 기관, 기업소는 3~4년에 한 번씩 재정검열을 하는 것을 제도화하여야 하겠습니다. 재정검열은 어디까지나 공장, 기업소의 경영활동을 개선하는데 기본을 두고 진행하여야 합니다. 개별적인 사람들의 탐오낭비를 없애는 것과 함께 공장, 기업소에서 생산조직을 잘하지 않고 기업관리를 되는대로 하여 국가에 막대한 손실을 주고 있는 무책임한 현상을 반대하여 강한 투쟁을 벌려야 합니다." [668]

《재정은행사업 개선》은 재정통제의 강화, 원에 의한 통제의 강화, 대부·결제를 통한 통제의 강화, 재정검열의 강화 등 전반적으로 통제를 규정하고 있다. 김정은 위원장의 《재정은행사업 전환》에서도 '원에 의한 통제'는 중요하게 다뤄졌다. 다만 원에 의한 통제에서 기관·기업소의 경영활동에서의 실리보장 등 생산·경영활동에 초점이 맞춰져 있음이 중대한 변화였다. 《재정은행사업 개선》에서 공장·기업소의 경영활동 개선을 언급하면서도 소극적인 테두리를 벗어나지 못했던 것과는 차이가 있다. 《재정은행사업 전환》의 관련 부분을 옮겨본다.

> "원에 의한 통제는 사회주의은행의 중요한 기능의 하나입니다. 은행기관들은 여러 가지 금융통제공간을 합리적으로 이용하여 기관, 기업소들에서 자금을 효과적으로 쓰며 인민경제계획을 지표별로 어김없이 수행하도록 요구성을 높여야 합니다. 원에 의한 통제를 강화하여 기관, 기업소들이 경영활동을 실리보장의 원칙에서 개선하며 온갖 낭비현상을 없애고 살림살이를 깐지게 해나가도록 추동하여야 합니다. 국가재정규율과 경제관리질서를 어기고 자금을 유용, 사장, 낭비하는 것과 같은 위법현상에 대하여서는 재정적 제재를 적용하여 철저히 극복하도록 하여야 합니다. 은행기관들에서 원에 의한 통제권한을 가지고 세도를 쓰면서 기업체들의 생산과 경영활동에 지장을 주거나 거래단위들과의 부당한 관계에 말려들어 원칙을 양보하는 것과 같은 비정상적인 현상들이 나타나지 않도록 하여야 합니다." [669]

《중앙은행법》에는 김정일 국방위원장이 《재정은행사업 개선》에서 강조했던 은행기관의 전략적 과업들과 김정은 위원장이 《재정은행사업 전환》에서 강조했던 사안이 모두 반영되어 있다. 《중앙은행법》에서 핵심은 '제4장 화폐유통조직'이다. <표 3-47>은 《중앙은행법》에 나타난 화폐유통 조직을 정리한 것이다.

《화폐유통법》에도 규정되어 있듯이, 《중앙은행법》에 따르면, 조선중앙은행은 발권은행이며 국가는 중앙은행의 기능과 역할을 높여 금융사업에서 중앙집권적 규율을 강화한다(제2조). 국가는 '현실발전의 요구에 맞게 금융사업을 개선 강화하도록 한다'는 규정도 두고 있다(제4조). 이 조항에 의해 금융혁신의 길이 열릴 수 있었다. 국가는 또한 금융사업에 대한 지도체계를 올바로 세우고 통제를 강화하도록 하고

(제5조), 금융사업을 발전시키기 위한 과학연구사업을 강화하며 그 물질기술적 토대를 튼튼히 꾸리는데 큰 힘을 넣어야 한다(제6조).

중앙은행의 지점은 해당 지역의 통화조절과 화폐유통 조직, 금융사업의 감독 등의 기능을 수행한다(제13조). 각 도·시·군 소재 중앙은행 지점들이 갖고 있는 이러한 기능은《화폐유통법》의 지방별 현금유통 책임제와 통한다. 금융기관을 설립하려는 기관은 설립신청문건을 중앙은행에 제출해야 하고 중앙은행은 금융기관의 설립 혹은 부결의 권한을 갖고 있다(제41조).

그밖에 금융사업을 무질서하게 조직하여 기관·기업소·단체와 공민의 이익에 손해를 주었을 경우에는 해당한 손해를 보상시키고(제44조), 금융사업을 승인 없이 진행하여 국가의 화폐유통에 지장을 주었을 경우에는 사업을 정지시키거나 벌금을 물리도록 되어 있다(제45조).

이러한 내용으로 보아《중앙은행법》은《화폐유통법》과 짝을 이루는 법률로서 화폐유통의 공고화를 위한 수단임을 알 수 있다.

〈표 3-47〉《중앙은행법》에 나타난 화폐유통 조직에 관한 규정

구분	내용	조항
화폐유통계획의 작성	- 중앙은행 : 경제발전의 요구에 맞게 화폐발행계획의 정확한 수립	제24조
화폐의 발행	- 중앙은행 : 국가가 승인한 범위에서 화폐 발행 * 발행된 화폐는 금융기관에 대한 대부 또는 외화, 귀금속, 증권의 팔고사기 같은 방법으로 유통에 내보내거나 유통과정에서 회수함.	제25조
통화조절	- 통화조절은 화폐유통을 원활히 보장하기 위하여 유통화폐량을 줄이거나 늘이는 중요한 사업	제26조
결제조직	- 중앙은행 : 화폐유통을 촉진하기 위한 결제의 신속 정확한 조직	제27조
금융기관의 대부	- 중앙은행 : 화폐자금이 부족한 금융기관에 대부 * 대부를 받으려는 금융기관은 대부신청문건을 중앙은행에 내야 함.	제28조
화폐의 팔고사기	- 중앙은행 : 화폐유통을 조절하고 화폐가치를 안정시키기 위하여 금융기관과 화폐의 팔고사기를 할 수 있음. - 금융기관 : 필요에 따라 중앙은행과 화폐의 팔고사기를 할 수 있음.	제29조

구분	내용	조항
기준환율, 이자율의 제정 및 조정	- 기준환율, 이자율을 제정하고 조정하는 사업은 중앙은행이 함. - 금융기관은 중앙은행이 정한 기준환율, 이자율 범위에서 자체 실정에 맞게 환율과 이자율을 적용해야 함.	제30조
귀금속의 관리	- 귀금속의 관리는 중앙은행이 함. * 중앙은행은 금, 은 같은 귀금속의 장악·보관·이용·판매사업을 조직 진행해야 함. * 귀금속의 대외판매는 중앙은행이 위임한 금융기관도 할 수 있음.	제31조
예금돈자리의 개설	- 금융기관 : 중앙은행에 예금돈자리를 개설해야 함. * 중앙은행에 한 예금은 금융기관 사이의 결제, 지불준비금의 적립 같은 것에 이용해야 함.	제32조
채권발행의 등록관리	- 중앙은행 : 국가가 승인한 채권의 발행 등록 및 관리 * 채권발행을 승인받은 기관은 채권발행등록보고서 중앙은행 제출	제33조
고정재산의 장악	- 중앙은행 : 국가 고정재산의 종합적 장악, 그것을 기관·기업소·단체에서 합리적으로 이용하도록 하여야 함. * 고정재산의 장악은 부문별·현물형태별·금액별로 하여야 함.	제34조
화폐유통 자료의 종합	- 중앙은행 : 화폐유통실태에 대한 정확한 통계종합·조사·분석·예측 * 종합된 자료는 내각에 보고해야 함.	제37조
국고대리	- 중앙은행 : 국고대리업무 수행 * 중앙은행은 중앙재정지도기관과의 연계 밑에 국가예산 수입금을 받아들이며 지출은 수입범위 안에서만 하여야 함.	제38조

※ 기준환율 등 일부 내용은 2015년 수정 보충 때 추가된 것임.

김정은 위원장은《중앙은행법》이 2015년 7월에 수정 보충된 뒤인 12월에 발표한《재정은행사업 전환》에서 중앙은행의 과업을 다음과 같이 밝혔다.

"화폐유통사업을 개선하여야 합니다. 화폐유통사업은 나라의 경제를 활성화하고 인민생활을 안정 향상시키는 문제와 밀접히 연관되어 있습니다. 중앙은행의 기능과 역할을 더욱 높여야 합니다.…중앙은행은 국가가 승인한 현금계획에 따라 발권과제를 수행하며 현금계획집행정형을 정상적으로 장악 총화하고 모든 은행과 기관, 기업소들에서 현금유통 규율을 엄격히 지키도록 지도 통제하여야 합니다. 이와 함께 당의 지방별 현금유통책임제 방침을 일관성 있게 관철하도록 하여야 합니다.

중앙은행은 화폐의 안정성을 보장하기 위한 사업을 옳은 방법론을 가지고 책략적으로 해나가야 합니다.… 나라의 화폐유통실태를 과학적으로 분석하고 대책할 수 있는 선진적인 경제계산방법들을 연구 도입하며 기업체들의 자금회전을 촉진시켜 적은 자금으로 생산자 경영활동을 원만히 진행할 수 있도록 결제조직과 방법, 수단을 부단히 개선하여야 합니다. 세계적으로 널리 활용되고 있는 통화조절방법들을 우리나라의 실정에 맞게 창조적으로 적용하며 금융관리의 모든 고리들을 통화안정을 보장하는데 복종시키고 지향시켜야 합니다. 통일적인 환율관리체계를 세우고 환율제정과 조정을 과학적으로 신축성 있게 진행하여 민족화폐의 가치를 안정시켜야 합니다." [670]

《재정은행사업 전환》에 의하면, 현금계획 집행정형의 장악, 현금유통 규율의 준수, 지방별 현금유통책임제의 관철, 화폐의 안정성 보장, 선진적인 경제계산 방법의 연구도입 및 결제조직·방법 수단의 끊임없는 개선, 세계적으로 널리 활용되고 있는 통화조절방법의 도입,[671] 통화안정의 보장, 통일적인 환율관리체계의 수립, 환율제정·조정의 과학적·신축적 진행 등을 중시한다는 점이 확인된다. 화폐의 안전성 보장과 통화조절방법의 도입, 통화안정의 보장 등의 정책과제에서 화폐유통의 현실에서 벌어지는 제반 문제점을 해결하고자 하는 의지를 가늠할 수 있다. 다만 선진적인 경제계산 방법의 연구도입이나 세계적으로 널리 통용되고 있는 통화조절방법의 도입 등에서 확인되듯이 김 위원장의 재정은행사업에서의 혁신 의지도 분명하였다.

《상업은행법》

김정은 시대의 금융혁신을 잘 보여주는 것은《조선민주주의인민공화국 상업은행법》[672]이다. 김정일 국방위원장의《재정은행사업 개선》

에는 상업은행에 관한 언급이 없었다. 그의 재임 기간에 해당하는 2006년 1월에 이 법이 처음 채택되기는 했지만, 상업은행이 설립되었다거나 운영되고 있다는 정보는 외부에 흘러나오지 않았다. 그러다가 김정은 시대에 들어와 2015년 7월에 이 법이 수정 보충되면서 실제 법 실행이 이뤄지고 외부에도 관련 정보가 흘러나오기 시작했다.

중앙은행과 상업은행의 관계를 보면, "중앙은행은 나라의 유일한 발권은행이며 통화조절의 중심으로서 국가적 견지에서 화폐유통 전반을 장악하고 조절"하는데 비해 "모든 상업은행들은 중앙은행의 지도 밑에 해당 지역, 부문의 특성에 맞게 일정한 범위의 화폐유통을 조직"한다. 따라서 "중앙은행사업에서는 화폐유통을 지역별, 부문별로 직접 조직하는 상업은행들의 책임성과 창발성을 높이도록 하는 문제가 특별히 중요"해진다.[673] 이것은 상업은행이 활성화되어야만 중앙은행사업도 정상화될 수 있다는 것, 화폐유통의 공고화와 금융기관 채산제의 행방이 상업은행의 활성화에 달려 있다는 뜻이다.

《상업은행법》은 상업은행의 설립, 업무, 회계, 통합·해산 등의 제도를 확립해 상업은행의 역할을 높이고 금융거래의 편의를 보장하려는 법적 장치이다. 상업은행은 예금, 대부, 결제 등의 업무를 전문으로 취급하는 기관이다(제1조). 국가는 금융정책을 정확히 집행하기 위해 상업은행의 설립에서 공정성·객관성과 실리를 보장해야 한다(제2조). 상업은행의 설립 허가에서 '실리' 중시는 의례적인 표현이 아니다. 실리를 얻지 못하는 상업은행은 통합·해산의 대상이 된다.

북한은《상업은행법》에서 금융거래의 안정성을 보장하고 거래자의 이익을 보호하기 위해 상업은행의 업무를 합리적으로 조직해야 한다는 것과, 은행 업무에서 신용 준수와 현대화·과학화가 중요하다는 것을 밝혀 놓았다(제3조). 상업은행이 신용을 지키지 않으면 은행 거래자의 이익을 보호할 수 없다는 것을 특기特記한 것이고, 금융업무의 전산화가 필수적이라는 점을 지적한 것이다.

상업은행이 경제활동의 수행에서 상대적 독자성을 가지고 금융기관 채산제로 운영하는 것을 국가가 보장한다(제4조). 기업체의 경영활동에서 상대적 독자성이 중시되듯이 은행의 운영에서도 상대적 독자성이 중요하다는 것이고, 기업체의 독립채산제처럼 '금융기관 채산제의 원칙'을 강조한 것이다.[674]

국가는 상업은행에 대한 지도체계를 올바로 세우고 통제를 강화해야 하며, 상업은행에 대한 통일적인 지도는 내각의 지도 밑에 중앙은행이 담당한다(제6조). 상업은행은 독자적으로 운영되지만 중앙은행-상업은행의 조직적 지휘체계 아래에 놓여 있다는 것을 뜻한다.

그밖에 《상업은행법》에는 상업은행의 운영과 관련한 중요한 점들이 규정되어 있다. 상업은행은 모든 거래내용을 빠짐없이 기록·계산·분석하고 결산하는 회계제도를 엄격히 세워야 하고(제42조), 회계문건을 승인 없이 다른 기관·기업소·단체와 공민에게 보여줘서는 안 된다(제46조). 상업은행이 거래자의 이익을 엄중히 침해하거나 경영활동을 계속할 수 없는 경우 다른 상업은행에 통합되거나 해산될 수 있다(제48조). 통합되는 상업은행의 채권채무관계는 통합하는 상업은행에 그대로 넘어간다(제52조). 상업은행이 기업체처럼 상대적 독자성을 가지고 금융기관 채산제로 운영되므로 다양한 업무를 수행할 수 있지만 당연히 제재 조치도 뒤따른다.

제재 조치로는 벌금과 업무정지가 있다. 벌금을 물리는 경우는 부당한 돈자리(계좌)의 개설 및 예금·대부, 정한 기준 이자율과 변동폭 범위를 초과한 예금·대부 이자율의 적용, 결제문건의 미처리, 외화교환의 절차·방법 위반, 금융봉사요금의 초과징수, 기관·기업소·단체 자금의 개인명의 예금, 승인 없이 은행업무의 중지 및 업무시간의 단축 등이다(제53조). 예금·대부 이자율의 초과적용과 금융봉사요금의 초과징수를 금지한 것은 거래자의 이익을 보호하려는 조치다. 기업소 등의 자금을 개인 명의로 예금할 수 없게 한 것은 '횡령의 예방' 조치라 할 수 있다.

이러한 위반보다 더 중대한 사안에 해당되는 경우 즉, 승인 없이 은행업무의 수행, 거래자의 요구에 반한 예금 미지불, 준비금의 중앙은행 예금의 미이행, 업무검열 방해 등에 대해서는 업무를 중지시킨다(제54조). 준비금은 상업은행의 경제활동의 기본조건이고, 예금을 거래자의 요구대로 반드시 지불하도록 한 것은 신용 준수와 직결된다.

상업은행의 설립·업무에 관한 제반 규정은 <표 3-48>과 <표 3-49>와 같다. 《상업은행법》에 따르면, 기관·기업소·단체가 중앙은행의 승인을 받아 상업은행을 설립할 수 있고 국내외 여러 지역에 지점도 둘 수 있다. 중앙은행에서 상업은행의 기능을 분리하기 시작한 것은 《상업은행법》이 처음 채택된 지 10년 되는 2014년이었다. 상업은행은 자금 융통업무를 하면서 기관·기업소·단체에 대하여 재정적으로 통제하고 자체로 채산을 맞추는 금융기관 채산제를 실행한다.[675]

〈표 3-48〉 《상업은행법》에 나타난 상업은행 설립에 관한 규정

구분	내용	조항
상업은행의 설립 승인	- 상업은행의 설립승인은 중앙은행이 함. * 기관·기업소·단체는 승인 없이 은행업무를 할 수 없으며 《은행》이라는 글자를 기관 명칭에 이용할 수 없음.	제9조
상업은행 설립신청 문건 제출	- 상업은행을 설립하려는 기관·기업소·단체는 설립신청문건을 중앙은행에 제출해야 함. * 설립신청문건에는 은행명칭, 밑자금, 거래대상, 업무범위, 소재지 같은 내용을 밝혀야 함.	제10조
상업은행 설립승인 문건 심의	- 중앙은행은 상업은행설립신청문건을 받은 날부터 60일 안으로 심의하고 승인하거나 부결해야 함.	제11조
상업은행의 운영준비	- 상업은행의 설립승인을 받은 기관·기업소·단체는 정한 기간에 은행을 정상적으로 운영할 수 있는 준비를 끝내야 함.	제12조
설립등록, 영업허가증 발급	- 운영준비를 끝낸 상업은행은 30일 안으로 은행소재지의 도(직할시) 인민위원회에 기관등록을 하여야 함. * 중앙은행은 등록된 상업은행에 10일 안으로 영업허가증을 발급해야 함.	제13조
상업은행의 기구	- 상업은행은 관리부서, 업무부서, 정보분석부서, 금융감독부서, 양성부서, 내부경리부서 같은 필요한 부서를 둘 수 있음. * 필요에 따라 이사회를 조직하고 운영할 수 있음.	제14조
지점, 대표부설치	- 상업은행은 국내와 국외의 여러 지역에 지점, 대표부 같은 기구를 내올 수 있음.	제15조
상업은행의 변경등록	- 상업은행은 은행명칭, 밑자금, 거래대상, 업무범위, 소재지 같은 것을 변경하려 할 경우 변경등록신청문건을 작성하여 중앙은행에 내야 함.	제16조

※ 일부 내용은 2015년 수정 보충 때 추가된 것임.

<표 3-49> 《상업은행법》에 나타난 상업은행 업무에 관한 규정

구분	내용	조항
상업은행 업무종류	- 상업은행의 업무는 다음과 같음. ① 예금업무 ② 대부업무 ③ 돈자리의 개설과 관리업무 ④ 국내결제업무 ⑤ 대외결제, 수형과 증권의 인수 및 할인, 환자조작업무 ⑥ 외화교환업무 ⑦ 거래자에 대한 신용확인 및 보증업무 ⑧ 금융채권 발행 및 팔고사기 업무 ⑨ 귀금속거래업무 ⑩ 고정재산등록업무 ⑪ 화폐의 팔고사기업무 ⑫ 은행카드업무 ⑬ 이 밖에 승인받은 업무	제18조
예금	- 유휴화폐자금을 적극 동원하기 위하여 거래자로부터 예금을 받아들일 수 있음.	제19조
예금지불과 비밀보장	- 거래자가 예금에 대한 지불을 요구할 경우 원금과 이자를 제때에 정확히 지불해야 함. * 예금에 대한 비밀을 철저히 보장해야 함.	제20조
지불준비금 보유	- 예금의 정상적인 지불을 위하여 지불준비금을 보유해야 함.	제21조
준비금	- 정한 준비금을 중앙은행에 적립해야 함. * 중앙은행에 적립한 준비금은 상업은행이 통합 및 해산되는 경우에만 찾아 쓸 수 있음.	제22조
대부조건	- 거래자의 요구에 따라 경영활동을 개선하는데 필요한 자금을 대부하여 줄 수 있음.	제23조
대부원천	- 대부원천은 거래자로부터 받아들인 예금과 자체자금, 중앙은행에서 받은 대부금 같은 것으로 함.	제24조
대부계약	- 상업은행은 상환능력이 있는 거래자에 대하여 서면으로 된 대부계약을 맺고 대부를 주어야 함. * 대부계약서에서는 대부금액, 대부용도, 담보, 상환기관과 방식, 이자율 같은 것을 밝혀야 함.	제25조
대부금의 담보, 보증	- 대부를 주기 전에 차입자로부터 대부금에 대한 담보 또는 보증을 세워야 함. * 담보는 차입자의 자금으로 마련한 동산 또는 부동산으로, 보증은 해당 상급기관 또는 지불능력이 있는 제3자가 서면으로 함.	제26조
대부상환	- 계약에 따라 대부원금과 이자를 정한 기간에 정확히 받아 들여야 함.	제27조
예금 및 대부이자율	- 정한 기준이자율과 변동폭 범위에서 예금이자율과 대부이자율을 정하고 적용해야 함.	제28조
결제조직	- 거래자가 돈자리를 통하여 화폐거래를 편리하게 할 수 있도록 결제조직을 짜고들어야 함.	제29조

구분	내용	조항
돈자리개설	- 거래자에게 현금 및 환치거래를 위한 돈자리를 개설하여 줄 수 있음. * 거래자는 한 은행에만 돈자리를 개설해야 함. (개수 제한 삭제) * 상업은행은 중앙은행의 승인을 받아 외국은행에 돈자리를 둘 수 있음.	제30조
대금결제	- 거래자의 지불지시에 따라 대금결제를 하여야 함. * 대금결제는 환치로 하는 것을 기본으로 함.	제31조
대외결제, 증권인수 및 할인 등	- 다른 나라와의 경제거래에 따르는 대외결제, 수형, 증권의 인수 및 할인, 환자조작은 승인받은 해당 상업은행이 진행함.	제32조
외화교환	- 해당 상업은행은 외화교환업무를 할 수 있음. * 외화교환업무는 기준환자시세와 변동폭 범위에서 자체의 실정에 맞게 하여야 함.	제33조
거래자의 신용확인 및 보증	- 거래자의 요구에 따라 제3자에게 거래자의 경영상태와 신용에 대하여 확인하여주거나 보증하여 줄 수 있음. * 신용확인, 보증은 신용장 또는 보증장 같은 것을 발행하는 방법으로 함.	제34조
금융채권의 발행 및 팔고사기	- 금융채권을 발행하여 자금을 모집할 수 있으며 유통 중의 각종 채권을 팔거나 살 수 있음. * 금융채권의 발행은 해당 기관의 승인을 받아야 함.	제35조
귀금속거래	- 귀금속의 거래는 해당 상업은행이 함. * 해당 상업은행은 귀금속의 수매·보관·판매질서를 엄격히 지켜야 함.	제36조
고정재산의 등록	- 해당 상업은행은 기관·기업소·단체의 고정재산을 빠짐없이 정확히 등록해야 함.	제37조
화폐의 팔고사기	- 상업은행은 중앙은행과 화폐의 팔고사기를 할 수 있음.	제38조
금융봉사 요금	- 거래자로부터 업무에 따르는 금융봉사요금을 받을 수 있음.	제39조
국고업무의 대리	- 국고업무대리는 해당 상업은행이 함. * 해당 상업은행은 중앙은행의 국가예산자금지출문건에 따라 자금을 신속히 지출하며 거래자가 바치는 국가예산납부금을 중앙은행에 제때에 집중시켜야 함.	제40조
통계자료의 제출	- 상업은행은 화폐유통과 관련한 통계자료를 정확히 작성하고 정한 기간에 중앙은행에 제출해야 함. * 통계자료에는 화폐유통정형과 예금, 대부관계 같은 거래 내용을 반영해야 함.	제41조

※ 일부 내용은 2015년 수정 보충 때 추가된 것임.

상업은행의 업무에서 관심을 끄는 것은 거래자(기업체)의 요구에 따라 경영활동 개선자금의 대부, 거래자의 계좌 개설에서의 개수 제한 삭제, 거래자의 요구 시 제3자에게 거래자의 경영 상태와 신용에 대한 확인 및 보증, 은행의 금융채권 발행을 통한 자금 모집과 각종 채권의 매매 등이다.

이 업무들은 기업체의 경영 정상화와 생산 증대, 사회주의기업 책임관리제의 성공적 안착과 직결된다. 《상업은행법》이 제대로 이행되어야 기업체의 자금 확보 및 경영활동에 유리한 환경이 조성되고 기업체의 순소득 증대에 따른 국가납입금도 늘어나 국가재정의 토대가 탄탄해질 것이고, 경제발전전략의 수행에 필요한 다양한 자금수요도 충당할 수 있을 것이다.

여기서 중요한 문제는 상업은행이 화폐자금을 어떻게 끌어 들이냐는 것이다. 북한의 한 경제학자는 상업은행 자금의 구성과 특징에 대해 다음과 같이 설명하고 있다.

"상업은행의 자금에는 각이한 소유의 화폐자금이 있다. 국가소유의 자금도 있으며 협동단체소유의 자금과 개인소유의 자금도 있다. 그러나 각이한 소유의 자금에서도 많은 부분은 사회주의적 소유의 자금이 차지한다. 사회주의적 소유의 자금에는 국가은행인 상업은행의 자금도 있고 국가재정을 이루는 자금도 있으며 상대적 독자성을 가지는 국가기관, 기업소들의 자금과 협동단체 기업체의 자금도 있다.…

사회주의사회에서 상업은행의 경우에는 자금의 현물적 기초가 확고하기 때문에 상업은행의 자금운동은 사회적 재생산과정과 밀접히 연관되어 있다. 사회주의사회에서 상업은행에 집중된 여러 가지 성격의 자금은 사회적 생산에 기초하여 마련된 자금이기 때문에 물질적으로 담보되어 있으며 따라서 계획적으로 이용된다. 상업은행이 흡수한 유휴화폐자금도 사회적 생산에 기초하여 조성된 자금이며 상업은행의 자금동원기능에 의하여 상업은행에 집중된 자금이다. 상업은행은 자기 수중에 집중된 화폐자금을 그 성격에 맞게 이용함으로써 사회적 재생산과정을 촉진하는데 적극 이바지하게 된다." [676]

위 인용문에서 알 수 있는 것은 국가소유의 자금과 협동단체소유의 자금은 물론이고 개인소유의 자금도 상업은행을 매개로 하여 사회적 재생산과정과 연계된다는 지적이다.

'상업은행이 흡수한 유휴화폐자금도 사회적 생산에 기초하여 조성된 자금'이라는 인식이 중요할 것 같다(여기에는 돈주의 자금도 포함된다). 이런 인식을 바탕으로 상업은행의 자금은 사회적 재생산과정을 촉진하는데 이바지한다는 합리화가 가능해진다. 북한의 경제학자들이 정책과 법제화를 뒷받침하려고 노력한다는 것을 알 수 있다.

북한에서는 2015년에 함경남도은행을 시작으로 자강도은행, 량강도은행, 평안남도은행이 설립되고 2017년에는 평양시 승리거리에 평양은행이 개설되는 등 각 도(직할시)에 지방은행들이 설립되었던 것으로 알려졌다.[677] 중앙은행의 각 도(직할시) 총지점을 개편하여 지방은행들을 출범시켰다는 관측이 있다. 도(직할시) 인민위원회에서 상업은행을 설립하는 형식을 취했을 개연성도 있다.[678] 아무튼 중앙은행 지점(군·구역 단위) 210여개도 지불준비금이 마련되는 곳부터 순차적으로 상업은행으로 전환 중이라고 한다.

기관들의 경우와는 달리 기업소·단체들 가운데 상업은행의 설립에 나선 사례도 있었다. 이 은행의 경우 상업유통, 무역·주택건설, 사금융 등에서 자금을 축적한 돈주의 투자를 받거나 외국자본과 합작하여 자금을 확보할 수 있다. 라선, 청진, 원산, 신의주, 순천 등지에서 돈주의 자금을 배경으로 한 상업은행이 설립되어 운영되고 있다는 정보가 흘러나오는 것도 이 때문이다.[679] 다만 개별적인 돈주가 상업은행을 설립하는 것은 법적으로 인정되지 않는다.

재정은행사업과 《가격법》

북한의 재정은행사업이 가격과 외화에 어떤 영향을 미치는지도 중요하다. 북한의 경제관리에서 변화가 시작된 기원은 2002년 7·1조치로 거슬러 올라간다. 핵심은 가격과 생활비를 올리는 것이었다. 시장가격에 비해 지나치게 낮은 국정가격을 올려 시장가격에 접근시키고 국정가격의 조정에서 인민생활에 직결되는 쌀 가격을 기준으로 삼았다. 식량을 비롯한 인민소비품 일체의 가격이 상향 조정됨에 따라 생활비를 비롯한 노동보수(급여)도 오르게 되었다. 김정은 시대에는《기업소법》을 대폭 수정하면서 기업체에 가격제정권을 부여함으로써 가격 환경은 격변을 맞이했다.

이러한 현실발전의 요구에도 불구하고《조선민주주의인민공화국 가격법》[680]은 1997년 1월에 채택되어 1999년 8월에 수정된 뒤 그대로 둔 채로다. 이것은 가격제정 및 적용의 기본사항에서 변함이 없다는 뜻도 있겠지만, 그보다는《기업소법》의 혁신을《가격법》에 담아내려면 국정가격과 시장가격의 조절에 관한 경험이 더 쌓여야 한다는 인식 때문일 수 있다. 기업체의 가격결정권은 국가가격제정기관이 정한 가이드라인에 기초해 약간의 조정이 가능한 정도이다. 내각에서《가격관리지침》 등을 새로 만들어 현실발전의 요구에 맞게, 탄력적으로 대응하고 있을 것이다. 현행《가격법》은 혁신을 담지 못한 제한성이 있지만, 가격정책의 전반적 사정을 이해하는 데에는 도움이 된다.

《가격법》에 따르면, 국가(국정)가격은 원래 유일가격·계획가격이다. 가격의 종류로는 도매가격, 소매가격, 수매가격, 운임, 요금 같은 기본종류의 가격과 일부 보충적 가격이 있다(제2조). 국가는 인민들에게 더 많은 이익을 주기 위해 가격정책을 정확히 실시해야 하는 의무를 갖고 있다(제3조).

국가는 가격을 제정함에 있어서 사회주의 기본경제법칙과 가치법칙의 요구, 제품의 쓸모와 인민경제적 의의, 수요와 공급, 축적과 소비 사이의 상호관계를 옳게 타산하도록 되어 있다(제4조). 여기에서는 현실발전의 요구에 맞게 가치법칙의 요구, 수요와 공급을 어떻게 가격에 반영할 것인지가 중요해진다.

국가는 인민생활의 안정과 생산·경영활동의 과학화·합리화를 위해 가격적용을 올바로 해야 하고, 특히 현실발전의 요구에 맞게 가격적용의 방법과 절차를 정하고 그것을 정확히 지키도록 해야 한다(제5조).

문제는 북한이 사회주의제도 수립 이후 견지해온 가격의 일원화 원칙(제6조)[681]이 오늘에 와서는 부담이 될 수 있다는 점이다. "해당 가격 제정기관의 합의, 승인 없이 가격을 제정하거나 적용할 수 없다"(제34조)는 규정은 점차 탄력적인 방향으로 바뀌어나갈 것이다.

또한 상품 가격의 체계적 저하 원칙(제7조)[682]도 현실과 동떨어져 있다. 오늘의 북한에서는 상품가격을 높여야 기관·기업소·단체들의 수익과 이윤이 늘어나고 그에 따라 국가납부액도 커질 수 있으며, 그래야 재정의 건정성(국가자금수요 충족)을 유지할 수 있다. 이러한 현실은 계속 변화를 거듭하고 있기 때문에《가격법》에 변화가 제대로 담기려면 시간이 더 필요할 것이다.

그밖에《가격법》은 국가가 가격제정일군 양성, 가격제정부문의 물질 기술적 토대 강화, 가격사업의 과학성·신속성 보장 등의 역할을 수행할 것을 규정하고 있고(제8조), 가격제정기관의 역할 제고(제31조), 가격사업체계의 올바른 수립과 정확한 집행(제32조) 등을 규정하고 있다. <표 3-50>은 가격제정과 가격적용의 일반적인 사항을 정리한 것이다.

〈표 3-50〉《가격법》에 규정된 가격제정 및 가격적용의 기본사항

구분	내용	조항
가격제정	- 가격제정기관 : 해당 시기 정책적 요구와 현실적 조건에 맞게 나라의 경제발전을 자극하고 인민생활을 고르롭게 높일 수 있도록 가격을 정하여야 함.	제10조
	- 가격제정은 중앙과 지방의 가격제정기관이 함. * 내각 또는 중앙가격제정기관이 정한데 따라 해당 기관·기업소·단체도 가격을 제정할 수 있음.	제11조
	- 가격제정은 표준가격·기준가격을 먼저 정하고 거기에 균형을 맞추어 지표별 가격을 정하는 방법으로 함. * 표준가격·기준가격은 중앙가격제정기관이 정함. * 일부 생산물의 표준가격·기준가격은 도(직할시) 가격제정기관이 정할 수 있음.	제12조
	- 가격제정기관 : 유일가격과 지역별·계절별로 되는 가격을 제때에 합리적으로 정하여야 함.	제13조
	- 가격제정기관 : 제품 사이의 가격균형을 정확히 맞추며 제품의 생산을 늘이고 질을 높일 수 있게 가격을 정하여야 함.	제14조

구분	내용	조항
	- 대중소비품의 가격과 어린이·학생용 상품의 가격은 가치로부터 배리시켜 다른 상품의 가격보다 낮게 정함. - 희귀상품·고급상품의 가격은 높게 정함.	제15조
	- 국가적으로 처음 생산한 제품의 가격은 내각 또는 중앙가격제정기관이 정함. * 처음 생산한 일부 제품에 대하여서는 먼저 임시가격을 정하고 그 제품의 쓸모가 확정된 다음 가격을 다시 정함.	제16조
	- 수출입상품의 국내 가격은 해당 가격제정기관이 정함.	제17조
	- 자기 가치를 부분적으로 상실한 상품의 가격은 가격제정기관 또는 해당 가격평가위원회가 정함.	제18조
	- 대외봉사부문의 가격·운임·요금은 중앙가격제정기관이 정함. * 중앙가격제정기관이 정한 범위에서 해당 기관도 정할 수 있음.	제19조
	- 인민경제발전의 일정한 단계에서 가격을 전반적으로 또는 부분적으로 고쳐 정하는 사업은 내각의 지도 밑에 중앙가격제정기관이 함.	제20조
	- 가격을 제정받으려는 기관·기업소·단체는 가격제정 신청문건을 해당 가격제정기관에 내야 함.	제21조
가격적용	- 기관·기업소·단체 : 제품별·규격별·등급별 가격과 운임·요금·부가금을 정확히 적용해야 함.	제22조
	- 도매가격, 소매가격, 수매가격, 운임, 요금 같은 기본종류의 가격과 공급가격, 부가금 같은 보충적 가격의 적용 방법·절차·대상은 내각 또는 중앙가격제정기관이 정함.	제23조
	- 국가계획기관과 재정은행기관·통계기관 : 인민경제계획을 세우거나 인민경제계획 실행실적을 평가하는 경우 정해진 가격을 적용해야 함.	제24조
	- 해당 기관·기업소·단체 : 수출입상품의 국내가격을 유일적으로 적용해야 함.	제25조
	- 가격제정기관이 가격을 정하지 않는 제품을 기관·기업소·단체·공민 사이에 넘겨주고 받을 경우에는 협의가격을 적용함. * 이 경우 해당 가격제정기관이 정한 원칙과 방법에 따름.	제26조
	- 대외봉사부문과 합영합작부문의 기관·기업소·단체는 해당 가격제정기관이 정한 가격·운임·요금을 유일적으로 적용해야 함.	제27조
	- 국가적인 조치로 생긴 가격 편차액은 국가예산으로 보상함.	제28조
	- 기관·기업소·단체는 가격이 정해진 제품을 처음 생산하였을 경우 해당 가격제정기관의 적용등록승인을 받아야 함.	제29조
	- 기관·기업소·단체는 해당 제품이나 봉사장소에 제정된 가격·운임·요금을 표시하거나 써 붙여야 함.	제30조

《가격법》에서는 가격제정기관이 가격을 정하지 않는 제품에 대해서는 기관·기업소·단체·공민이 '협의가격'을 적용할 수 있도록 함으로써(제26조), 엄격한 가격제정에 대한 틈새를 열어놓고 있다.

북한은 《기업소법》에서 기업체의 가격제정권을 부여해 가격의 탄력적 적용이 가능하도록 하고 있다. 시장가격을 염두에 둔 것이다. 가격은 원가·수익성과 직접 관련되고 공장·기업소의 경영전략·기업전략 수립에서 핵심 현안이어서 가격에 손대지 않고는 경제관리의 개선도 쉽지 않다. 2002년 7·1조치에서 가격 조정을 최우선으로 다루었던 것도 이 때문이다.

김정은 시대에 들어와 공장·기업소들이 가격제정권은 갖게 되었지만, 《기업소법》은 정해진 범위 안에서 가격제정권과 판매권 보유를 인정하는데 그쳤다. '정해진 범위 안에서'는 어디까지나 국가가격제정기관이 정한 가격의 상한과 하한선의 범위에서 탄력적으로 작용할 수 있도록 한다는 것을 뜻한다.

이 점에서 볼 때, 북한에서 원가·가격·수익성 등을 어떻게 생각해왔는지를 이해하는 것도 중요하다. 김정일 국방위원장의 《재정은행사업 개선》에서 그 근거를 찾아볼 수 있다. 그는 원가 절감을 위하여 원가계획의 올바른 수립과 철저한 집행, 낭비현상의 일소와 절약제도의 강화(원자재 절약, 물자소비기준의 과학적 규정과 저하, 노동력 절약과 설비이용률 제고), 비생산적 지출의 절감(공장·기업소의 행정관리기구 간소화, 기업관리의 과학화) 등을 강조했다.

"인민경제 모든 부문, 모든 단위에서는 원가를 따지고 원가를 체계적으로 낮추는 것을 재정관리의 중요한 임무의 하나로 튼튼히 틀어쥐고나가야 합니다. 원가를 낮추기 위하여서는 원가계획을 바로세우고 철저히 집행하여야 합니다. 공장, 기업소들에서는 계획의 일원화, 세부화의 요구에 맞게 원가계획을 잘 세우고 직장, 작업반들과 생산자들에게 원가계획과 절약과제를 정확히 주어야 합니다. 원가계획을 바로세우고 절약과제를 똑똑히 준 다음에는 원가를 경영활동결과에 대한 평가와 통제 수단으로 옳게 활용하여야 합니다.…

원가를 낮추기 위하여서는 낭비현상을 없애고 절약제도를 강화하여야 합니다. 원료비와 자재비는 공업생산물의 원가구성에서 큰 비중을 차지하고 있으며 현 시기 원가를 낮추기 위한 가장 큰 예비도 바로 원료, 자재를 절약하는데 있습니다. 공장, 기업소들에서는 물자소비기준을 과학적으로 정하고 현실 발전의 요구에 맞게 그것을 끊임없이 낮추어야 합니다. 특히 여러 가지 앞선 기술공정과 작업방법을 적극 받아들여 물자소비기준을 끊임없이 낮추어야 합니다.… 공장, 기업소들에서 노동정량, 설비이용기준을 비롯한 기술경제적 지표도 정확히 정하고 그것을 끊임없이 갱신하여 노력을 절약하고 설비이용률을 높여야 합니다. 공장, 기업소의 행정관리기구를 더욱 간소화하고 기업관리를 과학화하며 모든 살림살이를 깐지게 하여 비생산적인 지출을 적극 줄여야 하겠습니다." [683]

다음으로 김정일 국방위원장은 가격의 제정과 적용에 대해서는 생산물들 사이의 가격균형 보장(제품의 쓸모와 인민경제적 의의, 수요와 공급 사이의 관계, 국가적 이익과 생산자들의 이해관계 고려), 신제품과 고품질 제품에 대한 고가高價 책정, 가격규율의 엄수, 공장·기업소에서의 경제적 타산과 설비·자재의 절감, 협의가격의 활용 등을 강조했다.

"가격을 바로 제정하여야 합니다. 가격제정에서 중요한 것은 생산물들 사이의 가격균형을 잘 보장하는 것입니다. 가격은 사회적 필요노동의 지출에 기초하면서도 제품의 쓸모와 인민경제적 의의, 수요와 공급사이의 관계, 국가적 이익과 생산자들의 이해관계를 충분히 고려하여 제정하여야 합니다.… 공장, 기업소들에서 새 제품을 만들거나 제품의 질을 높였을 때에는 일정한 기간 다른 제품에 비하여 값을 높이 정하여줌으로써 생산자들이 기술을 혁신하고 질을 높이는데 관심을 가지도록 하여야 합니다.… 가격규율을 엄격히 세우고 국가적으로 제정된 가격을 정확히 적용하며 가격을 제 마음대로 제정하여 적용하는 일이 없어야 합니다.
공장, 기업소들에서는 가격공간을 계산통제수단으로 옳게 이용하여 경제적 타산을 바로하고 설비, 자재를 극력 아껴 쓰며 필요 없는 설비와 자재를 사들이거나 체화 사장시키는 것과 같은 현상을 철저히 없애야 하겠습니다.

협의가격도 잘 이용하여야 합니다. 협의가격은 수요와 공급사이의 호상관계에 기초하면서도 생산자들이 제품생산에 관심을 가질 수 있도록 제정하여야 합니다. 그리하여 공장, 기업소들과 가내편의봉사원들이 질 좋은 인민소비품을 더 많이 생산하도록 하여야 하겠습니다." [684]

그는 수익성 증대와 관련해서는 국가적·전사회적 이익의 우선시와 개별적 기업소의 이익의 결합, 계획적 경제관리의 준수와 공장·기업소의 수익성 제고의 원칙을 기본으로 하면서, 이윤 증대(생산 증대와 원가 절감), 이윤 배분(국가납부의 선차적 보장과 기업소기금·상금기금 인정), 이윤 증대를 위한 과학기술발전 주력(과학기술발전자금·기술혁신표창자금 지급) 등을 강조했다.

"수익성을 높여야 나라의 재정토대를 튼튼히 하여 확대재생산을 실현할 수 있고 인민생활도 높일 수 있습니다. 사회주의사회에서 공장, 기업소의 수익성은 어디까지나 경제의 계획적 관리원칙을 철저히 지키는 기초 위에서 보장되어야 합니다.

공장, 기업소들에서 경제의 계획적 관리원칙을 무시하고 수익성만 내세우면 본위주의와 개인이기주의가 조장되어 국가적, 전사회적 이익을 보장할 수 없으며 나아가서는 사회주의 경제제도에 엄중한 손실을 줄 수 있습니다. 우리는 국가적, 전사회적 이익을 첫자리에 놓고 여기에 개별적 기업소의 이익을 옳게 결합시키며 경제의 계획적 관리원칙을 철저히 지키는 기초 위에서 공장, 기업소의 수익성을 끊임없이 높여야 합니다.

수익성을 높이기 위하여서는 공장, 기업소에서 생산을 늘이고 원가를 낮추어 더 많은 이윤을 내야 합니다.… 우리는 이윤분배에서 국가에 들여놓을 몫을 선차적으로 보장하는 원칙을 견지하면서도 이윤계획 실행정도에 따라 공장, 기업소들에서 기업소기금과 상금기금을 세우고 쓸 수 있도록 하여야 합니다. 공장, 기업소들에서 생산과 기업관리를 잘하여 이윤을 많이 내면 그 만큼 국가에 더 많은 이익을 주면서 기업소에도 많은 몫이 차례지게 하여 더 생산설비와 생산공정을 현대화하고 기업관리를 과학화하며 종업원들의 노동조건과 생활조건을 끊임없이 개선하도록 하여야 하겠습니다. 생산을 늘이고 원가를 낮추어 더 많은 이윤을 내자면 공장, 기업소들에서의 과학기술을 발전시키는 데 큰 힘을 넣어야 합니다.… 과학기술을 발전시키고 앞선 기술을 받아들여 생산을 늘이고 이윤을 많이 냈을 때에는 많은 몫을 공장, 기업소와 과학연구기관에 주어 과학기술발전자금과 기술혁신표창자금으로 이용하도록 하여야 하겠습니다." [685]

이상과 같이 원가 절감이나 가격의 제정과 적용, 수익성·이윤 증대 등은 경제관리에서 중요한 과제로 여겨져 왔다.《사회주의헌법》이 경제관리에서 "원가, 가격, 수익성 같은 경제적 공간을 옳게 이용하도록 한다"고 규정한 것(제33조)은 경제적 공간의 이용을 중시한다는 것을 잘 말해준다.

자본주의 시장경제에서는 기업이 원가 절감과 수익성·이윤 증대에 실패하면 파산에 이를 수 있기 때문에 기업가들은 수익성·이윤 증대에 사활을 건다. 이에 반해 사회주의 경제시스템에서는 오랫동안 공장·기업소의 사회적 가치와 효용성의 관점을 중시해왔기 때문에 원가 절감과 수익성·이윤 증대를 상대적으로 소홀히 여겼다. 이에 따라 공장·기업소들의 국가 의존도는 높았고 이에 대한 국가재정의 부담과 압박이 심해질 수밖에 없었다.

공장·기업소들이 수익성·이윤 증대에 관심을 갖지 않고 생산목표량(혹은 총생산액의 액상지표)에 집중하다보면 기업경영의 악순환을 반복할 수 있다. 김정은 위원장의 전략적 노선 하에서 사회주의기업 책임관리제는 경영상 독자성(경영권)과 기업전략·경영전략을 중시함에 따라 원가·가격·수익성 등을 이전 시기보다 훨씬 중요하게 여긴다.

외화관리사업과 《외화관리법》

북한이 1990년대 중반 이래의 경제침체로 인해 화폐의 안정화와 화폐유통의 공고화에 어려움을 겪는 가운데 달러와 위안元 등의 유통이 급격히 늘어났다. 외화의 통일적 장악과 합리적 이용을 고심해온 북한 정부는 외화의 수입과 이용, 반출입을 규제하는 《외화관리법》[686]을 제정했다.

기본적으로 외환업무는 무역은행이 담당하며, 다른 은행은 중앙재정지도기관의 승인을 받을 경우 외환업무를 취급할 수 있다(제4조). 일부 상업은행도 외화교환업무를 할 수 있다(《상업은행법》 제33조). 북한은 원칙적으로는 자국 내에서 "외환을 유통시킬 수 없다. 외화현금은 조선원으로 바꾸어 쓴다"고 법에 규정해놓고 있다(제5조). 외화의 사고팔기와 저금·예금·저당은 외환업무를 맡은 은행을 통해서만 할 수 있도록 한 것이다(제6조).

그러나 현실에서는 달러화 현상이 벌어지고 있고 위안화가 시장 등에서 통용된다. 현실이 법을 추월한 것이다.

인민보안성은 2009년 12월 26일 《우리 공화국 내에서 외화를 남발하는 자들을 엄격히 처벌할 데 대하여》라는 포고문을 발표하고 이틀 뒤에 시행에 들어갔던 적이 있다. 개인·무역기관·외국인도 어떤 이유로든 달러·위안화·유로 등의 외화를 사용할 수 없으며 은행을 제외한 개인·기관들은 외화를 보유할 수 없도록 했다.

개인들이 상거래에서 외화를 사용·획득하는 행위를 '불법'으로 규정했고 화폐교환 이전에 보유한 외화는 모두 국가가 정한 환율로 교환하도록 명령했다. 무역기관들은 수출로 벌어들인 외화를 24시간 이내에 은행에 입금시켜야 했고 이를 위반하면 엄격한 법적 제재를 가하고 전부 몰수하도록 했다. 무역기관들은 외화를 은행에 저금하고 무역에 필요한 만큼 결제를 받아 출금하도록 했다.

이 포고는 잠시 맹위를 떨치는 듯 했지만, 2010년 3월부터 다시 외화 사용이 재개되었고 주민들의 환전도 묵인하게 되었다.[687] 외화 사용이 법적으로 허용된 것은 아니었지만 현실에서는 인정되었던 것이다.

《외화관리법》은 "국가는 합법적으로 얻은 외화를 보호하며 그에 대한 공민의 상속권을 보장한다"고 규정(제9조)함으로써 '장롱 속의 외화'를 은행에서 원화로 환전해 사용하도록 유도하고 있다. 국가 차원에서 외화를 많이 확보해야 하고, 개인 차원에서도 외화 보유를 포함해 그 소유범위를 넓혀준다는 의미가 있다.

외환업무를 취급하는 은행으로 하여금 "외화예금과 저금의 비밀을 보장하며 해당한 이자를 계산 지불"하도록 한 것, "예금자, 저금자가 요구하는 외화를 제때에 반환"하도록 한 것(제21조)도 같은 취지로 이해된다. 다만 외화의 이용범위에 대해서는 대외경제계약과 지불협정에 따르는 거래, 여비·경비·유지비의 지불거래 같은 비非무역거래, 은행에서 조선원을 사거나 파는 거래, 예금·신탁·대부·채무보증 같은 거래 등으로 제한하고 있다(제17조). 이것은 외화의 무분별한 유통을 막으려는 조치다.

북한은 기관·기업소·단체들에게 국가외화의무납부율을 준수할 것을 요구하고 있고 무역은행에 돈자리(계좌)를 두고 '번 외화'를 제때에 입금 조치하도록 하고 있다(제11조). 기관·기업소·단체는 외화수입계획을 제때에 실행하며 국가외화의무납부금을 우선적으로 납부하도록 하고 있다(제14조). 외화 부족을 타개하려는 정책 의지를 반영한 것이다.

외국투자자에 대해서는 '기업운영에서 얻은 이윤과 기타 소득금' 및 '투자재산'을 북한 영역 밖으로 세금 없이 송금하거나 내갈 수 있게 하고 있다(제29조). 다만 외국투자기업에서 일하는 외국인은 '노임과 기타 합법적으로 얻은 외화의 60%까지'만 북한 영역 밖으로 송금하거나 갖고 나갈 수 있도록 제한한다(제30조). 북한에서 40%를 소비하도록 유도하려는 조치다.

김정은 위원장은 2015년 12월《재정은행사업 전환》에서 외화관리사업의 개선과 외국투자기업들에 대한 세무관리사업에 대한 기본입장을 다음과 같이 밝혔다.

"재정성에서 국가외화관리사업을 정확한 방법론에 따라 책임적으로 하여야 합니다. 재정성은 국가의 외화관리체계를 똑바로 세우고 변화되는 환경과 조건에 맞게 외화관리사업을 개선하기 위한 작전과 지휘를 짜고 들어야 합니다. 외화재정계획을 인민경제계획과 맞물려 현실성 있게 세우며 외화수입이 있는 모든 단위들에 의무납부과제를 주고 그 수행정형에 대한 장악총화사업을 실속 있게 하여야 합니다. 국가가 정한 대외결제은행에 외화의무납부금을 집중시키고 조성된 외화자금의 원천범위 안에서만 지출을 승인하는 질서를 세워야 합니다.… 무역은행은 대외결제중심으로서의 기능과 역할을 책임적으로 수행하며 국제금융시장에 주동적으로 진출하여 금융활동을 공세적으로 벌려야 합니다.

외국투자기업들에 대한 세무관리사업은 나라의 대외적 권위를 높이고 안정된 투자환경과 조건을 보장하며 국가외화수입을 늘이는데서 중요한 역할을 합니다. 지금 외국투자기업들에 대한 세무관리사업체계가 바로 서있지 않으며 대상의 특성과 현실적 조건에 맞게 세무관리사업을 창조적으로 하지 못하고 있습니다. 재정성에서 외국투자기업들에 대한 세무관리사업을 통일적으로 장악하고 실속 있게 지도하여야 합니다. 세무기관들에 대한 지도체계를 정연히 세우고 각이한 조건과 환경에 따르는 세무관리방법을 부단히 완성하여야 합니다." [688]

김 위원장은 내각 재정성에 외화관리체계 및 외국투자기업에 대한 세무관리사업체계를 올바로 수립하여 국가적 장악력을 높일 것을 요구했다. 외화관리체계와 관련해서는 '변화하는 환경과 조건에 맞게' 외화관리사업의 개선 조치, 외화수입이 있는 모든 단위들에 대한 의무납부과제 부과, 조성된 외화자금의 원천범위 내에서의 지출 승인 등의 지침을 제시했다. 세무관리사업체계와 관련해서는 '대상의 특성과 현실적 조건에 맞게' 창조적인 세무관리사업 전개, 세무기관들에 대한 지도체계의 정연한 수립, '각이한 조건과 환경'에 따른 세무관리방법의 완성 등의 지침을 내놓았다. 이러한 지침들은 대외경제협력과 교류가 확대될 것을 전제로 한 것이라는 점이 중요하다.

6) 김정은 시대 : 금융기관 채산제와 상업은행의 활성화

김정은 위원장은《상업은행법》이 2015년 7월에 수정 보충된 뒤에 그해 12월의《재정은행사업 전환》서한에서 금융기관 채산제와 상업은행의 과업에 대해 다음과 같이 밝혔다.

"금융기관 채산제는 상업은행들이 금융업무를 통한 수입으로 지출을 보장하고 국가에 이익을 주는 경영활동방식입니다. 상업은행들은 봉사성과 신용을 높이고 업무거래의 편리성과 신속정확성을 보장하여 금융활동을 보다 적극적으로 벌려나갈 수 있는 기틀을 마련하여야 합니다. 예금과 대부, 결제방법과 이자율 공간을 다양하게 활용하여 자체의 자금원천으로 해당 지역의 자금수요를 보장하고 수지균형을 맞추며 화폐가 은행을 중심으로 원활하게 유통되도록 하여야 합니다.
상업은행들에서 자금원천을 더 많이 확보하기 위한 방도의 하나는 주민저금사업을 활성화하는 것입니다. 상업은행들은 주민들의 지향과 요구에 맞게 저금조직사업을 개선하여 누구나 저금에 적극적으로 참가하도록 하여야 합니다. 저금사업에서 신용을 철저히 지켜야 합니다. 지금 저금사업이 잘되지 않는 기본원인이 바로 은행기관들이 주민들과의 거래에서 신용을 지키지 않는데 있습니다. 상업은행들은 주민들과의 신용을 법으로 여기고 어김없이 지키며 다양한 저금형식과 방법을 받아들이고 개인저금의 비밀을 엄수하여 저금사업이 활기 있게 진행되도록 하여야 합니다." [689]

그는 상업은행에서의 예금·대부·결제방법과 이자율 공간의 활용, 은행 중심의 화폐유통, 주민저금사업의 활성화,[690] 저금사업에서의 신용 준수, 다양한 저금형식과 방법의 도입, 개인저금의 비밀 엄수 등의 지침을 제시했던 것이다.

이러한 지침의 바탕에는 금융기관 채산제가 지켜져야 한다는 원칙이 깔려 있었다. 이 내용들은 2015년에 수정 보충된《상업은행법》에도 담겼지만 최고영도자가 이를 전면적으로 강조함으로써 현실적 의미를 더 갖게 되었다고 할 수 있다.

금융기관 채산제에 관한 북한의 한 경제학자의 설명은 은행기관의 실상을 어느 정도 보여주고 있어 저금사업의 상황과 업무수입에 대한 이해에 도움이 된다.

"은행기관들에서 금융활동에 필요한 자금원천을 더 많이 확보하기 위하여서는 주민저금사업을 활성화하여야 한다. 주민저금사업을 활성화하여야 주민들 속에 잠겨 있는 유휴화폐자금을 최대한으로 동원할 수 있다. 주민저금사업을 활성화하자면 주민들의 지향과 요구에 맞게 저금조직사업을 개선하여 누구나 저금에 자각적으로 참가하도록 하며 은행기관들이 주민들과의 신용을 법으로 여기고 어김없이 지키며 다양한 저금형식과 방법을 받아들이고 개인저금의 비밀을 엄수하여 저금사업이 활기 있게 진행되도록 하여야 한다.… 우선 업무수입을 늘이기 위한 사업을 짜고 들어야 한다. 기관, 기업소들과 주민들을 대상으로 금융활동을 하는 업무수입에는 대부이자수입, 결제봉사수입, 위약금수입, 현금출납봉사수입, 추첨업무수입, 카드업무수입, 정보봉사수입 등이 있다. 은행기관들에서는 자기 부문, 자기 지역의 특성에 맞는 다양한 금융봉사활동을 활발히 조직 진행하고 대부와 결제, 현금출납봉사와 같은 은행업무를 편리하면서도 신속정확하게 조직 진행하며 기관, 기업소들의 생산과 경영활동을 금융적으로 원만히 보장하면서 업무수입을 최대한 늘여야 하며 그밖의 봉사수입을 늘이기 위한 사업도 짜고 들어야 한다." [691]

재정은행사업에서 상업은행의 활성화가 혁신의 본질인 만큼 그 성공적인 안착이 중요하다. 상업은행의 업무 내용을 보면 예금·대부·결제에서부터 외화교환, 신용 확인과 보증, 금융채권 발행과 매매, 귀금속거래, 고정재산등록, 화폐 매매, 은행카드 업무에 이르기까지 다양한 기능을 수행하는 것으로 되어 있다. 상업은행의 거래자로는 기관·기업소·단체들과 공민(개인)들에 이르기까지 모두 참여할 수 있다.

이것은 시장을 비롯한 경제현장의 다양한 행위자들이 제도권의 상업은행을 적극 이용하게 함으로써 제도권의 포괄 범위를 넓히고, 이를 통해 국가자금수요도 충족시키는 방향을 모색하고 있음을 보여준다. 상업은행의 활성화라는 전략적 혁신조치는 운영하기에 따라서는 경제성장과 비약·혁신에 긍정적으로 작용할 것이다.

7) 금융정보화와 전자상거래

북한의 재정은행사업의 혁신과 관련하여 마지막으로 관심을 가질 대목은 금융정보화와 전자상거래다. 김정은 위원장은 《재정은행사업의 전환》에서 금융정보화의 수준을 높일 것을 다음과 같이 강조했다.

> "금융정보화 수준을 높여 금융거래에서 신속성과 정확성, 투명성과 편리성을 보장하여야 합니다. 은행부문에서는 컴퓨터와 자동입출금장치를 비롯한 현대적인 기술수단들을 널리 받아들이고 전반적 금융업무의 컴퓨터화, 무인화를 실현하여야 합니다. 국가금융정보망을 합리적으로 구성하고 실용성 있는 금융프로그램들을 개발하며 망 보안 사업을 강화하여 금융업무의 컴퓨터화를 우리식으로 완성하여야 합니다. 은행기관들에서는 금융업무에 전자인증체계를 적극 받아들이고 신용거래, 현금거래에서 전자결제카드에 의한 봉사체계를 완비하는 것을 비롯하여 금융정보화수준을 보다 높은 단계에 올려 세워야 합니다." [692]

그는 금융정보화 수준의 제고와 관련하여 신속성·정확성·투명성·편리성의 4대 원칙을 제시하고 은행의 자동입출금장치ATM 도입, 금융업무 전반의 컴퓨터화·무인화 실현, 국가금융정보망의 합리적 구성, 망 보안사업의 강화, 은행의 전자인증체계 도입, 신용거래·현금거래에서의 전자결제카드 이용 등의 지침을 제시했다.

김 위원장의 금융정보화 지시에 맞물려 북한에서는 이동통신망을 이용한 금융서비스가 활성화되고 있다. 휴대폰이 통신수단을 넘어 다매체열람, 오락, 인트라넷, 금융 등의 기능을 수행하는 수단으로 바뀌었고, 금융서비스의 현대화·정보화, 금융거래에서의 4대 원칙을 실행하는 쪽으로 움직이고 있다.

휴대폰을 이용한 금융거래를 정착시키려면 주민들의 은행계좌 정보조회, 현금출금, 환전과 상점·상업유통 서비스기관들(백화점, 주차장, 주유소 등)에서의 결제 등이 가능한 인프라가 요구된다. 북한 전역에 인프라를 구축하는 데에는 시간이 소요될 것이다.

북한에서의 금융정보화는 인민들이 화폐수입을 은행에 예금하도록 하는데 긍정적으로 작용할 것이다. 『경제연구』의 한 논문[693]은 이동통신망에 의한 주민금융봉사를 강조하면서 결제의 안정성·투명성과 정보기밀성 유지, 금융서비스망의 보안대책 수립 등을 다루었다. 이 면에서 보면 북한이 자본주의국가들에서의 금융정보망과 큰 차이가 없는 시스템 구축에 진입하고 있음을 알 수 있다.[694] 북한이 '우리식' 방법을 강조하면서도 글로벌 스탠더드에 적응하려고 노력하는 것이다.

전자상거래의 활성화와 전자결제카드의 활용도 금융정보화와 관련되어 있다. 인트라넷《광명성》은 자국 내에서 만든 콘텐트의 상업화 트렌드를 보이고 있으며, 온라인 쇼핑사이트 혹은 쇼핑몰인《옥류》《만물상》《은파산》《내나라 전자백화점》 등이 주민들 속에 뿌리내리기 시작했다.

2016년 11월 북한 보도매체에 등장한《만물상》은 국영 온라인상점으로 생산·소비·운송 및 배달 서비스 체계를 갖추고 있다. 전자상거래의 등장은 생산단위들의 기업전략과 상점들의 판매방식, 주민들의 제품구입방식의 변화에 영향을 주고 있다. 기업체들이 자연히 이에 눈뜨고 있다.

연풍상업정보기술사가 개발한《만물상》은 기업소·상점들이 제품정보를 올릴 수 있고 구매자들은 국가컴퓨터망과 이동통신망을 이용해 열람할 수 있다.《만물상》에는 전자상점, 경제정보, 상품올리기, 통보문, 나의 상품, 식당상점소개, 식료품주문 등의 기능이 갖춰져 있다.

인민봉사총국이 운영하는《옥류》는 대표적인 전자상업봉사체계이다.《옥류》는 인트라넷과 연결되어 있고 전자결제체계를 기반으로 하는데, 2017년 2월부터 휴대폰으로도 상품검색과 구입이 가능해졌다. 구입 시에 전자카드로 지불하고 상품송달 요청을 하며, 전화로 상품의 기능 등에 대해서 문의할 수 있다. 인민봉사총국 산하의 운수사업소들이 주문상품을 운송한다.[695]

봉사망에는 해당화관, 창전해맞이식당, 금성식료공장 등 상점·식당들에서 봉사하는 상품과 음식들, 식료품 생산단위들의 인기제품 목록들, 공장·기업소들에서 생산하는 인민소비품(화장품·신발·가방)과 약품 등이 소개되어 있다. 조선중앙통신은 《옥류》를 소개하면서 "주민들이 해당 단위들과 연계하여 보다 질 좋은 상품들을 손쉽게 낮은 가격으로 봉사 받을 수 있으며, 상품을 생산하는 단위들에서는 원가와 가격을 낮추기 위한 경쟁도 활발해 질 것"이라고 보도한 바 있다.[696]

조선은파산정보기술교류소에서 개설한 《은파산》은 이전 전자상거래와는 달리 배달시 지불과 예약 주문도 가능하다. 《은파산》은 상품검색, 바구니담기, 전자결제, 송달 후 지불, 구매예약 형태의 봉사주문 등의 기능을 제공한다. 봉사망들의 운영날짜와 시간, 생활에 필요한 상업정보 등을 아무 때나 열람할 수 있어 호평을 얻고 있고, 가입자들 사이에 정보기술교류와 전자상업활동도 가능하다. 전자제품, 여자의류, 남자의류, 신발, 가방, 천, 섬유, 일용잡화, 문예도서 등으로 분류하고 있으나 상품종류는 소개하지 않는다.

《내나라 전자백화점》은 고객들이 컴퓨터망을 통해 각종 프로그램(소프트웨어)과 상품을 전자결제로 구입할 수 있는 시스템이다. 전자백화점에는 각종 소프트웨어뿐 아니라 알곡, 가공품, 기초식품, 조미료, 채소, 산나물, 과일, 고기, 우유, 수산물, 당과류, 음료, 옷, 신발 등 일반백화점의 상품도 판매한다. 다만 상품분류표를 보면 소프트웨어 제품과 IT기기들(디지털 LED TV 등)이 압도적으로 많이 유통된다. 예를 들어 화상압축과 패턴인식, 리눅스 해킹과 보안, 리눅스에 의한 봉사기구 DRAM설계 등이 판매된다.

북한이 개발한 백신SW 클락새와 참빛도 판매되고 장기, 영어회화, 게임 등도 팔고 있다. 전자상거래의 활성화는 카드 사용을 촉진하고

전자결제 활성화로 이어지면서 금융활성화를 가져오고 있다.[697]

북한에서는 조선무역은행이 2010년 12월에 충전이 가능한 전자결제카드《나래》카드를 도입한 이후 전자결제카드(직불카드 또는 선불카드)의 사용이 확대되고 있다. 가장 많이 사용되는 외화카드인 나래카드는 익명성으로 신속 처리되고 환전이 편하고 잔돈처리가 간단하며, 카드 간의 송금과 핸드폰 대금결제가 가능하다. 외화만 있으면 주민과 외국인은 2유로 혹은 3달러의 수속비만 지불하면 카드를 발급받을 수 있다. 무역은행은 국제시장의 환율 시세를 참조하면서 내부의 외화수요와 외화유통량에 근거하여 매일 달러, 유로, 위안화 등의 환율시세를 고시하기 때문에 카드 보유자들은 환율계산에 수반되는 불편함을 덜 수 있다.[698]

고려은행은 2011년에《고려》카드를 발행하였고 2015년에는 황금의 삼각주은행이 라진선봉지구에서《선봉》카드를 출시했다. 조선중앙은행도 2015년에 내화표시 전자결제카드인《전성》카드를 출시했다. 전자결제카드의 장점은 익명성이다. 사용 시 신분증 제시를 필요로 하지 않는데다 2~3달러의 소액결제도 가능하다.

평양 등지의 식당·상점·호텔에서 외화로 충전할 수 있고, 공식 환율로 환전된 북한원화 금액으로 표시된다. 이들 카드의 사용범위는 초기의 외화상점과 호텔 위주에서 보통상점, 식당 및 약국, 슈퍼마켓, 주유소 등으로 확대되고 있다.《옥류》에서도《나래》카드를 사용할 수 있다.[699]

경제발전전략의 실천에서 화폐의 안정화와 화폐유통의 공고화가 중요한 토대이기 때문에 김정은 위원장은 재정은행사업의 개선과 혁신에 집중하고 있다.

국가의 자금수요를 보장하고 균형적·지속적인 경제발전을 이루고 인민생활을 향상시키기 위해서는 자국 화폐의 안정성에 기초하여 화폐의 공간을 효과적으로 활용해야 한다. 상업은행의 활성화 전략은 기업체의 이윤·수익성 증대를 통해 국가자금수요를 담보하려는 것이다.

국가 주도의 경제발전에 총력을 기울여온 북한은 금융시스템을 정비하여 공적公的 금융시장을 회복시킴으로써 사私금융 시장으로 유출된 금융자원을 흡수해야 하는 과제를 안고 있다. 공장·기업소들은 설비투자와 기술연구를 통해 성장해야 하는데 단기수익에 집중하는 사금융은 이에 도움이 되지 않는다.

사금융은 금융자원이 필요한 경제주체들에게 골고루 공급하는 데에는 관심이 적은 편이고 즉각적인 상품생산과 유통 관련부문에 자금이 편중될 수밖에 없다.[700] 기업체의 경영활동 개선자금은 공적 금융기관, 즉 상업은행에서 배분할 수밖에 없는 것이다.

북한 전역의 상업은행들은 앞으로 인민들과 생산단위들의 유휴자금을 예금으로 흡수하여 자금이 필요한 기업체와 개인들에게 대출해줌으로써 금융자원을 효율적으로 배분해나갈 것이다. 기관·기업소·단체에 의한 상업은행의 설립과 운영이 실제로 이원적二元的 은행제도(중앙은행과 상업은행의 공존)로 정착될지를 판단하기에는 아직 이르다.[701]

김 위원장이 직접 나서서 지침을 제시했고 《상업은행법》에도 규정되었던, 거래자의 이익보호(실질금리의 보상, 인출권 보장 등)와 신용준수가 자리 잡아간다면 유휴자금의 효율적 흡수는 가능해질 것이다.[702] 이 과정에서 북한 전역의 시·도·군에 상업은행들이 확산되고 금융기관 채산제가 정착되어간다면 기업체의 재정관리사업의 개선과 맞물리면서 사회주의기업 책임관리제가 성공적으로 안착될 것이다.

문제는 돈이다. 돈이 돌아야 한다. 기업체에 들어간 돈이 확대재생산의 효과를 거두어야 한다. 금융기관과 기업체의 상생相生구도가 만들어지는 한편, 상품가격의 결정에서 자율성이 높아지고 화폐의 기능·역할도 확대되는 과정에서 북한 사회는 일찍이 경험해보지 못한 '미지未知의 세계'에 들어설 것이다. 한번 발을 들여놓으면 다시는 되돌아오지 못할 새로운 세상이 북한에서 펼쳐지기 시작했다고 할 수 있다.

금융기관 채산제와 상업은행의 활성화에 의한 금융혁신은 기업체의 경영에 중대한 파장을 일으키고 국가 재정계획에도 심대한 영향을 미칠 것이다. 이는 경제관리 개선의 새 버전(이를테면 경제관리 개선 Version 2.0/3.0)으로 이어질 개연성이 높다.

계획과 시장의 범주를 둘러싼 여러 가지 정책적 실험이 금융 혁신조치들과 맞물리면서 '우리식 경제관리방법'의 최종판이 만들어질 것이다. 그 최종판에 대해서 북한은 '개혁'을 피하면서 새 이름을 들고 나올 것 같다.

김 위원장이 연출하는 '우리식 경제관리방법'의 드라마가 어떤 전개를 보여줄 지, 그 서사의 결말이 어떻게 될지가 궁금하다. 지금은 속단할 때가 아니고 예리하게 관찰할 시간이다. 다른 사회주의나라들의 경제개혁의 성공과 실패를 면밀히 들여다보고 자신의 경제관리 개선과 구조조정, 전략적 노선과 조심스럽게 비교하면서 소걸음으로 천리를 가고 있는牛步千里[703] 북한, 그들이 과연 어디까지 혁신할 것인지는 전적으로 그들 자신의 선택 몫이다.

금융혁신을 중심으로 한 재정은행사업의 전환 과정은 변화의 최전선이다. 북한은 머뭇거림 없이 혁신을 선택하고 그것을 경험하고 축적하면서, 무엇을 취하고 무엇을 버릴지를 판단하면서 자신에게 적합한 발전모델을 만들어가고 있다. 그 패러다임 전환의 중심에 재정은행사업이 있다. 이 사업은 국가발전전략과 기업체의 경영전략·기업전략의 집행과 직결된다.

2. 첨단과학기술 발전 : 단번도약의 모색[704]

"인재와 과학기술은 사회주의건설에서 대비약을 일으키기 위한 우리의 주되는 전략적 자원이고 무기입니다. 국가적으로 인재육성과 과학기술 발전사업을 목적지향성 있게 추진하며 그에 대한 투자를 늘여야 합니다. 세계적인 교육발전추세와 교육학적 요구에 맞게 교수내용과 방법을 혁신하여 사회경제발전을 떠메고나갈 인재들을 질적으로 키워내야 합니다. 새 기술개발목표를 높이 세우고 실용적이며 경제적 의의가 큰 핵심기술연구에 역량을 집중하여 경제장성의 견인력을 확보하여야 하며 과학연구기관과 기업체들이 긴밀히 협력하여 생산과 기술발전을 추동하고 지적 창조력을 증대시킬 수 있도록 제도적 조치를 강구하여야 합니다." (김정은 위원장의 2019년《신년사》)

"전문과학연구기관들을 현실발전의 요구에 맞게 정비하고 새로운 첨단과학기술부문의 연구기관들을 조직하여 핵심적인 과학기술연구에 중심을 두고 활동하도록 하며 응용기술연구는 해당 성, 중앙기관과 공장, 기업소의 연구개발단위에서 맡아 하도록 할 것이다. 대학들이 기초과학연구와 첨단과학기술개발에서 선도적 역할을 수행하며 공장, 기업소들이 국가중점개발사업에서 중요한 몫을 담당하도록 할 것이다. 도, 시, 군들에서 자기 지역의 경제발전과 인민생활 향상을 과학기술적으로 떠밀어나갈 수 있는 연구역량과 개발단위들을 꾸려나갈 것이다." (조선로동당 제7차대회 결정서)[705]

"과학연구부문에서는 우리 식의 주체적인 생산 공정들을 확립하고 원료와 자재, 설비를 국산화하며 자립적 경제구조를 완비하는데서 제기되는 과학기술적 문제들을 우선적으로 풀어나가야 합니다. 인민경제 모든 부문과 단위들에서 과학기술 보급사업을 강화하며 기술혁신운동을 활발히 벌려 생산 장성에 이바지하여야 하겠습니다." (김정은 위원장의 2018년《신년사》)

북한의 경제발전전략에서 하이라이트는 첨단과학기술을 경제발전과 연계시키는 전략이다. 북한은 과학기술과 생산의 긴밀한 결합으로 단번도약과 고속성장을 이루려고 한다. 단번도약과 고속성장을 추구하지만 불균형적 성장전략을 택한 것으로 볼 수는 없다. 자립적 민족경제건설의 전략적 노선은 균형적 경제성장을 지향하기 때문이다.

농업과 축산·수산업 등의 발전에 의한 먹는 문제 해결, 경공업의 질적 도약에 의한 인민생활의 획기적 향상, 자립경제의 토대를 공고화하는 인민경제 선행부문과 중요공업부문의 발전, 그리고 새 세기 산업혁명과 산업구조개편, 이 모든 과제들이 과학기술 중시정책과 결부되어 있다.

김정은 위원장이 2016년 5월에 조선로동당 제7차 대회의《사업총화보고》에서 "국방건설과 경제건설, 인민생활에 필요한 물질적 수단들을 자체로 생산 보장하며 과학기술과 생산이 일체화되고 첨단기술산업이 경제장성에서 주도적 역할을 하는 자립경제강국, 지식경제강국이 바로 사회주의경제강국"이라고 밝힌 것도 이 때문이었다.[706]

여기에서는 북한의 경제발전에서 사활적인 요구인 첨단과학기술 발전, 김 위원장의 국가과학원 현지지도, 국가과학기술위원장의 반성과 중점 과업, 2013년 전국과학자·기술자대회, 김 위원장의 과학기술부문에 대한 현지지도, 과학기술부문의 성과, 그리고 단번도약의 가능성 등을 다루려고 한다. 북한이 첨단과학기술 발전에 경제발전의 운명을 걸고 있는 혁신적 흐름을 살펴보기로 한다.

1) 사활적인 요구인 첨단과학기술 발전

선군시대 경제건설노선(국방공업의 우선발전과 농업·경공업의 동시발전) 하에서 첨단과학기술을 중시했던 김정일 국방위원장의 발전전략은 그의 갑작스런 죽음으로 인해 '미완성'인 채로 김정은 시대로 넘어왔다.

김정은 위원장은 집권 이후 김정일 시대의 전략적 기조를 계승하면서 과학기술 발전에 상당한 공을 들이고 있다. <표 3-51>은 김정일 시대의 과학기술 중시노선 및 인민경제의 현대화·정보화의 과업들을 정리한 것이다.[707]

〈표 3-51〉 김정일 시대의 과학기술 중시와 경제의 현대화·정보화 과업

구분	원칙과 과업	세부 정책과제

과학기술 중시노선 견지	[원칙]
	- 최단기간에 세계첨단 수준 (과학기술)으로 발전시켜 경제강국건설
	- 자체의 힘과 지혜로 과학기술발전 (자력갱생 정신과 결합된 과학기술)
	- 모든 국력을 총동원한 과학기술발전
	
	[과업]
	- 전체 인민의 과학기술에 대한 올바른 관점과 태도 견지
	- 생산·경영활동에서 제기되는 모든 문제의 과학기술에 의거한 해결
	- 과학기술발전을 위한 국가적 투자 증대
	- 대중적 기술혁신운동 전개
		- 과학기술 자체의 발전 우선시
		  * 첨단과학기술분야와 응용기술분야의 획기적 발전
		  * 시대의 추세에 맞는 경제의 현대화·정보화
		  * 국가 경제구조 개변
		
		- 과학기술의 비약적 발전
		  * 자체로 새로운 과학기술 연구개발사업 강화 (자력갱생의 혁명정신과 투쟁기풍)
		  * 다른 나라 선진과학기술의 도입 사업의 결정적 강화
		- 과학기술과 생산의 밀착
		  * 과학기술과 경제를 통일적으로 지도 관리하는 사업체계 수립
		  * 생산과 건설을 과학기술적 요구에 조응하는 강한 규율 수립
		  * 과학지구와 과학연구기관에서 생산기지 조성
		  * 과학자·기술자돌격대활동 강화 발전
		  * 온 나라에 과학기술을 중시하는 사회적 기풍 확립

경제의 현대화· 정보화	[과업]
	- 실리가 큰 대상부터 선후차를 정한 순서대로 현대화·정보화 진행
	  * 주어진 자금·역량으로 단기간에 효과를 내기 위한 집중대상(부문) 규정 중시
	  * 국방위원장의 현지지도 단위(기간공업,경공업, 농업 등) 중시
	  * 기본투자의 효과성(투자집중, 기술개건의 기일단축, 지출결과 얻어지는 경제적 효과 등)의 정확한 타산
		[공업]
		- 새 세기의 요구에 맞는 대담하고 통이 큰 목표 수립
		- 생산 공정별 기술개건을 기본으로 하면서 여러 가지 형태의 기술개건의 배합
		  * 자금부족과 시간의 긴박성을 감안해 공정설비 일식(세트) 교체 지양
		  * 현존 기계설비와 생산공정 중 낡고 뒤떨어진 것의 부분 교체방법
		- 기계공업발전 중시
		  * 기계생산기지의 최신기계기술 장비, 생산과정의 컴퓨터화 실현
		  * 공작기계의 컴퓨터 도입에 의한 가공정밀도의 최상 수준 보장
		  * 가공작업의 고도 자동화 (구성공작

구분	원칙과 과업	세부 정책과제
	※ 생산전문화 원칙, 질 제고 와 원가저하의 원칙, 실현 기간 단축의 원칙 등 적용 - 공업과 농업의 생산기술적 특성에 맞는 기술개건 추진	기계공장의 자동화 모범의 일반화) * 신개발공작기계 부품의 국산화 노력 (설비원가 절감) * 국방공업과 경제건설에 필요한 대상 설비 생산기지(발전기·변압기 등) 조성 * 초전도발전기, 유압식굴착기, 자동차, 산소분리기 생산기지 강화 등 [농업] - 종자혁명 수행에서의 전환 및 농업생산 의 과학화 (농작물의 생물학적 특성과 기 후풍토 조건에 맞는 농사) - 기계화·화학화 수단의 효과적 이용 - 복잡한 영농기술공정의 과학적 조직지도 - 위성정보에 의한 농업기술도입에 필요한 연구사업 - 농촌경리의 종합적 기계화 실현 (논벼, 강냉이, 감자농사부터 종합적 기계화) - 정보기술과 생명공학 중심의 첨단기술에 의한 농업기술체계의 개건

과학기술 중시에서 볼 때 김정은 시대의 혁신은 정보기술·나노기술·바이오기술 등의 첨단산업과 고수익 창출에 관심을 두거나,[708] 과학기술의 정보화 체계를 확충하는 등 다양한 모습을 띠고 있다.[709] 김 위원장이 첨단과학기술 발전에 사활을 건 조짐은 집권 초반부터 나타났는데 조선로동당 기관지『로동신문』의 2014년 4월 8일자 사설에 흥미로운 내용이 실렸다.

사설은 그가 2014년 1월 8일 사회경제부문의 첫 현지지도로 국가과학원을 택한 것, 그가 2월 25일 제8차 사상일군대회의 연설에서 '과학전선이 사회주의수호전의 전초선'이라고 강조한 것을 집중 부각시켰다. 사설은 과학자·기술자들에게 사회주의강성국가 건설과 지식경제건설을 추동하기 위한 과학연구사업에서 높은 실적을 거둘 것, 최첨단돌파전의 맨 앞장에 설 것, 과학기술전선에서 집단적 혁신의 불길을 세차게 지펴 올릴 것, 실력전의 된바람을 일으킬 것 등의 과업을 제시했다.[710] 사설의 의도는 명백하다. 최고영도자의 전략적 방향이 첨단과학기술의 발전에 있음을 상기시킴으로써 모든 경제전선에서 과학기술을 앞세우자는 것이었다.

김 위원장은 집권 첫 시기부터 지식경제시대와 과학기술 중시를 국정의 핵심으로 삼겠다는 것을 분명히 했다. 3대 기관지(『로동신문』, 『조선인민군』, 『청년전위』)의 2012년 신년공동사설은 "새 세기 산업혁명의 봉화가 타올라 우리 경제가 지식경제형 강국건설의 길에 들어서게 되었다"고 천명했다.

이는 김일성 주석의 주체사상으로 정치사상강국이 실현되었고, 김정일 국방위원장의 핵무기 보유로 군사강국이 완성되었으니 김 위원장은 지식경제형 강국건설에 매진할 것인 바 그 수단이 과학기술이라 선언했던 것이다.[711]

그의 구상은 『로동신문』이 2012년 4월 19일 담화《위대한 김정일 동지를 우리 당의 영원한 총비서로 높이 모시고 주체혁명위업을 빛나게 완성해나가자》(4·6담화)의 전문을 공개하면서 공론화되었다. 담화는 제4차 당대표자회(4월 11일), 최고인민회의 제12기 제5차 회의(4월 13일), 김일성 주석 탄생 100주년 기념 '태양절' 행사(4월 15일) 등을 앞두고 당중앙위원회 책임일군들과 만난 자리에서 나눈 대화를 정리한 것이었다.

담화에는 최첨단돌파전에 의한 세계적 수준의 기술장비 구비, 지식경제시대에 부합하는 경제구조 완비, 과학기술과 생산의 밀착과 과학기술에 의한 경제문제 해결 등의 과업들이 포함되었다.[712] 그는 2012년의 《4·6담화》에서 과학기술 중시의 단초를 열고 2013년 3월 31일의 당 중앙위원회 전원회의에서 '경제건설과 핵무력건설의 병진'을 전략적 노선으로 제시했던 것이다. 병진노선에서 과학기술 중시는 당연히 핵심적인 전략적 방향이었다.

2013년 3월 전원회의에 이어서 열린 최고인민회의 제12기 제7차 회의(4월 1일)에서 내각 총리는 《내각의 전년도 사업정형과 당해년도 과업》보고에서 과학기술부문에 대한 국가투자의 증대, 새 세기 산업혁명의 불길과 과학기술의 힘으로 경제강국 건설의 전환적 국면 돌입, 첨단기술제품의 대대적인 연구개발, 인민경제의 기술개건·현대화의 과학기술적 문제 해결 등을 강조했다.

이 회의에서 내각 재정상이《전년도 국가예산집행의 결산과 당해년도 국가예산》을 보고한 데 따르면, 과학기술부문 예산은 전년대비 106.7% 증가되었다.[713] 이 수치가 기록적인 것은 아니었지만,[714] 북미대결의 정세 악화에 따른 긴축예산의 편성에도 불구하고 과학기술에서는 예산 증가세를 유지했다는 점이 각별했다.

회의 직후에 열린 내각전원회의 확대회의(4월 22일)에서 전승훈 부총리는 경제계획의 총화와 대책을 보고하는 가운데 인민경제의 주체화·현대화 수준 제고, 국가경제의 지식경제로의 확고한 전환 등을 거듭 강조했다.[715] 과학기술발전과 최첨단돌파를 통해 혁신과 비약을 이루려는 김 위원장의 정책 의지는 이처럼 내각의 정책과업에 충실하게 반영되었다.

2) 국가과학원 현지지도

김정은 위원장은 2014년 정초에 국가과학원을 현지지도하면서 "올해를 과학기술 성과의 해, 과학기술 승리의 해로 빛내자는 것이 당의 의도"라면서 "조국의 부강번영과 인민의 행복을 위한 투쟁에서 국가과학원이 맡고 있는 임무가 대단히 중요하다"고 격려했다. 이 말이 떨어지기가 무섭게 북한 전역에서 '과학기술 승리의 해'라는 구호가 넘쳐났다. 그는 "과학전선이야말로 사회주의 수호전의 전초선"이라면서 "과학기술은 강성국가 건설을 추동하는 원동력"이라고 재삼 강조했다.

그는 현지지도에서 "현실발전의 요구에 맞게 나라의 과학연구사업을 더욱 높은 단계에로 끌어올리는데서 지침으로 되는 강령적인 과업들"을 제시했다. 그가 국가과학원에서 제시한 과업에는 과학연구사업의 심화와 연구 성과의 적시適時의 현실 도입(과학기술과 생산의 밀착), 과학기술에 대한 투자 증대(국가예산 증대), 국가과학원의 물질기술적 토대 강화(전국가적인 국가과학원 지원사업 확대) 등이 포함되었다.

그는 2013년에 은하과학자거리를 대대적으로 건설해 과학자들의 생활을 개선해주었듯이 2014년에는 당 창건 기념일(10월 10일)까지 국가과학원이 있는 은정과학지구에 위성과학자거리를 건설해주겠다고 약속했다.[716] 과학자·기술자들에 대한 처우를 개선함으로써 이들이 과학기술발전에 더욱 열의를 갖도록 조치했던 것이다.

그는 2014년 3월 중순에 '강태호 동무가 사업하는 기계공장'를 방문했는데 북한의 관련보도를 보면 현지지도에서 몇 가지 중요한 점이 확인된다.[717] 첫째로, 공장 전자도서관이 과학연구기관이나 대학의 전자도서관과 네트워크(인트라넷)[718]를 이루고 있다는 사실이었다. 이는 과학기술자료의 이용에서 산학연産學研협동체계가 형성되고 있음을 실증한다. 이 모범사례는 북한 전역에 확대된 것으로 관찰된다.[719]

둘째로, 생산현장에서 과학연구사업을 우선시한 것은 생산 정상화와 품질향상 때문이었다는 문제의식이다. 생산현장에서의 두뇌전·실력전을 중시하고 과학기술역량을 강화하는 방향은 생산문화의 혁신과 직결된다.

셋째로, 기계공업에서 제품의 정밀화·경량화·지능화가 중시되었다는 점이다. 이 공장은 군수공업부문의 정밀기계공장으로 추정되어왔는데 생산품이 사용자들로부터 품질에서 최상의 수준으로 호평을 받아야 한다고 지시했던 것이다. 품질 제고는 산업 전반의 중점 과제인데 기계공업부문에서 더욱 그렇다는 것을 말해준다.

김 위원장의 2014년 국가과학원 현지지도 등과 그 전년도의 전국과학자·기술자대회의 개최 상황을 보면 2013~14년에 첨단과학기술 발전을 통해 단번도약을 모색하는 전략적 방향이 구체화된 것으로 볼 수 있다.

3) 국가과학기술위원장의 반성과 중점 과업

김정은 위원장의 과학기술 중시의 발언이 잇따르는 가운데 2014년 4월 9일에 열린 최고인민회의 제13기 제1차 회의에서 최상건 내각 국가과학기술위원장은 '반성의 토론'에 나서 주목받았다.

그는 전년도에 "국가과학기술위원회가 나라의 과학기술 발전을 위한 작전과 지도를 당의 의도에 맞게 잘하지 못하였다"고 시인했다. "과학기술발전계획을 작성하면서 낡은 방법에서 벗어나지 못함으로써 지난해에 많은 국가과학기술발전 과제들이 수행되었다고 하지만 경제건설과 인민생활 향상에 크게 이바지할 수 있는 과학기술성과들을 얼마 내놓지 못하였다"는 것이었다. 그는 "새로 창조된 과학연구성과들을 도입하기 위한 적극적인 대책을 세우지 못하여 조금만 밀어주면 크게 은을 낼 수 있는 과제들도 결속하지 못하였다"고 반성했다.

그런 가운데서도 2013년에 다수확 알곡품종 및 선진영농방법의 광범위한 도입에 의한 알곡생산 증대, 중요 경공업공장들의 기술개건을 통한 질 좋은 인민소비품 증산의 과학기술적 토대 마련, 정보기술 발전의 주력에 따른 원격교육체계의 수립과 전민과학기술인재화의 실현, 먼거리 의료봉사체계의 확대도입에 의한 인민들의 건강증진 등의 성과가 있었다고 밝혔다.[720]

그의 발언에서 눈에 띈 대목은 과학기술발전계획의 작성에서의 낡은 방법 유지, 과학연구 성과 도입에서의 적극적인 대책 미비 등의 과오를 인정한 것이었다. 2014년부터는 이러한 과오 극복에 초점이 맞춰졌다.

최 위원장은 과학기술부문의 2014년 중점 과업을 세 가지로 정리했다. 첫째, "과학기술을 국가발전의 최대 중대사로 내세우고 있는 당의 의도에 맞게 자기의 책임과 임무를 깊이 자각하고 분발하여 과학기술 행정사업을 근본적으로 개선해나가겠다"는 것이었다.

둘째, "새로운 과학기술성과들을 생산과 건설에 지체 없이 받아들이기 위한 사업에 힘을 넣어 올해 과학기술발전계획을 어김없이 수행함으로써 경제건설에서 절박하게 나서는 과학기술적 문제들을 모가 나게 풀어나가겠다"는 것이었다.

셋째, "인민경제 모든 부문에서 과학기술을 문제해결의 기본 고리로 확고히 틀어쥐고 새 기술 연구도입에 적극 나설 수 있도록 경영관리방법을 개선해나가겠다"는 것이었다.[721]

과학기술행정사업의 근본적 개선 없이는 과학기술과 생산을 밀착시키기 어렵다는 문제의식, 2014년도 과학기술발전계획을 제대로 수행해 경제현장에 필요한 과학기술적 문제를 해결하겠다는 각오, 그리고 경영관리방법을 개선하지 않으면 생산현장의 문제해결에 필요한 새 기술을 도입하기 어렵다는 현실인식 등 최 위원장의 발언은 매우 현실적이었다. 특히 과학기술 성과를 생산현장에 도입하려면 경영관리방법을 개선해야 한다는 지적이 그러했다. 실리적 혁신은 독립된 조치로는 효과를 발휘하기 어렵고 '상호 연계된, 입체적인 실행조치'를 필요로 한다는 것을 인정한 것이었다.

북한은 중장기 과학기술발전계획을 잇달아 추진하면서 내각 부처 간의 종합조정과 대외협력의 중요성을 감안해 국가과학기술위원회의 위상을 그 어느 때보다도 높였다. 과학기술 중시와 지식경제 추구가 국가과학기술위원회의 기능 강화로 이어졌던 것이다. 국가과학기술위원회와 국가과학원은 내각 산하의 정부기관인데, 전자가 기관·기업소·단체들의 생산현장에서의 과학기술적 문제 해결에 초점을 맞추는데 비해 후자는 과학기술연구의 총본산이다.

생산현장에서 과학기술의 중요성이 높아짐에 따라 연구개발체제도 개편되었는데 국가과학원에서 정보기술IT, 생물공학BT, 나노공학NT, 에너지 분야의 연구소들이 확장되었다. 이런 가운데 과학기술자들의 사기 진작과 연구 성과의 산업화가 촉진되었다. 국가과학원 산하의 생물분원이 평양 시내 중심으로 이전 확장되었고 자연에너지개발이용센터가 연구소로 개편되었으며, 산림과학분원은 산림과학원으로 분리 독립하였다. 주력 연구과제가 변하는 가운데 정보통신기술ICT·자동화 관련 기술개발과 산업화 분야에 초점을 맞추고 있다.

김정은 위원장은 기계공업부문의 CNC를 중시하는 한편, 생산관리
와 은행·교육 등의 자동화에 주력하고 있다. 전국 범위의 정보통신망
구축과 다각적인 활용이 중시되면서 광케이블로 전국을 연결하는 정
보통신망(광명)을 완성하고, 정보전달 속도를 높이기 위해 대도시는
10G로, 말단구역은 1G로 개선했다. 평양에 과학기술정보를 DB화하여
보급하는 과학기술전당을 건설하였고 교육, 표준, 특허 등의 관련 기
관들은 홈페이지를 개설해 정보 공개에 나섰다.[722] 과학기술 정보의 확
산 노력은 말할 나위도 없이 첨단과학기술 발전에 의한 단번도약의 기
틀을 잡아가는 일이다.

4) 2013년 전국과학자·기술자대회

김정은 위원장의 지시에 의해 2013년 11월 13일에 열린 전국과학자·
기술자대회는 2010년 3월 이후 3년 8개월 만의 행사였다. 대회는 김정
일 국방위원장의 저작 《당의 과학기술중시로선을 철저히 관철할 데
대하여》를 관철하기 위한, 지난 10년간의 성과와 경험을 총화하고 과
업과 방도들을 토의하는 자리였다. 김 위원장은 대회에 참석하지는 않
았지만 최태복 당 교육과학 담당비서를 통해 서한 《과학기술 발전에
서 전환을 일으켜 강성국가 건설을 힘있게 다그치자》를 대회 참가자
들에게 전달했다.[723]

그의 서한은 과학기술 중시를 재확인하고 이 부문의 정책 방향을 광
범위하게 제시한 것으로 관측된다. 박봉주 내각총리는 대회의 보고에
서 "조선의 힘과 기술로 최첨단과학기술의 집합체인 인공위성을 제작
발사한 것을 비롯해 지난 10년간 당의 과학기술 중시노선 관철에서 많
은 성과를 이룩했다"면서 "과학기술강국, 지식경제강국 건설의 승리는
확정적"이라고 강조했다. 다음 내용은 그의 보고에서 추려낸 것이다.[724]

- 김정일 국방위원장은 과학기술부문에 대한 투자를 늘리며 과학기술 발전전

략과 전망계획을 작성·실행할 데 대한 문제를 가르쳐주었다. 그는 과학교육기관들을 최신설비를 갖춘 연구기지로, 과학인재를 키워내는 곳으로 만들었다.

- 김정은 위원장은 국가과학원 중앙버섯연구소를 비롯한 과학연구시설을 건설하고 국가적 과학기술보급체계를 세우도록 지시하였다.
- 과학기술 발전전략의 실현에 역량을 집중하고 곡식을 증산할 수 있도록 하며 전력·에너지 문제를 우리의 자원과 기술로 풀어나갈 것이다.
- 정보기술·나노기술·생물공학을 비롯한 첨단과학기술과 기초과학부문에 힘을 집중하고 첨단산업을 발전시킬 것이다.
- 과학기술역량이 집중되어 있는 지구들에 첨단기술개발구들을 만드는 사업을 강하게 밀고 나갈 것이다.
- 과학기술사업에 대한 지도관리방법을 개선하고 단계별 발전전략과 계획을 세우고 집행해 나갈 것이다.

대회 당일의 『로동신문』 사설[725]과 다음날 『로동신문』에 게재된 《전국의 과학자, 기술자들에게 보내는 호소문》에는 과학기술부문의 과제들이 담겼다. 사설은 북한의 "우주기술, CNC(Computerized Numerical Control, 컴퓨터수치제어) 공작기계기술을 비롯한 첨단기술이 세계적 수준에 올라섰다"고 전제하고, 이번 대회가 "당의 과학기술 중시사상을 철저히 구현하여 나라의 과학기술을 비약적으로 발전시킴으로써 우리나라를 지식경제강국으로 전변시키는데서 중요한 계기로 된다"고 지적했다. 키워드는 당의 과학기술 중시사상과 지식경제강국이었다.

사설은 김정일 국방위원장에 의해 "새 세기 산업혁명의 불길, 최첨단돌파전의 불길이 세차게 타 번지고 인민경제의 주체화, 현대화, 과학화가 적극 추진되었으며 우주기술, CNC공작기계기술을 비롯한 첨단기술이 세계적 수준에 올라서게 되었다"고 강조했다. 이어서 김정은 위원장이 김정일 국방위원장의 과학기술 중시사상을 계승한 점을 거듭 지적했다.

김정은 시대에 들어와 인민경제의 주체화·현대화·과학화 노선이 주체화·현대화·정보화·과학화 노선으로 발전함에 따라 계승에 혁신을 더하게 되었다. 인민경제의 정보화는 정보통신기술ICT의 발달을 고려한 것이었고 산업 전반에 이를 활용하여 단번도약의 계기를 만들겠다는 것이었다.

사설은 또한 "오늘 우리 조국 땅 위에서는 날에 날마다 세상을 들었다 놓는 과학기술적 성과들이 이룩되고 있다"고 밝히고 "최첨단돌파전의 불길 속에 정보기술, 나노기술, 생물공학과 같은 핵심기초기술과 첨단과학기술이 적극 개발되어 세계를 디디고 올라서려는 우리 인민의 담대한 기상이 높이 떨쳐지고 있다"면서 자신감을 보였다.

사설은 과학자·기술자들에게 몇 가지 투쟁과업도 제시했다. 즉 인민경제 선행부문과 중요공업부문에서 혁명적 전환을 일으키기 위한 과학기술적 문제들의 원만한 해결, 과학기술부문에서의 주체성 강화, 모든 경제부문의 현대화·정보화, 농업·경공업 발전에서의 과학기술적 담보, 첨단산업분야의 부단한 개척, 모든 부문에서 세계 수준의 최첨단 돌파전 전개, 전민과학기술인재화 구호의 실천, 정연한 과학기술보급체계 수립 등의 과업이었다.

2013년 8월에 등장한 지식경제시대의 구호인 전민과학기술인재화와 관련해 "온 사회에 혁명적 학습기풍을 세워 누구나 현대과학기술에 정통한 재능 있는 인재, 실력가가 되도록 하여야 한다"고 강조한 것도 눈길을 끌었다. 과학기술보급체계에는 전자도서관 증설, 일하면서 배우는 교육체계의 효율화 등의 과제가 포함되었다.

전국과학자·기술자대회에서 채택된 《전국의 과학자, 기술자들에게 보내는 호소문》[726]은 과학기술의 부문별 과업을 구호 형식으로 표현했는데 <표 3-52>는 그 주요 대목을 정리한 것이다.

핵심 과업은 먹는 문제와 에네르기문제 해결, 인민경제의 주체화·현대화, 지식경제로의 전환, 생산현장의 기술혁신, 과학기술 중시 교육 등이었다.

〈표 3-52〉 《전국의 과학자, 기술자들에게 보내는 호소문》의 부문 과업

구 분	구호와 부문별 과업
기본방향	△ 기본전제 - 과학기술을 최대의 국사로, '국가발전의 천하지대본天下之大本'으로 중시 - 모든 부문의 과학화 전면 제기 △ 당면과업 - 우주 및 국방과학부문의 성과를 표대로 하여 나라의 과학기술발전에서 '역사에 없는 대전환'을 일으켜 나가자는 것 △ 중심구호 - 《세계를 디디고 올라설 담력과 배짱을 안고 위대한 김정은 시대의 새로운 과학기술혁명에 용약 뛰어들라!》 - 《과학자, 기술자들이 불씨가 되어 모든 부문의 과학화를 위한 투쟁열풍이 온 나라에 요원의 불길처럼 타 번지게 하라!》 △ 전략적 방향 - "당이 제시한 국가과학기술발전전략을 틀어쥐고 당면한 것과 전망적인 것을 다 같이 생각하면서 경제건설과 인민생활 향상에서 제기되는 과학기술적 문제들을 하나하나 실속 있게 풀어나가야 한다."
먹는 문제, 에네르기문제	- 《먹는 문제와 에네르기문제 해결은 오늘 우리 과학자, 기술자들 앞에 나서는 가장 무겁고 절박한 과업이다!》 - 더 많은 알곡과 고기, 남새와 과일이 생산되게 하여 인민들의 식탁 위에서부터 로동당만세 소리가 울려나오게 하자! - 수요가 높은 유기농산물과 축산물, 특산공예작물, 과일과 고급수산물의 생산가공기술을 적극 발전시키라! - 수력 및 화력발전소들의 발전능력을 최대한 높이는데서 나서는 과학기술적 문제 해결에 더욱 박차를 가하라! - 전력계통관리를 과학화하고 중요생산물단위당 에네르기소비를 극력 낮추라! - 풍력과 조수력, 지열, 생물질, 태양에네르기와 같은 재생 에네르기 개발에 역량을 집중하라!
인민경제 주체화, 현대화	- 《남들이 걸은 길을 따라만 가지 말고 연대와 연대를 뛰어넘는 비약을 일으켜 인민경제 주체화, 현대화의 봉우리를 하루빨리 점령하라!》 - 비콕스화와 석탄가스화는 주체공업의 자립을 위한 생명선이다! - 주체철 생산기술을 완성하여 야금공업에서 기적을 창조하라! - 화학공업을 우리나라의 풍부한 원료에 기초한 공업으로 개건하자! - 자원의 2차, 3차 가공기술을 적극 개발하여 우리나라를 기술 수출국, 첨단기술제품 생산국으로 전변시키며 과학기술로 잘사는 나라로 되게 하자!

구 분	구호와 부문별 과업
지식경제 전환	- 《우리경제를 지식경제로 전환시키는 것은 과학기술강국 건설을 위한 전략적 과업이며 우리 세대 과학자, 기술자들이 반드시 해결하여야 할 역사적 과제이다!》 - 발은 이 땅에 붙이고 눈은 세계를 내다보며 두뇌전을 맹렬하게 벌려 핵심기초기술을 비롯한 우리의 과학기술을 세계의 상상봉에로 도약시키라! - 새 세기 산업혁명의 불길높이 우리의 경제를 CNC화된 경제, 과학기술집약형 경제로 확고히 전환시키라! - 어느 단위에서나 자기의 얼굴이라고 할 수 있는 특색 있는 기술, 특색 있는 첨단기술제품을 내놓으라! - 정보산업, 나노산업, 생물산업과 같은 첨단산업을 대대적으로 창설하고 과학연구기관들과 대학들마다 첨단기술제품 생산기지를 특색 있게 꾸려 세계적인 경쟁력을 갖출 수 있게 하라!
생산현장의 기술혁신	- 《과학기술발전을 떠메고나갈 거대한 잠재력이 생산현장에 있다. 공장, 기업소를 비롯한 생산현장에 발붙이고 있는 과학자, 기술자대군을 총발동한다면 실로 무서운 힘이 터질 것이다!》 - 내 공장, 내 일터는 내가 책임진다는 주인된 자각 밑에 새 기술의 적극적인 창조자, 도입자가 되어 온 나라가 그대로 기적의 불가니가 되게 하라! - 두뇌의 갱신 없이 기술갱신과 제품갱신이 있을 수 없다. 새 것을 지향하여 학습하고 또 학습하라! - 실험실적 연구로 만족하거나 기성이론의 포로가 되어 시간을 보내는 말공부쟁이가 아니라 현실에서 연구종자를 찾아 쥐고 끝장을 볼 때까지 완성해 내고야마는 실천가형의 실력가가 되라! - 연구기관, 설계기관, 생산단위가 본위주의의 울타리를 부시고 일체화되어 대중적 기술혁신의 불길을 더욱 세차게 지펴올리자! - 실천에서 생활력이 검증된 2월17일 과학자, 기술자돌격대운동과 4.15 기술혁신돌격대운동, 3대혁명소조운동을 더욱 활력 있게 벌리라!
과학기술 중시 교육 및 당정책 관철	- 《과학연구사업에 대한 관점은 혁명적 신념과 애국적 양심에 관한 문제, 사회주의 수호정신에 관한 문제이다. 그가 누구이건 직위와 분야에 관계없이 나라의 과학기술발전의 견지에서 모든 사업을 대하고 과학기술에 대한 투자를 아끼지 않으며 과학기술 발전을 앞장에서 주도해나가는 과학기술중시형의 애국자, 혁명가가 되라!》 - 조국을 보위하기 위하여 전민무장화의 구호를 든 것처럼 과학과 기술의 시대인 오늘 《전민과학기술인재화》의 구호를 높이 들고나가야 한다! - 교육부문에서는 높은 창조적 자질과 강의한 실천능력을 지닌 개척자형, 정복자형의 인간들을 끊임없이 키워 온 나라 방방곡곡에 인재가 넘쳐나게 하라! - 당정책을 자로 하여 과학기술사업에서 제기되는 모든 문제를 풀어나가는 철저한 기풍을 세우라!

전국과학자·기술자대회와 관련하여 한 가지 덧붙일 사실은 박봉주 총리가 보고에서 "첨단기술개발구들을 창설하는 사업을 대담하고 통이 크게 작전하고 강하게 밀고나갈 것"이라며 "과학기술사업에 대한 투자를 늘리겠다"고 밝힌 것이었다. 이는 북한이 외국기업과 함께 착공한 개성고도과학기술개발구와 같은 과학기술특구를 확대하겠다는 의지를 보인 것이었다.[727]

개성개발구를 비롯한 첨단기술개발구 개발은 미국을 비롯한 국제사회의 경제제재를 돌파하려는 계획을 담은 것이었지만, 그 뒤의 흐름을 보면 북한의 생각대로 되지는 않았다.

김정은 시대에 들어와 과학기술 중시노선에 따른 보도가 이어졌고 행사도 늘었다. 내각 국가과학기술위원회의 장용혁 국장은 김 위원장의 2013년 《신년사》에 대해 "과학기술의 힘으로 경제강국의 돌파구를 열어나갈 데 대한 원수님의 가르치심은 경제강국 건설의 지름길을 명시한 지침"이라고 말했다. 그는 과학기술발전 제3차 5개년계획의 마지막해인 2012년에 위성발사에 성공함으로써 과학기술의 혁신적 성과를 거두었다고 하면서, 국가과학기술위원회가 2012년 연구과제를 선정하고 해당 사업을 "새로운 토대 위에 올려 세우도록 하는데 힘을 집중"했다고 밝혔다.

장 국장에 따르면, 과학연구 단위들이 첨단과학연구를 진행해 수백여 건의 성과가 달성됐고 전국 각지의 공장·기업소에서 개건현대화사업이 성과적으로 추진되었다고 한다. 그는 과학기술발전 제4차 5개년계획의 첫해인 2013년도에 "과학자, 기술자들이 《신년사》에서 제시된 과업을 수행하여 경제의 현대화 실현에 이바지하는 과학성과로 강성국가 건설을 힘 있게 추진해나갈 것"이라고 밝혔다.[728]

2013년은 김 위원장의 집권 2년차로 첨단과학기술 발전을 통한 단번도약이 의식적으로 부각된 해였다. 제4차 5개년계획에서 첨단과학기술 중시, 과학기술과 생산의 밀착(첨단과학기술의 산업현장 도입)의 방향으로 나아갔음을 짐작할 수 있다.

한편, 『로동신문』은 김정일 국방위원장의 저작 《당의 과학기술중시로선을 철저히 관철할 데 대하여》 발표 10주년을 맞아 게재한 논설 (2013년 10월 15일자)[729]에서 "나라의 과학기술 발전 속도와 높이는 과학자, 기술자들의 과학기술 지식과 능력에 달려 있다"면서 과학자·기술자들에게 "높은 실력과 불굴의 투지, 열렬한 애국심"을 발휘할 것을 촉구했다. 첨단과학기술의 실천적 담지자는 과학자·기술자들이기 때문이다.

이 논설에서도 "과학기술과 생산을 밀착시키는 것은 과학기술을 발전시켜 지식경제강국을 건설하기 위한 중요한 요구"라는 지적이 반복되었고 그 모범사례로 CNC 공작기계 개발자들이 거론되었다. CNC 공작기계 개발과 같은 생산현장의 신기술 도입과정에서 국가과학원과 산하 연구소, 김책공업종합대학을 비롯한 대학연구기관, 국방과학원을 비롯한 군수연구기관 등의 과학자·기술자들과 생산현장의 기술자들의 산학연협동 시스템이 활발하게 작동되었다.

논설은 "정보기술, 나노기술, 생물공학은 현 시대 과학기술 발전의 핵심기초기술"이고 "핵심기초기술을 발전시켜야 응용기술이 발전하고 경제의 현대화와 정보화도 가능해진다"고 강조했다. IT, NT, BT 등을 과학기술 발전의 '핵심기초기술'로 여긴 만큼 이 분야의 성과들이 다양하게 나오고 있다.

이 방향에 따라 각종 과학기술 관련행사가 이어졌으며, 관련 행사에 등장한 과학기술을 보면 첨단과학기술에서 '질적인' 변화가 있음이 관찰된다. 다만 과학기술과 생산의 밀착에서의 난점은 '속도'의 문제다. 이러한 성과들이 생산현장에서 정착되기까지는 상당한 시간이 걸린다. 현재로서는 첨단과학기술 발전을 생산현장에 도입(밀착)하는 것 외에 다른 길을 북한이 생각하지 않는 것으로 보인다. 다른 길로는 국제사회의 대북제재가 철회된다면 첨단생산기술을 갖춘 외국기업들이 북한과 합영·합자의 방식으로 공장을 북한에서 건설하고 그 과정에서 북한이 기술전수를 조건으로 제시하는 것을 생각해볼 수 있다. 이것은 다른 나라들에서 일반적으로 진행되는 방식이다.

첨단과학기술 발전에 의한 단번도약과 관련하여 또 하나의 중요한 과제는 과학교육이다. 경제건설 총력집중노선이 채택된 2018년 4월 이후『로동신문』은 과학교육을 강조하는 사설과 논설을 몇 차례 게재했다. 그 주요 대목은 다음과 같다.

"《과학으로 비약하고 교육으로 미래를 담보하자!》, 이 구호는 현실발전의 요구에 맞게 우리 혁명의 전진을 더욱 가속화해나갈 수 있게 하는 전투적 기치이다.… 오늘의 경제건설대진군이야말로 자력갱생대진군, 과학기술대진군이다. 과학교육을 얼마나 중시하는가에 국가경제발전 5개년전략 수행의 승패가 달려 있다. 인민경제의 자립성과 주체성을 강화하고 공장, 기업소, 협동농장들에 만가동, 만부하의 동음, 다수확의 열풍이 차 넘치게 하자면 결정적으로 과학기술에 의거하고 인재를 중시하여야 한다. 과학자, 기술자들의 두뇌에서 생산 활성화의 묘술이 나오며 교원혁명가들에 의하여 경제강국 건설에 절실히 필요한 인재들이 자라난다. 과학기술에 비약의 열쇠가 있고 교육사업 강화에 인재육성의 지름길이 있다." [730]

"현 시기 우리 앞에는 경제건설에 총력을 집중하여 나라의 부강번영과 인민생활 향상에서 비약적 전진을 이룩하고 사회주의강국 건설의 웅대한 목표를 앞당겨 점령하여야 할 투쟁과업이 나서고 있다. 이 방대하고 어려운 투쟁과업을 성과적으로 수행해나가자면 자체의 과학기술역량에 철저히 의거하여 모든 사업을 밀고 나가야 한다.… 어느 부문, 어느 단위를 막론하고 생산 장성의 예비를 과학기술발전에서 찾고 자체의 과학기술역량을 튼튼히 꾸리고 적극 발동시킬 때 있는 노력과 자재, 자금을 최대한 효과적으로 이용하여 증산의 동음을 울려나갈 수 있다." [731]

"오늘 우리 당의 인재중시, 과학교육중시 정책을 틀어쥐고 나가는 것을 사회주의건설에서 대비약을 일으키기 위한 기본방도로 내세우고 모든 부문, 모든 단위에서 그 관철에 커다란 힘을 넣을 것을 요구하고 있다. 인재중시, 과학교육중시는 사회주의 건설의 전 전선에서 혁명적 앙양을 일으켜나갈 수 있는 최상의 방도이다." [732]

이상의 사설과 논설에서 확인할 수 있는 바는 과학기술을 현 시기 경제발전의 기둥으로 삼고 있다는 것, 국가경제발전 5개년전략의 승패도 과학교육의 성과에 달려 있다는 것, 생산현장의 증산에 과학기술인재가 필요하다는 것, 모든 경제사업을 과학기술역량에 의거해 전개해야 한다는 것 등이었다. 또한 모든 부문·단위에서는 과학기술발전에서 성장의 예비를 찾아 노동력·자재·자금을 효과적으로 이용해야 한다는 것, 인재중시·과학교육중시 정책을 통해 대비약의 길을 찾아야 한다는 것 등이 강조되었다.

인재중시·과학교육중시가 지식경제시대에 합당한 정책 방향이라는 데에는 의문의 여지가 없다. 김정은 위원장이 젊기 때문에 과학교육과 같은 장기성을 띤 정책을 중도반단中途半斷할 것 같지는 않고 그 정책이 효과를 보일 때까지 밀고 나갈 것으로 전망된다.

5) 과학기술부문(의약 포함) 현지지도

김정은 위원장은 과학기술 발전에 대한 관심이 큰 만큼 이 부문의 현지지도가 적지 않았다. <표 3-53>은 그의 과학기술부문의 현지지도 등이고, <표 3-54>는 의료요양 관련부문의 현지지도를 정리한 것이다.

〈표 3-53〉 김정은 위원장의 과학기술부문의 현지지도 등

일자	활동내역	보도
2012.09.	평양남새과학연구소와 평양화초연구소 현지지도	09.21 중방
2013.05.	새로 건설한 국가과학원 생물공학분원 잔디연구소 시찰	05.05 중통
2013.08.	조선인민군 과학기술전람관 시찰	08.20 중통
2013.10.	새로 건설한 국가과학원 중앙버섯연구소 현지지도	10.08 중통
2013.11.14	전국과학자·기술자대회 참가자들과 기념사진촬영	11.14 중통
2014.01.	국가과학원 현지지도	01.15 중통
2014.07.	천아포수산연구소 현지지도	07.17 중통
2014.10.	위성과학자주택지구 현지지도 및 국가과학원 자연에너지연구소 시찰	10.14 중통
2015.04.	경비행기 개발에 기여한 과학자·기술자 등과 함께	04.15 중통

일자	활동내역	보도
	조선로동당 청사에서 기념사진촬영	
2015.05.	신설된 국가우주개발국 위성관제종합지휘소 현지지도	05.03 중통
2015.06.	조선인민군 제810군부대 산하 평양생물기술연구원 현지지도	06.06 중통
2015.07.	새로 건설한 김책공업종합대학 자동화연구소 현지지도	07.03 중통
2015.07.	평양남새과학연구소 현지지도	07.07 중통
2015.10.	완공된 미래과학자거리 시찰	10.21 중통
2015.10.	완공된 과학기술전당 현지지도	10.28 중통
2016.01.01	과학기술전당 준공식 참석	01.02 중통
2017.08.	국방과학원 화학재료연구소 현지지도	08.23 중통
2018.01.	국가과학원 현지지도	01.12 중통
2018.01.	새로 개건된 평양교원대학 현지지도	01.17 중통
2018.09.	창립 70주년을 맞이한 김책공업종합대학 방문 및 교원·연구사들 축하 및 기념사진촬영	09.29 중통

〈표 3-54〉 김정은 위원장의 의료요양부문 현지지도 등

일자	활동내역	보도
2014.03.	류경구강병원과 옥류아동병원 현지지도	03.22 중통
2014.05.	대성산종합병원 시찰	05.19 중통
2014.11.	정성제약종합공장 현지지도	11.07 중통
2015.09.	정성제약종합공장 현지지도	10.01 중통
2016.09.	대동강주사기공장 현지지도	09.24 중통
2018.01.	평양제약공장 현지지도	01.25 중통
2018.07.	온포휴양소 현지지도	07.17 중통
2018.08.	평안남도 양덕군 안의 온천지구 현지지도	08.17 중통
2018.08.	묘향산의료기구공장 현지지도	08.21 중통

김 위원장이 과학기술부문에 대한 현지지도에서 한 발언을 중심으로 첨단과학기술 발전을 위한 과업들을 몇 가지 살펴보기로 한다. 그는 국가과학원, 과학기술전당 개발현장, 국방과학원 화학재료연구소, 정성제약종합공장, 평양제약공장 등을 방문하였다.

‖1‖ 김 위원장은 2018년 1월 중순에 국가과학원에 대한 현지지도에 나섰다.[733] 그는 과학전시관을 둘러보며 "우리의 과학자들의 두뇌에서 나온 창조물들이 정말 대단하다"고 높이 평가하고 "이곳(과학전시관)은 자력자강의 보물고, 국가과학원은 자력자강의 고향집"이라고 말했다. 그는 "모든 것이 부족

하고 어려운 조건에서도 우리의 과학자들은 나라의 경제를 발전시키고 인민 생활을 향상시키기 위한 투쟁에서 정말 큰일을 하고 있다"면서 국가과학원에 특별상금을 주겠다고 말했다.

그는 "조선혁명이 모진 시련과 난관을 과감히 박차고 승승장구하고 있으며 우리 공화국의 전략적 지위가 비상히 강화될 수 있은 비결의 하나가 바로 과학기술에 나라와 민족의 자주권과 존엄, 사회주의의 운명을 걸고 과학기술 발전에 선차적인 힘을 넣어온데 있다"고 지적했다. 아울러 "자립적 민족경제의 토대가 있고 우리가 육성한 든든한 과학기술 역량과 그들의 명석한 두뇌가 있기에 적들이 10년, 100년을 제재한다고 하여도 뚫지 못할 난관이 없다"고 하면서 강령적 과업들을 제시했다. 첨단과학기술 발전의 요람인 국가과학원에 대한 현지지도는 격려와 투자 약속의 자리였다.

[2] 김 위원장은 2014년 6월 평양 쑥섬의 과학기술전당 개발 현장을 시찰했다.[734] 그는 "쑥섬 개발사업이 온 나라의 관심 속에서 진행되도록 조직사업을 하여야 하며, 성·중앙기관을 비롯한 해당 기관들이 과학기술전당 건설을 적극 지원하여야 한다"고 지시했다. 그에 따르면, 과학기술전당은 "과학기술자료를 보존, 관리하는 종합적 자료구축기지인 동시에 정보공유, 정보교류도 할 수 있는 다기능화된 과학기술기지"이다. 쑥섬은 1948년 4월 남북연석회의 당시 김일성 북조선인민위원회 위원장이 김구 선생 등 남측 지도자들과 지도자협의회를 개최한 역사유적지다. 김정은 위원장은 쑥섬 현장에 동행한 지도급 인사들[735]에게 "과학기술전당이 자리 잡은 쑥섬을 '과학의 섬'으로 변화시키자"고 말했다.

그는 2015년 2월 말에도 과학기술전당 건설장을 방문했다.[736] 그는 "과학기술전당은 당의 전민과학기술인재화 방침을 관철하며 21세기 주체건축 예술의 척도를 보여주는데서 중요한 의의를 가지는 건설대상"이라고 말했다. 그는 이곳이 "과학자, 기술자들뿐 아니라 각계각층 모두가 마음껏 학습할 수 있는 배움의 전당이며 최신과학 기술을 보급하는 중심기지, 거점"(건축연면적 10만 6,600여m^2)이라면서 "건축 미학적으로나 실용성에 있어서 흠잡을 데 없이 건설해야 한다"고 강조했다.

그는 2015년 10월 하순에 완공된 과학기술전당에 대한 현지지도에 나섰다.[737] 그는 "쑥섬에 당의 과학중시, 인재중시 정책이 응축되고 날로 발전하는 우리의 건축예술의 극치, 상징으로 되는 과학기술전당이 건설됨으로써 이곳이 과학의 섬으로 전변되었다"고 선언했다. 그는 "전국의 모든 과학연구부문, 교육기관, 공장, 기업소들은 물론 가정들에서도 국내 컴퓨터망으로 실시간 편리한 봉사를 받을 수 있으며 필요한 과학기술 자료들을 서로 교환할 수 있는 확고한 전망이 열리었다"고 높이 평가했다. 과학기술전당은 북한 전역의 네트워크(인트라넷)를 통해 첨단과학기술을 보급하는 센터로 기능하게 됨에 따라 전민과학기술인재화를 실천하는 기본 토대가 되고 있다.

│3│ 김 위원장은 2017년 8월 하순에 국방과학원 화학재료연구소를 방문했다.[738] 국방과학원 화학재료연구소는《화성》계열 로켓들의 열 보호 재료와 전투부·분출구 재료를 비롯해 각종 현대적인 무장장비들에 쓰이는 화학재료들에 대한 연구개발과 생산을 책임지고 있다고 한다. 이 연구소는 자체의 힘과 기술로 대륙간 탄도유도탄ICBM의 전투부 첨두와 고체발동기 분출구 제작에 이용하는 최첨단 재료인 3D탄소/탄소-탄화규소 복합재료를 연구 개발해 국산화하는데 성공했다고 한다.

그는 ICBM 전투부 첨두와 고체로켓발동기 제작공정, 탄소섬유에 의한 예비성형체 직조공정, 화학기상 침적공정, 고압액상 침적공정과 마감처리공정 등을 요해하면서 예비성형체의 밀도, 화학기상 침적공정에서의 침적온도·진공도·침적시간, 고압액상 침적공정에서의 침적온도·압력·작업매질·침적회수, 마감처리 공정에서의 기술적 특성 등에 대하여 구체적으로 파악했다고 한다. 그는 선진국들에서 만든 것보다 밀도·세기·침식속도 등 모든 특성 값이 더 우월한 것에 대해 높이 평가했다고 한다.

그는 이어 고체로켓발동기 제작공정을 요해하고 생산을 보다 높은 수준에서 정상화하기 위한 과업과 방도를 밝혔다. 그는 "우리 식의 전략로켓 개발에서 국방과학원 화학재료연구소가 맡고 있는 책임과 임무가 특별히 중요하다"면서 강령적인 과업들을 제시했다. 그가 군사과학기술에 대해 대외적으로 자주 언급하는 편은 아니다.[739] 국방과학원 화학재료연구소에서 개발한 화학재료들은 일차적으로 국방공업에 사용되지만, 민수산업에 필요한 화학재료 개발에도 활용되고 있을 것으로 추정된다.

|4| 김 위원장은 2014년 11월 초순 평양의 정성제약종합공장을 방문했다.[740] 그는 고난의 행군 시기에 김정일 국방위원장의 발기에 의해 현대적인 제약생산기지가 세워졌다고 회고하면서 의약품검정소, 수액공장 등을 돌아보고 다양한 휴대용 의약품들을 생산하고 있는 것에 만족을 보였다. 그는 "전반적인 생산 공정의 자동화, 무균화, 무진화가 높은 수준에서 실현되었다"면서 "공장에서 생산한 모든 제품들이 세계보건기구가 규정한 의약품생산 및 품질관리기준에 도달한 것은 자랑할 만한 일"이라고 말했다. 그는 "공장의 생산과 경영활동에서 제기되는 문제를 모두 풀어주겠다"고 약속했다. 이 약속은 의약부문의 발전에 대한 의지의 표현이었다. 일부 휴대용 의약품들은 군납용으로 추정된다.

그는 2015년 9월 말경 이 공장은 다시 현지지도하면서 "수액공장이 현대적으로 확장됨으로써 지난 시기보다 10배에 달하는 여러 가지 수액약품을 생산하고 있다는 보고를 받고 기뻤다"고 말했다.[741] 수액공장을 연산 1,000만개 생산능력을 가진 수액약품 생산기지로 확장하고 수지주머니 성형에서부터 주입·적합·적재·멸균·포장에 이르는 모든 생산 공정을 자동화·흐름선화하는 성과가 이룩되었다고 한다. 그는 "약품 포장에서 새로운 개선을 가져왔다", "포장용기들의 위생성, 문화성, 실용성이 높은 수준에서 보장되었을 뿐만 아니라 약품설명서도 사용자들의 편의를 도모할 수 있게 만들었다", "여러 가지 수액약품들을 대량생산할 수 있게 생산 공정들을 꾸려놓고 생산을 높은 수준에서 정상화하고 있다", "생산 공정의 자동화, 흐름선화, 생산환경의 무균화, 무진화를 최상의 수준에서 실현한 결과 국제의약품 생산 및 품질관리기준에 부합되는 수액약품들을 생산하고 있는 것은 자랑할 만한 성과이다"라고 발언하는 등 여러 성과를 치하했다. 그는 "이 공장의 모범을 제약공장들을 비롯한 전국의 모든 단위들에서 따라 배워야 한다"고 덧붙였다. 정성제약을 비롯한 의약품 제조공장에서도 생산 공정의 자동화·무균화·무진화가 주요 과제임을 알수 있다. 정성제약의 수액공장 확장에 따라 수액약품의 공급 부족이 어느 정

도는 해갈될 것으로 보인다.

[5] 김 위원장은 2018년 1월 하순에 평양제약공장의 현지지도에 나섰다.[742] 그는 포장재직장, 신약직장, 고려약직장 등을 돌아보며 생산실태를 요해했다. 그는 "공장에서 생산하는 신약과 고려약들을 제품견본실에 전시해놓았는데 가지 수도 많고 약효도 높다"면서 "국제적으로 공인된 의약품 생산 및 품질 관리기준에 맞게 생산과 품질관리를 엄격히 진행하여 의약품의 질을 담보하고 있다"고 높이 평가했다.

그는 "우리나라 제약공업부문에서 처음으로 의약품 생산 및 품질관리기준의 요구에 맞는 통합생산체계를 자체의 힘과 기술로 잘 구축해놓았다"고 만족을 보였다. 그는 "원료입고, 제분, 채치기, 혼합, 건조, 타정, 성형, 당의, 피막, 포장 등 신약직장의 모든 생산 공정들에 대한 기술개건을 진행한 결과 지난 시기에 비하여 생산량과 제품의 질을 훨씬 높이었다"면서 "무균화, 무진화를 실현하기 위해 능력이 큰 공기조화설비도 갖추어놓고 생산현장과 복도를 유리벽으로 격폐시켰는데 정말 잘했다"고 말했다. 평양제약공장이 의약품 생산 및 관리의 통합생산체계를 갖춘 첫 의약품공장임이 확인된다.

그는 "고려약직장의 추출, 농축, 조합, 숙성, 포장을 비롯한 생산 공정들도 기술 개건하였다"면서 "우리의 과학자, 기술자, 노동자들이 자체로 만든 약초선별기, 세척기, 건조기, 제분기를 비롯한 설비들이 좋다"고 평가했다. 이 공장은 특히 고려약(전통한의학 제조약) 생산설비를 자체로 개발하고 생산 공정에 대한 기술 개건을 완료했음이 확인된다. 건강기능성 식품의 세계적 발전 추세로 보아 고려약은 수출 잠재력을 갖고 있으며, 북한이 앞으로 바이오의약 부문에 주력할 것으로 예견된다.

〈표 3-55〉 김정은 위원장이 과학기술부문(의약 포함) 현지지도에서 내린 과업

방문단위	과업 내역
국가과학원	- 과학연구 사업에서 종자를 바로 잡고 역량을 집중하여 훌륭한 과학연구 성과들을 이룩하며 그것을 현실에 제때에 도입할 것. - 과학기술을 중시하는 기풍이 온 사회에 차 넘치게 하여 누구나 과학기술의 주인, 과학기술 발전의 담당자가 되도록 할 것

방문단위	과업 내역
과학기술 전당	- 과학기술 인재들과의 사업에 큰 힘을 넣으며 그들을 존중해주고 연구사 업과 생활에서 불편한 점이 없도록 걸린 문제들을 제때에 풀어줄 것 - 과학연구부문에 대한 투자를 계속 늘여나갈 것 - 과학기술전당과 전국 도처에 꾸려진 과학기술 지식보급실들 사이에 망을 형성하기 위한 사업을 준비할 것 - 전문가·봉사성원들을 선발 배치하기 위한 사업을 준비할 것
국방과학원 화학재료 연구소	- 새 세기의 요구와 우리 당의 과학기술 중시정책의 요구에 맞게 건축미 학적으로나 실용적 측면에서 흠잡을 데 없이 연구소를 일신시킬 것 - 생산능력을 확장하여 과학 연구개발과 생산이 일체화된 최첨단 연구기 지로 개건 현대화할 것 - 고강력 섬유감기반에 의한 발동기 생산공정과 탄소/탄소복합 재료에 의 한 로켓 전투부 첨두 및 발동기 분출구 생산능력을 보다 확장할 것
정성제약 종합공장	- 군인들과 인민들의 건강증진과 병치료, 예방에 필요한 여러 가지 의약 품 생산을 정상화할 것 - 설비관리를 잘하고 원료보장대책을 세우며 원료의 국산화 비중을 높이 기 위한 사업을 짜고 들 것 - 해열진통제·소화제를 비롯한 상비약품의 가지 수를 늘리고 효능을 높일 것 - 모든 의약품들의 안전성과 신뢰성을 담보하기 위한 사업에 특별한 관심 을 돌릴 것 - 약품 생산과 검정·보관·취급에서 엄격한 규율과 질서를 세울 것 - 현대과학기술에 정통한 능력 있는 인재들로 공장의 기술역량을 꾸리며 선진기술을 적극 받아들이기 위한 사업에 계속 큰 힘을 넣을 것
평양제약 공장	- 약품분석을 과학적으로 할 수 있는 현대적인 분석설비들을 더 갖출 것 - 과학기술보급실의 운영사업을 정상화하여 종업원들이 누구나 현대 과학기술을 소유하도록 할 것 - 대중약품·상비약품들을 더 많이 생산할 것 - 약품 가지 수를 보다 늘이고 효능을 더욱 높이기 위한 투쟁을 벌려나갈 것 - 세계적인 제약공업 발전추세를 잘 알고 선진기술을 적극 받아들이기 위한 사업에 계속 큰 힘을 넣을 것 - 포장용기들의 위생성·문화성·실용성을 높은 수준에서 보장할 것 - 상표 도안도 국제적 기준에 부합되게 잘 만들 것 - 평양제약공장 현대화와 흥남제약공장 현대화를 대담하게 밀고 나갈 것

김 위원장은 국가과학원을 '자력자강의 고향집'이라고 명명하고 과
학연구부문에 대한 투자 증대, 과학기술 인재들과의 사업 중시 등을

지시했다.[743] 과학기술전당에서는 당의 전민과학기술인재화 방침의 실현에 도움이 되도록 과학기술자료의 보급·관리와 컴퓨터망에 의한 실시간 서비스를 강조했다. 그는 과학기술전당과 모든 과학연구부문, 교육기관, 공장·기업소의 과학기술지식보급실, 그리고 가정에 이르기까지 네트워크를 구축하라는 지침을 내렸다.

그는 국방과학원 화학재료연구소를 과학연구개발과 생산이 일체화된 최첨단연구기지로 개건·현대화할 것을 지시했다. 이에 따라 국방과학원 산하 연구소들도 이 방향에서 개건·현대화할 것으로 예상되며, 군수부문과 민수부문의 결합은 더 다양한 형태로 진행될 것이다. 첨단과학기술 부문에서 군수부문과 민수부문의 결합이 더욱 활발해지고 있다.

그는 휴대용 의약품과 수액약품 생산에서 성과를 거둔 정성제약종합공장에서는 국제기준에 충족되는 의약품 생산을 강조했다. 그는 생산 공정의 자동화·흐름선화, 생산현장의 무균화·무진화, 의약품 생산의 정상화, 설비관리와 원료보장대책 마련, 원료 국산화 비중의 제고, 선진기술 도입 등의 과업을 제시했다. 그는 평양제약공장과 흥남제약공장의 현대화사업을 지시하는 한편, 평양제약공장에는 대중약품·상비약품의 증산, 약품 가지 수의 증대, 선진기술 도입(세계적인 제약공업의 발전추세 감안) 등의 지침을 제시했다.

'국제기준 의약품생산 및 품질관리 기준에 도달'(정성제약)한 것과 '제약공업부문에서 처음으로 의약품생산 및 품질관리기준의 요구에 맞는 통합생산체계를 구축'(평양제약)한 것을 보면 제약공업이 아직 높은 수준에 이르지 못한 것으로 추정된다. 김 위원장이 제약공장을 시범 방문한 것도 이 부문의 신속한 발전이 필요했기 때문으로 볼 수 있다.

6) 과학기술부문의 성과

김정은 시대의 첨단과학기술 발전의 성과를 전체적으로 파악하는 일은 쉽지 않다. 북한이 그러한 성과를 전부 공개하는 것은 아니다. 북한 보도매체에 드러난 내용만으로는 '장님이 코끼리 만지듯' 하는 한계가 있을 수 있지만, 그나마 공개된 것을 살펴보면 첨단과학기술 발전의 분위기를 파악하는 데에는 도움이 된다.

남북 경제협력과 교류가 정상궤도에 진입할 때를 전후해 과학기술부문의 협력과 교류가 이슈로 떠오를 것이다.[744] 북한의 과학기술 성과를 다양하게 수집하여 정리하는 작업이 필요하다.

아래에서는 인공위성과 로켓 부문, 기초과학부문, 정보기술부문, 에너지·교통부문, 보건의료부문, 기타 부문, 과학기술부문 해외교류 등으로 구분해 성과의 일부를 소개한다.

인공위성과 로켓부문

[1] 국가과학원 산하 지구환경정보연구소의 리동일 실장은 『조선신보』 (2012년 3월 22일)와의 인터뷰에서 "지구관측위성(《광명호 3호》)의 발사는 인민경제를 다방면적으로 향상시키는 담보로 된다"면서 "앞으로 우리의 관측위성이 정상 운영되어 자료가 보장되게 되면 세계적 수준에서 자료들을 해석, 분석하고 나라의 경제발전에 적극 이바지할 수 있다"고 강조했다. 북한에서도 농업·수산업·임업·자원탐사와 환경평가에 이르는 여러 부문에서 과학적 근거에 기초한 연구·분석이 요구되어왔다는 것이다. 그는 "조선은 이제까지만 하여도 위성자료들을 비싼 자금을 들이면서 외국에서 사들여 오지 않으면 안 되었다"면서 "최근 연간은 적대국들의 방해책동으로 하여 낡은 자료를 사들이는 것은커녕 자료입수 자체도 마음대로 할 수가 없었다"고 지적했다. 김일성종합대학 역학부의 태기훈 교수는 운반로켓 《은하 3호》에 대해 지구관측위성과 함께 과학기술의 종합체라고 평가했다. 그는 "실용위성을 설정한

궤도상에 진입시킨다는 것은 그만큼 운반로켓의 능력이 제고되었다는 것을 여실히 보여주고 있다"고 말했다. 그는 "항공역학적으로 보아서 공기저항을 많이 받는 로켓 잔해물들의 낙하위치를 예측하는 것 또한 어려운 일"이라면서 "자체의 힘과 기술로 제작한 실용위성발사는 과학기술의 모든 분야에서 우리나라가 세계적 수준에 도달하였다는 것"이라고 주장했다. 『조선신보』는 북한에서 1980년대 초반부터 위성자료 연구 사업이 시작되었고 1995년에 지구환경정보연구소가 설립되었다고 알리면서 "연구소는 위성자료에 기초하여 나라의 자원탐사, 환경평가 등을 종합적으로 연구하고 그 결과를 인민경제 여러 부문에 도입하는 것을 목적으로 하고 있다"고 해명하기도 했다.[745]

《광명성3호》와 《은하3호》에 대해 외부에서는 대륙간 탄도미사일ICBM 시험발사로 간주하지만, 북한은 지구관측위성과 운반로켓으로 주장해왔다. 조선중앙통신은 2012년 4월 13일에 발사된 《광명성3호》로켓 발사가 오전 7시 38분 55초 평안북도 철산군 서해위성발사장에서 진행됐으나 "지구관측위성의 궤도 진입에는 성공하지 못했다"고 보도했다.

| 2 | 《광명성 3호-2호기》(운반로켓 《은하3호》) 발사 성공[746]에 공헌한 과학자·기술자들은 2012년 12월 30일 김정은 위원장의 초청으로 당 중앙위원회를 방문한 자리에서 "높고 넓고 깊은 사랑과 믿음에 더 많은 위성 발사로 보답하겠다"면서 "단숨에 《은하9호》까지 쏴 올릴 것"이라는 각오를 밝혔다. 『로동신문』은 이 소식을 전하면서 "이 땅에서는 수많은 《은하》계열 운반로켓들이 발사될 것"이라고 보도했다. 신문은 2012년 12월 26일 과학자·기술자 등을 초청한 목란관 연회장의 무대 양쪽에 《은하3호》와 그보다 조금 큰 《은하9호》의 모형을 전시했다고 전하고, 김 위원장이 과학자·기술자들에게 《은하9호》 모형을 가리키며 "자세히 보았는가"고 물었다면서 《은하9호》의 존재감을 부각시켰다.[747]

《은하》계열의 운반로켓 능력에 대한 외부의 평가는 다양하지만, 북한이 《은하3호》 단계에서 대륙간 탄도미사일ICBM 발사능력을 갖게 되었다는 보는 것에는 대체로 일치한다. 운반로켓의 과학기술 수준에 대해서 다양한 평가가 있을 수 있지만, 금속공학기술(위성운반로켓 엔진 및 동체의 특수합금 제조), 로켓엔진 제조기술(매우 복잡하고 정밀한 설계-제작-조립 공정), 전기공학기술

(《은하3호》와 위성관제종합지휘소·서해위성발사장을 복잡한 전기장치로 연결), 위성운반로켓에 필수적으로 사용되는 전자공학기술과 컴퓨터공학기술 등 여러 부문의 종합적 수준을 반영한 것으로 볼 수 있다.[748] 북한의 인공위성과 로켓 부문의 발전 속도가 빨라지는 가운데 핵무력 건설에서 로켓이 차지하는 위상이 눈에 띄게 높아졌다.

|3| 조선과학기술총연맹 중앙위원회는 2016년 11월 22일~24일 평양 과학기술전당에서 우주과학기술토론회-2016을 진행했다. 인공지구위성 제작분과, 우주재료 및 요소분과, 응용기술분과 등 6개 분과로 진행된 토론회에는 국가우주개발국, 국가과학원, 사회과학원, 김일성종합대학, 김책공업종합대학, 기상수문국을 비롯한 20여 개 단위의 교육·과학연구기관들에서 내놓은 250여 건의 논문이 제출되었다. 토론회에서는 '평화적 우주개발' 사업이 가지는 의의와 중요성, 인공지구위성 제작과 조종기술을 비롯하여 우주정복에서 이룩한 성과들과 그 응용 경험들에 대하여 학술적으로 논증하며 우주강국 건설에서 나서는 현실적인 문제들이 폭넓게 토론되었다고 한다. 토론회에서는 《국제우주법에 대한 이해》, 《인공지구위성 정보자료해석의 세계적 발전추세》 등 여러 과학기술 강의와 다매체 편집물 시청도 있었다.[749] 우주과학기술토론회는 지구관측위성을 비롯한 실용위성의 개발을 중점적으로 다룬 행사였는데 토론회에 제출된 논문 250여 건의 주제와 내용은 공개되지 않았다.

한편, 조선우주협회는 2017년 6월 28일 과학기술전당에서 제3차 위원회를 진행했다. 위원회에서는 우주과학기술 토론회-2017을 성과적으로 보장하기 위한 문제들이 토의되었다. 리원철 조선우주협회 위원장은 실용위성을 발사한데 맞게 우주기술을 인민경제 여러 부문에 이용하기 위한 우주과학기술 교류활동을 활발히 진행해왔다고 설명했다. 우주과학기술토론회-2017에서는 당과 정부의 평화적 우주개발 정책의 정당성과 생활력을 논증하는 토론들과 분과별 과학기술발표회, 우주과학기술부문의 성과와 세계적인 발전 동향에 대한 강의, 녹화편집물 시청 등이 진행되었다.[750] 이런 흐름으로 보아 북한이 매년 우주과학기술토론회를 개최할 것으로 보인다.

기초과학부문

[1] 물리학연구소 과학자들은 나노전자공학·양자정보통신의 기초이론분야에서 미해결된, 일련의 학술적 문제들을 국제학계에 보고했다고 한다. 양자컴퓨터(초고속연산 컴퓨터) 개발 경쟁에서는 양자점, 양자선, 탄소나노관, 플로렌, 그라펜 같은 저차원 나노재료 개발과 이 재료의 전자기적 특성의 개선이 중요해지고 있다. 북한 물리학자들은 저차원 나노재료의 전자기적 성질에 대한 이론적 연구를 진행하여 양자점에서 나타나는 콘도효과(어떤 온도에서 전도도가 최소로 되는 전도도 극소현상)의 물리적 기전을 해명하는 성과를 거두었다. 이들은 자성혼입물이 첨가된 양자점을 통한 전자수송에서 외부 전기마당의 영향에 대한 연구와, 자성혼입물을 포함한 전극과 결합된 단일 양자점에서의 콘도효과에 대한 연구를 진행했으며, 이와 관련한 실험연구 결과들을 이론적으로 완전히 해명했다는 것이다. 이것은 당시까지 세계적으로 해명되지 않은, 가치 있는 학술성과라고 한다.

물리학자들은 또한 탄소나노관·그라펜 같은 저차원 나노재료의 정적·동적 특성량을 높은 수준에서 정확히 평가할 수 있는 재규격화군 방법도 연구 완성했다. 저차원 나노재료의 특성연구를 위한 재규격화군 프로그램(소프트웨어)이 완성됨으로써 대용량 병렬컴퓨터를 이용해 나노선·그라펜 같은 기능성 나노재료들의 물성론적 양을 계산하는 토대가 구축되었다는 것이다. 이 성과들은 여러 건의 논문으로 제출되어 대외잡지에 발표됐으며 국제학술토론회·발표회에서 공식인증을 받았다.[751] 북한 물리학자들이 나노공학의 저차원 나노재료 개발에 집중하고 있음을 알 수 있다.

[2] 김일성종합대학에서는 세계적 수준의 원자힘현미경Atomic Force Microscope(AFM)을 제작했다고 한다. 이 대학 재료과학부와 과학실험기구연구소·전자재료연구소 교원·연구사들이 연구 제작한 원자힘현미경은 원자힘검측계통, 나노이송계통, 전자조종계통, 방진계통 등으로 구성되어 있으며 1nm(나노미터, 10억분의 1m)급의 분해능으로 시료 표면상태를 관측·조작하는 첨단

나노측정설비다. 이 현미경은 주사走査굴현미경Scanning Tunneling Microscope (STM)과 함께 나노기술연구에서 눈·손과 같은 역할을 하는 중요 설비로 알려져 있다.

AFM은 시료와 탐침Contilever(뾰족한 바늘) 끝의 원자들 사이에 작용하는 미세한 상호작용 힘을 측정해 표면 상태를 관측하는 원리에 기초하고 있다. 김일성종합대학 연구집단은 STM 개발에 이어 AFM을 제작함으로써 나노기술 연구와 나노재료·나노제품 개발에서 획기적인 전진을 이룩했다는 것이다. 서로 다른 측정원리에 따라 성능이나 관측정보 제공에서 서로 보충관계에 있는 AFM과 STM을 하나로 결합해 종합적인 주사탐침 현미경체계를 개발하는데 성공했다는 것이다.[752]

│3│ 국가과학원 중앙실험분석소는 2013년 1월에 각종 금속·광석의 분석에 이용되는 표준물질(물질 속의 성분을 정확히 분석하기 위한 기준이 되는 물질)을 연구 개발하는 성과를 이룩했다고 한다. 중앙실험분석소 무기분석연구집단은 제철·제강공업에서 중요한 흑색금속 표준물질과 채취공업·제련부문에서 필요한 각종 광석 표준물질을 개발했다. 흑색금속 표준물질은 탄소강·합금강 등 여러 가지 강철 재료 속의 각종 원소에 대한 분석, 제철·제강공업에서 과학적인 품질검사와 공정관리에 의해 품질 향상 등을 가능하게 한다. 각종 광석 표준물질은 광산·제련소에서 분석방법과 그 결과의 정확성 보장, 시험자의 기능 평가 역할 등을 수행한다. 이 표준물질의 개발에 따라 분석방법의 정확성, 시험자·시험단위의 능력 평가, 분석계기 교정 등의 '관건적 문제'가 해결됐으며 국가적 품질관리사업의 개선, 분석체계의 국가적 기준 제정, 국제적 인증 등이 가능해졌다는 것이다.[753]

│4│ 국가과학원 나노기술연구소에서는 2013년 1월에 나노기술을 응용해 나노상 초흡착제를 연구 개발했다고 한다. 이 제품은 인체에 무해한 무기물질 원료이며, 미생물에 의한 유기물질의 분해과정에서 생성되는 여러 가지 불쾌한 냄새물질을 흡착하고 그 물질을 발생시키는 미생물을 살균하는 효과가 있다. 초흡착제는 다른 냄새제거제에 비해 냄새 흡착 성능이 높으며 병원성 미

생물에 대한 광폭 살균작용으로 냄새를 제거하는 나노기술제품이다. 사용 즉시 효과를 확인할 수 있고 부작용 없이 지속시간이 오래가며 사용방법도 간단해 여러 단위에 도입되었다고 한다. 신발깔개(깔창)에 2~3g 정도를 뿌려주면 여름철에는 6개월, 겨울철에는 2개월간 지속적인 효과를 볼 수 있으며, 주단(이불·시트), 냉동기(냉장고) 등의 불쾌한 냄새를 제거하는 것은 물론 여드름, 종처(뾰루지), 상처 등의 예방과 치료에도 쓸 수 있다.[754]

|5| 북한은 일기예보의 과학화와 관측수단의 현대화 사업을 적극 추진해오고 있다. 2013년에 평양·지방의 80여 개소에 자동기상관측설비를 설치하기 위한 사업들이 진행되었다. 자동기상관측설비는 온도와 습도, 기압과 강수량, 바람의 방향과 속도 등 기상관측에 필요한 요소들을 신속 정확히 측정하고 전송망을 통해 해당부문에 측정자료를 전달하여 예보활동을 개선하는데 사용된다. 2012년에 평양과 온천군(평안남도)에 설치한 구름관측 레이더가 효과적으로 이용된 사례가 있다. 북한은 중앙기상예보연구소를 중앙기상예보중심(센터)으로 개편하는 등 기상예보활동을 전문화하고 기상예보의 정확성을 높이는데 주력해왔고, 세계기상기구WMO와 국제수문학계획IHP, 정부간해양학위원회IOC 등 국제기구들과의 협조도 강화해오고 있다.[755]

|6| 국가과학원 함흥분원 화학공학연구소에서는 2013년에 실용적 가치가 큰 고농도·고효율 오존발생장치를 연구 개발했다고 한다. 기존 기술로는 30g/m³ 이상의 고농도 오존을 얻기 힘든데다가 오존 거둠율(얻어진 일정한 생산물의 양을 그것을 생산하기 위해 소비한 원료·자재의 규모에 대비한 비율)이 낮아 그 이용에서 일정한 제한이 있었으나, 연구소에서 방전플라즈마 기술로 오존을 고농도·고효율로 발생할 수 있는 새 장치를 만들었다. 이 장치로 대기 중에서 30g/m³ 이상, 산소의 경우 100g/m³ 이상의 고농도 오존을 높은 거둠율로 발생해 낼 수 있다고 한다. 오존은 살균작용이 뛰어나 식료품·주방도구·의료기구 소독에 이용되며, 소화기질병, 피부병 등 질병치료에도 널리 쓰인다. 식료공업·제약공업·축산업·양어를 비롯한 여러 분야에 광범위하게 응용된다. 이 오존발생장치는 수영장의 물소독, 식료품공장·병원의 무균화 사

업에 도입되어 호평을 받았다고 한다.[756]

[7] 김일성종합대학은 2017년 2월 22일 제32차 김일성종합대학 과학기술축전 행사를 열었다. 대학의 교원·연구사·박사원생·학생들이 참가한 축전에는 인민생활 향상과 경제강국 건설에 이바지할 수 있는 280여 건의 과학연구 성과들이 출품되었다고 한다. 축전은 수학 및 물리, 요소 및 장치, 농업 및 생물공학, 의학 등 9개 분과로 나눠 과학기술 성과발표회 및 전시회, 단위별 전시경연, 새 기술 교류형식으로 진행되었다.[757]

[8] 조선중앙통신은 2017년 12월 나노기술부문 관련 기관들의 성과를 종합적으로 보도했다. 김일성종합대학 첨단과학연구원 나노기술연구소에서는 적은 원가를 들여 나노재료를 다량생산 할 수 있는 1,200W 출력의 강력초음파처리기를 제작 완성했다. 김일성종합대학 평양의학대학 연구사들은 북한에 풍부한 원료에서 분리한 생체 적합성이 좋은 천연고분자물질과 나노은으로 화상창상붕대를 만들어 환자치료에 이용하도록 했다.
김책공업종합대학 재료공학부에서는 새로운 나노재료로 고온 조건에서도 소재를 정확하고 안전하며 높은 속도로 가공할 수 있는 고성능 절삭공구를 개발했다. 농업연구원 농업나노기술연구소에서는 나노규소비료를 연구하여 평안남도와 평안북도의 농촌들에 도입함으로써 논벼의 소출을 종전보다 훨씬 높였다. 국가나노기술국에서는 나노 교정수와 미량원소 나노비료를 논벼농사와 남새농사에 도입하고 그 생산을 공업화하기 위한 공정을 새롭게 완비했다. 국가과학원 나노재료연구소의 연구사들은 식료부산물의 조단백질을 물분해방법으로 나노화하여 세척력이 수입산 비누보다 2~3배나 높은 나노 디펩티드비누를 연구 완성했다고 한다.[758]
이상의 기초과학부문의 성과는 단편적인 정보이지만, 이에 기초해 북한의 과학기술 문헌정보(중앙과학기술통보사의 부문별 전문잡지)를 체계적으로 찾아본다면, 첨단과학기술 발전이 빠른 속도로 진전되고 다양한 기술들이 생산현장에 접목되는 여러 시도를 확인할 수 있다.[759]

정보기술부문

[1] 『로동신문』은 2013년 11월 전국과학자·기술자대회를 앞두고 첨단수준에 도달한 컴퓨터 프로그램(소프트웨어)들과 정보통신기술ICT이 적용된 하드웨어를 집중적으로 소개한 바 있다. 컴퓨터 프로그램 분야에서 컴퓨터 운영체제OS,[760] 내장형 조작체제(임베디드 시스템), 화상처리프로그램, 바둑프로그램, 기계번역프로그램, 동영상 부호화기술, 문자인식체계OCR, 음성인식체계, 지문인식체계 등이 첨단수준에 올라섰다고 한다.

공업용컴퓨터《노을》과 공작기계용 CNC 조종장치, 지능형 자동화기구, 그리고 판형컴퓨터(태블릿PC)[761]와 컴퓨터 입력기《첫 의정》 등 여러 정보설비들이 '우리식의 성능 높은 정보설비'로 개발되었다고 한다. 생물공학부문에서는 현대적인 물질기술적 토대에 기초해 키 낮은 사과나무 접그루 생산의 공업화를 실현했고 성장호르몬, 면역조절다당체, 청곡키나제 등 의약품을 생물(바이오)공학적 방법으로 생산할 수 있는 기술을 도입한 것을 비롯해 값비싼 생물공학제품들의 공업적 생산기술을 확립했다고 이 신문은 소개했다.[762]

정보통신과 관련해 북한에서는《고려링크》,[763] 《강성네트》[764] 등의 이동통신망이 운영되고 있다. 이동통신망은 2008년 이집트의 오라스콤과 북한 체신성이 공동으로 만든 '체오CHEO테크놀로지'에서《고려링크》 서비스를 시작하면서 확장되었다. 2000년대 초반에 2세대 무선망이 시험적으로 개설되었다가 3세대 무선망 기술로 곧바로 넘어갔다.[765] 북한 정부는《고려링크》에 4년 동안 무선통신사업 독점권을 보장했다.《고려링크》를 통한 무선통신 가입자 수가 2010년에 50만 명, 2012년에 100만 명, 2013년에 200만 명, 2017년에 370만 명을 넘어선 것으로 알려져 있다. 김정은 시대에 들어와 무선통신 서비스《강성네트》가 제공되기 시작했다.《고려링크》는 외국기업과 합영 형태로 설립·운영되어 내국인뿐 아니라 외국인 전용 서비스도 제공하는데 비해 북한 자본으로 만든《강성네트》는 내국인 전용 서비스만 제공한다.《고려링크》의 외국인 전용 서비스는 국제 인터넷망과 연결되어 있어 인터넷 접속이 가능하다. 외국인 전용 USIM을 장착한 스마트폰이나 휴대용 와이파이 중계기를 통하면

국제인터넷망에 접속할 수 있다.[766]

[2] UNICEF DPR Korea MICS(2018) 가구별 조사에 따르면, 북한은 전국적으로 69.0%가 이동전화를 보유하고 있으며, 특히 평양의 경우 90.6%의 높은 보유율을 나타내고 있는 반면 지방은 50.6%로 지역 간 격차가 크지만 이동통신의 대중화가 이뤄지고 있다. 이동통신 시장이 확대됨에 따라 기지국을 확충하고, 단말기 기술개발과 생산라인을 구축해 《아리랑》, 《푸른하늘》, 《평양터치》 등 스마트폰을 생산 보급하며 독자적인 이동통신 추진역량을 강화하고 있다. 이동전화(손전화) 가입자 수는 2009년에 6만 9천명, 2010년에 43만 2천명, 2011년에 100만 명, 2012년에 170만 명, 2013년에 242만 명, 2014년에 280만 명, 2015년에 324만 명, 2016년에 360만 명, 2017년에 381만 명이었던 것으로 알려져 있다(근거자료; ITU Mobile-cellular telephone subscription 2019).[767] 북한에서 이동전화가 600만대를 돌파했다는 정보도 있는데 2018~2019년의 급증(연간 70만대씩)과 여러 대 보유자를 가정하면, 그에 조금 못 미칠 것으로 추정된다.

[3] 김일성종합대학 평양의학대학에서는 운동 종목에 관계없이 임의의 훈련장소나 가정에서 손쉽게 사용하는 스마트폰용 운동능력 평가프로그램을 개발했다. 이 앱을 스마트폰에 깔면 운동량 측정기구가 없이도 임의의 훈련장소나 가정에서 손쉽게 쓸 수 있어서 체육선수와 일반인들이 자기 능력에 따라 훈련과 건강운동을 할 수 있다. 예를 들어 20~42cm 정도의 서로 다른 높이의 계단에서 운동한 다음에 심박수, 운동시간, 운동회수, 계단높이, 신체질량 등을 휴대폰에 입력하면 운동량과 산소섭취량, 대사당량Metabolic Equivalents(안정 시 신체에 필요한 산소량에 대비한 운동 수행 시 요구 산소량), 생리적 기능변화지수 등을 동시에 검출할 수 있다. 스마트폰용 앱 프로그램을 이용해 15일에 1회씩 운동능력을 점검하면 훈련 효과를 정량적으로 평가하고 훈련형식·방법, 계획 작성을 과학적으로 할 수 있어서 체육종목에 관계없이 누구나 이용할 수 있다고 한다.[768]

│4│ 평양건재공장 기술자들은 3D 측정과 CAD/CAM(컴퓨터지원설계/컴퓨터
지원제조) 기술에 의한 위생자기 모형 국산화에 성공했다. 제29차 과학기술
축전에서 높이 평가된 이 기술의 도입으로 고급 기능공에 의거하던 모형제작
을 짧은 시간 내에, 각이한 설계에 따라 할 수 있게 되었다.《을밀대》상표의
위생자기(목욕탕, 위생실, 세면장 등 사용) 생산은 2014년 6월부터 가동되었
다. 이 기술의 특징은 기존의 위생자기상품이나 모형을 비접촉 3차원 측정할
수 있다는 점과 측정치에 기초한 설계도나 자체로 제작한 설계도 프로그램으
로 CNC가공기계에 지령을 줄 수 있다는 점이다. 3D CAD/CAM 기술에 의해
짧은 시간 내에 각이한 위생자기 모형을 제작할 수 있다고 한다.[769]

│5│ 북한은 2015년 11월 11일 3대혁명전시관에서 제26차 전국프로그램 경연
및 전시회를 개막했다. 경연 및 전시회에는 개발된 1,200여건의 우리식 조작체
계용 응용프로그램들이 출품되었다. 프로그램들은 전문가-비전문가 부류로
나뉘어 조작체계 및 보안, 인공지능AI 및 조선어 정보처리, 생산 공정 CNC화
분과 등 17개 분과별로 전시되었다. 특히 전시물에는 공정조정 프로그램들과
요소·장치들, 당의 체육강국 건설구상 실현 및 새 세기 교육혁명에 도움을 주
는 프로그램들, 평양강냉이가공공장을 비롯한 여러 공장·기업소들과 성·중앙
기관들에서 자기 단위의 정보화 수준을 한 단계 올린 성과 자료들 등이 포함
되었다. 전시회 행사 시간에 번역 프로그램, 체육경기 모의분석 프로그램, 컴
퓨터 지원설계 프로그램 등의 경연대회도 열렸다.[770]
북한의 소프트웨어 개발 열기를 알려주는 보도가 언론매체에 간혹 등장한다.
평양청류중학교 교원(교사) 김광남이 개발한 외국어교육 지원프로그램이 그
런 예에 속한다. 중학교와 소학교 학생들을 위한 이 프로그램은 외국어 기초
교육단계의 읽기·쓰기·듣기·말하기를 다할 수 있으며 독학으로 외국어를 공
부할 수 있다. 교육부문프로그램 전국경연 및 전시회에서 우수 평가를 받은
외국어교육 지원프로그램을 개발한 김광남 교원은 지식경제시대의 모범적인
교육자로 평가받았다고 한다.[771]

│6│ 김일성종합대학 평양의학대학은 『동의보감』 열람 프로그램《유산1.0》

을 개발했다. 16세기까지의 고려의학 발전성과를 집대성한 백과전서인 『동의보감』은 『의방류취』, 『향약집성방』과 함께 3대 고려의학 고전이다. 《유산1.0》에는 근 100만자에 달하는 원문 한자들과 5권의 번역문들이 전자문서로 입력되어 있고 3,000여 개의 고려의학용어, 1,000여 종의 고려약 자료, 1만자의 한자사전이 구축되어 있다. 수 천 페이지에 달하는 원전이 화상파일로 보관되어 있으며 학술체계에 따르는 분류·검색 등을 할 수 있게 되어 있다. 이 프로그램의 개발로 고려의학 연구사업의 과학성·신속성을 보장하는 담보가 마련되고 신의학과 고려의학을 밀접히 결합시키는 정책을 철저히 관철할 수 있게 되었다고 한다.[772]

| 7 | 《수자경제와 정보화열풍》이라는 주제로 진행된 전국정보화성과전람회-2019(2019년 11월 개최)에는 440여개의 단위가 참가하여 1,600여건의 첨단정보과학기술 성과와 정보기술제품들을 출품했다. 붉은별기술교류사에서는 조작체계기술, 대자료big-data기술, 인식기술, 컴퓨터 시각기술이 도입된 새로운 붉은별조작체계를 내놓아 호평을 받았다고 한다. 김일성종합대학에서 전시한 대학부문 교원·연구사 실적평가체계, 외국어학습체계《주동적인 학습자》등 교육위원회 산하 단위들에서 출품한 프로그램도 관심을 끌었다고 한다. 이밖에 여러 대학의 원격교육에 도입되어 원격교육의 정보화 실현에 이바지하고 있는 원격지능교수 관리체계, 생산 공정의 자동화·지능화 실현에서 이룩된 3축6자유도 비행모의시험기, 이동식6자유도 관절로봇, 수십 건의 정보보안제품 등은 세계적 수준의 제품이었다고 한다. 전람회에서는 성과 및 경험발표회, 10여개 대학과 수십 개 과학연구기관·정보산업단위에서 선발된 백수십 명의 최우수 프로그램개발자들이 참가한 프로그램작성 경연이 프로그램 개발열풍과 인공지능AI 기술에 대한 관심을 고조시켰다고 한다.[773]

에너지·교통부문

| 1 | 북한은 에너지 부족 문제를 해결하기 위해서 과학기술을 적극 활용하

고 있다. 대체에너지 자원을 개발하고 석유를 비롯한 화석연료 소비를 줄이는 과학기술 성과들이 잇따르고 있다. 국가과학원 연구진이 개발한 생물질압착연료가 평양의 공장 등에 도입되어 석탄 절약에 기여하고 있다고 한다. 생물질압착연료는 톱밥 같은 농업·임업 부산물로 만들며 '500kg의 생물질압착연료는 1t의 석탄과 맞먹는다'고 한다. 평양기계대학은 자동차의 출발과 도착지점을 잇는 최단 경로를 탐색하는 프로그램을 개발해 운수기관들이 연료를 5~10% 절약했다. 내각 도시경영성 중앙난방연구소가 개발한 태양열 난방시스템이 평양 광복거리 주택들에 도입되었다고 한다. 이 시스템은 낮에 태양열로 데운 물을 밤에 난방관으로 흘려보내는 방식으로 열을 공급하는데 기존 태양열 난방과는 달리 전력 소모가 없다.[774]

북한은 만성적인 전력난을 해결하고자 에너지 소모량을 줄이는 기술 개발에도 관심을 쏟고 있다. 북한 과학기술진은 물체를 가열할 때 에너지 소모량을 줄이는 고성능 원적외선 복사체, 광물 추출 공정의 전력 효율성을 높이는 고주파 임펄스 전기선별기 등 에너지 절약기술을 활용하고 있다. 대형 발전소보다는 소형 발전소를 여러 개 건설하는 것이 효율적이고 환경 친화적이라는 점에 착안해 '분산형 동력체계'를 모색하고 있는 것으로 알려져 있다.[775]

|2| 조선과학기술총연맹 중앙위원회는 2017년 8월 28일~31일에 단천지구 광업총국에서 단천지구 광산·기업소들의 생산 정상화를 위한 과학기술발표회를 진행했다. 국가과학원 중앙광업연구소, 검덕광업연합기업소, 단천제련소, 단천마그네샤공장, 문평제련소, 김책공업종합대학 등의 과학자·기술자·교원·3대혁명소조원들이 참석한 발표회는 광업·유색금속·내화물 분과로 나눠 진행되었다. 발표회에서는 광산·기업소들의 현대화·정보화·생산 정상화에서 이룩한 과학기술 성과와 경험들을 반영한 300여 건의 논문들이 제출되었다. 광업·유색금속부문과 마그네샤 제품 생산부문의 최근 과학기술 발전추세에 대한 강의도 있었다.[776]

|3| 조선과학기술총연맹 중앙위원회는 2017년 9월 12일~13일에 과학기술전당에서 전국전력공업부문 과학기술발표회를 진행했다. 발표회에는 김일성종

합대학, 김책공업종합대학, 국가과학원 전기연구소, 전력공업성 전력정보연구소, 평양시송배전부 및 평양화력발전연합기업소를 비롯한 수십 개 단위의 교원·연구사·기술자·박사원생·현장일군들이 참가했다. 전력 생산을 정상화하고 전력의 도중 손실을 줄이며 전기를 절약하는 데서 이룩한 과학기술 성과와 경험을 보급할 목적으로 진행된 발표회에는 50여 건의 논문들이 제출되었다. 발표회에서는 교류접촉기와 전력계통에서 전압조종과 그 특징, 발전추세에 대한 강의도 있었다.[777]

[4] 조선과학기술총연맹 중앙위원회는 2017년 8월 29일~30일에 철도성 정보기술연구소에서 지하전동차 개발 관련 과학기술발표회를 진행했다. 김일성종합대학·평양철도종합대학·김책공업종합대학·철도성철도연구원·김종태전기기관차연합기업소를 비롯한 과학교육·철도운수부문의 교원·연구사·기술자·박사원생들이 참가한 발표회는 전기 및 정보기술 분과와 기계분과로 나눠 진행되었다. 지하전동차 설계와 제작·운영에서 이룩한 성과들과 이에 토대하여 더욱 완성해 나가는 데 필요한 과학기술적 문제들을 해결하기 위한 80여 건의 논문들이 제출되었다. 발표회 기간에 지하전동차 대차와 견인조종체계의 최근 발전추세에 대한 강의도 있었다.[778]

보건의료부문

[1] 보건부문에서는 줄기세포 이식기술을 보다 폭넓게 받아들이는 사업이 진행되고 있다. 의학과학원 의학생물학연구소·종양연구소는 "(간 재생을 위한) 지방유래간엽성(지방조직 유래 중간엽) 줄기세포를 몇 가지 세포로 분화시키기 위한 연구와 자가골수 이식요법으로 악성 임파종 환자의 치료효과를 높이는 연구를 진행해 암성 질병치료에서 성과를 거두고 있다"고 한다. 김만유병원에서는 다발성 경화증(뇌와 척수의 축삭주변의 지방성 말이집을 감싸는 부분이 손상을 입어 탈수질환과 흉터형성으로 이어지는 염증 질환) 치료와 척수 손상치료에 신경줄기세포 이식기술을, 그리고 심근경색과 동맥폐쇄

성 질병치료에 간엽계 줄기세포 이식수술을 도입하는 연구를 심화시켰다. 2013년에는 줄기세포 이식기술로 '대퇴골 두무균성 괴사'를 비롯한 난치성 질병 치료를 진행했으며, 평양산원 의사들은 이 방법으로 부인질병 치료에서 효과를 보고 있다고 한다.

김일성종합대학 평양의학대학 임상연구소에서는 줄기세포기술을 응용해 급성 백혈병을 자가골수 이식방법으로 치료하는 돌파구를 열었다. 북한은 지난 1991년 6월 국가과학원 산하에 세포 및 유전자공학 분원을 설립하고 줄기세포와 성장호르몬, 종양·염증 치료물질 개발 등 생명공학 연구에 집중해 왔으며, 2000년도 중반부터 정보기술·나노기술·생명공학과 함께 줄기세포 공학을 첨단과학기술 분야로 보고 세포 및 유전자공학 분원 산하에 줄기세포연구실을 두고 있다.[779]

|2| 김일성종합대학 평양의학대학 병원은 중파에 의한 간암치료방법을 찾아냈다. 치료전극을 종양조직에 침투시킨 후 1.5MHz 중파로 종양에 대한 중파에너지의 집중도를 최대한 높여 간종물을 치료하는 치료기구를 이용해 한두 번의 조작으로 암세포를 제거할 수 있다고 한다. 화상설비를 이용해 주사바늘 정도의 최소절개만으로 치료하는 인터벤션Intervention 기술을 도입해 치료효과를 높였으며, 주위 정상조직들에는 아무런 영향도 미치지 않아 합병증을 초래하지 않는다. 이 방법으로 직경 3cm 미만의 간암치료에서 96%의 효과를 보았다는 것이다. 문연화 종양연구실 실장은 "이 치료기를 임상 실천에 적용한 데 의하면 간암을 조기 적발해 치료한 환자들의 생존율은 1년에는 99%, 3년에는 86%, 5년에는 64%였다"고 밝혔다.[780]

|3| 고려의학과학원에서 내놓은 《희금쑥뜸치료기》는 쑥이 탈 때 나오는 열복사선과 쑥 유효성분, 희토류 광물의 전자복사선, 금강약돌의 원적외선의 복합작용으로 인해 인체의 혈액순환 개선, 세포내의 물질대사 활성화, 기혈순환과 면역기능 향상 등이 가능한 휴대용 기구다. 《희금쑥뜸치료기》는 종전의 치료기구들보다 혈 자극효과가 빠르고 기혈이 잘 통하게 할 뿐 아니라 위장관의 연동운동과 소화액 분비기능을 항진시켜준다. 이 기구를 이용해 기관

지 천식, 고혈압, 저혈압, 심장신경증, 위 및 십이지장궤양, 방광염, 신경쇠약증, 편두통, 당뇨병, 불임증 등 여러 가지 질병들을 치료할 수 있다. 치료목적에 따라 해당 침혈 부위에 대고 뜸뜨는 온도와 시간을 조절할 수 있으며, 생강이나 마늘, 부자, 소금 등을 잘게 썰거나 가루를 내어 침혈 부위에 놓고 사용하면 더 좋다고 한다.[781]

기타 부문

[1] 조선과학기술총연맹 중앙위원회는 2017년 8월 29일~30일에 과학기술전당에서 전국도시경영부문 과학기술발표회를 진행했다. 김일성종합대학, 평양건축종합대학, 도시경영과학연구소, 국가과학원 잔디연구분원, 평양시 상하수도관리국을 비롯한 여러 단위의 과학자·연구사·기술자·일군들이 참가한 발표회에는 도시경영 사업에서 새로운 전환을 일으키는데 이바지할 170여 건의 논문들이 제출되었다. 발표회에서는 '녹색건축' 기술이 도입된 건물들과 시설물들에 대한 관리를 개선하는데 필요한 문제들을 과학 이론적으로 서술한 논문들이 소개되었다. 건물들의 냉난방 보장과 오수정화·원림녹화와 능률 높은 기술수단들의 개발을 비롯해 도시경영에서 제기되는 과학기술적 문제들을 해결한 연구 성과들도 발표되었다.[782]

[2] 조선과학기술총연맹 중앙위원회는 2016년 11월 9일~10일에 평양종합인쇄공장에서 전국인쇄부문 과학기술발표회를 진행했다. 발표회에는 출판지도국, 평양종합인쇄공장, 출판인쇄과학연구소, 평양인쇄공업대학, 외국문출판사를 비롯한 여러 단위들에서 내놓은 50여 건의 논문들이 제출되었다. 참가자들은 인쇄공업의 현대화·정보화를 추진하며 원료·자재·설비들의 국산화를 더 높은 수준에서 실현하기 위한 사업에서 이룩한 성과와 경험들을 소개했다. 그 중에는《합리적인 컴퓨터조판 방법에 의한 인쇄공정 확립》,《출판인쇄부문 자재규격 자료집》,《신문 윤전인쇄기 100부 자동계수기》,《수자식(디지털) 점도계》등이 포함되어 있었다. 발표회 기간에 출판정보화 체계의 구축과

인쇄공장 통합 생산체계의 실현에 관한 강의도 진행되었다.[783]

[3] 조선과학기술총연맹 중앙위원회는 2017년 9월 13일~14일에 신의주화학섬유공장에서 전국섬유종이부문 과학기술발표회를 진행했다. 화학공업성·국가과학원 산하 단위들, 한덕수평양경공업종합대학·평북종합대학·신의주펄프공장을 비롯한 과학·교육기관·공장의 과학자·연구사·교원·기술자·현장일군들이 참가한 발표회에는 국내 자원에 의거하여 종이공업을 다방면적으로 발전시키는데 이바지할 수 있는 70여 건의 논문들이 제출되었다. 발표회에서는 섬유종이공업 분야의 최근 발전추세와 나라의 섬유자원을 더 많이 개발 이용하기 위한 과학기술적 문제들에 대한 강의도 있었다.[784]

[4] 조선과학기술총연맹 중앙위원회는 2017년 5월 16일~17일 과학기술전당에서 전국수산부문 과학기술발표회를 진행했다. 김일성종합대학, 김형직사범대학, 원산수산대학, 남포수산대학 및 수산성 수산연구원, 강원도 수산관리국을 비롯한 10여 개 단위의 과학자·기술자·교원·연구사 등 150여 명이 참가했다. 수산분과와 양어분과로 나눠 진행된 발표회에는 140여 건의 논문이 제출되었고, 수산물 생산을 늘리는 데서 제기되는 과학기술적 문제들을 해결한 성과 및 경험들이 발표됐으며,《양어용 생물먹이에 대하여》등의 강의도 있었다.[785]

[5] 북한은 2017년 4월 3일 과학기술전당에서 제32차 전국과학기술축전을 개막했다.《첨단기술, 과학기술과 생산의 일체화》를 주제로 열린 개막식에는 최태복 당 중앙위원회 부위원장(교육과학담당), 전광호 내각 부총리, 리충길 국가과학기술위원회 위원장, 김승두 교육위원회 위원장, 장철 국가과학원 원장, 관계부문 일군들과 근로자들이 참가했다. 축전에는 위원회·성·중앙기관, 과학연구·교육기관들과 각 도(직할시) 과학기술축전들에서 우수한 평가를 받은 320여 개 단위의 과학자·기술자·노동자·농민·3대혁명소조원·교원·연구사·박사원생들이 참가했다. 전력, 석탄, 금속, 화학, 철도운수, 경공업, 농업 등 29개 분과로 나눠 진행된 축전은 과학기술 성과들을 전시하고 발표하는 방법으로

진행했고 새 기술, 새 제품 봉사도 진행했다.[786]

참고로 김책공업종합대학은 2018년 9월 20일에 대학창립 70주년 국제학술토론회를 개최했는데 행사 주제는 《교육과 과학발전, 생산의 일체화》였다. 토론회는 지구과학 및 광업분과, 금속 및 재료분과, 기계 및 에네르기과학분과, 정보통신 및 자동조종분과, 측정 및 분석분과, 정보과학분과로 나눠서 대학 전자도서관에서 진행되었다.[787] 과학기술과 생산의 일체화[788] 및 이와 관련한 교육의 일체화 노력이 지속되고 있다.

|6| 북한은 2018년 4월 23일 3대혁명전시관에서 제33차 전국과학기술축전을 개막했다. 개막식에는 박봉주 내각 총리, 박태성 당 중앙위원회 부위원장(교육과학담당), 김승두 내각 교육위원회 위원장, 장철 국가과학원 원장을 비롯한 일군들과 근로자들, 위원회·성·중앙기관과 각 도(직할시) 과학기술축전들에서 당선된 500여 개 단위의 과학자·기술자·일군들이 참가했다. 《원료·자재·설비의 국산화, 과학기술과 경제의 일체화》를 주제로 한 행사는 전력, 금속, 화학, 기계, 석탄, 건설, 정보기술, 생물공학분과를 비롯한 29개 분과로 나눠 진행되었다. 행사에서는 인민경제의 주체화·현대화·정보화·과학화 실현에서 이룩한 과학기술성과들을 전시하고 발표했으며 새 기술교류와 새 제품교류봉사도 있었다.[789]

|7| 북한은 2017년 8월 23일~29일 과학기술전당에서 전국청년과학기술성과전시회를 열었다. 전시회에는 550여 건의 첨단과학기술 성과들을 비롯한 4,100여 건의 가치 있는 발명 및 새 기술 혁신안들이 출품되었다. 국가과학원의 청년과학자들이 출품한 석탄생산의 현대화·과학화·정보화 실현에 필요한 3차원3D 지하정보체계 등이 높은 평가를 받았다. 철도차량 자동식별 체계, 4차원4D 율동영화 편집·방영체계를 비롯해 첨단수준의 정보기술IT제품들을 내놓은 여러 교육연구 단위들과 연구기관들의 성과도 이목을 집중시켰다. 각지의 3대혁명소조원들은 순면타올 염색의 다색多色화 실현과 비누수분 측정기 제작 등 공장·기업소들의 생산 활성화에 기여하는 과학기술 성과들을 내놓았다.[790]

│8│ 북한은 2017년 7월 18일~28일에 과학기술전당에서 제15차 전국발명 및 새 기술 전람회를 열었다. 전광호 내각 부총리, 김승두 교육위원회 위원장, 장철 국가과학원 원장 등이 개막행사에 참가했고, 전람회장에는 전국의 과학자·기술자·일군들·발명가들이 개발한 1,500여 건의 발명 및 새 기술성과 자료들이 전시되었다. 전람회 기간에 과학기술발표회, 지적제품 유통사업 등이 있었다. 전력공업성·금속공업성·교육위원회·국가과학원·경공업성을 비롯한 20개 단위가 1등으로 평가됐으며, 80여 명에게 금메달과 세계지적소유권기구에서 보내온 발명가 메달·증서가 수여되었다.[791]

│9│ 조선중앙통신은 2017년 10월 11일 평양 과학기술전당에서 전국적인 과학기술 보급망체계를 형성해 나라의 지식자원의 일원화·체계화에 이바지하고 있다고 보도했다. 과학기술 보급망체계는 과학기술자료봉사, 기술토론봉사, 성과와 경험봉사, 기술 및 제품봉사 등 여러 가지 서비스기능들이 들어있는 열람교류체계이다. 각지의 수많은 과학기술보급실들과 연결되어 생산과 과학연구 사업을 밀착시키고 전민과학기술인재화를 실현하는 역할을 수행하고 있다고 한다. 리성규 과학기술전당 처장에 따르면, 과학기술 자료들의 주문건수와 기술토론 및 교류 참가자들의 숫자가 날로 늘어나고 있다. 2017년에만 6,000여 만 건의 과학기술 자료가 보급되어 해당 단위의 기술발전과 네트워크 이용자들의 지적 수준을 높이는데 실질적으로 기여했다고 한다.[792]
『로동신문』은 2019년 4월 24일 "전민이 과학기술발전의 담당자가 되어야 한다"는 사설을 게재해 김정은 위원장의 전민과학기술인재화 방침에 따라 모든 근로자들을 '지식형 근로자'로 만들 것을 촉구했다. 사설은 "인재와 과학기술은 우리의 제일가는 전략적 자원이며 자립경제발전의 기본동력"이고, "국가경제발전 5개년전략목표 수행을 위한 증산돌격운동은 과학기술에 기초한 자력갱생 대진군운동"이라면서 "당의 전민과학기술인재화 방침을 철저히 관철하여 현대과학기술에 정통한 인재로, 지식형의 근로자로 튼튼히 준비함으로써 사회주의건설의 승리적 전진을 추동하는데 적극 이바지할 것"을 호소했다.[793] 전민과학기술인재화 방침을 실천하는 과정에서 과학기술전당이 날로 중요해질 전망이다.

과학기술 해외교류

〖1〗 과학기술발전에는 다른 나라들과의 교류가 필수적이다. 북한은 오랫동안 세계 과학계와의 교류에 소극적이었다. 평양과학기술대학에서 근무하는 30여 명의 외국인 교수들과 북한 과학자들 사이에도 교류가 없었던 것으로 알려져 있다. 과학전문 학술지 평가기관인 미국의 '톰슨로이터'에 의하면, 2000~2011년에 북한 과학자들은 과학전문 국제학술지에 논문 187건을 게재하는데 그쳤다. 남한 과학자들은 2010년 한 해에만 약 4만 건의 논문을 실었고, 미국 과학자들은 33만 건의 논문을 게재한 것으로 나타났다.

북한은 2013년부터 김일성종합대학의 국제교류와 경제·과학기술에서 국제적 규격을 강조하는 등 세계적 추세와 국제적 흐름에 따르려는 의지를 보였다. 김정은 위원장이 김일성종합대학의 국제적 연구 활동을 촉구하여 교수와 학생들을 긴장시키고 있다. 이 분위기 아래 김일성종합대학·평양과학기술대학을 비롯한 여러 대학이 외국과 학술토론회를 개최하거나 국제학술토론회에 참가하는 사례가 빈번해지고 있다. 아직은 국제토론회의 주된 내용이 외국의 투자유치 등 경제협력과 캐나다·말레이시아·중국 등 외국 경제특구 사례, 산업기술 협력방안 등에 그치고 있다.[794]

〖2〗 『교육신문』(주간, 2013년 10월 24일)은 김일성종합대학이 2013년 10월 평양에서 중국 옌볜延邊대학·지린吉林대학과 학술토론회를 열어 사회과학·화학·지질학·의학·농학에 관한 의견을 교환했다고 소개했다. 김일성종합대학 교수들은 토론회에서《투자유치 활동을 통한 조중 경제협력의 확대발전》, 《조선민주주의인민공화국에서의 외국투자기업 회계제도의 특징》등 외국투자를 주제로 한 논문을 여러 건 발표했다.

한편, 조선경제개발협회와 박경애 캐나다 브리티시컬럼비아대학(UBC·정치학) 교수가 9월 16~17일 평양에서 주최한 국제토론회가 북한 대학들의 호응 속에 진행되었다. 캐나다, 말레이시아, 중국 등 외국 경제학자들이 자국의 경제특구 사례를 발표한 이 토론회에는 김일성종합대학, 인민경제대학, 정준택 원산경제대학, 평양외국어대학 교수들이 참석했다. 남북 간 첫 합작대학인 평양과학기술대학도 10월 8~12일 제2회 국제학술토론회를 개최했다. 이 자리에는 미국, 캐나다, 호주 등 외국 학자들과 평양과기대 학생들이 참석해 산업기술 등의 협력 방안을 논의했다. 토론회들은 북한이 2013년에 대학의 국제화를 강조한 정책과 맞물린 것이었다. 조선중앙방송은 그해 7월 대학 교육의 질을 높여야 한다며 김일성종합대학이 국제학술잡지에 가치 있는 논문을 투고하고 국제학술토론회에 적극 참가하고 있다고 보도한 바 있다.[795]

|3| 북한은 외국 정부와의 과학기술 협력에 관한 합의에 나서고 있다. 북한과 러시아 정부는 2014년 3월 26일 양국 정부 사이의 《무역, 경제 및 과학기술 협조에 관한 회담록》에 조인했다. 조인식에는 북, 러 정부 간 무역, 경제 및 과학기술협조위원회 북측 위원장인 리룡남 무역상과 관계부문 일군들, 러시아측 위원장인 알렉산드르 갈루슈카 러시아 원동발전상 일행과 알렉산드르 티모닌 북한 주재 러시아 대사가 참가했다.[796]

북한은 2012년 9월 1일 테헤란에서 이란과 《과학, 기술 및 교육분야에서의 협조에 관한 양해문》을 조인했다. 조인식에는 북측에서 김영남 최고인민회의 상임위원회 위원장과 박의춘 외무상 등이, 이란측에서 마흐마드 아흐마디네자드 대통령, 페레이든 아빠시 다바니 부대통령 겸 원자력위원회 위원장 등이 참가했다.[797] 북한은 '과학기술의 주체화' 기치를 내걸면서도 과학기술부문의 국제교류에 힘을 쏟고 있으나, 국제사회의 대북제재로 인해 이렇다할 성과를 거두지는 못 하고 있다. 북한이 다른 나라들과 체결한 과학기술 협조 합의들을 지속적으로 관찰할 필요가 있다.

|4| 북한의 모란봉기술무역회사는 2019년 12월에 기술무역봉사를 위한 《자강력》 사이트를 개설했다. 기술제품전시봉사, 성과자료전시봉사, 학습실봉사, 자금결제봉사, 기술제품심의봉사, 기술발전정보봉사, 제품운송봉사 등의 항목으로 구성되어 있는 사이트는 수요자들이 국가컴퓨터망에서 기술제품들과 과학기술성과 자료들을 신용거래에 기초하여 판매·봉사 받을 수 있는 전자업무체계이다. 이 사이트에 가입하는 단위들에서는 새 기술 및 제품의 개발과

생산에 드는 노동력, 자재, 자금 등 인적·물적 자원과 시간을 절약하고 지출의 효과성을 높일 수 있다고 한다. 모란봉기술무역회사는 각 도에《자강력》사이트의 지사를 설립하고 있다.[798]

7) 단번도약의 가능성

북한은 첨단과학기술을 산업현장에 접목하여 단번도약을 이룰 수 있을 것인가? 단번도약은 단기간에 경제성장을 이루려는 속도전 전략인데 북한이 1960년대에 고도 경제성장기를 구가한 적이 있었음을 복기해볼 수 있다. 북한은 그 시기에 천리마운동을 전개하면서 대중적 기술혁신으로 자립적 민족경제건설의 토대를 닦았다. 고속성장의 역사적 경험은 단번도약의 자산이라 할 수 있다. 북한은 21세기의 처방으로 단번도약을 내놓았고 그것을 어떻게 실행하느냐가 남은 숙제다.

21세기는 지식경제시대(지식기반경제의 시대)이고 최첨단의 과학기술력이 경제발전을 좌우하는, 인류사에서 경험하지 못한 새로운 시대이다. 정보통신기술(ICT, 국가광역 정보통신망 구축과 소프트웨어 기술육성 등), 나노기술(NT, 나노재료공업 창설 등), 생명공학기술(BT, 생명공학에 의한 우량품종 육종 등), 환경기술(ET, 환경오염방지플랜트 등)의 최첨단기술이 산업현장에 도입되면 경제성장에 도움이 될 것이다. 다만 그러한 접목에서 생산성과로 이어지기까지는 시간과 속도의 문제가 남는다.

최첨단기술이 발전한다고 해서 단번도약으로 곧바로 이어진다는 보장은 없고, 단기 성장을 이루더라도 이를 장기성장으로 이어가는 과제가 쉽지는 않다. 지식경제시대에 적합한 산업구조로의 조정 과정은 지난至難한 장정長征이 될 수 있다. 세계적으로 ICT 버블 현상이 광범위하게 나타나고 있음도 유의해야 할 것이다.

그러나 북한의 강성국가 건설의 경로는 좀 달리 볼 측면이 있다. 북한은 첨단과학기술의 발전을 통한 단번도약을 추구하면서도, 인민경제 선행부문과 중요공업부문의 발전, 농업과 경공업 발전 등을 병행시키는 '균형발전'을 유지하려고 한다. 북한은 과학기술과 생산의 밀착을 특정 산업부문에 제한하는 것이 아니라 중공업·농업·경공업에 전방위적으로 구사한다. 북한이 단번도약을 위해 전개해온 과학연구사업의 중시, 최첨단돌파전의 전개, 과학기술전선에서의 집단적 혁신, 국가경제의 지식경제로의 전환, 전민과학기술인재화(원격교육체계, 과학기술보급체계), 과학기술행정사업과 경영관리방법의 개선 등의 과업들은 모든 산업부문에서 진행되고 있다. 인민경제의 주체화·현대화·정보화·과학화의 전략적 노선이 관통하고 있는 것이다. 이를 간과하면 단번도약이 ICT 같은 몇 부문의 과학기술에 집중하는 것으로 오해할 수 있다.

이런 점을 감안하면 북한의 21세기 산업혁명은 ICT혁명과 빅데이터, 인공지능, 사물인터넷, 자율주행차, 지능로봇, 스마트시티, 차세대 통신 등으로 표현되는 4차 산업혁명과는 사뭇 다르다. 북한은 자신의 '새 세기 산업혁명'을 설명할 때 국제사회에서 부상한 '4차 산업혁명'을 연계시키지 않는다. 첨단과학기술 발전을 중시하고 있는 북한이 4차 산업혁명의 조류를 몰라서라거나 인공지능, 지능로봇 등에 관심이 없다거나 혹은 과학기술 수준이 그에 미치지 못해서 그런 것 같지는 않다.

북한의 21세기 산업혁명은 농업·경공업 발전과 같은 인민생활 향상에서부터 기계제작공업, 전자자동화공업, 에너지·화학공업, 광물자원 개발, 교통인프라 등 경제강국 건설에 필요한 모든 산업에 과학기술을 접목시키려는 것이다.

오늘의 북한 산업구조를 보면 국제적 수준에 못 미치는 낙후된 부문이 있고 이를 정상 수준으로 끌어올리는 것은 매우 중요하다. 어느 산업을 기형적으로 발전시키면서 낙후된 부문을 그냥 두는 것은 북한이 추구해온 '균형발전'의 지향에 어긋난다. 북한은 지금까지 자립적 민족경제건설노선을 일관되게 유지해왔는데 그 과정에서 불균형발전에 경도된 적도 있지만 균형발전론으로의 탄성 회복elastic recovery의 경향을 보여왔다.

이 점을 고려하면서 질문을 되풀이해본다. 북한이 과연 '우리식 산업혁명'을 통해, 첨단과학기술 발전을 앞세운 단번도약에 의해 지식경제시대의 경제강국 건설에 성공할 것인가? 오늘의 북한은 지식경제시대의 첨단과학기술 발전을 앞세우면서도 자력갱생과 자력자강을 강조한다.

북한이 단번도약의 길을 제대로 간다면 그것은 다른 나라에서 유형을 찾기 어려운, 창조적인 하나의 원형Prototype이 될 수 있다. 그 원형은 북한에서 김일성-김정일주의의 경제발전전략(인민경제의 주체화·현대화·정보화·과학화)의 한 부분으로 설명되겠지만, 진정한 실리적 혁신utilitarian innovation 또는 혁명적 전환revolutionary transformation의 의미를 가질 것이다. 북한이 생존을 넘어 경제발전전략의 창조적 원형을 안착시키는데 성공할 것인가, 이 예측에는 '축적의 시간'이 더 필요하다.

3. 군수-민간경제의 결합 : 국방공업 능력의 민수 전환[799]

"인민군대는 사회주의강국 건설의 주력군, 돌격대의 위력을 계속 높이 떨쳐야 합니다." (김정은 위원장의 제7차 당대회 발언)

"군수공업부문에서는 조선반도의 평화를 무력으로 믿음직하게 담보할 수 있게 국방공업의 주체화, 현대화를 다그쳐 나라의 방위력을 세계 선진국가 수준으로 계속 향상시키면서 경제건설을 적극 지원하여야 하겠습니다. (김정은 위원장의 2019년" 《신년사》

김정은 시대의 경제발전전략에서 두드러진 방향의 하나는 군수-민간경제의 광범위한 결합이다. 선군시대 경제건설노선 하에서 발전한 국방공업 능력을 민수산업에 적용하는 것은 혁신의 중요한 측면이다. 첨단과학기술을 군산軍産복합체의 생산에 도입해 일정한 성과를 거둔 뒤 이를 민수산업에 응용하는 것은 산업 생태계에서 흔히 있는 일이다.

인터넷을 비롯한 정보통신기술ICT의 발전이 군수물자 수급需給관리체계의 발전에서 비롯되었음은 널리 알려져 있다. 미국의 사례처럼 거대 군산복합체가 전 세계에 군수생산품을 수출하는 일부 나라를 제외하면, 군수산업의 소비성 지출은 국민경제에 마이너스 요인으로 작용한다. 소비에트연방공화국의 붕괴에 대하여 미합중국과의 무한 군비경쟁에 따른 출혈과 그로 인한 중공업과 경공업부문 간의 심각한 불균형이 그 요인으로 빈번히 거론된 바 있다. 생산성 지출보다 소비성 지출이 많은 군사비(안보비용)는 경제발전과 복지에 당연히 부담이 된다.

북한에서도 군사비에서 소비성 지출이 차지하는 비중은 높았고, 이것은 경제발전에 지장을 초래해왔다. 북한은 미국과의 전쟁에 대비해온 '군사과잉사회'이기 때문에 노동력은 물론이고 자원배분의 면에서 국방공업이 차지하는 비중이 월등히 높았다. 1970~80년대에 발표된 예산에서 군사비가 연간 12~13%대를 유지했던 시기에도 실제로는 연간

25~30%에 가까운 국가예산이 국방부문에 투입되었던 것으로 외부에서 추정해왔다. 북한이 정확한 실상을 공개하지 않기 때문에 국가예산에서 군사비가 얼마나 차지하는지를 정확히 알기 어렵다.

북한은 군사비의 과잉지출이 초래한 경제적 압박을 해소하기 위해 기계제작공업을 비롯한 군수산업의 최첨단부문을 민수산업에 활용하는 한편, 인민군대로 하여금 축산업·수산업에서 경공업, 대규모 건설공사에 이르기까지 경제 전반에 참여하도록 해왔다. 군인들에게 산업역군의 역할을 맡김으로써 부족한 노동력을 군인들로 보충하고 있다.

김일성 시대에도 인민군대가 대규모 건설공사를 맡는 경우가 있었고, 선군시대 경제건설노선에서는 군인이 노동자·농민·근로인텔리와 함께 '혁명의 주체'로 부각되면서 인민군대의 경제적 역할은 더욱 커졌다. 김정은 시대는 그러한 역사적 경험을 계승하면서 국방공업 능력의 민수 전환이라는 실리적 혁신을 통해 사회주의경제강국의 길을 모색하고 있다.

북한의 군수산업은 전문부문과 일반부문으로 나눠볼 수 있다. 전자는 총, 탄약, 전차, 군함, 군용비행기 등의 무기를 생산하고, 후자는 군복, 군화, 장구류 등의 군용 필수품을 생산한다. 2000년대 초에 대략 전문군수공장 44개소, 일반군수공장 136개소로 추정된 바 있다.[800] 북한 국방공업의 특징은 군수생산과 민수생산이 여러 면에서 결합·중첩되어 있다는 점이다. 선군시대 경제건설노선 하에서는 국방공업의 우선발전이 전략적 방향이었고 이전의 경제건설과 국방건설의 병진노선에 비해 국방공업의 중요성은 더 부각되었다.

선군경제노선의 당시에 북한 경제학자들은 국방공업의 우선발전이 갖는 산업적 의의를 제시하려고 노력했던 것으로 관찰된다. 이를테면 "국방공업의 우선적 발전은 국방공업을 중요한 자리에 내세우는 특수한 경제구조를 형성하는 것으로 나타난다"는 가정假定에서 출발하여, "국방공업을 중요한 자리에 내세우는 경제구조란 국방공업에 선차성을 부여하고 연관부문들을 국방공업 건설에 우선적으로 복무하게 하는 경제구조"라는 담론談論이 정립되었다.

이 담론에서 한편으로 국방공업의 우선발전이 금속공업·기계공업·전력공업과 같은 중공업의 발전을 전제로 삼으며 중공업 발전을 추동한다는 측면이, 다른 한편으로는 국방공업의 발전이 첨단과학과 기술을 발전시켜 경공업을 비롯한 다른 경제부문의 발전을 추동한다는 측면이 중시되었다.[801] 이것은 군수생산과 민수생산의 결합구조를 이론적으로 정당화하려는 노력의 산물이었다.

선군경제노선 하에서는 '민수산업의 군수화' 경향이 지배적이었다. 전시戰時 상황이 아닌 평시에도 민수공장에서 군수품을 생산하거나 부품(협동제품) 생산을 지원하는 시스템이 가동되었다. 그러나 김정은 시대에 들어와서는 이와는 역逆으로 '군수산업의 민수화'의 조짐이 본격화되고 있다.[802] 군수-민간경제의 결합은 김정은 시대의 전략적 노선에서의 실리적 혁신을 잘 보여준다. 이 주제를 본격적으로 다루려면 관련 자료의 접근과 축적이 필요한데 다른 부문에 비해 상대적으로 그에 대한 어려움이 크다.

북한의 군수-민간경제의 결합의 사례를 집중적으로 모으고 분석하는 과제는 북한 경제의 전략적 방향을 이해하는 데서도 중요하지만, 남북 경제협력과 교류를 통해 민족경제공동체를 형성하는 과정에서도 중요하다. 평화적 공존을 바탕으로 한 민족의 공동번영을 이루는데 있어서 북한의 군수-민간경제의 결합의 실상을 파악하는 과제는 다른 어떤 주제보다도 심중한 의미를 갖는다.

여기에서는 북한의 국방공업 구조와 제2경제위원회의 설명에서 출발하여 민수산업의 군수화와 《신년사》의 국방공업 언술, 김일성 시대의 군수산업에서의 민수제품 생산의 역사, 김정일 시대의 선군노선과 인민군대의 경제건설, 인민군대의 경제부문 관여 동향, 군수-민간경제 결합의 전환이 된 2009년의 동향, 김정은 위원장의 현지지도와 군수-민간경제의 결합, 군수공업의 경제건설 지원의 전환이 된 2019년의 동향 등을 다루기로 한다.

1) 국방공업 구조와 제2경제위원회

국방공업 구조

군수-민수산업의 결합을 알아보기에 앞서 북한의 국방공업 구조부터 살펴볼 필요가 있다. 국방공업은 김일성 시대의 경제건설과 국방건설의 병진노선에서 시작해 김정일 시대의 선군시대 경제건설노선을 거쳐 김정은 시대의 경제건설과 핵무력건설의 병진노선에 이르는 과정에서 언제나 국가전략부문의 첫 자리에 위치했다.

국방공업은 군사력의 건설·운용에 필요한 각종 자원, 투입요소, 생산기반, 연구개발, 재정 및 수출입 등의 제반 요소를 포괄한다.[803] 국방공업에는 조선인민군의 군사재정 능력, 무기·군수물자의 연구개발과 생산능력, 국방자금 조달을 위한 무기 수출입 및 군대 소유기업의 경제활동 등이 포함되기 때문에 조선인민군은 소비주체를 넘어 생산주체로서의 역할을 수행해왔다.[804]

북한에서 국방공업을 총괄하는 기구는 제2경제위원회이다. 이 명칭은 민수산업을 총괄하는 내각을 제1경제위원회로 여긴데 따른 것이다. 공식담론들은 내각을 '경제사령부'로 호명하기를 즐긴다. 제2경제위원회의 설립과정을 보면, 김일성 총비서가 1970년 11월의 제5차 당 대회에서 국방력의 지속적 강화 방침을 밝히고 난 뒤에 정무원(내각의 전신) 산하의 군수산업 지도체계의 재편이 진행되었고, 1971년 5월 이후 정무원의 제2기계공업성이 더 이상 공식문헌에서 언급되지 않았으며 1972년 4월부터는 국방예산이 공개되지 않는 일련의 흐름이 있었다.

국방예산의 비공개가 제2경제위원회의 출범과 직접 관련이 있다는 견해가 있다. 이에 따르면, 제2경제위원회는 1972년 사회주의헌법의 채택 이전에 출범하였고 이에 따라 국방공업의 전면적 재편이 진행되었다는 것이다.[805] 국방공업과 관련한 예산·기구 등의 재편 움직임을 감안하면 제2경제위원회가 1972년에 설립되었다는 견해는 설득력이 있다.[806]

수령과 당 중앙(중앙위원회와 중앙군사위원회)의 직속으로 편제된 제2경제위원회를 중심으로 한 관리시스템은 '유일적 군수산업 지도체계'로 정착되었다. 이 체계에서는 수령과 국가영도자가 당중앙위원회 군수공업부와 당 중앙군사위원회를 거쳐 제2경제위원회에 명령·지시를 하달하는 방식으로 군수산업 전반을 지도하도록 되어 있다. 이에 따라 국가재정과 자원이 군수산업에 최우선적으로 집중될 수 있게 되었다.

내각도 민수산업보다 군수산업에 자원을 우선적으로 배분하도록 되어 있어서 자원은 군수산업에 집중될 수밖에 없었고, 날이 갈수록 군사경제가 비대해지는 경향을 보여 왔다.

<그림 3-6>은 국가영도자의 유일적 군수산업 지도체계의 구조와 작동을 표현한 것이다. 무기생산계획은 제2경제위원회에서 작성한 생산계획과 인민무력성에서 요구한 무기소요계획을 기초로 군수공업부가 초안을 작성하는 것으로 알려져 있다.

《무기생산계획 보고서》 초안은 관련 당 조직들의 검토를 거쳐 당중앙위원회 서기실에 제출된다. 서기실의 군사담당 서기는 김정은 당 위원장에게 무기생산계획을 보고하여 비준을 받는다. 이 비준 문건은 최고사령관[807] 명령과 당 중앙군사위원회 명령으로 제2경제위원회와 국가계획위원회에 하달된다. 무기생산에 관한 명령은 군수공업부를 거쳐 제2경제위원회에 하달된다. 무기생산에 필요한 자재 공급과 예산 지급에 관한 명령은 내각 국가계획위원회에 하달된다.[808]

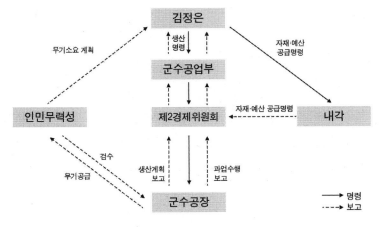

〈그림 3-6〉 북한의 유일적 군수산업 지도체계: 핵심구조와 작동

내각은 유일적 군수산업 지도체계에 관여할 수 없고, 군수산업에서 요구하는 인적·물적 자원을 최우선적으로 보장할 의무만 있는 것으로 알려져 있다.[809] 내각은 각 성省에서 관할하는 공장·기업소에서 생산한 자재를 최우선적으로 확보하여 군수산업 단위들에게 공급하고 있다.[810]

'유일적 군수산업 지도체계'가 작동되는 시스템의 운영경험이 축적되어 있고, 이를 바탕으로 현 시기에는 이와 역으로 군수산업이 민수산업을 지원하는 시스템으로의 변경도 비교적 쉽게, 즉각적으로, 효율적으로 실행할 수 있게 된 것이 아닌가 하는 추정이 가능하다.

제2경제위원회와 국방과학원

제2경제위원회의 설립 초기에는 그 내부에 종합계획국(무력부문의 군수 수요에 기초한 생산계획·자재계획·예산계획 수립 및 총괄기획), 병기생산총국(개인화기를 생산하는 제1총국, 각종 포탄을 생산하는 제2총국, 탱크 등 기계화무기를 생산하는 제4총국, 통신전자장비국인 제5총국, 생화학무기국인 제6총국), 제2자연과학원(지금의 국방과학원), 자재상사, 대외경제총국(군수무역), 건설총국(군수공장 건설) 등이 있었다.

제2경제위원회는 점차 확대되어 선박부문의 제3총국, 미사일총국인 제7총국, 철·강철 공급을 담당하는 제8총국, 전시전환공장을 관할하는 제9총국 등이 추가로 구성되었다. 제2경제위원회는 유수의 공장·기업소를 망라해 모든 병종의 병기를 자체적으로 생산하는 체계를 갖추고 있다. 방대한 체계를 지닌 제2경제위원회의 출현에 따라 국방공업 전반의 지도체계도 재편되었다.[811]

제2경제위원회와 달리 인민무력성은 군대의 유지에 필요한 물자 생산 및 파손된 무기의 수리를 중심으로 군수품을 생산하고 있으며 장비관리국, 운수관리국, 검수국과 후방총국 등을 두고 있다.[812]

제2경제위원회는 당중앙위원회 군수공업부의 지도를 받으며, 당 중앙군사위원회 명령으로 하달된 군수생산계획의 해당 총국 및 군수공장에의 하달, 군수생산에 필요한 물자조달에 의한 해당 군수공장에의 공급, 각 군수공장의 군수생산 정형의 감독통제, 각 군수공장의 생산통계·총화문건 작성과 문건의 군수공업부 및 당 중앙군사위원회 제출 등 군수산업에 대한 전반적인 행정 실무적인 사업을 담당한다.[813]

국방과학원[814]은 조선인민군의 모든 무장장비를 개량·개발하는 연구기관으로, 제2경제위원회에서 생산하는 무기·군사장비와 기업체의 협동생산품을 개발한다. 국방과학원은 그 산하에 유도무기, 전기·전자, 금속·화학소재 등 40여 개의 부문별 연구소를 두고 있고, 무기·무기소재 등을 연구개발하면서 군수공장들에 대한 기술적 지도를 수행한다.

국방과학원은 지방에 분원을 두고 있는데 함흥분원은 화학, 서해분원은 세균, 박천분원은 핵, 강계분원은 전자·유도분야 등의 연구개발에 각기 주력하는 것으로 알려져 있다. 이들 각 분원은 공장을 직접 운영하면서 생산에도 참여하는 것으로 파악된다.[815]

김정은 위원장은 2018년 11월 초에 국방과학원 시험장을 방문하여 새로 개발한 첨단전술무기 시험을 지도한 바 있다. 그는 그 자리에서 "당의 국방과학기술 중시정책의 정당성과 비약적으로 발전하고 있는 우리의 국방력에 대한 또 하나의 일대 과시로 되며 우리 군대의 전투력 강화에서 획기적인 전환으로 된다"고 말했다.[816] 그는 2019년 11월

말에 국방과학원에서 진행한 초대형 방사포 연발 시험사격을 참관하기도 했다.[817]

북한에서는 내각 산하 민수산업의 공장·기업소에도 군수품을 담당하는 분공장을 설치해 제2경제위원회의 지시에 따라 군수품을 생산하도록 하고 있다. '일용분공장' 또는 '일용직장'으로 불리는 이 공장들은 무기류·장비류를 생산하거나 관련 부품들을 생산한다. 군수공장들은 이들 일용분공장이 생산한 군수협동품 등으로 조립 생산한다.

군수협동품의 생산과제는 당 중앙군사위원회의 명령으로 하달되고 제2경제위원회 일용생산지도국이 협동품 생산 공정을 지도하는데, 군수계획을 달성하지 못하면 군사재판에 회부될 정도로 엄격한 질서가 확립되어 있다고 한다. 군수생산의 엄격한 관리 때문에 공장·기업소의 지배인들은 민수용 생산에 차질이 있더라도 일용분공장의 계획 생산량을 완수하려고 노력하는 것으로 알려져 있다.

북한이탈주민들의 증언에 따르면, 일용분공장은 기간산업에서부터 지방공업의 3급기업소(종업원 1천 명 미만)에 이르기까지 광범위하게 설치되어 있다고 한다. 일용분공장이 설치된 공장·기업소는 300여개 이상인 것으로 추정된다.[818] <그림 3-7>은 북한의 군수공업 관리체계의 전체 구조를 보여준다.[819]

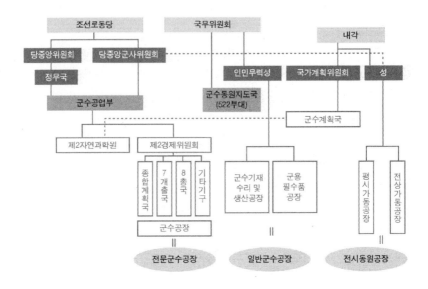

〈그림 3-7〉 북한의 군수공업 관리체계

한편, 북한은 군수산업의 입지를 먼저 정한 뒤에 그곳을 기계공업의 중심지로 만드는 산업입지 정책을 추진해왔다. 예를 들어 강계공업지구는 각종 총포탄 생산공장이 집중된 군수공업지대인데 이곳에 희천련하기계종합공장, 2·26공장 등 공작기계공업의 주요 공장들이 밀집되어 있다.

군수공장은 전시戰時생산의 필요성 때문에 대부분 지하에 생산·조립라인을 두고 있다. 일반군수공장은 신의주공업지구에 집중되어 있으며, 전시동원공장은 평양공업지구에 많은 편이고 북한 전역에 산재해 있다고 할 수 있다.[820]

2) 민수산업의 군수화와 《신년사》의 국방공업 언술

민수산업의 군수화

북한은 경제침체와 식량부족으로 고통을 받던 고난의 행군 시기에도 군수산업에 대한 투자를 멈추지 않았으며, 경제건설의 어느 부문보다 군수산업을 중시하고 이 부문에 주력했다.[821] 조선로동당 중앙위원회 당력사연구소가 출판한 한 도서에는 김정일 국방위원장이 고난의 행군의 어려움 속에서도 군수생산을 늘리라고 지시했다는 다음 내용이 실려 있다.

"위대한 장군님(김정일 국방위원장)께서는 《고난의 행군》, 강행군 시기에 군수생산을 강화하여야 인민군대에 현대적인 무기와 탄약을 충분히 보장해줄 수 있다고, 일군들은 군수생산을 소홀히 하면 미제국주의자들에게 먹히울 수 있다는 것을 명심하고 군수생산을 늘이는데 힘을 넣어야 한다고 하시면서 군사문제에서 자그마한 양보도 하지 말고 적들의 침략책동을 단호히 짓부실 수 있게 만단의 준비를 갖출 데 대한 가르치심을 주시었다. 그리하여 《고난의 행군》의 그 어려운 조건에서도 우리나라에서는 군수생산을 다그쳐나갈 수 있게 되었다.

위대한 장군님께서는 일부 일군들이 인민생활이 어렵다고 하여 경공업에만 힘을 넣고 중공업과 국방공업을 홀시하는 편향이 나타났을 때에는 우리는 어떻게 하나 이미 마련된 경제토대를 효과적으로 이용하여 경제를 추켜세우고 인민생활문제를 풀며 군수공업을 강화하여 현대적 무기와 군수기재들을 생산하고 사회주의제도를 지킬 생각을 해야 한다고 일깨워 주시었다. 위대한 장군님께서는 몸소 공장들을 현지지도하시면서 실태를 구체적으로 요해하시고 군수생산을 늘이도록 이끌어 주시었다. 그리하여 위대한 장군님의 선군정치 아래 우리나라의 국방공업은 새로운 튼튼한 토대 위에 확고히 올라서게 되었다." [822]

김정일 국방위원장의 지시에 따라 '민수산업의 군수화'가 촉진되었는데 두 가지 형태로 나타났다. 하나는 민수공장을 인수하는 형태, 다른 하나는 민수공장을 개조 확장한 다음 인민군대 산하 공장·기업소와 합병하는 형태였다. 예를 들어 함경북도 길주 펄프공장은 7~8천 명의 종업원이 일하는 1급기업소로 내각 화학공업성 소속이었는데 1990년대 말 인민무력부(인민무력성의 전신) 후방총국 산하 공장으로 이전되었다는 북한이탈주민의 증언이 있다.

혜산제지연합기업소는 도영道營관리국에 속한 기업체였으나 1998년경 중국과 합영하고 초지기를 일식(세트)으로 들여오면서 인민무력부 소속으로 이전되었고 2000년부터 생산된 종이 전량을 군대에 공급해오고 있다는 증언도 있다.

경제건설에서 인민군대가 선도적 역할을 수행하게 됨에 따라 새로 건설한 생산단위를 군부대가 직접 관리하는 사례도 빈번해졌다. 김정일 국방위원장은 2004년에 인민군 지휘성원들에게 내각 산하의 기관·기업소들이 경쟁적으로 수산기지·외화벌이기지를 마련하여 불법적인 장사행위를 한다고 지적하면서, "없앨 것은 없애고 넘겨받을 것은 넘겨받아 인민군대에 소속시켜 놓아야 한다"고 지시하기도 했다.[823]

각 도道에 있는 신발공장들은 지역에 주둔한 인민군 정규군이나 지역 경비대원들의 동화冬靴(솜신)를 생산하기도 하는데 동화 생산이 해당 공장계획의 20~30%에 이르렀다고 한다.[824]

원산신발공장은 주민용 신발을 생산하는 공장이지만 1999년부터 군인용 겨울신과 지하족地下足(노동화)을 생산했다고 한다. 혜산신발공장도 임업부문 작업신발과 지방 주둔 군대에 공급할 신발을 생산했다고 한다. 북한은 신발생산에 들어가는 생고무를 말레이시아, 싱가포르 등에서 전량 수입하는데 인민무력성이 주요 신발공장들의 원자재 문제를 해결해주는 방식으로 '병진공장' 운영을 확대하고 있다는 것이다.

1995년 고난의 행군 이후 전력과 원자재 부족 등으로 공장·기업소의 가동률이 낮아지고 제품 생산이 줄어드는 상황에서 민수공장의 군수일용품 생산을 병진공장 운영방식으로 전환했다고 볼 수 있다. 이처럼 병기제품 생산에 국한하던 병진공장의 운영을 군수일용품을 생산

하는 민수공장에까지 확대시켰다.[825]

북한에서 대형조선소에 속하는 2천 톤급 이상의 강선鋼船을 건조할 수 있는 남포·청진·원산조선소 등도 병진공장 방식으로 운영되고 있다. 남포조선소는 민간선박과 함께 1,500톤급 호위구축함, 82톤급 경비정을 생산했다. 1994년부터 청진조선소와 나진조선소에서는 기존 생산설비를 소형잠수함 건조시설로 전환하는 사업이, 남포조선소에서는 옥내조선소 1동을 신축하여 소형 잠수함 건조시설을 확대하는 사업이 각각 진행되었다고 한다. 신규 민간용 선박건조의 필요성이 감소한데 따른 것으로 보인다.

함경북도 무산군 제재製材공장은 군내 주민생활에 필요한 옷장·이불장 등 가구를 생산하는 공장이었는데 1997년에 제2경제위원회 산하 공장으로 이관되면서 포탄상자·병기생산에 쓰이는 메틸알코올 등을 생산하고 있다고 한다. 회령제지공장은 군 지방공업부 소속의 공장이었지만, 2004년부터 화약포장지와 함께 학생공급용 학습장을 만드는 병진공장으로 운영되고 있다.

북한이탈주민의 증언에 따르면, 1990년대 말에 성진제강연합기업소(함경북도 김책시)가 병기 생산에 필요한 특수강을 제대로 생산하지 못하게 되자 내각 금속공업성 산하에서 제2경제위원회 소속 전문군수기업소로 배속시키는 조치가 취해지기도 했다.[826]

민수산업의 군수화에 관한 이상의 설명은 거의 대부분이 북한이탈주민들의 증언에 기초하고 있다. 관련 정보의 성격상 북한 보도매체가 보도하지는 않는 내용들이다. 이상의 정보에서 일부 틀린 내용도 있을 텐데 민수산업의 군수화에 관한 트렌드를 보여주는 것으로 이해하면 좋을 것 같다.

《신년사》의 국방공업 강화 언술

김정은 시대에 들어와서도 군수산업의 중요성은 계속 강조되었다. 김 위원장은 2013년부터 매년 《신년사》에서 국방공업 강화를 언급해왔다. 최고영도자는 당과 국가부문의 수위首位일 뿐 아니라 군 최고사령관(무력총사령관)이기 때문에 이 부문을 제외할 수 없을 것이다.

그는 2013년 3월 31일 당중앙위원회 3월 전원회의 보고에서 경제건설과 핵무력건설의 병진노선을 내놓으면서 군수산업에 대한 상세한 정책과업을 제시한 바 있다. 즉 정밀화·소형화된 핵무기 및 운반수단의 증산, 핵무기기술의 지속적 발전을 통한 위력하고 발전된 핵무기 개발, 원자력부문에서의 첨단돌파전 전개에 의한 설비·생산공정의 CNC화·무인화 실현, 자립적인 핵동력 공업의 발전에 의한 긴장한 전력문제 해결 등이 그것이었다.[827] 다만, 핵과 미사일의 전략무기 생산에 초점을 맞추면서도 설비·생산 공정의 CNC화·무인화와 전력문제 해결을 강조한 것에 알 수 있듯이 군수-민수산업의 결합의 여지를 보인 점에 유념할 필요가 있다.

당시에 조선로동당 기관지인『로동신문』은 병진노선이 "자위적 핵무력을 강화 발전시켜 나라의 방위력을 철벽으로 다지면서 경제건설에 더 큰 힘을 넣어 사회주의강성국가를 건설하기 위한 가장 혁명적이며 인민적인 노선"이라면서 핵무력 건설을 통해 "국방비를 추가적으로 늘이지 않고도 전쟁억제력과 방위력의 효과를 결정적으로 높임으로써 경제건설과 인민생활 향상에 힘을 집중"할 수 있다고 해설한 바 있다.[828]

이것은 군수산업에서 핵무력 건설에 집중함으로써 국가예산을 경제건설과 인민생활 향상에 안정적으로 투자할 수 있다는 논리였고, 이 점에서 볼 때는 김 위원장의 병진노선이 경제건설 총력집중노선을 예비하고 있었다는 추정이 가능하다.

경제건설과 핵무력건설의 병진노선이 제시된 지 3년이 좀 지난, 2016년 5월의 제7차 당 대회《결정서》도 "국방공업 발전에 큰 힘을 넣어야 한다"고 강조하면서, 당의 새로운 병진노선의 요구에 맞게 핵기술의 끊임없는 발전과 핵무기의 소형화·다종화의 높은 수준 실현 및 핵무력의 질량質量적 강화, 국방공업의 주체성·자립성 강화와 현대화·과학화 수준 제고, 정밀화·경량화·무인화·지능화된 우리식의 현대적이고 위력한 주체무기들의 연구개발, 국가반항공방어체계의 향상, 군

자리 노동계급 따라 배우기 등을 과업으로 제시했다. 이 무렵만 해도 국방공업(특히 핵무력)에 집중하는 현상이 지속되었음을 알 수 있다.

그리고 김 위원장은 2017년 12월 11~12일에 열린 제8차 군수공업대회에서 참석해 '역사적인 결론'을 했다는 보도가 있었는데[829] 이에 따르면, 그가 "주체의 노선을 틀어쥐고 우리의 국방공업을 21세기 첨단의 자립적 국방산업으로 비약시키기 위한 전망 목표와 중점목표, 전략적 과업과 중대과업들을 제시하였으며 그 실천적 방도들도 명확히 밝혀주었다"고 한다.

북한 보도매체들은 전략적 과업과 중대과업, 그 실천적 방도를 공개하지 않았다. 여기에 1급 군사기밀이 포함되어 있었을 것이다. <표 3-56>은 2013~19년의《신년사》에 언급된 국방공업 강화의 언술들을 정리한 것이다.

〈표 3-56〉 김정은 위원장의《신년사》에 나타난 국방공업 강화 언술

연도	정책과제
2013년	- 우리 식의 첨단무장장비들을 더 많이 만들어 백두산혁명강군의 병기창으로서의 사명을 다하여야 합니다.
2014년	- 국방공업부문에서 경량화, 무인화, 지능화, 정밀화된 우리 식의 현대적 무장장비들을 더 많이 만들어 자위적 국방력을 튼튼히 다져 나가야 합니다.
2015년	- 국방공업부문에서 당의 병진노선을 관철하여 군수생산의 주체화, 현대화, 과학화를 다그치며 우리 식의 위력한 최첨단무장장비들을 적극 개발하고 더욱 완성해나가야 합니다.
2016년	- 군수공업부문에서 국방과학기술을 발전시키고 국방공업의 주체화, 현대화, 과학화 수준을 더욱 높이며 군자리혁명정신을 발휘하여 적들을 완전히 제압할 수 있는 우리 식의 다양한 군사적 타격 수단들을 더 많이 개발 생산하여야 합니다.
2017년	- 국방부문의 일군들과 과학자들과 노동계급은 항일의 연길폭탄 정신과 전화의 군자리 혁명정신을 피끓는 심장마다에 만장약하고 우리 식의 위력한 주체무기들을 더 많이 개발생산하여 선군혁명의 병기창을 억척같이 다져야 합니다.
2018년	- 국방공업부문에서 제8차 군수공업대회에서 당이 제시한 전략적 방침대로 병진노선을 일관하게 틀어쥐고 우리 식의 위력한 전략무기들과 무장장비들을 개발생산하며 군수공업의 주체적인 생산구조를 완비하고 첨단과학기술에 기초하여 생산 공정들을 현대화하여야 합니다. - 핵무기연구부문과 로켓공업부문에서는 이미 그 위력과 신뢰성이 확고히 담보된 핵탄두들과 탄도로켓들을 대량생산하여 실전배치하는 사업에 박차를 가해나가야 합니다.

연도	정책과제
2019년	- 군수공업부문에서 조선반도의 평화를 무력으로 믿음직하게 담보할 수 있게 국방공업의 주체화, 현대화를 다그쳐 나라의 방위력을 세계 선진국가 수준으로 계속 향상시키면서 경제건설을 적극지원하여야 하겠습니다.

김 위원장의 《신년사》는 국방공업에서 우리식의 첨단무장장비 증산(2013년), 경량화·무인화·지능화·정밀화된 우리식의 현대적 무장장비 증산(2014년), 군수생산의 주체화·현대화·과학화 촉진 및 우리식의 위력한 최첨단무장장비 개발 완성(2015년), 국방과학기술의 발전, 국방공업의 주체화·현대화·과학화 수준 제고, 우리식의 다양한 군사적 타격수단의 개발 생산(2016년) 등을 제시했다.

또한 우리식의 위력한 주체무기의 개발 증산(2017년), 우리식의 위력한 전략무기·무장장비의 개발 생산, 군수공업의 주체적인 생산구조 완비, 첨단과학기술에 기초한 생산 공정의 현대화, 핵탄두·탄도로켓의 대량생산과 실전 배치(2018년), 국방공업의 주체화·현대화 촉진, 선진국 수준의 방위력 향상, 경제건설에 대한 적극 지원(2019년) 등의 방침을 제시했다.

각 해당연도의 정책의 강조점이 조금씩 변화되고 있지만 국방공업의 해당부서는 전년도의 지침도 계속 수행해야 하는 것으로 간주할 것이다. 전반적인 방침을 요약하면, 현대적인 첨단무장장비의 증산과 국방공업의 주체화·현대화·과학화(특히 민수산업에서와 마찬가지로 주체적인 생산구조 완비, 생산 공정의 현대화) 등이 강조되어왔음을 알 수 있다. 《신년사》는 전략적 노선과 관련해 매 시기의 정책과제 등을 들여다보는 창窓으로서의 의미를 갖는다.

김 위원장의 《신년사》에서 국방공업과 관련해 전환점을 보여준 두 차례의 계기가 있었다. 하나는 2018년에 "핵탄두들과 탄도로켓들을 대량생산하여 실전배치하는 사업에 박차를 가해나가야 한다"고 명시함으로써 전략무기 생산과 실전배치를 공언한 것이었다. 다른 하나는 2019년에 국방공업이 "경제건설을 적극 지원하여야 한다"고 명시한 것이었다.

앞의 것은 2013년 당 중앙위원회 3월 전원회의에서 채택되어 집행되어온 경제건설과 핵무력건설의 병진노선에서 일정한 성과를 거둠으로써 2018년 4월의 당 중앙위원회 제7기 제3차 전원회의에서 경제건설 총력집중노선으로 전환할 수 있는 논거論據를 제공한 측면이 있다. 뒤의 것은 경제건설 총력집중노선 하에서 군수산업이 민수산업을 지원하는 시스템을 강화하려는 의지를 밝힌 것이었다.[830]

그가 2019년《신년사》에서 전년도의 성과와 관련하여 이례적으로 "군수공업부문에서는 경제건설에 모든 힘을 집중할 데 대한 우리 당의 전투적 호소를 심장으로 받아 안고 여러 가지 농기계와 건설기계, 협동품들과 인민소비품들을 생산하여 경제발전과 인민생활 향상을 추동하였다"고 밝힌 것이 주목된다. 농기계, 건설기계, 협동품(민수산업의 부속품 생산), 인민소비품 등의 생산에서 성과가 있었다는 것은 군수산업이 민수산업을 지원하는 시스템이 일상적으로 가동되었음을 밝힌 것이었다.

한편, 김 위원장은 2019년 4월 12일에 최고인민회의 제14기 제1차 회의의《시정연설》에서 "우리는 강력한 군력에 의해서만 평화가 보장된다는 철리哲理를 항상 명심하고 자위自衛의 원칙을 확고히 견지하며 나라의 방위력을 계속 튼튼히 다져야 합니다"라고 강조하면서 "공화국정부는 인민군대를 강화하고 전민全民무장화, 전국全國요새화를 실현하는데 필요한 인적, 물적 자원을 우선적으로 충분히 보장하며 국방공업의 주체화, 현대화를 완벽하게 실현하여 국가방위력을 끊임없이 향상시켜나갈 것입니다"라고 밝혔다.[831]

국방공업의 주체화·과학화의 정책 과업은 앞으로도 지속될 것임을 공언했던 것이다. 전민무장화·전국요새화 같은 1960년대 이래의 4대군사노선이 유지되고 있음을 확인할 수 있는데, 이러한 전쟁대비 태세는 미국과의 적대적 관계가 청산되고 한반도에서 평화가 정착되는 날까지 지속될 것이다.

3) 군수산업의 민수제품 생산의 역사 : 김일성 시대

북한의 군수산업은 과거에도 민수제품을 생산해왔지만 그러한 내용을 공개하지 않았기 때문에 제대로 드러나지는 않았다. 어떻게 보면 북한에서는 군수산업이 민수산업을 지원하는 시스템은 오래된 미래다.

우선 김일성 주석의 일부 저작에서 관련 발언을 찾아낼 수 있다. 이를테면 기계제작 관련 군수공장에 민수용 기계설비의 생산과제를 부과한 사례가 없지 않았다. 이는 국방공업의 우선발전 전략에 따라 군수단위의 생산능력이 민수단위들보다 앞서면서 생긴 현상으로 관측된다. 군수산업에서 민수제품 생산의 여력이 생겼기 때문이었거나 지원 필요성이 컸기 때문일 것이다. 김 주석이 군수산업에서 민수산업에 대한 지원과 협력을 강조한 발언이 이를 증명한다.[832] 그 예를 들면 다음과 같다.

"자강도에 있는 제1국 산하 기계공장들에 대한 우리 당의 기대는 매우 큽니다.… 제1국 산하 기계공장들 앞에 나서는 과업은 군수품 생산과제를 앞당겨 수행하고 인민경제 다른 부문에서 요구하는 기계설비를 더 많이 생산하는 것입니다.… 26호공장에서는 지난날 1년 동안에 생산하던 군수품을 반년동안에 생산하고 나머지 반년동안에는 다른 기계설비들을 생산하여야 하겠습니다. 이 공장에서는 적어도 견직기 500대, 면직기 1,000대, 조방기 30대, 보일러 500대 그리고 방열기 같은 것을 더 생산하여야 합니다." [833]

"군수공업부문에서도 뜨락또르 부속품을 만들어주어야 하겠습니다.… 군수공업부문에 강판을 대주는 것을 좀 뒤로 미루더라도 매달 자동차생산에 필요한 강판 750톤과 뜨락또르 생산에 필요한 강판 600톤을 공급해주어야 하겠습니다." [834]

"냉동공장들을 전국의 기계공장들에 하나씩 맡겨 정비보수 하도록 하여야 하겠습니다. 군수공업부문의 기계공장들에도 냉동공장을 하나씩 맡겨야 하겠습니다." [835]

"군수공업부문에서 수산부문에 보장하여주게 되어있는 설비, 자재도 빨리 대주어야 합니다. 수산부문에 줄 의장품과 설비, 부속품을 생산하는 공장들에 기계공업위원장과 당중앙위원회 제1경제사업부 담당 비서가 직접 나가 조직 사업을 하여 배 수리에 필요한 의장품과 부속품, 설비, 자재를 무조건 8월까지 다 대주도록 하여야 하겠습니다." [836]

"배무이(조선)에 필요한 같은 종류의 의장품은 민수와 군수로 갈라 제가끔 만들게 하지 말고 한 공장에서 민수에 쓸 것도 만들고 군수에 쓸 것도 만들도록 하여야 하겠습니다." [837]

김 주석의 지시사항에는 자강도 제1국 산하 기계공장(군수단위)에서는 군수품 생산과제를 조기에 수행하고 민수경제부문의 기계설비 생산을 증산할 것, 강계의 26호 군수공장에서는 연간 6개월은 군수품, 나머지 6개월은 견직기, 면직기, 조방기 등 섬유산업의 기계설비와 보일러, 방열기 등 난방설비를 생산할 것, 군수공업 기계공장들에서는 냉동공장의 정비보수를 하나씩 맡거나 수산부문 설비·자재를 공급할 것 등이 포함되었다.

그런가 하면 군수공업부문에 공급할 강판을 자동차·뜨락또르 생산용으로 먼저 공급하라고 하거나 조선소의 의장품을 만들 때 군수·민수 공용제품을 생산하라는 지시도 있었다. 이것은 군수산업으로 하여금 인민생활 향상과 관련된 민수산업에 필요한 기계설비들을 지원하도록 했던 사례들이다.

군수산업에서의 민수 지원을 강조했던 김 주석은 1993년 12월 8일에 열린 당 중앙위원회 제6기 제21차 전원회의에서는 국방공업 발전에 주력할 것을 여전히 촉구했다. 이 전원회의는 농업·경공업·무역 제일주의라는 혁명적 경제전략을 채택한 자리였지만, 그는 《당면한 사회주의경제건설 방향에 대하여》라는 결론에서 국방공업 발전의 중요성에 대해 다음과 같이 발언했다.

"국방공업을 발전시키는데도 계속 큰 힘을 넣어야 하겠습니다. 크지 않은 우리나라가 자체의 힘으로 국방공업을 발전시키다보니 부담이 크지 않을 수 없습니다. 우리가 지금 있는 군수공장들을 다 경공업공장으로 전환하고 국방건설에 돌리는 자금과 자재를 인민생활을 높이는데 돌린다면 우리 인민은 지금보다 훨씬 더 잘 살 수 있을 것입니다. 그러나 우리가 더 잘살겠다고 국방공업을 소홀히 하면 제국주의자들에게 먹히울 수 있습니다. 우리는 곤란을 좀 겪고 화려한 옷을 입지 못한다 하더라도 국방공업을 계속 발전시켜야 합니다. 국방공업을 발전시켜 전국을 고슴도치와 같이 요새화하면 누구도 감히 우리를 건드리지 못할 것입니다. 정무원과 해당 부문에서는 국방공업을 발전시키기 위하여 당에서 내세운 방침을 무조건 철저히 관철하여야 하겠습니다." [838]

위 인용문에는 국방공업의 자체적인 발전이 큰 부담이 되지만 이를 포기할 수 없다는 김 주석의 인식이 담겨 있다. 그는 "군수공장들을 다 경공업공장으로 전환하고 국방건설에 돌리는 자금과 자재를 인민생활을 높이는데 돌린다면 우리 인민은 지금보다 훨씬 더 잘 살 수 있을 것"이라면서도 국방공업을 소홀히 해서는 안 된다고 강조했던 것이다.

이러한 인식은 다른 저작에서도 간혹 발견된다. 그는 '전국을 고슴도치와 같이 요새화'해야 한다면서 정무원과 해당 부서에 국방공업 발전의 방침을 '무조건 철저히' 관철할 것을 요구했다. 안보위기가 북한으로 하여금 국방공업의 우선 발전으로 질주하게 만들었음은 역사가 증명한다.

4) 선군노선과 인민군대의 경제건설 : 김정일 시대

김일성 주석의 사망과 고난의 행군의 어려움 아래에서 김정일 국방위원장은 1995년 1월 1일에 당 중앙위원회 책임일군들과 한 담화《당의 두리에 굳게 뭉쳐 새로운 승리를 위하여 힘차게 싸워 나가자》, 1996년 4월 22일에 당 중앙위원회 책임일군들과 한 담화《경제사업을 개선하는데서 나서는 몇 가지 문제에 대하여》등에서 다음과 같이 발언했다. 그 역시 안보위협에 맞서 군수공업의 중요성이 강조했음을 알수 있다.

"군수생산을 강화하여야 합니다. 군수생산을 강화하여야 인민군대에 현대적인 무기와 탄약을 충분히 보장해 줄 수 있습니다. 일군들은 군수생산을 소홀히 하면 미제국주의자들에게 먹히울 수 있다는 것을 명심하고 군수생산을 늘이는데 힘을 넣어야 합니다." [839]

"경제사업부문 일군들은 군수공업부문 일군들처럼 일을 실속 있게 하여야 합니다. 우리나라에서 군수공업이 제일 실속이 있습니다. 수령님(김일성 주석)께서 강력한 군수공업을 창설하신 것은 불멸의 위대한 업적입니다. 당과 수령의 현명한 영도 밑에 우리 노동계급과 인민군 군인들은 허리띠를 졸라 매면서 위력한 군수공업을 창설하였으며 군수공업부문의 일군들과 노동계급은 높은 책임감을 가지고 일을 실속 있게 잘하고 있습니다. 경제지도일군들 가운데는 군수공업부문의 일군들처럼 그렇게 애써 일하는 일군들이 많지 못합니다. 경제지도일군들이 군수공업부문 일군들처럼 경제사업을 책임적으로 이악하게 하였더라면 다른 부문도 지금보다 훨씬 더 발전하였을 것입니다." [840]

"군수공업을 중시하고 군수생산에 계속 큰 힘을 넣어야 하겠습니다. 지금의 정세에서는 우리에게 사탕보다도 총알이 더 필요합니다. 사탕은 먹지 않아도 살 수 있지만 총알이 없으면 사회주의를 지켜 낼 수 없고 살아 나갈 수도 없습니다. 우리는 누가 뭐라고 하든 군수공업을 발전시키는데 계속 큰 힘을 넣어 국방력을 더욱 강화하여야 합니다." [841]

"그 어떤 적도 범접하지 못하게 나라의 방위력을 더욱 튼튼히 다지자면 국방공업에도 계속 큰 힘을 넣어야 합니다. 당조직들은 군수공업부문에 깊은 주목을 돌려 이 부문 일군들과 노동자들이 높은 책임감과 열정을 가지고 맡겨진 임무를 성실히 수행하도록 하여야 합니다." [842]

"사탕은 먹지 않아도 살 수 있지만 총알이 없으면 사회주의를 지켜낼 수 없고 살아 나갈 수도 없다"는 김 위원장의 말만큼 국방력 강화의 필요성을 절박하게 표현한 예를 찾기는 어려울 것이다.

중요한 대목은 경제지도 일군들에게 군수공업부문 일군들처럼 경제사업을 책임지고 수행할 것을 촉구했던 것이다. 이는 군수공업부문 일군들을 비롯한 인민군대를 적극 내세우는 전략적 노선으로의 변경을 예고한 것이었다.

이 무렵에 김 국방위원장이 군수공업의 중요성을 강조한 입장은 강경했다. 그는 1997년 9월 27일 당 중앙위원회 책임일군들 앞에서 한 연설에서 "자체의 중공업에 기초하고 군수공업이 중요한 자리를 차지하는 우리의 자립적 경제토대, 특수한 경제구조를 허물려고 해서는 절대로 안 됩니다"라면서 "우리의 중공업, 우리의 군수공업을 제쳐놓고는 경제문제도 인민생활문제도 풀 수 없으며 나라를 지켜낼 수도 없습니다"라고 말했다.[843]

북한에서 2002년 9월 무렵에 시작된 선군시대 경제건설노선은 위기극복과 경제발전의 두 마리 토끼를 잡으려는 것이었다. 김 위원장은 2003년 1월 29일에 당 중앙위원회 책임일군들과 한 담화《선군혁명로선은 우리 시대의 위대한 혁명로선이며 우리 혁명의 백전백승의 기치이다》를 발표했다. 이 담화에서 감지된 변화는 선군경제노선 하에서 경제건설에 매진하려는 의지를 보이기 시작했다는 점이다. 이 노선은 2001년의《강성대국건설의 요구에 맞게 사회주의경제관리를 개선강화할 데 대하여》(10·3담화)와 2002년 7·1조치에서 시작된 경제관리 개선과 연관관계가 있다. 그의 담화 일부를 소개한다.

"선군정치의 위대한 생활력은 사회주의건설에서도 확증되고 있습니다. 인민군대는 혁명의 주력군으로서 사회주의건설의 모든 분야에서 앞장에 섰으며 노력적 위훈을 떨치고 빛나는 모범을 보였습니다. 인민군 장병들은 당의 사상과 방침을 높이 받들고 영웅적 투쟁을 벌려 수많은 기념비적 창조물들과 현대적 공장들을 일떠세웠으며 인민경제의 어렵고 중요한 부문들을 맡아 돌파구를 열어나갔습니다. 인민군대는 겹쌓이는 난관과 시련을 앞장에서 뚫고 나갔으며 모든 분야에서 기적을 창조하고 혁신을 일으키며 온 나라 근로자들을 혁명적 앙양에로 힘 있게 고무 추동하였습니다.

노동계급을 비롯한 우리 근로자들은 인민군대의 혁명적 군인정신과 투쟁기풍을 따라 강계정신을 창조하고 라남의 봉화를 지펴올렸으며 전반적 사회주의건설에서 혁신의 불길을 일으켰습니다. 인민군대를 주력으로 하는 선군정치에 의하여 우리는 가장 엄혹한 《고난의 행군》, 강행군을 이겨내고 사회주의 강성대국 건설의 진격로를 열어놓았으며 어려운 조건에서도 혁명과 건설을 대담하게, 진공적으로 밀고나가게 되었습니다.…

선군시대의 요구에 맞게 국방공업을 앞세우면서 전반적 경제건설을 힘 있게 다그쳐 당의 선군정치를 물질기술적으로 보장하며 빠른 시일안에 인민생활을 획기적으로 높이도록 하여야 합니다." [844]

그는 인민군대가 기념비적 창조물들과 현대적 공장들을 건설한 것을 높이 평가하면서 '인민경제의 어렵고 중요한 부문들'에 대한 돌파구를 열어 기적 창조와 혁신을 이루었다고 강조했다. 인민군대의 성과에 이어 근로자들도 인민군대의 '혁명적 군인정신'과 투쟁기풍을 따라 강계정신을 창조하고 라남의 봉화를 올릴 수 있었다고 지적했다. 나아가 그는 '국방공업을 앞세우면서 전반적 경제건설을 힘 있게 다그쳐' 빠른 시일 안에 인민생활의 획기적 향상을 이룩하자는 전략적 방향을 제시했다. 이것은 선군시대 경제건설노선의 맥락을 전체적으로 보여준 것이었다.

김 국방위원장은 2004년 8월 11일 당, 국가경제기관 책임일군들과 한 담화 《기본건설에서 새로운 전환을 일으킬데 대하여》에서 인민군대의 산업건설에 대한 기여를 실감나게, 구체적으로 언급했다. 그 내용의 일부는 다음과 같다.

"산업건설을 비롯한 전반적 건설에서 커다란 성과들이 이룩되었습니다. 최고사령관의 명령을 결사관철의 정신으로 높이 받들고 인민군 군인들이 무비의 영웅성과 헌신성, 희생성을 발휘하여 안변청년발전소를 일떠세운데 이어 여러 개의 대규모 수력발전소 건설이 힘 있게 추진되고 나라의 이르는 곳마다에서 중소형 수력발전소 건설이 대대적으로 진행되었습니다. 수많은 경공업공장들이 새로 건설되거나 개건 현대화되고 세계적 수준의 현대적인 닭공장, 양어장, 목장들과 여러 가지 편의봉사시설들이 많이 건설되어 인민생활 향상에 이바지하게 되었습니다. 우리 당의 웅대한 자연개조구상에 따라 만년대계의 토지정리사업이 거창한 규모에서 벌어져 강원도와 서부지구 여러 도의 토지들이 사회주의국가의 토지답게 그 면모가 일신되고 우리나라 관개역사에서 일찍이 없었던 대규모의 자연흐름식 개천-태성호물길이 훌륭히 건설되었습니다.···
우리는 선군시대의 경제건설노선에 따라 국방건설을 확고히 앞세우면서 경공업과 농업을 발전시키기 위한 건설도 해야 하고 살림집과 문화봉사시설도 건설해야 하며 인민경제발전의 기초부문인 중공업을 빨리 추켜세우고 더욱 발전시키기 위한 건설도 해야 합니다. 기본건설에서 해야 할 일은 대단히 많지만 우리의 힘은 제한되어 있는 것만큼 이 모든 건설을 다 벌려놓고 동시에 밀고나갈 수는 없습니다. 당의 의도와 현실적 조건, 전반적 경제발전의 요구와 과학적 타산에 기초하여 건설의 선후차와 경중을 잘 따져 주공방향을 바로 정하고 중요부문과 대상들에 역량을 집중하여 섬멸전의 방법으로 건설을 실속 있게 해나가야 합니다.” [845]

그는 선군시대 경제건설노선의 핵심인 국방공업 우선발전과 경공업·농업의 동시발전을 밀고 나가면서 살림집·문화봉사시설과 중공업 발전에도 주력해야 한다는 지침을 제시했다. 그런 가운데 '건설의 선후차와 경중을 잘 따져 주공主攻방향을 바로 정하고 중요부문과 대상들에 역량을 집중'할 것을 강조했다.

그는 인민군대의 산업건설의 성과에 대해서는 몇 가지로 압축했다. 전력문제 해결과 관련해 안변청년발전소를 비롯한 대규모 수력발전소의 건설, 인민생활 향상과 관련해 경공업공장들의 건설 및 개건 현대화, 현대적인 닭공장·양어장·목장·편의봉사시설의 건설, 농업과 관련해서는 토지정리사업, 개천-태성호물길공사 등을 소개했다.

이 노선 하에서 외견상으로는 국방공업의 우선발전전략이 명백했으나 실제 내용을 보면 민간경제 정상화를 위해 인민군대를 앞세운 흐름이 뚜렷하였다.

5) 인민군대의 경제부문 관여 동향

군수부문의 공장·기업소들에서는 1980년대 초부터 생활필수품이라고 이름붙인 인민소비품 생산체계가 구축되었는데 이는 김정일 당 조직비서의 지시에 의한 것으로 알려져 있다. 제2경제위원회에 생필생산지도소조를 설치해 인민소비품 생산을 지도·감독하도록 했고 이것이 생필생산지도총국으로 확대 개편되었다고 한다. 제2경제위원회의 인민소비품 생산사업은 1990년대 들어 경제상황이 악화되면서 생필계획을 거의 수행하지 못했던 것으로 파악된다.[846]

그리고 인민군대의 민간경제에 대한 투입은 대규모 건설공사를 중심으로 이루어지다가 경제침체로 식량부족이 지속되자 농업생산부문으로 확대되는 양상을 보였다. 인민군대가 건설 및 농업부문의 핵심 노동력으로 부상했다. 이 과정에서 선군先軍정치와 군민軍民일치운동이 결합되었고 북한은 이 운동의 확산을 통해 체제 결속과 생산 증대를 동시에 도모했던 것이다.[847]

고난의 행군의 와중인 1997년 초반부터 협동농장·철도와 각 공장·기업소에 군인들이 투입되는 경향이 나타났다. 인근 지역의 중대 이상 규모의 부대가 공장·기업소를 하나씩 맡아 운영하는가 하면 파종기부터 추수기까지 군인들이 협동농장에 상주하기도 했다고 한다. 협동농장 작업반에 군관이 배속되어 농장원들의 출퇴근 확인, 파종·김매기, 퇴비 등 농산작업을 관장했다는 것이다.

철도의 경우 각 역마다 군관 1~2명을 책임자로 하여 군인 5~10명이 주둔하면서 매표, 승하차 질서, 화물적재 등에 관여했으며 당시에는 역장의 권한이 무시되는 경우도 있었다고 한다.[848]

인민군대가 메기공장, 닭·돼지 축사, 중소형발전소 등을 전담해 건설하는 사례도 늘어났다.[849] 건설부문에서 보면 청년영웅도로(평양~남포 고속도로), 안변청년발전소(강원도 안변군), 태천발전소(평북 태천) 등의 대규모 건설공사와 북창화력발전연합기업소(평남 북창) 등 발전부문의 설비지원 사업을 진행했다.

이밖에 인민군 부대별로 식량·육류의 자급을 위해 300~1,700평의 부업지를 경작해왔던 것으로 알려져 있다. 김정일 국방위원장이 1998년 1월에 군부대들에게 "가축을 사육하여 고기와 젖을 생산하고 부대별로 부업지를 개간해 옥수수, 콩, 남새(채소) 등을 자체 해결하라"고 지시한 데서 비롯된 일이었다. 각 부대는 조장(대위)과 사병 20명으로 대대 단위의 부업조를 편성해 옥수수 500평, 콩 700평, 채소 500평 등의 부업지를 경작하고, 돼지 50마리 이상을 키워왔던 것으로 알려져 있다.

1998년 5월부터 군부대들이 양어장을 조성해 잉어·붕어 등을 양식해왔던 것도 널리 알려져 있다.[850] 군대가 먹는 문제의 해결에 직접 나서 자급체제를 만든 뒤에 초과 생산분을 민간에 넘기는 구조가 이 무렵부터 나타났던 것으로 관측된다.

경제침체 하에서 이러한 다양한 상황이 나타나면서 오히려 군수-민간경제의 결합의 토대가 일반화되기 시작했다고 할 수 있다. 경제침체의 장기화가 가져다준 아이러니가 군수-민간경제의 결합의 확대 현상이었고, 이는 국방공업 능력의 민수 전환이 가능한 환경을 만들어냈다. 다른 나라에서는 찾아 보기가 어려운 특이한 사례가 창출된 것이다.

군수산업 집중투자의 한계

한편, 군수산업에 대한 집중투자가 민수산업에 미치는 영향을 간단히 살펴볼 필요가 있다. 군수산업이 자원 배분에서 민수산업과 상충相衝관계에 있는지를 파악하려면 군대 인력의 규모와 구성, 이들이 민간경제에서 어떤 역할을 수행하는지를 보아야 한다. 경제가 정상적으로 가동되는 시기와 경제침체의 상황에서는 군수산업의 역할이 다를 것

이므로 시기 구분에 따른 관찰도 필요하다.[851]

북한에서 군수산업에 대한 투자는 기술의 도입과 전파, 공공재의 공급, 건강상태의 개선 및 교육·훈련 등의 긍정적인 효과가 있었다. 이에 따라 민수산업에 대한 투자의 '구축驅逐효과'와 수출부문의 가용자원 축소 같은 부정적인 효과를 능가하는 정正의 순純효과가 있었다는 평가도 있다. 다만 북한이 스스로 인정하듯이 군수산업에 대한 투자 확대로 인해 경공업부문에 투자할 자금이 적어져서 인민생활 향상에 부정적인 영향을 미쳤음은 엄연한 사실이다. 인민생활과 관련된 경공업부문의 투자 부족은 생산성 저하와 경제침체를 초래하고 이 부문의 기술발전 기회를 제한해 수출 잠재력도 축소시켰을 것이다.[852]

더군다나 군수산업에 계속 재정투입을 집중하면 시간이 갈수록 생산요소의 한계생산성과 잠재력이 감소해 자본과 노동이 모두 부족해질 수 있다. 북한처럼 자본부족 국가에서는 '자본의 한계대체율marginal rate of substitution'(즉, 동일한 효율 하에서 X재 소비량을 한 단위 증가시키기 위해 감소시켜야 하는 Y재 소비량의 비율)이 '노동의 한계대체율'보다 크기 때문에, 군수산업에 막대한 재정이 투입되면 민수산업은 노동을 주요 생산요소로 사용하게 되므로 추가 노동력의 투입이 없으면 생산성은 계속 하락하게 된다.

이런 여건에서 우수 노동력이 군수산업에 흡수되면 민수산업에서 노동의 한계생산성이 지속적으로 떨어질 수밖에 없다.[853] 군수산업에 투입되는 자본과 노동의 투입을 줄여야 북한이 추구하는 강성국가 건설과 인민생활 향상이 가능하다는 가정은 그런 점에서 타당하다고 할 수 있다.

북한의 입장에서 본다면, 자체 전력을 강화하는 군수산업 분야는 확장하고, 수출 전망이 낮고 자국의 군사력 확장에 도움이 되지 않는 군수산업 부문은 선별해 민수로 전환하는 것이 합리적인 선택이 될 수 있다.[854] 김정일 국방위원장의 집권 후반기인 2009년부터 그러한 선택과 변화는 이미 시작되고 있었다.

6) 2009년 : 군수-민간경제의 결합의 전환

북한에서 군수-민수산업의 협력을 확대해나가는 움직임은 선군시대 경제건설노선에서 두드러졌다. 민수산업의 주요 공장·기업소에 군수단위(일용분공장·일용직장)를 두고 이들 군수단위가 제2경제위원회의 관리를 받도록 하던 기존의 구조에서 벗어나 군수산업이 오히려 민수산업을 지원하는 시스템으로 전환하기 시작했던 것이다. 제2경제위원회와 인민무력성은 무기생산뿐 아니라 인민군대의 모든 물자(생활필수품, 식량, 식음료, 내구성소비재 등)를 생산하는 단위(공장·농장)들을 갖고 있어서 광범위한 군수경제를 담당해왔다.

군수산업과 민수산업 간의 협력 확대는 경제발전에 직접적인 영향을 주었다. 정밀기계공업의 CNC(수치제어형 공작기계)가 공장설비에 도움이 되듯이 국방과학의 첨단과학기술은 민수산업의 현대화·정보화·자동화에 영향을 주며, 건설업, 수산업, 축산업 등의 인민생활과 밀접한 분야를 지원하고 있다.

북한이탈주민들 일부와 전문가 일각에서 주장하는, 이른바 인민군대에 의한 '민간경제에 대한 수탈' 현상은 특정한 시기에, 특정한 지역에서 발생한 것일 수는 있으나, 전면적인 현상으로 단정하기에는 무리가 있다. 김정은 시대의 경제건설과 핵무력건설의 병진노선과 경제건설 총력집중노선 하에서는 그런 현상을 찾아보기가 어렵지 않나 생각한다.

군수-민간경제의 결합에서 2009년은 중요한 해로 기록된다. 북한이 2009년 4월 5일의 《광명성 2호》 시험발사, 5월 25일의 2차 핵시험을 진행한 뒤부터 '핵무기 개발에 의한 비대칭전략'을 구사하면서, 한편으로는 군수-민수산업의 결합 프로젝트에 나섰기 때문이다. 재일본조선인총연합회 기관지 『조선신보』는 2009년 4월 5일자에서 우주개발과정에서 확립된 첨단과학기술을 다른 부문으로 이전하는 것이 세계적 추세라고 지적하면서 스핀오프spin-off를 언급한 기사를 게재한 바 있다.[855]

『로동신문』 2009년 4월 7일자는 정론에서 《광명성 2호》의 시험발사를 통해 높은 수준의 과학기술력을 과시했고 이는 과학기술을 앞세워 2012년 강성대국 대문을 열겠다는 계획이 구체화된 것이라고 주장했다.[856] 우주발사체의 관련 기술은 대륙간탄도미사일ICBM 기술과 겹치기 때문에 고高부가가치를 창출하는 최첨단산업에 해당되며 상품생산에 활용될 수 있다. 우주발사체-미사일 관련 첨단기술이 스핀오프 된다면 경제발전의 원동력이 될 수 있다는 것이었다.[857]

북한의 스핀오프 전략은 『로동신문』 2009년 8월 11일 정론에서 강조한 CNC로 구체화되었다.[858] 그해 하반기에 CNC를 대대적으로 선전하기 시작한 것은 국가과학원 조종기계연구소 연구진에 의해 5축동시조종 수력터빈날개가공반이 그해 1월에 개발되었기 때문이다.

대안중기계연합기업소에 파견된 연구원들은 생산설비의 혁신과정에서 CNC화를 진척시켰다.[859] 고급형·고성능 CNC인 5축가공중심반은 련하기계공장에서 2002년 이전에 이미 개발한 것으로 알려져 있다.[860] 조종기계연구소 연구진은 련하기계공장의 성과를 바탕으로 '새 형의 전용수자(디지털)조종장치'를 개발하여 대안중기계연합기업소에 도입했던 것으로 보인다. 이들은 그 뒤에 10m광폭선반과 300㎜보링반을 CNC화 했다고 한다. 아울러 현대화의 본보기공장으로 선정된 구성공작기계공장과 트랙터 특화공장인 금성뜨락또르공장에도 CNC화된 생산설비와 생산 공정이 완비되었다고 한다.[861]

국방과학기술의 일부인 정밀기계제작공업의 기술(우주발사체-미사일 제조기술)을 민수사업으로 이전하는 과정에서 최첨단돌파와 CNC화가 강조되기 시작했고, 이렇게 볼 때 CNC는 군수산업의 민수 전환 프로젝트의 중심에 놓여 있었다고 할 수 있다.[862]

2010년 9월의 제3차 당대표자회가 개최될 무렵에 북한에서 9축선삭가공중심반이 생산되었는데 그 이전의 1년 사이에 5축수직가공중심반을 넘어 6축동시조종CNC기계와 크랑크축연마반, 8축선삭가공중심반들을 잇달아 개발했다는 것이다. 2011년 10월에는 희천종합공장이 CNC전용 제작공장(희천련하기계종합공장)으로 바뀌면서 CNC공작기계의 본체를 생산할 수 있는 11축복합가공중심반의 제작에 들어갔다고 한다.[863] 이처럼 CNC는 군수산업의 민수 전환의 실증적인 사례가 되었다.

7) 김정은 위원장의 현지지도와 군수-민간경제의 결합

군수산업의 민수 전환이 첨단과학기술 부문에 국한되어 나타났던 것은 아니다. 군수-민간경제의 접점을 보여주는 사례를 김정은 위원장의 2013년 3~5월의 현지지도에서 찾아 볼 수 있다. 2012년 이후의 현지지도 전체로 확장해보면 더욱 다양한 사례가 있다.[864]

[1] 김 위원장은 2013년 3월 24일에 군대에서 새로 건조하던《대동강호》를 둘러본 적이 있다.[865] 3백명이 이용할 수 있는 2층 식당배《대동강호》는 한강 유람선처럼 대동강에서 운항하며 식사를 제공한다. 이 유람선을 내각 산하의 공장·기업소이 아니라 군대에서 건조한 배경은 두 가지로 추정된다. 하나는 군대에서《대동강호》를 건조한 뒤 평양시 산하의 여객운수관리국·인민봉사지도국·창광봉사관리국 같은 인민봉사관련 관리국에 유상 혹은 무상으로 제공하는 것이다. 다른 하나는 군대에서《대동강호》를 건조한 뒤 직접 영업행위를 하고 그 수익을 국방부문 예산으로 사용하는 것이다. 후자일지라도 평양 시민들이나 관광객들에게 유람·식사 서비스를 제공한다는 점에서 민간 서비스산업이나 다름없다. 유사한 사례가 적지 않으며 늘어나는 추세라고 할 수 있다.

[2] 김 위원장은 2013년 5월 새로 건설된 조선인민군 2월20일 공장을 방문했다.[866] 이 공장(건축연면적 10만 9,000m²)은 간장·된장·맛내기(조미료)·기름·버터·당과류를 비롯한 여러 가지 식료품을 생산하고 양곡을 가공하는 종합식료가공기지다.

그는 5월 26일에 조선인민군 제534군부대관하 종합식료가공공장을 방문했다. 이 공장(건축연면적 4만 2,900여m²)은 간장·된장을 비롯한 기초식품 등을 생산하는 종합식료가공기지다.[867] 그는 기초식품·즉석쌀밥 직장을 비롯한 여러 곳을 돌아보면서 생산정상화 실태를 요해하고, '공장을 현대적으로 개건하라'는 과업을 제시했다. 이 공장들에서 생산되는 식료품·양곡가공품은 1차적으로 인근 군부대에 보내지만, 군부대 공급계획물량(무상공급이 아니며 국방비 예산에서 각 군부대에 할당된 재정에 근거해 결제) 이상을 생산하면 인근 유치원·양로원을 비롯한 복지시설에 보내거나 공장·기업소들과 물물교환(때로는 원화결제 거래) 할 수 있다. 공장·기업소들 간의 인민소비품의 물물교환에는 제한이 거의 없고 군수부문의 경공업 공장·기업소가 생산한 인민소비품은 국영상점·종합시장 등에서 판매될 수 있다. 인민소비품 공급에서 군수-민수 사이의 거래가 날로 늘어나고 있다.

│3│ 김 위원장은 2013년 5월 20일 새로 건설 중이던 조선인민군 제621호 육종장에 대한 현지지도에 나섰다.[868] 이 육종장(부지면적 29.8ha, 건축연면적 3만 4,900여m²)에 축산용 건물을 건설하고 풀판과 먹이용 작물재배지를 조성했다. 그는 육종장이 "우량품종의 집짐승들을 받아 군인들에게 보내주는 중요한 축산기지"라고 하면서 그해 당창건 기념일(10월 10일)까지 건설을 끝내라는 과업 등을 제시했다.

그는 2013년 6월 3일에 조선인민군 제549부대 돼지공장을 방문하였다.[869] 그는 공장의 관리운영 정형 및 고기가공 실태, 사료가공 정형 등을 요해한 뒤 사료문제를 풀기 위해 축산과 농업을 같이 발전시켜야 한다고 지적하고 "유기질복합비료 생산을 정상화해야 한다"고 강조했다.

군대 전용의 축산 육종장이나 돼지공장의 운영에서 경제 현실을 확인할 수 있다. 군수경제 산하에 병기제조 공장들 뿐 아니라 군대에서 필요한 모든 물품의 공장들이 운영된다. 군부대 인근에는 군인들을 위한 농장과 축산공장, 수산업체들이 곳곳에 산재되어 있고 축산공장에 보낼 우량품종의 집짐승들을 관리하는 육종장까지 운용하고 있는 것이다.

│4│ 김 위원장은 2013년 5월 28일에 조선인민군 제313군부대관하 8월25일 수산사업소에 대한 현지지도에 나섰다.[870] 그는 수산사업소에서 "좋은 고기배

로 물고기를 많이 잡아 최전연(최전방) 군인들에게 공급해줌으로써 당에서
마련해준 고기배가 은을 내게 해야 한다"고 말했다. "싸움준비 완성과 군기확
립이 후방사업에 달려있다"고 그가 언급했는데, 북한에서는 군수물자 공급사
업을 '후방사업'이라 하며 인민무력성 후방총국이 이를 관리한다. 후방사업
이 잘 안 되면 인민군대의 전투태세를 완성할 수 없고 군기를 확립할 수도
없다는 것이다.

군대에 식량과 식품이 부족하면 하전사(장병)들이 민가에서 식량과 식품을
훔치는 '군기위반' 사례가 나타날 수 있음을 에둘러 언급한 셈이다. 그는 "인
민군대에서 콩 농사 열풍이 불고 있는데 콩 농사, 물고기 잡이도 잘하여 군인
들에게 콩과 물고기를 보장해주어야 한다"고 언급한 것에서 현실을 읽어낼
수 있다. 군부대가 운영하는 수산사업소가 민간에 물고기를 공급한 사례를
적지 않게 찾아볼 수 있다.

〖5〗 인민군대의 민간경제 지원에서 가장 두드러진 것은 건설부문이다. 김
위원장은 2013년 5월 27일에 인민군대에서 새로 건설 중이던 마식령스키장에
대한 현지지도에 나섰다.[871] 그는 평양에서 원산으로 가는 고속도로 인근의
마식령에 스키장을 건설할 것을 발기하고 그 과업을 군에 제시한 바 있다. 그
는 수십만m²의 면적에 총연장길이가 11만m, 40~120m 폭을 가진 초급·중급·
고급 스키주로들을 닦아놓은 것을 둘러보고 스키장 건설과 관련된 과업과 방
도를 제시했다. 당과 국가가 역점을 두는 건설사업에 군인들을 투입하는 사
례는 많이 발견된다.

〖6〗 김 위원장은 2019년 6월 초 평남기계종합공장을 현지에서 지도했다.[872]
조선중앙통신은 관련 보도에서 평남기계종합공장 노동계급이 당 중앙위원회
제7기 제4차 전원회의의 사상과 정신을 받들고 당에서 구상한 1단계 공장 개
건·현대화를 끝내고 높은 생산능력을 조성하는 성과를 이룩했다고 밝혔다.
보도에 따르면, 그는 총조립직장, 종합가공장, 제관 및 프레스직장 등을 돌아
보면서 1단계 개건현대화 정형과 현행 생산실태를 요해했다고 한다. 총조립
직장의 존재를 밝힌 것으로 보아 군수공장 혹은 병진공장임을 알 수 있다.[873]

이런 가운데 김정은 위원장이 2018년 2월의 건군절에서 한 발언과 2019년 2월의 건군절에서 한 발언에서 뉘앙스의 차이를 보였던 점을 지나칠 수 없다. 2018년 4월에 열린 당 중앙위원회 제7기 제3차 전원회의에서 경제건설 총력집중노선이 채택되었고 그에 따라 인민군대의 경제건설에서의 역할이 더 중요해졌기 때문일 것이다. 김 위원장의 발언을 옮겨본다.

"인민군대는 조국보위도 사회주의건설도 우리가 다 맡자는 애국적인 구호, 혁명적 구호를 더 높이 추켜들고 불가능을 모르는 투지와 창조본때로 인민의 꿈과 이상을 실현하는 전투장들마다에서 무비의 영웅주의를 발휘하며 우리 조국의 면모를 더욱 아름답게 일신시켜나가기 위한 투쟁에서 계속 앞장서나가도록 하여야 하겠습니다." (2018년 2월 8일 건군절 축하연설)[880]

"인민군대에서는《조국보위도 사회주의건설도 우리가 다 맡자!》라는 구호를 계속 추켜들고 당이 부르는 사회주의강국 건설의 전구마다에서 인민군대 특유의 투쟁본때, 창조본때를 높이 발휘함으로써 국가경제발전 5개년전략 수행의 관건적인 해인 올해에 인민군대가 한몫 단단히 해야 합니다" (2019년 2월 8일 건군절 축하연설)[881]

김 위원장의 2019년 건군절 발언은 국가경제발전 5개년전략 수행에서 인민군대의 역할을 요구한 것이었다. 2019년의 건군절 당일과 2개월 뒤의『로동신문』사설은 '인민군대의 투쟁기풍과 창조본때의 일반화', '부강조국 건설의 돌격대', '무적의 군력과 자립경제의 무궁무진한 잠재력' 등을 언급하여 인민군대가 민간경제의 경계를 넘나든다는 것을 뚜렷하게 보여주었다.

"인민군대의 투쟁본때와 창조본때가 일반화되어 온 나라에 백절불굴의 기상과 혁명적 기백이 차 넘치고 사회주의건설의 모든 전선에서 비약적 발전이 이룩되고 있는 것이 우리 조국의 긍지높은 현실이다. 우리 당의 구상은 곧 인민군대의 투쟁목표이다. 우리 혁명무력은 앞으로도 당의 사상관철전, 당정책

옹위전의 기수가 되고 부강조국 건설의 돌격대가 되어 조국과 인민 앞에 지닌 자기의 혁명적 본분을 다해나갈 것이다.···우리는 위대한 당의 영도 따라 사회주의건설의 전 전선에서 새로운 혁명적 앙양을 일으켜나감으로써 주체조선의 존엄과 비약의 기상을 힘 있게 떨쳐야 한다." [882]

"오늘 사회주의강국 건설에서 이룩되고 있는 경이적인 성과들은 위대한 장군님(김정일 국방위원장)께서 다져주신 강력한 군사경제적 토대와 떼어놓고 생각할 수 없다. 무적의 군력과 자립경제의 무궁무진한 잠재력은 우리 공화국의 공고한 안전과 비약적, 지속적 발전을 믿음직하게 담보하고 있다." [883]

이상의 인용들에서 보이듯이 북한의 군수-민간경제의 결합 현상은 선군시대 경제건설노선의 국방공업 우선전략의 산물이라 할 수 있다. 김정은 시대에 들어와서는 국방공업 우선을 핵무력건설 우선으로 전환하고 이것과 경제건설의 병진 발전을 내걸었다가 경제건설 총력집중노선으로 전환함으로써, 군수-민간경제의 결합과 국방공업 능력의 민수 전환은 더욱 심화되고 있는 것이다.

한편, 군수-민간경제의 결합은 시스템 정비를 수반하지 않을 수 없고, 이것이 조직개편 혹은 인사개편으로 나타날 것으로 보는 것은 상식이다. 2019년 4월 10일에 열린 당 중앙위원회 제7기 제4차 전원회의에서의 인사개편은 군수-민간경제의 결합을 본격화하려는 조치였다는 해석이 가능하다.[884] 중요한 전략적 방향은 그에 상응하는 인사 조치를 필요로 한다.

당 중앙위원회 정치국 위원에 보선된 7인(김재룡, 리만건, 최휘, 박태덕, 김수길, 태형철, 정경택) 가운데 3인은 군수공업과 연관된 인물이었다. 내각 총리에 전격 발탁된 김재룡은 평안북도와 자강도 당비서를 거쳐 2015년 2월부터 자강도 당위원회 책임비서(2016년 6월부터는 위원장 직제) 업무를 수행하던 당 고위간부였다. 도당 책임비서(위원장) 출신의 총리 임명이 자주 있는 일은 아니었지만, 과거에 정무원 총리였던 강성산과 연형묵이 각각 함경북도와 자강도의 당 책임비서를 지낸

적이 있었다. 김재룡의 총리 임명에서 주목되는 점은 그가 군수공업(특히 병기생산)의 메카인 자강도 당위원회의 책임자였다는 사실이다.

고난의 행군 시기에 연형묵 자강도당위원회 책임비서가 자력갱생과 간고분투의 '강계정신'의 바람을 일으킨 이래 자강도는 경제재건의 중심 지역으로 부상해왔다. 강계정신 아래 군수산업 공장들을 멈춰 세우지 않고 가동시킨 역사적 경험이 있었다. 이에 비해 2015년부터 4년간은 자강도에서 CNC화의 급진전으로 군수산업의 민수 전환을 증명하는 기간이었던 것으로 추정된다. 자강도에서 군수-민수산업의 결합에서 보인 김재룡의 경험과 능력이 발탁인사의 원인이었던 것으로 관측된다. 김재룡은 그러나 2020년 8월에 총리에서 물러나 당부위원장 겸 부장으로 전보됐다(후임 총리에는 당부위원장이던 김덕훈이 임명됐다).

총리에서 물러난 박봉주 정치국 상무위원은 당 중앙위원회 부위원장 및 국무위원회 부위원장에 임명되어 경제 전반에 지도력을 행사하는 등 오히려 경제전선에 전면 배치된 느낌을 주고 있다. 이렇게 된 데에는 두 가지 이유를 생각해볼 수 있다.

우선 그는 김정일-김정은 시대를 관통해오면서 경제 전반의 혁신을 주도했던 인물이다. 그는 고령(80세 추정)임에도 불구하고 경제혁신의 산 증인이고 오늘의 경제발전전략의 기획자라 할 수 있다. 김정은 위원장은 박봉주 당 부위원장의 역할을 여전히 중시하는 것으로 보인다. 다음으로 그는 생산현장의 경험을 충분히 지닌 경공업부문의 원로로서 인민생활 향상의 업무 노하우가 풍부하다.

리만건은 정치국 위원에 보선되는 동시에 당 중앙위원회 부위원장 및 부장, 당 중앙군사위원회 위원으로 선거·임명되었다. 평안북도 당위원회 책임비서를 역임한 그는 2016년 5월의 제7차 당 대회에서 당 군수공업부장으로 임명되었다가, 2017년 10월 당 중앙위원회 제7기 제2차 전원회의 시기에 당 중앙위원회 군수공업부장 직책을 태종수에게 넘겨주었다. 이때 리만건은 사실상 부장급인 당 중앙위원회 조직조직부 제1부부장으로 자리를 옮겼던 것으로 추정된다.

2017년 10월 시점에 당 중앙위원회 부위원장 및 부장(조직지도부)이었던 최룡해가 2019년 4월의 당 중앙위원회 제7기 제4차 전원회의에서 국무위원회 제1위원장 및 최고인민회의 상임위원회 위원장의 국가 보직으로 자리를 옮긴데 따른 후속인사가 불가피해졌음을 감안하면, 공석이 된 조직지도부 부장에 리만건이 임명되었을 가능성이 농후하다. 군수공업부장 출신이 당조직을 총괄하게 된 이례적인 사례에 속한다.

군수산업의 민수화 진행과정에서 당원들의 조직생활 일체를 관장하는 조직지도부의 역할이 중요하다는 점을 눈여겨볼 필요가 있을 것 같다. 리만건은 최단기간에 지방(평북) 당조직, 군수공업, 당 조직사업의 책임자를 두루 맡은 특이한 경력의 소유자이고 김정은 위원장의 신임이 두터운 것으로 알려져 있다. 그는 2020년 2월 당정치국 확대회의에서 김일성고급당학교 비리문제로 당 조직지도부장직에서 해임되었는데, 5월 중순부터 평양종합병원 건설지휘부의 책임자로 일한 것으로 알려져 있다. 건설지휘부가 군민 합동으로 꾸며져 있었기 때문으로 추정된다.

김수길은 원래 인민군 중장으로 총정치국에서 근무(2013년 총정치국 조직국 부국장, 당시 총정치국장 최룡해)하다가 2014년 4월에 평양시 당위원회 책임비서에 임명됐으며, 2018년 5월 당 중앙군사위원회 제7기 제1차 확대회의에서 총정치국장(대장)에 임명되었다. 그는 평양시 당위원회 책임비서로 활동할 때 건설 바람이 한참 불었기 때문에 군인건설자들을 평양의 건설현장에 투입하는 책임적 지위에 있었다. 그가 평양지역의 군수·민수산업의 협력과 관련된 업무를 수행했을 가능성도 있다.

김수길 총정치국장은 2018년 12월 29일에 개최된 김정은 조선인민군 최고사령관 추대 7주년 기념 중앙보고대회에서 "군사정치 활동에 나서는 모든 문제를 당 중앙에 보고하고 당의 명령 지시에 절대복종하는 칼날 같은 기강을 확립해야 한다"라고 말한 바 있다.[885] 군사정치활동에서 '당의 명령 지시에 절대복종하는' 기강의 확립은 군수산업에서도 예외가 아닐 것이다. 김정은 위원장을 필두로 한 당 중앙위원회와 당 중앙군사위원회가 특정의 군수산업 공장에 민수산업 관련 명령을 내렸을 때 이를 어김없이 실행해야 한다는 뜻도 담겨 있을 수 있다.

이렇게 보면 김재룡은 내각 총리로서, 리만건은 당 부위원장으로서, 김수길은 조선인민군 총정치국장으로서 군수-민간경제의 결합을 지휘하였을 가능성이 있다.

2019년 4월 11일에 열린 최고인민회의 제14기 제1차 회의에서 김정은이 더욱 위상이 높아진 국무위원회 위원장으로 추대된 가운데 제1부위원장에 최룡해(최고인민회의 상임위원장 겸임), 부위원장에 박봉주(당 부위원장 겸임)가 각각 선거되고, 국무위원들에 김재룡(내각 총리), 리만건(당 부위원장 겸 조직지도부장), 리수용(당 부위원장 겸 국제부장), 김영철(당 부위원장 겸 통일전선부장), 태종수(당부위원장 겸 군수공업부장), 리용호(내각 외무상), 김수길(인민군 총정치국장), 노광철(인민무력상), 정경택(국가보위상), 최부일(인민보안상), 최선희(내각 외무상 제1부상) 등이 선거된 것도 이 관측에 힘을 실어준다.

국무위원회의 업무분담 체계로 보면 업무총괄(최룡해), 경제(박봉주, 김재룡), 조직동원(당 리만건, 군대 김수길), 군수(태종수), 외교통일(리수용, 김영철, 리용호, 최선희), 보위(노광철, 정경택, 최부일) 등의 업무가 모여 있다. 군수-민간경제의 결합과 관련된 활동에 김정은 위원장의 지휘 아래 박봉주, 김재룡, 리만건, 김수길, 태종수[886] 등 5인이 개입하는 구조라는 설명이 가능하다. 2019년 4월의 인사개편을 군수-민간경제의 결합을 체계화하기 위한 조치로 볼 수 있다(다만, 2020년 8월에 '내각의 경제조직사업능력'을 분석 평가함에 따라 김재룡이 내각 총리에서 물러난 것을 보면 내각책임제가 더 중요한 과제임을 알 수 있다).

군수-민간경제의 결합과 국방공업 능력의 민수 전환은 북한 경제의 '눈에 보이지 않는 부분'의 중요성을 일깨워준다. 이 부분의 여건과 진행 속도에 따라서 경제발전의 가속도가 북한 내외의 예측을 뛰어넘을 수 있음을 암시한다.

1950년대의 전쟁 시기와 1960년대의 4대 군사노선 이래 북한이 군수공장을 포함한 중요공업부문의 공장들을 상당수 지하에 건설한데 따른 전력 손실과 비능률을 감안하여 낡은 지하공장을 일부 폐기한다면, 과잉 투자된 재래식 병기공장들의 일부를 민수산업공장으로 전환하는데 성공한다면, 나아가 국방공업의 첨단과학기술이 민간경제에 광범위하게 도입되면서 인민경제의 주체화·현대화·정보화·과학화에서 괄목할만한 성과를 거둔다면, 그리고 그들의 정책담론대로 핵·미사일의 전략적 무기 개발의 성공에 따라 국방비 투자를 과감하게 줄이고 그 투자를 인민경제 선행부문과 중요공업부문, 농업과 경공업부문에 돌린다면, 북한은 세계적으로 유례없는 경제발전의 길을 개척하게 될 것이다.

일상화된 전쟁위기와 군사적 대응으로 인해 침체된 경제를 살리지 못한데 따른 북한 인민들의 경제적 고통은 언제쯤이나 해소될 것인가? 북한은 대비약大飛躍, 대혁신大革新의 길을 자력갱생의 혁명정신에서 찾고 있지만 미국과의 적대관계 청산이라는, 안보환경의 극적인 변화는 절실히 필요하다.

오늘도 경제강국 건설과 인민생활 향상의 길을 억척스레 걸으며 미국과 건곤일척乾坤一擲의 판 갈이 싸움을 마다하지 않는 북한 인민들에게 고진감래苦盡甘來의 날은 과연 언제인가? 김정은 위원장은 선대 수령들이 포기하지 않은 이 싸움을 마침내 결속 짓고 사회주의경제강국 건설과 인민생활 향상을 위한 극적인 반전反轉에 성공할 것인가? 질문은 단순하지만 그 답변은 간단치가 않다.

제4장

결론:
예측과 단상

"그대들 보다 높은 인간들이여, 그대들의 가장 나쁜 점은, 그대들은 모두 사람들이 춤을 출 때 반드시 따라야 할 방식으로 춤추는 것을 - 그대들 자신을 넘어서서 춤추는 것을 배우지 않았다는 것이다!…그대들의 마음을 고양하라, 그대들 멋지게 춤추는 자들이여, 높이! 더 높이! 그리고 제발 좋은 웃음도 잊지 말라! 웃는 자의 면류관, 이 장미 화관, 나의 형제들이여, 그대들에게 나는 이 관을 던져준다! 나는 웃음이 신성하다고 말했다. 그대들 보다 높은 인간들이여, 제발 - 웃는 것을 배워라!"(프리드리히 니체, 황문수 역, 『짜라투스트라는 이렇게 말했다』(서울: 문예출판사, 2001), 484-485쪽) [887]

북한의 경제발전에 대한 예측은 어려운 과제다. 경제발전전략의 방향은 예측할 수 있으나 그 성과를 추정하는 일은 쉽지 않다. 경제주체들의 줄기찬 노력에서 전환적 국면을 열어나가려는 열성과 의지를 확인할 수는 있지만, 주객관적 정세의 극심한 변동이 한편 계속될 것이다. 그럴수록 북한 인민들에게는 만능의 보검처럼 '혁명적 낙관주의'가 요구될 것이다.

현 시기 북한은 다윗과 골리앗의 싸움을 연상시키는 판 뒤집기에 나선 모습이고, 이 싸움의 판세가 어떻게 흐르는가에 따라 경제발전전략은 심대한 영향을 받을 것이고 인민들의 삶은 요동칠 것이다. 북한 인민들이 '가는 길 험난해도 웃으며 가자!'에서 완전히 벗어나는 날은 언제일런가? 북한과 미국 간의 대결 국면이 타결되기는 쉽지 않으며, 큰 틀에서 합의가 이뤄져도 세부적인 난제들에서 샅바싸움은 계속될 수 있다.

현실의 팽팽한 긴장감에 묻혀 있다보면 북한의 경제발전의 미래상이 우리의 가시권에 잘 들어오지 않는다. 그럼에도 불구하고 전략적 전환기에 처해 있는 북한이 국가발전전략의 집행에 더욱 집중하리라는 것은 명약관화明若觀火하고, 이 책에서 그 방향과 과제를 다각적으로 다루었다. 결론에 이르러 북한의 경제발전전략의 향방에 대해 조금이나마 예측해보는 것은 '논의의 활성화'에 도움이 될 것 같다. 예측과 함께, 북한의 경제발전전략을 정리하면서 느낀 필자의 단상斷想을 몇 가지 첨언하려고 한다.

1. 북한의 경제발전전략은 독자성이 강하다.

북한의 경제발전전략은 자립적 민족경제건설노선, 중공업의 우선발전과 경공업·농업의 동시발전 전략, 국방공업의 중시 전략 등의 독자적인 흐름의 연장선에 있다. 지금의 경제건설 총력집중노선도 이 궤도 위에 단단히 서 있는 것이다.

북한의 경제적 자립 지향은 대외경제협력의 부족을, 중공업·국방공업의 우선은 인민생활 향상의 곤란을 초래했으나 그 희생의 토대가 있었기에 북한이 자생력이 강한 경제구조를 구축했는지도 모른다. 이 책의 서두에서 다룬 민족주의·사회주의·집단주의, 자력갱생과 자강력제일주의 등의 정신적 기초에서 알 수 있듯이 그 독자성은 다른 나라들에서 찾아볼 수 없는 독특한 것이다. 북한 경제의 정신적·정치적·경제적 기초는 발전전략과 순환구조를 형성하고 있다. 이 순환구조에서 그 끝(현재의 발전전략)이 처음(기초)과 연결되어 있어 꼬리를 물며 사이클이 커져가는 것이다. 그 다양한 변주는 있을지언정 본질적 구조에서 변화를 찾아보기 어려운 독특한 일면이 있다.

하나의 명제命題를 제시해볼 수 있다. "북한은 변하지만 변하지 않는다." 이것은 시스템과 정책에서 세부적인 변화가 있을지라도 큰 틀에서 변화를 감지하기 어렵다는 것을 말해준다. 불변에 주목한다면 지속성과 계승이 눈에 들어온다. 반대의 명제도 생각해볼 수 있다. "북한은 변하지 않지만 변한다." 이것을 받아들이면 변화와 혁신을 강조하게 된다. 무엇을 변화로 볼 것인지, 어느 정도 변해야 변화라고 할 것인지를 놓고 여러 의견으로 나눠질 수 있다. 그러나 북한의 경제발전전략에서 크던 적던 변화는 끊임없이 일어나고 있다.

"같은 강물에 두 번 발을 담글 수 없다"(헤라클레이토스)와 "우주 만물은 시시각각으로 변화하여 한 모양으로 머물러 있지 아니하다"(불교의 諸行無常)는 고전적 명구名句에 토를 달 수는 없어 보인다. 그렇다고 해도 우리는 북한 정치사회의 속성에서 변화와 불변을 함께 읽어내지 않으면 안 된다.

오늘 북한의 경제발전전략은 이전 시대의 계승과 혁신을 모두 담지하고 있다. 우리가 주목할 점은 그 전략적 방향과 내용이 매우 주체적이고 강한 독자성을 갖고 있다는 것이다. 이 때문에 북한의 경제발전전략을 파악할 때 다른 나라들의 사례와의 비교를 넘어서 북한 자신의 역사적 궤적을 추적하는 것이 중요하다. 경제발전전략에서 독자성이 강하다는 것은 때로는 계승의 명목으로, 혹은 혁신의 명목으로 정책탄력성을 보일 수 있음을 의미한다.

2. 정치는 계속된다.

경제에 강한 영향을 미치는 북한의 정치체제는 앞으로도 그 근본에서 변화가 없을 것이다. 김정은 당위원장 겸 국무위원장의 정치 리더십과 국정 장악력에 변동이 없을 것이다. 김정은 시대의 리더십은 시간이 가면서 각급 단위의 지도자들에게 권한과 책임을 더 부과하는 경향을 보이며, 내각책임제의 중요성을 고려해 2020년 8월에 내각총리를 김재룡에서 김덕훈으로 전격 교체한 것에서 알 수 있듯이 '실적'을 더욱 중시하고 있다. 조선로동당의 영도에 의한 당-국가체제는 강화될 것이고 당·국가·군대와 인민의 혼연일체, 즉 일심단결은 계속 강조될 것이다. 당의 유일적 영도체계와 유일적 영군체계가 효과적으로 작동되는 한 리더십은 안정적으로 지속될 전망이다.

자력갱생의 혁명정신은 경제발전의 정신적 기초로 오랫동안 남아있을 것이다. 조선민주주의인민공화국이라는 국가의 전략적 입지가 급격히 변하는 상황이 오더라도 자립적 민족경제건설노선, 김일성-김정일주의에 의한 국가건설사상에는 영향을 미치지 않을 것이고, 설령 그 변화가 있더라도 사상과 노선의 근간을 흔들지는 못 할 것이다.

그런 의미에서 '북한의 정치'는 계속될 것이고, 그 정치는 경제발전 전략의 큰 틀을 규제해나갈 것이다. 조선로동당의 전략적 노선을 결정하는 중앙위원회 전원회의 혹은 정치국(확대)회의의 최근 동향을 보더라도 경제건설 총력집중노선과 정면돌파전의 전략적 노선이 안정적으로 지속됨을 확인할 수 있다. 북한의 정치적 안정은 새로운 경제발전 전략의 집행에 긍정적인 요인으로 작용할 것이다.

조선로동당은 2020년 8월 19일 당중앙위원회 제7기 제6차 전원회의를 열어 2021년 1월에 제8차 대회를 개최하기로 결정했다.[888] 제8차 대회에서는 "당과 정부 앞에 나선 새로운 투쟁단계의 전략적 과업"을 토의 결정하고(전원회의에서의 김정은 위원장 발언), "혁명 발전과 조성된 정세의 새로운 요구에 기초하여 올바른 투쟁노선과 전략전술적 방침들"을 제시할 예정이다(전원회의 결정서). '새로운 투쟁단계의 전략적 과업'이나 '올바른 투쟁노선'은 경제건설 총력집중노선과 정면돌파전을 계승하여 '대혁신·대비약 2.0'에 진입하겠다는 의지로 이해된다.

제8차 대회에서는 국가경제발전 5개년계획을 제시할 예정인데 '5개년전략'이 아니라 '5개년계획'인 점이 의미심장하다. 앞으로 5년 단위로 당대회를 개최하고 당대회에서 5개년계획을 발표하겠다는 것은 '계획국가'로의 완전한 회복을 보여준다. 계획국가는 정치적 안정을 기반으로 한다.

'5개년계획'은 숫자로 표현되어야 하고 이는 실적 확인의 핵심 장치다. 2021년 이후 북한에서 '숫자에 의한 실적'이 초미의 관심사가 될 것이다. '숫자'로 평가할 수 있게 되었다는 것은 경제성장의 기반이 단단하다는 자신감을 보여준다. 계획의 작성자들은 각급 경제단위를 책임진 계획의 집행자들이기도 하다. 각급 경제단위의 지도적 간부들은 '숫자에 의한 실적' 평가에서 벗어날 수 없게 될 것이다. 이들은 경제적 실적으로 정치적 평가를 받게 된다. 경제는 '정치'이고 정치는 '계속'된다.

3. 정상국가의 길을 간다.

북한이 추구하는 사상강국·정치강국은 자신의 역사적 경험에 근거한 특수한 성격을 띤 것이라 할 수 있지만, 경제강국은 어느 국가에서나 추구하는 보편적인 과제라 할 수 있다. 김정은 위원장은 선대 수령들과는 달리 어린 시절의 해외유학을 통해 '세계 속의 북한'을 체험할 기회를 가졌던 것으로 알려져 있다. 이것은 글로벌 스탠더드global standard와 보편주의를 이해할 수 있음을 뜻한다. 경제강국이 무엇을 뜻하는지, 이에 도달하려면 어떤 길을 가야 하는지를 북한의 다른 지도자들보다 더 깊이 이해하고 있을 것이다.

김정은 시대에 들어와 '우리 국가제일주의'의 표방이나 헌법상 국무위원장의 '국가대표권' 규정, 집무실에서의 《신년사》발표 등에서 보이듯이, 북한은 당-국가 체제와 유일적 영도체계를 유지하면서 '정상국가'를 향한 다양한 포석을 마련하고 있다. 김 위원장은 고도로 집중된 권력구조를 유지하면서도 정상국가의 수반으로 활동하려는 듯이 보인다. 이러한 움직임을 경제발전에 적용한다면 여느 국가들의 경제발전 경로에 관심을 갖는 것은 자연스러운 일로 비쳐진다. 다만 김위원장이 정상국가의 길을 걷는 것이 당·국가·군대 지도부와 주민들에게는 당분간 낯선 일로 비쳐질 수 있다. 이 변화의 적응에 시간이 필요할 것이다.

정상국가의 길은 정책 수행과정의 투명성을 높여줄 것이고 국정관리의 효율성에도 긍정적인 영향을 미칠 것이다. 김정은 시대의 북한은 정상국가의 길을 계속 가면서 '실리적 혁신'의 국정목표 아래 경제발전에 더욱 집중할 것이다.

4. 지도자가 앞장선다.

북한의 정치사회적 특성으로 보아 김정은 위원장의 경제발전에 대한 정책의지는 중요하다. 사회주의경제강국 건설을 위한 그의 행보는 적극적이며, 생산현장에 대한 그의 현지지도는 공장·기업소에 활기를 불어넣고 있다. 그는 산업현장에서 격려와 질책으로 공장 지배인들과 당 위원장들에게 긴장감을 주고 있다. 경제발전을 향한 지도자의 열망이 인민들에게 직접 전달되고, 인민중시 철학이 간부들의 세도와 관료주의에 타격을 가하면서 변화의 새 지평이 열리고 있다.

북한 경제의 예측에서 지도자의 드라이브가 미치는 영향을 제대로 이해할 필요가 있다. 항일투쟁전선에서 반제투쟁전선에 이르기까지 지도자가 선두에 서서 지휘했듯이 현 시기 지도자는 반미투쟁과 사회주의건설의 최전선에 서서 이끌어가는 것으로 북한 인민들에게 각인되어 있는 것 같다. 김 위원장이 겨울에 간혹 백두산 등정에 나서는 것은 경제적으로 어려운 시기에 지도자가 선두에서 '생눈길'을 헤쳐나간다는 정치적 상징이다. 각종 경제현장에 대한 연이은 현지지도는 최고영도자가 맨 앞장에 서서 경제발전에 매진한다는 당·국가의 리더십 장치로서의 의미를 갖는다.

전문가 일각에서 북한을 '극장국가theater state'로 분석하는 것은 과시적인 국가의례에 더하여 이러한 정치적 상징의 연출과 당·국가의 리더십 장치를 감안한 것이라 할 수 있다. 일심단결의 정치가 경제현장에서 빛을 발하는 중요한 단서가 최고영도자의 현지지도이며, 현지지도 단위에서 성과를 거두고 실적이 쌓이면 그 모범사례가 북한 전역으로 확산된다. 사정이 그렇다 보니 북한에서 최고영도자는 모든 영역에서 계속 앞장에 서 있을 수밖에 없다. 또한 최고영도자의 '현지지도'와는 별도로 박봉주 국무위원회 부위원장과 김덕훈 내각총리가 생산현장에 대한 '현지요해'에 적극적으로 나섬으로써 사실상 핵심 영도세력 전체가 경제발전에 앞장서고 있다.

5. 실력가형 간부로 세대교체에 나선다.

김정은 위원장은 새로운 지도층의 형성에 깊은 관심을 갖고 다각적인 조치를 취하는 것으로 관찰된다. 당 세도와 관료주의, 부정부패의 낡은 틀에서 벗어나지 못한 채 구악舊惡을 방치해서는 인민중시 철학과 실리적 혁신이 성공하기 어렵다고 보는 것 같다. 이전 시기에도 이러한 문제의식이 없었던 것은 아니었지만 정치구조의 기반을 약화시킬 지도 모를 전격적인 변혁에는 나서지 못했던 것으로 보인다.

북한의 여러 분야의 젊은 층은 김 위원장의 현지지도에 수행하는 젊은 인사들을 눈여겨보거나 혹은 공개석상에 얼굴을 내밀지는 않지만 이면에서 정책의 핵심을 다루는 상무조task force team에게 대비약과 대혁신의 기대감을 가지고 있을 지도 모른다. 북한이 당의 유일적 영도체계를 효율적으로 유지한다 해도 '구악의 일소'라는 변혁적 조치를 회피하면 청년층과 밑바닥 정서에서 충실성(충성)을 유지하지 못할 수 있다.

북한의 젊은 층은 각 분야의 지도그룹의 교체를 희망할 것이다. 현시점에서 보면 원로그룹의 일부는 퇴진하고 일부는 활동을 유지하고 있지만, 시간이 갈수록 40~50대의 청렴한 실력가형 간부들이 각 분야에서 전진 배치될 가능성이 높다.[889] 지식경제시대로의 급속한 진입은 첨단과학기술과 실력으로 무장한 참신한 실력가형 간부들로의 세대교체를 요구한다.[890] 2021년 1월에 개최될 조선로동당 제8차 대회와 그 후속의 제9차 대회(2026년)에서는 세대교체가 중요한 정치 아젠다로 부상할 것이다.

혁신의 주역을 자임하는 김 위원장에게서 구시대의 낡은 관습에 빠져 있거나 관료주의·부패에 물든 간부들이 '온정주의'를 기대할 수는 없을 것이다. 1970년대 변화의 주역들(김기남·최태복 당 비서 등)이 김정일 국방위원장의 밑에서 30여년 이상 국정을 이끌어왔듯이 2020년대의 혁신의 주역들은 앞으로 20~30년간 김정은 위원장을 보필할 것이다. 현 시기의 세대교체는 외부에 잘 드러나지 않을 뿐 이미 진행형으로 볼 수 있다.[891]

지식경제시대의 변화 속도가 빨라짐에 따라 고위급 간부들의 재임 기간은 과거에 비해 줄어들 것이다. 김 위원장은 '실력가형 간부들로의 세대교체'를 진행하면서도 노-장-청 결합의 원칙을 일정 기간 지켜나가려고 할 것이다. 간부사업에서도 실리(세대교체)와 명분(원칙)의 배합이 중요하기 때문이다. 실력가형 간부로의 세대교체는 경제발전전략의 집행에 효과적으로 작용할 것이다.

6. 자력갱생에서 길을 찾는다.

북한에서 자력갱생의 혁명정신과 자강력제일주의는 앞으로도 오랫동안 지속될 것이다. 공장 설비와 원자재의 국산화 정책이 강화되고 주체비료·주체철·주체화학섬유 같은 '주체' 명칭의 원자재와 생산재 공급이 더 늘어날 것이다.

자력갱생과 자강력제일주의는 자립적 민족경제건설노선을 실현하는 기본정신이며, 이 담론은 정치에서의 자주, 경제에서의 자립, 군사에서의 자위를 천명한 1950~60년대에 기원을 두고 있다. 자력갱생과 자력자강은 세상의 어떤 변화에도 대응할 수 있다는, 정세 악화와 고립도 박차고 나갈 수 있다는 의지의 표현이자, 자신의 손으로 조국의 번영을 이루겠다는 능동적인 자세다. 고난의 행군과 사회주의강행군의 어려운 시기를 이겨내고 체제를 수호했다는 공동체의 자부심과, 다른 사회주의국가들의 좌절과 붕괴에도 불구하고 '우리식 사회주의'를 지켜냈다는 정치적 긍지는 다른 나라에서는 좀처럼 찾아볼 수 없는 북한 고유의 집단주의적 공동 체험이다.

오늘의 북한 사회를 볼 때 자력갱생의 혁명정신은 당·국가 차원에서 중앙경제에만 적용되는 것이 아니다. 김정은 위원장의 집권기에 들어와 지역 및 생산단위의 자립성을 높이는 차원에서도 자력갱생이 중시된다는 점이 흥미롭다. 상식 수준에서 말하자면, 그 누구의 도움도 기대하지 말고 자신의 노력으로 어려움을 헤쳐 나가자는 것이고, 생산현장에서는 노동자·농민의 책임성과 창조적 열의를 높이자는 것이다. 지역 차원에서 보더라도 중앙이나 상부의 도움 없이 각 도·시·군에서 자력갱생으로 인민생활을 향상시켜나가야 한다는 인식이 북한 전역에 퍼져가고 있다. 위에서 도와주면 좋고, 그렇지 않으면 자기 손으로 자기 단위의 문제를 풀고 어려움을 극복함으로써 전반적인 경제침체와 난국을 타개한다는 자립주의의 강화로 진화하고 있다.

이 과정에서 사회주의체제의 오래된 '철 밥통'의 관념에서 벗어나 일한 만큼, 노력한 만큼, 창조한 만큼 그에 상응하는 대가를 지불하는 '노동에 의한 분배'가 정착된다는 의미도 부각되고 있다. 자력갱생은 이제 집단의 정신자세일 뿐 아니라 개인의 것으로도 뿌리를 내리기 시작했으며, 자력자강은 북한 사회의 혁명적 표상이 되고 있다.

자력갱생·자력자강은 젊은 세대에게 정치사상적 교육효과도 있는 것으로 보인다. 어느 사회에서나 젊은 세대에 대한 정치사회교육에 골몰하게 되는데 북한의 자력갱생·자력자강은 젊은 세대의 교육에 안성맞춤일지도 모른다. 자력갱생·자력자강은 정치적 슬로건을 넘어 인민 개개인의 삶의 자세의 변화를 요구하고 있고, 그것은 곧 새로운 길을 찾아가는 과정이기도 하다. 자력갱생을 통해 전략적 목표를 달성하려는 북한의 치열한 '전투상황'을 세심하게 관찰할 필요가 있다.

7. 혁신조치는 계속된다.

김정은 시대의 북한은 경제발전전략에서 실리적 혁신을 강화할 것이다. 북한의 공식담론으로 빈번히 등장하는 대혁신·대비약이 단지 수사修辭에 그치는 것은 아니다. 첨단과학기술의 발전과 선진적인 산업기술 도입을 통한 단번도약을 꿈꾸는 북한은 담대한 희망을 품고 전진하고 있으며, 전략적 노선은 당·국가·군대와 인민들의 경제행위의 지침이 되고 있다.

단번도약은 '대동강의 기적'을 가져올 것인가? 북한은 1950~60년대의 고속경제성장의 성과로 '코리아의 기적Korean miracle'으로 평가받은 적이 있고,[892] 고속성장의 DNA는 시대를 뛰어넘어 단번도약의 밑거름이 될 수 있을 것이다.[893]

북한 사회가 당면한 과제는 본문에서 상세히 검토했듯이 두 부문으로 나눠지고, 이제 그 과제를 얼마나 성공적으로 수행하여 성과를 거두느냐가 내외의 관심사다. 하나는 기본과제, 즉 먹는 문제 해결, 인민 생활의 획기적 향상, 선행부문과 중요공업부문의 발전, 국토관리와 환경사업의 개선, 지방경제 살리기, 자력자강과 대외경제협력 확대 등이다. 다른 하나는 혁신과제, 즉 재정은행사업의 변화 모색, 첨단과학기술 발전, 군수-민간경제의 결합 등이다. 이 과제들은 재화와 서비스의 생산 증대를 넘어 새로운 시스템과 그 제도화를 요구한다. 실리적 혁신은 혁신적인 시스템과 제도화가 정착되어야 효과가 증폭될 수 있다.

제도화는 시스템의 혁신 조치가 켜켜이 쌓일 때 가능하다. 국가 차원에서는 내각책임제(내각중심제)가 정상적으로 자리를 잡아야 하고, 생산현장 차원에서는 사회주의기업 책임관리제와 포전담당 책임제가 하루속히 정착되어야 한다. 생산현장에서 생산자대중의 열의와 창의성을 높이려면 자율성을 충분히 부여하는 혁신적인 시스템이 효율적으로 작동해야 한다. 생산 정상화가 이뤄지면 생산품을 내다 팔 시장과 함께 국영상점망의 활성화가 중요하다. 기업의 상품 판매가 늘어나면 상업은행의 기능이 그에 따라 향상되고 재정금융시스템이 전반적으로 정비되어야 한다.

그 과정에서 상호 연관된 혁신과제들이 순환적으로 자리를 잡아나갈 것이다. 하나의 혁신과제가 다른 혁신조치를 요구하면서 혁신의 순환구조가 작동할 것이다. 어느 혁신국가에서나 혁신의 '선순환구조'를 제대로 정착시키는 과제가 중요하다. 혁신의 순환구조에 이미 들어선 북한으로서는 빠른 시일 안에 '선순환구조'를 만들어내야 하며, 그렇게 될 때에 다양한 혁신조치들이 성과로 이어질 수 있다. 이렇게 볼 때 북한에서 혁신의 행진을 계속될 수밖에 없다.

8. 지속성장, 평등, 과학기술의 세상을 꿈꾼다.

북한의 경제발전전략을 살펴보면 단번도약의 면모와 함께, 지속성장이 가능한 발전(환경생태 고려), 평등이 실현된 발전(사회주의 분배 원칙의 실현), 과학기술발전이 수반된 발전(첨단과학기술과 생산의 결합, 전민과학기술인재화) 등의 지향도 놓치지 않고 있음을 알 수 있다. 이 과제들을 동시에 성공시키려는 북한의 몸짓은 다른 나라들에 비해 독특한 바가 있다. 평등은 오랜 정책기조의 유지이지만, 지속성장과 과학기술은 21세기의 지식경제시대에 들어와 부각된 것이다. 이것은 북한이 경제발전 대열에 뛰어들면서 여러 마리의 토끼를 잡아야 하는 형편이기 때문일 것이다. 북한이 다른 국가들에 비해 상대적으로 유리한 점은 '평등의 지향'이다. 북한은 사회주의적 분배원칙을 중시해왔고, 현재 이 분배원칙이 실행되는 나라는 지구상에 북한 밖에 없지 않은가 하는 생각이 든다.

세계는 지속성장, 평등, 과학기술의 모토에 근접하는 것을 '발전'으로 보는 경향이 있는데 북한도 그 고지에 올라서려고 한다는 점에서 예외가 아니다. 북한이 단번도약과 함께 지속성장이 가능한 발전, 평등이 실현된 발전, 과학기술이 수반된 발전에 얼마나 빨리 도달할 것인가, 그 결과로 고속경제성장과 인민의 삶의 질 향상에 얼마나 성공할 것인가는 앞으로의 관찰 포인트이다.

9. 시장의 봄날은 계속된다.

북한의 공식담론은 시장요소의 도입과 시장경제를 분리해서 설명하고 있다. 북한은 서구의 자본주의방식이나 중국의 사회주의방식에서 말하는 시장경제를 도입할 의사가 없다는 입장이다. 북한은 계획경제의 보완재로서 시장을 활용하고 있고 그것을 사회주의경제이론 상의 '상품-화폐관계의 형태적形態的 이용'으로 설명한다. 북한의 시장은 소비재시장을 넘어 생산재시장으로 이미 발전 중이며, 사회주의기업책임관리제와 협동농장 포전담당 책임제의 정착 과정에서 생산재시장은 더욱 활력을 띨 것으로 예상된다.

기업체들의 경영권 확대과정에서 시장에 내다팔 상품이 점점 늘어나는 가운데 경제당국이 추구하는 국영상점의 활성화에 역행하는 사태가 벌어진다는 어떻게 할 것인가? 오늘의 상황은 그 정도는 아니다. 중국의 사례를 보면 시장경제는 그 출발 시기에는 논쟁이 활발했으나 '중국적 특색의 사회주의'라는 이름하에 '사회주의시장경제'를 도입하는 것으로 결론 났고, 주식시장이 정착된 지도 오래되었다. 시장경제의 폭발력은 계획경제를 흔들 정도로 엄청나다는 것이 중국의 역사적 경험에서 확인된다.

북한은 제한되고 계도(啓導)된 시장을 활성화하면서 계획경제의 틀을 유지할 수 있다는 믿음을 갖고 있는 것 같다. 김정은 시대에 들어와 상업은행의 활성화로 대표되는 금융혁신이 본격화됨에 따라 이것이 다양한 경제 주체들에게 영향을 미치면서 시장이 더 활성화되는 노정을 걸을 수 있다.

단기적으로 북한 정부가 생각하는 계획경제의 틀 안에서의 제한된 시장이 유지되겠지만, 장기적으로는 시장의 장래에 대한 예측이 쉽지 않다. 현 시기에서 분명한 사실은 북한의 '사회주의완전승리' 테제는 계획경제와 생산수단의 사회주의적 소유를 전제로 하고 있다는 것이다. 이것이 변화될 기미와 가능성은 아예 없다고 해도 과언이 아니다. 시장경제는 아니면서 시장 자체는 활성화되는 아이러니를 북한의 현실에서 목격하고 있는 것이다.

시장의 봄날이 계속되는 가운데 기업체들과 인민들은 시장에 더욱 익숙해지고, 정부는 그 역동성을 인민의 삶을 향상시키는데 활용하는 한편 국가·지방 재정에 도움이 되도록 하면서 시장 활성화에 따른 다양한 파급효과를 정책적으로 세련되게 다루는 방법을 익혀나갈 것이다. 북한의 시장 관리방법은 다른 나라에서 유례를 찾기 어려운 독특한 방식이 될 가능성을 배제할 수 없다. 시장의 확장-긴축의 반복이 있더라도 시장은 계획경제와 공존해나갈 것이 분명하다.

10. 신흥상인계층(돈주)이 낯설지 않다.

북한의 대외무역이 위축된 여건에서 시장과 신흥상인계층(돈주)의 역할은 커질 것이다. 수출입이 줄어들면 원자재와 상품 부족을 해결하는 과정에서 시장이 활성화되고 돈주의 역할은 커진다. 기업체를 비롯한 모든 단위·기관·단체가 식량과 생활필수품, 나아가 공장의 원자재

문제를 해결하기 위해 동분서주하고 대책 마련에 나서게 된다. 궁즉통
窮卽通은 어느 세상에서나 통하는 마스터키master key이고, 이는 북한
에서도 마찬가지다. 내부예비를 찾아내고 증산절약투쟁을 통해 '마른
수건 쥐어짜는 듯한' 생존본능이 번뜩이고 시장을 비롯한 자생적 경제
공간은 확장된다.

오늘의 북한은 2002년 7.1조치 이전과는 완전히 다른 세계다. 북한
정부는 2002년에 가격과 생활비 인상조치를 하면서 시장 기능을 이전
보다 더 인정했고, 종합시장을 둘러싼 몇 차례의 부침을 통해 시장은
인민들에게 더욱 친숙해졌다. 시장의 활성화는 돈주의 등장을 가져왔
고 지역 인민들은 누가 돈주로 성장했는지를 다 알게 되었다. 북한 정
부로서는 돈주들의 자금을 사회적 생산과정으로 돌리기 위해, 다시 말
해 화폐적 축적을 생산과 직접 연계시키기 위해 다양한 조치를 고민하
지 않을 수 없었고, 이 과정에서 상업은행의 활성화에 나서고 있다.

10년이면 강산도 변한다고 하는데 강산이 두 번 바뀔만한 기간에 북
한 내부에서 '시장 학습'은 상당히 무르익었다. 이 경험과 학습효과에
따라 북한은 2002년 이전의 모습으로 돌아갈 수 없게 된 것이다. 북한
인민들은 1995년에 시작된 고난의 행군부터 2009년 사이에 너무도 엄
청난 재난과 고통을 이겨내고 경제재건의 기초를 마련한 '능동적인 체
험자'들이다. 그 과정에서 터득한 인민들의 자생·자활 능력은 북한 현
대사를 통 털어 오늘날 정점에 이르렀고, 현재 그 바탕 위에서 경제건
설과 인민생활 향상에서 역동성이 나타나는 것으로 볼 수 있다.

북한 정부로서는 빈부격차와 상대적 박탈감을 우려하면서도 돈주의
경제적 기능을 활용하는 쪽으로 가닥을 잡고 있다. 다만, 김정은 위원
장은 관료주의와 권력형 부패에 대해서 전쟁을 선포할 정도로 기강을
다잡고 있다. 이는 간부들과 돈주들의 결탁을 막아 '화폐권력'의 출현
을 차단하기 위해서이며, 한편으로는 인민중시 철학의 기본에 충실하
려는 것이다.

11. 상대적 박탈감에서 벗어난다.

어느 나라에서나 경제발전 과정에서 빈부격차가 발생한다. 빈부격차의 요인은 여러 가지이지만 이에 대한 처방은 단순하고 명료하다. 약자들을 보호하는 사회안전망을 잘 만들면 사회의 건강성이 유지될 것이다. 북한과 같은 집단주의사회에서는 집단의 이익을 앞세우기 때문에 개인이기주의가 설령 살아나더라도 사회의 공동선을 위협할 수준이 되지는 않을 것 같다.

다만 신흥상인계층(돈주)이 날로 성장하고 있고 이들이 공장·기업소, 협동농장에 자금·물자 등을 지원하면서 화폐를 축적하고 있는 게 현실이다. 이들이 각급 생산단위의 간부들과 연대·협력하면서 자산가 집단으로 탈바꿈하면 사회문제로 비화될 수 있다. 인민들이 돈주들로 인해 느끼는 상대적 박탈감은 분열의 씨앗이 될 수 있다.

북한 정부는 사회주의분배의 원칙 아래 경제적 과실을 인민들이 공유하도록 세제稅制와 분배구조의 혁신에 나설 것이다. 위법 사실이 없는 경우 돈주들의 재산을 몰수할 수 없으니 세제 개편과 같은 새로운 제도화가 필요하다. 어느 나라에서나 세제 개편은 빈부격차를 줄이는 효과적인 수단이다. 북한에서는 토지·기계설비·자동차 등의 생산수단의 사회주의적 소유를 기본으로 하기 때문에 빈부격차의 소지가 상대적으로 적기는 하지만 임대권한에 따른 지대rent 수익과 기업체·협동농장에 대한 투자·대부에 의한 수익 등이 부유층을 형성하게 하는 요인이다.

북한 인민들이 경제적 과실을 정당하게 분배받는다고 생각할 때에 민심을 얻을 수 있고 국가와 정권도 안정될 수 있다. 북한이 사회주의 국가여서 다른 나라들에 비해 빈부격차가 상대적으로 적다고 할지라도 시장 확대와 돈주의 수입 증가 현상에 대한 대책은 있어야 할 것이다. 빈부격차와 상대적 박탈감이 계급·계층 간의 분열로 이어져 사회격변을 일으킨 사례를 남의 일처럼 생각할 일은 아닐 것이다. 북한이 상대적 박탈감에서 벗어나기 위해 미리 대비할수록 사회의 안정성은 높아질 것이다.

12. 지하자원은 때가 오면 개발한다.

북한의 경제발전을 논의할 때 빼놓을 수 없는 것이 지하자원의 잠재적 가치다. 북한에 무연탄, 철광석, 마그네샤크링커 같은 지하자원이 풍부하다는 것은 누구나 아는 사실이고 전자통신산업의 필수 원자재인 희토류라든가 석유 매장량이 상당하다는 것도 알 만한 사람은 안다.

지하자원을 신규로 개발할 때에는 채굴에 이르기까지 엄청난 자본과 설비·기술이 요구되고 북한의 현재 여건으로는 자원개발을 본격화하기 어렵다. 한반도 정세가 완화되어 남한이나 외국으로부터 대규모 투자를 받아 공동개발에 나서더라도 투자에서 생산에 이르기까지 긴 시간이 소요된다. 경제성의 검증과 판로의 확보에 시간이 걸린다. 지하자원 개발에 반드시 뒤따라야 할 운송시스템과 철도·항만 인프라스트럭처도 건설해야 한다. 예를 들어 북한 서부의 서한만 분지와 안주 분지, 동부의 동한만 분지에 분포된 석유의 경우 유전개발뿐 아니라 수출용 항만시설을 갖춰야 한다.

김정은 위원장으로서는 현재 진행 중인 경제발전전략에 더 집중해 성과를 거두는 편이 더 낫다고 생각할 것이다. 지하자원 개발은 정세 변화에 따른 개발여건을 봐가면서 천천히 눈을 돌려도 된다고 생각할 것이다. 그냥 둔다고 해서 자원이 어디 가는 것도 아니고 산유국이나 희토류 생산국의 이름값이 필요한 것도 아니다. 이렇게 보면 지하자원의 신규 개발은 '서둘러야 할' 전략적 부문은 아니라고 할 수 있다. 남북한의 경제협력을 다룬 많은 연구들과 정책자료들이 북한의 지하자원에 대한 공동개발을 협력 리스트에 올려놓고 있고 언젠가는 남북한이 공동개발에 나서는 날이 오겠지만, 이것이 북한의 현 단계 경제발전전략에서 중요한 선택지라고 보기는 어렵다. 북한은 자원개발보다는 당분간 경제개발구·특구의 개발에 더 주안점을 둘 것이다.

13. 상업은행은 금융미래의 전초기지다.

북한 경제당국은 시중의 유동성(현금흐름)을 흡수하기 위해 상업은행의 활성화에 적극 나설 것이다. 전자결제시스템의 보급을 확대하고 금리인상 등을 통해 저축률을 높이려는 움직임도 나타나고 있다.

상업은행의 활성화는 기업체의 생산 정상화에 긍정적인 영향을 미칠 것이다. 기업체의 설비 현대화와 원자재 구입에 필요한 투자금을 국가재정으로 충당하지 않고 상업은행의 대출자금을 투입하게 되면 그 과정에서 금융기관과 기업체의 연계는 더욱 심화될 것이다.

상업은행은 조선중앙은행과의 연계 밑에 빠른 속도로 발전할 것이다. 북한이 세계은행World Bank/IBRD과 국제통화기금IMF, 아시아개발은행ADB, 아시아인프라투자은행AIIB 등의 국제금융기관으로부터 차관을 유입할 수 있는 날이 오면 금융의 도약이 시작될 것이다(상하이협력기구SCO 가입도 예상된다).[894] 남한이나 중국이 고도 경제성장기에 체험한 관치금융이 북한에 적용될 수 있다. 경제성장기에는 소득과 수요의 증가 과정에서 버블이 발생할 수 있기 때문에 금융의 역할이 중요하다. 단번도약에 의한 고속성장을 추구하는 북한으로서는 상업은행의 활성화 등의 금융혁신을 진행하면서 소득과 수요 증가, 버블 발생에 따른 대응책을 마련할 필요가 있다. 고속성장은 후유증을 수반하기 때문이다.

김정은 위원장은 이에 대비해 국내금융과 국제금융의 전문가들을 양성하는 일에 관심을 가질 것이다. 그 과정에서 남한과 해외동포 금융전문가들을 평양에 초청하여 장기 체류하게 하면서 금융혁신을 지원하도록 하면 유익할 것 같다. 북한이 이들에 대해 적과 동지의 낡은 관념으로 분별하지 않기를 기대해본다.

북한의 경제 활성화와 세계시장 진출의 과정에서 금융 혁신과 그 발전 여부가 아킬레스건이 될 수 있다. 금융자본주의 하에 놓여 있는 세계시장에서는 헤지펀드들이 고도성장국가에 투자하여 수익을 올리고, 때로는 아시아 금융위기에서 보듯이 투자대상국의 경제를 교란시키기

도 한다. 북한은 고도성장기에 진입하면서 공공차관·상업차관 같은 장기저리의 안정된 자금을 주로 유치하겠지만, 때로는 헤지펀드 같은 다국적 투자회사들의 자금을 활용하는 날이 올 수 있다.

이런 상황에 대처할 수 있는 준비가 필요하다. 북한 정부는 김일성종합대학을 비롯한 고등교육기관과 인민경제대학과 같은 경제간부 양성기관에 금융교육 단기강좌를 개설해 운영하고, 이곳에 해외동포와 외국인 금융전문가들을 초청해 일부 강좌를 맡기는 방안도 검토하면 좋을 것이다.

해외동포들 가운데 국제금융기관이나 투자회사에 근무한 경력자들을 찾다보면 적임자를 찾아낼 수 있고, 이들의 협력을 끌어내기 위해 김 위원장을 위시한 당·국가의 영도집단이 나설 필요가 있다. 때로는 해외 인재의 영입이 지름길이다. 해외금융 분야의 경험 부족을 채워줄 인재를 양성할 때까지는 해외동포 금융전문가들을 영입하는 시스템을 구축하는 것을 생각해볼 수 있다.

북한 정부는 경제성장 과정에서 '화폐적 축적'의 현상에 직면할 것이고, 금융 변화에 대한 대응력이 필요해질 것이다. 상업은행의 활성화, 해외자본의 유입 등 북한이 새로 직면할 금융·미래는 전인미답의 길인만큼 미리 대책을 세워놓으면 좋을 것이다.

14. 협동단체를 활용하는 길이 열려 있다.

북한은 신흥상인계층 등 개인 자산가를 인정하고 이들이 기업체·협동농장 등 생산현장에 건전한 투자를 하도록 유도해나갈 것이다. 이들이 기업체 및 협동농장에 대한 투자 혹은 대여를 통해 자산을 늘려나가면 개인상공업으로 발전할 소지가 있고, 이는 북한이 지향하는 사회주의경제제도에 역행할 수 있다.

개인상공업의 발전은 협동조합 같은 자발적 사업체로 발전할 수 있는데, 이는 주체의 정치경제학 이론과 전략적 노선의 주방향과는 괴리가 있다. 협동조합과 개인상공업의 발전은 생산수단의 사회주의적 소유와 계획경제-시장의 공존 하에서 사회주의경제를 운영하는 북한 경제당국에게 새로운 고민을 안겨줄 수 있다.

계획경제의 수직적 관리체계 하에서 소비재 생산과 먹는 문제에 국한하여 개인상공업과 협동조합의 발전의 길을 열어놓고 그 이론작업에 성공한다면 다행이겠지만 이것은 쉬운 과제가 아니다. 개인상공업·협동조합의 발전은 개인이기주의를 조장할 수 있고 빈부격차를 심화시킬 개연성이 높다. 기업체와 협동농장에서 일하는 생산자대중들(일반 노동자·농민)이 개인상공업자·협동조합원들에 비해 뒤떨어지지 않는 수준으로 노동보수를 받는다면 문제가 덜 불거지겠지만 현재 북한의 여건에서는 그렇게 되기가 어려워 빈부격차가 현안으로 등장할 수 있다.

북한 정부로서는 소유제도를 흔들지 않으면서 신흥상인계층이 기업체·협동농장의 생산 정상화에 기여하도록 하는 방안을 찾을 것이다. 협동단체(조합)의 기능을 높이고, 개인 상인들이나 신흥자산가들을 협동단체 소속으로 묶어내는 방법이 그런 예에 속한다.

1950년대 말에 없앤 개인상공업을 부활시키는 것보다는 생산판매협동조합 같은 다양한 협동단체(조합)를 인정하는 가운데 신흥상인계층이 인민소비품 생산지원 협동단체(투자조합)에 참여하도록 할 수 있을 것이다. 협동단체의 매출에 세금을 부과하고 세금납부 후에 투자자에게 수익을 배분하는 방법을 고려할 수 있다. 협동단체(조합)를 중앙경공업공장과 지방경공업공장들의 수직 체계화 속에 포함시켜 계열사 형태로 운영하는 방법을 생각해볼 수도 있다.

한편 협동농장에 대한 개인투자도 협동농장들에 수직 계열화할 수 있을 것이다. 협동단체(조합)가 하나의 경공업공장, 하나의 협동농장에만 연관관계를 갖게 하지 않고 여러 경공업공장·협동농장과 거래하는 다각적, 다층적 시스템을 구축한다면 농업생산 및 인민소비품 생산부문의 계획적 관리가 가능할 것 같다.

북한에서는 이미 이러한 맹아가 싹트고 있는데 이것을 이론실천적으로 뒷받침하는 노력이 필요할 것이다. 개인 투자자가 기업체의 직원으로 등록하고 그 기업체의 명의로 사업단위를 만들고 있는 현실에서 협동단체(조합) 발전의 맹아를 찾아볼 수 있다.

북한에서 협동단체(조합)를 확대한다고 해서 계획경제의 근간이 흔들리지는 않을 것이다. 협동단체(조합)의 활동이 인민경제 선행부문과 중요공업부문, 금융부문, 첨단과학기술부문, 군수-민간경제의 결합부문 등에는 침범할 수 없을 것이다. 먹는 문제, 경공업부문, 지방경제부문, 특구·개발구와 관광산업 등에서 협동단체의 기능과 역할을 높이는 것만으로도 그 효과를 거둘 수 있을 것이다.

이론은 현실의 반영이어야 하고, 변화하는 현실은 이론의 변화를 요구한다. 주체의 정치경제학은 그 이념적 기반인 주체사상의 특성으로 인해 이론적 융통성을 발휘할 수 있으며, 그 융통성의 범위가 어느 정도일지가 주목된다. 주체사상은 전통적인 마르크스-레닌주의와는 달리 인간의 자주성과 창조성을 중심에 놓고 사유하기 때문에 경제적 하부구조가 상부구조를 결정한다는 고정관념에서 벗어날 수 있다.

주체사상과 김일성-김정일주의는 인민대중의 요구를 중시하는 인민중시 철학에 기반을 두고 있다는 북한의 주장으로 볼 때 '인민을 위하여'의 전제조건을 붙여 '유연성'을 발휘할 수 있다. 김일성-김정일주의의 해석권자인 김정은 위원장이 변화하는 현실에 발맞추어 이론의 변화를 시도할 수 있는 점이 북한의 사상이론전선의 특성인 것 같다.

이 점을 고려할 때 변화와 혁신에 앞장서서 '총대'를 매는 고위 정책당국자와 경제학자들이 더 늘어나는 것이 바람직하다. 현실변화를 수용하면서 정책의 다각화, 실리적 혁신의 흐름 속에서 협동단체에 관한 이론이 재정립될 것인지를 지켜볼 필요가 있다.

15. 미지의 영역을 개척한다.

북한이 먹는 문제 해결, 인민생활 향상, 인민경제 선행부문과 중요공업부문 주력, 지방경제 살리기, 대외경제협력 확대와 같은 '기본 부문'과 재정금융 시스템의 발전, 첨단과학기술 발전, 군수-민간경제의 결합과 같은 '혁신 부문'을 동시에 중요시한다는 데 대해서는 앞에서 충분히 지적했다. 그밖에 미지의 영역을 개척하는 것이 중요하고 이 영역에서는 혁신에 더 초점을 맞춰야 할 것이다.

인공지능AI과 머신 러닝, 빅데이터, 사물인터넷, 메가스마트시티 같은 새로운 영역을 개척해가고 있는 해외의 혁신적인 기업가들을 초청해 김정은 위원장 자신이 먼저 공부하는 것도 좋을 것 같다.[895] 지도자가 젊으면 미지의 영역에 발을 들여놓기가 상대적으로 수월하다. 나이가 들면 새로운 지식정보에 익숙해지는데 어려움이 있지만 젊으면 이에 거의 애로사항을 느끼지 않을 것이다.

조선로동당 정치국과 정무국이 중국공산당의 영도집단의 정례적인 '학습조' 활동(중국 석학들의 초대 강의와 토론)을 응용해 '학습상무조'를 정기적으로 운영하는 것을 생각해볼 수 있다. 이를테면 학습상무조에서 한 달에 한번 공부모임을 갖고 해외자문단(미래학 및 경제학의 석학들이나 혁신기업가들, 금융 및 투자전문가들 등)을 강사로 초대한다면 그 자체로 의미가 크고, 이 사실이 공개되면 북한의 국격을 상승시키는데도 도움이 될 것이다.

북한은 학습사회를 지향하기 때문에 이런 조치는 언제나 가능할 것이고, 내부의 파급효과도 적지 않을 것이다. 이런 과정을 통해 당 정치국과 정무국이 전민과학기술인재화 방침의 선두에서 실천하는 모범이 될 수 있다. 지식경제시대의 영도집단은 지식정보의 유입과 전파에 앞장서야 하며, 그 과정에서 경제발전전략의 집행과 실리적 혁신의 사유는 한결 풍부해지고 실행력은 높아질 것이다. 미지의 영역에 일단 발을 들여놓으면 이에 대한 '신비주의'는 어느덧 사라지고 이것이 자신의 경제영역 안에서 자리를 잡게 될 것이다. 북한의 영도집단이 자신의 경제발전전략에 미지의 영역을 어떤 식으로든 포함시키는 것을 머지않아 보게 될 것 같다.

16. 디테일의 힘을 활용한다.

북한이 실리적 혁신의 길을 걷는 것은 올바른 방향이고, 그 혁신의 내용을 얼마나 충실하게 채우는가에 따라 그 효과와 전개양상은 달라질 것이다.

북한은 일사불란한 집단주의와 일심단결, 당·국가·군대의 간부들과 인민들의 정보통일 등의 특징을 지닌 사회다. 북한 사회는 신제도주의 관점에서 말하는 정당성legitimacy과 효율성efficiency의 면에서 돋보이지만, 경험의 부족에서 오는, 정책의 세부 사항 간의 부조화不調和와 부조응不調應을 처리하는 능력이 부족할 수 있다는 점을 생각해볼 수 있다.

예전의 북한은 계획경제의 실행과정에서 계획의 일원화와 세부화 원칙을 오랫동안 견지해왔다. 일원화와 세부화를 균형 있게 활용하려고 무진 애를 써왔던 것으로 알려져 있다. 오늘날은 계획경제와 시장의 공존에 따른 새로운 균형 감각이 필요하고 생산현장의 자율성과 재정금융부문의 혁신 간의 조화를 비롯한 여러 부문sector 혹은 양상 aspect 간의 조화와 균형이 필요하다.

실리적 혁신의 세부적인 이행은 디테일detail을 요구한다. '악마는 디테일에 있다'고 하듯이 세부사항에 여러 가지 문제점이 숨어 있을 수 있다. 북한으로서는 전략적 노선에 의거한 정책 전반의 균형을 꾀하면서 정책 간의 충돌이나 어긋남을 방지해야 하는데 이때 디테일의 힘(세부사항 관리)을 잘 발휘하면 변화와 혁신에 대한 대응력은 높아질 것이다. 예를 들어 2021년부터 시작되는 국가경제발전 5개년계획에서도 디테일의 힘을 잘 살려야 할 것이다. '현실발전(변화)의 요구'에 대한 대응력은 '디테일의 힘'에 달려 있다. 디테일에 실패하면 정책 간의 모순이 드러나고 전략적 노선의 실행 자체에 장애를 조성할 수 있다. 국가의 재정관리와 기업의 운영관리를 비롯한 경제발전전략의 집행 전반에서 '디테일의 힘'의 활용은 아무리 강조해도 지나치지 않는다.

17. 나비효과는 어디에나 존재한다.

전략적 노선과 방향은 세부 정책으로 구체화된다. 하나의 정책은 다른 정책에 파장을 미치며, 경제현상에서도 '나비의 날개 짓이 태풍을 몰고 온다'는 나비효과를 종종 확인할 수 있다.

북한의 2009년 화폐교환의 참혹한 실패는 그 파장에 대한 사전 통찰과 대응력을 갖지 못할 때 얼마나 큰 부작용을 초래하는지를 적나라하게 드러낸 사건이었다. 그러한 정책 실패가 반복되면 전략적 노선이 결실을 맺기는커녕 패착으로 이어질 수 있다.

경제정책에 연속적으로 실패하면 민심은 언제나 등을 돌릴 수 있고 북한의 사상교양과 일심단결의 정치담론으로도 되돌리기 어려울 수 있다. 민심은 과거와 비교하는 경향을 보이고 다른 나라와 비교하고 싶은 유혹에 빠져들기도 한다.

하나의 잘못된 전략적 선택에 심각한 내상內傷을 입을 수 있는가 하면, 올바른 선택이 대혁신·대비약의 청신호가 되어 경제발전의 도약대가 될 수 있다. 긍정과 부정의 파장을 일으킬 나비의 날개 짓은 어느 순간에 어디에서 시작될지 모르며 언제나 어디에나 잠재적으로 존재한다. 혁신의 시대에는 정책당국자들이 나비의 날개 짓에 늘 깨어 있어야 한다. 이 점에서 북한도 예외가 아니다. 정책 효과를 극대화하는 계기도, 패착을 막는 시그널도 나비의 날개 짓에 대한 예민한 판단에서 시작된다. 북한의 영도집단에서 경제적 징후에 늘 깨어있는 지도자가 많아야 경제정책의 효과와 부작용에 잘 대처할 수 있을 것이다.

18. 경쟁의 돌풍을 일으킨다.

북한은 지금 사회주의경쟁의 열풍에 휩싸여 있는 것으로 관찰된다. 도와 도, 군과 군, 기업소와 기업소, 기업소 작업반과 작업반, 협동농장과 협동농장, 협동농장의 분조와 분조 등 단위별로, 집단적으로 경쟁이 활발하다.

모든 경쟁에는 성과의 보상이 뒤따른다. 경쟁의 단위를 적게 쪼갤수록 그 효과는 직접적일 것이다. 북한 인민들의 경험세계에서 집단적 경쟁에는 익숙하지만, 작은 단위에서의 경쟁에는 여전히 익숙치 못한 면이 있다. 한편, 협동농장의 텃밭농사의 생산량에서 드러나듯이 사회주의사회에서도 개인주의적 성향은 존재한다.

북한에서 개인주의가 개인이기주의로 번지지 않도록 하면서 집단주의의 정치원칙을 어떻게 견지할 것인지는 중대한 과제로 남아 있다. 개인주의 자체를 없앤다는 것은, 북한식으로 말해 사회주의완전승리에 이를 때까지는 불가능하다.

어떻게 개인이기주의로 변질되지 않게 하면서 개인·집단 차원의 경쟁을 유도하여 생산성과 효율성을 높일 것인가? 이것이 문제다. 무리에 섞여서 무사안일에 빠져 있는 개인들이 불가피하게 존재하는 현실에서, 경쟁을 긍정적으로 받아들이게 함으로써 삶의 태도를 바꾸어내는 일은 정치경제학적 과제이자 사회철학적 과제이다.

경쟁은 생산력을 증대시키기 위한 강력한 수단이며, 사회주의경제에서 그 시스템을 정착시키지 못한다면 고속성장을 기대할 수 없다. 북한에서는 전민과학기술인재화 정책과 관련하여 정치도덕적 자극과 함께 물질적 인센티브를 얼마나 효과적으로 구사하느냐가 관건적인 과제로 남아 있다. 물질적 인센티브는 과하면 개인이기주의가 뒤따라오기 쉽고, 부족하면 경쟁 유발효과가 미미하게 된다. 경쟁의 돌풍 속에서 '경쟁'보다 높은 차원인 '창조'의 효과를 거둘 수 있다면 말할 나위없이 좋은 일이다. 고속경제성장에 창조가 미칠 영향은 매우 크고 긍정적이지만 일단은 경쟁의 물결이 요구된다.

북한 정부는 경쟁을 통해 생산성을 높이고 집단주의 정신도 동시에 고양시키는 면밀한 방안을 마련해야 하는 상황에 처해 있다. 경쟁의 돌풍이 경제건설 총력집중노선과 정면돌파전에서 어느 정도 효과를 거둘 것인지는 중요한 관찰 대상이다.

19. 청년이 올바로 서야 한다.

청년이 바로 서야 나라와 겨레가 우뚝 설 것이다. 북한의 생산자대중 가운데 청년의 비중이 어느 정도인지는 알기가 어렵다. 군사복무에 참여하는 청년의 숫자가 많아 생산현장에서 청년 노동력의 부족 현상이 일상화되어 있는 것으로 알려져 있다.

북한 청년들은 김일성-김정일주의청년동맹에 속해 있고 조선로동당의 지도 아래 사상교양과 기술교육을 체계적으로 받고 있다. 문제는 경제 환경이 격변하는 21세기에 북한 청년들이 세계의 청년들과 경쟁해야 한다는 사실이다.

남북한에서는 청년들이 군에 입대해야 하고 다른 나라 청년들과 달리 삶의 중요한 시기를 군에서 보내게 된다. 특히 북한 청년들은 7년 내지 10년 동안 군사복무에 참여하는 것으로 알려져 있다. 이 기간을 어떻게 보내는가에 따라 개인의 운명이 달라지고 전반적인 사회발전에도 영향을 미칠 것이다. 북한 정부는 긴 군사복무 기간에 청년들을 당성이 높은 당·국가·군대의 관리자 또는 산업전사로 교육하고자 한다.

북한 청년들이 세계와 경쟁하려면 인트라넷이든 인터넷이든 정보 접근성이 개선되어야 하고 해외경험도 늘어나야 한다. 약 6억 5천만 명의 인구를 지닌 동남아국가(인구의 70% 이하가 40대 이하)들이 인터넷·모바일환경에서 경제적 역동성을 살리려고 하는 것을 북한 정부도 유심히 관찰하고 있을 것이다.

북한은 외화벌이의 일환으로 노동력의 해외파견에 주력하고 있는데 이를 효과적으로 활용하는 다각적인 방안을 마련할 수 있을 것이다. 북한 정부가 청년들의 해외경험을 분야별로, 지역별로 확대하는 방법을 강구하면 좋을 것 같다. 젊은 세대가 해외유학이나 연구 활동, 해외 노동현장의 참여를 통해 지구촌의 변화에 눈을 뜨면 도전의식이 높아질 것이다. 이것이 여의치 않다면 김일성종합대학과 김책공업종합대학, 인민경제대학 등에 별도의 교육원을 설립하여 해외 석학들과 교수들을 영입해 청년들을 교육시키는 방법을 강구할 수 있다.

세계경제의 중심이 아시아로 이동하고 있는 오늘이야말로 북한 청년들이 동북아시아뿐 아니라 동남아시아, 서남아시아, 중앙아시아 청년들과 교류하는 기회를 넓혀 지식경제시대에 최적화된 인재들로 자랄 수 있는 중요한 시기다.

김정은 위원장이 젊은 지도자인 만큼 자신과 운명을 같이 할 청년들과 호흡을 맞추면서 이들이 세계와 소통하는 기회를 넓혀주면 좋을 것 같다. 국가와 민족의 운명은 사람, 특히 젊은이가 결정한다는 건전한 상식은 주체사상의 명제에 부합되리라고 생각한다. 미래는 청년에게 달려 있다, 이 평범한 진리를 북한 영도집단은 실천에 옮겨야 한다.

아울러 북한 정부가 청년들의 창업지원에 나서는 창업 클러스터나 벤처기업 육성시스템을 만드는 것도 고려해야 한다.[896] 지식경제시대에 접어들면서 첨단과학기술이나 혁신 아이디어를 지닌 청년지식인들이 창업하여 세계적 기업으로 성장시킨 사례는 부지기수로 많다. 북한에서 벤처기업을 육성한다는 것이 지금은 생소하게 들릴 수 있지만 이것은 경제 전반의 실리적 혁신을 추구하는 전략적 방향에 부합한다. 벤처기업의 창업을 위해 '실패 OK!'의 도전적인 스타트업start-up들을 만들어 혁신 실험을 반복할 필요가 있다.

청년들의 기업경영 상의 실패는 경험이라는 자산을 낳는다. 모든 도약은 경험의 축적을 필요로 한다. 북한 정부가 교통·통신·금융을 비롯한 산업 인프라가 갖춰진 지역에 벤처기업육성촉진지구를 지정해 산업부문 간 협업화의 분위기를 조성하면 그 효과는 상당할 것으로 예견된다. 남한에서도 '벤처기업육성에 관한 특별조치법'과 시행령에 의거하여 벤처기업육성촉진지구를 조성하고 있다. 북한 정부가 청년지식인들에게 해외의 벤처기업에서 체험학습을 할 기회를 부여한다면 효과는 즉각적으로 나타날 것이다. 나아가 남북의 청년들이 첨단기술을 기반으로 한 스타트업을 여러 개 만들어 유니콘(기업가치 10억 달러 이상의 비상장기업)으로 발전시켜나간다면 민족공동번영의 흥미로운 사례가 될 것이다.

20. 잘 사는 강소국强小國을 벤치마킹한다.

지구촌의 국가들은 저마다의 정치제도를 갖고 있고 모든 나라의 제도는 독자성을 지니고 있다. 자유민주주의체제나 사회주의체제 안에서 정치제도와 국정 운영방식은 각국의 역사적 경험과 국민의 선택에 의해 제각각으로 나타난다.

나라의 형편(영토, 인구, 자원, 경제발전 수준 등)에 따라 강대국이나 중진국 같은 분류가 있는 가운데 스웨덴,[897] 핀란드, 노르웨이 같은 몇몇 나라는 강소국으로 분류된다. 아시아의 싱가포르 같은 국가도 그 반열에 들어간다. 이들 나라의 공통점은 나라의 크기는 작지만 강한 경제력을 과시한다는 것이다.

경제건설 총력집중노선과 정면돌파전을 실천하는 북한은 영토, 인구, 자원, 경제발전경로 등의 여러 면에서 강소국이 될 수 있는 잠재력을 갖고 있다.[898] 자립적 민족경제건설노선에 의거하여 다방면적인 균형발전, 모든 산업부문의 동시 발전을 추진해온 북한은, 안경에 비유하자면 '누진 다초점 렌즈'를 지향한다고 할 수 있다.

이 점에서 북한의 국가적 지향은 강소국들의 일반적인 특징과는 거리가 있다. 강소국들은 대체로 특정 산업분야에서 세계 최상위 기업체를 보유하고 있다. 북한은 모든 산업을 균형 있게 발전시키는 것이 바람직하다고 생각해오고 있지만 선택과 집중을 통해 세계시장을 석권하는 전략적 기업체를 양성하는 방향으로 나아간다면,[899] 국내총생산 GDP이 성장하면서 강소국의 대열에 합류할 수 있을 것이다.

북한의 전략기업이 세계시장에서 손꼽히는 제품의 수출에 성공한다면, 먹는 문제 해결과 인민생활 향상에 유리한 전기를 마련할 수 있다. 사회주의경제체제 하의 국영기업이라고 해서 전략적 기업체로의 변신이 불가능한 것은 아니다. 생각과 관점을 바꾸면 새 지평이 열린다.

북한이 '자주강국'이라는 이름 아래 강소국으로 발전한다면 인민들이 남부럽지 않은 경제생활을 누릴 수 있는 전망이 열릴 것이다. 강소국에의 지향이 북한의 사회주의강성국가론과 배치되지는 않을 것으로 생각되지만, 설령 배치되는 면이 있다면 그에 맞는 '이론작업'을 하면 될 것이다. 지금 중요한 것은 특정 산업분야에서 세계 최상의 전략적 기업체를 양성하겠다는 의지를 다지고 능력을 갖추는 일이다. 북한은 그 출발에 앞서 강소국의 벤치마킹에 나설 수 있으며, 그것은 북한에 새롭고 놀라운 체험을 안겨줄 것이다.

21. 전략산업의 발전을 추구한다.

세계시장은 점점 단일화의 모습을 띠고 있으며 세계적인 상품, 국제 경쟁력을 갖춘 상품이 아니면 자국의 시장에서조차 외면당한다.

북한에서 생산되는 상품은 광물자원에서 첨단제품에 이르기까지 다양하지만 세계시장에서 수위首位를 달리는 제품은 거의 없다. 북한 정부도 이를 알고 있고 인민소비품 등에서 세계 수준의 제품을 생산해야 한다고 역설해오고 있다.

세계의 산업발전의 추이를 감안하면 북한의 공작기계 제품이나 바이오헬스산업, 희토류 등이 국제경쟁력이 있을 것으로 관측된다. 특히 공작기계공업의 CNC 수준은 세계 선진수준에 도달해 있고 군수-민간 경제의 협력이 강화되는 여건이어서 발전 잠재력이 있다. CNC는 공장 자동화와 무인화, 유연생산체계, 로봇화의 기초이기 때문에 모든 생산 부문의 공장설비에 사용될 수 있다. 북한이 독일·일본과 어깨를 겨룰 수 있는 공작기계 제품을 생산해 이를 수출하고 국제적으로 인정을 받으면, 해외로부터 공장 무인화·로봇화 설비의 주문제작을 요청받을 수 있을 것이다. 다만 공작기계 설비는 군사 전용의 가능성(군수·민수산업의 이중용도)이 있기 때문에 국제사회의 대북제재가 해제될 때를 기다려야 한다는 어려움이 있다.

바이오산업은 헬스케어와 연관된 21세기의 가장 유망한 분야다. 바이오헬스산업(특히 제약부문)은 초기 투자가 많이 들어가고 임상기간이 길며, 미국 영향 하에 있는 국제인증기관의 인증을 받아야 한다는 제한성이 있다. 북한은 전통의학('고려의학'으로 표현)의 발전에 국가적 관심을 쏟아왔기 때문에 세계적인 건강기능식품의 개발 조류에 신속히 합류할 수 있다.

북한이 남한이나 중국의 한의학과 공동협력의 형식으로 바이오헬스 산업에 나서는 것을 고려할 필요가 있다. 예를 들어 남북한이 대규모

대마단지를 공동으로 조성해 환각작용이 없는 대마성분의 CBD(칸나비디올)오일 등을 수출할 수 있을 것이다. 공작기계공업이나 바이오헬스산업은 정보기술IT과 밀접한데 북한의 다양한 IT 소프트웨어가 세계적 수준에 이르렀다는 평가가 지배적이다. 이에 더하여 바이오헬스산업에 나노기술을 접합하는 다양한 방안도 생각해볼 수 있다.

한편, 희토류의 주요 생산국인 중국이 일본과의 분쟁에서 희토류를 '무기화'해 일본의 양보를 받아낸 사건은 널리 알려져 있다. 희토류는 전자공업의 향배를 결정한다고 할 정도로 미래 산업의 필수 원자재인데, 북한에 희토류 매장량이 엄청난 것으로 추정된다.

다만 희토류 광산개발에는 광산 자체뿐 아니라 물류인프라 조성에 따른 비용이 상당히 소요되므로 해외펀드를 활용하거나 남한 대기업의 투자가 필요할 것이다. 이것 역시 국제사회의 대북제재가 해제되어야 가능하다. 도널드 트럼프 대통령이 미국·북한 관계가 해결되면 북한의 경제발전의 잠재력은 엄청날 것이라고 지적한 것도 무리는 아니다. 북한은 자원국가이고 우수한 노동력이 있으며 산업기술로 전환할 수 있는 첨단과학기술 능력도 지니고 있다. 공작기계 제품이나 바이오헬스산업, 희토류 외에도 북한 자신이 국제경쟁력이 있다고 판단하는 분야는 상당히 많을 것이다.

김정은 위원장도 전략산업의 국제경쟁력에 깊은 관심을 갖고 어떤 부문을 전략산업으로 삼을 것인가를 심중히 생각하고 있을 것이다. 남한의 반도체·자동차산업과 같은 전략산업이 국내총생산GDP의 성장과 국가경쟁력에 얼마나 큰 힘이 되었는지를 누구보다도 잘 알 것이다.

22. 지정학적·지경학적 지렛대를 이용한다.

북한에게도 지정학적·지경학적 지렛대를 충분히 살릴 수 있는 기회가 올 것이다. 남한이 미국·일본의 협력 하에 수출중심, 중화학공업, 대기업 중심, 관치금융, 불균형성장 등의 경제발전전략으로 산업화의 토대를 닦은 뒤 철강, 전자·반도체, 자동차, 중공업플랜트와 조선 등의 산업발전을 통해 세계 10위권의 경제규모로 성장한 것을 북한도 주의 깊게 지켜보았을 것이다.

남한은 선도자first mover가 아닌 추격자industry follower and catch-up 전략[900]을 사용해왔고, 지금은 그 전략에 변화를 주려고 한다. 남한의 경제발전은 미국과 일본이 주도하는 자본주의 시장경제질서에 순응하면서 산업화에 성공한, 세계적으로 유례가 없는 성장 사례에 속한다. 이것은 지정학적·지경학적 장점을 적절하게 활용한 것이었다고 할 수 있다.

북한은 냉전구조의 장기화로 인해 지정학적 불이익을 받아왔고 오늘까지도 북미 간의 적대관계가 이어지면서 북한은 '섬'처럼 고립되어 있다. 그나마 북한·중국 경제협력과 남북 경제협력이 북한의 대외경제 관계의 면모를 유지하게 해주었다. 북한이 미국과의 국교 정상화에 성공한다면 남북 경협은 물론 중국·러시아·일본·미국과의 경제협력이 확대될 것이고 아시아 및 유럽연합에 이르기까지 경제협력의 범위가 넓어질 것이다.

북한이 일본으로부터 '식민지배 배상청구권 자금'을 100억 달러 이상 받게 되면 개발 펌프의 마중물이 되어 일본 기업들의 북한 진출의 계기가 될 것이며, 이 무렵에는 남한과 중국·일본이 북한 진출을 둘러싸고 경쟁과 협력의 양상을 보일 것이다. 이 과정에서 북한의 대외협력 분야와 파트너의 선택지는 넓어질 것이다.

한반도를 둘러싼 지역경제협력이 환동해경제권과 환서해경제권을 기반으로 새로운 전략적 변화를 가져올 수 있다. 북한은 환동해경제권을 통해 중국의 동북지역과 러시아의 연해주, 남한의 동해안, 일본의 서부해안 공업지대가 연결되는 다이내믹한 경제권에 놓일 수 있다. 환서해경제권을 통해서는 남한 서해안과 중국 산동성·요녕성 등 간의 연계에 의해 경제 활력을 살릴 수 있다.

남한과 일본의 대북한 투자가 제한 없이 이뤄질 때 북한 경제의 잠재력은 폭발력을 보일 것이다. 국제펀드(투자)와 금융기관들이 환동해·환서해 경제권역의 성장 가능성에 주목할 것이고, 대북 투자 및 공공차관의 문이 열리면서 동북아시아에서 개발의 붐이 일어날 것이다.

향후 북한이 원하는 투자부문과 관련국·국제투자기관 등이 희망하는 부문에 차이가 있을 수 있다. 북한은 자신의 경제발전전략에 대한 소개 자료와 투자유치 및 타당성조사 등에 필요한 세부지원에 나서야 한다.

북한은 자주외교와 자립적 민족경제건설노선에 손상이 가지 않는 범위에서 단기적인 투자효과가 나타날 산업아이템과 장기적인 투자효과를 기대하는 산업아이템을 구분하여 세부 계획을 세워둘 필요가 있다.

북한은 남북관계의 발전 속도를 감안하면서 남한의 경제발전 노하우를 활용할 기회를 살릴 수 있다. 남한은 공공차관과 관치금융에 의한 경제성장에 관한 한 어떤 나라보다도 풍부한 경험을 갖고 있고, 산업은행·수출입은행 등 국책은행들은 차관과 투자 운영 등에서 다양한 노하우를 갖고 있는 만큼 북한이 취할 바가 적지 않을 것이다.

지정학적 위치를 바꾸지 못하는 것은 숙명이지만 무슨 수를 써서라도 이를 효과적으로 활용하는 것이 '전략국가'의 길이며, 북한은 이 길을 걸어가야 하는 당사자다. 남북한이 전략국가·혁신국가의 면에서 힘을 모은다면 민족경제공동체의 발전은 물론이고 세계 경제사를 다시 쓰는 역사적 위업을 이룰 수 있다. 그것은 낯선 체험이 되겠지만 이루지 못할 꿈은 아니다.

23. 세계를 지향한다.

북한 인민은 눈으로 세계를 보고, 몸으로 세계를 체험하게 될 것이다. 백문이불여일견百聞而不如一見(백번 듣는 것이 한번 보는 것만 같지 않다)이고 견문각지見聞覺知(보고 듣고 깨달아서 안다)이다. 지식경제시대에서는 아는 것(지식정보)이 힘(국력)이다.

북한은 인트라넷으로 전국 각지에 정보 인프라를 깔아 첨단과학기술을 비롯해 경제현장의 생생한 지식정보와 기술을 제공해오고 있다. 전민과학기술인재화의 슬로건 아래 지식경제시대에 적응하려는 북한 인민들의 노력은 어느 나라에도 못지 않은 것 같다.

다만 첨단과학기술에 기초한 지식정보자료(동영상 자료 포함)를 습득하는 것만으로는 한계가 있다. 북한 인민들도 해외로 나가 견문을 넓히고 외국의 전문가·기술자들과 현장에서 토론하면서 살아 있는 지식, 경제발전에 효용성이 높은 정보를 습득할 필요가 있다.

북한 정부는 청년과학자·지식인들을 해외에 많이 내보내 다양한 경험을 쌓게 하고 그들의 현장 보고서를 축적하며 이를 사회과학원·과학원 및 산하 연구소, 산업현장에 접목하는 산학연 협동의 계기를 만들어나가면 좋을 것이다.

북한 사회의 장점인 팀플레이를 해외과학기술교류에 활용할 수 있다. 해외유학도 필요하지만 그보다는 산업시찰과 현장연수(산업연수)를 정기적으로 빈번히 조직하는 편이 나을 수 있다. 북한의 과학자·기술자들이 세계적인 첨단전자부문, 과학기술제품 등의 산업전시회에 정기적으로 참가하고 전시회 기간에 진행되는 각종 심포지엄·세미나에 참가하면 시야가 넓어지고 생산현장에 필요한 기술을 흡수하는데 큰 도움이 될 것이다.

북한 산업계에서 답보상태에 있는 부문의 국제교류협력은 새로운 혜안을 줄 수 있다. 작은 성과가 쌓여야 큰 성과를 기대할 수 있다. 해외출장 전에 지식정보자료 등의 사전입수를 통해 내부적으로 연구토론회를 조직하는 등 준비가 철저할수록 해외출장은 유익할 것이다. 세상은 넓고 체험할 일은 많지만, 선택과 집중으로 효율성을 극대화하는 길을 찾으면 좋을 것 같다. 해외의 석학·전문가·기술자들을 평양에 초청해 강연회와 토론회를 조직하면 다양한 효과를 거둘 수 있다. 세계를 지향하는 북한의 전략적 방향이 실천에 옮겨지는 전환적 계기가 오기를 기대해본다.

24. 경험 부족은 부끄럽지 않다.

북한은 공장·기업소 설비의 자동화·무인화·로봇화에 적극 나서는 등 산업혁명을 위한 하드웨어의 개선에 공을 들이고 있다.

문제는 소프트웨어다. 사회주의경제강국 건설과 인민생활 향상을 위한 소프트웨어 개발에서 IT·NT·BT 등 여러 부문의 소프트웨어에 중점을 두는 것은 미래에 긍정적인 영향을 줄 것이다. 다른 하나 중요한 소프트웨어는 기업체의 경영 능력을 현저히 개선시킬 기업혁신의 '경영학'이다.

북한도 기업체의 과학적 경영전략과 기업전략을 강조해오고 있고, 사회주의기업 책임관리제와 《기업소법》의 실행과정에서 기업체들은 경영상 자율성을 경험하고 있다.

그러나 경험 부족은 다른 무엇으로도 대체하기 어렵다. 20세기 자본주의 시장경제에서 발전해온 경영학은 기업체 경영에 필요한 지식정보를 기반으로 하며 이윤 증대와 생산성 향상을 지향한다. 자본주의 시장경제의 경영학이라고 해서 사회주의경제에 활용하지 말라는 법은 없다.[901]

기업체 경영의 목적인 이윤·수익성 창출과 생산성 향상이라는 면에서 현대경영학의 활용가치는 상당하다고 할 수 있다. 기업체에서의 중장기 경영계획과 경영전략과 전술, 제품과 서비스 제공을 통한 고객 만족도의 향상 등을 북한에 맞게 적용시켜 나간다면 기업생태계를 살리는 토대가 될 수 있다. 미국 기업 아마존Amazon의 '고객에의 집착' 경영에서 응용할 점이 없을까를 북한 기업체들도 고민해볼 필요가 있다. 생산, 재무, 영업, 판매, 마케팅, 광고, 인사, 조직, 리더십 등을 망라하는 경영학의 여러 부문 가운데, 북한은 마케팅과 영업, 인적 자원, 생산과 판매, 재무 등의 경영관리에서 배울 점이 있을 것 같다.

북한은 국가의 전략적 관리와 함께 기업관리에서도 전략적 측면을 강조해오고 있다. 이를 효과적으로 발전시키기 위해서 현대경영학의 성과를 활용해보자는 것이다. 북한이 추구하는 혁신과 관련하여 아마존의 '끊임없는 혁신'을 탐구하는 것에서 좋은 착상을 얻을 수 있다.

북한이 경험세계를 넓혀야 할 것은 경영학 분야만은 아니다. 중국과 베트남에서의 기업개혁·농업개혁에서도 북한이 배울 게 있고 강소국들의 전략기업 발전의 경험에서도 배울 점이 있으며, 남한의 경제발전의 경험에서도 배울 점이 있을 것 같다. 북한은 경제개혁을 반대해온 불변의 담론에 갇혀 있을 필요가 없고, 국가시스템의 차이에 갇혀 있을 필요도 없으며, 체제 경쟁의 낡은 틀에 갇혀 있을 필요도 없다. 경험의 부족은 부끄러운 일이 아니며, 배우려 하지 않는 것을 부끄러이 여겨야 한다.

경험 습득을 위한 효과적인 방법의 하나는 산업발전의 경험이 풍부한 여러 나라의 기업인들과 기술자들을 평양에 초청해 강의하게 하거나 현장실습의 교육자로 활용하는 것이다. 《21세기 신사유람단》을 파견해 방문국의 개발 경험과 장점을 흡수하는 것도 생각해볼 수 있다. 북한이 이런 생각을 공개적으로 밝히면 이에 협조할 국가들과 국제기구들이 적지 않을 것 같다.

옛말에 '앉아 있는 영웅보다 돌아다니는 머저리가 낫다'거나 세상물정을 모르는데 빗대어 '우물 안 개구리'가 되어서는 안 된다고 했던 선조들의 지혜에서 북한의 영도집단이 취할 바가 있을 것이다.

경험은 쌓을수록, 또한 이를 나눌수록 공동체에 보탬이 된다는 집단적 각성 아래, 모든 경험을 집약화하여 집단지성을 발휘하는 길이 곧 창조의 길이다. 이것은 북한과 같은 집단주의사회의 강점을 극대화하는 방법이기도 하다. 북한은 전국적인 모범단위에 대한 방식상학과 따라 배우기, 따라 앞서기의 나라가 아니던가? 그 배우기의 범위를 국내에 국한시키지 말고 세계로 확장할 때가 도래했다. 세계를 지향하고 지식경제시대에 필요한 경험을 넓히는 과정에서 설령 부작용이 일부 있더라도 긍정적 파급효과는 그 부작용을 상쇄하고 남을 것이다.

25. 민족경제의 균형적 발전의 길을 간다.

민족경제의 균형적 발전의 실천은 빠를수록 좋을 것이다.

남과 북의 당국 사이에는 신뢰의 문제가 늘 걸림돌로 남아 있다. 상대방의 사상과 제도를 인정하고 내정에 간섭하지 않는다는 정치적 화해에서 군사적 신뢰 양성 조치에 이르는 모든 현안에 대하여 남과 북은 여러 차례 역사적인 합의를 하였지만 오늘날까지도 신뢰의 위기를 극복하지 못하고 있다.

그 원인은 평화공존과 자주통일에 관한 생각의 차이 때문이다. 동족상잔의 전쟁을 치른 비극은 트라우마trauma로 남아 있다. 북한은 '흡수통일'을 두려워하고 남한은 '적화통일'을 우려하는 공포심리가 여전하다. 한반도의 지정학과 현실을 보면 흡수통일이나 적화통일의 가능성이 없다는 것이 국내외 전문가들의 대체적인 진단이지만, 일각에서는 여전히 이를 우려하거나 그 우려를 이용하고 있다. 전쟁의 공포에서 벗어나려면 상호 신뢰가 필요하고 그 바탕 위에서 평화공존과 공동번영의 견실한 탑을 쌓아나가야 한다.

지금에 와서 생각해보면 기능주의적 접근, 단계적 접근으로는 상호 신뢰에 도달하기가 쉽지 않고 평화공존과 공동번영을 위한 파격적인 조치를 통해 신뢰를 조성하는 방안이 필요할 것 같다. 남북관계의 개선으로 인한 이익이 매우 커서 불가역적인 상황이 올 때에야 비로소 상호 신뢰가 높아질 지도 모른다. 남북 간에는 피해의식과 대결의 벽을 넘어서는 지혜와 특단의 조치가 필요하다.

남북 경협에서는 기존에 합의한 사안을 재정비하여 신속하게 수행할 수 있는 분야와 장기적으로 진행할 과제들의 순위를 조정하여 로드맵을 만들어야 한다. 남한은 단기적인 경제 살리기 차원에서의 남북 경협이라는 협소한 인식과 틀을 넘어서야 한다. 한반도와 중국 동북지역, 러시아 연해주, 일본까지를 경제권역으로 상정하고 북한의 잠재력을 고려한 경제협력을 발전시킬 청사진을 만들어야 북한의 호응을 얻을 수 있다.

남북한과 중국·러시아·일본 5개국의 산업·무역·기술의 균형적 협력 체계가 미래의 청사진이 될 수 있다. 관련국들이 과열경쟁을 넘어 경제적 이익의 실현에 도움이 되는 호혜적 협력에 나서는 평화적 토대를 만들면 좋을 것이다. 다만 미국과 중국의 갈등이 지속적으로 심화되는 국면에서는 남북한의 전략적 선택(협력 파트너)이 쉽지 않을 것이다.

그럼에도 불구하고 남북한은 미국·일본과 중국 간의 관계가 개선될 경우에 대비한 다국 간 경제협력 프로그램을 개발해야 한다. 자원·물류를 넘어 최첨단 과학기술발전과 21세기 산업혁명의 시대적 조류에 맞는 새로운 지역경제공동체의 건설에 나서면 좋을 것이다. 동아시아 지역에 평화환경이 조성되면 이 지역은 지구촌에서 가장 역동적인 경제권역으로 부상할 것이다.

남과 북이 경제협력과 교류를 통해 민족경제의 균형적 발전을 추구하고 민족경제공동체를 형성하는데 성공한다면 그로부터 얻어질 이득은 이루 말할 수 없이 크다. 남과 북이 경제발전의 경로가 다르고 경제구조와 운영방식이 완전히 다르다는 점을 고려하면서 협력의 틀을 짜나간다면 경제적 보완성은 높다. 원자재와 상품의 유무상통을 넘어 21세기의 경제발전전략을 남과 북이 함께 수립할 수도 있다.

북한이 중시하는 먹는 문제 해결과 인민생활 향상(경공업 발전)뿐아니라 첨단과학기술의 제품화와 수출에 남한이 기여할 수 있다. 남한은 경제발전의 경험을 북한과 공유하면서 대규모 투자를 통해 북한의 산업 인프라와 생태계를 조성하는 가운데 새로운 성장 동력을 얻을 수 있다. 남한은 북한과의 경협을 통해 원자재와 노동력 부족의 해결을 넘어서 산업구조 재편과 성장 동력의 모티브를 찾아 국제경쟁력을 높일 수 있을 것이다.

남과 북의 평화적 경제공동체는 해외자본의 투자유치에 유리한 환경을 조성하고 한반도를 동아시아 물류의 허브로 만드는 중대한 계기를 가져올 것이다. 대륙횡단철도와 연결되는 철도·도로·해상을 통해 한반도는 해양과 대륙은 잇는 가교 이상의 의미를 갖게 된다. 남과 북이 북한의 지하자원 공동개발에 나서면 철광석·석탄·마그네샤크링카 등 자원은 물론이고 긴 안목으로 보아 희토류·석유의 공동 개발도 가능해질 것이다. 남한으로서는 인구학적 위기구조의 완충과 관련하여 북한과 협력할 수 있다. 남북경제공동체는 경제 전반의 시너지가 되어 산업 전반에 역동성을 제공할 것이다.

남과 북이 지금이라도 첨단과학기술분야의 협력에 나선다면 4차 산업혁명(AI, 빅 데이터, 자율주행차, 사물인터넷, 블록체인 플랫폼, 양자 컴퓨팅 등)과 바이오헬스분야에서 세계적인 경쟁력을 갖출 수 있다. 남과 북의 동반성장이 가능한 분야는 일일이 거론할 필요가 없을 정도로 많다. 남북의 경제전문가들이 공동으로 동반성장이 가능한 분야의 목록을 만드는 일에 착수한다면 그 자체로 얻어질 과실이 많을 것이다.

우리에게 남아 있는 과제는 신뢰의 위기를 극복하여 한반도 정세를 주동적으로 풀어나가려는 의지와 협력 자세다. 정세변화의 핵이 북한과 미국·일본 간의 관계 정상화라고 전제한다면 남북관계는 이보다 한발 앞서가야 하며 이를 위해서는 남북한 정부의 담대하고 각별한 노력이 필요하다. 남과 북은 민족경제공동체의 형성과정에서 상대방의 경제발전에 어떤 도움을 줄까에 초점을 맞추는 호혜의 자세가 필요하다. 과거에 속박되면 보다 나은 미래를 창조하는데 어려움을 초래한다. 남북한은 조화와 상생의 미래를 능동적으로 건설해나가야 한다. 남북의 청년들에게 한반도는 '기회의 땅', '생명의 땅', '약속의 땅'이어야 한다.

26. 담대한 변화에는 이론 변화가 수반된다.

'주체의 정치경제학'이나 '우리식 경제관리방법'의 혁신은 김정은 시대의 경제발전전략의 이론적 근거를 풍부하게 할 것이다.

주체의 정치경제학에서는 생산자대중을 중시하고 이들의 열의와 창조력을 강조한다. 북한은 사회주의사회의 과도적 성격에 관한 해명에 기초하여 독자적인 방식으로 사회주의완전승리에 도달할 수 있다는 이론체계를 갖고 있다.

우리식 경제관리방법에서의 '우리식'은 실리적 혁신의 폭을 넓히고 깊이를 더 할 수 있는 근거를 마련할 수 있게 한다. 김정은 시대의 북한은 주체와 우리식의 담론을 확장하면서 이념적 경직성에서 어느 정도 벗어날 수 있다.

김정은 위원장은 김일성-김정일주의의 이념해석권을 독점하고 있어

'현실발전(변화)'을 이념적으로 재해석할 수 있는 유일한 위치에 있다. 북한의 정책집단이 전략적 노선과 정책의 선택에서 창의성과 유연성 (정책탄력성)을 발휘하면 김 위원장이 이를 수용하여 담대한 변화를 실행에 옮길 수 있다. 담대한 변화는 이론 변화를 수반할 것이다. 북한의 영도집단은 사상이념이나 새로운 전략적 노선에 실리적 혁신을 포함시키고 이를 인민들에게 교양함으로써 성장 동력을 끌어내려고 할 것이다.

북한은 학습과 집단토론의 사회이고 사상이념이나 전략적 노선에 대해서는 일체감에 가까운 구심력을 보여 왔다. 주체의 정치경제학이나 우리식 경제관리방법은 그 내용의 변화를 신중하게 모색할 것이고, 연구대상과 방법의 풍부화 과정을 통해 변화를 거듭할 것이다.

북한은 자신의 정치경제 시스템의 정당성을 바탕으로 앞으로도 계승을 강조해나가는 한편, 경제적 효율성을 높이기 위해 시스템과 전략·정책을 지속적으로 혁신해나갈 것이다. 그 혁신은 과거와의 단절이 아니라 지속과 계승을 기반으로 할 것이다. 그러나 어느 사회에서나 그렇듯이 그 혁신이 축적되면 어느덧 담대한 변화의 요구에 직면할 것이다. 변하지 않으면 낙후된 현실이 지속될 수 있다. 나라와 민족의 밝은 미래를 위해서는 변화에 잘 대처해야 한다. 담대한 변화의 흐름은 북한의 사회과학계로 하여금 이론화 작업에 더욱 열중하도록 할 것이다. 그 성과가 집대성될 때에 가서 김정은 위원장의 논문이나 담화 등으로 발표될 것이다. 변화와 혁신에 대응하려는 북한의 사상이론계의 움직임은 필요할 뿐 아니라 바람직하다고 할 수 있다.

27. 남은 이야기 몇 가지

이 책을 마치기 전에 몇 마디 해두고 싶다. 이 책이 에세이처럼 읽힐 수 있는 도서라면 좋으련만 사회주의경제학을 담은 책이어서 그렇게 되지 못한 것 같다. 이 책에는 이해가 쉬운 부분과 어려운 부분이 포함되어 있고 잘 다듬어진 부분과 다소 거친 부분이 섞여 있다.

이 책에서 자주 인용된 북한의 원문 자료들에 익숙하지 않은 독자들은 곤혹감을 느낄 수 있었을 것이다. 스토리보드가 탄탄한 경제도서를 쓰면 좋겠다는 생각을 해보지 않은 것은 아니지만, 경제발전전략을 다루면서 그렇게 하기에는 역부족이었고 이해보다는 오해를 불러올 수 있다는 우려 때문에 그 생각을 진작 포기했다.

이 책은 김정은 위원장의 발언을 많이 소개하고 있는데 그 어록들이 북한의 경제발전전략의 실체적 진실을 이해하는데 얼마나 도움이 될 것인지에 대해 나름대로 숙고해보았다.

북한은 인민들이 최고영도자의 교시·말씀을 금과옥조로 여기도록 반복적으로 교육받는 학습사회다. 김 위원장이 하나의 생산현장에서 발언한 지침들은 유사 부문의 모든 생산현장의 책임자들과 실무자들, 그리고 노동자·농민·군인들에게 보급되는 교육·교양 자료로 생산된다. 최고영도자와 인민들의 코드가 일체화된 사회 분위기에서 그러한 지침들은 반복적으로 전달되어 인민들의 마음속에 깊이 각인된다. 김 위원장의 교시·말씀 등의 '강령적 지침'은 현실성과 현장성을 갖게 된다. 이 책의 숱한 인용문은 경제발전전략의 방향과 과제들을 가감 없이 보여주는 자료로서의 가치를 지닌다.

북한에서 최고영도자는 작고한 수령들과 함께 사회정치적 생명체의 뇌수腦髓의 위치에서 오케스트라 지휘자처럼 당-국가-군대와 생산현장을 지휘하고 있다. 김 위원장의 통치행위를 다른 나라의 리더십 정도로 이해해서는 북한 사회의 진면목을 온전하게 이해하기가 어렵다. 김 위원장의 경제발전전략에 관한 교시·말씀 자료는 관련 부문의 집단지성의 산물이라는 점을 이해할 필요가 있다.

북한의 정책담론 생산자들은 정책 입안자들로서, 담론을 생산할 때 역사성(과거), 투쟁성(현재), 전망성(미래)을 깊이 사색하고 좌경·우경의 편향에서 벗어나려고 한다. 이들이 현실적합성 있는 전략적 방향과 과제들을 사전에 정리하고 당 중앙부서들에서 이를 검토한 뒤에 김 위원장에게 교시·말씀 자료로 보고해 채택되는 과정을 밟는다. 북한에서는 전략·정책 부문의 중요한 최종 결론은 최고영도자의 몫으로 남겨놓고 있다.

적 노선과 대혁신·대비약의 청사진이 담길 것이다.

김성 유엔주재 북한대사는 2019년 9월 30일 유엔총회 연설에서 2020년에 《민족보고서》를 제출할 뜻을 밝히면서 "경제사회분야에서 유엔과 유엔체제 기구들의 역할을 강화하여 발전도상 나라들의 지속개발을 위한 노력을 적극 방조傍助('곁에서 돕는다'는 의미)하기 위한 실천적 조치들이 부단히 강구되어야 할 것"이며 "2030년 지속개발목표를 달성하는데서 평화로운 환경을 조성하는 것은 모든 유엔 성원국들 앞에 있어서 필수적인 문제"라고 말했다. 이 메시지는 북한도 2030년까지의 지속개발 목표를 수립하여 전진하겠다는 의지와 함께 평화환경의 중요성을 거듭 강조한 것이었다. 평화환경이 조성되면 북한에서 군수산업을 민수로 전환하는 계획을 보다 본격화할 것이다.

끝으로 대혁신·대비약 2.0의 방향과 과제들이 이 책의 내용에서 크게 벗어나지 않기를 기대하면서, 북한의 영도집단과 당·국가·군대의 지도자들, 그리고 인민들에게 실리적 혁신과 도약을 위해서는 상상력·직관·통찰이 필요하다는 점을 강조하고 싶다. 상상력은 창조적 도약과 혁신의 디딤돌이다.

"창조적 도약은 상상력과 기업 활동하는 광범위한 사고 공간mind space의 자기 변형적 역학 간의 상호작용에서 나온다. 이제부터 미래의 발전에 초점을 맞추고자 하는 성공적 비즈니스 모델은 현실에 바탕한 건강한 분석역량 뿐만 아니라 확장된 사고와 관련한 공간을 정밀하게 탐지해낼 능력도 갖춰야 할 것이다. 사실, 여기에 최우선 순위가 주어져야 한다. 합리적 분석이 작동하는 공간을 창조하는 것이 상상력, 직관, 통찰이기 때문이다. 거대한 실패와 성공은 바로 이 지점에서 나온다." [902]

1 김정은 위원장의 경제발전전략에 관한 숱한 발언을 소개하다보니 불가피하게 그 발언의 양이 상당히 많아졌다.

2 브라이언 두메인, 안세민 역, 『베조노믹스』(파주: 21세기 북스, 2020) 참조.

3 김정은, 『전력문제를 해결하여 경제강국 건설의 진격로를 열어나가자』(당, 국가경제 기관 책임일군들과 한 담화, 2017년 5월 3일)(평양: 조선로동당출판사, 2017), 18쪽.

4 이 책에서는 《신년사》에서 경제정책과제를 중점적으로 다룬데 비해 《신년사》에 대해 '토픽 모델링'과 '시멘틱 네트워크 분석'을 한 연구도 있다. 제1기(2012~13년)에 김정일 국방위원장의 유훈 승계와 수령의 영도, 옹호 등의 내용이 두드러지게 나타났고, '김정일애국주의'가 정치담론으로 활용되었다는 것이다. 제2기(2014~16년)는 대외적인 압박에 대응하여 체제를 유지하기 위한 군사적 의지를 강하게 드러냈으며, '백두의 혁명정신'이 핵심 키워드로 추출되었다는 것이다. 제3기(2017~18년)는 대체로 경제발전에 대한 열망을 강하게 표명하는 와중에 군을 활용한 체제 단결을 지속하는 특징이 나타났으나, 새로운 특징적인 정치담론은 드러나지 않았다는 것이다. 김에스라, 「김정은 시기 정치담론 동학에 관한 연구: 텍스트 분석을 중심으로」(고려대학교 대학원, 박사학위논문, 2018), 88-89쪽. 이 논문은 김정은 위원장의 입장에서 "경제발전을 추동할만한 정치담론을 섣불리 제시하는 것이 부담스럽다"고 하면서 "경제발전을 목표로 인민대중의 추동을 위한 정치담론을 제시하는 것은 결코 쉬운 일이 아니다"라는 견해를 내놓았다(같은 논문, 143쪽). 이 견해에 동의할 수 없다. 김정은 위원장은 자력갱생과 자강력제일주의, 관료주의와 부패와의 투쟁, 인민중시, 우리식 경제관리방법, 우리 국가제일주의, 인민경제의 주체화·현대화·정보화·과학화 등의 정치-정책담론을 내놓았기 때문이다.

5 전략은 반드시 '정책'과 '프로젝트'로 변환되어야 하고, 정책은 실행 가능하도록 설계되어야 한다. 미국 경제학자 조지프 스티글리츠가 이런 생각을 밝힌 적이 있는데 어떤 국가에서도 통용될 수 있는 담론이다.

6 『로동신문』, 2020년 1월 1일자, 1-4면.

7 수력자원을 위주로 하면서 풍력·지열·태양열을 비롯한 자연에네르기에 의한 전력 증산이 포함되었다.

8 기존 발전소의 정비보강·만부하 가동에 의한 전력생산 증대, 단천발전소 건설 등 발전능력의 추가 조성, 자연에너지의 적극 이용 등의 과제가 포함되었다.

9 김책제철연합기업소·황해제철연합기업소를 비롯한 금속공장들에서의 주체화와 현대화 성과 확대 등이 그 과제에 해당된다.

10 『로동신문』, 2017년 5월 15일자; 『통일뉴스』, 2017년 5월 16일자 재인용. 『통일뉴스』에 따르면, 탄소하나(C1)화학공업은 석탄의 가스화를 이용해 수소와 일산화탄소를 만들고 이를 합성해 필요한 화학물질을 얻는 화학공업이다. 『통일뉴스』는 강호제 박

사(거레하나 평화연구센터 소장)의 다음과 같은 설명을 인용하고 있다. 탄소하나화학 공업은 "석유나 석탄을 원료로 다른 물질을 만드는 화학공업이 출발 물질로 삼고 있는 탄소 2개의 에틸렌(C_2H_4)과 탄소 3개짜리인 프로필렌(C_3H_5) 등을 석유나 석탄 대신 탄소를 하나 포함한 물질, 즉 일산화탄소(CO)나 메탄, 메탄올, 포름알데히드(CH_2O) 등을 이용하여 합성하는 것"이다. 일산화탄소와 수소에 대해 '특수촉매'를 써서 반응시켜 탄화수소를 만들고 이를 이용해서 합성 휘발유, 합성 경유 등을 만든다. 탄소하나화학공업은 전력 사용량을 획기적으로 줄일 수 있고 이산화탄소 배출이 없어서 세계적으로 각광받는 분야라고 한다.

11 "인민들의 식탁 위에 바다향기가 풍기게"라는 표현이 등장했다.

12 "인민들의 식탁을 풍성하게"라는 표현이 등장했다.

13 "인민들이 덕을 보게"라는 표현이 등장했다.

14 『로동신문』, 2020년 1월 1일자, 1-4면.

15 『로동신문』, 2020년 1월 1일자, 1-4면.

16 예를 들어 "한 와트의 전기, 한 그람의 석탄, 한 방울의 물도 아껴 쓰자"는 운동이 전개되었다.

17 『로동신문』, 2020년 1월 1일자, 1-4면.

18 이 판단은 고위급 북한이탈주민 등의 증언과 정보에 기초한 것이고 북한의 공식 자료로 확인된 것은 아니다.

19 군부대 방문은 '시찰'로 표현하고, 군사훈련·연습·경기대회 및 시험발사 참석은 대체로 '지도'로 표현한다.

20 홍민, "김정은 위원장 최근 현지지도 행보 속 정책 코드 읽기" 『통일연구원 Online Series』, 2018.8.29.(CO18-36), 2쪽.

21 홍민, 위의 글, 4-5쪽.

22 홍민, 위의 글, 1-2쪽.

23 홍민, 위의 글, 5, 7-8쪽.

24 김정은 위원장의 현지지도에 부부장급 중심으로 수행하도록 한 것은 고위 측근인사를 대동했던 김정일 국방위원장과는 달라진 것이고, 실무적 성격을 강화한 것으로 볼 수 있다. 김 위원장이 당 정치국 상무위원들인 최룡해 최고인민회의 상임위원장, 국무위원회 제1부위원장(국가업무 총괄)과 박봉주 국무위원회 부위원장, 당 부위원장(경제업무 총괄)과 함께 움직일 때도 간혹 있다.

25 홍민, 앞의 글, 5-6쪽.

26 홍민, 위의 글, 7쪽.

27 조선중앙통신, 2012년 5월 9일자; 통일부, 『월간 북한동향』, 2012년 5월호, 18쪽 재인용.

28 조선중앙통신, 2013년 6월 19일자; 통일부, 『월간 북한동향』, 2013년 6월호, 18쪽 재인용.

29 조선중앙통신, 2013년 6월 10일자; 통일부, 『월간 북한동향』, 2014년 6월호, 7-8쪽 재인용.

30 조선중앙통신, 2014년 11월 1일자; 통일부, 『월간 북한동향』, 2014년 11월호, 5-6쪽 재인용.

31 조선중앙통신, 2015년 5월 19일자; 통일부, 『월간 북한동향』, 2015년 5월호, 18-19 쪽 재인용.

32 『로동신문』, 2018년 7월 2일자; 『통일뉴스』, 2018년 7월 2일자 재인용. 인용문은 기사를 재구성한 것임.

33 『로동신문』, 2018년 7월 2일자; 『통일뉴스』, 2018년 7월 2일자 재인용. 인용문은 기사를 재구성한 것임.

34 『로동신문』, 2018년 7월 17일자; 『통일뉴스』, 2018년 7월 17일자 재인용. 인용문은 기사를 재구성한 것임.

35 『로동신문』, 2018년 7월 17일자; 『통일뉴스』, 2018년 7월 17일자 재인용. 인용문은 기사를 재구성한 것임.

36 『로동신문』, 2018년 7월 17일자; 『통일뉴스』, 2018년 7월 17일자 재인용. 인용문은 기사를 재구성한 것임.

37 『로동신문』, 2018년 7월 17일자; 『통일뉴스』, 2018년 7월 17일자 재인용. 인용문은 기사를 재구성한 것임.

38 조선중앙통신, 2018년 8월 21일자; 통일부, 『주간 북한동향』, 제1427호(2018.8.18.~ 8.24), 7-8쪽 재인용.

39 김정은 위원장의 심각한 질책이 있었던 생산단위들은 대체로 획기적인 변화와 전환을 추진한 것으로 추정된다. 그가 2019년 10월 하순에 방문했던 묘향산의료기구공장에서 그러한 사례를 볼 수 있다. 그는 이 공장의 건설을 인민군대에게 맡기고 공장에 필요한 설비제작을 군수공장들에게 지시하는가 하면, 당 중앙위원회와 해당 부문 일군들을 망라한 지도소조와 건설상무task force team를 조직해 공장에 파견했다. 그 결과 이 공장이 현대적인 수술대, 해산대, 진찰침대, 환자운반밀차, 이비인후과 종합치료기, 치과종합치료기를 비롯한 성능이 좋은 각종 의료기구들을 대대적으로 생산할 수 있는 첨단공장으로 탈바꿈했다고 한다. 김 위원장의 질책은 2019년 방문 때도 있었는데 예를 들어 "어째서 기능공 노력을 추가 동원시키는 문제까지 내가 현지에 나와 직접 요해하고 대책을 세우지 않으면 안 되게끔 일들을 무책임하게 하고 앉아있는가", "당 중앙위원회 일군들이 나와 손발을 맞추지 못하고 있다"고 말했다. 조선중앙통신, 2019년 10월 27일자.

40 『로동신문』은 당 중앙위원회 제7기 제4차 전원회의 결정 관철을 위한 총공세와 자력갱생 대진군이 전개되는 가운데 간부들이 "그 어느 때보다도 자기의 책임과 역할

을 다해나가야 한다"면서 간부들의 필수적인 자질을 강조했다. 즉 기발한 착상력과 치밀한 조직력(사업을 설계하고 구상하며 그 실현을 위한 구체적인 계획을 세우고 작전을 주도·세밀하게 짜고 드는 능력), 드센 장악력과 지도력(당의 방침에 대한 집행정형을 장악하고 총화·재포치하는 사업을 끊임없이 심화시키며 걸린 문제들을 책임적으로 풀어주는 능력), 진취적인 전개력(시대의 요구에 맞게 대중의 혁명적 열의와 창조적 적극성, 자기 단위의 물질기술적 잠재력을 총집중, 총동원하는 능력) 등이 그러한 자질이다. 『로동신문』, 2019년 6월 23일자; 통일부, 『주간 북한동향』, 제1471호.(2019.6.22.~6.28), 6-7쪽 재인용.

41 북한의 모든 인민들은 자신이 속해 있는 조직에서 일상적으로 진행되는 생활총화 시간에, 수령과 최고영도자의 교시敎示 등을 인용하면서 자신의 생활을 반성하는 것이 생활화, 습성화되어 있다.

42 제3장 제2절을 읽기에 앞서 제1권 제1장 제3절의 '경제적 기초', 제2장 제3절의 '김정은 시대'를 먼저 살펴보는 것이 바람직하다.

43 이 부분은 제1권에 수록된 [제1장 제3절 6.우리식 경제관리방법과 생산현장/ 6)새로운 분조관리제와 포전담당 책임제, 7)포전담당 책임제의 실행과 《농업법》《농장법》, 8)전국농업부문분조장대회와 협동농장 관련 보도]와 함께 읽으면 이해에 도움이 될 것이다. 이 부분에 북한과의 농업관련 교류협력에 참여하는 외부의 기업이나 비정부단체NGO 관계자들에게 도움이 될 지식정보가 많이 담겨 있다.

44 김정은, "참신한 선전선동으로 혁명의 전진동력을 배가해 나가자"(제2차 전국당초급선전일군대회에 보낸 서한, 2019년 3월 6일), 『로동신문』, 2019년 3월 9일자; 『통일뉴스』, 2019년 3월 11일자 재인용. 김정은 위원장은 김정일 국방위원장의 사망 이후 첫 담화에서 먹는 문제의 해결을 강조했다. "현 시점에서 인민들의 먹는 문제, 식량문제를 푸는 것은 가장 절박한 요구로 나서고 있습니다. 식량문제를 풀자면 당의 농업혁명방침을 철저히 관철하여 벌방지대이건 산간지대이건 어디서나 정보당 알곡수확고를 획기적으로 높여야 합니다." 김정은, 『위대한 김정일 장군님을 영원히 높이 우러러 모시고 장군님의 유훈을 철저히 관철하자』(조선로동당 중앙위원회 책임일군들과 한 담화, 2011년 12월 31일) (평양: 조선로동당출판사, 2013), 6쪽.

45 『로동신문』, 2019년 1월 1일자.

46 김정은, 『위대한 김정일 동지를 우리 당의 영원한 총비서로 높이 모시고 주체혁명위업을 빛나게 완성해나가자』(조선로동당 중앙위원회 책임일군들과 한 담화, 2012년 4월 6일) (평양: 조선로동당출판사, 2013), 19쪽.

47 김정은, 『선군의 기치를 더욱 높이 추켜들고 최후 승리를 향하여 힘차게 싸워나가자』(김일성주석 탄생 100돐 기념 열병식 연설, 2012년 4월 15일) (평양: 조선로동당출판사, 2013), 12쪽.

48 김정은, "사회주의농촌테제의 기치를 높이 들고 농업생산에서 혁신을 일으키자"(전국농업부문분조장대회 참가자들에게 보낸 서한, 2014년 2월 6일) (평양: 조선로동당출판사, 2014), 3-13쪽.

49 1973년의 3대혁명 전개과정을 구체적으로 이해하려면 김일성 주석의 다음 저작들에 대한 검토가 필요하다.

- 김일성, "경공업부문에서 사상혁명, 기술혁명, 문화혁명을 힘있게 벌리기 위하여" (《경공업월간》에 경공업공장들을 도와주기 위하여 동원되였던 대학 교원, 학생들의 협의회에서 한 연설, 1973년 1월 31일)
- 김일성, "공업부문에서 사상, 기술, 문화의 3대혁명을 힘있게 벌릴데 대하여" (공업부문3대혁명소조원들을 위한 강습에서 한 연설, 1973년 2월 10일)
- 김일성, "농촌에서 사상혁명, 기술혁명, 문화혁명을 힘있게 벌릴데 대하여" (농업부문3대혁명소조협의회에서 한 연설, 1973년 2월 21일)
- 김일성, "사상혁명, 기술혁명, 문화혁명 수행에서 남포시 당조직들 앞에 나서는 과업에 대하여" (남포시당위원회 전원회의에서 한 연설, 1973년 3월 5일)
- 김일성, "사상혁명, 기술혁명, 문화혁명을 더욱 힘있게 다그치자" (조선로동당 중앙위원회 정치위원회 강서 확대회의에서 한 결론, 1973년 3월 14일)
- 김일성, "교육부문에 3대혁명소조를 파견할데 대하여" (교육부문3대혁명소조원들 앞에서 한 연설, 1973년 12월 11일)
  ※ 이상의 저작은 모두 『김일성저작집』 제28권(평양: 조선로동당출판사, 1984년)에 수록되어 있다.

50 『로동신문』은 2019년 5월 3일 "당이 제시한 알곡생산목표를 점령하는데서 나서는 중요한 문제의 하나는 새 땅을 많이 찾아 부침땅 면적을 늘리는 것"이라면서 "농업부문의 일군들과 근로자들은 시대 앞에 지닌 사명과 본분을 깊이 새겨 안고 한 평의 새 땅이라도 더 찾아내어 알곡증산에 적극 이바지하여야 한다"고 강조했다. 구체적인 방법으로, 농경지로 이용할 수 있는 땅을 모조리 찾아 개간하여 강냉이를 비롯한 곡식을 한 포기라도 더 심기 위한 투쟁을 힘 있게 벌릴 것, 논밭 가운데 있는 건물들을 산기슭에 옮기고 필요 없는 도로·물길·양수장을 정리하여 포전으로 만들어 곡식을 심을 것, 포전약도를 놓고 큰물에 떠내려갔거나 패인 땅, 산사태로 매몰된 땅을 구체적으로 조사 장악하고 원상복구하기 위한 사업을 강하게 내밀 것, 논뚝, 밭척뚝, 포전도로 옆, 포전 사이의 빈 땅을 찾아 거기에 알맞는 곡식을 심을 것, 웅덩이를 메우고 냉습지도 개량하며 논두렁에는 콩을 심고 인수로에는 벼모를 낼 수 있게 할 것 등이 제시되었다. 『로동신문』, 2019년 5월 3일자; 통일부, 『주간 북한동향』, 제1463호(2019.4.27.~5.3), 12-13쪽 재인용.

51 서재영·박제동·정수웅, 『우리 당의 선군시대 경제사상 해설』(평양: 조선로동당출판사, 2005), 131-210쪽.

52 김정은, 『사회주의농촌테제의 기치를 높이 들고 농업생산에서 혁신을 일으키자』(전국농업부문분조장대회 참가자들에게 보낸 서한, 2014년 2월 6일)(평양: 조선로동당출판사, 2014), 13쪽.

53 김정은, 『사회주의농촌테제의 기치를 높이 들고 농업생산에서 혁신을 일으키자』(전국농업부문분조장대회 참가자들에게 보낸 서한, 2014년 2월 6일) (평양: 조선로동당출판사, 2014)

54 분조장의 지위와 역할(임무)
1) "분조장들은 당의 농업정책과 주체농법을 가장 정당한 행동지침으로, 확고한 신념으로 간직하고 어떤 환경과 조건에서도 견결히 옹호하여야 합니다. 분조장들은

우리 당의 농업정책과 주체농법을 누구보다도 잘 알고 농장원들에게 적극 해설 선전하여야 합니다. 분조장들은 모든 농사일을 당의 농업정책과 주체농법의 요구대로 해나가며 분조에 맡겨진 생산과제를 국가의 전투명령으로 여기고 어김없이 수행하여야 합니다."

2) "분조장들은 분조의 실정에 맞게 영농공정별 계획을 예견성 있게 세우고 노력조직과 작업조직을 면밀하게 짜고 들어 모든 영농작업을 제때에 질적으로 수행하여야 합니다. 분조장들은 풍요한 가을을 안아오는데서 밑거름이 될 각오를 가지고 새벽이슬도 남 먼저 맞고 밤잠도 남보다 적게 자면서 분조농사의 어렵고 힘든 일에 앞장서야 합니다. 분조장들은 생산을 늘리고 분조관리를 더 잘하기 위하여 늘 머리를 쓰고 궁리를 많이 하여야 합니다. 분조장들은 주관과 독단을 없애고 분조원들의 집체적 지혜와 창발성을 발동하여 분조관리를 끊임없이 개선해나가야 합니다."

3) "분조장들은 농사일에서 모르는 것, 막히는 것이 없어야 하며 현대농업과학기술지식을 소유하고 여러 가지 농기계들을 능숙하게 다룰 수 있게 준비하여야 합니다. 분조장들은 새것에 민감하고 진취성이 강해야 하며 앞선 영농기술과 방법, 좋은 농사경험들을 대담하게 받아들여야 합니다."

4) "분조장들은 분조원들과 마음을 합쳐 토지와 농기계, 부림소, 영농기자재들을 자기 재산, 자기 살붙이처럼 귀중히 여기고 애호관리하여야 합니다. 분조장들은 모든 분조원들이 공동경리의 주인이라는 높은 자각을 가지고 생산과 관리에 주인답게 참가하도록 하며 그들 속에서 농장재산과 생산물을 되는대로 다루거나 낭비하는 현상이 나타나지 않도록 하여야 합니다."

5) "분조장들은 성격과 취미, 수준이 서로 다른 분조원들을 다 같이 따뜻이 대해주고 그들과의 사업을 잘하여 분조원들 모두를 사회주의대가정의 한식솔로 만들어야 합니다. 분조장들은 분조원들을 진심으로 위해주고 자기 집일보다 분조원들의 살림을 먼저 걱정하며 그들의 생활을 책임적으로 돌봐주어야 합니다. 분조장들은 분조원들을 언제나 예절바르게 대하며 그들과 기쁨도 슬픔도 함께 나누면서 화목하게 낙천적으로 생활해나감으로써 분조원들로부터 《우리 분조장》이라고 정답게 불리워지도록 하여야 합니다."(이상 김정은, 『사회주의농촌체제의 기치를 높이 들고 농업생산에서 혁신을 일으키자』(전국농업부문분조장대회 참가자들에게 보낸 서한, 2014년 2월 6일) (평양: 조선로동당출판사, 2014), 16-18쪽)

55 내각 농업성은 '먼거리영농기술 문답봉사체계'를 체계를 활발히 운영하고 있다. 먼거리영농기술 문답봉사체계는 농업성·과학연구기관, 각급 농업지도기관들과 농장들을 컴퓨터망으로 연결하고 영농사업에서의 기술적 문제들에 대하여 일군들과 과학자·기술자·농업근로자들이 협의하고 대책을 마련하는 정보기술체계이다. 이 체계는 화상회의, 원격강의, 실시간문답 등으로 진행되는데 국내외 농업과학기술자료·다수 확경험들과 편집물들을 부문별·영농공정별·작물별로 갖추어놓고 과학기술보급을 진행하고 있다고 한다. 특히 열흘에 한번씩 1만 수천 명의 참가자들을 대상으로 하는 먼거리영농기술 문답봉사에서는 농작물생육예보자료통보, 영농공정수행에서의 기술적 문제 강의, 중앙·지방의 유능한 농업부문 과학자·기술자·대학교원들과의 질의응답, 현장에서 창조된 우수한 기술경험발표 등이 이뤄지고 있다고 한다. 또한 농업성 홈페이지를 이용해 새 기술보급과 영농실천의 기술적 문제들에 대한 물음을

제기하고 해답봉사를 받는 것도 가능하다.『로동신문』, 2019년 3월 29일자; 통일부, 『주간 북한동향』, 제1458호(2019.3.23.~3.29), 11-12쪽 재인용.

56 "작물과 품종배치를 지대적 특성과 자연기후조건에 맞게 하여야 합니다. 벼와 강냉이가 잘되는 지대에서는 벼농사와 강냉이농사를 위주로 하고 감자가 잘되는 지대에서는 감자농사를 위주로 하는 식으로 해당 지대에서 잘되는 작물을 많이 재배하도록 하여야 합니다. 자연기후조건이 지역마다, 농장마다 다르고 농장 안에서도 포전마다 차이가 있는 것만큼 어떤 작물과 품종을 심는 것이 실리적이겠는가를 과학적으로 따져보고 가장 알맞는 작물과 품종을 배치하도록 하여야 합니다. 협동농장들에서는 매 영농공정별로 준비를 면밀히 한 데 기초하여 시기별 영농작업을 제때에 질적으로 하여야 합니다. 농사에서 시기성을 보장한다고 하여 해당 지방의 자연기후조건과 구체적 실정을 고려하지 않고 무엇을 어느 때까지 하라고 일률적으로 내리먹이는 편향이 나타나지 않도록 하여야 합니다." 김정은, 『사회주의농촌테제의 기치를 높이 들고 농업생산에서 혁신을 일으키자』(전국농업부문분조장대회 참가자들에게 보낸 서한, 2014년 2월 6일) (평양: 조선로동당출판사, 2014), 8쪽.

57 『로동신문』, 2019년 3월 18일자는 김정일 국방위원장의 젊은 시절의 저작인《사회주의건설에서 군의 위치와 역할》발표 55주년을 기념하는 사설에서 "특히 농민들이 나라의 쌀독을 책임진 주인이라는 높은 자각을 가지고 농사일을 실속 있게 하도록 하는 것과 함께 현실에서 그 우월성이 확증된 분조관리제 안에서 포전담당책임제를 바로 실시하여 농장원들의 생산열의를 적극 발양시켜나가는데 알곡 증산의 열쇠가 있다"고 보도한 것에서 알 수 있듯이, 포전담당 책임제는 현실에서 그 우월성이 확증되었다는 점, 알곡증산의 열쇠는 농장원의 생산열의를 높이는데 있다는 점, 농장원들의 생산열의를 높이려면 포전담당 책임제를 올바로 실시해야 한다는 점 등이 강조되고 있다. 『로동신문』, 2019년 3월 18일자; 통일부, 『주간 북한동향』, 제1457호(2019.3.16.~3.22), 8쪽 재인용.

58 김정은 위원장은 시기별 영농작업과 관련해 일률적인 내리먹이기 금지를 강조했는데 이런 지침은 김정일 시대부터 강조되기 시작했다. 김정일 국방위원장은 농민들의 의사 존중과 역할 제고를 강조하는 가운데 "농사는 구체적인 실정을 잘 아는 농민들이 주인이 되어 책임적으로 하게 하여야지 아래 실정도 잘 모르는 일군들이 이것을 심으라 저것을 심으라 하여서는 잘 될 수 없다.⋯종자뿐 아니라 농사방법도 일률적으로 내리 먹이지 말아야 한다. 농장마다, 포전마다 구체적 조건이 다른 것만큼 농사방법을 일률적으로 내리 먹이면 오히려 농사를 망칠 수 있다"고 지적한 바 있다. 김정일, "경제사업을 개선하는데서 나서는 몇 가지 문제에 대하여"(조선로동당 중앙위원회 책임일군들과 한 담화, 1996년 4월 22일), 『김정일선집』 제14권(평양: 조선로동당출판사, 2000), 163-164쪽.

59 "농작물비배관리에서 비료치기를 과학기술적으로 하는 것이 중요합니다. 농작물의 특성과 생육단계에 맞는 효과적인 비료치기 방법을 적용하여 적은 비료를 가지고 더 많은 알곡을 생산하도록 하여야 합니다. 농사에서 질소비료에만 매달리는 현상을 없애고 인, 카리, 규소비료와 여러 가지 미량원소비료를 구색이 맞게 치도록 하여야 합니다. 협동농장들에서 눈짐작과 손짐작으로 물관리와 비료, 농약치기를 하는 것과

같은 낡은 방법에서 벗어나 과학적인 측정과 분석에 기초한 선진적인 비배관리방법으로 전환하여야 합니다." "유기농법에서 기본은 유기질비료를 많이 생산하여 이용하는 것입니다. 지금 농업부문 일군들 속에 화학비료가 없이는 농사를 지을 수 없는 것처럼 여기는 경향이 적지 않은데 그것은 잘못된 견해입니다. 땅에 유기질성분이 많으면 화학비료를 적게 치고도 농사를 잘 지을 수 있습니다. 세계농업 발전추세를 보아도 화학비료가 아니라 유기질비료를 가지고 농사를 짓는 방향으로 나아가고 있습니다. 땅을 기름지게 하고 정보당 수확고를 지속적으로 높이자면 논밭에 거름을 많이 내야 합니다. 거름생산은 곧 알곡증산입니다. 농업부문에서는 거름생산에 힘을 넣어 질 좋은 거름을 논밭 정보당 20~30t 이상 내야 합니다. 협동농장들에서 집짐승 배설물과 도시 오물, 풀거름과 개바닥흙을 비롯한 거름원천을 남김없이 찾아 이용하여야 합니다. 위대한 수령님께서 흙에 치는 보약이라는 의미에서 이름을 지어주신 흙보산비료와 유기질복합비료는 효과성이 높은 유기질비료입니다. 농업부문에서는 흙보산비료 생산에 힘을 넣으며 유기질복합비료생산기지를 튼튼히 꾸리고 그 생산을 늘려야 합니다." 김정은, 『사회주의농촌테제의 기치를 높이 들고 농업생산에서 혁신을 일으키자』(전국농업부문분조장대회 참가자들에게 보낸 서한, 2014년 2월 6일) (평양: 조선로동당출판사, 2014), 8-9, 9-10쪽.

60 원톄쥔(溫鐵軍) 중국인민대학 농촌발전학원 원장은 북한 농업의 미래전략에 대하여 '동아시아 전승'의 유기적 생태농업을 현대적 기술과 결합하고 지역농민의 조합적 참여소유 시스템의 도입을 권하고 있다고 한다. 이래경, "남북경협, 위기의 남한경제 탈출구," 『프레시안』(인터넷신문), 2019년 9월 19일자.

61 "지금 농업부문에서 종자와 노력, 영농자재를 적게 쓰면서도 수확고를 훨씬 높이는 여러 가지 영농방법들을 연구도입하고 있는데 그것을 널리 일반화하도록 하여야 합니다. 협동농장들에서 실천을 통하여 우월성이 확증된 앞뒤그루와 겹재배에 의한 두벌농사, 세벌농사방법을 적극 받아들이고 알곡 대 알곡, 알곡 대 감자를 기본으로 하면서 알곡 대 남새, 알곡 대 공예작물재배를 과학적으로 알심 있게 하여 토지이용률과 농사의 집약화 수준을 높여야 합니다." "농산과 축산의 고리형 순환생산체계를 확립하면 축산물생산을 늘일 수 있어 좋고 집짐승배설물로 질좋은 거름을 생산하여 알곡 수확고를 높일 수 있어 좋습니다. 협동농장들에서는 농산과 축산의 고리형 순환생산체계를 확립할 데 대한 당의 방침을 일관하게 틀어쥐고 철저히 관철하여 축산을 활성화하고 알곡생산을 늘이도록 하여야 합니다." 김정은, 『사회주의농촌테제의 기치를 높이 들고 농업생산에서 혁신을 일으키자』(전국농업부문분조장대회 참가자들에게 보낸 서한, 2014년 2월 6일) (평양: 조선로동당출판사, 2014), 9, 10-11쪽.

62 『조선중앙통신』, 2012년 11월 30일자; 『통일뉴스』, 2012년 12월 1일자 재인용.

63 "분배에서 평균주의는 사회주의 분배원칙과 인연이 없으며 농장원들의 생산의욕을 떨어뜨리는 해로운 작용을 합니다. 분조들에서 농장원들의 노력일 평가를 노동의 양과 질에 따라 제때에 정확히 하여야 합니다. 그리고 사회주의 분배원칙의 요구에 맞게 분조에서 생산한 알곡 가운데서 국가가 정한 일정한 몫을 제외한 나머지는 농장원들에게 그들이 번 노력일에 따라 현물을 기본으로 하여 분배하도록 하여야 합니다. 그러자면 농촌의 현실적 조건에 맞지 않게 알곡의무수매계획을 무턱대고 높이

주거나 알곡생산계획을 넘쳐 수행한 분조들에서 여러 가지 명목으로 알곡을 더 가두어들여 농장원들의 생산의욕을 떨어뜨리는 것과 같은 현상이 나타나지 않도록 하여야 합니다. 국가적으로 나라의 식량수요와 농장원들의 이해관계, 생활상 요구를 옳게 타산한데 기초하여 알곡의무수매 과제를 합리적으로 정해주어 농업근로자들이 자신심을 가지고 분발하여 투쟁하도록 하여야 합니다." 김정은, 『사회주의농촌테제의 기치를 높이 들고 농업생산에서 혁신을 일으키자』(전국농업부문분조장대회 참가자들에게 보낸 서한, 2014년 2월 6일) (평양: 조선로동당출판사, 2014), 15쪽.

64 "우리가 강성해지고 잘사는 것을 바라지 않는 제국주의자들은 우리나라에 대한 압력과 경제제재를 강화하면서 우리 인민들이 식량난을 겪게 하여 그들의 마음속에서 사회주의에 대한 신념을 허물어보려고 비열하게 책동하고 있습니다. 우리는 어떻게 하나 농사를 잘 지어 인민들의 식량문제, 먹는 문제를 원만히 해결함으로써 적들의 반공화국, 반사회주의책동을 짓부셔버려야 합니다. 우리나라가 이미 정치사상강국, 군사강국의 지위에 당당히 올라선 것만큼 농사를 잘 지어 식량을 자급자족하기만 하면 적들이 아무리 책동하여도 우리 식 사회주의는 끄떡없으며 혁명과 건설을 마음먹은 대로 배심있게 해나갈 수 있습니다." 김정은, 『사회주의농촌테제의 기치를 높이 들고 농업생산에서 혁신을 일으키자』(전국농업부문분조장대회 참가자들에게 보낸 서한, 2014년 2월 6일) (평양: 조선로동당출판사, 2014), 5쪽.

65 조선중앙통신, 2015년 6월 1일자; 통일부, 『월간 북한동향』, 2015년 6월호, 7-8쪽 재인용.

66 조선중앙통신, 2015년 8월 13일자; 통일부, 『월간 북한동향』, 2015년 8월호, 11쪽 재인용.

67 조선중앙통신, 2016년 9월 13일자; 통일부, 『월간 북한동향』, 2016년 9월호, 8쪽 재인용.

68 조선중앙통신, 2017년 9월 30일자; 통일부, 『월간 북한동향』, 2017년 9월호, 15-16쪽 재인용.

69 조선중앙통신, 2019년 10월 9일자; 통일부, 『주간 북한동향』, 제1486호(2019.10.5.~10.11), 3-4쪽 재인용.

70 조선중앙통신, 2018년 7월 10일자; 통일부, 『주간 북한동향』, 제1421호(2018.7.7.~7.13), 2-4쪽 재인용.

71 조선중앙통신, 2015년 6월 6일자; 통일부, 『월간 북한동향』, 2015년 6월호, 12-13쪽 재인용.

72 조선중앙통신, 2015년 8월 6일자; 통일부, 『월간 북한동향』, 2015년 8월호, 7-8쪽 재인용.

73 조선중앙통신, 2017년 12월 5일자; 통일부, 『월간 북한동향』, 2017년 12월호, 24쪽 재인용.

74 조선중앙통신, 2018년 3월 12일자; 통일부, 『주간 북한동향』, 제1404호(2018.3.10.~

3.16), 6쪽 재인용.

75 북한에서 인기가 있었던 보천보전자악단에서 창작한 가요 《도시처녀 시집와요》에 기초해 만든, 같은 제목의 영화가 있다. 이 영화의 줄거리는 도시처녀 리향(도시 의류공장 직원)이 모내기 봉사 차 시골에 내려온 뒤 농촌청년 성식과 사귀면서 농사의 중요성을 깨닫고 농촌으로 시집온다는 내용이다.

76 조선중앙통신, 2014년 6월 10일자; 통일부, 『월간 북한동향』, 2014년 6월호, 8쪽 재인용.

77 조선중앙통신, 2015년 6월 30일자; 통일부, 『월간 북한동향』, 2015년 6월호, 33-34쪽 재인용.

78 조선중앙통신, 2014년 12월 26일자; 통일부, 『월간 북한동향』, 2014년 12월호, 21-22쪽 재인용.

79 조선중앙통신, 2015년 7월 7일자; 통일부, 『월간 북한동향』, 2015년 7월호, 6-7쪽 재인용.

80 조선중앙통신, 2018년 7월 17일자; 통일부, 『주간 북한동향』, 제1422호(2018.7.14.~7.20), 12쪽 재인용.

81 조선중앙통신, 2018년 8월 18일자; 통일부, 『주간 북한동향』, 제1427호(2018.8.18.~8.24), 3-4쪽 재인용.

82 이처럼 후방의 비행장 구획을 농업부지로 전환한 것이 경제건설 총력집중노선이 실천되는 와중이라는 점이 중요하다. 한반도 정세가 완화되면 다른 지역에서도 후방 군 부지를 농업부지 혹은 공장부지로 전환해나갈 가능성이 있다. 국토관리사업의 개선과 관련하여 '토지의 효율적 이용'이 이슈가 될 것이다.

83 조선중앙통신, 2019년 10월 18일자; 통일부, 『주간 북한동향』, 제1487호(2019.10.12.~10.18), 4쪽 재인용.

84 조선중앙통신, 2019년 12월 4일자 ; 통일부, 『주간 북한동향』, 제1494호(2019.11.30~12.6), 4쪽 재인용

85 조선중앙통신, 2013년 6월 5일자; 통일부, 『월간 북한동향』, 2013년 6월호, 12쪽 재인용.

86 조선중앙통신, 2013년 7월 16일자; 통일부, 『월간 북한동향』, 2013년 7월호, 14쪽 재인용.

87 조선중앙통신, 2013년 10월 7일자; 『통일뉴스』, 2013년 10월 8일자 재인용.

88 조선중앙통신, 2013년 12월 3일자; 『통일뉴스』, 2013년 12월 4일자 재인용.

89 『조선신보』, 2013년 11월 12일자; 『통일뉴스』, 2013년 11월 12일자 재인용.

90 조선중앙통신, 2015년 1월 10일자; 통일부, 『월간 북한동향』, 2015년 1월호, 6-7쪽 재인용.

91 조선중앙통신, 2016년 10월 31일자; 통일부, 『월간 북한동향』, 2016년 10월호, 26쪽

재인용.

92 조선중앙통신, 2017년 4월 8일자; 통일부, 『월간 북한동향』, 2017년 4월호, 9-10쪽
재인용.

93 조선중앙통신, 2013년 6월 4일자; 통일부, 『월간 북한동향』, 2013년 6월호, 12쪽 재
인용.

94 조선중앙통신, 2014년 7월 24일자; 통일부, 『월간 북한동향』, 2014년 7월호, 18-19쪽
재인용.

95 조선중앙통신, 2016년 9월 18일자; 통일부, 『월간 북한동향』, 2016년 9월호, 9-10쪽
재인용.

96 조선중앙통신, 2014년 6월 5일자; 통일부, 『월간 북한동향』, 2014년 6월호, 6쪽 재인용.

97 조선중앙통신, 2015년 8월 18일자; 통일부, 『월간 북한동향』, 2015년 8월호, 16-17쪽
재인용.

98 조선중앙통신, 2016년 8월 18일자; 통일부, 『월간 북한동향』, 2016년 8월호, 9-10쪽
재인용.

99 조선중앙통신, 2017년 9월 21일자; 통일부, 『월간 북한동향』, 2017년 9월호, 13-14쪽
재인용.

100 조선중앙방송, 2015년 11월 24일자; 통일부, 『월간 북한동향』, 2015년 11월호, 34쪽
재인용.

101 조선중앙통신, 2016년 11월 9일자; 통일부, 『월간 북한동향』, 2016년 11월호, 21쪽
재인용.

102 조선중앙방송, 2015년 12월 29일자; 통일부, 『월간 북한동향』, 2015년 12월호, 26쪽
재인용.

103 조선중앙통신, 2017년 12월 1일자; 통일부, 『월간 북한동향』, 2017년 12월호, 20쪽
재인용.

104 조선중앙통신, 2014년 8월 21일자; 통일부, 『월간 북한동향』, 2014년 8월호, 11-12쪽
재인용.

105 조선중앙통신, 2015년 1월 30일자; 통일부, 『월간 북한동향』, 2015년 1월호, 14-15쪽
재인용.

106 조선중앙통신, 2017년 10월 28일자; 통일부, 『월간 북한동향』, 2017년 10월호, 25쪽
재인용.

107 조선중앙통신, 2015년 5월 11일자; 통일부, 『월간 북한동향』, 2015년 5월호, 10-11쪽
재인용.

108 조선중앙통신, 2016년 8월 18일자; 통일부, 『월간 북한동향』, 2016년 8월호, 10-12쪽
재인용.

109 조선중앙통신, 2018년 8월 13일자; 통일부, 『주간 북한동향』, 제1426호(2018.8.11.~ 8.17), 3-4쪽 재인용.

110 『로동신문』, 2019년 4월 2일자; 통일부, 『주간 북한동향』, 제1459호(2019.3.30.~4.5), 14-15쪽 재인용.

111 조선중앙통신, 2013년 12월 21~29일자; 통일부, 『월간 북한동향』, 2013년 12월호, 31쪽 재인용.

112 조선중앙통신, 2014년 1월 7일자; 통일부, 『월간 북한동향』, 2014년 1월호, 12쪽 재인용. 김정은 위원장은 이어서 인민무력성 후방총국 산하의 제534군부대 지휘부를 시찰하여 인민군대에서 콩 농사, 수산, 축산의 3대 열풍을 일으킬 것을 강조했다. 조선중앙통신, 2014년 1월 12일자; 통일부, 『월간 북한동향』, 2014년 1월호, 13쪽 재인용. 그는 2014년 2월 평양시 육아원·애육원을 방문하여 "올해부터 아이들에게 물고기를 매일 300g씩 먹이도록 하겠다", "감이 많이 나는 곳에 주둔한 군부대들에 곶감을 마련하여 보장할 데 대한 최고사령관의 명령을 하달하겠다"고 말하기도 했다. 조선중앙통신, 2014년 2월 4일자; 통일부, 『월간 북한동향』, 2014년 2월호, 14쪽 재인용.

113 조선중앙통신, 2014년 2월 23일자; 통일부, 『월간 북한동향』, 2014년 2월호, 29쪽 재인용. 1월8일(김정은 위원장의 출생일) 명칭을 사용한 것은 이 수산사업소를 중시한다는 것을 보여준다.

114 조선중앙통신, 2014년 4월 22일자; 통일부, 『월간 북한동향』, 2014년 4월호, 22쪽 재인용.

115 조선중앙통신, 2016년 11월 17일자; 통일부, 『월간 북한동향』, 2016년 11월호, 11-12쪽 재인용.

116 조선중앙통신, 2018년 12월 1일자; 통일부, 『주간 북한동향』, 제1442호(2018.12.1.~ 12.7), 4쪽 재인용.

117 조선중앙통신, 2014년 6월 29일자; 통일부, 『월간 북한동향』, 2014년 7월호, 5쪽 재인용.

118 조선중앙통신, 2014년 12월 28일자; 통일부, 『월간 북한동향』, 2014년 12월호, 24-25쪽 재인용.

119 조선중앙통신, 2015년 3월 14일자; 통일부, 『월간 북한동향』, 2015년 3월호, 14-15쪽 재인용.

120 조선중앙통신, 2016년 11월 17일자; 통일부, 『월간 북한동향』, 2016년 11월호, 11-12쪽 재인용.

121 조선중앙통신, 2018년 12월 1일자; 통일부, 『주간 북한동향』, 제1442호(2018.12.1.~ 12.7), 3-4쪽 재인용.

122 조선중앙통신, 2015년 5월 9일자; 통일부, 『월간 북한동향』, 2015년 5월호, 10쪽) 재인용.

123 조선중앙통신, 2015년 11월 23일자; 통일부, 『월간 북한동향』, 2015년 11월호, 24-25
쪽 재인용.

124 조선중앙통신, 2016년 11월 20일자; 통일부, 『월간 북한동향』, 2016년 11월호, 13-14
쪽 재인용.

125 조선중앙통신, 2018년 12월 1일자; 통일부, 『주간 북한동향』, 제1442호(2018.12.1.~
12.7), 4쪽 재인용.

126 조선중앙통신, 2019년 11월 19일자; 통일부, 『주간 북한동향』, 제1492호(2019.11.16.~
11.22), 4-5쪽 재인용.

127 조선중앙통신, 2015년 11월 25일자; 통일부, 『월간 북한동향』, 2015년 11월호, 26-27
쪽 재인용.

128 조선중앙통신, 2016년 12월 15일자; 통일부, 『월간 북한동향』, 2016년 12월호, 14쪽
재인용.

129 2016년 12월 14일 현재 연간 물고기잡이 계획의 170% 이상 달성했다고 한다.

130 조선중앙통신, 2014년 11월 17일자; 통일부, 『월간 북한동향』, 2014년 11월호, 15-16
쪽 재인용. 조선중앙통신, 2014년 8월 15일자; 통일부, 『월간 북한동향』, 2014년 8월
호, 9-10쪽 재인용.

131 조선중앙통신, 2015년 3월 27일자; 통일부, 『월간 북한동향』, 2015년 3월호, 20쪽 재
인용. 조선중앙통신, 2017년 1월 15일자; 통일부, 『월간 북한동향』, 2017년 1월호,
10-11쪽 재인용. 조선중앙통신, 2018년 8월 8일자; 통일부, 『주간 북한동향』, 제1425
호(2018.8.4~8.10), 5-7쪽 재인용.

132 조선중앙통신, 2014년 7월 17일자; 통일부, 『월간 북한동향』, 2014년 7월호, 15-16쪽
재인용.

133 조선중앙통신, 2014년 7월 18일자; 통일부, 『월간 북한동향』, 2014년 7월호, 16-17쪽
재인용.

134 조선중앙통신, 2015년 3월 18일자; 통일부, 『월간 북한동향』, 2015년 3월호, 15쪽 재
인용. 조선중앙통신, 2016년 7월 30일자; 통일부, 『월간 북한동향』, 2016년 7월호,
20-21쪽 재인용.

135 조선중앙통신, 2014년 12월 6일자; 통일부, 『월간 북한동향』, 2014년 12월호, 9쪽 재
인용.

136 조선중앙통신, 2015년 12월 12일자; 통일부, 『월간 북한동향』, 2015년 12월호, 14-15
쪽 재인용.

137 조선중앙통신, 2014년 12월 23일자; 통일부, 『월간 북한동향』, 2014년 12월호, 19-20
쪽 재인용.

138 조선중앙통신, 2015년 10월 31일자; 통일부, 『월간 북한동향』, 2015년 11월호, 6-7쪽
재인용.

139 조선중앙통신, 2015년 12월 16일자; 통일부, 『월간 북한동향』, 2015년 12월호, 15-16 쪽 재인용.

140 조선중앙통신, 2017년 2월 21일자; 통일부, 『월간 북한동향』, 2017년 2월호, 11-12쪽 재인용.

141 조선중앙통신, 2018년 8월 6일자; 통일부, 『주간 북한동향』, 제1425호(2018.8.4.~ 8.10), 4-5쪽 재인용.

142 조선중앙통신, 2017년 11월 28일자; 통일부, 『월간 북한동향』, 2017년 11월호, 9-10 쪽 재인용.

143 조선중앙통신, 2015년 5월 19일자; 통일부, 『월간 북한동향』, 2015년 5월호, 18-19쪽 재인용.

144 조선중앙통신, 2016년 7월 6일자; 통일부, 『월간 북한동향』, 2016년 7월호, 7-8쪽 재 인용.

145 조선중앙통신, 2015년 5월 11일자; 통일부, 『월간 북한동향』, 2015년 5월호, 11-12쪽 재인용.

146 조선중앙통신, 2015년 5월 15일자; 통일부, 『월간 북한동향』, 2015년 5월호, 12-13쪽 재인용.

147 조선중앙통신, 2019년 4월 17일자; 통일부, 『주간 북한동향』, 제1461호(2019.4.13.~ 4.19), 4쪽 재인용.

148 조선중앙통신, 2015년 5월 23일자; 통일부, 『월간 북한동향』, 2015년 5월호, 21-22쪽 재인용.

149 조선중앙통신, 2018년 7월 17일자; 통일부, 『주간 북한동향』, 제1422호(2018.7.14.~ 7.20), 5-7쪽 재인용.

150 조선중앙통신, 2018년 8월 13일자; 통일부, 『주간 북한동향』, 제1426호(2018.8.11.~ 8.17), 4-6쪽 재인용.

151 조선중앙통신, 2015년 11월 18일자; 통일부, 『월간 북한동향』, 2015년 11월호, 17-18 쪽 재인용.

152 조선중앙통신, 2015년 3월 24일자; 통일부, 『월간 북한동향』, 2015년 3월호, 19쪽 재 인용.

153 조선중앙통신, 2016년 7월 24일자; 통일부, 『월간 북한동향』, 2016년 7월호, 18-19쪽 재인용.

154 북한은 2013~15년의 곡물(조곡)생산량은 562만 톤, 571만 톤, 589만 톤이었다고 한 다. 일본 『東洋經濟新報』, 2018년 3월 1일자, 후쿠다 케이스케 기자의 "북한에 대한 경제제재, 현지에서 본 실상: 조선사회과학연구원 경제연구소 리기성 교수 인터뷰"; 이찬우, "북한경제와 협동하자⑦ 북한경제의 자강력과 국제협력(농업 상)," 『LIFE IN』, 2018년 10월 24일자 재인용.

155 이찬우, 위의 글.

156 이찬우, 위의 글.

157 북한이탈주민들의 증언에 근거한 연구는 2011년과 2018년을 비교해 다음과 같이 분석한 바 있다. "주식 구성에 있어 입쌀 비율이 강냉이나 기타 잡곡보다 높아지며 잡곡대비 입쌀비율이 2011년 35.9%에서 2018년 52.7%로 상승하였다. 같은 기간 하루 세 끼를 먹었다는 응답률은 80%에서 100%로, 보통 이상으로 식사량이 적절했다는 응답률도 60%에서 80%로 상승하였다. 육류섭취도 늘어났다. 월평균 돼지고기 섭취 횟수가 2011년 1.8회에서 2018년 3.8회로 증가하였다. 북한이탈주민들은 2016년 이후 돼지고기의 시장공급량이 많아져 비싸지 않은 가격에 돼지고기를 접할 기회가 많아졌다고 증언하였다. 월평균 생산섭취도 2011년 2.7회에서 2018년 4회로 늘었다. 써비차 등 운송수단이 발달하여 바닷가에서 내륙으로의 일일 수송이 가능해진 결과로 분석된다. 2011년부터 2018년까지 월평균 계란섭취 횟수는 평균 6.6회로 나타났다. 고난의 행군 시기부터 주요 단백질 공급원이었던 두부는 돼지고기나 생선 등 다른 단백질 공급원이 늘어나며 2011년 13.9회에서 2018년 5.7회로 감소하였다." 홍혜림, "김정은 시대 가계소비지출 추세에 관한 연구"(북한대학원대학교 석사학위논문, 2019), 88쪽.

158 이찬우, 앞의 글.

159 『로동신문』, 2019년 6월 28일자; 통일부, 『주간 북한동향』, 제1471호(2019.6.22.~6.28), 13쪽 재인용.

160 조선중앙통신, 2013년 3월 19일자;『통일뉴스』, 2013년 3월 19일자 재인용.

161 『로동신문』 2018년 8월 11일자는 "모든 군郡들이 자기의 역할을 높이고 지방의 원료원천과 잠재력을 옳게 동원 이용한다면 군 자체로 인민생활에서 제기되는 문제들을 풀 수 있으며 국가에 큰 부담을 주지 않으면서도 군내 인민들의 생활을 끊임없이 높여나갈 수 있다"고 강조한 바 있다. "군에서 자체의 강력한 건설역량과 교원진영, 인재대열을 잘 꾸리고 당의 의도에 맞게 군 현대화사업을 적극 추진시켜나간다면 나라의 면모가 일신되고 우리 인민의 새 생활, 새 문화 창조에서도 근본적인 전환이 일어날 수 있다"는 것이다. 이 신문이 지적한 군의 당면과업은 다음과 같다. 첫째, 군당위원회의 역할을 비상히 높여야 한다는 것이었다. 둘째, 모든 군들에서 자체의 힘으로 일떠서기 위한 투쟁을 과감히 전개해야 한다는 것이었다. 셋째, 군당위원장과 군인민위원장, 군협동농장경영위원장이 3위1체가 되어 지방공업과 농업발전, 문명창조를 위한 투쟁을 주도해나가야 한다는 것이었다.

162 서재영·박제동·정수웅, 앞의 책, 131-210쪽.

163 남북 경제협력사업의 대표 지역인 단천지구에는 연-아연광석(5억 8,200여 만톤)과 동광석(3억 7,800여 만톤), 인회석광석(2억 2,400여 만톤), 마그네사이트광석(52억 4,000여 만톤), 유화철광석(5,000여 만톤), 흑연(1,700여 만톤) 등의 다양한 지하자원이 집중되어 있다. 연-아연 매장량의 96.8%는 검덕광상鑛床, 동 매장량의 31.7%는 허천광상, 동 매장량의 51.6%는 상농광상, 유화철 매장량의 73.6%는 만덕광상, 마그

네사이트 매장량의 76.2%는 룡양광상, 인회석 매장량의 75.9%는 동암광상에 묻혀
있다. 단천지구에는 검덕광업연합기업소, 룡양광산, 동암광산, 만덕광산, 허천청년광
산, 상농광산 등 대규모 채취공업기업소와 중소규모 광산들이 배치되어 있다. 단천
지구의 지하광물자원 및 광산 정보는 1989년에 발행된 『조선지리정보: 공업지리』
(네이버 지식백과 '단천지구의 공업 배치')에서 인용한 것이다.

164 『로동신문』, 2018년 3월 23일자; 통일부, 『주간 북한동향』, 제1405호(2018.3.17~
23), 8-9쪽 재인용.

165 『로동신문』, 2018년 3월 22일자; 통일부, 『주간 북한동향』, 제1405호(2018.3.17.~
23), 7쪽 재인용.

166 『로동신문』, 2019년 3월 16일자; 통일부, 『주간 북한동향』, 제1457호(2019.3.16.~
3.22), 3쪽 재인용.

167 『로동신문』, 2019년 3월 18일자; 통일부, 『주간 북한동향』, 제1457호(2019.3.16.~
3.22), 8-9쪽 재인용.

168 조선중앙통신, 2013년 6월 8일자; 통일부, 『월간 북한동향』, 2013년 6월호, 15쪽 재
인용.

169 조선중앙통신, 2013년 6월 14일자; 통일부, 『월간 북한동향』, 2013년 6월호, 16쪽 재
인용.

170 조선중앙통신, 2014년 8월 24일자; 통일부, 『월간 북한동향』, 2014년 8월호, 12쪽 재
인용.

171 산학협동의 모범사례는 김정은 위원장이 2014년 11월 중순에 '조선인민군 2월20일
공장'(식료공장의 본보기)에 대한 현지지도의 보도에서도 나타났다. 김 위원장이 이
공장에서 "과학기술역량을 효과적으로 동원하여 공장을 지식경제시대의 요구에 맞
게 전변시켰다"면서 "공장 현대화사업에 적극 기여한 김책공업종합대학, 평양기계대
학, 한덕수평양경공업대학, 함흥화학공업대학을 비롯한 연관된 과학자, 기술자들에
게 당중앙위원회의 이름으로 감사를 주었다"고 한다. 조선중앙통신, 2014년 11월 15
일자; 통일부, 『월간 북한동향』, 2014년 11월호, 14쪽 재인용.

172 조선중앙통신, 2014년 12월 16일자; 통일부, 『월간 북한동향』, 2014년 12월호, 14-15
쪽 재인용.

173 조선중앙통신, 2015년 11월 14일자; 통일부, 『월간 북한동향』, 2015년 11월호, 16-17
쪽 재인용.

174 조선중앙통신, 2015년 11월 26일자; 통일부, 『월간 북한동향』, 2015년 11월호, 35쪽
재인용.

175 조선중앙통신, 2016년 6월 10일자; 통일부, 『월간 북한동향』, 2016년 6월호, 10-11쪽
재인용.

176 조선중앙통신, 2017년 1월 12일자; 통일부, 『월간 북한동향』, 2017년 1월호, 9-10쪽
재인용.

177 조선중앙통신, 2018년 7월 25일자; 통일부, 『주간 북한동향』, 제1423호(2018.7.21.~
7.27), 5-6쪽 재인용.

178 조선중앙통신, 2018년 7월 26일자; 통일부, 『주간 북한동향』, 제1423호(2018.7.21.~
7.27), 6-8쪽 재인용.

179 조선중앙통신, 2016년 6월 16일자; 통일부, 『월간 북한동향』, 2016년 6월호, 16-17쪽
재인용.

180 조선중앙통신, 2015년 9월 1일자; 통일부, 『월간 북한동향』, 2015년 9월호, 6-7쪽 재
인용.

181 조선중앙통신, 2017년 12월 6일자; 통일부, 『월간 북한동향』, 2017년 12월호, 7-8쪽
재인용.

182 조선중앙통신, 2018년 7월 10일자; 통일부, 『주간 북한동향』, 제1421호(2018.7.7.~
7.13), 5-6쪽 재인용.

183 『로동신문』, 2015년 9월 30일자; 통일부, 『월간 북한동향』, 2015년 9월호, 26-27쪽
재인용.

184 조선중앙통신, 2017년 6월 3일자; 통일부, 『월간 북한동향』, 2017년 6월호, 7-8쪽 재
인용.

185 조선중앙통신, 2014년 5월 28일자; 통일부, 『월간 북한동향』, 2014년 5월호, 15-16쪽
재인용.

186 조선중앙통신, 2013년 10월 13일자; 통일부, 『월간 북한동향』, 2013년 10월호, 24쪽
재인용. 김정숙평양방직공장의 합숙소(침실, 도서실, 목욕탕, 식사실, 공원 등)는 김
정은 위원장이 약속한 지 180여 일만에 5.1절을 앞두고 완공되었다. 이 합숙소를 시
찰한 그는 당의 명령을 결사 관철한 조선인민군 제966군부대, 제462군부대, 제101군
부대, 제489군부대 군인들의 위훈을 높이 평가하고 그들에게 감사를 표했다. 조선중
앙통신, 2014년 4월 30일자; 통일부, 『월간 북한동향』, 2014년 4월호, 26쪽 재인용.
이 보도에서 보여주듯이 최고영도자가 약속한 건설 사업은 군부대(건설여단)가 투입
되어 단기간에 집중적으로 완공한다. 군수부문과 민간경제의 결합이 곳곳에서 벌어
지는 것이다. 김 위원장은 노동자합숙소를 건설한 군인 건설자들과 기념사진을 촬영
하는 자리에서 "조국보위도 사회주의 건설도 우리(인민군)가 다 맡자는 구호를 심장
깊이 새겨 안고 당의 구상과 의도를 관철한 군인 건설자들의 위훈을 높이 평가"했다
고 한다. 조선중앙통신, 2014년 5월 6일자; 통일부, 『월간 북한동향』, 2014년 5월호,
5쪽 재인용. 김정숙평양방직공장의 현황에 대해서는 『북한의 산업 2015』(KDB산업
은행 편), 639-641쪽 참조.

187 네이버 지식백과 (출처 : 『조선향토대백과』, 자료제공 (사)평화문제연구소).

188 조선중앙통신, 2014년 12월 20일자; 통일부, 『월간 북한동향』, 2014년 12월호, 19쪽
재인용.

189 조선중앙통신, 2016년 1월 28일자; 통일부, 『월간 북한동향』, 2016년 1월호, 27-28쪽

재인용.

190 조선중앙통신, 2016년 6월 21일자; 통일부, 『월간 북한동향』, 2016년 6월호, 20-21쪽 재인용. 김정숙평양제사공장의 현황에 대해서는 『북한의 산업 2015』(KDB산업은행 편), 652쪽 참조.

191 조선중앙통신, 2017년 1월 8일자; 통일부, 『월간 북한동향』, 2017년 1월호, 8-9쪽 재인용.

192 조선중앙통신, 2018년 7월 2일자; 통일부, 『주간 북한동향』, 제1420호(2018.6.30.~7.6), 6-7쪽 재인용. 신의주방직공장의 현황에 대해서는 『북한의 산업 2015』(KDB산업은행 편), 641-642쪽 참조.

193 조선중앙통신, 2014년 8월 7일자; 통일부, 『월간 북한동향』, 2014년 8월호, 6-7쪽 재인용.

194 조선중앙통신, 2014년 7월 26일자; 통일부, 『월간 북한동향』, 2014년 7월호, 23-24쪽 재인용. 원산구두공장의 현황에 대해서는 『북한의 산업 2015』(KDB산업은행 편), 672쪽 참조.

195 조선중앙통신, 2015년 1월 31일자; 통일부, 『월간 북한동향』, 2015년 2월호, 5쪽 재인용.

196 조선중앙통신, 2015년 11월 27일자; 통일부, 『월간 북한동향』, 2015년 11월호, 28-29쪽 재인용.

197 조선중앙통신, 2016년 12월 9일자; 통일부, 『월간 북한동향』, 2016년 12월호, 10-11쪽 재인용.

198 조선중앙통신, 2018년 12월 3일자; 통일부, 『주간 북한동향』, 제1442호(2018.12.1.~12.7), 5쪽 재인용.

199 조선중앙통신, 2015년 1월 21일자; 통일부, 『월간 북한동향』, 2015년 1월호, 10-11쪽, 13-14쪽 재인용. 류원신발공장의 현황에 대해서는 『북한의 산업 2015』(KDB산업은행 편), 673-675쪽 참조.

200 조선중앙통신, 2017년 10월 19일자; 통일부, 『월간 북한동향』, 2017년 10월호, 9-11쪽 재인용.

201 조선중앙통신, 2016년 7월 12일자; 통일부, 『월간 북한동향』, 2016년 7월호, 11-12쪽 재인용.

202 조선중앙통신, 2017년 1월 5일자; 통일부, 『월간 북한동향』, 2017년 1월호, 7-8쪽 재인용.

203 조선중앙통신, 2018년 7월 17일자; 통일부, 『주간 북한동향』, 제1422호(2018.7.14.~7.20), 13-14쪽 재인용.

204 조선중앙통신, 2018년 7월 26일자; 통일부, 『주간 북한동향』, 제1423호(2018.7.21.~7.27), 8-9쪽 재인용.

205 조선중앙통신, 2015년 2월 5일자; 통일부, 『월간 북한동향』, 2015년 2월호, 7-8쪽 재인용.

206 조선중앙통신, 2017년 10월 29일자; 통일부, 『월간 북한동향』, 2017년 10월호, 11-12쪽 재인용.

207 조선중앙통신, 2018년 7월 1일자; 통일부, 『주간 북한동향』, 제1420호(2018.6.30.~7.6), 4-6쪽 재인용.

208 조선중앙통신, 2015년 7월 14일자; 통일부, 『월간 북한동향』, 2015년 7월호, 9쪽 재인용.

209 조선중앙통신, 2016년 6월 4일자; 통일부, 『월간 북한동향』, 2016년 6월호, 7-8쪽 재인용.

210 조선중앙통신, 2016년 10월 29일자; 통일부, 『월간 북한동향』, 2016년 10월호, 9-10쪽 재인용.

211 조선중앙통신, 2017년 6월 20일자; 통일부, 『월간 북한동향』, 2017년 6월호, 15-16쪽 재인용.

212 조선중앙통신, 2015년 9월 22일자; 통일부, 『월간 북한동향』, 2015년 9월호, 19쪽 재인용.

213 조선중앙통신, 2017년 5월 10일자; 통일부, 『월간 북한동향』, 2017년 5월호, 8-9쪽 재인용.

214 조선중앙통신, 2016년 4월 19일자; 통일부, 『월간 북한동향』, 2016년 4월호, 21-22쪽 재인용.

215 조선중앙통신, 2016년 6월 2일자; 통일부, 『월간 북한동향』, 2016년 6월호, 6-7쪽 재인용.

216 조선중앙통신, 2019년 4월 8일자; 통일부, 『주간 북한동향』, 제1460호(2019.4.6.~4.12), 4쪽 재인용.

217 조선중앙통신, 2016년 11월 7일자; 통일부, 『월간 북한동향』, 2016년 11월호, 20쪽 재인용.

218 조선중앙통신, 2016년 11월 11일자; 통일부, 『월간 북한동향』, 2016년 11월호, 22쪽 재인용.

219 조선중앙통신, 2016년 12월 29일자; 통일부, 『월간 북한동향』, 2016년 12월호, 32쪽 재인용.

220 조선중앙통신, 2017년 8월 7일자; 통일부, 『월간 북한동향』, 2017년 8월호, 16쪽 재인용.

221 이 부분은 제1권에 수록된 [제1장 제3절 1.자립적 민족경제와 사회주의 건설]과 함께 읽으면 이해에 도움이 될 것이다. 이 부분에는 사회간접자본의 남북경협에 참여하고 있거나 참여할 정부·기업 관계자들에게 도움이 될 만한 지식정보가 많이 담겨

있다.

222 『로동신문』, 2019년 1월 1일자.

223 네이버 지식백과, 『한국민족문화대백과』(한국학중앙연구원)의 '기간산업' 참고.

224 서재영·박제동·정수웅, 앞의 책, 35쪽.

225 강영실, "김정은 정권의 과학기술 신산업 육성 동향 평가"『KDI 북한경제리뷰』, 2017년 2월호, 67쪽.

226 김정은, 『전력문제를 해결하여 경제강국 건설의 진격로를 열어나가자』(당, 국가경제기관 책임일군들과 한 담화, 2017년 5월 3일)(평양: 조선로동당출판사, 2017), 4-5쪽.

227 김정은, 『온 나라가 강원도 인민들의 결사관철의 투쟁정신, 투쟁기풍을 따라배워야 한다』(원산군민발전소를 돌아보면서 일군들과 한 담화, 2016년 12월 12일)(평양: 조선로동당출판사, 2017), 13쪽.

228 서재영·박제동·정수웅, 앞의 책, 76-100쪽.

229 북한의 주요 동력자원은 수력·화력·재생에너지이며, 2016년의 발전설비용량을 기준으로 할 때 수력 61.4%, 화력 38.6%로, 수력발전 우위 구조이다. 박은진, "북한 전력산업 정책의 변화 및 전망"『KDB북한개발』, 2018년 봄호(통권14호), 197-198쪽.

230 안변청년발전소의 현황에 대해서는 『북한의 산업 2015』(KDB산업은행 편), 167쪽 참고.

231 대동강발전소의 현황에 대해서는 『북한의 산업 2015』(KDB산업은행 편), 167-168쪽 참조.

232 수풍발전소의 현황에 대해서는 『북한의 산업 2015』(KDB산업은행 편), 148-149쪽 참조.

233 KDB산업은행 편, 위의 책, 137-138, 145-146쪽.

234 김일성 수상이 1967년 최고인민회의 제4기 1차 회의에서 "수력발전소 건설과 화력발전소 건설을 옳게 배합하고 대규모 발전소와 중소규모 발전소 건설을 병진시켜야 한다"고 강조한 것이 화력발전 병행정책의 계기가 되었다. 김일성, "국가활동의 모든 분야에서 자주, 자립, 자위의 혁명정신을 더욱 철저히 구현하자"(조선민주주의인민공화국 최고인민회의 제4기 제1차 회의에서 발표한 조선민주주의인민공화국 정부 정강, 1967년 12월 16일), 『김일성저작집』 제21권(평양: 조선로동당출판사, 1983), 512쪽.

235 평양화력발전연합기업소의 현황에 대해서는 『북한의 산업 2015』(KDB산업은행 편), 148-149쪽 참조.

236 북창화력발전소의 현황에 대해서는 『북한의 산업 2015』(KDB산업은행 편), 170-173쪽 참조.

237 청천강화력발전소의 현황에 대해서는 『북한의 산업 2015』(KDB산업은행 편), 178쪽 참조.

238 선봉화력발전소의 현황에 대해서는 『북한의 산업 2015』(KDB산업은행 편), 176-177 쪽 참조.

239 청진화력발전소의 현황에 대해서는 『북한의 산업 2015』(KDB산업은행 편), 180쪽 참조.

240 북창·평양·동평양·순천 화력발전소 등은 무연탄을, 청진·청천강 화력발전소는 유연 탄을 연료로 사용한다.

241 순천화력발전소의 현황에 대해서는 『북한의 산업 2015』(KDB산업은행 편), 181쪽 참조.

242 KDB산업은행 편, 위의 책, 143-146쪽.

243 정운영, 『심장은 왼쪽에 있음을 기억하라』(서울: 웅진지식하우스, 2006), 27쪽.

244 박은진, 앞의 글, 199-204쪽.

245 연합뉴스, 2017년 8월 21일자, "중국 대북제재 강화에도 태양광패널 북한 유입은 불티"

246 박은진, 앞의 글, 211-212쪽.

247 KDB산업은행 편, 앞의 책, 769쪽.

248 KDB산업은행 편, 위의 책, 772쪽.

249 조선중앙통신, 2015년 4월 20일자; 통일부, 『월간 북한동향』, 2015년 4월호, 28-29쪽 재인용.

250 조선중앙통신, 2015년 10월 3일자; 통일부, 『월간 북한동향』, 2015년 10월호, 6-7쪽 재인용.

251 명칭이 '선군청년'에서 '영웅청년'으로 바뀐 것은 김정일 시대에서 김정은 시대로의 전환을 반영한 것이다.

252 수력설비조립사업소 노동계급은 대안중기계연합기업소의 기술자·기능공들과 힘을 합쳐 발전기 부분품들의 조립에서 높은 정밀도를 보장하고 유압계통의 각종 배관연 결작업, 배전장치·전기기구 설치작업을 다그쳐 끝내고 부분별 시운전에서 높은 책임 성을 발휘했다고 한다. 연두평수력발전건설사업소에서는 옥외변전소 발전설비 조립 을 짧은 기간에 결속해서 변전소·발전소 내 전기기구들에 대한 무부하 시험을 원만 히 보장하는데 기여했다. 국가과학원의 과학자들이 발전기 측정·보호·조정의 자동 화·정보화 수준을 높이기 위한 연구사업에 박차를 가해 통합조정체계 확립에서 성 과를 거뒀다고 한다.

253 조선중앙방송, 2015년 10월 3일자; 통일부, 『월간 북한동향』, 2015년 10월호, 10쪽 재인용.

254 조선중앙통신, 2016년 3월 31일자; 통일부, 『월간 북한동향』, 2016년 3월호, 32쪽 재 인용.

255 조선중앙통신, 2016년 4월 23일자; 통일부, 『월간 북한동향』, 2016년 4월호, 24-26쪽 재인용.

256 조선중앙통신, 2016년 4월 29일자; 통일부,『월간 북한동향』, 2016년 4월호, 29쪽 재인용.

257 『두산백과』 '유역변경식 발전' 항목(네이버 지식백과 재인용).

258 조선중앙통신, 2016년 4월 30일자; 통일부,『월간 북한동향』, 2016년 4월호, 30쪽 재인용.

259 조선중앙통신, 2016년 12월 13일자; 통일부,『월간 북한동향』, 2016년 12월호, 13쪽 재인용.

260 조선중앙통신, 2016년 8월 4일자; 통일부,『월간 북한동향』, 2016년 8월호, 17쪽 재인용.

261 조선중앙통신, 2019년 5월 5일자; 통일부,『주간 북한동향』, 제1464호(2019.5.4.~5.10), 3-4쪽 재인용.

262 조선중앙통신, 2017년 5월 19일자; 통일부,『월간 북한동향』, 2017년 5월호, 31쪽 재인용.

263 조선중앙통신, 2018년 3월 14일자; 통일부,『주간 북한동향』, 제1404호(2018.3.10.~3.16), 9쪽 재인용.

264 조선중앙통신, 2018년 7월 17일자; 통일부,『주간 북한동향』, 제1422호(2018.7.14.~7.20), 3-5쪽 재인용.

265 김정은 위원장의 집권 이후 완공된 발전소로는 희천발전소(2012년), 백두산영웅청년발전소(2015년), 청천강계단식발전소(2015년), 원산군민발전소(2016년) 등이 있다. 전력공업부문에 필요한 설비·자재·자금은 우선적으로 보장되고 있다.『조선신보』, 2016년 10월 28일자, "평양화력발전연합기업소에서 발휘되는 자강력".

266 정우진, "북한의 전력증산정책과 과제,"『KDI 북한경제리뷰』, 2016년 5월호, 4-6쪽.

267 다만, 화력발전소에서는 보일러와 터빈발전기들을 질적으로 보수하고 불비不備한 요소들을 빠짐없이 찾아 제때에 대책을 세워 전력생산을 높은 수준에서 정상화하는 것이 강조되고 있다. 즉, 발전설비들을 현대화하여 석탄소비량을 줄이면서 호기당 출력을 최대로 끌어올리는 것과, 보일러들에 '고온공기연소 안정화기술'을 받아들이고 '산소에 의한 무연미분탄착화 및 연소안정화기술'을 확대도입하여 전력공업의 주체화 실현에서 성과를 거둔 것이 강조된다.『로동신문』, 2019년 2월 22일자; 통일부,『주간 북한동향』, 제1453호(2019.2.16.~2.22), 12쪽 재인용.

268 한국건설산업연구원은 북한의 주요 인프라 건설에 향후 10년간 약 306조원이 필요하다고 평가한 바 있다. 시설별로 보면 주택 106조 8,156억원, 산업단지 72조 1,200억원, 도로 43조 784억원, 철도 41조 4,332억원, 전력·에너지 25조 7,972억원, 항만물류 8조 5,328억원, 관광단지 5조 1,053억원, 농업개발 1조 6,800억원, 공항 1조 6,477억원 등으로 나타났다. 이 중에 주택, 산업단지, 관광단지, 농업개발을 제외한 하부기반시설을 건설하는 것으로 축소해도 120조 4,893억원이 소요된다. 한국건설산업연구원,『건설동향브리핑』, 제701호, 2019.3.25, 2쪽.

269 홍제환, 『김정은 정권 5년의 북한경제: 경제정책을 중심으로』(통일연구원, 2017), 41-44쪽.

270 조선중앙통신, 2018년 7월 17일자; 통일부, 『주간 북한동향』, 제1422호(2018.7.14.~ 7.20), 8-9쪽 재인용. 라남탄광기계연합기업소의 현황에 대해서는 『북한의 산업 2015』(KDB산업은행 편), 322-323쪽 참조.

271 조선중앙통신, 2016년 9월 26일자; 통일부, 『월간 북한동향』, 2016년 9월호, 28쪽 재 인용.

272 KDB산업은행 편, 앞의 책, 194-195쪽.

273 김책제철연합기업소의 현황에 대해서는 『북한의 산업 2015』(KDB산업은행 편), 219-225쪽 참조.

274 성진제강연합기업소의 현황에 대해서는 『북한의 산업 2015』(KDB산업은행 편), 236-238쪽 참조.

275 황해제철연합기업소의 현황에 대해서는 『북한의 산업 2015』(KDB산업은행 편), 229-234쪽 참조.

276 천리마제강연합기업소의 현황에 대해서는 『북한의 산업 2015』(KDB산업은행 편), 241-243쪽 참조.

277 KDB산업은행 편, 위의 책, 198쪽.

278 KDB산업은행 편, 위의 책, 200쪽.

279 KDB산업은행 편, 위의 책, 200-201쪽.

280 KDB산업은행 편, 위의 책, 258-259쪽.

281 KDB산업은행 편, 위의 책, 257-258쪽.

282 KDB산업은행 편, 위의 책, 259-261쪽.

283 조선중앙방송, 2018년 3월 25일자; 통일부, 『주간 북한동향』, 제1406호(2018.3.24.~ 3.30), 3쪽 재인용.

284 『로동신문』, 2012년 12월 2일자.

285 조선중앙통신, 2018년 12월 8일자; 통일부, 『주간 북한동향』, 제1443호(2018.12.8.~ 12.14), 4쪽 재인용.

286 『로동신문』, 2019년 5월 27일자; 통일부, 『주간 북한동향』, 제1467호(2019.5.25.~ 5.31), 7-8쪽 재인용.

287 KDB산업은행 편, 앞의 책, 84-85쪽.

288 KDB산업은행 편, 위의 책, 85-86쪽.

289 정영구, "북한의 철도, 도로의 최근 변화 동향과 평가," 『KDB북한개발』, 2017년 가 을호(통권12호), 124-125쪽.

290 정영구, 위의 글, 123쪽.

291 KDB산업은행 편, 앞의 책, 88-89, 91쪽.

292 KDB산업은행 편, 위의 책, 101-103쪽.

293 정영구, 앞의 글, 131-133쪽.

294 KDB산업은행 편, 앞의 책, 103쪽.

295 북한의 철도운수부문의 심각성은 남한 통일부가 2019년 3월 29일에 국회에서 보고한 자료『경의선·동해선 철도 북측 구간 공동조사 결과보고서』에서 다음과 같이 드러났다. "(북측 구간) 궤도 체결력 부족, 교량·터널 안전문제 등으로 열차 운행에 지장이 있다. 전반적인 운행 속도가 시속 30~50km 수준이다. 경의선 개성~사리원 구간의 운행 속도는 시속 10~20km에 불과하다. 분야별로 보면 교량과 터널의 노후화가 심각했다.… 경의선 개성~신의주 414km 구간에서 교량 구간은 총 215개 11.8km로 2.85%를 차지했다. 교량 강구조물은 부식되었고 교대와 교각에서 균열 및 파손이 관찰되었다. 교량 하부구조 및 수중 기초구간에 대한 정밀안전진단이 필요하다. 동해선 구간도 마찬가지였다.… 동해선 금강산~두만강 777km 구간에서 교량 구간은 총 528개 22.6km로 2.9%를 차지했다. 동해선 교량에서도 교대·교각 균열 및 파손이 발견됐으며, 안정성에 대한 정밀안전진단이 필요하다. 동해안에 건설된 교량에서는 염해로 인한 표면 부식 및 단면손상이 발견되었다. 터널의 경우 경의선과 동해선 구간 곳곳에서 콘크리트 탈락, 누수, 배수 불량, 내벽 강도 부족 등이 나타났다. 북측 구간은 터널 폭이 좁고 높이가 낮아 전철화 등에 제약이 불가피한 것으로 파악되었다. 경의선과 동해선 모두 노반 폭이 좁고 경사면이 유실된 구간이 다수 관찰되었다. 레일과 침목이 마모되거나 파손된 구간도 많았으며, 때문에 저속운행을 해야 하는 상황이다. 그나마 지난 2013년 북한과 러시아가 합작해 개·보수 공사를 진행한 동해선 라진~두만강 구간의 경우 상태가 비교적 양호한 것으로 조사되었다. 이 구간에는 국경 통과를 위해 복합궤도(표준궤＋광궤)가 부설된 것으로 확인되었다. 경의선 구간의 경우에도 평양과 단둥을 오가는 국제열차와 화물열차 등의 운행이 이루어지고 있는 평양 이북 지역의 선로 상태는 양호한 것으로 조사되었다." 뉴시스, 2019년 3월 29일자.

296 조선중앙통신, 2015년 7월 20일자; 통일부, 『월간 북한동향』, 2015년 7월호, 13-14쪽 재인용.

297 조선중앙통신, 2015년 10월 23일자; 통일부, 『월간 북한동향』, 2015년 10월호, 27쪽 재인용.

298 조선중앙통신, 2015년 11월 20일자; 통일부, 『월간 북한동향』, 2015년 11월호, 19쪽 재인용.

299 조선중앙통신, 2016년 1월 15일자; 통일부, 『월간 북한동향』, 2016년 1월호, 19쪽 재인용.

300 조선중앙통신, 2018년 2월 1일자; 통일부, 『월간 북한동향』, 2018년 2월호, 5-6쪽 재인용. 평양무궤도전차공장의 현황에 대해서는 『북한의 산업 2015』(KDB산업은행 편), 608쪽 참조.

301 조선중앙통신, 2018년 2월 4일자; 통일부, 『월간 북한동향』, 2018년 2월호, 7쪽 재인용.

302 조선중앙통신, 2018년 8월 4일자; 통일부, 『주간 북한동향』, 제1425호(2018.8.4.~ 8.10), 2-4쪽 재인용.

303 조선중앙통신, 2018년 5월 25일자; 통일부, 『주간 북한동향』, 제1414호(2018.5.19.~ 5.25), 3-4쪽 재인용.

304 송전반도는 강원도 문천시의 북동부, 송전만의 남서쪽 변두리를 이루고 있는 반도이다. 길이는 8km, 너비는 넓은 곳이 6km, 좁은 곳이 0.6km. 송전반도는 육지 쪽이 좁고 바다 쪽으로 나가면서 넓어지며, 해안선은 굴곡이 심한 편이다. 네이버 지식백과; 조선향토대백과, 2008.

305 조선중앙통신, 2018년 5월 31일자; 통일부, 『주간 북한동향』, 제1415호(2018.5.26.~ 6.1), 7쪽 재인용.

306 KDB산업은행 편, 앞의 책, 300쪽.

307 희천련하기계종합공장의 현황에 대해서는 『북한의 산업 2015』(KDB산업은행 편), 309-310쪽 참조.

308 희천정밀기계공의 현황에 대해서는 『북한의 산업 2015』(KDB산업은행 편), 315쪽 참조.

309 구성공작기계공장(4월3일공장)의 현황에 대해서는 『북한의 산업 2015』(KDB산업은행 편), 311-312쪽 참조.

310 대안중기계연합기업소의 현황에 대해서는 『북한의 산업 2015』(KDB산업은행 편), 356-360쪽 참조.

311 락원기계연합기업소의 현황에 대해서는 『북한의 산업 2015』(KDB산업은행 편), 318-319쪽 참조.

312 KDB산업은행 편, 위의 책, 302-303쪽.

313 조선중앙통신, 2013년 6월 15일자; 통일부, 『월간 북한동향』, 2013년 6월호, 18쪽). 2-3쪽 재인용.

314 조선중앙통신, 2016년 5월 19일자; 통일부, 『월간 북한동향』, 2016년 5월호, 15-16쪽 재인용.

315 조선중앙통신, 2013년 6월 23일자; 통일부, 『월간 북한동향』, 2013년 6월호, 20쪽 재인용. 김정은 위원장의 강계정밀기계공장 현지지도에서 소재가공 설비, CNC 자동화로 생산된 공구 등을 살펴본 것으로 보아 이 공장은 정밀기계공장이면서 지하에 군수단위를 두고 있는 것으로 추정된다.

316 조선중앙통신, 2019년 6월 1일자; 통일부, 『주간 북한동향』, 제1468호(2019.6.1.~ 6.7), 4쪽 재인용.

317 조선중앙통신, 2013년 6월 24일자; 통일부, 『월간 북한동향』, 2013년 6월호, 21쪽 재인용.

318 조선중앙통신, 2019년 6월 1일자; 통일부, 『주간 북한동향』, 제1468호(2019.6.1.~ 6.7), 4-5쪽 재인용.

319 조선중앙통신, 2013년 6월 29일자; 통일부, 『월간 북한동향』, 2013년 7월호, 9쪽 재인용. 룡성기계연합기업소의 현황에 대해서는 『북한의 산업 2015』(KDB산업은행 편), 361-364쪽 참조.

320 조선중앙통신, 2016년 3월 24일자; 통일부, 『월간 북한동향』, 2016년 3월호, 25-26쪽 재인용.

321 조선중앙통신, 2015년 5월 7일자; 통일부, 『월간 북한동향』, 2015년 5월호, 7쪽 재인용.

322 조선중앙통신, 2016년 4월 2일자; 통일부, 『월간 북한동향』, 2016년 4월호, 8-9쪽 재인용.

323 조선중앙통신, 2013년 6월 30일자; 통일부, 『월간 북한동향』, 2013년 7월호, 9쪽 재인용.

324 조선중앙통신, 2016년 4월 1일자; 통일부, 『월간 북한동향』, 2016년 4월호, 6-7쪽 재인용.

325 조선중앙통신, 2014년 3월 20일자; 통일부, 『월간 북한동향』, 2014년 3월호, 28쪽 재인용.

326 조선중앙통신, 2014년 5월 14일자; 통일부, 『월간 북한동향』, 2014년 5월호, 7쪽 재인용.

327 조선중앙통신, 2015년 12월 20일자; 통일부, 『월간 북한동향』, 2015년 12월호, 19-20쪽 재인용.

328 조선중앙통신, 2016년 8월 10일자; 통일부, 『월간 북한동향』, 2016년 8월호, 7-8쪽 재인용.

329 조선중앙통신, 2014년 5월 25일자; 통일부, 『월간 북한동향』, 2014년 5월호, 15쪽 재인용.

330 조선중앙통신, 2015년 4월 1일자; 통일부, 『월간 북한동향』, 2015년 4월호, 8쪽 재인용.

331 조선중앙통신, 2016년 3월 2일자; 통일부, 『월간 북한동향』, 2016년 3월호, 6-7쪽 재인용.

332 조선중앙통신, 2016년 4월 8일자; 통일부, 『월간 북한동향』, 2016년 4월호, 9-10쪽 재인용.

333 조선중앙통신, 2013년 7월 3일자; 통일부, 『월간 북한동향』, 2013년 7월호, 10쪽 재인용.

334 조선중앙통신, 2015년 1월 16일자; 통일부, 『월간 북한동향』, 2015년 1월호, 7-8쪽 재인용.

335 조선중앙통신, 2017년 2월 7일자; 통일부, 『월간 북한동향』, 2017년 2월호, 6-7쪽 재

인용.

336 조선중앙통신, 2015년 9월 4일자; 통일부, 『월간 북한동향』, 2015년 9월호, 7-8쪽 재인용.

337 김정은 위원장은 2016년 12월 원산군민발전소를 돌아보면서 "1호발전소와 2호발전소에 통합생산체계를 구축한 것은 잘하였습니다. 발전기의 소음이 큽니다. 소음이 큰가 작은가 하는 것은 발전기의 질을 평가하는 중요한 징표라고 할 수 있습니다. 발전기의 소음을 작게 하기 위한 대책을 세워야 하겠습니다"라고 말한 뒤에 담화의 거의 끝머리에서 기계제작공업의 낙후성을 인정하고 선진기술 도입의 필요성을 강조했다. CNC와 군수공업으로 대표되는 북한의 기계제작공업의 발전수준은 상당히 높은 것으로 알려져 왔는데 그와 상반된 발언이었다. 물론 수력발전설비의 낙후성에 기인한 것이라고 할 수 있다.
    "기계제작공업을 발전시켜야 하겠습니다. 우리는 나라의 기계제작공업이 뒤떨어졌다는 것을 인정하고 기계제작공업을 발전시키기 위한 목표를 바로 세우고 투쟁하여야 합니다. 21세기 기계제작공업 발전수준에 맞게 대안중기계연합기업소의 물질기술적 토대를 닦고 필요한 기술역량을 튼튼히 꾸려 그 기업소에서 현대적인 수력발전설비들을 생산하도록 해야 합니다. 기계제작공업을 발전시키자면 다른 나라들의 선진기술을 받아들여야 합니다. 제국주의자들의 사상문화적 침투는 철저히 막아야 하지만 선진기술은 받아들여야 합니다. 다른 나라의 선진기술을 주체적 입장에서 우리식대로, 우리의 실정에 맞게 받아들이면 됩니다. 제국주의자들의 사상문화적 침투는 철저히 차폐 차단하되 선진기술은 받아들여야 합니다. 선진기술을 받아들이는데 사회주의강국 건설의 지름길이 있습니다." 김정은, 『온 나라가 강원도 인민들의 결사관철의 투쟁정신, 투쟁기풍을 따라배워야 한다』(원산군민발전소를 돌아보면서 일군들과 한 담화, 2016년 12월 12일)(평양: 조선로동당출판사, 2017), 6, 13-14쪽.

338 조선중앙통신, 2017년 11월 4일자; 통일부, 『월간 북한동향』, 2017년 11월호, 5-6쪽 재인용.

339 조선중앙통신, 2017년 11월 21일자; 통일부, 『월간 북한동향』, 2017년 11월호, 8-9쪽 재인용. 승리자동차연합기업소의 현황에 대해서는 『북한의 산업 2015』(KDB산업은행 편), 601-604쪽 참조.

340 조선중앙통신, 2013년 6월 22일자; 통일부, 『월간 북한동향』, 2013년 6월호, 20쪽 재인용. 강계뜨락또르종합공장이 제2경제위원회 제4기계공업국 소속의 강계 26호공장이라는 설說이 있으나 김정일 국방위원장이 2009년 12월과 2011년 10월에 이 공장을 시찰했을 당시 조선중앙통신이 공개한 사진을 보면 군수공장으로 단정 짓기는 어렵다. 다만 자강도 등지의 기계공업부문 공장들이 지하에 군수직장을 운영하며 병기 생산을 한다는 정보가 있어왔던 점에서 볼 때 이 공장도 군수단위를 두고 있을 가능성이 있다.

341 조선중앙통신, 2019년 6월 1일자; 통일부, 『주간 북한동향』, 제1468호(2019.6.1.~6.7), 3-4쪽 재인용.

342 조선중앙통신, 2017년 11월 15일자; 통일부, 『월간 북한동향』, 2017년 11월호, 6-8쪽 재인용. 금성뜨락또르종합공장의 현황에 대해서는 『북한의 산업 2015』(KDB산업은 행 편), 325-326쪽 참조.

343 조선중앙통신, 2017년 12월 2일자; 통일부, 『월간 북한동향』, 2017년 12월호, 5-6쪽 재인용. 압록강다이야공장의 현황에 대해서는 『북한의 산업 2015』(KDB산업은행 편), 467쪽 참조.

344 조선중앙통신, 2014년 8월 5일자; 통일부, 『월간 북한동향』, 2014년 8월호, 6-7쪽 재인용.

345 조선중앙통신, 2018년 7월 17일자; 통일부, 『주간 북한동향』, 제1422호.(2018.7.14.~ 7.20), 7-8쪽 재인용. 청진조선소의 현황에 대해서는 『북한의 산업 2015』(KDB산업은 행 편), 571-573쪽 참조.

346 조선중앙통신, 2016년 5월 13일자; 통일부, 『월간 북한동향』, 2016년 5월호, 12-13쪽 재인용.

347 청진버스공장의 현황에 대해서는 『북한의 산업 2015』(KDB산업은행 편), 608쪽 참조.

348 조선중앙통신, 2017년 1월 24일자; 통일부, 『월간 북한동향』, 2017년 1월호, 28쪽 재인용.

349 KDB산업은행 편, 앞의 책, 332-333쪽.

350 KDB산업은행 편, 위의 책, 335쪽.

351 KDB산업은행 편, 위의 책, 336-337쪽.

352 KDB산업은행 편, 위의 책, 337-338쪽.

353 조선중앙통신, 2013년 8월 11일자; 통일부, 『월간 북한동향』, 2013년 8월호, 8쪽 재인용.

354 조선중앙통신, 2014년 3월 3일자; 통일부, 『월간 북한동향』, 2014년 3월호, 13쪽 재인용.

355 조선중앙통신, 2015년 4월 8일자; 통일부, 『월간 북한동향』, 2015년 4월호, 12-13쪽 재인용.

356 조선중앙통신, 2016년 3월 5일자; 통일부, 『월간 북한동향』, 2016년 3월호, 14쪽 재인용.

357 조선중앙통신, 2016년 7월 14일자; 통일부, 『월간 북한동향』, 2016년 7월호, 12-13쪽 재인용.

358 조선중앙통신, 2017년 3월 11일자; 통일부, 『월간 북한동향』, 2017년 3월호, 10-11쪽 재인용.

359 조선중앙통신, 2013년 6월 15일자; 통일부, 『월간 북한동향』, 2013년 6월호, 17쪽 재인용.

360 조선중앙통신, 2014년 5월 26일자; 통일부, 『월간 북한동향』, 2014년 5월호, 15쪽 재인용.

361 조선중앙통신, 2018년 11월 18일자; 통일부, 『주간 북한동향』, 제1440호(2018.11.17.~11.23), 2쪽 재인용.

362 조선중앙통신, 2014년 8월 3일자; 통일부, 『월간 북한동향』, 2014년 8월호, 5-6쪽 재인용. 천리마타일공장의 현황에 대해서는 『북한의 산업 2015』(KDB산업은행 편), 549쪽 참조.

363 조선중앙통신, 2016년 7월 27일자; 통일부, 『월간 북한동향』, 2016년 7월호, 19-20쪽 재인용.

364 군대의 경제단위는 민간의 경제단위에 비해 기관본위주의와 형식주의 등의 병폐가 적을 수 있고, 명령에 의한 업무 수행으로 효율과 집행력이 높을 수 있다. 군대 내의 유관 단위들과의 협력 시스템도 사회보다 더 잘 작동될 수 있다. 이것은 추정이며 구체적인 입증자료가 있는 것은 아니다.

365 KDB산업은행 편, 앞의 책, 388-389쪽.

366 허천강발전소, 장진강발전소, 부전강발전소의 현황에 대해서는 『북한의 산업 2015』(KDB산업은행 편), 155-161쪽 참조.

367 2·8비날론연합기업소의 현황에 대해서는 『북한의 산업 2015』(KDB산업은행 편), 624-628쪽을 참조할 것.

368 흥남비료연합기업소 등 각 공장, 기업소 현황에 대해서는 『북한의 산업 2015』(KDB산업은행 편) 참조.

369 KDB산업은행 편, 위의 책, 388쪽.

370 KDB산업은행 편, 위의 책, 390-391쪽.

371 김정은 위원장은 북한 경제를 전기절약형 경제로 전환시킬 것을 강력히 지시한 바 있다. "나라의 경제를 전기절약형 경제로 전환시켜야 합니다. 금속공업과 화학공업 부문을 비롯하여 전력을 많이 쓰는 부문과 단위들에서 전력소비를 극력 줄이는 방향에서 기술개건을 다그쳐야 합니다. 생산을 전문화하고 실리를 보장하는 원칙에서 전력소비가 큰 생산 공정들을 대담하게 정리, 갱신하여 과대용량설비들을 알맞는 것으로 교체하여야 합니다. 기술설비들을 전기절약형으로 개발 생산하며 선진적인 전력측정장치들을 도입하여 전력의 이용률을 높여야 합니다." 김정은, 『전력문제를 해결하여 경제강국 건설의 진격로를 열어나가자』(당, 국가경제기관 책임일군들과 한 담화, 2017년 5월 3일)(평양: 조선로동당출판사, 2017), 7쪽.

372 KDB산업은행 편, 앞의 책, 391-393쪽.

373 청수화학공장의 현황에 대해서는 『북한의 산업 2015』(KDB산업은행 편), 435-437쪽 참조.

374 KDB산업은행 편, 위의 책, 393-394, 396-397쪽. 석탄가스화는 석탄가스에 포함된 수

소와 질소를 반응시켜 암모니아를 얻고 이를 질소질 비료의 출발물질로 삼는다. 석탄
가스화에 의한 암모니아 합성에는 북한에 풍부한 갈탄을 이용할 수 있는 장점이 있다.
갈탄의 고온건류 등에 의해 전력을 절약하면서 암모니아를 합성하여 비료 문제를 해
결하려고 한다. 흥남화학비료연합기업소의 석탄가스화 공정은 무연탄이 아닌 갈탄을
이용한다. 남흥청년화학연합기업소에서 건설되어 2010년 4월 조업에 들어간 석탄가
스화에 의한 암모니아 생산공정은 무연탄을 사용한다. 북한은 석탄가스화 공법을 제
철공업에도 적용하여 콕스탄을 절약하면서 무연탄으로 야금을 하려고 연구했다. 이
공법은 산소열법으로 야금할 때 나오는 폐가스에 수소와 일산화탄소 등이 포함되어
있기 때문에 이를 반응시켜 메탄올을 합성할 수 있다. 또한 갈탄의 고온건류로 카바
이드공법에서 생산할 수 없는 벤졸과 나프탈렌 등을 얻을 수 있고, 이를 활용해 아닐
론과 합성세척제, 농약, 도료, 의약품 등의 유기합성공업을 개척할 수 있다. 한편, 탄
전에서는 직접 지하가스화를 통해 석탄가스를 생산하고 이를 화력발전에 이용하는
방안도 도입되었다(안주탄광에서의 석탄지하가스화에 의한 전력생산).

375 봉화화학공장의 현황에 대해서는 『북한의 산업 2015』(KDB산업은행 편), 446-448쪽
참조.

376 KDB산업은행 편, 위의 책, 397쪽.

377 조선중앙통신, 2013년 6월 20일자; 통일부, 『월간 북한동향』, 2013년 6월호, 19쪽 재
인용.

378 네이버 지식백과 「조선향토대백과 인민지리정보관」(제공처: 사단법인 평화문제연구소).

379 이날 김정은 위원장은 안주시 송학협동농장 남새온실(부지면적 2,400여 m²)을 시찰
했다. 이 농장의 남새온실은 태양열을 이용해 배추, 쑥갓 등을 생산하고 있다. 그는
"남새온실을 곳곳에 건설하는 것은 계절성을 극복하고 인민들에게 사철 신선한 남
새를 공급하는데서 중요한 의의를 가진다"고 하면서 "중앙에서 도·시·군에 건설할
표준화된 온실설계를 내려 보내며 도·시·군들간 경쟁을 조직해야 한다"고 강조했다.
조선중앙통신, 2013년 6월 20일자; 통일부, 『월간 북한동향』, 2013년 6월호, 19쪽 재
인용.

380 조선중앙통신, 2016년 8월 13일자; 통일부, 『월간 북한동향』, 2016년 8월호, 8-9쪽
재인용. 순천화학연합기업소의 현황에 대해서는 『북한의 산업 2015』(KDB산업은행
편), 629-632쪽 참조.

381 조선중앙통신, 2017년 5월 14일자; 통일부, 『월간 북한동향』, 2017년 5월호, 28쪽 재
인용.

382 조선중앙통신, 2018년 3월 6일자; 통일부, 『주간 북한동향』, 제1403호(2018.3.3.~
3.9), 7쪽 재인용.

383 국가과학원에는 건축공학분원, 경공업과학분원, 금속분원, 기계분원, 산림과학분원,
생물공학분원, 석탄과학분원, 수산과학분원, 의학분원, 전자자동화분원, 철도과학분
원, 함흥분원 등 부문별 분원이 있는데 함흥분원은 지역명칭이 붙여져 있지만 화학
분원이다.

384 통일부, 『2017 북한 주요기관·단체 인명록』, 54-71쪽.

385 조선중앙통신, 2017년 7월 16일자; 통일부, 『월간 북한동향』, 2017년 7월호, 21쪽 재인용.

386 조선중앙통신, 2018년 6월 30일자; 통일부, 『주간 북한동향』, 제1420호(2018.6.30.~7.6), 2-3쪽 재인용.

387 조선중앙통신, 2018년 7월 2일자; 통일부, 『주간 북한동향』, 제1420호(2018.6.30.~7.6), 8-9쪽 재인용. 신의주화학섬유연합기업소의 현황에 대해서는 『북한의 산업 2015』(KDB산업은행 편), 634-636쪽 참조.

388 이찬우, "북한경제와 협동하자⑥ 북한경제의 자강력과 국제협력(총론)," 『LIFE IN』, 2018년 10월 16일자.

389 북한의 산림황폐화에 대한 여러 추정치 가운데 신뢰성이 높다고 평가받는 것은 남한 산림청의 국립산림과학원(KFRI)이 발표한 자료다. KFRI는 2008년 인공위성 영상자료를 분석하여 북한의 산림면적을 전체 916만ha로 추정하고, 그 중 약 284만ha가 황폐되어 있다고 발표했다. 284만ha는 북한 전체 산림면적의 32%이며, 서울시 면적의 약 46배에 달한다. 박경석·박소영, "남한의 산림복구 경험을 통한 북한 황폐산림복구지원 방향," 『북한학연구』 제8권 제1호(동국대학교 북한학연구소, 2012.8), 135쪽.

390 석현덕·김영훈·이요한·구자춘·박소희·이찬휘·윤택승, 『북한 황폐산지 복구를 위한 협력 방향』(나주: 한국농촌경제연구원, 2014.6), 18-19쪽.

391 김정은, 『사회주의강성국가 건설의 요구에 맞게 국토관리사업에서 혁명적 전환을 가져올데 대하여』(당, 국가경제기관, 근로단체 책임일군들과 한 담화, 2012년 4월 27일)(평양: 조선로동당출판사, 2013), 8-14쪽.

392 북한의 산림 황폐화 원인에 대해서는 다양한 견해가 있다. 그 원인을 △인구과밀(북한 인구밀도는 2006년 기준으로 193명/km². 세계평균 48명/km², 남한 483명/km²) △추운 겨울(겨울 5개월간 지속. 하천 결빙기간: 두만강 4개월, 압록강·대동강 3개월 이상) △농지부족과 낮은 농업 생산성 △에너지공급 부족과 낮은 경제성장 등에서 찾을 수 있다. 직접 요인은 △식량과 에너지공급 어려움과 다락밭 조성을 위한 산지 개간 △연료용 목재 채취 △집중호우로 인한 홍수(1995~96, 2007년) 등이었다. 윤여창, "북한 산림황폐화 현황과 산림복구 방향"(서울대학교산림과학부, 2007), 16쪽. 산림은 전체 면적의 73.2%를 차지하지만 1990년 이후 면적과 임목총량이 크게 줄어들었는데 땔감으로 인한 마구잡이 벌목과 산림의 농지 개간이 직접적인 원인이었고 홍수·가뭄이나 해충·산불도 황폐화를 부추겼다고 할 수 있다. 김규남, "북한의 산림 녹화 제고방안에 관한 연구: 강원도내 공무원 설문조사 결과를 중심으로"(상지대학교 대학원 박사학위논문, 2012), 28-29쪽.

393 김규남, 위의 논문, 24-26쪽.

394 손학기·최준용·석현덕, 『통일 이후 북한지역의 산지관리 기본방향 연구』(나주; 한국농촌경제연구원, 2016), 23쪽.

395 석현덕·김영훈·이요한·구자춘·박소희·이찬휘·윤택승, 앞의 책, 54-55쪽.

396 손학기·최준용·석현덕, 앞의 책, 10쪽.

397 김일성, "환경보호사업을 개선강화할데 대하여"(국가행정경제기관 책임일군들과 한 담화, 1986년 4월 10일), 『김일성저작집』 제39권(평양: 조선로동당출판사, 1993), 384-385쪽.

398 국토계획은 국토개발전략과 혁명전적지·혁명사적지의 보호, 부침땅과 산림·하천·호 소·바다의 이용, 자원개발, 도시와 마을의 형성, 휴양 지구개발, 산업지구와 하부구 조의 건설, 자연환경의 조성과 보호, 국토정리와 미화사업 등을 내용으로 한다(《국 토계획법》 제16조). 국토건설총계획의 수립 원칙은 첫째, 국토건설과 자원개발에서 농경지를 침범하지 말며 그것을 아끼고 보호할 것, 둘째, 도시의 규모를 너무 크게 하지 말며 작은 도시 형태로 많이 건설할 것, 셋째, 나라의 각이한 지대들의 기후풍 토적 특성을 고려할 것, 넷째, 나라의 인민경제발전 방향과 각이한 지역들의 경제발 전전망에 맞게 과학적으로 세울 것 등이다(《토지법》 제15조). 국토건설총계획에 산 림조성 방향과 보호 및 그 이용과 이로운 동식물을 보호하기 위한 대책이 포함되어 야 한다(《토지법》 제17조). 국토건설총계획 아래에 산업지구건설, 도로건설 등의 도 시관리를 위한 도시건설총계획이 있듯이 산림분야에는 산림건설총계획이 있다. 산 림법에는 산림건설총계획의 내용이 되는 산림조성, 산림보호, 산림자원, 산림경영 부 문에 대한 작성원칙 등이 규정되어 있다. 손학기·최준용·석현덕, 앞의 책, 12-13쪽.

399 김정일, "국토관리사업을 개선강화할데 대하여"(전국국토관리부문 일군대회 참가자 들에게 보낸 서한, 1984년 11월 19일) 『김정일선집』 제8권(평양: 조선로동당출판사, 1998), 145-164쪽.

400 북한은 농지면적을 늘려나가는 과정에서 산비탈을 계단식 다락밭으로 경작하도록 장려했는데, 경사도가 16도 미만인 토지가 다락밭 경작의 대상이 됐으며 총 20만 ha 의 산림이 농지로 개간된 것으로 알려져 있다. 석현덕 외, 앞의 책, 22쪽. 김정일 조 직비서의 1984년의 서한에서만 해도 다락밭을 더 건설하는 과제가 제시됐는데, 그 로부터 채 5년이 지나기 전에 김일성 주석은 다음과 같이 다락밭 조성에 반대하는 태도로 바뀌게 된다.

"나무를 찍어내고 다락밭을 만들기로 계획한 것은 그만두어야 하겠습니다. 최근에 나온 자료를 보니 구라파의 일부 나라들에서는 경사진 땅을 개간하여 방목지나 포 도밭으로 만들었기 때문에 산사태가 나고 점차 사막화되어 간다고 하면서 벅적 고 아대고 있다고 합니다. 우리도 망탕 나무를 찍어내고 다락밭을 만들다가는 숱한 땅 을 못 쓰게 만들 수 있습니다. 나는 나무를 찍어내고 다락밭을 만드는 것은 반대합 니다. 이미 개간해놓은 다락밭만 이용하고 새로 개간하는 것은 그만두어야 하겠습니 다. 경사진 땅에 다락밭을 만드는 문제는 앞으로 더 연구해보아야 하겠습니다." 김 일성, "평양시의 도시경영사업과 공급사업을 개선할데 대하여"(정무원, 평양시 책임 일군협의회에서 한 연설, 1989년 4월 20일) 『김일성저작집』 제41권(평양: 조선로동 당출판사, 1995), 394쪽.

401 김정일, "국토관리사업에서 새로운 전환을 일으킬 데 대하여"(조선로동당 중앙위원

회 책임일군들과 한 담화, 1996년 8월 11일)『김정일선집』제14권(평양: 조선로동당출판사, 2000), 203-205쪽.

402 김정일, 위의 글, 205-208쪽.

403 장용철, "김정일 시대 통치전략 연구:『김정일선집』14, 15권의 문헌을 중심으로"『북한학연구』제5권 제1호(동국대학교 북한학연구소, 2009), 173쪽.

404 김정일, "토지정리는 나라의 부강발전을 위한 대자연개조사업이며 만년대계의 애국위업이다"(평안북도토지정리사업을 현지지도하면서 일군들과 한 담화, 2000년 1월 24일, 27일)『김정일선집』제15권(평양: 조선로동당출판사, 2005), 17, 19-20쪽.

405 김정일, "대규모의 토지정리와 관개건설의 성과에 토대하여 농업생산에서 새로운 앙양을 일으키자"(평안남도의 토지정리현장과 완공된 개천-태성호물길을 돌아보면서 일군들과 한 담화, 2002년 12월 11일, 18일, 2003년 1월 17일)『김정일선집』제15권(평양: 조선로동당출판사, 2005), 335-336, 337-338쪽.

406 김정일, "치산치수사업을 힘있게 벌려 조국산천을 로동당시대의 금수강산으로 꾸리자"(당, 국가, 군대의 책임일군들과 한 담화, 2002년 3월 6일)『김정일선집』제15권(평양: 조선로동당출판사, 2005), 263-264쪽.

407 김정일, 위의 글, 265-277쪽.

408 서재영·박제동·정수웅, 앞의 책, 212-245쪽.

409 김정은,『사회주의강국가 건설의 요구에 맞게 국토관리사업에서 혁명적 전환을 가져올데 대하여』(당, 국가경제기관, 근로단체 책임일군들과 한 담화, 2012년 4월 27일)(평양: 조선로동당출판사, 2013), 8-30쪽.

410 『로동신문』은 2019년 5월 12일 "산림복구전투가 힘 있게 벌어지고 있는 지금 나라의 귀중한 재부인 산림을 보호하는데서 선차적 요구로 나서는 것은 산불방지대책을 철저히 세우는 것"이라고 강조하면서 다음과 같은 현실적인 대책을 제시했다.
첫째, 일군들은 아래 단위들의 회의에서 강조하는 식으로 산림보호사업을 대하지 말고 현실에 나가 산불이 날 수 있는 요소들을 장악하고 즉시 대책을 세울 것(산불막이선과 전기선 등을 다시 정리할 것은 정리하고 새로 만들 것은 만들어 산불을 미리 막도록 할 것).
둘째, 산림감독원·산림순시원·산불감시원들은 담당구역의 산들에 대한 순찰을 강화할 것(사람들이 산에 들어갈 때 제정된 질서를 정확히 지키도록 감독통제사업을 드세게 할 것, 산불이 일어날 수 있는 위험개소들을 찾아내고 감시를 면밀히 할 것, 필요하다면 산불감시초소를 더 내오고 통신기재와 신호기재들을 이용하여 산불감시와 발생정형을 제때에 통보하도록 할 것 등).
셋째, 이미 세워진 산불감시체계가 은을 내도록 하기 위해 중앙산불방지지휘소의 역할을 더욱 높일 것(중앙산불방지지휘소에서는 산불감시정보봉사체계를 더욱 완비하며 산불과 관련한 자료들을 분석하고 그 결과를 제때에 해당 단위들에 통보해줄 것, 해당 단위들에서는 그것을 받아 산불방지대책을 세우고 그 정형을 중앙산불방지지휘소에 제때에 보고할 것, 누구나 입산규정을 잘 지키고 함부로 불을 놓지 말 것, 산불이 한번 일어났던 장소에서 다시 발생하지 않도록 하며 철저한 대책을 세울 것 등).

넷째, 도·시·군들에서는 군중동원체계를 보다 완벽하게 세우고 불의의 정황에 즉시 대처할 수 있게 필요한 물질기술적 준비를 튼튼히 갖출 것. 『로동신문』, 2019년 5월 12일자; 통일부, 『주간 북한동향』, 제1465호(2019.5.11.~5.17), 3-4쪽 재인용.

411 김정은, 『전당, 전군, 전민이 산림복구전투를 힘있게 벌려 조국의 산들에 푸른 숲이 우거지게 하자』(당, 군대, 국가경제기관 책임일군들과 한 담화, 2015년 2월 26일)(평양: 조선로동당출판사, 2015), 1-3쪽.

412 국토환경보호성 산림총국의 강현 채종양묘국 국장은 재일조선인총연합회 기관지 『조선신보』와의 인터뷰(2015년 3월 16일자)에서 "현재 평양시 대성구역에 있는 산림과학원을 다시 새로 건설하고 각 도들에 있는 산림과학원들의 물질기술적 토대를 축성하기 위한 사업계획을 세우고 있다"면서 "최근에 중앙과 각 도, 시, 군들에 산림복구전투지휘부가 조직되었다. 앞으로 중앙산림복구전투지휘부의 지도 밑에 도, 시, 군들에서 해당 지역의 산림복구전투를 하게 된다"고 밝혔다. 『통일뉴스』, 2015년 4월 2일자. 강 국장은 "나무심기를 2022년까지 진행하고 그 후 2024년까지는 사름률이 떨어진 구역에 대한 대책을 강구하는 등 조성한 산림을 보호하기 위한 사업을 위주로 해나가게 된다"고 밝히기도 했다. 『통일뉴스』, 2015년 3월 16일자.

413 김정은 위원장은 2015년 2월 26일 담화에서 "모든 사업에서 다 그러하듯이 인민군대는 산림복구전투에서도 선구자적 역할을 하여야 한다"면서 "인민군대에서는 산림조성사업과 산림보호사업을 각급 부대 정치위원들이 직접 책임지고 하도록 하여야 한다"고 강조하고, "산림복구전투에서 군민협동작전을 잘하여 군민대단결의 위력이 높이 발휘되도록 하여야 한다"고 지시했다. 김정은, 『전당, 전군, 전민이 산림복구전투를 힘있게 벌려 조국의 산들에 푸른 숲이 우거지게 하자』(당, 군대, 국가경제기관 책임일군들과 한 담화, 2015년 2월 26일)(평양: 조선로동당출판사, 2015), 12-13쪽.

414 조선중앙통신, 2015년 3월 7일자; 통일부, 『월간 북한동향』, 2015년 3월호, 12쪽 재인용.

415 국토환경보호성은 국토관리사업 전반을 책임지고 국토관리정책을 관철하는 사업을 조직 지도하는 행정지도기관·기술기관으로, 임산공업림을 제외한 국토보호림과 지방림·담당림을 관리한다. 중앙에서 군에 이르기까지 국토와 자원에 대한 관리체계를 세우고 관리하기 위해 만든 조직이다. 국토환경보호성에는 강하천관리국, 도로관리국, 산림관리국, 자원보호감독국, 해양국, 환경국, 국토계획연구소, 2월4일 관리소, 기상수문국, 국토관리총동원국, 과학기술국, 국토계획연구소 등이 포함되어 있다. 특히 산림관리국은 산림실태 파악, 산림조성계획, 인력조직사업 등의 업무를 한다. 각 도道에는 국토환경관리국이 있어서 국토보호와 보호림을 관리감독하고 산림행정 업무를 총괄하며 산림설계소를 통해 조림사업을 계획하고 설계한다. 군郡의 국토환경보호관리국 산림경영소는 담당림을 관리하고 산림조성·보호관리와 산불관리를 담당한다. 산림경영소에는 군 단위 조림사업과 담당림의 조림사업에 필요한 양묘를 관리하기 위해 약 30~40명으로 이뤄진 조림사업소와 양묘장이 있다. 리里에는 산림정책

을 해설하여 전군중적인 산림조성 및 보호관리 사업을 지도하는 산림감독원이 있다. 산림감독원은 벌채 및 임산물을 관리하며 산불감시초소에서 산불의 위험을 감시한다. 박소영·박경석·이성연, "북한의 산림관리조직 및 산림관리의 특징," 『북한학연구』 제4권 제2호(동국대학교 북한학연구소, 2008), 83-84쪽.

416 임업성은 목재생산을 위한 임산공업림을 관리하며 5년간 훈련받은 800여명의 직원이 전국 4,000여개의 리에서 근무하고 있다. 임업성은 산림을 지정된 단위로 분류하고 순환 벌목계획을 수립하고 관리하며, 완전벌목 이후 전면적인 재조림을 실시할 의무를 지고 있다. 임업성에는 계획국, 과학기술지도국, 대외경제협조국, 목재가공 및 8.3생산지도국, 산림관리국, 생산지도국, 원동임업관리국, 자재판매국, 행정조직국, 목재화학연구소, 원동임업물자공급관리소, 임업과학연구소, 중앙산림설계기술연구소, 산림조성연구실, 수로운재연구실, 운재공학연구실, 후방물자공급관리소, 자재상사 등을 두고 있다. 각 도道에는 임업관리국과 산림설계소가 있다. 임업성의 군郡 단위 행정기관에는 공업림경영소, 임산사업소, 갱목사업소 등이 있다. 공업림경영소는 공업림 보호·관리, 조림 담당, 임산사업소의 벌채허가증 발급, 벌채지역 지정·검사, 조림지 검사, 목재 운송관리 등을 수행한다. 임산사업소는 도의 산림계획을 바탕으로 담당산림과 기술인력을 이용해 실질적인 사업을 수행하는 독립채산제 기관이다. 하나의 임산사업소는 약 4,500정보의 산림을 관리하며, 그 아래 900정보의 산림을 관리하는 4~7개의 임산작업소를 갖고 있다. 박소영·박경석·이성연, 위의 글, 79-82쪽.

417 조선중앙통신, 2014년 11월 11일자; 통일부, 『월간 북한동향』, 2014년 11월호, 11-12쪽 재인용.

418 조선중앙통신, 2015년 5월 29일자; 통일부, 『월간 북한동향』, 2015년 5월호, 24-25쪽 재인용.

419 조선중앙통신, 2015년 12월 3일자; 통일부, 『월간 북한동향』, 2015년 12월호, 6-7쪽 재인용.

420 조선중앙통신, 2016년 5월 15일자; 통일부, 『월간 북한동향』, 2016년 5월호, 14-15쪽 재인용.

421 조선중앙통신, 2018년 7월 24일자; 통일부, 『주간 북한동향』, 제1423호(2018.7.21.~7.27), 3-5쪽 재인용.

422 조선중앙통신, 2017년 3월 29일자; 통일부, 『월간 북한동향』, 2017년 3월호, 28쪽 재인용.

423 조선중앙통신, 2018년 3월 26일자; 통일부, 『주간 북한동향』, 제1406호(2018.3.24~3.30), 4쪽 재인용.

424 조선중앙통신, 2015년 7월 14일자; 통일부, 『월간 북한동향』, 2015년 7월호, 11쪽 재인용.

425 조선중앙통신, 2017년 2월 6일자; 통일부, 『월간 북한동향』, 2017년 2월호, 17쪽 재인용.

426 조선중앙통신, 2018년 2월 21일자; 통일부, 『월간 북한동향』, 2018년 2월호, 25쪽 재 인용.

427 조선중앙통신, 2017년 9월 29일자; 통일부, 『월간 북한동향』, 2017년 9월호, 30쪽 재 인용.

428 조선중앙통신, 2019년 3월 26일자; 통일부, 『주간 북한동향』, 제1458호(2018.3.23.~ 3.29), 8쪽 재인용.

429 『조선신보』, 2019년 2월 7일자; 통일부, 『주간 북한동향』, 제1451호(2018.2.2.~2.8), 13쪽 재인용.

430 현재까지 알려진 바로는, 국무위원회 내부에 정책국(군사·경제·외교·대남 담당 참 사), 행정국(국장 강수), 설계국(국장 마원춘), 의전부(부장 김창선), 그리고 신설된 산림정책감독국(국장 김경준) 등의 부서가 있다. 국무위원회의 위원 구성으로 보면 내각 총리(김덕훈), 제2경제위원회 위원장(당 군수공업부장 태종수)과 같은 국가경제 (민수·군수)를 담당하는 양대 기관장들과 국가보위사업과 관련된 인민무력상(노광 철), 국가보위상(정경택), 인민보안상(최부일) 등과 외교·대남 책임자들이 포함되어 있다. 평화경제연구소 『북한리포트』(주간, 2019년 4월 29일) "김정은시대 2기 체제 를 이끌 사람들: 북한의 인사개편과 정책 방향".

431 양문수, 『북한경제의 시장화: 양태·성격·메커니즘·함의』(파주: 한울, 2010), 374쪽.

432 『경제사전』 제2권(평양: 사회과학출판사, 1985), 577쪽; 최설, "경제난 이후 북한 지 방경제 변화 연구: 평안남도 순천시 사례"(북한대학원대학교 석사학위논문, 2017.6), 11쪽 재인용.

433 『경제사전』 제2권(평양: 사회과학출판사, 1985), 579쪽; 최설, 위의 논문, 11쪽 재인용.

434 김금룡, "지방산업공장들에서 지방자재동원에 의한 생산정상화 방도" 『경제연구』, 2003년 제1호(평양: 과학백과사전출판사), 27쪽; 최설, 위의 논문, 11-12쪽 재인용.

435 이무철, "북한의 경제적 분권화 경향과 정책적 대응" 『한국정치학회보』, 제40집 제1 호(2006.3), 154쪽.

436 『조선민주주의인민공화국 지방주권기관법』(1974년 12월 19일 최고인민회의 상설회 의 결정 제12호로 채택, 1993년 8월 26일 최고인민회의 상설회의 결정 제31호로 수 정 보충, 1999년 1월 28일 최고인민회의 상임위원회 정령 제382호로 수정 보충, 2007년 8월 21일 최고인민회의 상임위원회 정령 제2333호로 수정 보충, 2009년 4월 28일 최고인민회의 상임위원회 정령 제27호로 수정 보충, 2012년 4월 24일 최고인 민회의 상임위원회 정령 제2346호로 수정 보충)

437 김일성, "군의 역할을 강화하며 지방공업과 농촌경리를 더욱 발전시켜 인민생활을 훨씬 높이자"(지방당및경제일군창성연석회의에서 한 결론, 1962년 8월 8일), 『김일 성저작집』 제16권(평양: 조선로동당출판사, 1982), 244-245쪽.

438 김정일의 정치 입문은 조선로동당 조직지도부 지도원으로 중앙당에서 근무를 시작 한 1964년 6월 이전인, 김일성종합대학 경제학부 정치경제학과 재학생시절의 입당

시점(1961년 7월 추정)으로 볼 수 있다.

439 김정일, "지방경제를 발전시킬 데 대한 우리 당 방침의 정당성"(1962년 8월 5일), 『김정일전집』 제5권(평양: 조선로동당출판사, 2013), 4-5, 10쪽.

440 김일성, "지방공업을 발전시켜 인민소비품생산에서 새로운 전환을 일으키자"(전국지방산업일군대회에서 한 연설, 1970년 2월 27일), 『김일성저작집』 제25권(평양: 조선로동당출판사, 1983), 46-48쪽.

441 김일성, "지방공업을 더욱 발전시키자"(전국지방산업일군대회에서 한 연설, 1980년 6월 30일), 『김일성저작집』 제35권(평양: 조선로동당출판사, 1987), 178-179쪽.

442 이무철, "북한의 경제관리체계 분권화 과정과 구조적 한계"(중앙대학교 대학원 박사학위논문, 2003.12), 189쪽.

443 염광원, "친애하는 지도자 김정일동지께서 밝히신 군의 위치와 역할에 관한 사상리론과 정당성과 그 생활력" 『경제연구』, 1994년 제1호(평양: 과학백과사전출판사), 16쪽; 문장순, "1990년대 이후 북한 지방역할의 변화: 군(郡)을 중심으로" 『대한정치학회보』, 제22권 제2호(2014), 9쪽 재인용.

444 한홍수, "사회주의 건설에서 지역적 거점, 도시와 농촌의 경제적 련계" 리명서, 『위대한 령도자 김정일동지의 사상리론』(평양: 사회과학출판사, 1996), 158쪽; 문장순, 위의 글(2014), 9쪽 재인용.

445 김일성, "사회주의농촌건설을 다그치며 군을 잘 꾸릴데 대하여"(1968.9.24.), 『김일성저작집』 제22권(평양: 조선로동당출판사. 1983), 503쪽; 문장순, 위의 글(2014), 9-10쪽 재인용.

446 지방예산제는 도·시·군에서 국가의 보조금을 받지 않고 자체로 벌어서 지방예산을 제출하고 남은 돈을 국가에 내도록 한 제도이다. 중앙으로부터의 국가보조금 축소에서 더 나아가 지방의 수입초과분을 중앙예산에 편입시키고, 중앙예산에 기여도가 높은 경우 인센티브를 제공함으로서 지방자원을 동원하고자 했던 것이다. 북한 전체 예산에서 지방예산이 차지하는 비율은 13~15% 수준이다. 문장순, "북한체제에서 지방 역할의 변화" 『대한정치학회보』, 제10집 제3호(2003), 97-98쪽.

447 김관현, "지방예산제와 일군들의 창발성" 『근로자』 1979년 제8호, 52쪽.

448 리만조, "군의 역할을 높여 지방경제발전에서 새로운 전환을 이룩하자" 『근로자』, 1987년 제8호, 65쪽.

449 문장순, 앞의 글(2014), 10쪽.

450 강영원, "지방경제를 종합적으로 발전시키는 것은 인민생활을 균형적으로 향상시켜 우리 식 사회주의 우월성을 더욱 높이 발양시키는 중요한 담보" 『경제연구』, 1994년 제3호(평양: 과학백과사전출판사), 17쪽; 문장순, 위의 글(2014), 12-13쪽 재인용.

451 《주역周易》〈계사하전繫辭下傳〉에 "역은 궁하면 변하고 변하면 통하고 통하면 오래 한다. 이로써 하늘이 도와 길하며 이롭지 않음이 없다(易, 窮則變, 變則通, 通則久, 是以自天祐之, 吉无不利)"는 구절이 있다.

452 김정일, "군의 역할을 높여 인민생활에서 전환을 일으키자"(조선로동당 중앙위원회 책임일군들과 한 담화, 1994년 10월 20일), 『김정일선집』 제13권(평양: 조선로동당 출판사, 1998), 443-444, 446-452쪽.

453 최설, 앞의 논문, 27-28쪽.

454 이무철, "북한의 국가능력 약화와 분권화 가능성" 통일부, 『북한 및 통일관련 논문 집 북한실태(II)』(2000), 194쪽; 문장순, 앞의 글(2003), 99-100쪽 재인용.

455 문장순, 위의 글(2003), 99-100쪽.

456 "위에서 아래 단위의 세부지표를 계획하는 것은 지방의 창발성을 억제하고 지표의 과학성을 보장할 수 없게 한다. 그래서 새로운 지방예산편성방법에서는 국가가 아랫 단위의 세부지표까지 계획화하는 것이 아니라 지방별로 국가에 바칠 몫만 규정해주 고 해당 집행단위가 자체로 수입과 지출계획을 세우도록 하였다." 오선희, "지방예 산편성을 개선하는데서 나서는 몇 가지 문제" 『경제연구』, 2002년 제2호, 41-44쪽; 이무철, 앞의 논문, 231쪽 재인용.

457 "새로운 부문별 예산수납체계에서는 성, 관리국이 해당 부문에서의 수입예산의 집행 에 대하여 전적으로 책임진다. 부문별 예산수납체계의 중요한 특징은 생산부문 성, 관리국들이 자체의 자금원천을 마련하기 위한 예산수납체계라는 데 있다.… 부문별 예산수납체계의 중요한 특징은 또한 그것이 성, 관리국들이 아랫단위의 기업소들로 부터 수입금을 직접 현물로 받아들이는 예산수납체계라는데 있다." 박성호, "새로운 국가예산수납체계의 특징과 우월성" 『경제연구』, 2000년 제4호, 17-19쪽; 이무철, 위 의 논문, 231-232쪽.

458 오승렬, 『북한경제의 변화: 이론과 정책』(서울: 통일연구원, 2002), 37쪽; 이무철, 위 의 논문, 233쪽 재인용.

459 이무철, 위의 논문, 230-233쪽.

460 이무철, 위의 논문, 256쪽.

461 한현숙, "경제위기 이후 북한 지방산업공장 운영체계 변화에 관한 연구"(북한대학원 대학교 석사학위논문, 2010.12), 74-76쪽.

462 한현숙, 위의 논문, 24-25, 28-31쪽.

463 통일부 통일교육원, 『북한지식사전』(2016.12), 640-641쪽.

464 『로동신문』, 2012년 8월 9일자: 문장순, 앞의 글(2014), 13쪽.

465 한태홍, "사회주의 건설에서 지역적 거점, 도시와 농촌의 경제적 련계" 리명서, 『위 대한 령도자 김정일동지의 사상리론』(평양: 사회과학출판사, 1996), 172쪽; 문장순, 위의 글(2014), 13쪽 재인용.

466 리명호, "군의 역할을 높이는 것은 인민들의 먹는 문제해결의 근본방도" 『경제연구』, 2005년 제4호(평양: 과학백과사전출판사), 19쪽; 문장순, 위의 글(2014), 14쪽 재인용.

467 문장순, 위의 글(2014), 13-14쪽.

468 『조선민주주의인민공화국 지방예산법』(2012년 12월 19일 최고인민회의 상임위원회 정령 제2877호로 채택)

469 조선중앙통신, 2012년 1월 22일자; 통일부, 『월간 북한동향』, 2012년 1월호, 37쪽 재인용.

470 조선중앙통신, 2012년 7월 13일자; 통일부, 『월간 북한동향』, 2012년 7월호, 82쪽 재인용.

471 조선중앙방송, 2015년 4월 10일자; 통일부, 『월간 북한동향』, 2015년 4월호, 95쪽 재인용. 평안북도 창성군에 이어 2015년 11월에 황해북도 연탄군에 모범지방공업군 칭호가 수여되었다. 연탄군 안의 모든 지방공업 공장들이 개건되었고 공장마다 생산공정의 현대화가 성과적으로 추진되어 3년간에 군의 지방공업 총생산액이 그 전에 비해 1.3배 증가했다고 한다. 조선중앙통신, 2015년 11월 25일자; 통일부, 『월간 북한동향』, 2015년 11월호, 80쪽 재인용. 2016년 4월에는 자강도 우시군에 모범지방공업군 칭호가 수여되었다. 조선중앙방송, 2016년 4월 13일자; 통일부, 『월간 북한동향』, 2016년 4월호, 81쪽 재인용. 2016년 5월에는 평안남도 회창군에 모범지방공업군 칭호가 수여되었다. 조선중앙방송, 2016년 6월 2일자; 통일부, 『월간 북한동향』, 2016년 6월호, 67쪽 재인용.

472 『로동신문』, 2017년 4월 19일자; 통일부, 『월간 북한동향』, 2017년 4월호, 38쪽 재인용.

473 서한 《력사적인 창성련석회의 정신을 구현하여 모든 군을 살기 좋은 인민의 락원으로 일떠세우자》의 전문은 보도 당시에 공개되지 않았다. 북한 내부에서만 공개되었거나 대외적으로도 공개되었는데 필자가 이를 입수하지 못했을 수도 있다.

474 『로동신문』, 2012년 8월 9일자; 통일부, 『월간 북한동향』, 2012년 8월호, 12-13쪽 재인용.

475 『로동신문』, 2012년 8월 9일자; 통일부, 『월간 북한동향』, 2012년 8월호, 61쪽 재인용.

476 『로동신문』, 2012년 8월 5일자, 조선중앙통신, 8월 5일자; 통일부, 『월간 북한동향』, 2012년 8월호, 59쪽 재인용.

477 『로동신문』, 2012년 9월 29일자; 통일부, 『월간 북한동향』, 2012년 9월호, 75쪽 재인용.

478 『로동신문』, 2013년 5월 11일자; 통일부, 『월간 북한동향』, 2013년 5월호, 56쪽 재인용.

479 조지프 스티글리츠 저, 홍민경 역, 『인간의 얼굴을 한 세계화』(파주: 21세기북스, 2008), 132쪽.

480 조선중앙통신, 2013년 6월 14일자; 통일부, 『월간 북한동향』, 2013년 6월호, 16쪽 재인용.

481 『로동신문』, 2018년 1월 16일자; 통일부, 『월간 북한동향』, 2018년 1월호, 22쪽 재인용.

482 조선중앙통신, 2016년 11월 28일자; 통일부, 『월간 북한동향』, 2016년 11월호, 17-19쪽 재인용.

483 조선중앙통신, 2017년 12월 9일자; 통일부, 『월간 북한동향』, 2017년 12월호, 9-10쪽

재인용. 조선중앙통신은 삼지연군에서 2017년에 진행된 여러 사업들의 성과를 선전하면서 백두산 천지의 돌계단 보수공사와 향도역·백두역·공중삭도 전동장 등 10여 개 대상의 외부형성공사의 조기 완료, 혜산~삼지연 넓은 철길공사의 완공 임박, 백두산종합박물관 골조골사의 완공, 삼지연읍 여관 및 삼지연읍 종합상점의 완공, 삼지연감자가루생산공장의 완공, 베개봉 정상에 100KW 능력의 태양빛 전지판과 풍력발전기 설치, 빛섬유(광섬유)케이블공사에 의한 체신(통신)하부구조의 완성 등을 열거했다. 조선중앙통신, 2017년 12월 29일자; 통일부, 『월간 북한동향』, 2017년 12월호, 37-38쪽 재인용.

484 조선중앙통신, 2018년 7월 10일자; 통일부, 『주간 북한동향』, 제1421호(2018.7.7.~7.13), 4-5쪽 재인용.

485 조선중앙통신, 2018년 8월 19일자; 통일부, 『주간 북한동향』, 제1427호(2018.8.18.~8.24), 4-6쪽 재인용.

486 『조선중앙통신, 2018년 10월 30일자; 통일부, 『주간 북한동향』, 제1437호(2018.10.27.~11.2), 2-3쪽 재인용.

487 조선중앙통신, 2019년 4월 4일자; 통일부, 『주간 북한동향』, 제1459호(2019.3.30.~4.5), 3쪽 재인용.

488 『로동신문』, 2019년 3월 30일자; 통일부, 『주간 북한동향』, 제1459호(2019.3.30.~4.5), 4-5쪽 재인용.

489 조선중앙통신, 2019년 10월 16일자; 통일부, 『주간 북한동향』, 제1487호(2019.10.12.~10.18), 3쪽 재인용.

490 조선중앙통신, 2018년 11월 16일자; 통일부, 『주간 북한동향』, 제1439호(2018.11.10.~11.16), 2쪽 재인용.

491 전통사회에서 '임금이 모든 정사를 친히 보살피는' 만기친람 방식과 친화성이 있다.

492 조선중앙통신, 2019년 6월 1일자; 통일부, 『주간 북한동향』, 제1469호(2019.6.1.~6.7), 7쪽 재인용.

493 조선중앙통신, 2018년 7월 17일자; 통일부, 『주간 북한동향』, 제1422호(2018.7.14.~7.20), 9-10쪽 재인용.

494 조선중앙통신, 2018년 7월 17일자; 통일부, 『주간 북한동향』, 제1422호(2018.7.14.~7.20), 10-12쪽 재인용.

495 조선중앙통신, 2018년 8월 17일자; 통일부, 『주간 북한동향』, 제1426호(2018.8.11.~8.17), 7-8쪽 재인용.

496 『로동신문』, 2018년 3월 22일자; 통일부, 『월간 북한동향』, 2018년 3월호, 26쪽 재인용.

497 『로동신문』, 2018년 3월 23일자; 통일부, 『월간 북한동향』, 2018년 3월호, 27쪽 재인용.

498 『로동신문』, 2018년 8월 11일자; 통일부, 『월간 북한동향』, 2018년 8월호, 30-31쪽 재인용.

499 『로동신문』, 2018년 12월 13일자; 통일부, 『월간 북한동향』, 2018년 12월호, 28-29 쪽 재인용.

500 『로동신문』, 2019년 3월 18일자; 통일부, 『월간 북한동향』, 2019년 3월호, 30-31쪽 재인용.

501 이 말은 미국의 역사적 상대주의를 다룬 책인 『역사는 언제나 다시 써야 한다』(이상 현 저, 도서출판 삼화, 2017)에서 차용한 것이다.

502 강정모, 『북한의 무역 및 대외경제』(서울: 대외경제정책연구원, 1991.2) 참조.

503 허웅, "북한의 대외경제정책에 관한 연구"(목원대학교 대학원 석사학위논문, 1999.12), 17-18쪽.

504 북한의 정의에 따르면 "유무상통의 원칙에 기초하는 대외무역에서는 보다 발전된 나라가 덜 발전된 나라에 자기의 상품을 비싸게 팔거나 덜 발전된 나라의 제품을 눅 게 사오는 일이 없으며 무역거래과정이 서로 공정하게 이득을 보고 서로 상대방 나 라에 보탬을 주는 것으로 된다"고 한다. 『경제사전』 제2권(평양: 사회과학출판사, 1985), 657쪽; 이재원, "북한의 대외경제관계에 대한 인식 연구: 『경제연구』 내용분 석을 중심으로"(북한대학원대학교 석사학위논문, 2011.12), 41-42쪽 재인용.

505 곽상길, "북한의 대외무역정책에 관한 연구"(목원대학교 대학원 석사학위논문, 1999.12), 32-33쪽.

506 김영윤, "북한 대외경제정책의 변화과정과 한계(1)" 『북한』, 1999년 10월호, 168쪽.

507 허웅, 앞의 논문, 18-20쪽.

508 《합영법》은 외국인의 직접투자와 외국과의 합영사업으로 경제 활성화의 기반을 조 성하여 무역의 다각화와 다양화를 실행하려는 것이었다. 《합영법》 제정 이후 외국 인 투자건수는 매년 20여건에도 미치지 못하여 북한의 대외경제에 기여하지 못했다. 1993년 말까지 북한이 유치한 외자유치 실적은 140여 건에 1억 5천만 달러로 추산 된다(실제 성사된 것은 100여 건 정도, 투자액은 1백만 달러 이하의 소규모, 그나마 가동된 것은 70여 건). 재일조총련계 상공인들의 투자도 자금사정의 취약과 신용 문 제로 인해 대부분 소액투자에 그쳤고, 합영사업에서 경영·소유 및 인사권이 제약되 어 있었다. 합영사업이 성공하지 못한 것은 기술적·제도적 장치의 미비에 원인이 있 었다. 구체적으로 보면 투자보장이나 과실송금, 기타 영업활동을 보장할 수 있는 법 적·제도적 미비, 낮은 국제신용도 및 홍보부족, 수송 및 통신체계 등 열악한 사회간 접자본 등이 장애요인으로 작용했다. 김영윤, 앞의 글, 171쪽; 허웅, 위의 논문, 20-21쪽.

509 곽상길, 앞의 논문, 33-34쪽.

510 곽상길, 위의 논문, 34-35쪽.

511 곽상길, 위의 논문, 35-36쪽.

512 북한의 경제학자 리기성에 따르면, "현 시기(혁명적 경제전략 시기) 경제구조의 개 조와 완비에서 중요하게 나서는 문제의 하나는 수출품 생산을 빨리 늘이면서 대외

시장을 적극적으로 개척하여 무역구조, 시장구조를 개선하는 것이다. 우리는 당의 무역제일주의 방침을 철저히 관철하여 지난날 우리나라의 대외무역에서 압도적 비중을 차지하고 있던 사회주의시장이 붕괴된 국제적 환경의 요구에 맞게 대외무역 방향을 대담하게 제3세계 나라들의 시장 특히 지리적으로 가까운 동남아시아 시장에로 전환하게 된다"는 것이다. 리기성, "위대한 수령 김일성동지께서 신년사에서 제시하신 사회주의경제건설의 완충기와 우리 당의 혁명적 경제전략"『경제연구』, 1994년 제1호, 5쪽; 이재원, 앞의 논문, 37-40쪽 재인용.

513 새로운 무역체계는 외화획득과 대외무역의 획기적 발전을 통한 생산 정상화, 생산과 무역의 유기적 결합, 수출입 물자관리의 개선, 원료·자재·기술문제의 해결 등을 골자로 하고 있다. 이를 위해 보다 많은 국가들과의 가공무역, 재수출무역, 변경무역, 경제합작, 대규모 수출품 생산기지의 구축 등에 나서 다양하고 다각적인 대외경제협력을 모색하려는 것이었다. 특히 생산을 담당하는 위원회 등이 대외무역을 직접 수행하도록 함으로써 대외무역 확대와 품질 향상을 도모하겠다는 것이었다. 이전과는 달리 생산기관 및 지방행정기관들이 그 산하에 무역회사를 두고 무역할 수 있도록 했다. 중국과의 변경무역에는 중국과 인접한 도 산하의 무역기관뿐 아니라 다른 도 산하의 무역기관들과 중앙정부 산하 무역회사들도 참가하게 되었다. 곽상길, 앞의 논문, 36-39쪽; 허웅, 앞의 논문, 51-52쪽. 북한의 경제전문지『경제연구』는 새로운 무역체계에 대해 "국가의 중앙집권적인 계획적 지도 밑에 생산을 담당하는 위원회, 부들과 도들에서도 대외시장의 요구와 자기 부문, 자기 지방의 생산능력과 자연경제적 조건들을 과학적으로 타산한데 기초하여 수출입계획을 세우며 자기가 세운 무역계획에 입각하여 무역계약을 체결하며 무역체계와 계약에 따라 수출품을 생산하고 무역활동도 직접 벌리게 하는 무역 체계와 방법이다"라고 설명했다. 리신효, "새로운 무역체계의 본질적 특징과 그 우월성"『경제연구』, 1992년 제4호, 31-32쪽; 이재원, 위의 논문, 18-20쪽 재인용.

514 정행직, "북한의 대외 경제의존성과 남북경협전략에 관한 연구"(명지대학교 대학원 박사학위논문, 2012.2), 45-46쪽.

515 임강택,『북한 대외무역의 특성과 무역정책 변화전망』(서울: 통일연구원, 1998), 39쪽; 홍익표, 위의 글, 543-544쪽; 이재원, 앞의 논문, 35-37쪽 재인용.

516 고일동, "북한 무역의 분권화 과정과 제도적 실태 및 평가" 고일동 외,『북한의 무역구조 분석과 남북경협에 대한 시사점』(서울: 한국개발연구원, 2008), 285-286쪽; 홍익표, 위의 글, 544쪽; 이재원, 위의 논문, 61-62쪽 재인용.

517 이석, "현 단계 북한경제의 특징과 설명 가설들"『KDI 북한경제리뷰』, 2009년 1월, 7쪽.

518 김철용, "무역거래에서 실리의 원칙"『경제연구』, 2003년 제4호, 31-32쪽; 이재원, 앞의 논문, 68-73쪽 재인용.

519 양문수, "북한 문헌, 어떻게 읽을 것인가:『경제연구』의 사례"『현대북한연구』, 제12권 제2호(서울: 한울, 2009), 10-14쪽 참조; 이재원, 위의 논문, 68-73쪽 재인용.

520 김철용, "무역거래에서 실리의 원칙"『경제연구』, 2003년 제4호, 33쪽; 정상훈, "무

역을 통한 선진기술이 생산성에 주는 영향에 대한 고찰"『경제연구』, 2003년 제1호, 29쪽; 이재원, 위의 논문, 68-73쪽 재인용.

521 김철준, "우리 식으로 대외무역을 확대발전시킬데 대한 위대한 령도자 김정일동지의 경제사상"『경제연구』, 2008년 제1호, 4-6쪽; 이재원, 위의 논문, 95-100쪽 재인용.

522 박명철, "독점지표를 가지고 무역거래를 하는 것은 현 시기 수출무역발전의 중요 요구"『경제연구』, 2009년 제2호, 28-30쪽; 이재원, 위의 논문, 95-100쪽 재인용.

523 김향숙, "외화수지관리의 본질"『경제연구』, 2010년 제4호, 40쪽; 이재원, 위의 논문, 95-100쪽 재인용.

524 조선중앙통신, 2012년 3월 23일자; 통일부, 『월간 북한동향』, 2012년 3월호, 15쪽 재인용. 조선합영투자위원회는 2012년 5월 14일 제15차 평양봄철국제상품전람회 참가자들을 위한 투자설명회를 진행했는데 그 자리에서 소개한 투자환경은 다음과 같다. 첫째, 외국투자가들을 위한 법률적 토대가 마련되었다는 것이다(합영합작 및 특수경제지대에서의 기업창설·운영에 관한 헌법조항, 외국인투자관계법의 수정보충). 둘째, 하부(인프라)구조도 비교적 원만히 갖춰졌다는 것이다(철도·도로·해상·항공 수송망 운영, 전국적 전화망의 광섬유케이블화, 기관·기업 관리의 컴퓨터, 3세대 이동통신 실현). 셋째, 풍부한 자원은 경제의 자립적 발전을 담보하는 튼튼한 밑천이라는 것이다(200여종의 금속 및 비금속광물 매장, 흑연·마그네사이트·희토류 금속매장량의 세계적 수준). 넷째, 근로자들의 교육수준이 매우 높다는 점이다(1,200만 명 이상의 생산적이고 근면한 노동력, 월 최저 30유로의 노동임금). 다섯째, 투자에 유리한 지리적 위치에 있다는 것이다(시베리아 횡단철도의 유럽 연결, 10여개의 중국 국경 교두와 철도·항만을 통한 특혜적인 변방무역, 청진항·나진항을 비롯한 동해 항구들의 중국 동북지역의 수출입 수요 보장). 여섯째, 외국인투자기업에 부과되는 세금은 기업소득세, 개인소득세, 거래세 혹은 영업세, 자원세, 재산세, 상속세, 지방세 등으로 그 종류가 많지 않다는 것이다(상대적으로 낮은 세율, 결산이윤의 25%인 기업소득세, 장려부문 기업의 기업소득세율의 10%로 조정, 이윤년도부터 3년간 소득세 100% 면제, 그 후 2년간 50% 감면, 하부구조 건설부문 투자대상들에 대한 추가적인 면세 특혜). 일곱째, 각종 금융봉사체계, 투자관련 분쟁들을 조정·해결하기 위한 기관 등이 마련되어 있다는 것이다. 『로동신문』, 2012년 5월 17일자; 통일부, 『월간 북한동향』, 2012년 5월호, 19-21쪽 재인용.

525 허동일, "중국의 대북한 국경무역 연구"(동국대학교 대학원 석사학위논문, 2017.1), 50-57쪽.

526 허동일, 위의 논문, 57-65쪽.

527 허동일, 위의 논문, 94-95쪽.

528 『로동신문』, 2019년 2월 16일자; 통일부, 『주간 북한동향』, 제1453호(2019.2.16.~2.22), 6쪽 재인용.

529 북한이 고속성장을 이루려면 불가피하게 대외경제협력을 확대해야 한다. 내수시장의 규모가 작은데서 오는 한계를 돌파하기 위해서는 남북 경제협력과 대외경제협력

의 확대가 불가피하다. 조선중앙통계국에서 2016년 10월에 발간한 자료에 따르면, 2014년 기준 북한 인구는 2,492만 명이었고 매년 10만 명 정도 늘어날 것으로 추정되었다. 이 자료를 기준으로 하면 북한 인구는 2019년에 2,540만 명 정도였을 것이다. 남한 통계청의 자료에 따르면 2019년 9월 현재 남한 인구는 5,170만 명이어서 남북한을 합쳐도 7,710만 명 수준이다.

530 홍제환, 『김정은 정권 5년의 북한경제: 경제정책을 중심으로』(통일연구원, 2017), 45-48쪽.

531 지봉철, "국산화를 중핵으로 한 우리식의 현대화는 사회주의 경제강국 건설의 중요 요구" 『경제연구』, 2016년 제4호(과학백과사전출판사), 7쪽; 이종규, "2016년 북한의 주요 경제정책 동향 평가 및 2017년 전망" 『KDI 북한경제리뷰』, 2017년 1월호, 28-29쪽 재인용.

532 서성일, "자강력 제일주의는 사회주의 강성국가 건설을 힘 있게 다그쳐 나가기 위한 근본 담보" 『사회과학원학보』, 2016년 제1호(사회과학출판사), 9쪽; 이종규, 위의 글(2017), 28-29쪽 재인용.

533 리순철, "자립적 민족경제와 대외무역의 호상관계를 밝혀 주신 위대한 령도자 김정일 동지의 불멸의 사상리론적 업적" 『경제연구』, 2016년 제4호(과학백과사전출판사), 3쪽; 이종규, 위의 글(2017), 28-29쪽 재인용.

534 전옥실, "자력갱생에 기초한 국산화는 사회주의 경제강국 건설의 성과적 실현을 위한 중요한 담보" 『사회과학원학보』, 2016년 제3호(사회과학출판사), 32쪽; 이종규, 위의 글(2017), 29-30쪽 재인용.

535 류영철, "자강력 제일주의는 경제강국 건설의 성과를 담보하는 근본방도" 『경제연구』, 2016년 제3호(과학백과사전출판사), 3-4쪽; 이종규, 위의 글(2017), 29-30쪽 재인용.

536 조길현, "인민경제의 자립성과 주체성을 백방으로 강화하는 데서 나서는 중요 문제" 『김일성종합대학학보』, 2016년 제4호(김일성종합대학출판사), 81쪽; 이종규, 위의 글(2017), 29-30쪽 재인용.

537 이종규, 위의 글(2017), 30쪽.

538 "조선로동당 제7차 대회 결정서: 조선로동당 중앙위원회 사업총화에 대하여" 『로동신문』, 2015년 5월 9일자, 5면.

539 김정은, 『현 단계에서의 사회주의건설과 공화국정부의 대내외정책에 대하여』(조선민주주의인민공화국 최고인민회의 제14기 제1차 회의에서 한 시정연설, 2019년 4월 12일)(평양: 조선로동당출판사, 2019), 5, 12-13쪽.

540 『로동신문』, 2019년 4월 24일자; 통일부, 『주간 북한동향』, 제1462호(2019.4.20.~4.26), 11-12쪽 재인용.

541 『로동신문』, 2019년 4월 1일자; 통일부, 『주간 북한동향』, 제1459호(2019.3.30.~4.5), 11쪽 재인용.

542 『로동신문』, 2018년 4월 25일자; 통일부, 『월간 북한동향』, 2018년 4월호, 40-41쪽

재인용.

543 『로동신문』, 2018년 11월 30일자; 통일부, 『월간 북한동향』, 2018년 11월호, 45-46
쪽 재인용.

544 『로동신문』, 2018년 12월 5일자; 통일부, 『월간 북한동향』, 2018년 12월호, 17쪽 재
인용.

545 『로동신문』, 2018년 12월 8일자; 통일부, 『월간 북한동향』, 2018년 12월호, 19쪽 재
인용.

546 서재영·박제동·정수웅, 앞의 책, 247-285쪽.

547 권영경, "북한경제의 변화와 향후 연구방향"『KDI 북한경제리뷰』, 2016년 12월호,
32쪽.

548 이종규, "2013년 상반기 대외무역 동향"『KDI 북한경제리뷰』, 2013년 7월호, 27-28쪽.

549 이종규, "2013년 북한의 대외무역 평가 및 2014년 전망"『KDI 북한경제리뷰』, 2014
년 1월호, 45-46쪽.

550 북한의 대중 무역의존도 : 2010년 83.0%, 2011년 89.1%, 2012년 88.3%, 2013년
89.1%(이상 KOTRA 기준); 이종규, "북한의 대외무역: 2014년 평가 및 2015년 전
망"『KDI 북한경제리뷰』, 2015년 1월호, 52-53쪽 재인용.

551 조선중앙통신, 2013년 10월 16일자; 통일부, 『월간 북한동향』, 2013년 10월호, 27쪽
재인용.

552 리명숙, "경제개발구에 대한 일반적 리해"『김일성종합대학학보(철학, 경제학)』, 제
60권 제2호(2014), 109-112쪽; 이종규, 앞의 글(2015), 52-53쪽 재인용.

553 전장석, "중계무역의 특징과 형태"『경제연구』, 2014년 제3호, 45-46쪽; 김춘명, "관
광봉사무역에 대한 일반적 리해"『김일성종합대학학보(철학, 경제학)』, 제60권 제3
호(2014), 104-107쪽; 이종규, 위의 글(2015), 52-53쪽 재인용.

554 이종규, 위의 글(2015), 58쪽.

555 북한의 연간 대외무역액 : 2010년 41.7억 달러(22.2% 증가), 2011년 63.6억 달러
(52.3% 증가), 2012년 68.1억 달러(7.1% 증가), 2013년 73.4억 달러(7.8% 증가),
2014년 76.1억 달러(3.6% 증가) (이상 KOTRA 기준); 이종규, "북한의 대외무역:
2015년 평가 및 2016년 전망"『KDI 북한경제리뷰』, 2016년 1월호, 3쪽 재인용)

556 이종규, 위의 글(2016), 9쪽.

557 임수호·최장호, "북한 대외무역 2016년 평가 및 2017년 전망: 북중무역을 중심으로"
『KDI 북한경제리뷰』, 2017년 1월호, 74-75쪽.

558 국제사회의 대북제재는 2017년에 이전에 비해 개별 품목에 대한 수출입 통제가 더
강화되었고, 북한의 대외무역과 경제 전반에 영향을 미칠 수 있는 제재로 나타났다.
    - UNSCR 2371호(2017.8.5)는 북한으로부터의 무연탄, 철, 철광석, 납, 납광석, 수
    산물 수입을 전면 금지시켰다. 북한의 해외파견 노동자의 고용을 현 상태에서

동결시킴으로써 외화 획득에 대한 제재를 강화했다. 또한 북한과의 신규 합작사업을 금지했고 기존 사업의 확대도 금지했다.
- 북한 정부의 6차 핵실험 이후 발표된 UNSCR 2375호(2017.9.11)는 북한의 수출입에 대한 제재를 더욱 강화했다. 2017년 4분기의 북한 원유와 정제유의 수입량을 50만 배럴로 제한했으나 2018년의 북한의 정제유 수입량은 기존 공급량의 55% 수준인 200만 배럴로 제한했고 원유는 기준 수준인 400만 배럴로 동결했다. 직물 및 의류 완제품을 북한으로부터 수입하는 것을 금지했고, 해외파견 북한 노동자들의 신규취업 허가를 금지했으며, 기존 파견 노동자들의 비자 갱신도 금지시켰다. 북한과의 합작사업도 금지시키는 동시에 기존 합작사업의 경우 120일 이내에 폐쇄하도록 하였다. 화물이동에 대한 제재도 강화했는데, 북한 선박의 공해상에서의 화물이동도 금지했다.
- 북한의 ICBM 발사 이후 대응조치로 발표된 UNSCR 2397호(2017.12.22.)는 북한 노동자를 결의안 통과일로부터 12개월 이내에 본국으로 소환하도록 했다. 원유의 대북수출에 있어서도 민생용의 경우만 매년 400만 배럴 이하로 허용했으며, 석유 제품에 대해서도 오직 민생용으로만 매달 30일마다 유엔안보리에 보고하는 조건으로 연 50만 배럴까지만 수출하도록 제한했다. 식품이나 농산품(HS코드 07,08,12), 기계류(HS코드 84,85), 전자기기(HS코드 85), 토석류(HS코드 25), 목재(HS코드 44), 선박(HS코드 89) 수입을 전면 금지시켰다.임소정, "국제사회의 대북제재 현황과 전망"(KIEP 기초자료, 2018); 정형곤, "2017년 북한의 대외무역 평가와 전망: 북중무역을 중심으로"『KDI 북한경제리뷰』, 2018년 2월호, 40-41쪽 재인용.
  대북제재가 북한 국내 생산에 미치는 영향을 다룬 한 연구는 다음과 같이 분석하고 있다. 첫째, 수출주력상품의 수출 금지로 인해 광업·수산업·섬유산업이 상당한 영향을 받고 있고 생산 위축이 불가피하다는 것이다. 둘째, 철강 및 금속제품 수입이 금지됨에 따라 건설업·기계공업 등의 생산도 영향을 받는다는 것이다. 셋째, 플라스틱·고무·화학공업제품 등 산업용 자재 수입은 예년에 비해 오히려 증가하고 있어 이 분야는 제재의 영향이 크지 않다는 것이다. 종합하면 수출 비중이 높았거나 철강·금속제품의 수요가 많은 산업은 단기적으로 제재의 영향이 크지만 다른 산업에서는 제재의 영향이 크게 나타나지 않는다는 것이다. 홍제환, "북중 무역통계로 본 대북제재하 북한경제"『KDI 북한경제리뷰』, 2019년 8월호, 77쪽.

559 이석기·권태진·민병기·양문수·이동현·임강택·정승호, 『김정은 시대 북한 경제개혁 연구: '우리식 경제관리방법'을 중심으로』(세종: 산업연구원, 2018.8), 174-180쪽.

560 이석기·권태진·민병기·양문수·이동현·임강택·정승호, 위의 책, 181-182쪽.

561 임수호, "김정은 시대의 대외경제: 외화수급을 중심으로"『한반도포커스』, 2017년 가을호, 42쪽; 홍제환, 앞의 책(2017), 98-99쪽 재인용.

562 장형수, "북한의 외화수급 추정과 분석"『통일정책연구』, 제22권 2호(2013), 183쪽; 홍제환, 위의 책(2017), 98-99쪽 재인용.

563 홍제환, 위의 책(2017), 98-99쪽.

564 김석진, "북한 무역통계: 해설과 평가" 한국은행 경제연구원 편, 『통계를 이용한 북한경제 이해』(서울: 한국은행, 2014), 185쪽; 홍제환, 위의 책, 99-101쪽 재인용.

565 홍제환, 위의 책(2017), 99-101쪽.

566 홍제환, 앞의 글(2019), 67-68쪽.

567 무연탄이 주요 수출품이기 때문에 북한 당국도 무연탄 산업에 집중 투자할 수밖에 없고, 상대적으로 다른 산업에 대한 투자가 위축될 수 있다. 근시안적으로 무연탄에 집중된 자원동원을 지속한다면, 무연탄 수출은 장기적으로 북한 경제에 긍정적인 영향만 미치지 않을 수 있다는 지적이 있다. 이석·김규철 대담, "김정은 시대 북한의 거시경제 추세, 단절인가, 지속인가?" 『KDI 북한경제리뷰』, 2019년 9월호, 19쪽.

568 홍제환, 앞의 책(2017), 101-102쪽.

569 홍제환, 위의 책(2017), 103쪽.

570 박병광, "중국의 대북정책과 최근 북중관계의 변화" 『KDI 북한경제리뷰』, 2019년 9월호, 54쪽. 랴오닝성 계획은 『遼寧日報』, 2018년 9월 11일자 재인용.

571 조봉현, "북한의 경제특구 개발 동향과 남북협력 연계방안" 『KDI 북한경제리뷰』, 2014년 9월호, 37-38쪽.

572 조봉현, 위의 글, 42쪽.

573 조선중앙통신, 2009년 12월 16일자; 조봉현, 위의 글, 38-39쪽 재인용.

574 연합뉴스, 2011년 9월 6일자; 조봉현, 위의 글, 38-39쪽 재인용.

575 『조선민주주의인민공화국 라선경제무역지대법』(1993년 1월 31일 최고인민회의 상설회의 결정 제28호로 채택, 1999년 2월 26일 최고인민회의 상임위원회 정령 제484호로 수정 보충, 2002년 11월 7일 최고인민회의 상임위원회 정령 제3400호로 수정, 2005년 4월 19일 최고인민회의 상임위원회 정령 제1083호로 수정 보충, 2007년 9월 26일 최고인민회의 상임위원회 정령 제2367호로 수정 보충, 2010년 1월 27일 최고인민회의 상임위원회 정령 제583호로 수정 보충, 2011년 12 월 3 일 최고인민회의 상임위원회 정령 제 2007 호로 수정 보충).

576 조봉현, 앞의 글, 43쪽.

577 조봉현, 위의 글, 45-46쪽.

578 조봉현, 위의 글, 46-47쪽.

579 김석철, 『한반도 그랜드 디자인』(파주: 창비, 2012), 189-223쪽.

580 조봉현, 앞의 글, 48-50쪽.

581 조봉현, 위의 글, 50-51쪽.

582 조봉현, 위의 글, 51쪽.

583 『로동신문』, 2012년 4월 14일자, "조선민주주의인민공화국 내각의 주체100(2011)년

사업정형과 주체101(2012)년 과업에 대하여"

584 『조선민주주의인민공화국 경제개발구법』(2013년 5월 29일 최고인민회의 상임위원회 정령 제3192호로 채택)

585 조선중앙통신, 2013년 11월 21일자; 통일부, 『월간 북한동향』, 2013년 11월호, 32쪽 재인용.

586 조선중앙통신, 2014년 7월 23일자; 통일부, 『월간 북한동향』, 2014년 7월호, 20쪽 재인용.

587 조선중앙통신, 2015년 4월 23일자; 통일부, 『월간 북한동향』, 2015년 4월호, 30쪽 재인용.

588 조선중앙통신, 2015년 10월 8일자; 통일부, 『월간 북한동향』, 2015년 10월호, 14쪽 재인용.

589 조선중앙통신, 2017년 12월 23일자; 통일부, 『월간 북한동향』, 2017년 12월호, 35쪽 재인용.

590 김영희, "김정은 정권의 경제특구 정책과 서해경제특구 개발 방안" 『KDB북한개발』, 통권 15호(2018), 48-49쪽.

591 은정은 평성시와 붙어 있고 유일하게 평양 안에 위치한 경제개발구이다. 은정은 2014년 7월에 첨단기술개발구로 지정되었고, 대외무역성이 아닌 국가과학원에 권한이 있다. 첨단기술개발구는 '연구·개발·생산·수출'을 함께 하기 위한 것이다. 이 개발구에서는 IT외부 위탁, 신제품개발 및 생산에 흥미를 갖고 있는 것으로 알려져 있다. 은정지구는 300헥타르의 넓이이며, 쿠웨이트 기금(Kuwait Fund for Arab Economic Development)의 지원을 받은 도로가 완성되면 평양 중심가에서 승용차로 30분 만에 갈 수 있는 거리다. 순안국제공항과도 불과 30~40분 거리에 있다. 거주지와 연구단지는 2014년에 완성됐으며 다른 경제개발구와는 달리 평양·평성과 근접해 있기 때문에 교통과 전력상황이 유리하다. Andray Abrahamian, "북한 경제개발구의 ABC" 『KDI 북한경제리뷰』, 2015년 2월호, 86-87쪽.

592 북한의 평화경제개발그룹은 2013년 11월 11일 개성고도과학기술개발구 건설에 착수했다. 평화경제개발그룹의 장수남 대표 등이 착공식에 참석하고 허택쑴 총경리가 연설했는데, 그 연설에 따르면 평화경제개발그룹은 '개성고도과학기술개발구'의 개발에 참여하는 홍콩, 싱가포르, 호주, 중동, 아프리카 기업들의 경제협력체라고 한다. 개발구에는 정보기술개발센터와 호텔, 주택, 학교 등을 건설하며 독립적인 발전소를 건설해 전력수요를 충당한다고 한다. 조선중앙통신, 2013년 11월 13일자; 통일부, 『월간 북한동향』, 2013년 11월호, 29쪽 재인용.

593 Andray Abrahamian, 앞의 글, 83-84쪽.

594 이상 개발구 관련 내용은 조봉현, 앞의 글, 53-55쪽 참조.

595 조선중앙통신, 2015년 1월 14일자; 통일부, 『월간 북한동향』, 2015년 1월호, 9쪽 재인용.

596 조선중앙통신, 2015년 9월 15일자; 통일부, 『월간 북한동향』, 2015년 9월호, 18쪽 재
인용.

597 조선중앙통신, 2015년 5월 12일자; 통일부, 『월간 북한동향』, 2015년 5월호, 15쪽 재
인용.

598 조선중앙통신, 2015년 5월 27일자; 통일부, 『월간 북한동향』, 2015년 5월호, 26쪽 재
인용.

599 조선중앙통신, 2015년 5월 14일자; 통일부, 『월간 북한동향』, 2015년 5월호, 16쪽 재
인용.

600 김영희, "김정은 정권의 경제특구 정책과 서해경제특구 개발 방안," 『KDB북한개발』,
통권 15호(2018), 46쪽.

601 양문수, "제7차 당대회를 계기로 본 북한의 개혁·개방" 『KDB북한개발』, 2016년 여
름호(통권7호), 45-46쪽; 김영희, "김정은 정권의 경제특구 정책과 서해경제특구 개
발 방안" 『KDB북한개발』, 통권 15호(2018), 50-54쪽.

602 외국인 투자와 관련된 북한의 법령으로는 외국인투자법, 합영법, 합작법, 외국인기업
법, 외국투자은행법, 외국투자기업등록법, 외국인투자기업재정관리법, 외국투자기업
회계법, 외국인투자기업회계검증법, 외국인투자기업로동법, 외국투자기업 및 외국인
세금법, 외국인투자기업파산법 등이 있다.

603 각 도마다 자체의 실정에 맞게 경제개발구를 건설하여 부족한 상품과 기술·자금문
제를 해결하는 것은 지방경제의 현대화, 경제전반의 균형적 발전, 인민생활의 획기
적 향상에서 중요한 의의를 가진다. 또한 수출구조를 빠른 시일 안에 개선하고 대외
경제관계를 확대발전시키는데 있어 중대한 과제이다. 정성장·백학순·임을출·전영
선, 『김정은 리더십 연구』(성남: 세종연구소, 2017), 193쪽.

604 양문수·이석기·김석진, 『북한의 경제특구·개발구 지원방안』(세종: 대외경제정책연
구원, 2015), 52쪽.

605 양문수·이석기·김석진, 위의 책, 53쪽.

606 홍제환, 앞의 책(2017), 118-119쪽.

607 조봉현, 앞의 글, 56-57쪽.

608 김정일, "자강도의 모범을 따라 경제사업과 인민생활에서 새로운 전환을 일으키자"
(자강도 여러 부문 사업을 현지지도하면서 일군들과 한 담화(1998년 1월 16~21일,
6월 1일, 10월 20일, 22일), 『김정일선집』 제14권(평양: 조선로동당출판사, 2000),
401쪽.

609 박은진, "북한의 관광산업 변화와 특징" 『KDB북한개발』, 통권15호(2018년 여름),
167-169쪽.

610 2016년 4월부터 단둥을 거쳐 북한에 입국하는 중국 관광객은 한 차례의 비자 신청
으로 북한 전역 관광이 가능해졌고, 7월부터는 단둥에서 신의주로 가는 당일 및 반

일 관광객 대상으로 여권과 비자 모두 면제되고 신분증만으로 통행증을 만들어 입국을 허용하고 있다. 박은진, 위의 글, 169-172쪽 재인용.

611 국제관광을 위한 중국~북한행 전용열차 증설, 중국 투먼~북한 칠보산 철도관광열차 개통(2008년 5월), 중국 다롄~북한 봄유람기차 운영(2015년 3월), 중국 선양~북한 기차여행상품 출시(2015년 5월), 중국~북한 항공 증편(베이징, 선양, 상하이로 가는 평양 직항 비행기, 그 외 지역(장춘, 하얼빈, 정저우, 칭다오 등)은 전세기를 통해 평양 진입), 베이징~평양 항공편 증편(3편→5편) 나머지 지역은 매주 2편씩 운행 등 중국 관광객 유치를 위한 다양한 시도가 있다. 박은진, 위의 글, 169-172쪽 재인용.

612 박은진, 위의 글, 174쪽.

613 조선중앙통신, 2013년 8월 24일자; 통일부, 『월간 북한동향』, 2013년 8월호, 12쪽 재인용.

614 조선중앙통신, 2014년 6월 12일자; 통일부, 『월간 북한동향』, 2014년 6월호, 11쪽 재인용.

615 조선중앙통신, 2015년 4월 30일자; 통일부, 『월간 북한동향』, 2015년 4월호, 35쪽 재인용.

616 조선중앙통신, 2016년 7월 11일자; 통일부, 『월간 북한동향』, 2016년 7월호, 14쪽 재인용.

617 조선중앙통신, 2018년 1월 25일자; 통일부, 『월간 북한동향』, 2018년 1월호, 24쪽 재인용.

618 『로동신문』, 2018년 4월 24일자; 통일부, 『주간 북한동향』, 제1410호(2018.4.21~4.27), 15쪽 재인용.

619 조선중앙통신, 2018년 5월 26일자; 통일부, 『주간 북한동향』, 제1415호(2018.5.26~6.1), 3-4쪽 재인용.

620 조선중앙통신, 2018년 8월 17일자; 통일부, 『주간 북한동향』, 제1426호(2018.8.11~8.17), 6쪽 재인용.

621 조선중앙통신, 2018년 11월 1일자; 통일부, 『주간 북한동향』, 제1437호(2018.10.27~11.2), 3쪽 재인용.

622 조선중앙통신, 2019년 4월 6일자; 통일부, 『주간 북한동향』, 제1460호(2019.4.6~4.12), 3쪽 재인용.

623 조선중앙통신, 2018년 11월 1일자; 통일부, 『주간 북한동향』, 제1437호(2018.10.27~11.2), 4쪽 재인용.

624 조선중앙통신, 2019년 4월 6일자; 통일부, 『주간 북한동향』, 제1460호(2019.4.6~4.12), 3-4쪽 재인용.

625 조선중앙통신, 2019년 8월 31일자; 통일부, 『주간 북한동향』, 제1481호(2019.8.31~9.6), 3-4쪽 재인용.

626 조선중앙통신, 2019년 10월 25일자; 통일부, 『주간 북한동향』, 제1488호(2019.10.19~10.25), 3쪽 재인용.

627 조선중앙통신, 2019년 11월 15일자; 통일부, 『주간 북한동향』, 제1491호(2019.11.9~11.15), 2쪽 재인용.

628 조선중앙통신, 2019년 12월 8일자; 통일부, 『주간 북한동향』, 제1495호(2019.12.7~12.13), 3-4쪽 재인용.

629 조선중앙통신, 2019년 10월 23일자; 통일부, 『주간 북한동향』, 제1488호(2019.10.19~10.25), 2-3쪽 재인용.

630 박은진, 앞의 글, 182-184쪽.

631 박은진, 위의 글, 185-187쪽.

632 홍기빈, 『자본주의』(서울: 책세상, 2010), 144-145쪽.

633 이 부분은 제1권에 수록된 [제1장 제3절 3.계획경제와 시장의 공존/ 제1장 제3절 6. 우리식 경제관리방법과 생산현장/1)우리식 경제관리방법의 등장과 주요 내용 2)우리식 경제관리방법의 법제화 3)사회주의기업책임관리제와 《기업소법》 4)기업소의 경영권 확대 5)국가와 기업소 관계의 변화 양상, 9)우리식 경제관리방법의 과제들]과 함께 읽으면 이해에 도움이 될 것이다.

634 김정은, 『재정은행사업에서 전환을 일으켜 강성국가 건설을 힘있게 다그치자』(제3차 전국재정은행일군대회 참가자들에게 보낸 서한, 2015년 12월 13일)(평양: 조선로동당출판사, 2015), 4쪽.

635 민영기, "화폐공동체의 성립과 수령공동체의 균열: 2009년 화폐개혁을 중심으로" 『북한학연구』, 제10권 제2호, 121-125쪽.

636 김보라, "화폐에 대한 북한의 인식 변화: 1986년~2016년 『경제연구』 분석을 중심으로"(북한대학원대학교 석사학위논문, 2016.6), 34-38쪽.

637 최용선, "1990년대 북한의 화폐화와 화폐제도 변화"(경남대학교 북한대학원 석사학위논문, 2004), 81-82쪽.

638 김보라, 앞의 논문, 39-41쪽.

639 북한에서 당과 정부의 정책에 정면으로 이의를 제기하거나 비판하는 논문, 정책 방향에서 벗어난(옆길로 샌) 논문 등이 학술지에 게재된다는 것은 상상하기 어렵다. 다만 북한 경제학자들의 글을 지속적으로 검토하다보면, 당·국가의 전략적 방향, 시기별 정책의 흐름과 경제학자들의 논지가 일치하는 글들이 대부분인 가운데 반보 정도 앞서가는 글도 발견할 수 있다.

640 제5차 화폐교환은 최고인민회의 상임위원회 정령 《새 돈을 발행함에 대하여》와 내각 결정 423호의 발표를 통해 공개되었다.

641 통일부 통일교육원, 『북한지식사전』(2016년), 734-737쪽.

642 김보라, 앞의 논문, 41-44쪽.

643 인플레이션에 대응하는 방책으로 인플레이션이 발생하는 시장 자체의 폐쇄, 시장에
대한 상품 공급량의 증대로 가격 안정, 소비자의 구매력 조절 등을 생각해볼 수 있
는데 북한 정부는 과잉화폐를 강제로 회수하여 폐기하는 방법을 선택할 수밖에 없
었다. 임수호, "화폐개혁 이후 북한의 대내경제전략"『KDI 북한경제리뷰』2010년 3
월호, 6쪽.

644 최지영·정승호, "북한시장의 물가와 인플레이션" 한국수출입은행 북한·동북아연구
센터 편,『북한의 금융』(서울: 도서출판 오름, 2016), 165-167쪽. 하이퍼인플레이션
발생 기간은 2010년 1월부터 2011년 1월이며 이 기간 북한 원화의 구매력은 13일마
다 반감되었다고 한다. 하이퍼인플레이션에도 불구하고 의외로 실물경제의 위축이
심하지 않았는데 이는 2차 통화가 완충적 역할을 해주었을 개연성이 있다. 북한 정
부의 의식적이고 엄격한 재정적자 통제와 통화남발의 중단이 하이퍼인플레이션의
중단과 물가안정을 가져왔다고 할 수도 있다. 북한이 금융주권의 회복을 위해 시장
에 참가해 외화를 흡수하고 외화통용을 약화시키는 정책을 도입하고 있어 디달러라
이제이션(de-dollarization)에 나서고 있음은 분명하다. 북한 금융의 관건은 디달러라
이제이션과 이원적(중앙-상업) 은행시스템의 안정적 운영이다. 상업은행의 기능이
작동되기 시작한 이상 신용과잉을 경계해야 할 것이다. 신용폭주에 따른 인플레이션
이 발생할 수 있어서다. 정연욱, "북한 인플레이션에 관한 연구: 시장가격 변동을 중
심으로"(북한대학원대학교 박사학위논문, 2019.1), 195-198쪽.

645 홍제환, "김정은 정권 5년의 북한경제: 경제정책을 중심으로』(통일연구원, 2017),
55-58쪽.

646 민영기, "북한 경제체제의 변화에 관한 연구: 화폐적 관계의 확산과 혼종체제의 형
성"(동국대학교 대학원 박사학위논문, 2016.1), 267-279쪽.

647 양문수, "김정은 체제 출범 이후 '우리식 경제관리방법'의 모색: 현황과 평가"『KDI
북한경제리뷰』, 2014년 3월호, 22쪽.

648 한영철, "위대한 령도자 김정일동지께서 화폐리론 발전에서 이룩하신 빛나는 업적"
『경제연구』, 2010년 4호, 2-3쪽; 김보라, 앞의 논문, 22-26쪽 재인용.

649 김보라, 위의 논문, 22-26쪽.

650 리창혁, "현시기 경제사업에서 화폐공간의 합리적 리용"『경제연구』, 2014년 4호,
42-43쪽; 김보라, 위의 논문, 31-33쪽 재인용.

651 김보라, 위의 논문, 31-33쪽.

652 양문수, "최근의 북한경제 해석과 평가를 둘러싼 몇 가지 논쟁"『KDI 북한경제리뷰』,
2016년 12월호, 11-12쪽.

653 북한 중앙은행의 물가안정을 위한 노력과 관련하여, 자본주의세계를 움직이는 미국
연방준비제도이사회FBR가 고용과 물가안정을 목표로 삼고 있다는 점은 시사하는
바가 있다. FBR의 생각으로는 일자리가 있어야 하고 국민들이 물건을 싸게 살 수
있어야 한다는 것이다. 이헌재,『경제는 정치다』(서울: 로도스출판사, 2912), 206쪽.

654 이영훈, "북한의 화폐금융 현황 및 최근의 금융조치 평가: 인플레이션·달러라이제이션·사금융을 중심으로"『북한연구학회보』, 제19권 2호(2015), 116쪽.

655 홍제환, 앞의 책, 58-60쪽.

656 홍제환, 위의 책, 60-61쪽.

657 『통일뉴스』, 2013년 4월 4일자, "북, 변동환율제 실시…모든 단위 외화구좌 개설".

658 김영희, "집권 2년차, 김정은 정권의 경제개혁 평가"『KDI 북한경제리뷰』, 2014년 3월호, 30-31쪽.

659 김정은,『재정은행사업에서 전환을 일으켜 강성국가 건설을 힘있게 다그치자』(제3차 전국재정은행일군대회 참가자들에게 보낸 서한, 2015년 12월 13일)(평양: 조선로동당출판사, 2015), 4-5쪽. 참고로 평화경제연구소KPEI의 "북한 금융개혁 본격화-지방별 '현금유통책임제' 방침에 따라 지방, 지역에 상업은행 설립"(『북한리포트』, 2019.5.6.)에서는 이 서한의 주요 내용을 재정은행사업 개선의 필요성, 재정은행사업의 실태, 재정은행사업의 총적 과제, 재정관리사업 개선, 화폐유통사업, 채산제운영과 상업은행, 외화관리사업과 세무관리사업, 금융정보화 등으로 구분해 참고자료를 수록한 바 있다.

660 "국가적으로 재정문제와 관련한 법규범과 규정들을 전반적으로 검토하여보고 개별적 단위를 지내 얽어매놓은 것은 바로 잡아야 합니다. 기업체들에서 재정관리권을 원만히 활용할 수 있게 규정과 세칙들을 잘 만들고 그에 따르는 실무적 대책을 세우도록 하여야 합니다." 김정은,『재정은행사업에서 전환을 일으켜 강성국가 건설을 힘있게 다그치자』(제3차 전국재정은행일군대회 참가자들에게 보낸 서한, 2015년 12월 13일)(평양: 조선로동당출판사, 2015), 8-9쪽.

661 "사회주의기업책임관리제의 요구에 맞게 기업체들의 재정관리사업을 개선하여야 합니다. 기업체들에서 재정권리권을 옳게 활용하여 재정관리사업을 주동적으로, 창발적으로 해내야 합니다. 기업체의 재정관리권은 국가의 통일적인 지도 밑에 기업체가 경영활동에 필요한 자금을 자체로 조성하고 합리적으로 분배 이용하는 권한입니다. 기업체들의 경영활동 결과와 살림살이 형편은 재정관리권을 어떻게 활용하는가 하는데 많이 달려 있습니다. 기업체들은 재정활동을 능란하게 벌려 국가예산납부의무를 책임적으로 수행하면서 생산을 정상화하고 종업원들의 생활을 높일 수 있는 자금담보를 마련하여야 합니다. 국가의 경제발전전략과 기업체의 경영전략, 기업전략에 기초하여 재정관리사업을 전망성 있게 설계하여야 하며 자체의 실정과 객관적 현실에 맞게 재정관리사업을 짜고 들어야 합니다. 기업체의 재정관리세칙들을 생산 자대중의 요구와 현실적 조건을 반영하여 잘 만들고 그 집행에서 엄격한 규율을 세워야 합니다." 김정은,『재정은행사업에서 전환을 일으켜 강성국가 건설을 힘있게 다그치자』(제3차 전국재정은행일군대회 참가자들에게 보낸 서한, 2015년 12월 13일)(평양: 조선로동당출판사, 2015), 12-13쪽.

662 김정은,『재정은행사업에서 전환을 일으켜 강성국가 건설을 힘있게 다그치자』(제3차 전국재정은행일군대회 참가자들에게 보낸 서한, 2015년 12월 13일)(평양: 조선로동

당출판사, 2015), 9-11쪽.

663 김남기, "7.1 경제관리개선 조치 이후 북한 재정체계의 변화에 관한 연구"(경남대학교 북한대학원 석사학위논문, 2007.6), 104-105쪽.

664 『조선민주주의인민공화국 화폐유통법』(1998년 11월 26일 최고인민회의 상임위원회 정령 제285호로 채택, 2003년 6월 5일 최고인민회의 상임위원회 정령 제3789호로 수정 보충, 2009년 11월 3일 최고인민회의 상임위원회 정령 제392호로 수정 보충).

665 김정일, "재정은행사업을 개선강화할데 대하여"(전국재정은행일군대회 참가자들에게 보낸 서한, 1990년 9월 13일), 『김정일선집』 제10권(평양: 조선로동당출판사, 1997), 183-185쪽.

666 『조선민주주의인민공화국 중앙은행법』(2004년 9월 29일 최고인민회의 상임위원회 정령 제686호로 채택, 2015년 7월 22일 최고인민회의 상임위원회 청령 제576호로 수정보충)

667 『조선신보』, 2015년 2월 3일자; 이영훈, "북한의 화폐금융 현황 및 최근의 금융조치 평가: 인플레이션·달러라이제이션·사금융을 중심으로" 『북한연구학회보』, 제19권 제2호, 96쪽 재인용.

668 김정일, "재정은행사업을 개선강화할데 대하여"(전국재정은행일군대회 참가자들에게 보낸 서한, 1990년 9월 13일), 『김정일선집』 제10권(평양: 조선로동당출판사, 1997), 189-191쪽.

669 김정은, 『재정은행사업에서 전환을 일으켜 강성국가 건설을 힘있게 다그치자』(제3차 전국재정은행일군대회 참가자들에게 보낸 서한, 2015년 12월 13일)(평양: 조선로동당출판사, 2015), 17쪽.

670 김정은, 『재정은행사업에서 전환을 일으켜 강성국가 건설을 힘있게 다그치자』(제3차 전국재정은행일군대회 참가자들에게 보낸 서한, 2015년 12월 13일)(평양: 조선로동당출판사, 2015), 14-15쪽.

671 북한 경제학자는 통제조절방법과 수단에 대해 다음과 설명했다. "통화조절수단들 가운데서 통화조절사업의 계획적 성격에 부합되는 통화조절수단은 현금계획화뿐이다. 현금계획화는 화폐의 안정성을 보장할 수 있게 국가적인 현금수입과 현금지출을 계획하고 그를 집행하는 과정을 통하여 필요한 화폐량만이 유통계에 방출되도록 직접 작용한다. 이와 반면에 다른 통화조절수단들(이자율 조정, 지불 준비율 조정, 환율 조정)은 간접적인 방법으로 통화량을 조정하며 따라서 그의 효과는 현금계획화에 비해볼 때 미미할 뿐 아니라 지어는 여러 가지 환경의 영향을 받아 통화조절에 거의나 작용을 하지 못할 수도 있다." 김성철, "통화조절수단들과 그 활용에 나서는 문제" 『경제연구』, 2019년 제3호(평양: 과학백과사전출판사), 49쪽.

672 『조선민주주의인민공화국 상업은행법』(2006년 1월 25일 최고인민회의 상임위원회 정령 제1529로 채택, 2015년 7월 22일 최고인민회의 상임위원회 정령 제576호로 수정 보충)

673 최영남, "중앙은행사업을 개선하는데서 나서는 원칙적 요구"『경제연구』, 2019년 제
   2호(평양: 과학백과사전출판사), 49쪽.

674 금융기관 채산제는 상업은행들이 금융업무를 통한 수입으로 지출을 보상하고 국가
   에 이익을 주는 경영활동방식을 지칭한다. 상업은행들은 서비스와 신용을 높이고 업
   무거래의 편리성과 신속·정확성을 보장하여 금융활동을 적극적으로 전개할 기틀을
   마련하려고 노력한다. 예금과 대부, 결제방법과 이자율을 활용하여 자체의 자금원천
   으로 해당 지역의 자금수요를 보장하고 수지균형을 맞추며 화폐가 은행을 중심으로
   원활하게 유통되도록 하고 있는 것이다. 금융기관 채산제의 성공은 주민들의 은행
   신뢰와 밀접한 연관이 있다. 상업은행 업무에서 가장 중요한 과제는 주민저금사업의
   활성화이다. 주민들로부터 예금을 유치하려면 높은 이자율을 보장해야 한다. 북한의
   상업은행들은 이자율이 중국보다 평균 3배 정도 높은 것으로 알려져 있다. 임을출,
   "김정은 시대 금융활성화 정책의 특징과 전망"『KDB북한개발』, 2017년 가을호(통
   권12호), 56-58쪽; 임을출, "김정은 정권의 국내금융 활성화정책: 실태, 특징과 시사
   점"『통일문제연구』, 제30권 2호(통권 제70호, 2018년 하반기), 204-207쪽.

675 임을출, 위의 글(2017), 51-53쪽.

676 남석춘, "사회주의사회에서 상업은행 자금의 구성과 그 특징"『경제연구』, 2019년
   제2호(평양: 과학백과사전출판사), 52쪽.

677 평화경제연구소KPEI, 앞의 글.

678 북한 매체들은 전국재정은행일군대회(2015년)를 보도하면서 '함경북도은행 총재 리
   광호'라는 이전에 없던 표현을 사용했다(조선중앙통신, 2015년 12월 13일자). 같은
   기사에서 조선중앙은행 지방지점은 '중앙은행 함경남도 정평지점'과 같이 '○○지
   점'으로 지칭됐다. 또한 '조선중앙은행 자강도지점'이 아닌 '자강도은행'이라는 표현
   도 등장했다(연합뉴스, 2016년 2월 9일자). 원래 조선중앙은행은 평양의 본점과 11
   개 도총지점(9개 도 소재지, 나선특별시, 개성직할시), 210개의 지점(시·군·구역)으
   로 구성되어 있었다. 북한은《상업은행법》개정과 함께 중앙은행 지방지점에서 상
   업은행 업무 담당조직을 분리해 ○○○은행으로 지칭한 것으로 추정된다. 지방에서
   중앙은행 업무를 수행하는 조직은 ○○지점으로 유지되었다. 상업은행의 구성원도
   새롭게 은행이사회에 참여하게 되었기 때문에《중앙은행법》의 '중앙은행리사회'는
   '은행리사회'로 명칭이 변경되었다. "황수민, 김정은 시대 북한 금융개혁 연구"(북한
   대학원대학교 석사학위논문, 2019), 34쪽. 이상의 내용으로 보아 도 단위에서 ○○
   ○은행이 상업은행 업무를 총괄하고, 시·군·구역 단위에서는 해당 지역 소재지 저금
   소를 '상업은행화'해 은행기관으로 활용한다는 추정이 가능하다. 저금소의 전국 영
   업망을 활용할 수 있으며, 큰 투자 없이 점진적으로 상업은행제도를 도입·실시할 수
   있는 것이다(같은 논문, 35쪽). 북한 금융당국이 상업은행의 활성화 초기에는 이런
   방법을 활용한 것으로 보이지만,《상업은행법》에 상업은행을 설립하려는 기관·기업
   소·단체는 설립신청문건을 중앙은행에 제출하는 것(제10조)으로 되어 있는 것에서
   알 수 있듯이 기관·기업소·단체는 상업은행을 설립할 수 있다.

679 기업소가 돈주로부터 자금을 차입해 금융비용을 부담하면서 제품을 생산하게 되면

시장과 국가에 각각 제공할 제품의 품질에 차등을 두어 생산하는 문제가 발생할 수 있다. 기업소로서는 이윤을 남길 수 없는 국가계획 부분은 낮은 품질로 제품을 생산하면서 계획부문 생산품의 품질 저하를 초래하게 된다. 고비용으로 자금을 차입하기 때문에 재무구조의 부실 및 자금부족의 악순환으로 사금융을 통한 자금차입 없이는 자립이 불가능하게 될 가능성마저 있는 것이다. 김기철, "북한의 사금융 실태에 관한 연구: 7.1 경제관리개선조치 이후 대부업을 중심으로"(북한대학원대학교 석사학위논문, 2018.2), 69쪽.

680 『조선민주주의인민공화국 가격법』(1997년 1월 29일 최고인민회의 상설회의 결정 제81호로 채택, 1999년 2월 26일 최고인민회의 상임위원회 정령 제483호로 수정, 1999년 8월 19일 최고인민회의 상임위원회 정령 제955호로 수정)

681 가격의 일원화 원칙은 가격제정기관의 통일적인 지도 밑에 가격사업의 유일성을 보장하기 위한 것이다.

682 가격의 체계적 저하 원칙은 상품생산과 재정자원이 늘어나는데 맞게 국가는 상품의 가격을 낮추도록 한다는 것을 뜻한다.

683 김정일, "재정은행사업을 개선강화할데 대하여"(전국재정은행일군대회 참가자들에게 보낸 서한, 1990년 9월 13일), 『김정일선집』 제10권(평양: 조선로동당출판사, 1997), 177-178쪽.

684 김정일, "재정은행사업을 개선강화할데 대하여"(전국재정은행일군대회 참가자들에게 보낸 서한, 1990년 9월 13일), 『김정일선집』 제10권(평양: 조선로동당출판사, 1997), 178-179쪽.

685 김정일, "재정은행사업을 개선강화할데 대하여"(전국재정은행일군대회 참가자들에게 보낸 서한, 1990년 9월 13일), 『김정일선집』 제10권(평양: 조선로동당출판사, 1997), 179-181쪽.

686 『외화관리법』(1993년 1월 31일 최고인민회의 상설회의 결정 제27호로 채택, 1999년 2월 26일 최고인민회의 상임위원회 정령 제484호로 수정 보충, 2002년 2월 21일 최고인민회의 상임위원회 정령 제2852호로 수정 보충, 2004년 11월 16일 최고인민회의 상임위원회 정령 제750호로 수정 보충)

687 한국정책금융공사 조사연구실, 『북한의 산업』(2010년 12월), 64-66쪽.

688 김정은, 『재정은행사업에서 전환을 일으켜 강성국가 건설을 힘있게 다그치자』(제3차 전국재정은행일군대회 참가자들에게 보낸 서한, 2015년 12월 13일)(평양: 조선로동당출판사, 2017), 17-19쪽.

689 김정은, 『재정은행사업에서 전환을 일으켜 강성국가 건설을 힘있게 다그치자』(제3차 전국재정은행일군대회 참가자들에게 보낸 서한, 2015년 12월 13일)(평양: 조선로동당출판사, 2015), 15-16쪽.

690 북한 상업은행들은 실제로 수시로 입출금 가능, 법적으로 개인의 저금비밀 보장, 달러, 유로화, 위안화 환전가능 등에 대한 보증을 약속하고 있다. 상업은행들은 저금업

무의 활성화를 위해 영업활동을 적극 펼치고 있다. 예를 들어 6개월 이상, 일정 금액 이상을 저축하는 고객에 대해서는 백화점 할인카드를 제공한다. 주민들의 유휴화폐를 저축으로 유도하기 위한 노력이 다양하게 전개되고 있는 것이다. 은행에 대한 불신이 강한 주민들의 자발적인 호응을 이끌어내지 못하게 되자 저축을 강요하는 현상도 나타나는 것으로 알려져 있다. 임을출, 앞의 글(2017), 58-59쪽; 임을출, 앞의 글(2018), 207-208쪽.

691 박인선, "금융기관 채산제와 그 운영방도" 『경제연구』, 2019년 제4호(평양: 과학백과사전출판사), 49쪽.

692 김정은, 『재정은행사업에서 전환을 일으켜 강성국가 건설을 힘있게 다그치자』(제3차 전국재정은행일군대회 참가자들에게 보낸 서한, 2015년 12월 13일)(평양: 조선로동당출판사, 2015), 19-20쪽.

693 리유정, "이동통신망을 리용한 주민금융봉사를 활성화하는데서 나서는 중요문제" 『경제연구』, 2018년 제1호(누계 제174호), 42쪽.

694 임을출, 앞의 글(2018), 209-210쪽.

695 임을출, 위의 글(2017), 64-67쪽.

696 조선중앙통신, 2015년 4월 1일자; 통일부, 『월간 북한동향』, 2015년 4월호, 10쪽 재인용.

697 임을출, 앞의 글(2017), 67-69쪽.

698 임을출, 위의 글(2017), 60-61쪽.

699 이석기·권태진·민병기·양문수·이동현·임강택·정승호, 『김정은 시대 북한 경제개혁 연구: '우리식 경제관리방법'을 중심으로』(산업연구원, 2018.8), 289-290쪽.

700 김기철, 앞의 논문, 72-73쪽.

701 김정은 시대의 금융혁신은 화폐순환구조의 회복, 사금융의 제도 내 편입, 지방의 자력갱생 등의 기대효과를 낳을 수 있다. 현금·외화돈자리 개설 조치와 카드 사용책, 지방별 현금유통책임제와 국영상업망 재건은 화폐순환구조 회복에 기여할 수 있다. 상업은행제도와 금융기관 채산제가 제대로 실시되면 은행 서비스가 사금융에 비해 경쟁력을 갖게 될 것이다. 지방예산제와 금융기관 채산제, 지방별 현금유통책임제가 복합적으로 작용하여 지방의 자력갱생에 효과를 거두면 중앙정부의 재정 부담을 완화시킬 것이다. 황수민, 앞의 논문, 127쪽.

702 김기철, 앞의 논문, 74쪽.

703 정수일 교수의 『소걸음으로 천리를 가다』(창비, 2004)에서 표현을 빌려왔다. 이 책은 그가 5년간의 옥살이를 하는 동안 아내에게 보낸 편지를 모은 에세이집이다. 그는 동서문명교류사 연구에서 일가를 이룬 보기 드문 학자다.

704 이 부분은 제1권에 수록된 [제1장 제3절 4.경제강국 건설론과 새 세기 산업혁명 5.지식경제시대의 과학기술발전/ 제2장 제2절 2.과학기술발전 전략과 경제강국 건설]과 함께 읽으면 이해에 도움이 될 것이다.

705 "조선로동당 제7차대회 결정서: 조선로동당 중앙위원회 사업총화에 대하여," 『로동신문』, 2016년 5월 9일자, 5면. 이 결정서에서 공장·기업소의 연구개발단위를 중시한 것과 관련하여 북한의 경제학자는 다음과 같이 설명했다. "이것은 기업체들이 새 기술의 단순한 수요자가 아니라 창조자가 되어야 한다는 다시 말하여 국가중점기술개발사업에서 중요한 몫을 담당하게 되었다는 것을 의미한다. 기술발전에서 기업체들의 지위와 역할에서의 이러한 변화는 당의 새로운 전략적 노선을 실현하기 위한 오늘의 투쟁에서 과학연구기관과 기업체들이 긴밀히 협력할 것을 요구한다. 현 시기 과학연구기관과 기업체들이 긴밀히 협력하는 것은 당의 새로운 전략적 노선을 관철하기 위한 중요 담보로 된다." 황이철, "현 시기 과학연구기관과 기업체들이 긴밀히 협력하는 것은 당의 새로운 전략적 노선을 관철하기 위한 중요 담보" 『경제연구』, 2019년 제3호(평양: 과학백과사전출판사), 31쪽.

706 김정은, "제7차대회에서 한 당중앙위원회 사업총화보고," 『로동신문』, 2016년 5월 8일자, 북한의 경제학자는 첨단기술산업과 경제발전에 대해 다음과 같이 설명했다. "오늘에 와서 첨단기술산업은 기둥산업이 갖추어야 할 모든 징표를 높은 수준에서 갖추고 있는 것으로 하여 경제발전에서 중추적 역할을 하고 있다. 정보산업, 나노산업, 생물산업, 새 에네르기산업, 새 재료산업과 같은 첨단기술산업은 경제구조를 지식형 산업구조로 전환시키고 생산의 효과성을 최대한으로 높이면서도 자원의 고갈을 모르고 생산의 끊임없는 장성을 가져오는 등 지식경제시대 경제발전을 힘있게 추동하고 있다. 이것은 첨단기술산업이 지식경제의 기둥으로 작용한다는 것을 말하여 준다." 김경선, "첨단기술산업은 지식경제의 기둥" 『경제연구』, 2019년 제1호(평양: 과학백과사전출판사),19쪽.

707 서재영·박제동·정수웅, 앞의 책, 36-74쪽.

708 이춘근·김종선, "북한 김정은 시대의 과학기술정책 변화와 시사점" 『STEPI Insight』, 제173호 (2015), 19쪽.

709 김종선·이춘근, "경제재건을 위한 북한의 과학기술 정보화 정책과 협력 방안" 『동향과 이슈』, 제32호(2017), 9쪽.

710 『로동신문』, 2014년 4월 8일자, "사설: 과학자, 기술자들은 과학기술전선의 기수, 전초병의 책임을 다하자". 사설에 담긴 세부 과제들은 다음과 같다.
   - 우리 경제의 쌍기둥인 금속공업과 화학공업의 주체화를 짧은 기간에 실현하기 위한 과학연구사업을 적극적으로 벌려 강철문제, 경공업원료와 비료문제를 푸는데서 실적을 내야 한다.
   - 인민경제 중요부문들에서 설비와 생산공정의 CNC화, 무인화를 적극 다그치며 여기에 필요한 조종장치와 기구, 요소들의 국산화를 실현하고 그 성능을 세계적 수준으로 하루빨리 끌어올려야 한다.
   - 정보기술, 나노기술, 생물공학과 같은 핵심기초기술을 비롯한 첨단과학기술을 발전시키는 것은 지식경제 건설에서 가장 중요한 내용을 이루고 있으며 이 부문 과학자, 기술자들에게 무겁고도 영예로운 책임감을 안겨주고 있다.
   - 연구단위들 사이는 물론 연구, 설계, 생산단위가 본위주의 울타리를 부수고 일체화

되어 대중적 기술혁신의 불길을 더욱 세차게 지펴 올림으로써 집단의 단합된 힘으로 사회주의강성국가 건설에서 제기되는 과학기술적 문제들을 하나씩하나씩 모가나게 집중적으로 해결해 나가야 한다.

- 새 세대 청년과학자, 기술자들이 실력경쟁의 마당에 대담하게 뛰어들어야 한다.

711 변상정·최경희, "김정은 체제의 '강성국가' 건설 전략과 전망: '지식경제강국을 중심으로'" 『동서연구』, 제24권 2호(2012년, 연세대학교 동서문제연구원), 172쪽. 북한은 김정은 위원장이 2009년에 후계자로 내정(1월)된 뒤 8월경부터 전 산업시설의 CNC화가 이뤄지고 있다고 선전하기 시작했다. 『로동신문』의 정론(2009년 8월 11일자) "첨단을 돌파하라"는 "《련하기계》가 대조선 제재 하에서도 CNC를 자체 개발했다"고 강조했고, CNC 찬양노래인 《돌파하라 첨단을》의 보급에 나섰다. 김 위원장이 제3차 당대표자회(2009년 9월 28일)에서 후계자로 공식화된 후 2010년부터는 평양 시내 대로변과 공장 등에 이른바 'CNC 구호'가 대거 나붙었다(같은 글, 182-183쪽).

712 『로동신문』, 2012년 4월 19일자; 『통일뉴스』, 2012년 4월 19일자 재인용.

713 조선중앙통신, 2013년 4월 1일자; 『통일뉴스』, 2013년 4월 2일자 재인용.

714 2011년 4월 제12기 제4차 회의에서 110.1%, 2012년 4월 제12기 제5차 회의에서 110.9%로 각각 발표되었다.

715 조선중앙통신, 2013년 4월 22일자; 『통일뉴스』, 2013년 4월 24일자 재인용.

716 『로동신문』, 2014년 1월 15일자; 『통일뉴스』, 2014년 1월 15일자 재인용.

717 조선중앙통신』, 2014년 3월 20일자; 『통일뉴스』, 2014년 3월 20일자 재인용.

718 북한의 과학기술정보망은 국가과학원 중앙과학기술통보사가 각급 기관의 협조 하에 구축하는 전국 망, 내각 소속의 각 성·위원회 및 중앙행정부처 소속 과학기술정보기관들이 구축하는 부문망(각 생산 담당부서의 기술지도국이 소관분야 과학기술정보의 수집 및 확산에서 상당한 역할 수행), 도·시급 기관의 지방 과학기술정보조직이 구축하는 지역망, 개별 과학연구기관과 기업 등의 말단 기관 과학기술정보실이 구축하는 국부망 등으로 이뤄져 있다. 《광명》은 북한 최대의 과학기술자료 보유기관인 국가과학원 중앙과학기술통보사 서버와 최대 도서관인 인민대학습당 서버를 광케이블로 연결해 양 기관의 DB를 공유하고, 이를 전국적인 검색 서비스를 통해 제공하는 컴퓨터 네트워크다. 《광명》의 구축은 국가사업으로 1997년부터 시작되었다. 국가과학원 중앙과학기술통보사 서버는 《광명》 구축 초기부터 각종 모뎀과 공중전화망, 시외 광케이블 등을 통해 김일성종합대학과 평양 시내 수백 개 전문기관, 기업, 지방소재 주요 기관들과 연결했다. 이춘근·김종선·남달리, 『남북 ICT 협력 추진 방안』(세종: 과학기술정책연구원, 2014), 48-49쪽.

한편, 단말기 운영체계는 Windows 2000, Windows NT4.0이다. 주요 프로그램으로 과학기술정보 검색체계 《광명》과 전자우편체계 《혜성》, 전자소식체계 《별무리》, 서류전송체계 《자료샘》, 홈페이지 전문검색체계 《위성》 등이 가동되고 있다. 중앙과학기술통보사와 김일성종합대학, 인민대학습당, 발명국 국부망들이 공중전화 회선과 Windows NT4.0을 이용한 경로조종기들에 의해 하나의 광케이블 지역망을 이루고 있다. 사용자들은 이들 기관에 구비된 원격호출 서버를 이용해 단말 컴퓨터를 망에 가입시키고, 각 국부망들에 구축된 서버들을 호출하면서 각종 과학기술 자료들을 습득할 수 있다. 중앙과학기술통보사에는 전용 원격호출 서버인 Lan Rover와 다중통신 장치들을 연결한 Windows NT 원격호출 서버 등 수십 명이 동시에 접속할 수 있는 망 통신설비들을 갖추고 있다. 중앙과학기술통보사까지 광섬유케이블이 연결되어 있고, 디지털부호중첩기(PCM, Plus Code Multiplexer)를 설치해 한 개의 대표전화번호로 동시에 120통화가 가능하도록 하였다. 120개의 단말 컴퓨터들이 한 개의 전화번호로 동시에 망에 접속할 수 있다(같은 책, 51, 53-55쪽).

719 북한 전역의 시·군에서 최신정보기술 설비들을 갖춘 전자도서관《미래원》이 경쟁적으로 건설되고 있다. 자강도 전천군의《미래원》이 2014년 5월 완공되어 문을 열었다. 전천군《미래원》은 "2개월이라는 짧은 기간에 내외부가 몰라보게 달라지고 수십 대의 최신식 컴퓨터와 많은 시청각설비, 망(네트워크) 설비와 조명기구, 갖가지 비품을 그쯘히 갖췄다"고 한다. 북한 매체들은 각지의《미래원》에 전자열람실, 컴퓨터학습실, 과학기술보급실, 원격강의실 등이 꾸려지고 있다고 보도했다. 특히 "《미래원》들에서는 중앙과 도, 시, 군 사이에 자료봉사체계를 확립하고 현대 과학기술자료와 여러 부문의 최신 성과자료를 독자들이 임의의 시간에 찾아볼 수 있게 한다"고 한다. 『로동신문』, 2014년 5월 12일자, 조선중앙통신, 2014년 5월 9일자; 『연합뉴스』, 2014년 5월 13일자 재인용. 함경남도 홍원군에서도 2015년 10월 26일에《미래원》이 완공되었다는 보도가 있었다. 《미래원》의 1~2층에는 목록검색실, 사회과학열람실, 자연과학열람실, 신문잡지열람실, 학생열람실, 전자열람실, 새기술보급실, 컴퓨터조종실, 봉사기실 등이 있다. 열람용 컴퓨터, 업무용 컴퓨터, 봉사기 등 설비들과 비품들이 갖추어져 있다. 3층에는 근로자들을 위한 청량음료매대가 꾸려져 있다. 조선중앙방송은 "그 어디에 내놓아도 손색이 없는 멋쟁이 건물로 세워진 미래원은 전민과학기술인재화, 인재강국화 실현에 적극 이바지하게 될 것"이라고 보도했다. 조선중앙방송, 2015년 10월 26일자; 통일부, 『월간 북한동향』, 2015년 10월호, 34쪽 재인용.

720 『로동신문』, 2014년 4월 10일자.

721 『로동신문』, 2014년 4월 10일자.

722 이춘근, "북한의 과학기술·ICT 정책과 추진 동향" 『KDI 북한경제리뷰』, 2019년 3월호, 20-21쪽.

723 조선중앙통신, 2013년 11월 13일자; 『통일뉴스』, 2013년 11월 14일 재인용.

724 조선중앙방송, 2013년 11월 8일~14일자; 통일부, 『월간 북한동향』, 2013년 11월호, 26-27쪽 재인용.

725 『로동신문』, 2013년 11월 13일자, "사설: 강성국가건설을 힘 있게 추동하게 될 전국 과학자, 기술자대회"; 『통일뉴스』, 2013년 11월 13일자 재인용.

726 『로동신문』, 2013년 11월 14일자; 『통일뉴스』, 2013년 11월 14일자 재인용.

727 연합뉴스, 2013년 11월 14일자. 개성고도과학기술개발구는 2013년 11월 11일 착공식을 가졌으며 명칭이 개성첨단기술개발구로 바뀌었다. 10월에 외국 기업들로 구성

된 국제컨소시엄이 개성첨단기술개발구 건설에 합작하는 방안을 북한 유관기관들과 합의했고 5월 말에 제정된 《경제개발구법》에 첨단기술개발구도 포함되었다. 조선중앙통신, 2013년 11월 11일자; 연합뉴스, 2013년 11월 11일자 재인용.

728 『조선신보』, 2013년 1월 3일자; 『통일뉴스』, 2013년 1월 3일자 재인용.

729 『로동신문』, 2013년 10월 15일자; 『연합뉴스』, 2013년 10월 15일자 재인용.

730 사설, "과학으로 비약하고 교육으로 미래를 담보하자," 『로동신문』, 2018년 5월 21일자, 1면.

731 명주혁, "경제발전을 추동하는데서 의거하여야 할 가장 큰 자원," 『로동신문』, 2018년 12월 7일자, 2면.

732 김성남, "인재중시, 과학교육중시는 사회주의건설에서 대비약을 일으키기 위한 기본방도," 『로동신문』, 2019년 2월 23일자, 2면.

733 조선중앙통신, 2018년 1월 12일자; 통일부, 『월간 북한동향』, 2018년 1월호, 7-8쪽 재인용.

734 조선중앙통신, 2014년 6월 2일자; 통일부, 『월간 북한동향』, 2014년 6월호, 6쪽 재인용.

735 황병서 총정치국장(군), 최태복 과학교육담당 비서, 최룡해 조직담당 비서(당), 마원춘 국방위원회 설계국장(국가) 등이 동행했다.

736 조선중앙통신, 2015년 2월 27일자; 통일부, 『월간 북한동향』, 2015년 2월호, 25쪽 재인용.

737 조선중앙통신, 2015년 10월 28일자; 통일부, 『월간 북한동향』, 2015년 10월호, 29-30쪽 재인용.

738 조선중앙통신, 2017년 8월 23일자; 통일부, 『월간 북한동향』, 2017년 8월호, 9-10쪽 재인용.

739 김정은 위원장은 2012년 4월 29일 조선인민군 제26차 군사과학기술전람회장을 방문한 데 이어 2013년에 국방 분야에 과학기술 적용을 확대할 것을 강조했다. 핵무장과 함께 낙후한 재래식 무기 위주의 군사장비에 IT와 과학기술을 접목시켜 첨단장비로 업그레이드시키는 작업을 한 것으로 추정된다(변상정, 앞의 글(2013.12), 6쪽).
그는 2013년 8월에 조선인민군과학기술전람관(건평 2만 1천여m², 1, 2층 실내전시관과 야외전시관)을 시찰하고 인민군대에서 개발한 군사과학기술의 성과와 정형을 요해했다. 그는 여러 가지 통신기재들과 검측설비들에 대한 해설을 듣고 "세계적으로 발전된 제품들의 성능과 기술적 지표들을 능가해야 한다"고 지시했다. 그는 "인민군대의 군사과학기술 수준이 세계적인 군사과학기술 수준을 압도하며 빠른 속도로 발전하자면 최신 과학기술에 정통해야 한다"면서 "그 어떤 최첨단 과학기술이라도 우리의 힘과 기술로 연구 도입할 수 있다는 신심과 배짱을 가지고 선진과학기술을 받아들이기 위한 투쟁을 대담하게 벌려야 한다"고 강조했다. 조선중앙통신, 2013년 8월 20일자; 『통일뉴스』, 2013년 8월 21일자 재인용.

740 조선중앙통신, 2014년 11월 8일자; 통일부, 『월간 북한동향』, 2014년 11월호, 10-11

쪽 재인용.

741 조선중앙통신, 2015년 10월 1일자; 통일부, 『월간 북한동향』, 2015년 9월호, 24-25쪽 재인용.

742 조선중앙통신, 2018년 1월 25일자; 통일부, 『월간 북한동향』, 2018년 1월호, 10-11쪽 재인용.

743 북한의 경제학자는 과학기술부문 및 인재양성부문에 대한 국가투자의 증대를 다음과 같이 강조했다. "인민경제 전반을 정비 보강하고 활성화하기 위한 국가투자에서 나서는 중요 문제는 무엇보다도 먼저 교육과학부문에 대한 투자를 늘이는 것이다.… 재정관리부문에서는 인재육성사업에 대한 국가투자를 체계적으로 늘여 인재육성에 필요한 교육조건과 환경을 원만히 보장해주어야 한다. 그리하여 교육부문에서는 첨단과학이론과 기술을 창조할 수 있는 창조형 인재, 지식경제시대의 요구에 맞게 기술집약적 산업과 현대화된 경제를 운영해나갈 수 있는 관리인재들을 계획적으로 키워내야 한다.…재정관리부문에서는 국가예산편성에서 과학기술발전사업비의 몫을 체계적으로 늘여나가며 지방예산과 공장, 기업소들의 기업소기금을 해당 단위의 과학기술발전에 최대한 활용하도록 하여야 한다." 강철수, "인민경제 전반을 정비보강하고 활성화하기 위한 국가투자에서 나서는 중요 문제" 『경제연구』, 2019년 제3호 (평양: 과학백과사전출판사, 23쪽.

744 남북 경제협력과 교류를 다뤄온 남측과 해외 전문가들이 북한의 지하자원, 노동력, 사회간접자본(철도, 도로, 항만 등) 개발, 산업단지 조성 등에 초점을 맞춰온 것이 일견 틀린 것은 아니지만, 북한의 첨단과학기술 발전을 주축으로 한 경제발전전략(인민경제의 주체화·현대화·정보화·과학화)의 기조와 산업정책의 방향을 간과한 면이 있다.

745 『조선신보』, 2012년 3월 22일자; 『통일뉴스』, 2012년 3월 22일자 재인용. 『조선신보』는 2014년 3월 1일자 논평에서 "2012년 12월에 발사한 우주위성 로켓의 제1단계가 제주도 앞바다에 낙하했는데 그 잔해를 끌어올린 남쪽 군관계자들은 완전히 북의 제작품으로 이루어진 것을 보고 경악했다"고 주장하며, 그 이유가 "로켓 본체, 분사엔진, 분리장치, 위성유도기기류 등의 부분품은 약 30만개"에 이르는데, 이 "30만개의 정밀한 부분품을 만들어낸 것은 조선의 기술이며 발전된 기계공업"이라는 것이라고 보도한 바 있다. 『통일뉴스』, 2014년 3월 10일자 재인용.

746 재일본조선인총연합회(조총련) 기관지 『조선신보』(2012년 12월 13일)는 "광명성 3호 2호기의 발사는 제3차 과학기술발전 5개년계획과 직접 관련된 것"이라며 이 계획의 최종 목표는 2022년 북한이 과학기술강국의 지위를 확고히 하는 것이라고 강조했다. 『조선신보』는 도쿄에 있는 조선대학교 이공학부 임정혁 교수의 기고문을 통해 2012년은 2008년 시작된 제3차 5개년계획의 마지막 해라고 설명했다. 그는 3차 계획의 목표는 먹는 문제를 비롯한 인민생활의 전반 문제를 해결하기 위해 제기되는 과학기술을 발전시키는 것이라고 하면서 주요 연구개발 분야는 정보기술IT·생물공학BT·나노기술NT과 같은 기초기술과 함께 에너지개발, 핵기술, 우주공간기술, 해양기술, 레이저 및 플라즈마기술이라고 밝혔다. 이 가운데 우주공간기술 분야에서 극소형 위성

개발이나 GPS(전지구위치파악시스템), GIS(지리정보시스템)의 도입을 과제로 삼았고 위성발사는 5개년계획의 일환이었다고 임 교수는 주장했다. 『연합뉴스』, 2012년 12월 14일 재인용.

747 『로동신문』, 2013년 1월 3일자; 『통일뉴스』, 2013년 1월 4일자 재인용.

748 《은하 3호》의 과학기술능력에 대해서는 한호석 통일학연구소 소장의 『자주민보』 기고문(인터넷신문, 2013년 1월 20일자) "적연질산 쓰는 북 로켓기술은 초보적?" 참고.

749 조선중앙통신, 2016년 11월 22일자; 통일부, 『월간 북한동향』, 2016년 11월호, 28쪽 재인용.

750 조선중앙통신, 2017년 6월 28일자; 통일부, 『월간 북한동향』, 2017년 6월호, 28쪽 재인용.

751 북한 웹사이트 『우리민족끼리』, 2013년 1월 27일자; 『통일뉴스』, 2013년 1월 28일자 재인용.

752 『로동신문』, 2013년 12월 6일자; 『통일뉴스』, 2013년 12월 6일자 재인용.

753 『로동신문』, 2013년 1월 16일자; 『통일뉴스』, 2013년 1월 16일자 재인용.

754 『로동신문』, 2013년 1월 27일자; 『통일뉴스』, 2013년 1월 27일자 재인용.

755 『조선신보』, 2013년 3월 28일자; 『통일뉴스』, 2013년 3월 28일자 재인용.

756 조선중앙통신, 2013년 10월 29일자; 『연합뉴스』, 2013년 10월 30일자 재인용.

757 조선중앙통신, 2017년 2월 22일자; 통일부, 『월간 북한동향』, 2017년 2월호, 19쪽 재인용.

758 조선중앙통신, 2017년 12월 15일자, 28일자; 통일부, 『월간 북한동향』, 2017년 12월호, 28쪽 재인용.

759 첨단과학기술 전문가들의 눈높이에서 보면 이 책에서 제공한 정보가 부족하고 더러는 부정확하게 느껴지는 부분도 있을 것 같다.

760 북한은 제3차 과학기술발전 5개년계획(2008년~12년)에서 '우리식 컴퓨터운영체제(OS) 《붉은별》의 개발과 보급'을 강조한 바 있다. 《붉은별》은 리눅스를 기반으로 2006년에 개발된 OS이고, 2008년에 1.0버전, 2010년경에 2.0버전, 2011년에 3.0버전이 출시되었다. 《붉은별》 1.0과 2.0은 펜티엄4 수준에 맞추어 개발됐지만, 세부적으로는 대상 컴퓨터 수준에서 약간의 차이가 있다. 1.0은 펜티엄4에도 적용할 수 있지만 공식적으로는 펜티엄3에 주기억장치 126MB, 하드디스크 2.5GB 이상에 맞춰져 있다. 2.0 버전은 펜티엄4, 주기억장치 256MB, 하드디스크 3GB 이상을 지원하고 있으나, 펜티엄3도 사용 가능하다고 한다. 《붉은별》이 북한의 평균적인 컴퓨터 수준에 맞춰서 개발되었다고 전제하면, 2010년도의 북한 컴퓨터 하드웨어 수준이 평균적으로 남한의 2000년대 초중반 정도였다고 할 수 있다(이춘근·김종선·남달리, 앞의 책, 34쪽). 특히 2.0부터는 최대한의 자체 개발을 통해 운영체제 개발능력을 강화하고 여기에 다양한 기관들이 참여하여 응용 프로그램들을 확장했다. 2.0을 구성하는 운영체제 및 응용 프로그램 파일 576개 중에서 1.0과 동일한 파일이 겨우 5개에 불과

한 것은 북한이 자체적으로 큰 노력을 기울였음을 보여준다(같은 책, 39쪽).

《붉은별》2.0에서는 과거에 없었던 파일과 USB 사용에 대한 암호화 보안 프로그램들이 더 탑재되어 있다. 대부분이 사용자 편의를 강화하기 위한 것들인데, 대표적인 예로 《서광오피스》 2.0, 《병진》 1.0, 《파도》 2.0, 《비둘기》 등이 있다. 《서광오피스》는 평양인쇄공업대학에서 개발한 오피스 패키지 프로그램으로 남한의 '한글오피스'와 유사하다. 《병진》은 국가과학원이 개발한, 대규모 계산을 위한 병렬계산 지원 프로그램이다. 《파도》는 파일전송 프로그램으로 컴퓨터 상호 간에 인터넷(또는 인트라넷)을 활용해서 파일을 주고받을 수 있도록 지원해주는 프로그램이다. 《비둘기》는 MS오피스의 '아웃룩 익스프레스Outlook Express'와 유사한 전자메일 관리 프로그램이다. 이밖에 노인을 위한 화면 글자 확대 프로그램, CD 드라이브가 필요 없는 가상CD 프로그램 등이 기본적으로 내장되어 있다고 한다(같은 책, 38-39쪽).

761 북한은 2012년 여름에 세 종류의 초기형 태블릿 PC를 출시했다. 조선컴퓨터센터의 《삼지연》과 평양정보센터 산하 평양기술총회사의 《아리랑》, 아침판다합작회사의 《아침》이 그것이다. 초기 모델들은 7인치에서 9인치의 화면 크기를 가지고 있었고, 중량은 300g에서 520g까지, 메모리는 4GB에서 16GB까지 다양하다. 하드웨어는 유선인터넷을 사용할 수 있으나, 실질적으로 인터넷을 지원하지는 않았다. 모두 안드로이드 운영체제를 사용하고 있지만, 모델별로 운영체제의 버전이 조금씩 다르다. 《삼지연》, 《아리랑》은 안드로이드 4.0.3을 사용했고, 《아침》은 안드로이드 2.3.4 버전을 운영체제로 사용했다. 동일한 운영체제를 기반으로 하면서도 외국어 부분에서 차이가 있다. 즉, 《삼지연》 및 《아침》은 안드로이드 운영체제를 그대로 사용하면서 우리말 부분만을 일부 변화시켜 사용한 반면, 《아리랑》은 안드로이드 소스코드를 분해하고 자체 실정에 맞게 전체를 개조했다. 이에 따라 《삼지연》 및 《아침》은 외국어 사용에 문제가 없으나, 《아리랑》은 중국어, 일본어 사용에 문제가 있는 것으로 알려졌다. 《아리랑》이 단종되면서 《울림》이라는 새 모델이 출시되었다고 한다. 2013년에 룡악산정보기술교류소에서 새로 《룡흥》이라는 태블릿 PC를 출시해 현재 4종류의 태블릿 PC가 북한에서 판매되고 있다. 이춘근·김종선·남달리, 앞의 책, 41-42쪽.

762 『로동신문』, 2013년 11월 13일자; 『통일뉴스』, 2013년 11월 13일자 재인용.

763 《고려링크》는 이동전화 판매, 기지국 설치, 가입자 모집, 서비스 제공 등 일반적인 이동통신 사업자와 같은 역할을 수행한다. 고려링크는 사업을 시작한 지 3년 만에 평양 및 14개 주요 도시와 86개 중소 도시, 22개 고속도로에 453개 기지국을 설치하여 북한 전역의 13.6%, 인구 대비 92%가 서비스 가능지역이 되도록 통신망을 구축했다. 3년 만에 이동통신망이 이 정도로 커버할 수 있게 된 것은 북한이 1990년대부터 시작해 2007년에 리 단위까지 구축을 완료한 광섬유 케이블망 때문이었다. 원거리 기지국들 간에 전파 송신을 광케이블로 연결함으로써 데이터 손실을 막고 고품질의 데이터를 전달할 수 있게 됐던 것이다. 이정진, "북한의 이동통신: 전략변화를 중심으로"(북한대학원대학교 박사학위논문, 2018.7), 100-103쪽.

764 《강성네트》는 북한 자체로 2011년 하반기에 설립한 제2이동통신사로 전용단말기를 제작하고 북한의 자체 인트라넷인 《광명망》을 활용한다. 《고려링크》의 기지국을 사

용하는《강성네트》는 통신비가 저렴하고 기본 통화시간 초과 시에 북한 원으로 지불할 수 있다. 북한은《강성네트》에 이어 2015년에《별》을 제3이동통신 사업자로 지정했다.《별》은 북한 정부와 태국의 록슬리사의 합작기업인 Star J.V.사에서 운영한다. 이 회사는 평양에 거주하는 외국인에게 유선인터넷 서비스를 제공해온 국영기업이다. 이정진, 위의 논문, 122-123쪽.

765 북한은 2002년 첫 이동통신 서비스를 태국의 록슬리와 제휴했고 2008년 12월에는 이집트의 오라스콤텔레콤과 제휴했다. 룡천역 폭발사고 직후인 2004년 6월부터 오라스콤텔레콤에 의해 서비스가 재개되기까지 약 4년 6개월의 공백 기간 이후 새 사업자를 선정했던 것이다. 오라스콤텔레콤은 북한에서 4년간 독점적인 영업권과 25년간 이동통신 사업을 할 수 있는 권리와 2013년 12월 15일까지 5년간 세금면제 혜택을 받기로 하고, 2008년부터 2009년까지 2억 달러를 투자하고 이후 2년간 매년 1억 달러씩 추가 투자하기로 했다. 오라스콤그룹은 이동통신 합작회사인 체오테크놀로지 설립 외에도 오라은행 설립, 105층짜리 류경호텔 재건 등을 북한과 합의했다. 오라스콤텔레콤은 러시아의 빔펠콤에 합병되면서 2011년 11월 29일에 오라스콤텔레콤미디어&테크놀로지(OTMT)로 신규 설립되었다. 이정진, 위의 논문, 93, 101쪽.

766 박영자·조정아·홍제환·정은이·정은미·이석기·전영선·강호제,『김정은 시대 북한 경제사회 8대 변화』(서울: 통일연구원, 2018), 148-149쪽.

767 김서경, "북한의 ICT 관련 주요 동향"『남북협회 뉴스레터』, 2019년 10월호.

768 조선중앙통신, 2013년 12월 25일자;『통일뉴스』, 2013년 12월 26일자 재인용.

769 『조선신보』, 2014년 5월 12일자;『통일뉴스』, 2014년 5월 12일자 재인용.

770 조선중앙통신, 2015년 11월 11일자; 통일부,『월간 북한동향』, 2015년 11월호, 15쪽 재인용.

771 『로동신문』, 2012년 1월 11일자; 통일부,『월간 북한동향』, 2012년 1월호, 31쪽 재인용. 북한에서 영어가 러시아어와 함께 제1외국어로 지정된 것은 1964년이며, 1986년부터 인민학교(소학교) 4학년에 외국어 과목을 신설했다. 2000년 2월 북한과 영국이 외교관계를 수립한 뒤 2001년부터 영국문화원이 김일성종합대학교, 평양외국어대학교, 김형직사범대학교에 영어 강사 3~4명을 파견하여 영어교수법을 지도해 오고 있다.

772 조선중앙통신, 2017년 7월 18일자; 통일부,『월간 북한동향』, 2017년 7월호, 23쪽 재인용.

773 조선중앙통신, 2019년 11월 12일자; 통일부,『주간 북한동향』, 제1491호(2019.11.9.~11.15), 4쪽 재인용.

774 『조선신보』, 2014년 3월 12일자 및 3월 22일자;『연합뉴스』, 2014년 3월 24일자 재인용.

775 『로동신문』, 2014년 5월 13일자;『연합뉴스』, 2014년 5월 13일자 재인용.

776 조선중앙통신, 2017년 8월 31일자; 통일부,『월간 북한동향』, 2017년 8월호, 22쪽 재인용.

777 조선중앙통신, 2017년 9월 13일자; 통일부, 『월간 북한동향』, 2017년 9월호, 23쪽 재인용.

778 조선중앙통신, 2017년 8월 30일자; 통일부, 『월간 북한동향』, 2017년 8월호, 21쪽 재인용.

779 조선중앙통신, 2013년 11월 12일자 및 『로동신문』, 2013년 8월 10일자; 『통일뉴스』, 2013년 11월 12일자 재인용. 의료보건부문에서 새로운 성과들이 많이 나타나고 있지만 전반적으로 높은 수준으로 보기는 어려운 점이 있다. 인요한 대한결핵협회 남북협력위원회 위원장은 「통일시대를 대비한 북한결핵 퇴치 방안」 토론회(2014년 5월 14일)에서 "북한에서 결핵균을 확인하기 위한 AFB 검사약은 거의 생산되지 않으며 엑스선 이동검진차량은 30년 전 상태 그대로"라고 밝혔다. 그는 "북한 정부의 조사에 따르면 북한의 결핵환자는 1990년대 초 인구 10만 명당 38명에서 현재 10만 명당 100~200명으로 증가했다"면서 "실제 북한 주민의 생활환경을 고려해보면 10만 명당 500명으로 봐도 될 것"이라고 말했다. 그는 "결핵 감염률이 높은 이유는 영양실조와 의약품 부족"이라며 "결핵은 국가의 경제적 상태와 깊은 연관이 있기 때문에 북한이 향후 10년 이내에 커다란 경제적 발전을 이루지 않으면 상황은 좋아지지 않을 것"이라고 내다봤다. 『연합뉴스』, 2014년 5월 14일자.

780 조선중앙통신, 2014년 5월 13일자; 『통일뉴스』, 2014년 5월 13일자 재인용.

781 조선중앙통신, 2013년 5월 25일자; 『통일뉴스』, 2013년 5월 27일자 재인용.

782 조선중앙통신, 2017년 8월 30일자; 통일부, 『월간 북한동향』, 2017년 8월호, 21쪽 재인용.

783 조선중앙통신, 2016년 11월 10일자; 통일부, 『월간 북한동향』, 2016년 11월호, 21쪽 재인용.

784 조선중앙통신, 2017년 9월 14일자; 통일부, 『월간 북한동향』, 2017년 9월호, 23쪽 재인용.

785 조선중앙통신, 2017년 5월 17일자; 통일부, 『월간 북한동향』, 2017년 5월호, 30쪽 재인용.

786 조선중앙통신, 2017년 4월 3일자; 통일부, 『월간 북한동향』, 2017년 4월호, 27쪽 재인용.

787 조선중앙통신, 2018년 9월 20일자; 통일부, 『월간 북한동향』, 2018년 9월호, 35쪽 재인용.

788 과학기술과 생산의 일체화 및 산학연 협력에 대해 북한의 경제학자는 다음과 같이 설명했다. "전문과학연구기관들과 대학들에서 자체의 첨단제품생산기지를 꾸리고 기업체들에서 자체의 기술개발활동을 활발히 벌리며 전문과학연구기관들과 대학, 기업체들 사이의 호상관계와 협력을 강화하는 것 등은 과학기술과 생산의 일체화를 실현하는데서 중요한 문제도 나선다.…실용적이며 경제적 의의가 큰 핵심기술연구에 역량을 집중하는 문제는 과학연구기관들과 기업체들이 긴밀히 협력해야만 해결할

수 있다. 재료부문, 농업부문 등 인민경제 여러 부문에 도입되어 은을 내는 실용성이 강한 핵심기술인 나노기술 특히 나노재료기술의 성과들이나 오늘 인민경제 모든 부문, 모든 단위에 도입되어 커다란 경제적 효과를 보고 있는 경제적 의의가 큰 핵심기술인 정보기술, 통합생산체계기술 등은 과학연구기관들과 기업체들의 연구개발역량의 긴밀한 협력 속에서 이루어진 것들이다." 신강철, "과학연구개발 단위를 강화하는 것은 경제강국 건설의 중요한 요구"『경제연구』, 2019년 제3호(평양: 과학백과사전출판사), 34쪽.

789 조선중앙통신, 2018년 4월 23일자; 통일부, 『주간 북한동향』, 제1401호(2018.4.21.~4.27), 16쪽 재인용.

790 조선중앙통신, 2017년 8월 29일자, 30일자; 통일부, 『월간 북한동향』, 2017년 8월호, 20쪽 재인용.

791 조선중앙통신, 2017년 7월 19일자, 28일자; 통일부, 『월간 북한동향』, 2017년 7월호, 24쪽 재인용.

792 조선중앙통신, 2017년 10월 11일자, 28일자; 통일부, 『월간 북한동향』, 2017년 10월호, 19쪽 재인용.

793 『로동신문』, 2019년 4월 24일자; 통일부, 『주간 북한동향』, 제1462호(2019.4.20.~4.26), 13-14쪽 재인용.

794 변상정, "김정은의 파격적 과학자 우대와 과학자들의 숙명"(국가안보전략연구소, 이슈논평 2013-06, 2013년 12월), 3-4쪽.

795 『교육신문』, 2013년 10월 24일자;『연합뉴스』, 2013년 11월 3일자 재인용.

796 조선중앙통신, 2014년 3월 27일자;『통일뉴스』, 2014년 3월 28일자 재인용.

797 조선중앙통신, 2012년 9월 2일자;『통일뉴스』, 2012년 9월 3일자 재인용.

798 조선중앙통신, 2019년 12월 19일자;『주간 북한동향』, 제1496호(2019.12.14~12.20), 9쪽 재인용.

799 이 부분은 제1권에 수록된 [제2장 제1절 2.경제건설과 국방건설의 병진/ 제2장 제2절 1.선군시대 경제건설노선과 7.1조치/ 제2장 제3절 1.경제건설과 핵무력 건설의 병진노선]과 함께 읽으면 이해에 도움이 될 것이다.

800 대외경제정책연구원, "2002 북한경제"『북한경제백서』(2002), 462-463쪽; KDB산업은행, 『북한의 산업 2015』, 723쪽 재인용.

801 김원국, "국방공업을 우선적으로 발전시키는 것은 선군시대 경제건설의 합법칙적 요구"『경제연구』, 2004년 제2호(과학백과사전출판사), 8-9쪽.

802 북한 군수산업의 민수화 전략은 사회주의경제강국 건설과 인민생활 향상을 목표로 한 경제건설 총력집중노선의 일환이지만, 다른 한 측면도 생각해볼 수 있다. 북한은 국제사회의 대북제재가 유지되는 상황에서 무기수출로 외화획득을 꾀하는 것이 어렵고 수출용 무기생산도 중지할 수밖에 없으니 그곳에 투입되던 재원과 물자·노동

력을 민수산업으로 돌리는 게 생산적일 것이다. 국방비 지출이 과다한 시기에 중동 국가들에 대한 무기수출로 외화를 확보할 수 있었고 이것이 군수 재생산뿐 아니라 민간경제의 성장에 도움이 된 면이 있었다.

803 조남훈, "북한 군사경제의 현황"『KDI 북한경제리뷰』, 2016년 12월호, 19-20쪽.

804 북한은 자위적 국방력을 강화하기 위해 국방공업을 발전시킨다는 입장이지만, 그 군사력의 지향성은 방어력과 공격력의 양면을 갖고 있다. 북한의 국방공업은 남북대결과 적대의 산물이라는 점에 유의하면서, 이책의 주제 밖의 사안은 다루지 않기로 한다.

805 성채기, "북한 공표군사비 실체에 대한 정밀 재분석"『북한의 군사』(서울: 경인문화사, 2006), 483, 485쪽.

806 정광민, "김일성의 유일체제와 경제시스템의 변동: 1972년 체제 후기(1972~1978)를 중심으로"『국방정책연구』, 제25권 제4호(2009년 겨울,통권 제86호), 123-125쪽.

807 《조선민주주의인민공화국 사회주의헌법》 제102조는 국무위원회 위원장의 군사지휘권에 대하여 "조선민주주의인민공화국 전반적 무력의 최고사령관으로 되며 국가의 일체 무력을 지휘 통솔한다"(2016년 6월 29일 수정 보충)에서 "조선민주주의인민공화국 무력총사령관으로 되며 국가의 일체 무력을 지휘 통솔한다"(2019년 4월 11일 수정 보충)로 바꾸었다.

808 김정일, "군수공업을 더욱 발전시킬데 대하여"『김정일선집』 제6권(평양: 조선로동당출판사, 1995), 315-317쪽; 오경섭·김진하·한병진·박용한,『북한 군사경제 비대화의 원인과 실태』(서울: 통일연구원, 2018), 117쪽 재인용.

809 김길선, "북한의 국방산업 개관"『북한조사연구』, 제5권 제2호(서울: 국가안보통일정책연구소, 2001), 67쪽; 오경섭·김진하·한병진·박용한, 위의 책, 117쪽 재인용.

810 오경섭·김진하·한병진·박용한, 위의 책, 116-117쪽. <그림 2-1>도 같은 책, 117쪽에서 인용한 것임.

811 정광민, 앞의 글, 128-129쪽.

812 임강택,『북한의 군수산업 정책이 경제에 미치는 효과 분석』(통일연구원, 2000), 69-70쪽.

813 김길선, 앞의 글, 97쪽

814 국방과학원은 이전에 제2자연과학원이라는 명칭을 사용하다가 2014년 4월 7일 국방과학원 대변인 성명(한국군의 500km 사정거리 탄도미사일 시험발사 비판)이 등장하면서 그 명칭의 변경이 확인되었다. 조선중앙방송, 2014년 4월 7일자.

815 정영태, "북한의 군수산업과 민수화 전망"『통일경제』, 1995년 8월호, 97쪽; 임강택, 앞의 글, 82쪽 재인용.

816 조선중앙통신, 2018년 11월 6일자; 통일부,『주간 북한동향』, 제1439호(2018.11.10.~11.16), 3쪽 재인용.

817 조선중앙통신, 2019년 11월 29일자; 통일부,『주간 북한동향』, 제1493호(2019.11.23.~

11.29), 3쪽 재인용.

818 임강택, 앞의 책, 70-72쪽.

819 KDB산업은행, 앞의 책, 718쪽.

820 KDB산업은행, 위의 책, 716쪽.

821 조선로동당 중앙위원회 당력사연구소, 『우리당의 선군정치』(평양: 조선로동당출판사, 2006), 111쪽; 오경섭·김진하·한병진·박용한, 앞의 책, 51쪽 재인용.

822 조선로동당 중앙위원회 당력사연구소, 위의 책, 337쪽

823 한기범, "북한 정책결정과정의 조직행태와 관료정치: 경제개혁 확대 및 후퇴를 중심으로(2000-2009)"(경남대학교 대학원 박사학위논문, 2010), 272쪽.

824 한국정책금융공사, 『북한의 산업: 2010』(서울: (주)보림에스앤피, 2010), 606쪽.

825 김병욱, "선군경제운영과 민수산업 군수화"『북한경제리뷰』, 2011년 6월호, 86-88쪽.

826 김병욱, 위의 글, 88-89쪽.

827 김정은 위원장이 핵·미사일 개발에 참여하는 군수공장에 자원을 집중함에 따라 군수산업에 몇 가지 변화가 나타났을 것으로 추정된다. 첫째, 제2경제위원회에서 기존의 재래식 무기 생산부문에 비해 핵·미사일 개발부문이 커졌을 것이다. 둘째, 핵·미사일 생산 군수공장들에는 자원을 우선적으로 배분했을 것이다. 셋째, 핵·미사일 개발에 제한된 자원을 투입하기 위해 재래식 무기를 생산하는 군수공장에 투입하는 자원을 줄이거나 군수산업 투입비용 자체를 늘렸을 것이다. 오경섭·김진하·한병진·박용한, 앞의 책, 64쪽.

828 『로동신문』, 2013년 4월 1일자, "조선로동당 중앙위원회 2013년 3월 전원회의에 관한 보도"

829 조선중앙통신, 2017년 12월 12~13일자; 통일부, 『월간 북한동향』, 2017년 12월호, 11쪽 재인용.

830 남한에서 북한 군수공업을 연구해온 한 연구자는 다음과 같이 설명했다. "2018년 초반의 환경 및 상황전개를 바탕으로 2018년 북한 군수공업은 로켓을 중심으로 생산이 증대될 것이라고 추정되었다. 하지만 이러한 예상은 금세 어긋나고 말았다. 2018년 신년사 발표 이후 얼마 지나지 않아서 북한이 핵무력 완성에 따른 미사일 시험발사중지와 경제건설 총력집중전략을 선포하였기 때문이다. 북한이 이러한 전략을 선포한 것은 2018년 4월 20일 북한 노동당 중앙위원회 제7기 제3차 전원회의를 통해서이다. 당일 많은 결정서가 전원회의에서 발표되었는데, 북한은《경제건설과 핵무력건설 병진노선의 위대한 승리를 선포함에 대하여》라는 제목의 결정서를 통해 핵무력 완성에 따른 핵실험 및 대륙간탄도미사일 시험발사 중지를 천명하였다. 그동안힘을 쏟던 핵무력이 완성되었으므로 더 이상 핵실험이나 탄도미사일 시험발사를 할필요가 없어졌고, 이에 따라 핵실험 및 탄도미사일 시험발사 활동을 중단하겠다고발표한 것이다. 또한 북한은 이와 더불어 물적 및 인적 자원의 총동원을 통해 강력한 사회주의경제를 건설하고 인민생활을 획기적으로 개선하는 데에 필요한 경제건

설 투쟁에 모든 힘을 집중할 것이라는 내용의 정책을 발표하였다. 즉, 2018년 4월부터는 자체 군사력 증강을 위한 생산보다도 인민경제건설 지원을 위한 생산에 국방부문의 강조점이 주어지게 된 것이다." 조남훈, "비핵화 및 경제건설 총력집중전략에 따른 북한 군수공업의 성과 및 전망"『KDI 북한경제리뷰』, 2019년 2월호, 80쪽.

831 김정은, "현 단계에서의 사회주의건설과 공화국정부의 대내외정책에 대하여,"『로동신문』, 2019년 4월 13일자;『통일뉴스』, 2019년 4월 13일자 재인용.

832 임강택, 앞의 책, 83-84쪽.

833 김일성, "자강도 당단체들앞에 나서는 몇가지 과업"(1958년 8월 5일),『김일성저작집』, 제12권(평양: 조선로동당출판사, 1981), 376-378쪽; 임강택, 위의 글 재인용.

834 김일성, "올해 농사를 잘 결속지으며 다음해 농사차비를 빈틈없이 할데 대하여"(조선로동당 중앙위원회 정치위원회 확대회의에서 한 연설, 1976년 6월 22~23일)『김일성저작집』, 제31권(평양: 조선로동당출판사, 1986), 203-204쪽.

835 김일성, "물고기 가공사업에서 혁명적 전환을 일으킬데 대하여"(조선로동당 중앙위원회 정치국 확대회의에서 한 연설, 1980년 12월 10,12일)『김일성저작집』, 제35권(평양: 조선로동당출판사, 1987), 450쪽.

836 김일성, "겨울철물고기잡이준비를 다그치며 양어사업을 추켜세울데 대하여"(1981년 5월 18일),『김일성저작집』, 제36권(평양: 조선로동당출판사, 1990), 100쪽; 임강택, 위의 글 재인용.

837 김일성, "선박공업을 발전시키는데서 나서는 몇 가지 문제에 대하여"(선박공업부문 일군협의회에서 한 연설, 1988년 7월 11일)『김일성저작집』, 제41권(평양: 조선로동당출판사, 1995), 167쪽.

838 김일성, "당면한 사회주의경제건설 방향에 대하여"(조선로동당 중앙위원회 제6기 제21차 전원회의에서 한 결론, 1993년 12월 8일)『김일성저작집』, 제44권(평양: 조선로동당출판사, 1996), 284쪽.

839 김정일, "당의 두리에 굳게 뭉쳐 새로운 승리를 위하여 힘차게 싸워 나가자"(조선로동당 중앙위원회 책임일군들과 한 담화, 1995년 1월 1일)『김정일선집』제14권(평양: 조선로동당출판사, 2000), 4쪽.

840 김정일, "경제사업을 개선하는데서 나서는 몇 가지 문제에 대하여"(조선로동당 중앙위원회 책임일군들과 한 담화, 1996년 4월 22일)『김정일선집』제14권(평양: 조선로동당출판사, 2000), 171쪽.

841 김정일, "자강도의 모범을 따라 경제사업과 인민생활에서 새로운 전환을 일으키자"(자강도의 여러 부문 사업을 현지지도하면서 일군들과 한 담화, 1998년 1월 16~21일, 6월 1일, 10월 20-22일)『김정일선집』제14권(평양: 조선로동당출판사, 2000), 400쪽.

842 김정일,"사회주의강성대국 건설에서 결정적 전진을 이룩할데 대하여"(조선로동당 중앙위원회 책임일군들과 한 담화, 2000년 1월 1일)『김정일선집』제15권(평양: 조선

로동당출판사, 2005), 10쪽.

843 김정일, "혁명과 건설의 모든 분야에서 사회주의원칙을 철저히 지킬데 대하여"(조선 로동당 중앙위원회 책임일군들 앞에서 한 연설, 1997년 9월 27일), 『김정일선집』 증 보판(평양: 조선로동당출판사, 2013), 207쪽.

844 김정일, "선군혁명로선은 우리 시대의 위대한 혁명로선이며 우리 혁명의 백전백승의 기치이다"(조선로동당 중앙위원회 책임일군들과 한 담화, 2003년 1월 29일) 『김정일 선집』 제15권(평양: 조선로동당출판사, 2005), 366-367, 369쪽.

845 김정일, "기본건설에서 새로운 전환을 일으킬데 대하여"(당, 국가경제기관 책임일군 들과 한 댐화, 2004년 8월 11일) 『김정일선집』 제15권(평양: 조선로동당출판사, 2005), 454, 456쪽.

846 임강택, 앞의 책, 84-86쪽.

847 임강택, 위의 책, 98-99쪽.

848 박형중, 『90년대 북한체제의 위기와 변화』(민족통일연구원, 1997), 33-34쪽.

849 연합뉴스, 2000년 10월 28일자. 구체적인 사례로 닭공장 건설(조선중앙방송, 2000년 11월 2일자), 최신식 설비를 갖춘 현대적인 가금목장 완공(조선중앙방송, 2000년 10 월 25일자), 메기공장 건설(조선중앙방송, 2000년 10월 19일자), 국영농장인 량강도 삼지연군 포태종합농장에서의 현대적인 돼지공장건설(평양방송, 2000년 6월 28일 자) 등을 들 수 있다. 임강택, 앞의 책, 99-102쪽 재인용.

850 연합뉴스, 2000년 4월 29일자; 임강택, 위의 책, 99-102쪽 재인용.

851 임강택, 위의 책, 99-102쪽.

852 임강택, 위의 책, 118-121쪽.

853 양운철, 『북한 군수산업의 민수전환 방안 연구: 체제전환국의 경험을 중심으로』(세 종연구소, 2013), 19-20쪽.

854 김철환, "북한의 군수산업 실태 및 군수산업으로의 전용 가능성" 『'93 북한·통일연 구 논문집(IV) 북한의 군사분야』(통일원, 1993), 310-311쪽; 양운철, 위의 책, 36쪽 재인용.

855 『조선신보』, 2009년 4월 5일자, "우주개발의 경제적 파급효과-첨단기술은 강성대국 건설의 기둥"; 강호제, "북한의 경제발전전략 분석: 인공위성(광명성3호) 발사 시도 와 CNC기술 개발" 『북한연구학회보』, 제19권 제1호, 257-258쪽 재인용.

856 『로동신문』 2009년 4월 7일자, "정론: 강성대국 대문을 두드렸다"; 강호제, 위의 글, 257-258쪽 재인용.

857 강호제, 위의 글, 255-256쪽.

858 『로동신문』, 2009년 8월 11일자, "정론: 첨단을 돌파하라"; 강호제, 위의 글, 259-261 쪽 재인용.

859 『로동신문』, 2009년 11월 10일자, "대형설비의 현대화를 적극 떠밀어주어- 국가과학

원 조종기계연구소에서"; 강호제, 위의 글, 259-261쪽 재인용.

860 2001년에 다계통 CNC에 대한 연구 지시가 있었던 것으로 보아 2002년 이전에 고급형 CNC장치가 개발되었다고 볼 수 있다. 『로동신문』, 2011년 3월 3일~3월 26일자, "장군님과 CNC"; 연합뉴스, 2011년 4월 17일자, "첨단 기계공업 기술개발 나선 북한"; 강호제, 위의 글, 259-261쪽 재인용.

861 『로동신문』, 2009년 12월 31일자, "첨단을 돌파한 우리의 CNC기술"; 강호제, 위의 글, 259-261쪽 재인용.

862 강호제, 위의 글, 263-264쪽.

863 『로동신문』, 2010년 9월 11일자, "최첨단돌파의 새 경사 -《련하기계》집단에서 새 형의 9축선삭가공중심반 개발"; 『로동신문』, 2011년 11월 7일자, "최첨단목표에로 끊임없이 비약하는 련하기계"; 강호제, 위의 글, 264-267쪽 재인용.

864 이 책의 제2권에서 다룬 먹는 문제의 해결, 인민생활의 획기적 향상, 인민경제 선행부문과 중요공업부문, 첨단과학기술발전 등에서 소개한 현지지도와 중복된 내용이 있을 수 있어서, 2013년 3월 전원회의를 기점으로 3개월 정도의 현지지도 가운데 군수-민간경제가 결합된 사례 몇 가지만 소개한다.

865 조선중앙통신, 2013년 3월 25일자; 통일부, 『월간 북한동향』, 2013년 3월호, 21쪽 재인용.

866 조선중앙통신, 2013년 5월 17일자; 통일부, 『월간 북한동향』, 2013년 5월호, 18쪽 재인용.

867 조선중앙통신, 2013년 5월 26일자; 통일부, 『월간 북한동향』, 2013년 5월호, 21쪽 재인용.

868 조선중앙통신, 2013년 5월 20일자; 통일부, 『월간 북한동향』, 2013년 5월호, 19쪽 재인용.

869 조선중앙통신, 2013년 6월 3일자; 통일부, 『월간 북한동향』, 2013년 6월호, 12쪽 재인용.

870 조선중앙방송, 2013년 5월 28일자; 통일부, 『월간 북한동향』, 2013년 5월호, 22쪽 재인용.

871 조선중앙통신, 2013년 5월 27일자; 통일부, 『월간 북한동향』, 2013년 5월호, 21쪽 재인용.

872 조선중앙통신, 2019년 6월 1일자; 통일부, 『주간 북한동향』, 제1468호(2019.6.1.~6.7), 8쪽 재인용.

873 평남기계종합공장은 비행기와 자동차 엔진 등 동력장치와 미사일 부품을 만드는 곳으로 알려져 있다. MBC News, 2019년 6월 2일자.

874 『로동신문』은 조선인민군 창설 71주년 사설 "위대한 당의 영도 밑에 조선인민군은 백승의 역사와 전통을 끝없이 빛내어갈 것이다"에서 "지금 주체조선의 전진속도는

《조국보위도 사회주의건설도 우리가 다 맡자!》라는 구호높이 당의 사상과 의도, 당 정책을 결사관철해나가는 인민군대의 선봉적 역할에 의하여 더욱더 빨라지고 있다"고 주장했다. 『로동신문』, 2019년 2월 8일자; 통일부, 『주간 북한동향』, 제1451호 (2018.2.2.~2.8), 14-15쪽 재인용.

875 김정은, 『자강력제일주의를 구현하여 주체적 국방공업의 위력을 다져나가야 한다』 (당과 군대의 책임일군들과 한 담화, 2016년 3월 6일)(평양: 조선로동당출판사, 2017), 12쪽.

876 "조선로동당 제7차 대회의 결정서" 『로동신문』, 2016년 5월 9일자, 6면.

877 오천일, "선군혁명령도는 조선로동당의 독특한 혁명령도방식" 『로동신문』, 2016년 6월 16일자 2면.

878 사설, "인민군대의 결사관철의 투쟁정신을 따라 배워 사회주의경제강국 건설에서 비약의 폭풍을 일으키자" 『로동신문』, 2016년 8월 19일자 1면.

879 곽명철, "국방공업의 지위를 옳게 밝히는 것은 사회주의경제건설에서 전략적 의의를 가지는 중요한 문제" 『경제연구』, 2018년 제1호(평양: 과학백과사전출판사), 10쪽.

880 김정은, "조선인민군 창건 70돐 경축 열병식에서 하신 우리 당과 국가, 군대의 최고 령도자 김정은 동지의 축하연설," 『로동신문』, 2018년 2월 9일자, 1면.

881 김정은, "조선인민군 창건 71돐에 즈음하여 인민무력성을 축하 방문하시어 하신 연설," 『로동신문』, 2019년 2월 9일자, 2면.

882 사설, "위대한 당의 령도밑에 조선인민군은 백승의 력사와 전통을 끝없이 빛내어나갈 것이다," 『로동신문』, 2019년 2월 8일자, 1면.

883 사설, "위대한 령도자 김정일 동지의 국가건설업적은 우리 공화국의 승리와 번영의 초석이다," 『로동신문』, 2019년 4월 9일자, 1면.

884 북한에서 인사개편은 항시 벌어지는 일이고 김정은 시대에 들어와 더욱 빈번하기 때문에, 이 책에서는 개별적 간부들의 인사문제를 다루지는 않았다. 다만 여기에서는 군수-민간경제의 결합을 보여주는 유의미한 인사개편에 대해서만 다루기로 한다.

885 조선중앙방송, 2018년 12월 30일자; 조남훈, 앞의 글, 81-82쪽 재인용.

886 2017년 10월 7일에 열린 당중앙위원회 제7기 2차 전원회의에서 당중앙위원회 군수 담당 부위원장 겸 군수공업부장에 임명된 태종수는 만경대혁명학원 출신으로 체코 유학을 다녀온 전형적 테크노크라트이다. 그는 1970년대 희천정밀기계공장 지배인 (1976년), 대안중기계연합기업소 당 책임비서(2003년), 내각 부총리(2007년), 함경남도 당 책임비서(2009년, 2012년) 등을 거친 군수공업·기계공업 분야의 전문가다. 오경섭·김진하·한병진·박용한, 앞의 책, 130쪽.

887 웃음이 신성하다는 짜라투스트라는 '자신을 넘어서서 웃는 것을 배워라!'고 외친다. 어떤 상황에서도 웃는다는 것은 사실 쉽지 않다. 역경逆境을 순경順境으로 바꾸려고 해도 웃음을 잃지 말아야 하지만, 더 높은 차원에서는 역경이나 순경이 인간과 사회를 단련시키는 한 단면에 불과할지도 모른다. 북한은 고난의 행군 시기에 "가는 길

험난해도 웃으며 가자!"는 구호를 앞세운 바 있다. 신심과 낙관이 넘쳐나는 '혁명적 낙관주의'가 필요했던 것이다. 경제발전의 전략적 노선을 실천하는 과정, 고도성장과 단번도약을 추구하는 과정에서 우여곡절은 있을 수 있다. 어려울 때마다 웃음으로 극복한다면 여명黎明을 앞당길 수 있지 않을까?

888 당중앙위원회 제7기 제6차 전원회의 보도(조선중앙통신, 2020년 8월 20일자)는 『통일뉴스』, 『자주시보』 등 2020년 8월 20일자 참고.

889 북한이 전통적으로 간부양성과정에서 전문성이나 실력을 중시해온 것은 사실이다. 북한은 간부의 전문성을 특징짓는 실무적 표징으로 해당 분야 업무에 대한 정통과 다방면적인 지식, 높은 실무적 자질 등을 규정해왔고, 맡은 분야에 대한 높은 지식과 기술 실무적 자질을 겸비하는 것을 혁명과업 수행을 위한 계획 작성, 대중 교양·조직 동원 등의 필수조건이라고 인식해왔다. 김수연, "북한의 간부양성체계 연구"(경기대학교 정치전문대학원 박사학위논문, 2019), 362쪽. 전문성을 갖춘 능력 있는 간부육성은 인민경제의 주체화·현대화·과학화가 추진되던 1980년대 이후부터 강조됐다(같은 논문, 367쪽). 1990년대에는 변화한 현실조건에 맞게 일반대학을 졸업하고 현직에서 일정한 사업경험을 쌓은 전망성 있는 일군들을 선발하여 간부로 키우는 것을 기본으로 하는 등 간부양성체계를 재정비했다(같은 논문, 397쪽). 그러나 김정은 시대의 '실력가형 간부'는 이전 시대와 명백히 다르다고 할 수 있다. 지식경제 시대와 새 세기 산업혁명에 조응하는 경제발전전략을 수행할 수 있는 간부가 필요하기 때문이다.

890 『로동신문』의 한 논설은 간부들이 갖춰야 할 자질로 착상력과 조직력, 장악력과 지도력, 전개력을 제시한 바 있는데, 이 자질을 경영학적으로 보면 기획력과 집행력이라 할 수 있다. 리강호, "착상력과 조직력, 장악력과 지도력, 전개력은 일군들이 갖추어야 할 필수적인 자질," 『로동신문』, 2019년 6월 23일자, 2면.

891 세대교체에 따라 등장하는 주요 인물들에 관한 정보가 적어 그 실태의 파악에 어려움이 있다. 1990년대에 출판된 『북한인명사전』(중앙일보사 발행)의 제작에 참여했던 필자의 경험에 비춰보면, 『로동신문』에 등장하는 간부들의 직책과 활동을 입력해 축적하는 작업이 필요할 것 같다. 통일부에서 작업하는 『북한 기관별 인명록』과 『북한 인물사전』이 유사한 작업의 산물이다. 새로 부상하는 지도급 인사들에 대한 추적 관리에 집중하면 효과적인 결과를 생산할 수 있다.

892 Joan Robinson, "Korean Miracle," *Monthly Review*, Vol.16, no.9(January 1965); 장하성, 『한국 자본주의: 경제민주화를 넘어 정의로운 경제로』(성남: 2014), 84쪽 재인용.

893 북한의 1950~60년대 '코리아의 기적', 남한의 1960~70년대 '한강의 기적'과 세계 10위권 경제대국 진입, 그리고 만일 북한이 2020년대에 '대동강의 기적'을 이룬다면, 한민족은 세계사에 유례가 없는 '경제발전형 DNA'를 지닌 민족으로 평가될 것이다.

894 북한이 SCO에 가입하고 AIIB의 차관을 받게 되면, 남한 기업들이 북한 개발에 참여할 수 있어 중동 건설 이후 건설 및 플랜트 사업에서 새로운 기회를 찾을 수 있다는 예측이 있다(이래경, "남북경협, 위기의 남한 경제 탈출구" 『프레시안』(인터넷신문), 2019년 9월 9일자). 다만 이런 여건이 조성된다면 중국과 일본 기업들도 북한 개발

에 참여할 것이라는 점을 고려해야 한다. 그리고 연구재단 여시재의 이광재 전 원장은 "북한 개발만을 맡는 개발은행을 국제사회가 함께 만들어야 더 탄탄하게 경제를 일굴 수 있다"면서 "세계은행, AIIB, ADB와 별개로, 그러나 협력 시스템이 구축된 북한개발전문은행이 필요할 것"이라고 제안한다. 이광재, "김정은 위원장의 경제고문은 누가, 어떻게 할 것인가?", 여시재 블로그, 2018년 10월 19일자.

국제금융의 역할과 관련하여 장하준 케임브리지대학 교수는 다음과 같이 근본적인 문제를 제기하고 있다. "대부분의 현 선진국들이 개발을 진행 중이던 시기에 매우 효과적으로 사용하던 '바람직하지 않은 정책'을 개발도상국들이 사용할 수 있도록, 선진국들과 이들이 조정하는 국제개발정책의 주도세력들IDPE이–적극적으로 격려하지는 않는다 하더라도–양해는 해주어야 한다. 적극적 산업·무역·기술ITT 정책이 때로는 관료적 형식주의나 부정부패로 변질될 수 있는 것도 사실이지만, 그렇다고 이런 정책의 사용을 전면적으로 금지해서는 안 될 것이다.…다른 무엇보다도 국제통화기금IMF이나 세계은행 또는 현 선진국들이 제공하는 금융 지원에 포함되어 있는 정책 관련 조건들에 근본적인 변화가 있어야 함을 지적하고 싶다. 이 조건들은 소위 '바람직하지 않은' 것으로 간주되는 정책 중 다수가 실제로는 바람직하다는 점과 모든 국가들이 고수해야 할 '가장 훌륭한' 정책이란 존재할 수 없다는 점에 대한 인식에 그 기반을 두어야 한다. 둘째, 세계무역기구WTO의 규칙 및 다른 다자간 무역 협의들은 (보호관세나 정부 보조금 같은) 유치산업 진흥 수단을 더욱 적극적으로 사용할 수 있는 방향으로 재정비되어야 한다. 특히 (진정) 바람직한 정책과 제도가 겸비될 경우 성취 가능한 막대한 성장 잠재력을 감안할 때 제도 개발은 더욱 권장되어야 한다.…개발도상국들이 그들의 발전 단계 및 그 밖의 제반 여건들에 더욱 알맞은 정책과 제도를 채택할 수만 있다면 이들은 1960년대나 1970년대와 같이 빠른 경제성장을 이룰 수 있을 것이다. 그리고 그 같은 결과는 개발도상국들에게 유익할 뿐만 아니라, 무역과 투자의 기회를 증가시킴으로써 장기적으로는 선진국에게도 유익할 것이다. 선진국들이 이 점을 인식하지 못하는 것은 이 시대의 비극이라고 할 수 있다." 장하준 저, 형성백 역, 『사다리 걷어차기』(서울: 부키, 2004), 257-259쪽.

895 연구재단 여시재의 이광재 전 원장은 '김정은 위원장의 경제자문은 누가 해줄 것인가'라는 문제의식 아래 다음과 같이 말했다. "리콴유 전 총리는 네덜란드의 경제학자 앨버트 윈세미우스와 금융가문 로츠차일드상사 부자의 자문을 적극적으로 구했다. 김대중 대통령은 미국의 미래학자 앨빈 토플러의 경제자문을 기초로 IT, 벤처정보기술혁명에 도전하게 되었다. 덩샤오핑 주석은 싱가포르 리콴유 총리와 포항제철 박태준 회장의 자문도 구했다. 박정희 대통령은 미국의 미래학자 허만 칸의 조언을 받아들여 농촌개량사업을 시작하고 수출중심 국가전략을 세웠다. 북한의 김정은 위원장에게는 누가, 어떻게 세계경제 차원의 자문을 해 줄 것인가? 자문 시스템은 무엇인가? 해법을 찾아야 한다. 비핵화 진전과 함께 다른 나라도 경제자문을 하겠지만, 우리부터 국회와 여야가 합의해서 임기가 있는, 경제자문을 할 수 있는 대북 특사를 파견해야 한다. 대북 특사는 세계경제를 알고, 세계금융을 끌어들일 수 있는 인물을 선택해야 한다." (미주893의 이광재와 같은 글)

896 북한의 은정첨단기술개발구를 창업 클러스터로 전환하는 방안과 관련한 한 연구는

다음과 같이 밝히고 있다. "은정첨단기술개발구는 첨단기술 및 창업 클러스터로의 운영을 위한 세부화된 제도와 정책, 인프라 확산을 위한 외부 재원이 부족할 뿐 창업 클러스터 모델로써 북한의 기술력 제고와 스타트업 육성을 통해 경제발전을 추동할 수 있는 요인이 충분히 존재한다.…첨단기술개발구를 기반으로 한 클러스터 조성에 대한 필요성은 북한에서도 인식하고 있는 것으로 보이며, 스타트업에 대한 이해도도 어느 정도 있는 것으로 보인다. 북한㉿ 연구 중 '집중되어 있는 과학연구기관들과 대학, 기업창설자들의 첨단기술기업을 적극적으로 지원해주는 기업창설지원기관들이 수많이 설립되고 있다'고 하는 리은성의 연구("첨단기술개발구의 발전동향," 『경제연구』, 2015년 제2호(평양: 과학백과사전출판사))는 현재 스타트업(첨단기술기업)과 엑셀러레이터(기업창설지원기관)의 역할을 북한식으로 풀이한 것으로 풀이할 수 있을 것이다.…첨단기술 연구개발, 기업창설을 통한 생산 제고, 인재양성 등 첨단기술 발전에 있어 선도적인 역할을 도모하고자 하는 은정첨단개발지구는 클러스터 전략을 추진하기에 가장 최적화된 장소이다." 이수연, "북한의 은정첨단기술개발구 연구: 새로운 남북경협 방식으로서의 창업 클러스터 조성 가능성 분석"(북한대학원 대학교, 석사학위논문, 2019, 51-52쪽. 이 연구에는 은정 창업클러스터의 추진 개요, 추진 전략, 조성 및 추진계획 등이 담겨 있다. 같은 논문, 53-58쪽.

897 스웨덴은 거의 모든 경제·사회 지표에서 최고의 성적을 유지하면서 강소국 모델의 대표 사례로 언급되며, 세계화·정보화·금융화 시대에 영미식 모델과 경쟁할 수 있는 거의 유일한 모델로 주목받아왔다. 스웨덴은 중화학공업과 IT산업을 중심으로 한 대기업 위주(대기업 고용 비중 55% 수준)의 경제구조, 금융산업의 전면 개방과 외국자본의 높은 비중으로 인한 거시경제정책의 자율성 약화 등의 측면에서 남한과 유사한 점이 있기 때문에 대안 모델로 관심을 끌어왔다. 스웨덴모델은 두 측면이 특징적이다. 하나는, 고도로 중앙집권화된 노동조합과 사용자단체가 자율적 협상을 통해 노사 간의 분쟁을 해결하고 산업평화를 달성해왔다는 점이다. 다른 하나는, 노동정책·경제정책·복지정책 등 다양한 영역의 제도가 긴밀하게 연결된 하나의 체계(다양한 제도의 상호보완성)를 이루고 있다는 점이다. 김상조, 『종횡무진 한국경제』(서울: 오마이북, 2012), 333-336쪽. 스웨덴 모델이 대기업 위주의 경제구조인 점에서는 북한과, 금융 개방과 외국자본의 높은 비중에서는 남한과 각각 친화력이 있다. 남북한이 각기 스웨덴 모델을 깊이 연구해 장기 전략의 참고자료로 삼을 만한 활용가치가 있을 것 같다.
참고로, 스웨덴 모델의 사회민주주의는 "생산수단에 대한 사적 소유와 시장 메커니즘 중심의 자원 배분이라는 자본주의 경제의 기본 골격을 유지하면서도, 상당히 높은 수준의 평등주의적 소득분배와 소비 분배를 달성할 수 있으며, 원활한 경제성장과 평등주의적 재분배 정책이 상당한 정도까지 양립 가능하고, 높은 수준의 참여민주주의의 성취가 가능하다는 것을 보여주었다"(신정완, "스웨덴 사회민주주의, 김수행·신정완, 『자본주의 이후의 새로운 사회』(서울: 서울대학교출판부, 2007), 252-253쪽)는 점에서 자본주의가 직면한 문제들을 해결하는데 중요한 교훈이 된다. 장하성, 앞의 책, 418쪽.

898 북한은 '강소국' 표현을 사용하지는 않을 것 같고, 김정은 위원장이 조선로동당 중앙

위원회 제7기 제5차 전원회의(2019년 12월 28일~31일)에서 한 보고에서 사용한 '자주강국건설사'에 나오는 '자주강국' 표현을 선호할 것이다.

899 그러나 남한 경제와 같은 불균형 발전을 선택할 것을 북한에 권장하는 것은 아니다. 남한 경제의 불균형 발전이 안고 있는 결함에 대한 다음의 지적을 깊이 생각해봐야 한다.

"한국은 특정산업 의존도가 너무 높다. 반도체 등 IT산업, 조선, 자동차, 화학 등은 세계적인 강국이지만 경제 전체로 보면 불균형구조인 것이다. 경제구조가 불균형 상태이기 때문에 늘 불안정하고 작은 대외충격에도 쉽게 흔들린다. 즉 안정적인 성장이 불균형인 구조다. 그동안 한국이 높은 성장에만 매달려 균형과 안정을 추구하지 못했던 것이 이제는 성장의 한계요인이 된 것이다. 이 불균형과 불안정을 해소하려는 노력을 소득주도성장Wage-lead growth 혹은 포용적 성장이라고 한다. 표면적인 이유는 대기업 중심의 성장이 이어지면서 가계소득의 비중이 너무 적고 게다가 양극화가 심하기 때문에, 가계에 소득을 보전해줌으로써 소비를 늘리고 일자리를 창출해 결국 경제성장을 이루겠다는 취지다." 홍성국, 『수축사회: 성장 신화를 버려야 미래가 보인다』(서울: 메디치미디어, 2018), 311-312쪽.

"한국의 산업은 특정산업에 대한 의존도가 매우 높은 기형적 구조를 가지고 있다. 매출액 기준으로 한국의 산업을 구분하면 소재(철강, 화학, 정유), 산업재(기계, 조선, 운송, 건설), 자동차, IT산업의 비중이 너무 높다. 2017년 상장기업만을 대상으로 할 때 소재와 산업재가 전체 매출의 40%에 육박한다. 그나마 2008년 전환형 복합위기 이후 공급과잉으로 비중이 줄어든 수치다. 여기에 자동차 10.6%와 IT산업 19.1%를 더하면 전체 9개 산업의 산업 비중이 67.7%나 된다. 그동안 한국의 경제성장은 이 산업에 속하는 기업들이 성취했다고 해도 과언이 아니다." 같은 책, 334쪽.

"한국의 주력산업들은 해외경제 상황에 크게 의존하면서 새로운 기술적 진보, 보호주의 등과 같은 구조적 변화에 모두 노출되어 있다. 1인당 국민소득 3만 달러를 달성하는데 이 산업들이 가장 중요한 역할을 했지만, 지금부터는 만만치 않을 전망이다. 특히 내수가 부족한 한국 입장에서는 9개 산업이 국제경쟁력을 어떻게 가져가느냐가 미래성장의 핵심이 될 것이다." 같은 책, 335쪽.

900 북한이 '개방적 국제사회의 참여를 통하여 미래형 고부가가치 산업으로 직진할 가능성'이 있고 '개방과 주체의 혼합방식을 통한 추격 전략'을 취할 수 있다는 견해가 있다. 북한이 '동시다면적 고도성장 전략(Multi-Phaseal Catch-up Development Strategy)' 아래 "동아시아 전승의 유기 생태농업과 광물자원의 가공 공정에 더하여, 정밀화학, 정밀기계, 전자통신, 우주항공 등 전략적 기술들이 상호 결합하여 고부가가치를 실현하는 자립적 경제구조와 산업추격 방식이 가능할 것"이라는 예측이다(미주893의 이래경과 같은 글). 이 견해는 북한의 발전전략에서 남한의 추격자 발전모델과는 구분되는 독자적인 발전모델을 상정해보려는 것에서 출발한다. 그런데 북한은 '경제건설 총력집중노선' 하에 계획경제와 시장의 공존, 새 세기 산업혁명, 지식경제시대의 첨단과학기술발전에 의한 단번도약, 우리식 경제관리방법과 금융혁신, 군수-민간경제의 다양한 결합 등을 추진하고 있다. 지금의 전략적 노선이 성공적으로 진행되면(대외여건 개선 포함), 2021년에 8차 당대회를 열어 한 단계 업그레이드된 전략적 노선을 채택할 수 있다.

외부에서 그것을 무슨 발전모델로 규정하든 북한은 그에 반응하지는 않고, 다양한 실리적 혁신과 실험에 나설 것이다. 북한 경제당국과 경제학자들은 자신의 발전전략이 어떤 모델로 분류될 지에는 그다지 관심을 보이지 않는 것으로 관찰된다.

901 "우리는 선진기술, 선진과학, 선진관리방법을 배워서 우리 사회주의에 이용하려고 합니다. 그것들은 계급적 성격이 없지요"라고 한 덩샤오핑鄧小平의 말이 생각난다. 이탈리아 여기자 오리아나 팔라치Oriana Fallaci와의 인터뷰; 정운영, 『세기말의 잘 주』(서울: 해냄, 1999), 144쪽에서 재인용.

902 리처드 오글 저, 손정숙 역, 『스마트월드』(서울: 리더스북, 2008), 432쪽.

김정은 당 위원장 겸 국무위원장의 공개활동 연표

2010년

일 자	활 동 내 역	보 도
2010.09.27	최고사령관 명령 제0051호 하달 - 김정은, 조선인민군 대장 임명	09.27 중통
09.28	제3차 당대표자회 - 김정은, 조선로동당 중앙위원회 중앙위원 선출 - 김정은, 조선로동당 중앙군사위원회 부위원장	09.29 중통
	김정일 국방위원장, 조선인민군 제851군부대 군인들의 협동훈련 참관 시 수행	10.05 중통
	김정일 국방위원장, 은하수 '10월 음악회' 관람 시 수행	10.06 중통
	김정일 국방위원장, 새로 건설된 국립연극극장과 예술인들의 살림집 현지지도 시 수행	10.09 중앙TV
10.09	5월1일 경기장에서 진행된 당창건 65돌 경축 중앙보고대회 참석	10.09 중통
	대집단체조와 예술공연 아리랑 공연 관람	10.09 중통
10.09	김정일 당 총비서, 중국공산당 대표단 저우융캉과 담화 시 배석	10.10 중국 CCTV
	김정일 국방위원장, 금수산기념궁전 참배 시 수행	10.10 중통
10.10	조선로동당 창건 65돌 경축 열병식 관람	10.10 중통
	조선로동당 창건 65돌 대경축야회 '번영하라 노동당 시대' 관람	10.10 중통
	김정일 당 총비서, 당 창건 65돌 경축 열병식에 참가한 지휘성원들과 기념사진촬영 시 참석	10.10 중통
10.25	평양체육관에서 진행된 중국인민지원군 조선전선 참전 60돌 기념 군중대회 참석	10.25 중통
	김정일 국방위원장, 방북중인 중국 고위군사대표단, 중국인민지원군 노병대표단, 중국인민해방군 문예단 지휘성원들 등 접견 및 만찬 시 배석	10.25 중통
	김정일 국방위원장, 조선인민군 제10215군부대 지휘부 시찰 시 수행	10.25 중통
	김정일 국방위원장, 평안남도 회창군 '모안영' 묘와 중국인민지원군 열사묘에 화환 전달 및 전 중국인민지원군 사령부 방문 시 수행	10.26 중통
	김정일 국방위원장, 김정일, 은하수 '10월 음악회' 결속공연 관람 시 수행	11.01 중통

일 자	활 동 내 역	보 도
	김정일 국방위원장, 희천발전소 건설장 현지지도 시 수행	11.03 중통
11.08	김정일 국방위원장, 조명록 빈소 조의 방문 시 수행 - 조명록 국가장의위원회 위원	11.08 중통
	김정일 국방위원장, 조선인민군 제3875군부대 및 관하 중대 시찰 시 수행	11.12 중통
	김정일 국방위원장, 조선인민내무군 열성자대회 참가자들과 기념사진 촬영 시 수행	11.20 중통
	김정일 국방위원장, 룡연바닷가 양어사업소와 룡정양어장 현지지도 시 수행	11.22 중방
	김정일 국방위원장, 용호오리공장 현지지도 시 수행	11.22 중방
	김정일 국방위원장, 김일성종합대학 평양의학대학 현지지도 시 수행	11.23 중통
	김정일 국방위원장, 룡성식료공장에 새로 건설된 간장직장 현지지도 시 수행	11.23 중통
	김정일 국방위원장, 대안친선유리공장에서 새로 건설된 강질유리직장과 강서약수가공공장 현지지도 시 수행	11.24 중통
	김정일 국방위원장, 국립교향악단의 공연 관람 시 수행	11.28 중통
	김정일 국방위원장, 평양시 경공업공장들(12월7일 공장, 평양양말공장), 보통강백화점 현지지도 시 수행	12.11 중앙TV
	김정일 국방위원장, 개건 확장된 평양밀가루가공공장 및 선흥식료공장과 향만루대중식당 현지지도 시 수행	12.11 중통
	김정일 국방위원장, 제34차 군무자예술축전에 당선된 중대군인들의 공연 관람 시 수행	12.12 중통
	김정일 국방위원장, 조선인민군 제2670군부대 시찰 시 수행	12.16 중통
	김정일 국방위원장, 희천련하기계종합공장 현지지도 시 수행	12.21 중통
	김정일 국방위원장, 희천청년전기연합기업소와 희천발전소 건설장 현지지도 시 수행	12.22 중통
12.24	김정일 최고사령관 추대 19돌 즈음 당 중앙군사위와 국방위 주최 경축연회 참석	12.24 중통
	김정일 국방위원장, 공훈국가합창단의 '12월 경축 음악회' 관람 시 배석	12.25 중통
12.31	김정일 국방위원장, 은하수관현악단의 신년경축음악회 관람 시 수행	01.01 중통

2011년

일 자	활 동 내 역	보 도
	김정일 국방위원장, 평안북도 내 공장들(압록강계기종합공장, 수풍베아링공장, 압록강일용품공장) 현지지도 시 수행	01.14 중통

일 자	활 동 내 역	보 도
	김정일 국방위원장, 대관유리공장 현지지도 시 수행	01.15 중통
	김정일 국방위원장, 11월20일공장과 룡악산샘물공장 현지지도 시 수행	01.20 중방
	김정일 국방위원장, 만수대창작사 현지지도 시 수행	01.22 중통
	김정일 국방위원장, 공군사령부협주단 전자악단 공연 관람 시 수행	01.26 중통
	김정일 국방위원장, 인민군 제6556군부대 지휘부 시찰 시 수행	02.02 중통
	김정일 국방위원장, 새로 건설한 인민군 정성의학 종합연구소 현지지도 시 수행	02.02 중통
	김정일 국방위원장, 은하수 '설명절음악회' 관람 시 수행	02.02 중통
	김정일 국방위원장, 조선인민군 제963군부대 예술선전대 공연 관람 시 수행	02.09 중통
	김정일 국방위원장, 조선인민내무군협주단 개관공연 관람 시 수행	02.26 중통
	김정일 국방위원장, 평양남새과학연구소와 평양화초연구소 현지지도 시 수행	03.03 중통
	김정일 국방위원장, 국립교향악단 공연관람 시 수행	03.05 중통
	김정일 국방위원장, 3.7 국제부녀절 즈음 북·러 예술인들의 합동공연 관람 시 수행	03.07 중통
	김정일 국방위원장, 조선인민군 해군협주단의 공연관람 시 수행	03.13 중통
	김정일 국방위원장, 조선인민군 해군 제597군부대관하 공장 시찰 시 수행	03.16 중통
	김정일 국방위원장, 수중체조무용 모범출연 관람 시 수행	03.23 중통
	김정일 국방위원장, 조선인민군 무장장비부문·일군 열성자대회 참가자들 접견 시 수행	03.24 중통
	김정일 국방위원장, 경희극 '산울림' 관람 시 수행	03.26 중통
	김정일 국방위원장, 자강도 내 공장·기업소(자강도제련소, 압록강다이아공장) 현지지도 시 수행	04.06 중방
	김정일 국방위원장, 자강도예술단 예술인들의 공연 관람 시 수행	04.06 중통
	김정일 국방위원장, 강계시 공장들(강계뜨락또르종합공장, 강계고려약공장) 현지지도 시 수행	04.07 중통
	김정일 국방위원장, 자강도 공장·기업소(2월제강종합기업소, 자강기계공장, 2.8기계종합공장) 현지지도 시 수행	04.08 중통
	김정일 국방위원장, 김일성주석 생일 즈음 제10215군부대 예술선전대 공연 관람 시 수행	04.15 중통
	김정일 국방위원장, 공훈국가합창단의 조선인민군창건일 경축공연 관람 시 수행	04.25 중통

일 자	활 동 내 역	보 도
	김정일 국방위원장, 조선인민군종합체육관 개관식 참석 시 수행	05.04 중통
2011.05.27	김정일 국방위원장, 중국 비공식방문 후 귀국 시 영접	05.27 중통
	김정일 국방위원장, 희천발전소 건설장 현지지도 시 수행	05.28 중통
	김정일 국방위원장, 조선인민내무군협주단의 방중성과 축하 음악무용종합공연 관람 시 수행	05.29 중통
	김정일 국방위원장, 제2기 제4차 군인가족예술소조 경연에 참가한 군인가족예술소조공연 관람 시 수행	06.10 중통
06.13	김정일 당 총비서, 중국공산당 대표단(단장 : 리위안차오 조직부장) 접견 및 오찬 시 배석	06.13 중통
	김정일 국방위원장, 조선인민군 제963군부대예술선전대 공연 관람 시 수행	07.01 중통
	김정일 국방위원장, 조선인민군 제2기 제4차 군인가족예술 소조경연에 참가한 군인가족예술소조공연관람 시 수행	07.02 중통
	김정일 국방위원장, 중앙동물원 현지지도 시 수행	07.10 중통
07.12	김정일 국방위원장, 중국친선대표단(단장: 장더장 국무원 부총리)과 중국인민대외우호협회 및 중북우호협회 대표단 (단장: 무둥화 회장) 접견 및 만찬 시 배석	07.13 중통
	김정일 국방위원장, 조선인민군 제963군부대 지휘부 시찰 시 수행	07.13 중통
	김정일 국방위원장, 연극 '오늘을 추억하리' 관람 시 수행	07.13 중통
07.15	김정일 국방위원장, 중국 방북예술단 공연(감숙성가무극원 무용극 '비단길 위의 꽃보라') 관람 시 수행	07.15 중통
	김정일 국방위원장, 은하수관현악단의 은하수극장개관 기념 음악회 관람 시 수행	07.16 중통
	김정일 국방위원장, 국립교향악단 공연 관람 시 수행	07.21 중통
	김정일 국방위원장, 대동강과수종합농장과 대동강과일 종합가공공장 현지지도 시 수행	07.22 중방
07.24	김정일 국방위원장, 도·시·군 인민회의 대의원선거장 방문 (평양시 제264호구 제150호분구 선거장) 및 투표 시 수행	07.24 중통
	김정일 국방위원장, 조선해군사령부 시찰 시 수행	07.25 중통
	김정일 국방위원장, 정전협정 체결 58돌 경축 공훈 국가합창단 공연 관람 시 수행	07.27 중통
07.27	김정일 국방위원장, 조선로동당 중앙군사위원회· 조선국방위원회 공동 주최 정전협정 체결 58돌 경축연회 참석 시 수행	07.27 중통
	김정일 국방위원장, 5월11일 공장 현지지도 시 수행	07.29 중방
08.27	김정일 국방위원장, 러시아·중국 방문을 마치고 귀국 시 영접	08.27 중통
	공훈국가합창단의 김정일 외국방문 성과 축하 특별공연 참석	08.29 중통

일 자	활 동 내 역	보 도
	조선로동당 중앙군사위원회·조선국방위원회 공동 주최 김정일의 외국방문(러시아·중국) 성과 축하연회 참석	08.29 중통
	김정일 국방위원장, 희천발전소건설장 현지지도 시 수행	08.31 중통
	김정일 국방위원장, 자강도 룡림군 현지지도 시 수행	08.31 중통
	김정일 국방위원장, 평양시 여러 부문 사업(평양 8월 풀가공공장, 금성식료공장, 만수대지구 건설장, 보통문거리 고기상점 등) 현지지도 시 수행	09.08 중통
09.09	김정일 국방위원장, 금수산기념궁전 참배 시 수행	09.08 중통
09.09	김일성광장에서 진행된 북한 정권 창건 63주년 경축 노농적위대 열병식 주석단에 참석	09.09 중통
	김정일 국방위원장, 목란비디오사 현지지도 시 수행	09.10 중통
	김정일 국방위원장, 전국여맹소조종합공연 관람 시 수행	09.12 중통
09.23	김정일 국방위원장, 라오스 주석과 회담 및 연회 참석 시 수행	09.23 중통
	김정일 국방위원장, 중앙양묘장 현지지도 시 수행	10.09 중통
	김정일 국방위원장, 은하수 10월 음악회 '영원히 한 길을 가리라' 관람 시 수행	10.11 중통
	김정일 당 총비서, 조선로동당 창건 66돌 즈음 당중앙위원회·당중앙군사위원회 공동 주최 경축연회 참석 시 수행	10.12 중통
	김정일 국방위원장, 새로 건설된 대동강자라공장 현지지도 시 수행	10.14 중통
	김정일 국방위원장, 새로 건설된 대동강돼지공장·대동강 그물공장 현지지도 시 수행	10.14 중통
	김정일 국방위원장, 함흥시 중요 기업소들(2·8비날론연합기업소·흥남비료연합기업소·룡성기계연합기업소·흥남제련소) 현지지도 시 수행	10.16 중통
	김정일 국방위원장, 감나무중대 군인들의 예술소조공연 관람 시 수행	10.18 중통
	김정일 국방위원장, 조선인민군 제4304군부대와 관하중대 시찰 시 수행	10.19 중통
	김정일 국방위원장, 조선인민군 제985군부대 지휘부시찰 및 광덕돼지공장 현지지도 시 수행	10.22 중통
	김정일 국방위원장, 함경남도의 일군들과 노력혁신자들, 과학자, 기술자들 위한 연회 참석 시 수행	10.23 중통
10.24	김정일 국방위원장, '리커창' 중국 국무원 부총리 접견 및 만찬 시 배석	10.24 중통
	김정일 국방위원장, 자강도 내 공장들(강계뜨락또르종합공장, 장자강공작기계공장, 2·8기계종합공장,희천련하기계종합공장, 희천정밀기계공장 등) 현지지도 시 수행	10.29 중통

일 자	활 동 내 역	보 도
	김정일 국방위원장, 조선인민군 제789군부대 시찰시 수행	10.31 중통
10.31	김정일 국방위원장, 북한 주재 중국대사 '류홍차이' 접견 및 만찬 시 수행	11.01 중통
	김정일 국방위원장, 조선인민군 공군 연합부대 훈련지도 시 수행	11.02 중통
	김정일 국방위원장, 조선인민군 제322군부대 시찰 시 수행	11.03 중통
	김정일 국방위원장, 태성기계공장 현지지도 시 수행	11.03 중통
	김정일 국방위원장, 조선인민군 공군 제813군부대 및 군부대의 혁명사적지 시찰 시 수행	11.07 중통
11.17	김정일 국방위원장, 중국인민해방군 고위군사대표단 (단장: '리자나이' 중국군 총정치부 주임) 접견 및 만찬 시 배석	11.17 중통
	김정일 국방위원장, 조선인민군 제6556군부대 지휘부 예술 소조공연 관람 시 수행	11.18 중통
	김정일 국방위원장, 전선서부에 위치한 제233대연합부대 지휘부 시찰 시 수행	11.25 중통
	김정일 국방위원장, 리명제가 사업하는 돌가공공장 현지지도 시 수행	11.25 중통
	김정일 국방위원장, 오중흡 7연대 칭호를 수여받은 조선인민군 공군 제1016군부대 시찰 시 수행	11.26 중통
	김정일 국방위원장, 황해남도 과일군 현지지도 시 수행	11.27 중통
	김정일 국방위원장, 조선인민군 제630대연합부대 종합전술 훈련 지도 및 조선인민군 제169군부대 관하 중대 시찰 시 수행	11.30 중통
	김정일 국방위원장, 조선인민군 공군 제378군부대 비행훈련 지도 시 수행	12.03 중통
	김정일 국방위원장, 개선청년공원 유희장 시찰 시 수행	12.04 중통
	김정일 국방위원장, 조선인민군 제35차 군무자 예술축전 당선 제762군부대·제966군부대·제630군부대·제337군부대· 제233군부대 관하 중대군인들 공연 관람 시 수행	12.06 중통
	김정일 국방위원장, 조선인민군 제966대연합부대 화력타격 훈련 지도 시 수행	12.13 중통
	김정일 국방위원장, 하나음악정보센터와 광복지구 상업중심 현지지도 시 수행	12.17 중통
12.20	김정일 국방위원장의 영전에 조의를 표하는 의식 참석	12.20 중통
12.20	조선로동당과 국가·무력기관 책임일군들과 김정일 국방위원장 영구에 애도 표시	12.20 중통
12.23	김정일 국방위원장의 영구를 다시 찾아 애도 표시	12.23 중통
12.24	조선로동당 중앙군사위원회와 조선국방위원회 성원들, 조선인민군 주요 지휘성원들, 조선인민군최고사령부 작전	12.24 중통

일 자	활 동 내 역	보 도
	지휘성원들, 조선인민군 대연합부대 지휘성원들과 김정일 국방위원장 영구에 애도 표시	
12.26	김정일 국방위원장의 영구를 다시 찾아 애도 표시	12.26 중통
12.27	김정일 국방위원장의 영구를 다시 찾아 애도 표시	12.27 중통
12.28	김정일 국방위원장 영결식 참석	12.28 중앙TV
12.29	김일성광장에서 진행된 김정일 국방위원장 추모 중앙추도대회 참석	12.29 중앙TV
12.30	김일성종합대학·희천발전소건설장 등 여러 단위 일군·근로자들의 편지에 친필 답전	01.03 중통
2011.12.31	* 담화 《위대한 김정일장군님을 영원히 높이 우러러 모시고 장군님의 유훈을 철저히 관철하자》	2013.1 당출판사

2012년

일자	활 동 내 역	보 도
2012.01.01	금수산기념궁전 참배	01.01 중통
01.01	근위서울 류경수 제105탱크사단 방문	01.01 중통
	2012년 은하수 신년음악회 '태양의 위업 영원하리' 관람	01.02 중통
	조선인민군 군대가 맡고 있는 평양민속공원, 영웅거리의 고기상점 등 여러 건설대상들 시찰	01.11 중통
	음악무용종합공연 《영원토록 받들리 우리의 최고사령관》 관람	01.15 중통
	오중흡7연대 칭호를 수여받은 조선인민군 제169군 부대 시찰	01.19 중통
	오중흡7연대칭호 조선인민군 제3870군부대 시찰	01.20 중통
	조선인민군 공군 제354군부대 시찰	01.20 중통
	조선인민군 제671대연합부대 지휘부 시찰	01.22 중통
01.22	허철용이 사업하는 기계공장 현지지도	01.22 중통
	설 명절 즈음 만경대혁명학원 방문	01.25 중통
	서부지구 항공구락부 선수들의 모범경기 관람	01.27 중통
	오중흡7연대칭호 조선인민군 공군 제378군부대 비행훈련 현지지도	01.27 중통
	서부지구 항공구락부 선수들의 모범경기 관람	01.28 중통
	조선인민군 군악단 연주회 관람	01.29 중통
	조선인민군 공군 제1017군부대 시찰	01.31 중통
	조선인민군 해군 제597연합부대 지휘부와 관하 군부대 시찰	02.06 중통
	조선인민군 제324대연합부대 지휘부와 관하 군부대시찰	02.08 중통
02.15	조선인민군 지휘성원들의 군사호칭을 올려줄데 대한 명령 제003호 하달	02.15 중통
02.15	김정일 국방위원장 생일 70돌 기념 중앙보고대회 참석	02.15 중통

일자	활동 내역	보도
02.16	김정일 국방위원장 70회 생일 즈음 '김정일에 숭고한 경의표시 행사' 참석	02.16 중통
02.16	금수산태양궁전 명명 공동결정 공표 및 육해공군장병들의 김일성·김정일 대원수에 경의 표시와 김정은 최고사령관에게 충성 맹세 예식행사 참석	02.16 중통
02.16	김정일 국방위원장 70회 생일 기념대공연 관람	02.17 중통
02.18	은하수 광명성절음악회 관람	02.18 중통
02.21	조선인민군 제842군부대 시찰	02.21 중통
02.23	경기용 총탄공장 현지지도	02.23 중통
02.24	은하수 광명성절음악회 공연 관람	02.24 중방
	서남전선지구 조선인민군 제4군단사령부 관하 군부대 시찰	02.26 중통
	조선인민군 전략로케트사령부 시찰	03.03 중통
	판문점 시찰	03.03 중통
03.08	3·8국제부녀절기념 은하수음악회 《녀성은 꽃이라네》 관람	03.09 중통
	오중흡7연대칭호 조선인민군 해군 제123군부대 및 초도방어대 시찰	03.10 중통
	조선인민군 육해공군 합동타격훈련 지도	03.15 중통
03.25	금수산태양궁전을 찾아 애도 표시	03.25 중통
03.25	김정일 국방위원장 사망 100일 중앙추모대회 참석	03.25 중앙TV
	동해안전방초소 려도방어대 시찰	04.04 중통
	조선인민군 해군 제155군부대 시찰	04.06 중통
2012.04.06	* 담화 《위대한 김정일동지를 우리 당의 영원한 총비서로 높이 모시고 주체혁명위업을 빛나게 완성해나가자》	2012.4.19
	완공을 앞둔 인민극장 현지지도 및 국가산업미술전시회장 시찰	04.10 중통
04.11	조선로동당 제4차 대표자회 참석 - 조선로동당 제1비서 추대	04.11 중통
04.13	최고인민회의 제12기 제5차 회의 주석단 참석 - 조선민주주의인민공화국 국방위원회 제1위원장 추대	04.13 중통
04.13	김일성·김정일동상 만수대언덕에 건립 제막식 참석	04.13 중통
04.13	조선인민군 지휘성원들 승진 인사 '명령 제009호' 하달	04.14 중통
04.14	조선인민군 무장장비관 개관식 참가	04.15 중통
04.14	김일성 주석 생일 100돌 경축 중앙보고대회 참석	04.14 중통
04.15	김일성 주석 생일 100돌 기념 열병식 참가	04.15 중앙TV실황
2012.04.15	* 연설 《선군의 기치를 더 높이 추켜들고 최후승리를 향하여 힘차게 싸워나가자》	2012.4.15
04.15	조선로동당·정부 간부들과 금수산태양궁전 참배	04.15 중통

일자	활 동 내 역	보 도
04.15	김일성 주석 생일 100돌 경축 축포야회 참가	04.15 중앙 TV실황
	조선로동당 제4차 대표자회 참가자들 및 김일성 주석 생일 경축대표들과 기념사진촬영	04.17 중통
	인민극장 건설에서 위훈을 세운 군인건설자들, 설계일군들과 기념사진촬영	04.17 중통
	금수산태양궁전 군무자들과 기념사진촬영	04.17 중통
	만수대창작사 일군·창작가·종업원들과 기념사진촬영	04.19 중통
	김일성주석 생일 100돌 경축 열병식 참가자들과 기념사진촬영	04.20 중통
2012.04.20	* 논문 《위대한 김일성동지는 우리 당과 인민의 영원한 수령 이시다》	2012.6.12
04.25	조선인민군 창건 80돌 경축 중앙보고대회 참석	04.25 중통
04.25	금수산태양궁전 참배	04.25 중통
04.25	공훈국가합창단 공연 관람	04.25 중통
04.25	새로 건설된 만수교고기상점(평양 보통강변) 준공식 참석	04.26 중통
	무장장비관 건설에서 위훈을 세운 군인건설자들과 기념사진촬영	04.26 중통
2012.04.27	* 담화 《사회주의강성국가 건설의 요구에 맞게 국토관리사업 에서 혁명적 전환을 가져올 데 대하여》	2012.5.9
	조선인민군 제655연합부대 종합전술연습 지도	04.28 중통
	조선인민군 창건 80돌 경축 은하수음악회 관람	04.28 중통
	조선인민군 제26차 군사과학기술전람회장 참관	04.29 중통
	조선인민군교예단 대형요술공연 관람	04.29 중통
	룡라인민유원지 개발사업 현지지도	04.30 중통
	5.1절 경축 은하수음악회 관람	05.02 중통
	조선인민군 항공 및 반항공군 지휘부 시찰	05.04 중통
2012.05.08	* 저작 《사회주의 강성국가건설의 요구에 맞게 국토관리사업 에서 혁명적 전환을 가져올 데 대하여》 발표	05.08 중통
	만경대유희장 시찰	05.09 중통
	국토관리총동원열성자대회 참가자들과 기념사진촬영	05.09 중통
	조선인민군 제639·534대연합부대 예술선전대 공연관람	05.20 중통
	조선인민군 제1501군부대 시찰	05.24 중통
	조선인민군 제6556군부대 장병들과 기념사진촬영	05.24 중통
	개선청년공원 유희장 시찰 요해 및 완공을 앞둔 창전거리· 류경원과 인민야외빙상장 건설사업 현지지도	05.25 중통
05.26.	중앙동물원 현지지도	05.27 중통
	창전거리에 새로 건설된 아동백화점·살림집·창전소학교· 경상탁아소·경상유치원 현지지도	05.31 중통
2012.06.06	* 연설 《앞날의 강성조선을 떠받드는 기둥이 되라》	2012.6.6

일자	활 동 내 역	보 도
06.06	조선소년단 창립 66돌 경축 은하수관현악단 음악회 관람	06.07 중통
	조선소년단 창립 66돌 경축행사 대표들과 기념사진촬영	06.07 중통
	룽라인민유원지, 평양산원 유선종앙연구소 건설현장 현지지도	07.01 중통
	평양양말공장과 아동백화점 현지지도	07.03 중통
	평양항공역 사업 현지지도	07.05 중통
07.08	조선인민군 지휘성원들과 금수산태양궁전 김일정·김정일 입상에 경의 표시	07.08 중통
07.08	조국해방전쟁승리기념관(1974년 건립) 시찰	07.09 중통
	만수대언덕에서 중요대상건설에서 위훈을 세운 인민내무군 모범적 군인들과 기념사진촬영	07.14 중통
	경상유치원 방문	07.15 중통
07.17	공화국 원수 칭호	07.18 중통
	준공을 앞둔 룽라인민유원지 시찰	07.25 중통
07.25	룽라인민유원지 준공식 참석	07.25 중통
2012.07.26	* 담화《김정일애국주의를 구현하여 부강조국건설을 다그치자》	2012.8.3
07.26	전승절 경축 내무군협주단 공연 관람 및 기념사진촬영	07.27 중통
07.26	완공단계 류경원과 인민야외빙상장 시찰	07.27 중통
	전승절에 참가한 전쟁노병대표들과 기념사진촬영	07.30 중통
	전승절 경축 모란봉악단 공연 관람	07.31 중통
08.02	왕자루이王家瑞 중국공산당 대외연락부장 접견·담화 및 만찬	08.03 중통
	운곡지구종합목장 현지지도	08.06 중통
	조선인민군 제552군부대 관하 구분대와 구분대 관하 여성중대 시찰 및 중대군인들의 예술소조공연 관람	08.07 중통
	항공 및 반항공군 제1017군부대 비행훈련 지도	08.07 중통
	서남전선 최남단 섬방어대(장재도·무도방어대) 시찰	08.18 중통
	조선인민군 제4302군부대 관하 감나무중대 시찰	08.24 중방
	전선동부 시찰 중 부인 리설주와 함께 선군정치 시작 52돌 경축 모란봉악단의 화선공연 관람	08.26 중통
	선군혁명영도 52돌 계기 8·25 경축연회 참석 및 연설	08.26 중통
2012.08.25	* 연설《위대한 김일성동지와 김정일동지의 불멸의 태양기를 높이 휘날리며 나아가는 우리의 앞길에는 오직 승리와 영광만이 있을 것입니다》	2012.8.25
2012.08.27	* 축하문《청년절경축대회 참가자들과 온 나라 청년들에게》	
	조선인민군 제313대연합부대 지휘부와 제894군부대 시찰	08.28 중통
	전선동부에 위치한 제318군부대 시찰	08.29 중통
	청년절 경축행사 대표들과 기념사진촬영	08.30 중통
08.30	청년절 경축행사 대표들과 함께 은하수음악회 관람	08.30 중통
	무장장비관에 새로 꾸려진 전자도서관 시찰	09.01 중통
	개업을 앞둔 해맞이식당 시찰	09.01 중통
	대동강타일공장 현지지도	09.02 중통

일자	활 동 내 역	보 도
	조선인민내무군 여성취주악단 연주회 지도	09.02 중통
	조선인민군 군악대 연주회 지도	09.03 중통
	창전거리 살림집들에 입사한 근로자들 가정 방문	09.05 중통
	통일거리운동센터 현지지도	09.08 중통
09.09	금수산태양궁전에서 김일성 주석과 김정일 국방위원장에 경의 표시	09.09 중통
09.09	북한 정권 창건 64돌 즈음 조선인민군협주단 종합공연 관람	09.09 중통
	평양남새과학연구소와 평양화초연구소 현지지도	09.21 중방
09.25	최고인민회의 제12기 제6차 회의 참석	09.25 중통
	국가안전보위부에 세워진 김정일동상 및 만경대유희장과 대성산유희장 시찰	10.07 중통
10.07	김정일 당 총비서 추대 15돌 기념 중앙보고대회 참석	10.07 중통
10.10	조선로동당 창건 67돌 즈음 금수산태양궁전 참배	10.10 중통
10.10	조선로동당 창건 67돌 경축 모란봉악단공연 관람	10.11 중통
2012.10.12	* 서한 《혁명가유자녀들은 만경대의 혈통, 백두의 혈통을 굳건히 이어나가는 선군혁명의 믿음직한 골간이 되어야 한다》	10.13 중통
	만경대 및 강반석혁명학원 창립(1947.10.12.) 65돌 경축대회 참가자들과 기념사진촬영	10.14 중통
11.04	준공을 앞둔 류경원·인민야외빙상장·롤라스케이트장시찰	11.04 중통
11.07	부인 리설주와 함께 사격경기(4.25국방체육단 사격선수)와 여자배구경기 관람	11.07 중통
11.18	제4차 전국어머니대회 참가자들과 기념사진촬영	11.18 중통
11.19	조선인민군 제534군부대 직속 기마중대 훈련장 시찰	11.19 중통
11.19	보위기관 창립절을 맞으며 국가안전보위부 방문	11.19 중방
11.26	전국분주소장회의 참가자들과 기념사진촬영	11.26 중방
11.26	전국사법검찰일군열성자대회 참가자들에게 서한 전달	11.26 중통
12.01	사회과학원 창립 60돌 관련 과학자·일군들에게 서한 전달	12.01 중통
12.12	광명성-3호 발사 친필명령 하달 및 위성관제종합지휘소를 방문해 발사과정 참관	12.14 중통
12.15	평안북도 철산군 서해위성발사장을 찾아 광명성-3호 발사에 기여한 과학자·기술자들 축하 및 기념촬영	12.15 중통
12.16	김정일 국방위원장 사망 1돌 중앙추모대회 참석	12.16 중통
12.17	금수산태양궁전 개관식 참석	12.17 중통
2012.12.17	* 감사문 《금수산태양궁전을 주체의 최고성지로 훌륭히 꾸리는데 온갖 지성을 다 바친 전체 인민군장병들과 인민들에게》	12.17 중통
12.21	광명성-3호 2호기 발사에 공헌한 과학자 등을 위한 연회에서 축하연설	12.22 중통
12.24	금수산태양궁전에서 김일성 주석, 김정일 국방위원장에게 참배	12.24 중통

일자	활 동 내 역	보 도
12.30	광명성-3호 발사에 공헌한 과학자·기술자·노동자들과 기념사진촬영	12.30 중통
12.30	조선로동당 중앙위원회 주최 광명성-3호 발사에 공헌한 과학자 등 축하연회 참석	12.31 중통

2013년

일 자	활 동 내 역	보 도
2013.01.01	새해 즈음 금수산태양궁전 참배	01.01 중통
2013.01.01	* 《신년사》	01.01 중앙TV
01.01	모란봉악단 신년 경축공연 《당을 따라 끝까지》 관람	01.01 중통
01.19	완공단계에 이른 대성산종합병원 시찰	01.19 중통
01.26	국가안전 및 대외부문 일군협의회 소집 및 지도	01.27 중통
2013.01.28	* 개회사 《경애하는 김정은동지께서 하신 개회사》 (제4차 세포비서대회)	01.29 중통
2013.01.29	* 연설 《당세포사업을 개선강화하여 당의 전투적 위력을 백방으로 높이고 강성국가건설을 힘있게 다그치자》	01.30 중통
2013.01.29	* 폐회사 《경애하는 김정은동지께서 하신 폐회사》 (제4차 세포비서대회)	01.30 중통
	제4차 당세포비서대회 참가자들과 기념사진촬영	02.02 중통
	조선로동당 중앙군사위원회 확대회의 참석	02.03 중통
02.15	김정일 국방위원장 이름이 새겨진 시계표창 첫 수여식 참석	02.15 중통
02.16	김정일 국방위원장 생일 즈음 금수산태양궁전 참배	02.16 중통
02.16	만경대혁명학원에 건립된 김일성·김정일동상 제막식 참석	02.16 중통
	오중흡7연대칭호를 수여받은 조선인민군 제323군 부대 시찰	02.21 중통
	조선인민군 제526대연합부대 관하 구분대의 공격 전술연습 지도	02.22 중통
	조국해방전쟁승리기념관 건설장 시찰	02.22 중통
02.22	전군당강습지도일군회의 참가자들과 기념사진촬영	02.22 중통
	조선인민군 항공 및 반항공군, 제630대연합부대 비행훈련과 항공육전병 강하훈련 지도	02.23 중통
	조선인민군 포병화력타격훈련 지도	02.26 중통
	제3차 핵실험 성공 위훈자들과 기념사진촬영	02.27 중통
02.28	조·미 농구팀 선수들의 혼합경기(류경정주영체육관)관람, 미 NBA 전 선수 '데니스 로드맨' 등 일행과 만찬 및 담화	03.01 중통
03.07	서남전선 장재도·무도 방어대 재시찰	03.08 중통
	청춘거리 체육촌 시찰 및 4.25국방체육단과 압록강 체육단의 활쏘기경기 관람	03.09 중통

일 자	활 동 내 역	보 도
03.11	백령도 인근 월내도방어대 시찰	03.12 중통
03.11	조선인민군 제641군부대 관하 장거리 포병구분대 시찰	03.12 중통
	룡정양어장(황남 룡연군) 현지지도	03.12 중통
	조선인민군 제531군부대 예술선전대 공연 관람	03.12 중통
	연평도·백령도 타격에 인입되는 열점지역 포병구분대들의 실전능력 판정을 위한 실탄사격훈련지도	03.14 중방
2013.03.18	* 연설《경애하는 김정은동지께서 전국경공업대회에서 연설》	03.19 중통
03.19	전국경공업대회 참가자들과 기념촬영	03.19 중통
03.20	초정밀 무인타격기의 대상물 타격과 적 순항미사일을 소멸하는 자행고사로케트 사격훈련 지도	03.20 중통
03.22	조선인민군 제1973군부대 지휘부 시찰	03.23 중통
03.23	조선인민군 제197군부대 관하 2대대 시찰	03.24 중통
03.24	인민군대 여러 부문사업 지도	03.25 중통
03.24	조선인민군 제1501군부대와 인민군대에서 건조하고 있는 식당배 '대동강'호 시찰	03.25 중통
03.25	동해안에 위치한 육군 대연합부대들 및 해군 연합부대의 상륙 및 반상륙작전능력 최종검열	03.26 중통
03.28	전군선전일군회의(4.25문화회관) 참석 및 연설	03.28 중통
03.28	전군선전일군회의 참석자들과 기념촬영	03.28 중통
03.29	조선인민군 전략로케트군 화력타격임무수행과 관련한 작전회의 긴급소집 및 화력타격계획 최종 검토·비준	03.29 중통
03.31	금수산태양궁전 참배	03.31 중통
2013.03.31	* 보고《경애하는 김정은동지께서 조선로동당 중앙위원회 2013년 3월 전원회의에서 하신 보고》	03.31 중앙TV
2013.03.31	* 결론《경애하는 김정은동지께서 조선로동당 중앙위원회 2013년 3월 전원회의에서 하신 결론》	03.31 중앙TV
04.01	최고인민회의 제12기 제7차 회의(만수대의사당) 참석	04.01 중통
04.15	태양절(김일성 주석 생일) 즈음 금수산태양궁전 참배	04.15 중통
04.15	평양시민들과 함께 태양절경축 은하수음악회 관람	04.16 중통
04.15	군사학교 교직원체육경기 관람	04.16 중통
04.25	조선인민군 창건 81돌 즈음 금수산태양궁전 참배	04.26 중통
04.25	조선인민군 창건 81돌 즈음 경축연회 참석	04.26 중통
04.25	조선인민군 예식(금수산태양궁전광장) 참가	04.25 중앙TV
	개업을 앞둔 해당화관 시찰	04.28 중통
04.29	만경대상체육경기대회 1급 남자축구 결승전(김일성경기장) 관람	04.30 중통
04.29	최근 국제경기들에서 금메달을 쟁취한 선수들과 김일승 감독 및 체육지도 일군들 접견	04.30 중통

일 자	활 동 내 역	보 도
	양각도축구경기장 시찰	04.30 중통
	새로 건설한 국가과학원 생물공학분원 잔디연구소 시찰	05.05 중통
	인민군대에서 건설 중인 여러 대상들 시찰	05.07 중통
	은하수관현악단의 전승 60돌 경축 공연준비 점검 및 창작가·예술인들 접견	05.08 중통
	조선인민내무군협주단 공연 관람	05.13 중통
	만수대창작사를 찾아 영상작품 창작사업 지도	05.13 중통
	새로 건설된 강태호가 사업하는 기계공장 현지지도	05.14 중통
	조선인민군 2월20일 공장 현지지도	05.17 중통
	룡문술공장 현지지도	05.19 중통
05.19	리설주와 함께 평양시 묘향산등산소년단 야영소 시찰	05.20 중통
	조선인민군 제621호 육종장 현지지도와 405군부대 시찰	05.21 중통
	조선인민군 제639군부대 관하 동해후방기지 및 제534군 부대 관하 종합식료가공공장 현지지도	05.26 중통
	인민군대에서 새로 건설하고 있는 마식령스키장 현지지도	05.27 중통
	조선인민군 해군 291군부대 시찰	05.27 중방
	조선인민군 제313군부대 관하 8월25일수산사업소 현지지도	05.28 중통
	송도원 국제소년단야영소 및 청년야외극장 현지지도	05.31 중통
06.01	마전해수욕장 및 조선인민군 제1521호 기업소에 새로 건설한 성천강그물공장과 수지관직장 방문	06.01 중통
06.02	오성산 초소들과 제507군부대 방문	06.03 중통
06.02	조선인민군 제549군부대 돼지공장 방문	06.03 중통
06.04	고산과수농장 방문	06.04 중통
2013.06.04	* 호소문 《《마식령속도》를 창조하여 사회주의건설의 모든 전선에서 새로운 전성기를 열어나가자》	06.05 중통
	새로 건설한 보성버섯공장 방문	06.05 중통
06.06	조선소년단 제7차대회 참석	06.06 중통
	조선소년단 제7차대회 참석자들과 기념사진촬영	06.06 중통
	평양기초식품공장 현지지도	06.08 중통
	평양국제축구학교와 릉라인민체육공원 시찰	06.10 중통
06.13	창성군 여러 부문 사업(창성식료공장, 창성각, 창성국수집, 은덕원, 창성혁명사적관 등) 현지지도	06.14 중통
	대관유리공장 현지지도	06.15 중통
	유평혁명사적지 현지지도	06.16 중통
	허철용이 사업하는 기계공장 현지지도	06.17 중통
	조선인민군 항공 및 반항공군 제1017군부대 비행훈련 지도	06.19 중통
	1월18일기계종합공장 현지지도	06.19 중통
	안주시(평남) 송학협동농장 남새온실 시찰 및 남흥청년화학 연합기업소 현지지도	06.20 중통
	강계뜨락또르종합공장 현지지도	06.22 중통

일 자	활 동 내 역	보 도
	강계정밀기계종합공장 현지지도	06.23 중통
	자강도 노동계급들과 모란봉악단 공연 관람	06.24 중통
	장자강공작기계공장 현지지도	06.24 중통
	룡성기계연합기업소 2월11일공장 현지지도	06.29 중통
	신흥기계공장 현지지도	06.30 중통
	조선인민군 제851군부대 포사격훈련 현지지도	07.01 중통
	과학자살림집건설장·완공단계에 이른 인민군열사묘, 완공을 앞둔 조국해방전쟁승리기념관 시찰	07.02 중통
	강동정밀기계공장 현지지도	07.03 중통
07.08	김일성 주석 사망 19돌 즈음 금수산태양궁전 방문 및 김일성 주석, 김정일 국방위원장에게 경의 표시	07.08 중통
	개관을 앞둔 조국해방전쟁승리기념관 방문	07.11 중통
	조선인민군 제534군부대 산하 1116호 농장에 건설한 버섯공장 현지지도	07.16 중통
07.16	새로 건설 중인 아동병원과 구강병원 건설장 현지지도	07.16 중통
07.24	전승 60돌 경축행사 참가 차 방북하고 있는 시리아 대표단 (단장: 압둘라 알 아흐마르 아랍사회부흥당부총비서) 접견	07.25 중통
07.25	조국해방전쟁참전 열사묘 건립(평양) 준공식 참석	07.25 중통
07.25	중국 부주석 리위안차오 등 북한 전승절 60돌 행사 참석 중국정부 대표단 접견 및 시진핑의 구두친서 접수	07.26 중통
07.26	대집단체조와 예술공연《아리랑》관람	07.27 중통
07.26	중국 리위안차오 부주석 등 여러 나라 대표단 단장들 접견	07.27 중통
07.26	전승 60돌 경축 중앙보고대회 참가	07.27 중통
07.27	전승 60돌 기념 금수산태양궁전 참배	07.27 중통
07.27	전승 60돌 경축 열병식 및 평양시 군중시위 참가	07.27 중통
07.27	조국해방전쟁승리기념관 개관식 참석	07.27 중통
07.27	전승 60돌 경축 축포야회 참석	07.27 중통
07.27	전승 60돌 경축연회 참석	07.28 중통
07.29	평남 회창군 중국인민지원군열사능원을 찾아 중국인민지원군 열사들(모택동 아들 모안영 등) 추모	07.30 중통
07.29	중국인민지원군사령부가 위치한 성흥혁명사적지 방문	07.30 중통
	전승절 60돌 경축행사 참가한 전쟁노병 대표들과 기념사진촬영	07.30 중통
07.30	해외동포들과도 기념사진촬영	07.30 중통
	4.25팀과 횃불팀의 남자축구경기 및 4.25국방체육단과 압록강국방체육단 양궁경기 관람	08.01 중통
	전승절 60돌 경축 열병식 참가 전쟁노병들·지휘성원들과 기념사진촬영	08.03 중통
	전승 60돌 경축 열병식 참가자들과 모란봉악단 축하공연 관람	08.04 중통

일 자	활 동 내 역	보 도
	완공단계에 이른 과학자살림집 건설장과 새로 개건 중인 평양체육관 시찰	08.07 중통
	미림승마구락부·문수물놀이장 건설장 시찰	08.09 중통
	5월11일공장(전자제품들 생산공장) 현지지도	08.11 중통
	김일성종합대학 과학자살림집 건설장 방문	08.13 중통
08.14	김일성경기장에서 남자축구경기(룡악산팀 : 보통강팀) 관람	08.15 중통
	조선인민군 제3404군부대 시찰 및 마식령스키장 건설장 현지지도	08.17 중통
	조선인민군 과학기술전람관 시찰	08.20 중통
	새로 건조한 전투함선 기동훈련 지도	08.25 중통
	전승혁명사적지 개건 지원자들에게 감사 전달	08.25 중방
2013.08.25	* 담화《김정일동지의 위대한 선군혁명사상과 업적을 길이 빛내어나가자》	08.25 중통
	조선로동당 중앙군사위원회 확대회의 주재	08.26 중통
	인민무력부 선군절 경축연회 참가	08.26 중통
08.28	횃불상 1급남자축구 결승경기 관람	08.29 중통
	인민내무군협주단의 음악무용 종합공연《선군의 나의 조국》관람	09.02 중통
	애국돌공장(황해남도 해주시) 현지지도	09.03 중통
	월내도방어대 시찰	09.03 중통
	룡연바닷가 양어사업소 현지지도	09.03 중통
	미국 NBA 전 선수 데니스 로드맨과 담화 및 농구경기 (4.25팀·압록강팀) 관람 후 만찬 참석	09.07 중통
2013.09.07	* 축하문《전체 총련일군들과 재일동포들에게》	09.07 중통
	조선인민내무군협주단 공연 관람	09.10 중통
09.09	북한 정권 수립 65돌 기념 노농적위군 열병식 및 평양시 군중시위 참가	09.09 중통
	새로 개건된 평양체육관 시찰	09.15 중통
	룽라인민유원지 유희장에 건설한 입체율동영화관과 전자오락관 시찰	09.15 중통
2013.09.15	2013 아시안컵 및 아시아클럽역도선수권대회 4일차 63kg급·69kg급 경기 관람	09.16 중통
	완공단계 문수물놀이장 건설장 시찰	09.18 중방
	문수물놀이장 건설장과 완공단계에 이른 미림승마구락부 건설장 현지지도	09.23 중통
	완공단계 구강병원 건설장 현지지도 및 류경구강병원으로 개명	09.24 중통
	5월1일경기장을 돌아보고 개건 보수과업 제시	09.24 중통
	완공을 앞둔 김일성종합대학 교육자살림집 건설장 현지지도	09.29 중통

일 자	활 동 내 역	보 도
	아동병원 건설현장 시찰 및 옥류아동병원으로 명명	10.06 중통
	새로 건설한 국가과학원 중앙버섯연구소 현지지도	10.08 중통
	1단계 건설이 끝난 조선인민군 제621호 육종장 현지지도	10.09 중통
	김익철이 사업하는 일용품공장 현지지도	10.09 중통
10.09	김일성종합대학 교육자살림집 준공식 참가	10.09 중통
10.09	김일성종합대학 교육자살림집에 입사할 교원·연구사들과 기념사진촬영	10.09 중통
10.10	금수산태양궁전 참배	10.10 중통
10.10	전국 도 대항 체육경기 대중체육부문 결승경기 관람	10.11 중통
10.10	모란봉악단과 공훈국가합창단 합동공연 관람	10.11 중통
	새로 건조한 전투함정들 시찰 및 기동훈련 지도	10.12 중통
	김정숙평양방직공장 현지지도	10.13 중통
	완공된 문수물놀이장 및 미림승마구락부 시찰	10.14 중통
10.15	동평양대극장에서 러시아 21세기관현악단 공연 관람	10.16 중통
10.15	모란봉악단과 공훈국가합창단 합동공연 관람	10.16 중통
	완공된 미림승마구락부 시찰	10.20 중통
10.23, 24	조선인민군 제4차 중대장·중대정치지도원대회에서 개회사 및 폐회 선언	10.25 중통
10.24	조선인민군 제4차 중대장·중대정치지도원대회 참가자들과 기념사진촬영	10.25 중통
10.24	조선인민군 제4차 중대장·중대정치지도원대회 참가자들과 모란봉악단과 공훈국가합창단 합동공연 관람	10.25 중통
	조선인민군 제36차 군무자예술축전에 당선된 중대군인들의 공연 관람	10.27 중통
	제4차 중대장·중대정치지도원대회 참가자들 사격 경기대회 지도	10.29 중통
	제4차 중대장·중대정치지도원대회 참가자들과 함께 군 화력타격훈련 참관	10.31 중통
	조선인민군 해군 제790군부대 전사자묘 방문	11.02 중통
	주성호가 사업하는 선박공장 현지지도	11.02 중통
	마식령스키장 건설장 재차 방문	11.02 중통
	조명록 조선인민군 총정치국장 사망(11.6) 3돌 즈음 인민무력부 혁명사적관에 있는 최고사령관과 전우관 방문	11.09 중통
	조선인민군 제4차 적공일군열성자회의 참가자들과 기념사진촬영	11.11 중통
	조선인민군 11월2일공장 현지지도	11.12 중통
11.14	전국과학자·기술자대회 참가자들과 기념사진촬영	11.14 중통
	새로 조성되는 만경봉체육단 축구훈련장 시찰	11.16 중통

일 자	활 동 내 역	보 도
	김일성군사종합대학에 새로 건설하고 있는 김정일군사연구원 시찰	11.20 중통
	조선인민군 제2차 보위일군대회 참가	11.21 중통
	조선인민군 제2차 보위일군대회 참가자들과 공훈국가합창단의 공연 관람 및 기념사진촬영	11.21 중통
	평양건축종합대학 현지지도	11.27 중통
	조선인민군 항공 및 반항공군 제991군부대 방문 및 군부대 군인들과 기념사진촬영	11.30 중통
	삼지연군 여러 부문 사업 현지지도 및 삼지연혁명전적지 방문	11.30 중통
12.08	조선로동당 중앙위원회 정치국 확대회의 참석	12.09 중통
2013.12.08	* 서한《당의 주체적 건축사상을 철저히 구현하여 건설에서 대번영기를 열어나가자》	
	조선인민군 설계연구소 현지지도	12.14 중통
	완공을 앞둔 마식령스키장 현지지도	12.15 중통
	조선인민군 제313군부대 관하 8월25일수산사업소 현지지도	12.16 중통
12.15	故 김국태(당 검열위원장) 빈소 방문 및 화환 전달	12.16 중통
12.17	금수산태양궁전 참배	12.17 중통
12.17	김정일 국방위원장 사망 2주기 중앙추모대회 참가	12.17 중통
	김정일 조선인민군 최고사령관 추대 22돌 즈음 금수산태양궁전 참배	12.24 중통
	김정일 조선인민군 최고사령관 추대 22돌 즈음 조선인민군 제526대연합부대 지휘부 방문 및 장병들 축하	12.25 중통
	조선인민군 수산부문 모범적 일군들에 대한 당 및 국가 표창수여식 참석	12.27 중통
	조선인민군 수산부문열성자회의 참가자들과 기념사진촬영	12.27 중통
	조선인민군 초병대회 참가자들과 함께 인민군 제3168군부대·제695군부대 군인들의 격술훈련 참관 및 기념사진촬영	12.28 중통
	완공된 마식령스키장 시찰	12.31 중통

2014년

일 자	활 동 내 역	보 도
2014.01.01	새해 즈음 금수산태양궁전 참배	01.01 중통
2014.01.01	*《신년사》	01.01 중앙TV
	조선인민군 제534군부대에서 새로 건설한 수산물 냉동시설 시찰	01.07 중통
01.08	로드먼 등 미국 NBA 출신 전 선수들과 북한 선수들의 농구 경기 관람	01.08 중통

일 자	활 동 내 역	보 도
	조선인민군 제534군부대 지휘부 시찰	01.12 중통
	국가과학원 현지지도	01.15 중통
	조선인민군 군악단의 연주회 지도	01.17 중통
	조선인민군 항공육전병 구분대들의 야간훈련 지도	01.20 중통
	마두산 혁명전적지 시찰	01.23 중통
	오중흡7연대 칭호를 수여받은 조선인민군 제323군 부대 전술훈련 지도	01.23 중통
	평양에서 조선인민군 제323군부대 군인들과 기념사진촬영	01.28 중통
	평양시 육아원과 애육원방문	02.04 중통
2014.02.06.	* 서한 《사회주의농촌테제의 기치를 높이 들고 농업생산에서 혁신을 일으키자》	02.07 중통
02.10	전국농업부문분조장대회 참가자들과 기념사진촬영	02.10 중통
02.12	새로 개건된 경기용총탄공장과 메아리사격관 시찰	02.12 중통
02.14	로농적위군 지휘성원 열성자회의 참가자들과 함께 기념사진촬영	02.15 중통
02.15	김정일 국방위원장 생일 72돌 경축 중앙보고대회 참가	02.15 중방
02.15	조선인민군 지휘성원들에게 군사칭호(상장·중장·소장)를 수여할 데 대한 명령 제0048호 하달	02.16 중통
02.16	조선인민군 지휘성원들과 함께 금수산태양궁전 참배	02.16 중통
	인민극장에서 공훈국가합창단의 광명성절 경축공연 관람	02.18 중통
	조선인민군 해군 지휘부와 항공 및 반항공군 지휘부 군인들의 체육경기 관람	02.18 중통
02.18	* 서한 《전국의 모든 선거자들에게》	02.19 중통
	11월2일공장 현지지도	02.20 중통
02.23	1월8일수산사업소 건설장 시찰	02.22 중통
	새로 개건 중인 송도원 국제소년단야영소 시찰	02.24 중통
2014.02.25	* 연설 《혁명적인 사상공세로 최후승리를 앞당겨 나가자》 (조선로동당 제8차 사상일군대회)	02.26 중통
02.25	제8차 사상일군대회 참가자들과 기념사진촬영	02.26 중통
	평양약전기계공장 현지지도	03.03 중통
	조선인민군 항공 및 반항공군 제2620부대 비행훈련지도 및 군부대 시찰	03.07 중통
03.09	김일성정치대학에 마련된 제105호선거구 제43호 분구 선거장에서 투표 및 대학 시찰	03.09 중통
03.11	조선인민군 제1차 예술선전대 경연 당선 인민군 부대 예술선전대공연 관람 및 특별 감사 전달	03.11 중통
	군사학교 교직원들의 사격경기 지도	03.12 중통
	새로 개건하고 있는 중앙동물원 방문	03.12 중통
	조선로동당 중앙군사위원회 확대회의 진행	03.17 중통

일 자	활 동 내 역	보 도
	군종·군단급 지휘성원들의 사격경기 지도	03.17 중통
	조선인민군 항공 및 반항공군 제188군부대 비행훈련 지도	03.17 중통
	조선인민군 장병들과 함께 모란봉악단 공연 관람	03.17 중통
	김정숙해군대학과 김책항공군대학 교직원들의 사격경기 지도	03.19 중통
	강태호가 사업하는 기계공장 현지지도	03.20 중통
	류경구강병원과 옥류아동병원 현지지도	03.22 중통
03.22	4.25문화회관에서 모란봉악단 공연 관람	03.23 중통
04.01	백두산지구 혁명전적지 답사행군 참가 조선인민군 연합부대 지휘관들 현지(삼지연) 격려	04.02 중통
	조선인민군 장병들과 함께 양강도 순회공연 예정인 모란봉악단 공연 관람	04.02 중통
	남자축구경기(갈매기팀 : 제비팀) 관람	04.06 중통
	여자축구경기(갈매기팀 : 제비팀) 관람	04.07 중통
04.08	조선로동당 중앙위원회 정치국회의 지도	04.09 중통
04.09	최고인민회의 제13기 제1차 회의 참석	04.09 중통
04.10	최고인민회의 제13기 대의원들과 만수대언덕 김일성-김정일동상 앞에서 기념사진촬영	04.11 중통
04.15	김일성 주석 생일을 맞아 금수산태양궁전 참배	04.15 중통
04.15	조선인민군 제1차 비행사대회에서 개회사 및 개·폐회선언	04.20 중통
04.16	조선인민군 제1차 비행사대회 참가자들을 위한 모란봉악단의 축하공연 관람	04.20 중통
04.17	조선인민군 제1차 비행사대회 참가자들과 기념사진촬영	04.20 중통
	준공을 앞둔 송도원 국제소년단야영소 시찰	04.21 중통
04.21	조선인민군 항공 및 반항공군 제188군부대 비행 훈련지도	04.22 중통
	조선인민군 1월8일 수산사업소 시찰	04.22 중통
	조선인민군 제851군부대 산하 여성 방사포병구분대 포사격 훈련지도	04.24 중통
	조선인민군 제681부대 관하 포병구분대 포사격 훈련지도	04.26 중통
	조선로동당 중앙군사위원회 확대회의 진행	04.27 중통
	조선인민군 창건 82주년을 즈음하여 서남해상 장거리포병 구분대 포사격훈련 지도	04.27 중통
	새로 건설한 김정숙평양방직공장 노동자합숙 시찰	04.30 중통
05.02	송도원 국제소년단야영소 김일성-김정일동상 제막과 야영소 준공식 참가	05.03 중통
	김정숙평양방직공장 노동자합숙 건설에서 위훈을 세운 인민군(제966·462·101·489 군부대) 군인 건설자들과 함께 기념사진촬영	05.06 중통
	서부지구 작전비행장에서 진행된 조선인민군 항공 및 반항공군 비행 지휘성원들의 전투비행술 경기대회-2014 지도	05.10 중통

일 자	활 동 내 역	보 도
	1월 18일 기계종합공장 현지지도	05.14 중통
	조선인민군 항공 및 반항공군 제447군부대 시찰	05.14 중통
	만경봉팀 대 소백수팀의 남자 축구경기 관람	05.16 중통
	조선인민군 국방체육단 대 압록강 국방체육단 활쏘기 선수들의 활쏘기경기 관람	05.16 중통
	대성산종합병원 시찰	05.19 중통
05.19	제9차 전국예술인대회 참가자들을 위한 모란봉악단 축하공연 관람	05.20 중통
	김책공업대학 교육자 살림집건설장 시찰	05.21 중통
	천마전기기계공장 현지지도	05.25 중통
	대관유리공장 현지지도	05.26 중통
	허철용이 사업하는 기계공장 현지지도	05.27 중통
	룡문술공장 현지지도	05.28 중통
	과학자휴양소 건설장 시찰	05.29 중통
	만경대학생소년궁전 시찰	05.31 중통
	국제아동절(6.1)을 맞아 평양애육원 방문	06.02 중통
	쑥섬개발사업 현지지도	06.02 중통
	인민군대에서 새로 제작한 급강하 물미끄럼대 관람	06.02 중통
	대동강과수종합농장과 대동강과일종합가공공장 시찰	06.05 중통
	만경대혁명학원을 방문해 새로 건설한 종합체육관 현지지도 및 만경대혁명학원과 남포혁명학원 원아들의 배구경기 및 농구경기 관람	06.07 중통
	평양시 사동구역 장천 남새전문협동농장 현지지도	06.10 중통
	기상수문국 현지지도	06.10 중통
	려도방어대(동해안 전방초소) 시찰	06.13 중통
	오중흡7연대 칭호를 수여받은 조선인민군 제863군 부대 시찰	06.14 중통
	오중흡7연대 칭호를 수여받은 조선인민군 해군 제167군부대 시찰	06.16 중통
06.18	김정일 총비서 당사업 개시 50주년 경축 중앙보고대회 참석	06.18 중통
	위성과학자거리 건설장 및 5월1일경기장 개건현장 현지지도	06.20 중통
	평양육아원·애육원 건설장 현지지도	06.25 중통
	새로 개발된 전술유도탄 시험발사 지도	06.27 중통
	새로 건설한 갈마식료공장 방문	06.29 중통
	조선인민군 전략군의 전술로케트 발사훈련 지도	06.30 중통
	동해안 전방초소를 지키고 있는 화도방어대 시찰	07.01 중통
	조선인민군 해군 지휘성원들의 수영 능력 판정훈련지도	07.02 중통
	조선인민군 육군·해군·항공 및 반항공군의 섬 상륙전투 훈련 지도	07.05 중통
	송도원 국제소년단야영소 현지지도	07.06 중통

일 자	활 동 내 역	보 도
	동해안 전방초소를 지키고 있는 웅도방어대 시찰	07.07 중통
	김일성 주석 사망 20주기를 맞아 조선인민군 지휘성원들과 함께 금수산태양궁전 참배	07.08 중통
07.08	김일성 주석 사망 20주기 중앙추모대회 참석	07.08 중통
	조선인민군 전략군 서부전선 타격부대들의 전술로켓 발사 훈련 현지지도	07.10 중통
07.09	전병호 영구 조의 방문	07.10 중통
	평양 국제비행장 항공역사 건설장 현지지도	07.11 중통
	조선인민군 제171군부대 직속 민경초소 등 시찰 및 포실탄 사격훈련 지도	07.15 중통
	천아포수산연구소 현지지도	07.17 중통
	조선인민군 제324대연합부대 예술선전대 공연지도	07.18 중통
	조선인민군 제1521기업소의 성천강그물공장과 수지관직장 현지지도	07.18 중통
	6.18건설돌격대를 지원한 일군들과 근로자들에게 감사 전달	07.18 중방
	인천아시아경기대회에 참가할 국가종합팀 남자축구 검열경기 지도	07.20 중통
	고산과수농장 현지지도	07.24 중통
	원산구두공장 현지지도	07.26 중통
07.26	조선인민군 전략군의 로케트 발사시험 현지지도	07.27 중통
07.27	정전협정 체결(조국해방전쟁 승리) 61주년 즈음 금수산태양궁전 참배	07.27 중통
	조선인민군 장병들과 4·25팀과 압록강팀의 남자배구경기 관람	07.27 중통
07.27	조선인민군 지휘성원들과 함께 조국해방참전열사묘을 찾아 인민군 열사들에게 경의 표시	07.28 중통
	조선인민군 장병들과 함께 인민극장에서 진행된 공훈국가합창단 공연 관람	07.28 중통
	천리마타일공장 현지지도 및 노력혁신자들과 기념사진촬영	08.03 중통
	천지윤활유공장 현지지도	08.05 중통
	평양양말공장 현지지도	08.07 중통
	전동렬이 사업하는 기계공장 현지지도	08.10 중통
	민용항공총국과 육해운성의 남자배구경기 관람	08.10 중통
	인천아시아경기대회에 참가할 국가종합팀 여자축구 검열경기 지도	08.12 중통
	김책공업종합대학 교육자 살림집건설장 현지지도	08.13 중통
	평양육아원·애육원 건설장 현지지도	08.13 중통
	전술로케트탄 시험발사 지도	08.15 중통
	새로 조업한 갈마식료공장 현지지도	08.15 중통

일 자	활 동 내 역	보 도
	연풍 과학자휴양소 건설장 현지지도	08.18 중통
	완공된 조선인민군 제621호 육종장 현지지도	08.21 중통
	조선인민군 11월2일공장 현지지도	08.24 중통
	조선인민군 항공육전병 구분대들의 강하 및 대상물 타격 실동훈련 지도	08.28 중통
	조선인민군 육전병구분대들의 강하 및 대상물 타격 실동훈련에 참가한 군인들과 기념사진촬영	08.30 중통
	완공된 10월8일공장 현지지도	08.31 중통
09.03	리설주와 함께 모란봉악단의 신작음악회 관람	09.04 중통
2014.09.18	* 서한 《청년들은 당의 선군혁명위업에 끝없이 충실한 전위투사가 되자》	09.20 중통
	위성과학자주택지구 현지지도 및 국가과학원 자연과지연구소 시찰	10.14 중통
	리설주와 함께 제17회 인천AG와 최근 진행된 세계선수권 대회 금메달 획득 선수·감독을 면담 및 연회 마련	10.19 중통
	조선인민군 항공 및 반항공군 제1017군부대·제458군부대 전투비행사들의 도로비행장 이착륙 비행훈련 지도	10.19 중통
	조선인민군 제526대연합부대와 제478연합부대 사이의 쌍방 실동훈련 지도	10.24 중통
2014.10.24	* 담화 《민족유산보호사업은 우리 민족의 력사와 전통을 빛내이는 애국사업이다》	10.30
10.25	완공된 평양육아원과 애육원 현지지도	10.26 중통
	개건된 5월1일경기장에서 여자축구경기 관람	10.29 중통
	새로 건설한 군인식당 현지지도	10.29 중통
	조선인민군 항공 및 반항공군 전투비행사들의 검열 비행훈련 지도	10.30 중통
	평양국제비행장 건설장 현지지도	11.01 중통
11.03, 04	조선인민군 제3차 대대장·대대정치지도원대회에서 연설 및 지도	11.05 중통
11.04	조선인민군 제3차 대대장·대대정치지도원대회 참가자들과 기념사진촬영	11.05 중통
	정성제약공합공장 현지지도	11.07 중통
	중앙양묘장 현지지도	11.11 중통
	조선인민군 제534군부대 산하 종합식료가공공장 현지지도	11.17 중통
	조선인민군 제567군부대 관하 18호 수산사업소 현지지도 및 수산사업소 예술소조원들의 공연관람	11.17 중통
	조선인민군 항공 및 반항공군 제991군부대 시찰	11.21 중통
	조선인민군 제572연합부대와 제630연합부대 산하부대들의 연합합동훈련 지도	11.23 중통

일 자	활 동 내 역	보 도
	신천박물관 현지지도	11.25 중통
	조선4.26만화영화촬영소 현지지도	11.27 중통
	조선인민군 항공 및 반항공군 여성추격기 비행사들의 비행 훈련 지도	11.28 중통
12.01	조선인민군 제963군부대직속 포병중대 시찰	12.02 중통
	오중흡7연대칭호를 수여받은 조선인민군 제1313군부대 시찰	12.05 중통
	5월9일메기공장 현지지도	12.06 중통
	조선인민군 항공 및 반항공군 제458군부대 시찰	12.08 중통
	조선인민군 제2차 군인가족열성자대회 참가자들과 공연 관람 및 연설	12.09 중통
	조선인민군 제2차 군인가족열성자대회 참가자들과 기념사진촬영	12.09 중통
	조선인민군 해군 제189군부대 시찰	12.13 중통
	평양어린이식료품공장 현지지도	12.16 중통
12.17	김정일 국방위원장 사망 3주기 즈음 금수산태양 궁전 참배	12.17 중통
12.17	김정일 국방위원장 사망 3주기 중앙추모대회 참석	12.17 중통
	김정숙평양방직공장 현지지도	12.20 중통
	평양메기공장 현지지도	12.23 중통
12.24	김정일 최고사령관 추대 23주년 즈음 금수산태양궁전 참배	12.24 중통
	조선인민군 제2차 후방일군대회 참가자들과 기념사진촬영	12.25 중통
	조선인민군 6월8일농장에 새로 건설한 남새온실 현지지도	12.26 중통
12.27	수산부문의 모범적 일군들과 공로 있는 후방일군들에 대한 당 및 국가 표창수여식 참가 및 표창수여자들과 기념사진촬영	12.28 중통
	조선인민군 제851군부대 관하 여성방사포병 구분대들의 포사격훈련 지도	12.30 중통

2015년

일 자	활 동 내 역	보 도
2015.01.01	새해 즈음 금수산태양궁전 참배	01.01 중통
2015.01.01	*《신년사》	01.01 중앙TV
01.01	평양육아원·애육원 방문 및 새해 원아들 축복	01.02 중통
	조선인민군 전선군단 제1제대 보병사단 직속구분대들의 비반충포사격 경기대회 지도	01.07 중통
	새로 건설한 평양시 버섯공장 현지지도	01.10 중통
	조선인민군 항공 및 반항공군 지휘부 시찰	01.13 중통
	강동정밀기계공장 현지지도	01.16 중통

일 자	활 동 내 역	보 도
	금컵체육인종합식료공장 현지지도	01.18 중통
	류원신발공장 현지지도	01.21 중통
	조선인민군 항공 및 반항공군 근위 제1항공 및 반항공사단 관하 추격기·폭격기연대들의 비행전투훈련 지도	01.24 중통
	조선인민군 서부전선 기계화타격집단 장갑보병구분대들의 겨울철 도하공격연습 조직·지도	01.27 중방
2015.01.28	* 담화 《세포지구 축산기지건설을 다그치며 축산업 발전에서 새로운 전환을 일으키자》	01.30 중통
	원산구두공장 현지지도	01.31 중통
	적 해상목표에 대한 군종타격훈련 조직 지도	01.31 중통
	새해 첫 비행전투를 빛나게 한 전투비행사들과 기념사진촬영	02.02 중통
	2014년도 건설부문 군정간부회의 참가자들과 기념사진촬영	02.02 중통
	인민무력부 기공구 전시회장 방문	02.02 중통
	평양화장품공장 현지지도	02.05 중통
	신형 반함선로켓 시험발사(해군 155군부대) 참관	02.07 중통
	조선인민군 해군 제597군부대 관한 10월3일공장 현지지도	02.08 중통
	원산시 육아원·애육원·초등학원·중등학원 건설장 현지지도	02.11 중통
	선군시대의 기념비적 창조물들을 일떠세우는데 노력적 위훈을 세운 8건설국의 건설자들과 함께 기념사진촬영	02.12 중통
	미래과학자거리 건설장 현지지도	02.15 중통
02.16	김정일 국방위원장 생일 즈음 금수산태양궁전 참배	02.16 중통
02.18	조선로동당 중앙위원회 정치국 확대회의 및 지난 3년간 김정일의 유훈관철을 위한 사업총화 지도	02.19 중통
	섬 화력타격 및 점령을 위한 연습을 조직 지도	02.21 중통
	조선로동당 중앙군사위원회 확대회의 진행	02.23 중통
	평양 쑥섬 과학기술전당 건설장 현지지도	02.27 중통
2015.02.26	* 담화 《전당, 전군, 전민이 산림복구 전투를 힘 있게 벌려 조국의 산들에 푸른 숲이 우거지게 하자》	02.27 중통
	조국해방전쟁승리기념관에 새로 꾸린 근위부대관 시찰	02.28 중통
03.02	식수절 즈음 조선인민군 항공 및 반항공군 제447군 부대에서 전투비행사들과 식수	03.03 중통
	평양시 양로원건설장 현지지도	03.06 중통
	조선인민군 항공 및 반항공군 제1016군부대 시찰	03.09 중통
	동해안 전방초소를 지키고 있는 신도방어중대 시찰	03.12 중통
	5월27일수산사업소 건설장 현지지도	03.14 중통
	새로 건설된 조선인민군 어구종합공장 현지지도	03.18 중통
	조선인민군 항공 및 반항공군의 비행장 타격 및 복구훈련 지도	03.20 중통
	인민군대에서 새로 건설한 어분사료공장 현지지도	03.24 중통

일 자	활 동 내 역	보 도
2015.03.25	* 서한 《백두의 혁명정신으로 체육강국건설에서 새로운 전성기를 열어나가자》	03.26 중방
03.27	제7차 전국체육인대회 참가자들과 기념사진촬영	03.26 중방
	금산포 젓갈가공공장과 금산포 수산사업소 건설장(서해 능금도) 현지지도	03.27 중통
	전동렬이 사업하는 기계공장 현지지도	04.01 중통
	조선인민군 해군 제164군부대 시찰	04.04 중통
	평양약전기계공장 현지지도	04.08 중통
	완공단계에 이른 평양국제비행장 2항공역사 건설장 현지지도	04.12 중통
	만경대상 체육경기대회 남자축구경기(선봉팀 : 횃불팀) 관람	04.14 중통
04.15	금수산태양궁전 참배	04.15 중통
	경비행기 개발에 기여한 과학자·기술자 등과 함께 조선로동당 청사에서 기념사진촬영	04.15 중통
04.17	조선인민군 전투비행사 백두산지구 혁명전적지 답사행군대 성원 현지 고무·격려	04.19 중통
04.18	조선인민군 전투비행사 혁명전적지 답사행군대 성원들과 함께 백두산 등반	04.19 중통
04.20	백두산선군청년발전소 건설장 현지지도	04.20 중통
	완공을 앞둔 원산육아원·애육원 현지지도	04.22 중통
04.24,25	조선인민군 제5차 훈련일군대회 지도	04.26 중통
	조선인민군 제5차 훈련일군대회 참가자들과 함께 기념사진촬영	05.01 중통
	신설된 국가우주개발국 위성관제종합지휘소에서 현지지도	05.03 중통
	룡성기계연합기업소 2월11일공장 현지지도	05.07 중통
	전략잠수함 탄도탄 수중발사 시험 진행 참관	05.09 중통
	신포원양수산연합기업소 현지지도	05.09 중통
	조선인민군 제580군부대 산하 7월18일 소목장과 안변양어장 현지지도	05.11 중통
	조선인민군 제810군부대 산하 신창양어장 현지지도	05.15 중통
	제2차 전국청년미풍선구자대회 참가자들과 기념사진촬영	05.17 중통
	대동강자라공장 현지지도	05.19 중통
	조선인민군 제810군부대 산하 석막대서양연어종어장과 낙산바다연어 양어사업소 현지지도	05.23 중통
	조선인민군 제264대연합부대 지휘부 시찰	05.24 중통
	전략잠수함 탄도탄수중시험발사 성공에 기여한 과학자·기술자·노동자·일군들과 함께 기념사진촬영	05.26 중통
2015.05.25	* 서한 《위대한 김정일동지의 뜻을 받들어 재일조선인운동의 새로운 전성기를 열어나가자》	
2015.05.26	* 감사문 《청년들을 고상한 정신과 미풍을 지닌 시대의 선구자들로 키워낸 당조직들과 청년동맹 조직들에게》	05.27 중통

일 자	활 동 내 역	보 도
	인민군대에서 새로 꾸리고 있는 종합양묘장 현지지도	05.29 중통
	조선인민군 제810군부대 산하 1116호 농장 현지지도	06.01 중통
	준공식을 앞둔 원산 육아원·애육원 현지지도	06.01 중통
	원산 육아원·애육원 건설에서 위훈을 세운 군인건설자들과 함께 기념사진촬영	06.03 중통
	조선인민군 제810군부대 산하 평양생물기술연구원 현지지도	06.06 중통
	평양 육아원·애육원에 선물(필요한 설비들과 문화용품 등) 전달	06.06 중통
	조국해방전쟁사적지 현지지도	06.09 중통
	고사포병군관학교 시찰	06.13 중통
	조선인민군 해군부대들에 실전 배비되는 신형 반함선 로케트 발사훈련 참관	06.15 중통
	조선인민군 제2차 군단예술선전대 경연에 당선된 예술선전대들의 공연 관람	06.15 중통
	해군함선구분대와 지상포구분대들의 야간해상화력타격 연습 참관	06.16 중통
	고사포병 사격경기 참관	06.18 중통
	조선인민군 제1차 정찰일군대회 참가자들과 함께 기념사진촬영	06.18 중통
	여성 초음속전투기 비행사 조금향·림설 비행훈련 참관	06.22 중통
	완공된 평양국제비행장 항공역사 현지지도	06.25 중통
	평양시 사동구역 장천남새전문협동농장 현지지도	06.30 중통
	새로 건설한 김책공업종합대학 자동화연구소 현지지도	07.03 중통
	평양남새과학연구소 현지지도	07.07 중통
2015.07.08	김일성 주석 사망 21돌 즈음하여 금수산태양궁전 방문	07.08 중통
	평양대경김가공공장 현지지도	07.11 중통
	락랑위생용품공장 현지지도	07.14 중통
	제43차 대사회의 참가자들과 함께 기념사진촬영	07.15 중통
07.19	평양시·서성구역인민회의 대의원 선거(제107호구 제102호 분구) 참가 및 후보자들과 담화	07.20 중통
	김종태전기기관차연합기업소 현지지도	07.20 중통
	새로 건설한 신천박물관 현지지도	07.23 중통
2015.07.26	* 연설 《경애하는 김정은동지께서 제4차 전국로병대회에서 하신 축하 연설》	07.26 중통
07.27	정전협정 체결 62주년 즈음 금수산태양궁전 방문	07.27 중통
07.27	정전협정 체결 62주년 즈음 조국해방전쟁 참전열사묘 방문	07.28 중통
	조선인민군 항공 및 반항공군 지휘성원들의 전투비행술 경기대회-2015 지도	07.30 중방
	제4차 전국노병대회 참가자들과 함께 기념사진촬영	07.30 중방

일 자	활 동 내 역	보 도
	새로 건설한 평양양로원 현지지도	08.02 중통
	정전협정 62돌 경축 공훈국가합창단 공연 관람	08.06 중통
	농기계전시장 시찰	08.06 중통
08.10	2015 동아시안컵 우승 여자축구선수들 귀환 시 마중 및 기념사진촬영, 감사 전달	08.10 중통
	조선인민군 제810군부대 산하 1116호 농장 현지지도	08.13 중통
08.15	광복 70주년 즈음 인민군 지휘성원들과 함께 금수산태양궁전 방문	08.15 중통
08.20	조선로동당 중앙군사위원회 비상확대회의 지도	08.21 중방
	조선로동당 중앙군사위원회 확대회의 진행	08.28 중통
	새로 건설한 평양강냉이 가공공장 현지지도	09.01 중통
	신의주측정계기공장 현지지도	09.04 중통
09.07	쿠바 국가대표단 접견 담화	09.08 중통
09.07	쿠바 국가대표단을 환영하는 모란봉악단·공훈국가합창단 축하공연 관람	09.08 중통
	청년중앙예술선전대 공연 관람	09.10 중통
	완공을 앞둔 백두산영웅청년발전소 건설장 현지지도	09.14 중통
	라선시 피해복구전투 현지지도	09.18 중통
	군수공업부문 생활필수품 품평회장 현지지도	09.22 중통
	새로 건설한 창광상점 현지지도	09.25 중통
	새로 건조한 종합봉사선 무지개호 시찰	09.28 중통
	정성제약종합공장 현지지도	10.01 중통
2015.10.03	* 연설 《경애하는 김정은동지께서 백두산영웅청년발전소 준공식에서 하신 연설》	10.04 중통
10.03	백두산영웅청년발전소 전체 건설자들과 기념사진촬영	10.04 중통
10.03	백두산영웅청년발전소 준공을 경축하는 군민청년 대합창 공연 《원수님 따라 하늘땅 끝까지》 관람	10.04 중통
2015.10.04	* 담화 《위대한 김일성·김정일동지 당의 위업은 필승불패이다》	10.06 중통
10.09	조선로동당 창건 70주년 축하하기 위한 중국대표단 (단장: 류윈산 중국공산당 정치국 상무위원) 접견	10.10 중통
10.10	조선로동당 창건 70주년을 맞아 금수산태양궁전 참배	10.10 중통
2015.10.10	* 연설 《조선로동당 창건 70돐 경축 열병식 및 평양시 군중시위에서 하신 우리 당과 국가, 군대의 최고령도자 김정은동지의 연설》	10.10 중통
10.10	조선로동당 창건 70주년 경축 청년전위들의 횃불행진 《위대한 당을 따라 청년들 앞으로!》에 참석	10.10 중통
	조선로동당 창건 70주년 경축대표들과 기념사진촬영	10.14 중통
	조선로동당 창건 70주년 열병식 참가자들과 기념사진촬영	10.14 중통
	조선인민군 제350군부대 시찰	10.16 중통

일 자	활 동 내 역	보 도
	조선로동당 창건 70주년 경축 공훈국가합창단과 모란봉 악단의 합동공연 관람	10.19 중통
	조선로동당 창건 70주년 경축 청봉악단의 공연 관람	10.19 중통
	완공된 미래과학자거리 시찰	10.21 중통
	김종태전기기관차연합기업소 방문 및 새로 만든 지하전동차 료해	10.23 중통
	백두산영웅청년발전소 완공에 기여한 일군·근로자들과 기념사진촬영	10.26 중통
	완공된 과학기술전당 현지지도	10.28 중통
	현대적으로 개건된 평양메기공장 현지지도	10.31 중통
	서부전선 반항공부대들의 고사로케트 사격훈련 참관	11.03 중방
11.03	조선인민군 제7차 군사교육일군대회 참가	11.05 중통
	조선인민군 제7차 군사교육일꾼대회 참가자들과 기념사진촬영	11.07 중통
11.11	故 리을설 장례식 참가	11.12 중통
	평양어린이식료품공장 현지지도	11.14 중통
	대동강에 새로 설치한 이동식 그물우리양어장 현지지도	11.18 중통
11.19	새로 만든 지하전동차 시운전 참관	11.20 중통
2015.11.20	* 서한 《혁명발전의 요구에 맞게 3대혁명붉은기쟁취운동 에서 근본적인 전환을 일으키자》	11.21 중통
	조선인민군 313군부대 관하 8월25일수산사업소 현지지도	11.23 중통
	제37차 군무자예술축전에 당선된 중대군인들의 공연 관람	11.24 중통
	조선인민군 제549군부대 관하 15호수산사업소 현지지도	11.25 중통
	원산구두공장 현지지도	11.27 중통
	개건된 만경대소년학생궁전 현지지도	12.01 중통
	조선인민군 122호 양묘장 현지지도	12.03 중통
2015.12.03	* 《조선인민군 제4차 포병대회 대회사》	12.05 중통
12.04	조선인민군 제4차 포병대회 참가자들과 기념사진촬영	12.05 중통
	개건된 평천혁명사적지 현지지도	12.10 중통
	5월9일메기공장 현지지도	12.12 중통
	삼천메기공장 현지지도	12.16 중통
12.17	김정일 국방위원장 사망 4주기 금수산태양궁전 참배	12.17 중통
	1월18일기계종합공장 현지지도	12.20 중통
	조선인민군 제526대연합부대 및 제671대연합부대간 쌍방 실동훈련 참관	12.24 중통
12.28	조선인민군 제3차 수산부문 열성자회의 참가자들에 대한 당 및 국가 표창수여식 참가	12.28 중통
12.30	故 김양건 조의 방문	12.31 중통

2016년

일 자	활 동 내 역	보 도
2016.01.01	새해 즈음 금수산태양궁전 참배	01.01 중통
2016.01.01	*《신년사》	01.01 중앙TV
01.01	과학기술전당 준공식 참석	01.02 중통
01.03	수소탄시험 진행 최종명령서에 수표	01.06 중통
	조선인민군 대연합부대들의 포사격경기 참관	01.05 중통
	새해 즈음 인민무력부 축하 방문	01.10 중통
	수소탄시험 성공에 기여한 핵과학자 등과 기념사진촬영	01.11 중통
2016.01.17	* 축하문《지난해 세멘트생산에서 최고생산년도 수준을 돌파한 상원세멘트련합기업소 로동자, 기술자, 일군들에게》	01.18 중통
	새로 건설된 청년운동사적관 현지지도	01.20 중통
	김정숙평양방직공장 현지지도	01.28 중통
02.02, 03	조선로동당 중앙위원회-조선인민군 당위원회 연합회의 확대회의 진행	02.04 중통
02.06	《광명성-4》호 발사 친필명령 하달	02.07 중통
02.12	김정일 국방위원장 생일 즈음 조선인민군 지휘성원들의 군사칭호를 올려줄데 대한 최고사령관 명령제 00111호 하달	02.13 중통
02.13	《광명성-4》호 발사 성공에 기여한 성원들을 위한 환영연회 참석	02.15 중통
02.16	금수산태양궁전 참배	02.17 중통
02.17	《광명성-4》호 발사 성공에 기여한 과학자·기술자·노동자·일군들에 대한 당 및 국가표창 수여식 참석 및 축하연설	02.19 중통
	《광명성-4》호 발사 성공에 기여한 과학자·기술자·노동자·일군들과 기념사진촬영	02.19 중통
	조선인민군 대연합부대들 사이의 쌍방 실동훈련 지도	02.21 중통
	조선인민군 항공 및 반항공군 전투비행사들의 검열 비행훈련 판정검열	02.21 중통
	조선인민군 군악단 창립 70주년 기념연주회 관람	02.23 중통
	반탱크 유도무기 시험사격 현지지도	02.27 중통
2016.02.28	* 감사문《열렬한 애국충정과 원쑤격멸의 의지로 조국보위에 탄원한 일군들과 근로청년들, 학생들에게》	02.28 중통
	태성기계공장 현지지도	03.02 중통
	신형 대구경 방사포 시험사격 지도	03.04 중통
	핵무기연구부문 과학자·기술자들 접견 및 핵무기 병기화사업 지도	03.09 중통
	조선인민군 전략군의 탄도미사일 발사 훈련 '인민군 탱크병 경기대회-2016' 참관	03.11 중통
	탄도 로켓 대기권 재돌입 환경 모의시험 지도	03.15 중통
	려명거리(금수산태양궁전과 용흥사거리 사이) 건설 선포 및 강령적 과업 현지에서 제시	03.18 중통

일 자	활 동 내 역	보 도
	조선인민군 상륙 및 반상륙 방어연습 지도	03.20 중통
	신형 대구경방사포 사격 현지지도	03.22 중통
	조선인민군 해군 597군부대 관하 10월3일공장 현지지도	03.22 중통
	대출력 고체 로켓 발동기 지상분출 및 계단분리 시험 지도	03.24 중통
	룡성기계연합기업소 2월11일공장 현지지도	03.24 중통
	조선인민군 전선대연합부대 장거리포병 대집중화력 타격연습 지도	03.25 중통
	새로 건설된 미래상점과 종합봉사기지 현지지도	03.28 중통
	신흥기계공장 현지지도	04.01 중통
	새 형의 반항공 요격유도무기체계의 전투성능 판정을 위한 시험사격 지도	04.02 중통
	룡성기계연합기업소 동흥산기계공장 현지지도	04.02 중통
	리철호가 사업하는 기계공장 현지지도	04.08 중통
	신형 ICBM 엔진 분출시험 지도	04.09 중통
2016.04.10	* 축하문 《조선대학교 교직원들과 학생들에게》	04.10 중통
04.15	김일성 주석 생일 즈음 금수산태양궁전 참배	04.15 중통
	새로 건설된 민들레학습장공장 현지지도	04.19 중통
	전략잠수함 탄도미사일(SLBM) 시험발사 현지지도	04.24 중통
2016.05.07	* 개회사 《조선로동당 제7차대회에서 한 개회사》	05.07 중통
2016.05.08	* 보고 《조선로동당 제7차대회에서 한 사업총화보고》	05.08 중통
05.08	조선로동당 위원장으로 추대	05.09 중방
2016.05.10	* 폐회사 《조선로동당 제7차대회에서 한 폐회사》	05.10 중통
05.10	조선로동당 제7차대회 경축 평양시 군중대회 및 군중시위 참석	05.10 중앙TV
	기계설비전시장 참관	05.13 중통
	조선로동당 제7차대회 참가자들과 기념사진촬영	05.13 중통
	조선인민군 제122호 양묘장 현지지도	05.15 중통
	허철용이 사업하는 기계공장 현지지도	05.19 중통
	완공을 앞둔 자연박물관과 중앙동물원 현지지도	05.21 중통
05.24	귀성제염소 현지지도	05.24 중통
	류경안과종합병원 건설장 현지지도	05.27 중통
	보건산소공장 건설장 현지지도	05.30 중통
	북(소백수팀)-중(올림픽팀) 남자농구팀 친선경기 관람	05.30 중통
	새로 건설된 평양 체육기자재공장 현지지도	06.02 중통
	새로 건설 중인 룡악산비누공장 건설장 현지지도	06.04 중통
	새로 개건된 만경대소년단야영소 현지지도	06.04 중통
	조선소년단 창립 70돌 경축 학생소년들의 종합공연 관람	06.08 중통
	조선소년단 창립 70돌 경축행사 대표들과 기념사진촬영	06.08 중통
	새로 건설된 류경김치공장 현지지도	06.10 중통
	국방종합대학 현지지도	06.13 중통

일 자	활 동 내 역	보 도
	현대적으로 개건된 평양곡산공장 현지지도	06.16 중통
	김정숙평양제사공장 현지지도	06.21 중통
	《화성-10》(중거리탄도미사일) 시험발사 현지지도	06.23 중통
	《화성-10》 시험발사에 기여한 성원들과 기념사진촬영	06.29 중통
06.29	최고인민회의 제13기 제4차 회의 참석 - 국무위원회 위원장으로 추대	06.30 중통
06.30	쿠바 라울 카스트로 특사일행 접견	07.01 중통
	새로 건설된 평양중등학원 현지지도	07.03 중통
	평양자라공장 현지지도	07.06 중통
07.08	김일성 주석 사망일 즈음 금수산태양궁전 참배	07.08 중통
	평성합성가죽공장 현지지도	07.12 중통
	백두산건축연구원 현지지도	07.14 중통
	조선인민군 《화성》포병부대들의 탄도미사일 발사훈련 지도	07.20 중통
	조선인민군 810군부대 산하 어분사료공장 현지지도	07.24 중통
	천리마건재종합공장 현지지도	07.27 중통
	새로 건설된 인민군 어구종합공장 현지지도	07.30 중통
08.02,03	조선인민군 제3차 오중흡7연대칭호 쟁취운동 열성자대회 지도	08.04 중통
	조선인민군 제3차 오중흡7연대칭호 쟁취운동 열성자대회 참가자들과 기념사진촬영	08.06 중통
	1월18일 기계종합공장 현지지도	08.10 중통
	순천화학연합기업소에 새로 꾸린 아크릴계 칠감 생산공정 시찰	08.13 중통
	대동강과수종합농장, 대동강돼지공장 현지지도	08.18 중통
	전략잠수함 탄도탄 수중 시험발사 참관	08.25 중통
08.28	김일성사회주의청년동맹 제9차 대회 경축 청년전위들의 횃불야회 관람	08.29 중통
2016.08.29	* 연설 《김일성-김정일주의청년운동의 최전성기를펼쳐나가자》 (김일성사회주의청년동맹 제9차대회)	08.29 중통
	김일성사회주의청년동맹 제9차 대회 참가자들과 기념사진촬영	08.31 중통
	SLBM 발사 성공에 기여한 성원들과 함께 기념사진촬영	09.01 중통
	조선인민군 전략군 화성포병부대들의 탄도미사일 발사훈련 현지지도	09.06 중통
	조선인민군 제810군부대 산하 1116호 농장 현지지도	09.13 중통
	새로 건설된 보건산소공장 현지지도	09.15 중통
	강원도 고산과수농장 현지지도	09.18 중통
	서해위성발사장 방문, 신형 정지위성 운반로켓용 대출력엔진 지상분출시험 지도	09.20 중통
	핵탄두 폭발 시험 성공에 기여한 성원들과 금수산태양궁전에서 기념사진촬영	09.22 중통

일 자	활 동 내 역	보 도
	대동강주사기공장 현지지도	09.24 중통
	룡악산샘물공장 현지지도	09.30 중통
2016.09.27	* 서한 《주체혁명의 새시대 김일성종합대학의 기본임무에 대하여》	09.30 중통
	만경대혁명사적지 기념품공장 방문	10.07 중통
	새로 건설된 류경안과종합병원 현지지도	10.18 중통
2016.10.25	* 서한 《김일성-김정일로동계급의 시대적 임무와 직맹조직들의 과업》	10.27 중통
	새로 건설된 룡악산비누공장 현지지도	10.29 중통
	조선직업총동맹 제7차 대회 참가자들과 기념사진촬영	10.30 중통
	조선인민군 제525군부대 직속 특수작전대대 현지지도	11.04 중통
	조선인민군 제1344군부대 관하 구분대 현지지도	11.09 중통
	서부전선에 위치한 마합도방어대 현지지도	11.11 중통
	갈리도 전초기지(서남전선 수역 최남단), 장재도방어대 현지지도	11.13 중통
	조선인민군 5월27일 수산사업소, 1월8일수산사업소현지지도	11.17 중통
	조선인민군 대연합부대별 여성방사포병 사격경기현지지도	11.19 중통
2016.11.19	* 서한 《온 사회의 김일성―김정일주의화의 기치따라 녀성동맹사업을 더욱 강화하자》	11.19 중통
11.19	8월25일 수산사업소 현지지도	11.20 중통
	조선여성동맹 제6차 대회 참가자들과 함께 기념사진촬영	11.22 중통
	조선인민군 제380 대연합부대 지휘부 현지지도	11.25 중통
	조선인민군 제1045군부대 관하 산악보병대대 스키훈련 지도	11.26 중통
	삼지연군 여러 부문사업(삼지연군문화회관, 삼지연학생소년궁전, 삼지연혁명전적지 답사숙영지, 사자봉체육단 스키선수들 훈련 참관) 현지지도	11.28 중통
	전선 포병부대들의 포병대 집중화력 타격연습 현지지도	12.02 중통
	리설주와 함께 조선인민군 항공 및 반항공군 비행지휘성원들의 전투비행술경기대회-2016 현지지도	12.04 중통
	새로 개건된 강원도(문천시) 12월6일 소년단야영소 현지지도	12.07 중통
2016.11.19	* 서한 《주체의 사회주의위업수행에서 농업근로자동맹의 역할을 높일 데 대하여》	12.08 중통
	원산구두공장 현지지도	12.09 중통
	조선인민군 제525군부대 직속 특수작전 대대 전투원들의 전투훈련장 현지지도	12.11 중통
	농업근로자동맹 제8차 대회 참가자들과 기념사진촬영	12.11 중통
	원산 군민발전소(자력갱생 창조물) 현지지도	12.13 중통
	조선인민군 15호 수산사업소 현지지도	12.15 중통
12.17	김정일 국방위원장 사망 5주기 금수산태양궁전 참배	12.17 중통

일 자	활 동 내 역	보 도
	마식령스키경기-2016 관람	12.19 중통
	조선인민군 대연합부대별 방사포병중대 사격경기 현지지도	12.21 중통
	길영조 영웅 추격기연대 전투 비행사들의 야간습격전투비행 훈련 현지지도	12.21 중통
2016.12.23	*《조선로동당 제1차전당초급당위원장대회 개회사》	12.24 중통
12.24	조선로동당 제1차 전당초급당위원장대회 2일 회의지도	12.25 중통
2016.12.25	*《조선로동당 제1차전당초급당위원장대회 폐회사》	12.26 중통
12.28	조선로동당 제1차 전당초급당위원장대회 참가자들과 기념 사진촬영 및 모란봉악단 및 공훈국가합창단 합동공연 관람	12.29 중통

2017년

일 자	활 동 내 역	보 도
2017.01.01	새해에 즈음하여 리설주와 함께 금수산태양궁전 참배	01.01 중통
2017.01.01	*《신년사》	01.01 중앙TV
	조선인민군 제4차 수산부문열성자회의 참가자들과 기념사진촬영	01.01 중방
	새로 건설된 평양가방공장 현지지도	01.04 중통
	김정숙평양제사공장의 이불생산공정과 노동자합숙 현지지도	01.08 중통
	류경김치공장 현지지도	01.12 중통
	새로 건설된 금산포젓갈가공공장·수산사업소 현지지도	01.15 중통
	조선인민군 제233군부대 직속 구분대 현지지도	01.19 중통
	오중흡7연대 칭호 수여 받은 조선인민군 제1314군부대 현지지도	01.22 중통
01.22	강기섭(당 중앙위원회 후보위원, 최고인민회의 대의원, 민용항공총국장) 빈소 조의 방문 및 화환 전달	01.23 중통
01.25	여명거리 건설장 현지지도	01.26 중통
	조선인민군 탱크장갑보병연대 겨울철 도하공격 전술연습 지도	01.28 중통
	새로 건설된 평양초등학원 현지지도	02.02 중통
	강동정밀기계공장 현지지도	02.07 중통
02.12	새 전략무기 지상대지상 중장거리 전략탄도탄 《북극성-2》형 시험발사 현지지도	02.13 중통
02.16	김정일 국방위원장 생일 75주년을 맞아 금수산태양궁전 참배	02.16 중통
	삼천메기공장 현지지도	02.21 중통
02.22	공훈국가합창단 창립 70주년 기념공연 관람	02.23 중통
	조선인민군 제966대연합부대 지휘부 현지지도	03.01 중통
	백두산건축연구원에 선물 전달	03.02 중방

일 자	활 동 내 역	보 도
03.02	식수절을 맞아 리설주와 만경대혁명학원 방문, 원아들과 함께 식수	03.03 중통
03.06	조선인민군 전략군 화성포병부대들의 탄도로케트 발사훈련 현지지도	03.07 중통
	백두산건축연구원 현지지도	03.11 중통
	려명거리 건설장 현지지도	03.16 중통
03.18	신형 대출력 발동기 지상분출 시험(서해위성발사장) 현지지도	03.19 중통
	새로 개건된 조선혁명박물관 현지지도	03.28 중통
	조선인민군 탱크병경기대회-2017 참관	04.01 중통
	평양버섯공장 현지지도	04.08 중통
04.11	최고인민회의 제13기 제5차 회의 참석	04.11 중통
	조선인민군 특수작전부대 강하 및 대상물 타격경기대회 -2017 참관	04.13 중통
04.13	려명거리 준공식 참석	04.13 중통
04.14	김일성 주석 생일 105주년 경축 중앙보고대회 참석	04.14 중통
04.15	김일성 주석 생일 105주년 경축 열병식 및 평양시 군중시위 참석	04.15 중방
04.15	금수산태양궁전 참배	04.16 중통
04.16	김일성 주석 생일 105주년 경축 열병식 참가자들과 함께 공훈국가합창단 축하공연 관람	04.17 중통
	조선인민군 항공 및 반항공군 4월22일 태천돼지공장 현지 지도	04.23 중통
04.25	금수산태양궁전 참배	04.25 중통
04.25	조선인민군 창건 85주년 경축 인민군 군종 합동 타격시위 참관	04.26 중통
	장재도 방어대와 무도 영웅방어대(서남전선 수역 최남단에 위치) 시찰	05.05 중통
	락랑영예군인수지일용품공장 시찰	05.10 중통
	인민무력성 기공구, 마감건재품 및 과학기술성과 전시회장 시찰	05.13 중통
	조선인민군 건설부문 열성자들과 기념사진촬영	05.13 중통
05.14	신형 지대지 중장거리 전략 탄도미사일 《화성-12》형 시험 발사 참관	05.15 중통
	《화성-12》형 탄도미사일 개발자들과 함께 당 중앙위원회 청사에서 기념사진촬영	05.20 중통
05.21	《북극성-2》형 시험발사 참관	05.22 중통
	신형 반항공 요격유도 무기체계 시험사격 참관	05.28 중통
	정밀조종 유도체계를 도입한 탄도 로케트 시험발사참관	05.30 중통
	강서약수공장 현지지도	06.03 중통

일 자	활 동 내 역	보 도
	조선인민군 항공 및 반항공군 비행지휘 성원들의 전투 비행술 경기대회-2017 참관	06.05 중통
2017.06.06	* 연설《소년단원들은 사회주의조국의 참된 아들딸, 소년혁명가가 되자》(조선소년단 제8차대회)	06.07 중통
	조선소년단 제8차 대회 참가자들과 기념사진촬영	06.08 중통
	새로 개발한 신형 지대함 순항미사일 시험발사 참관	06.09 중통
	새로 건설된 치과위생용품공장 현지지도	06.20 중통
07.03	《화성-14》형 시험발사 단행 친필명령 하달	07.04 중통
07.04	《화성-14》형 시험발사 참관	07.05 중통
07.08	김일성주석 사망 23주기 즈음 금수산태양궁전 참배	07.08 중통
07.09	《화성-14》형 시험발사 성공 기념 음악무용종합공연 관람	07.10 중방
07.10	리설주와 함께《화성-14》형 시험발사 성공 축하 연회 참석	07.11 중통
	《화성-14》형 시험발사 성공에 기여한 성원들에 대한 당 및 국가표창 수여식 참석 및 축하 연설	07.13 중통
	금수산태양궁전에서 《화성-14》형 시험발사 성공에 기여한 성원들과 기념사진촬영	07.13 중통
07.28	대륙간 탄도로케트《화성-14》형 2차 시험발사 참관	07.29 중통
07.30	《화성-14》형 2차 시험발사 성공 경축 연회 참석	07.31 중통
08.14	조선인민군 전략군사령부 현지지도	08.15 중통
	국방과학원 화학재료연구소 현지지도	08.23 중통
	섬 점령을 위한 조선인민군 특수작전부대들의 대상물 타격 경기 참관	08.26 중통
	조선인민군 전략군의 중장거리 전략 탄도로케트 발사훈련 참관	08.30 중통
	조선인민군 제4차 청년동맹초급단체비서열성자대회 참가자들과 금수산태양궁전에서 기념사진촬영	09.02 중통
	핵무기 병기화 사업 현지지도	09.03 중통
09.03	조선로동당 중앙위원회 정치국 상무위원회 진행 및 《제6차 핵실험 진행명령서》에 친필 서명	09.03 중통
	리설주와 함께 제6차 핵 시험에 기여한 핵 과학자· 기술자들을 위한 축하공연 관람	09.10 중통
	핵 과학자·기술자들을 위한 축하연회 참석	09.10 중통
	제6차 핵시험에 기여한 성원들과 기념사진촬영	09.10 중통
	소외지역에 자원 진출한 교원들과 기념사진촬영	09.12 중통
	중장거리 전략 미사일《화성-12》형 발사 명령 및 훈련 참관	09.16 중통
	황해남도 과일군 현지지도	09.21 중통
	조선인민군 제810군부대 산하 1116호농장 현지지도	09.30 중통
10.07	조선로동당 중앙위원회 제7기 제2차 전원회의 주재	10.08 중통
	만경대혁명학원 설립 70주년 축하 방문	10.13 중통

일 자	활 동 내 역	보 도
	리설주와 함께 평양 류원신발공장 방문	10.19 중통
	리설주와 함께 새로 개건된 평양화장품공장 현지지도	10.29 중통
	3월16일공장 현지지도	11.04 중통
	금성뜨락또르공장 현지지도	11.15 중통
	승리자동차연합기업소 현지지도	11.21 중통
	새로 건설된 순천메기공장 현지지도	11.28 중방
11.29	《화성-15》형 시험발사 전 과정 현지지도	11.29 중통
	압록강다이야공장 현지지도	12.02 중통
	백두산 등정	12.09 중통
	삼지연군 여러 단위 현지지도	12.09 중통
12.11, 12	제8차 군수공업대회 참석	12.12 중통
12.12	《화성-15》형 시험발사 성공에 기여한 성원들에게 당 및 국가표창 직접 수여	12.13 중통
12.12	제8차 군수공업대회 참가자들과 함께 기념사진촬영	12.13 중통
	새로 건설된 삼지연 감자가루생산공장 현지지도	12.16 중통
12.17	금수산태양궁전 참배	12.18 중통
2017.12.21	* 《조선로동당 제5차 세포위원장대회에서 한 개회사》	12.22 중통
12.22	조선로동당 제5차 세포위원장대회 2일 회의 참석	12.23 중방
2017.12.23	* 연설 《조선로동당 제5차 세포위원장대회에서 한 연설》	12.24 중통
2017.12.23	* 《조선로동당 제5차 세포위원장대회에서 한 폐회사》	12.24 중통
12.24	조선로동당 제5차 세포위원장대회 참가자들과 기념사진촬영	12.25 중통
12.29	조선로동당 제5차 세포위원장대회 참가자들을 위한 공훈국가합창단, 모란봉악단의 축하공연 관람	12.30 중통

2018년

일 자	활 동 내 역	보 도
2018.01.01	새해에 즈음하여 금수산태양궁전 참배	01.01 중통
2018.01.01	* 《신년사》	01.01 중앙TV
	국가과학원 현지지도	01.12 중통
	새로 개건된 평양교원대학 현지지도	01.17 중통
	리설주와 함께 평양제약공장 현지지도	01.25 중통
	새로 개건된 평양무궤도전차공장 현지지도	02.01 중통
	리설주와 함께 새 형의 무궤도전차 시승	02.04 중통
2018.02.08	* 《조선인민군 창건 70돌 경축열병식에서 한 연설》	02.08 중앙TV
02.12	고위급대표단 남측 방문 결과 보고 청취 및 기념사진촬영	02.12 중통
02.12	삼지연관현악단 성원들과 기념사진촬영	02.12 중통
02.13	광명성절 맞이 조선인민군 최고사령관 명령 《조선인민군 지휘성원들의 군사칭호를 올려줄 데 대하여》 하달	02.14 중통
02.16	광명성절 즈음 금수산태양궁전 참배	02.16 중통

일 자	활 동 내 역	보 도
03.06	문재인 대통령 특사단 접견 및 담화, 기념사진촬영	03.06 중통
03.06	리설주와 함께 문재인 대통령 특사단 만찬	03.06 중통
03.25.~ 03.28	시진핑 주석 초청으로 비공식 중국방문(03.25~28) - 북한-중국 정상회담 (인민대회당) - 시진핑 주석 주최 환영 연회 (인민대회당) - 시진핑 주석 주최 오찬 (낚시터국빈관 양원재) - 시진핑 주석에 중국방문 환대 감사 전문 발송	03.28 중통
	토마스 바흐 국제올림픽위원회 위원장 접견 및 기념사진촬영	03.31 중방
04.01	남측 예술단 공연 《봄이 온다》 관람	04.02 중통
04.09	조선로동당 중앙위원회 정치국 회의 참석	04.10 중통
04.14	쑹타오 중국공산당 대외연락부장 접견 및 담화	04.15 중통
04.15	김일성 주석 생일 계기 금수산태양궁전 참배	04.16 중통
04.16	중국예술단 발레무용극 《붉은 여성중대》 관람	04.17 중통
04.17	쑹타오 중국공산당 대외연락부장과 담화	04.18 중통
04.20	조선로동당 중앙위원회 제7기 제3차 전원회의 진행	04.21 중통
04.23	중국관광객 교통사고 발생 관련 북한주재 중국 대사관 위로 방문	04.24 중통
04.25	중국관광객 교통사고 사상자 후송열차 편성 및 전송	04.26 중통
04.27	남북 수뇌상봉과 회담을 위해 평양 출발	04.27 중통
04.27	제3차 남북정상회담 진행 (판문점 자유의집) - 《판문점선언》 서명	04.28 중통
04.30	평양시(時)재지정 제의 및 최고인민회의 상임위원회 채택	04.30 중통
05.03	왕이 중국 외교부장과 담화	05.04 중통
05.07, 08	중국 방문(다롄, 05.07~05.08) - 시진핑 주석과 회담	05.08 중통
05.09	폼페이오 미국 국무장관 접견	05.10 중통
	완공된 고암-답촌 철길 현지시찰	05.25 중통
	원산갈마해안관광지구 건설장 현지지도	05.26 중통
05.26	제4차 남북정상회담 진행 (판문점 통일각)	05.27 중통
05.31	러시아 외무상 접견 및 담화	06.01 중통
	새로 건설된 평양대동강수산물식당 현지지도	06.09 중통
06.10	북한-미국 정상회담을 위해 평양 출발, 싱가포르 도착	06.11 중통
06.10	리셴룽 싱가포르 총리 접견	06.11 중통
06.11	싱가포르 시내 여러 대상 참관	06.12 중통
06.12	북한-미국 제1차 정상회담 - 도널드 트럼프 미국 대통령	06.12 중통
06.13	북한-미국 정상회담 후 평양 도착	06.13 중방
06.19, 20	중국 방문(06.19~20) - 시진핑 국가주석과 회담 진행	06.20 중통 06.21 중통

일 자	활 동 내 역	보 도
	- 리설주 여사와 함께 시진핑 국가주석 부부와 재상봉 (낚시터국빈관)	
06.20	중국주재 북한대사관 방문, 대사관 성원들과 담화 및 격려	06.21 중통
06.20	중국 방문 후 평양 귀환 (평양국제비행장)	06.21 중통
	평안북도 신도군 갈종합농장 현지지도	06.30 중통
	조선인민군 제1524군부대 현지지도	06.30 중통
	신의주화장품공장 현지지도	07.01 중통
	신의주방직공장 현지지도	07.02 중통
	신의주화학섬유공장 현지지도	07.02 중통
	삼지연군 중흥농장 현지지도	07.10 중통
	삼지연군안의 건설장들 현지지도	07.10 중통
	삼지연군 감자가루생산공장 현지지도	07.10 중통
	삼지연군당위원회 일군들과 기념사진촬영	07.10 중통
	어랑천발전소 건설장 현지지도	07.17 중통
	조선인민군 제810군부대 산하 낙산바다련어양어사업소, 석막대 서양련어어종어장 현지지도	07.17 중통
	청진조선소 현지지도	07.17 중통
	라남탄광기계련합기업소 9월1일기계공장 현지지도	07.17 중통
	염분진호텔 건설장 현지지도	07.17 중통
	온포휴양소 현지지도	07.17 중통
	함북 경성군 중평리 현지지도	07.17 중통
	청진가방공장 현지지도	07.17 중통
	강원도 양묘장 현지지도	07.24 중통
	조선인민군 제525호공장 현지지도	07.25 중통
	송도원종합식료공장 현지지도	07.26 중통
	원산영예군인가방공장 현지지도	07.26 중통
07.26	조국해방전쟁참전 열사묘 방문	07.27 중통
	제5차 전국노·병대회 참가자들과 기념사진촬영	07.27 중통
	평양 무궤도전차공장과 버스수리공장 현지지도	08.04 중통
	삼천메기공장 현지지도	08.06 중통
	금산포젓갈가공공장 현지지도	08.08 중통
	운곡지구종합목장 현지지도	08.13 중통
	연풍호방류어업사업소 현지지도	08.13 중통
	원산갈마해안관광지구 건설장 현지지도	08.17 중통
	평안남도 양덕군 안의 온천지구 현지지도	08.17 중통
	함경북도 경성군 온포온실농장 건설사업부지 현지지도	08.18 중통
	삼지연군 안의 건설장 현지지도	08.18 중통
	묘향산의료기구공장 현지지도	08.21 중통
08.20	故 김영춘 영결식 참석	08.21 중통
09.04	故 주규창 영구 찾아 깊은 애도의 뜻 표시	09.05 중통

일 자	활 동 내 역	보 도
09.05	문재인 대통령 특사단 접견 (당 중앙위원회 본부청사)	09.05 중통
09.08	정권수립 70주년을 맞아 인민군 지휘성원들의 군사칭호를 올려줄 데 대하여 명령	09.08 중통
09.08	정권수립 70주년 맞이 금수산태양궁전 참배	09.09 중통
09.08	러시아연방평의회 의장 접견 및 담화	09.09 중통
09.09	정권수립 70주년 맞이 열병식 및 평양시 군중시위 참석	09.09 중통
09.09	정권수립 70주년 경축 중앙보고대회 참석	09.10 중통
09.09	정권수립 70주년 경축 대집단체조와 예술공연 《빛나는 조국》 관람	09.10 중통
09.09	시진핑 주석 특별대표로 방북한 리잔수 전인대 상무위원장 접견 및 시진핑 친서 접수	09.10 중통
09.10	중국 당 및 정부대표단을 위해 환영공연과 성대한 연회 마련	09.11 중통
09.18	남북정상회담을 위해 방북한 문재인 대통령 일행 영접 - 문재인 대통령과 회담 (당 중앙위원회 본부청사) - 문재인 대통령을 환영하는 예술공연 관람 - 문재인 대통령의 평양방문을 환영하는 성대한 연회 마련 (목란관)	09.19 중통
09.19	문재인 대통령 숙소 방문 및 제2일 회담 진행 - 《9월 평양공동선언》 서명 및 문재인 대통령과 공동발표 - 문재인 대통령과 오찬 (옥류관) - 문재인 대통령과 만찬 (평양대동강수산물식당) - 문재인 대통령과 함께 대집단체조와 예술공연 관람 (5월1일경기장)	09.20 중통
09.20	문재인 대통령 일행 삼지연 도착 영접 - 문재인 대통령 내외와 함께 백두산 등반 - 문재인 대통령을 위해 삼지연에서 오찬 마련 - 남북정상회담을 마치고 귀국하는 문재인 대통령 환송	09.20 중통
	창립 70주년을 맞이한 김책공업종합대학 방문 및 교원·연구사들 축하 및 기념사진촬영	09.29 중통
10.07	미국 국무부 장관 마이크 폼페이오와 담화 (백화원 영빈관)	10.08 중통
	조선로동당 창건 73주년 맞이 금수산태양궁전 참배	10.11 중통
10.10	개관을 앞둔 삼지연관현악단극장 현지지도	10.11 중통
	삼지연군 현지지도	10.30 중통
	원산갈마해안관광지구 건설장 현지지도	11.01 중통
	양덕군 온천관광지구건설현장 현지지도	11.01 중통
11.03	조중 예술인들의 합동공연 관람	11.04 중통
11.04	쿠바공화국 국가이사회 위원장 겸 내각 수상 내외 영접 - 쿠바공화국 국가이사회 위원장 겸 내각 수상과 회담 - 쿠바공화국 국가이사회 위원장 겸 내각 수상의 방북 환영 예술공연 관람, 방북 환영 연회 참석	11.05 중통

일 자	활 동 내 역	보 도
11.05	쿠바공화국 국가이사회 위원장 겸 내각 수상과 담화 및 만찬 - 쿠바공화국 국가이사회 위원장 겸 내각 수상과 대집단체조와 예술공연 관람, 만수대창작사 참관 시 동행	11.06 로동
11.06	쿠바공화국 국가이사회 위원장 겸 내각 수상 환송	11.07 중통
	신의주시 건설총계획 지도	11.16 중통
	새로 개발한 첨단전술무기 시험 지도	11.16 중통
	대관유리공장 현지지도	11.18 중통
	동해지구 수산사업소들 현지지도	12.01 중통
	원산구두공장 현지지도	12.03 중통
	김정일 국방위원장 사망 7주기 즈음 금수산태양궁전 참배	12.17 중통

2019년

일 자	활 동 내 역	보 도
2019.01.01	새해에 즈음하여 금수산태양궁전 참배	01.01 중통
2019.01.01	* 《신년사》	01.01 중앙TV
01.07	시진핑 중국주석 초청으로 중국 방문	01.08 중통
01.08	시진핑 중국주석과 회담 - 김정은 위원장의 중국 방문을 환영하여 시진핑 중국주석 이 마련한 연회 참석	01.10 중통
01.23	미국 워싱턴 방문 후 귀국한 제2차 북미고위급회담 대표단 면담 및 트럼프 미국대통령 친서 접수	01.24 중통
01.31	중국 방문공연을 마치고 귀국한 친선예술대표단과 기념사진촬영	02.01 중통
02.08	건군절 71주년 맞이 인민무력성 축하 방문	02.09 중통
02.08	건군절 71주년 맞이 조선인민군 전체 대연합부대, 연합부대장들과 함께 경축공연 관람	02.09 중통
	건군절 71주년 맞이 경축연회 참석	02.09 중통
	광명성절 즈음 금수산태양궁전 방문	02.16 중통
02.23	제2차 북미정상회담을 위해 평양역 출발	02.24 중통
02.26	베트남 하노이 도착	02.27 중통
02.26	베트남 주재 북한대사관 방문	02.27 중통
02.27	도날드 트럼프 미국대통령과 상봉, 단독환담 및 친교 만찬	02.27 중통
02.28	도날드 트럼프 미국대통령과 상봉 및 회담	02.28 중통
03.01	베트남 국가주석과 정상회담 - 베트남 정부 수상 및 인민회의 의장과 담화 - 베트남 국가주석이 마련한 환영 연회 참석	03.02 중통
03.02	호치민 전 국가주석 묘와 영웅열사추모비에 헌화 및 베트남 출발	03.03 중통

일 자	활 동 내 역	보 도
03.05	베트남 공식 친선 방문을 마치고 평양 도착	03.05 중통
03.10	최고인민회의 제14기 대의원 선거 참가	03.10 중통
03.25, 26	조선인민군 제5차 중대장·중대정치지도원 대회 참석	03.27 중통
03.27	조선인민군 제5차 중대장·중대정치지도원 참가자들과 기념사진촬영	03.28 중통
	삼지연군 현지지도	04.04 중통
	원산-갈마 해안관광지구건설장 현지지도	04.06 중통
	평안남도 양덕군 온천관광지구건설장 현지지도	04.06 중통
	개업을 앞둔 대성백화점 현지지도	04.08 중통
04.09	조선로동당 중앙위원회 정치국확대회의 참석	04.10 중통
04.10	조선로동당 중앙위원회 제7기 제4차 전원회의 진행	04.11 중통
2019.04.12	*《최고인민회의 제14기 제1차 회의에서 한 시정연설》	04.12 중통
04.12	새로 선거된 당 및 국가지도기관 성원들과 기념사진촬영	04.13 중통
04.12	새로 선거된 최고인민회의 상임위원회, 내각 성원들, 최고인민회의 제14기 대의원들과 함께 기념사진촬영	04.13 중통
04.12	최고인민회의 제14기 제1차 회의 2일 회의 참석	04.13 중통
04.15	김일성 주석 생일 즈음 금수산태양궁전 방문	04.15 중통
04.16	신창양어장 현지지도	04.17 중통
04.16	조선인민군 항공 및 반항공군 제1017군부대 방문 및 비행훈련 지도	04.17 중통
04.17	신형전술유도무기 사격시험 참관 및 지도	04.18 중통
04.24	러시아 방문을 위해 전용열차로 출발 - 러시아 블라디보스토크역 도착 및 환영의식 진행	04.25 중통
04.25	푸틴 러시아 대통령과 상봉 및 단독회담 진행 - 북러정상회담 확대회담 진행 - 푸틴 러시아 대통령이 마련한 연회 참석	04.25 중통
04.26	태평양함대 전투영광기념비에 화환 진정 - 러시아 연해주 주지사가 마련한 오찬 참석 - 러시아 블라디보스토크역 출발	04.26 중통
05.05	전방·동부전선방어부대 화력타격훈련 지도	05.04 중통
05.05	금야강2호발전소 현지지도	05.04 중통
05.09	전방·동부전선방어부대 화력타격훈련 지도	05.10 중통
	강계뜨락또르종합공장 현지지도	06.01 중통
	강계정밀기계종합공장 현지지도	06.01 중통
	장자강공작기계공장 현지지도	06.01 중통
	2.8기계종합공장 현지지도	06.01 중통
	배움의 천리길 학생소년궁전 현지지도	06.01 중통
	강계시와 만포시건설 총계획 지도	06.01 중통
	평남기계종합공장 현지지도	06.02 중통

일 자	활 동 내 역	보 도
06.02	조선인민군 '군인가족예술소조공연' 관람	06.03 중통
06.03	대집단체조와 예술공연 '인민의 나라' 개막공연 관람	06.04 중통
06.04	군인가족 예술소조원들과 기념사진촬영	06.05 중통
06.20	평양국제비행장에서 시진핑 중국 국가주석 국빈방문 영접 - 금수산태양궁전광장에서 시진핑 주석 환영식 진행 - 북중 정상회담 진행 - 시진핑 주석 부부와 함께 대집단체조와 예술공연 '불패의 사회주의' 관람(5월1일경기장) - 시진핑 주석 방문 환영 연회 진행 - 시진핑 주석과 당 중앙위원회의청사 배경의 기념사진촬영	06.21 중통
06.21	시진핑 주석 우의탑 참배시 맞이 - 시진핑 주석과 오찬 - 시진핑 주석 평양국제비행장 환송	06.22 중통
06.22	트럼프 미국 대통령 친서 접수, 사의 표명	06.23 중통
06.30	남북미 정상 판문점 회동 및 북미 정상 단독 환담·회담 참석	07.01 중통
07.08	김일성 사망 25주기 금수산태양궁전 참배	07.08 중통
07.08	김일성 사망 25주기 중앙추모대회 참석	07.08 중통
07.21	도·시·군인민회의 대의원 선거 참가(함경남도 제201호 선거구 제94호 분구 선거장)	07.22 중통
	새로 건조한 잠수함 참관	07.23 중통
07.25	신형 전술유도무기 위력시위사격 조직 지도	07.26 중통
07.27	조국해방전쟁승리(정전협정체결) 66주기 계기 조국해방전쟁승리기념탑(6·25전사자묘) 참배	07.28 중통
07.27	전승절(정전협정체결일) 계기 국립교향악단 7.27기념 음악회 관람	07.28 중통
07.31	신형 대구경조종방사포 시험사격 지도	08.01 중통
08.02	신형 대구경조종방사포 시험사격 재지도	08.03 중통
08.06	신형 전술유도탄 위력시위발사 참관	08.07 중통
08.10	새 무기 시험사격 지도	08.11 중통
08.12	당 중앙군사위원회 위원장 명의로 국방과학연구부문 과학자들의 군사칭호를 한 등급 올려줄 데 대한 명령(제008호) 하달	08.13 중통
08.16	새 무기 시험사격 재지도	08.17 중통
08.24	새로 연구개발한 초대형 방사포 시험사격 지도	08.25 중통
	평안남도 양덕군 온천관광지구건설장 현지지도	08.31 중통
09.06	제13호 태풍(링링)에 의한 피해를 막기 위한 '당중앙군사위원회 비상확대회의' 긴급 소집 및 지도	09.06 중통
09.06	제14차 전국교원대회 참가자들과 기념사진촬영	09.07 중통

일 자	활 동 내 역	보 도
	조선인민군 제810군부대 산하 1116호 농장 현지지도	10.09 중통
10.10	당 창건(1945.10.10.) 74주년 계기 당 정치국 성원들과 함께 금수산태양궁전 참배	10.11 중통
10.10	당 창건(1945.10.10.) 74주년 경축공연 관람	10.11 중통
	삼지연군 안의 건설장들 현지지도	10.16 중통
	당 중앙위원회 간부들과 백두산정 등반	10.16 중통
	경성군 중평남새온실농장과 양묘장 건설장 현지지도	10.18 중통
	금강산관광지구 현지지도	10.23 중통
	완공 단계에 이른 양덕군 온천관광지구건설장 현지지도	10.25 중통
	묘향산 의료기구공장 현지지도	10.27 중통
	양덕온천문화휴양지 건설장 현지지도	11.15 중통
	조선인민군 항공 및 반항공군 비행지휘성원 전투비행술 경기대회-2019 참관 및 기념사진촬영	11.16 중통
	조선인민군 항공 및 반항공군 저격병구분대들의 강하훈련 지도	11.18 중통
	조선인민군 8월25일수산사업소·통천물고기 가공사업소 현지지도	11.19 중통
	창린도방어대(서부전선) 및 제5492군부대 관하 여성중대 (서남전선) 시찰	11.25 중통
11.28	국방과학원에서 진행한 초대형 방사포 연발 시험사격 참관	11.29 중통

※ 중통=조선중앙통신, 중방=조선중앙방송, 중앙TV=조선중앙텔레비전, 로동=로동신문 인용
※ 2011.12.31.~2017.06.06 * 표시 신년사, 담화, 연설, 논문, 축하문, 호소문, 서한 등은 진희관, "북한의 「로작」 용어 등장과정과 김정은 로작 분석"『북한연구학회보』제21권 제2호(2017 겨울), 35-37쪽의 〈표 3〉 김정은 로작에서 인용한 것임.

찾아보기

ㅇ

김정은의 경제발전전략 2

초판 1쇄 │ 2020년 12월 30일
초판 3쇄 │ 2022년 12월 20일

지 은 이 유영구
발 행 인 한정희
발 행 처 경인문화사
편   집 김지선 유지혜 한주연 이다빈 김윤진
마 케 팅 전병관 하재일 유인순
출판번호 406-1973-000003호
주   소 파주시 회동길 445-1 경인빌딩 B동 4층
전   화 031-955-9300 팩 스 031-955-9310
홈페이지 www.kyunginp.co.kr
이 메 일 kyungin@kyunginp.co.kr

ISBN 978-89-499-4906-2 94340
ISBN 978-89-499-4904-8 (세트)
값 48,000원